신체손해사정사 2차

기출문제해설

한권으로 끝내기

시대에듀

2025 시대에듀 신체손해사정사 2차
기출문제해설 한권으로 끝내기

Always **with you**

사람의 인연은 길에서 우연하게 만나거나 함께 살아가는 것만을 의미하지는 않습니다.
책을 펴내는 출판사와 그 책을 읽는 독자의 만남도 소중한 인연입니다.
시대에듀는 항상 독자의 마음을 헤아리기 위해 노력하고 있습니다. 늘 독자와 함께하겠습니다.

머리말 PREFACE

손해사정사 자격시험은 2014년부터 대폭 변경하여 시행하고 있습니다. 즉 손해사정사의 종류를 업무영역에 따라 제1종에서 제4종으로 분류하던 방식에서 재물 · 차량 · 신체손해사정사로 새롭게 구분하였습니다.

신체손해사정사 2차 시험과목은 「의학이론」, 「책임보험 · 근로자재해보상보험의 이론과 실무」, 「제3보험의 이론과 실무」, 「자동차보험의 이론과 실무(대인배상 및 자기신체손해)」로 구성되어 있으며, 약술형 + 주관식 풀이형 문제로 시험을 치르게 됩니다.

본서는 신체손해사정사 2차 시험 준비를 할 때 어려움을 겪는 약술형 + 주관식 풀이형 문제를 연습할 수 있도록 구성한 기출문제집입니다. 2차 시험은 신체손해사정사 업무와 관련된 기본개념 및 전문이론문제 그리고 실무에서 필수적으로 알아야 할 사례유형문제, 보험금 산출문제 등 다양한 형태로 출제되고 있습니다. 특히 주관식 풀이형 문제의 경우 출제자의 의도를 파악하고 그 답을 일목요연하게 서술하여야 하며, 문제에서 묻는 핵심내용을 기입하여야 높은 점수를 받을 수 있습니다. 이러한 문제유형은 실제 출제되었던 기출문제를 많이 풀어보고, 실전연습을 통해 대비해야 합니다.

본서는 최근 11개년(2014～2024년) 기출문제 및 풀이과정을 모두 수록하여 실전에 대비할 수 있도록 하였습니다. 따라서 이러한 기출문제 풀이과정을 통해 실전연습뿐만 아니라, 최종 마무리를 위한 실전TEST용 교재로 활용하면 좋을 듯합니다.

끝으로 본서를 선택해 주신 수험생들에게 합격의 행운이 있기를 기원합니다.

편저자 씀

이 책의 구성과 특징 STRUCTURES

STEP 01 | 11개년 기출문제

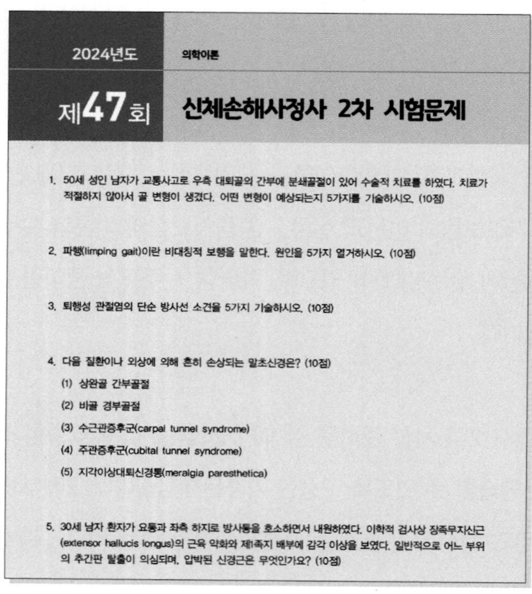

2024년도 의학이론

제47회 신체손해사정사 2차 시험문제

1. 50세 성인 남자가 교통사고로 우측 대퇴골의 간부에 분쇄골절이 있어 수술적 치료를 하였다. 치료가 적절하지 않아서 골 변형이 생겼다. 어떤 변형이 예상되는지 5가지를 기술하시오. (10점)

2. 파행(limping gait)이란 비대칭적 보행을 말한다. 원인을 5가지 열거하시오. (10점)

3. 퇴행성 관절염의 단순 방사선 소견을 5가지 기술하시오. (10점)

4. 다음 질환이나 외상에 의해 흔히 손상되는 말초신경은? (10점)
   (1) 상완골 간부골절
   (2) 비골 경부골절
   (3) 수근관증후군(carpal tunnel syndrome)
   (4) 주관증후군(cubital tunnel syndrome)
   (5) 지각이상대퇴신경통(meralgia paresthetica)

5. 30세 남자 환자가 요통과 좌측 하지로 방사통을 호소하면서 내원하였다. 이학적 검사상 장족무지신근(extensor hallucis longus)의 근육 약화와 제1족지 배부에 감각 이상을 보였다. 일반적으로 어느 부위의 추간판 탈출이 의심되며, 압박된 신경근은 무엇인가요? (10점)

7. 경부 초음파를 시행하는 의료기관의 증가에 따라 갑상선암의 조기진단이 급격히 증가하였다. 갑상선암의 종류를 조직학적 형태에 따라 5가지 이상 열거하시오. (10점)

8. 류마티스 관절염의 많은 증상들은 활액막의 염증반응으로 생긴다. 1987년 미국 류마티스학회의 진단기준과 달리 2010년 미국 류마티스학회/유럽류마티스학회(ACR/EULAR)의 류마티스 관절염 진단기준은 4가지 분류 항목의 점수를 합산하여 진단한다. 아래 질문에 답하시오. (10점)
   (1) 4가지 분류 항목들을 열거하시오. (8점)
   (2) 신규 환자에서 다른 질환으로 설명할 수 없는 임상적으로 명백한 1개 이상의 관절윤활막염을 가진 경우, 항목 합산 점수가 몇 점 이상인 경우에 류마티스 관절염으로 진단할 수 있는지 쓰시오. (2점)

9. 후천적으로 뇌의 기질적 장애에 의하여 사람의 정신능력과 사회적 활동을 할 수 있는 능력의 소실이 있어 일상생활의 장애를 가져올 정도로 심할 때 치매라고 한다. 치매의 대표적 원인 질환들을 5가지 이상 열거하시오. (10점)

10. 다음은 급성 관동맥증후군에 대한 설명이다. 아래의 질문에 답하시오. (10점)
   (1) 불안정형 협심증의 특징적인 흉통을 2가지 이상 나열하시오. (4점)
   (2) 전형적인 Q파 심근경색의 특징적인 심전도 소견 3가지를 시간 순서대로 서술하시오. (6점)

▸ 11개년 기출문제로 출제경향을 파악하고 학습의 방향을 설정하여 실전에 대비할 수 있도록 하였습니다.

STEP 02 | 상세한 해설

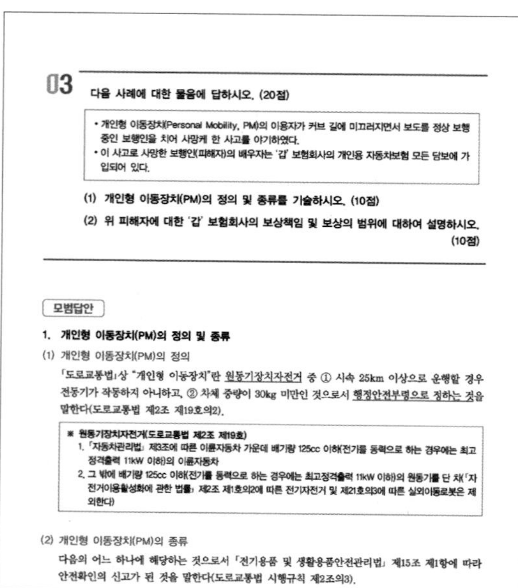

03 다음 사례에 대한 물음에 답하시오. (20점)

- 개인형 이동장치(Personal Mobility, PM)의 이용자가 커브 길에 미끄러지면서 보도를 정상 보행 중인 보행인을 치어 사망케 한 사고를 야기하였다.
- 이 사고로 사망한 보행인(피해자)의 배우자는 '갑' 보험회사의 개인용 자동차보험 모든 담보에 가입되어 있다.

(1) 개인형 이동장치(PM)의 정의 및 종류를 기술하시오. (10점)

(2) 위 피해자에 대한 '갑' 보험회사의 보상책임 및 보상의 범위에 대하여 설명하시오. (10점)

모범답안

1. 개인형 이동장치(PM)의 정의 및 종류

(1) 개인형 이동장치(PM)의 정의

「도로교통법」상 "개인형 이동장치"란 원동기장치자전거 중 ① 시속 25km 이상으로 운행할 경우 전동기가 작동하지 아니하고, ② 차체 중량이 30kg 미만인 것으로서 행정안전부령으로 정하는 것을 말한다(도로교통법 제2조 제19호의2).

※ 원동기장치자전거(도로교통법 제2조 제19호)
1. 「자동차관리법」 제3조에 따른 이륜자동차 가운데 배기량 125cc 이하(전기를 동력으로 하는 경우에는 최고정격출력 11kW 이하)의 이륜자동차
2. 그 밖에 배기량 125cc 이하(전기를 동력으로 하는 경우에는 최고정격출력 11kW 이하)의 원동기를 단 차(「자전거이용활성화에 관한 법률」 제2조 제1호의2에 따른 전기자전거 및 제21호의3에 따른 실외이동로봇은 제외한다)

(2) 개인형 이동장치(PM)의 종류

다음의 어느 하나에 해당하는 것으로서 「전기용품 및 생활용품안전관리법」 제15조 제1항에 따라 안전확인의 신고가 된 것을 말한다(도로교통법 시행규칙 제2조의3).

2. '갑' 보험회사의 보상책임 및 보상범위

(1) '갑' 보험회사의 보상책임

개인형 이동장치(PM)로 인한 상해 피해시 본인 또는 가족이 가입한 자동차보험(무보험자동차상해 담보)으로 보상하므로, '갑' 보험회사의 보상책임이 발생된다. 즉 '갑' 보험회사는 보행인(피해자)이 개인형 이동장치(PM)로 인하여 생긴 사고로 사망하였고, 배상의무자(개인형 이동장치의 이용자)가 있으므로 무보험자동차상해담보로 보상한다.

대인배상Ⅰ, Ⅱ 및 자기신체사고에서는 피보험자동차의 운행 중 사고에 해당하지 않으므로 보상하지 않는다.

① 무보험자동차 해당 여부

개인형 이동장치는 「도로교통법」상 원동기장치자전거 등으로 분류되지만, 자동차보험약관 개정으로 무보험자동차에 해당하므로 무보험자동차상해담보의 대상이 된다.

※ 무보험자동차(자동차보험약관 제1조 제5호)
피보험자동차가 아니면서 피보험자를 죽게 하거나 다치게 한 자동차로서 다음 중 어느 하나에 해당하는 것을 말한다. 이 경우 자동차라 함은 「자동차관리법」에 의한 자동차, 「건설기계관리법」에 의한 건설기계, 「군수품관리법」에 의한 차량, 「도로교통법」에 의한 원동기장치자전거 및 개인형 이동장치, 「농업기계화촉진법」에 의한 농업기계를 말하며, 피보험자가 소유한 자동차를 제외한다.
가. 자동차보험 「대인배상Ⅱ」나 공제계약이 없는 자동차
나. 자동차보험 「대인배상Ⅱ」나 공제계약에서 보상하지 않는 경우에 해당하는 자동차
다. 이 약관에서 보상될 수 있는 금액보다 보상한도가 낮은 자동차보험의 「대인배상Ⅱ」나 공제계약이 적용되는 자동차. 다만, 피보험자를 죽게 하거나 다치게 한 자동차가 2대 이상이고 각각의 자동차에 적용되는 자동차보험의 「대인배상Ⅱ」 또는 공제계약에서 보상되는 금액의 합계액이 이 약관에서 보상될 수 있는 금액보다 낮은 경우에 한하는 그 각각의 자동차
라. 피보험자를 죽게 하거나 다치게 한 자동차가 명확히 밝혀지지 않은 경우 그 자동차(「도로교통법」에 의한 개인형 이동장치는 제외)

② 피보험자 여부

사망한 보행인(피해자)은 배우자가 '갑' 보험회사의 개인용 자동차보험 모든 담보에 가입되어 있으므로, 무보험자동차상해담보의 피보험자에 해당한다.

③ 배상의무자 여부

배상의무자는 무보험자동차로 인하여 생긴 사고로 피보험자를 죽게 하거나 다치게 함으로써 피보험자에게 입힌 손해에 대하여 법률상 손해배상책임을 지는 사람이다.

▸ 정확하고 자세한 해설로 혼자서도 학습할 수 있도록 하였습니다.

STEP 03 | 판례 & 더 알아보기

2. 구상권의 대상과 범위

(1) 구상권의 대상

공단은 제3자의 행위에 따른 재해로 보험급여를 지급한 경우에는 그 급여액의 한도 안에서 급여를 받은 사람의 제3자에 대한 손해배상청구권을 대위(代位)한다. 다만, 보험가입자인 둘 이상의 사업주가 같은 장소에서 하나의 사업을 분할하여 각각 행하다가 그중 사업주를 달리하는 근로자의 행위로 재해가 발생하면 그러하지 아니하다.

(2) 구상권의 범위

① 재해근로자의 제3자에 대한 손해배상청구권을 대위할 수 있는 범위는 제3자의 손해배상액을 한도로 하여 보험급여 중 제3자의 책임비율에 해당하는 금액으로 제한된다.

② 산업재해가 산재보험 가입 사업주와 제3자의 공동불법행위로 인하여 발생한 경우에도 공단이 재해근로자의 제3자에 대한 손해배상청구권을 대위할 수 있는 범위는 제3자의 손해배상액을 한도로 하여 보험급여 중 제3자의 책임비율에 해당하는 금액으로 제한된다.

판례 구상금(대법원 2022.3.24. 선고 2021다241618 전원합의체 판결)

공단이 제3자의 불법행위로 재해근로자에게 보험급여를 한 다음 산재보험법 제87조 제1항에 따라 재해근로자의 제3자에 대한 손해배상청구권을 대위할 수 있는 범위는 제3자의 손해배상액을 한도로 하여 보험급여 중 제3자의 책임비율에 해당하는 금액으로 제한된다. 따라서 보험급여 중 재해근로자의 과실비율에 해당하는 금액에 대해서는 공단이 재해근로자를 대위할 수 없으며, 이는 보험급여 후에도 여전히 손해를 전보받지 못한 재해근로자를 위해 공단이 종국적으로 부담한다고 보아야 한다. 이와 같이 본다면 산재보험법에 따라 보험급여를 받은 재해근로자가 제3자를 상대로 손해배상을 청구할 때 그 손해 발생에 재해근로자의 과실이 경합된 경우에, 재해근로자의 손해배상청구액은 보험급여와 같은 성질의 손해액에서 먼저 보험급여를 공제한 다음 과실상계를 하는 '공제 후 과실상계' 방식으로 산정하여야 한다.

또한 산업재해가 산재보험 가입 사업주와 제3자의 공동불법행위로 인하여 발생한 경우에도 공단이 재해근로자의 제3자에 대한 손해배상청구권을 대위할 수 있는 범위는 제3자의 손해배상액을 한도로 하여 보험급여 중 제3자의 책임비율에 해당하는 금액으로 제한됨은 위와 같다. 따라서 공단은 보험급여 중 재해근로자의 과실비율에 해당하는 금액에 대해서 재해근로자를 대위할 수 없고, 재해근로자를 위해 위 금액을 종국적으로 부담한다. 재해근로자가 가입 사업주와 제3자의 공동불법행위를 원인으로 가입 사업주나 제3자를 상대로 손해배상을 청구하는 경우에도 그 손해 발생에 재해근로자의 과실이 경합된 때에는 '공제 후 과실상계' 방식으로 손해배상액을 산정하여야 한다.

다만, 위와 같이 공동불법행위로 산업재해가 발생하여 공단이 제3자를 상대로 재해근로자의 손해배상청구권을 대위하는 경우에는, 순환적인 구상소송을 방지하는 소송경제적인 목적 등에 따라 공단은 제3자에 대하여 산재보험 가입 사업주의 과실비율 상당액은 대위 행사할 수 없다. 그러므로 공단은 '공제 후 과실상계' 방식에 따라

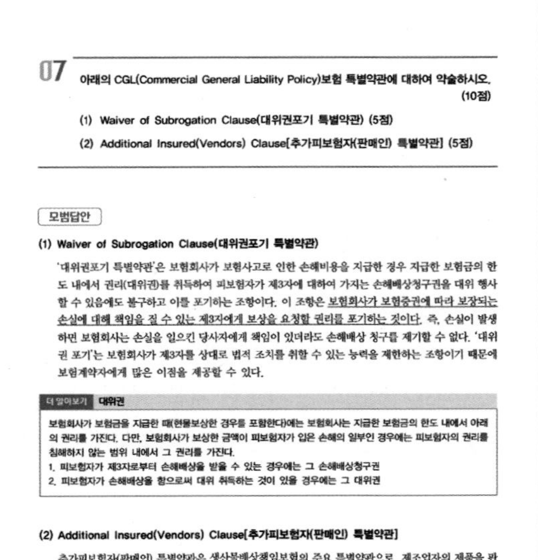

07 아래의 CGL(Commercial General Liability Policy)보험 특별약관에 대하여 약술하시오. (10점)

(1) Waiver of Subrogation Clause(대위권포기 특별약관) (5점)

(2) Additional Insured(Vendors) Clause[추가피보험자(판매인) 특별약관] (5점)

모범답안

(1) Waiver of Subrogation Clause(대위권포기 특별약관)

'대위권포기 특별약관'은 보험회사가 보험사고로 인한 손해비용을 지급한 경우 지급한 보험금의 한도 내에서 권리(대위권)를 취득하여 피보험자가 제3자에 대하여 가지는 손해배상청구권을 대위 행사할 수 있음에도 불구하고 이를 포기하는 조항이다. 이 조항은 보험회사가 보험증권에 따라 보장되는 손실에 대해 책임을 질 수 있는 제3자에게 보상을 요청할 권리를 포기하는 것이다. 즉, 손실이 발생하면 보험회사는 손실을 일으킨 당사자에게 책임이 있더라도 손해배상 청구를 제기할 수 없다. '대위권 포기'는 보험회사가 제3자를 상대로 법적 조치를 취할 수 있는 능력을 제한하는 조항이기 때문에 보험계약자에게 많은 이점을 제공할 수 있다.

더 알아보기 대위권

보험회사가 보험금을 지급한 때(현물보상한 경우를 포함한다)에는 보험회사는 지급한 보험금의 한도 내에서 아래의 권리를 가진다. 다만, 보험회사가 보상한 금액이 피보험자가 입은 손해의 일부인 경우에는 피보험자의 권리를 침해하지 않는 범위 내에서 그 권리를 가진다.
1. 피보험자가 제3자로부터 손해배상을 받을 수 있는 경우에는 그 손해배상청구권
2. 피보험자가 손해배상을 함으로써 대위 취득하는 것이 있을 경우에는 그 대위권

(2) Additional Insured(Vendors) Clause[추가피보험자(판매인) 특별약관]

추가피보험자(판매인) 특별약관은 생산물배상책임보험의 주요 특별약관으로, 제조업자의 제품을 판매(도매 또는 소매)하는 판매인을 추가피보험자로 하여 보상한다.

▸ 판례 & 더 알아보기로 이해하기 어려운 이론이나 개념을 학습할 수 있도록 하였습니다.

STEP 04 | 기출수정문제

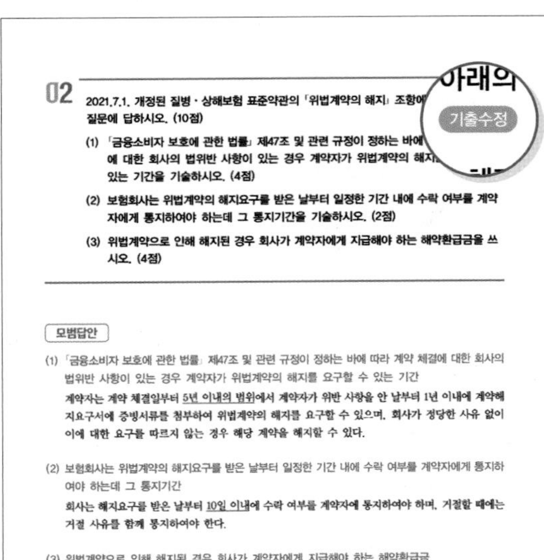

02 2021.7.1. 개정된 질병 · 상해보험 표준약관의 「위법계약의 해지」 조항에 질문에 답하시오. (10점)

(1) 「금융소비자 보호에 관한 법률」 제47조 및 관련 규정이 정하는 바에 에 대한 회사의 법위반 사항이 있는 경우 계약자가 위법계약의 해지 있는 기간을 기술하시오. (4점)

(2) 보험회사는 위법계약의 해지요구를 받은 날부터 일정한 기간 내에 수락 여부를 계약자에게 통지하여야 하는데 그 통지기간을 기술하시오. (2점)

(3) 위법계약으로 인해 해지된 경우 회사가 계약자에게 지급해야 하는 해약환급금을 쓰시오. (4점)

모범답안

(1) 「금융소비자 보호에 관한 법률」 제47조 및 관련 규정이 정하는 바에 따라 계약 체결에 대한 회사의 법위반 사항이 있는 경우 계약자가 위법계약의 해지를 요구할 수 있는 기간

계약자는 계약 체결일부터 5년 이내의 범위에서 계약자가 위반 사항을 안 날부터 1년 이내에 계약해지요구서에 증빙서류를 첨부하여 위법계약의 해지를 요구할 수 있으며, 회사가 정당한 사유 없이 이에 대한 요구를 따르지 않는 경우 해당 계약을 해지할 수 있다.

(2) 보험회사는 위법계약의 해지요구를 받은 날부터 일정한 기간 내에 수락 여부를 계약자에게 통지하여야 하는데 그 통지기간

회사는 해지요구를 받은 날부터 10일 이내에 수락 여부를 계약자에 통지하여야 하며, 거절할 때에는 거절 사유를 함께 통지하여야 한다.

(3) 위법계약으로 인해 해지된 경우 회사가 계약자에게 지급해야 하는 해약환급금

위법계약으로 인해 계약이 해지된 경우 회사는 적립한 해지 당시의 계약자적립액을 해약환급금으로 계약자에게 지급한다.

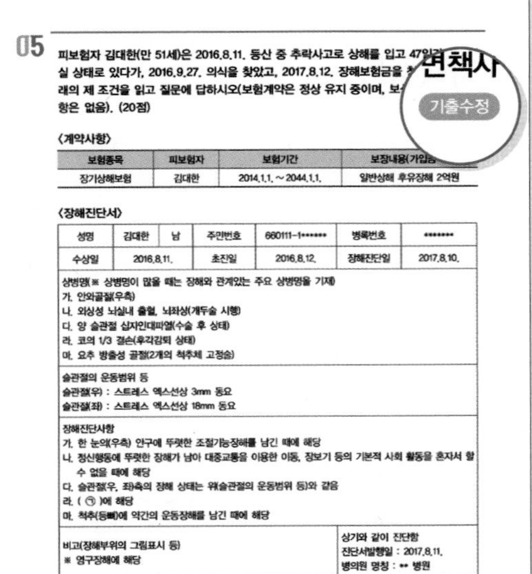

05 피보험자 김대한(만 51세)은 2016.8.11. 등산 중 추락사고로 상해를 입고 47일 실 상태로 있다가, 2016.9.27. 의식을 찾았고, 2017.8.12. 장해보험금을 래의 제 조건을 읽고 질문에 답하시오(보험계약은 정상 유지 중이며, 보 항은 없음). (20점)

〈계약사항〉

보험종목	피보험자	보험기간	보장내용(가입금
장기상해보험	김대한	2014.1.1. ~ 2044.1.1.	일반상해 후유장해 2억원

〈장해진단서〉

<table>
<tr><td>성명</td><td>김대한</td><td>남</td><td>주민번호</td><td>660111-1******</td><td>병록번호</td><td>*******</td></tr>
<tr><td>수상일</td><td colspan="2">2016.8.11.</td><td>초진일</td><td>2016.8.12.</td><td>장해진단일</td><td>2017.8.10.</td></tr>
<tr><td colspan="7">상병명(※ 상병명이 많을 때는 장해와 관계있는 주요 상병명을 기재)
가. 안와골절(우측)
나. 외상성 뇌실내 출혈, 뇌좌상(개두술 시행)
다. 양 슬관절 십자인대파열(수술 후 상태)
라. 코의 1/3 결손(후각감퇴 상태)
마. 요추 방출성 골절(2개의 척추체 고정술)</td></tr>
<tr><td colspan="7">슬관절의 운동범위 등
슬관절(우) : 스트레스 엑스선상 3mm 동요
슬관절(좌) : 스트레스 엑스선상 18mm 동요</td></tr>
<tr><td colspan="7">장해진단사항
가. 한 눈의(우측) 안구에 뚜렷한 조절기능장해를 남긴 때에 해당
나. 정신행동에 뚜렷한 장해가 남아 대중교통을 이용한 이동, 장보기 등의 기본적 사회 활동을 혼자서 할 수 없을 때에 해당
다. 슬관절(우, 좌)측의 장해 상태는 위(슬관절의 운동범위 등)와 같음
라. (㉠)에 해당
마. 척추(등뼈)에 약간의 운동장해를 남긴 때에 해당</td></tr>
<tr><td colspan="5">비고(장해부위의 그림표시 등)
※ 영구장해에 해당</td><td colspan="2">상기와 같이 진단함
진단서발행일 : 2017.8.11.
병의원 명칭 : ** 병원</td></tr>
</table>

▸ 최신 법령 및 약관을 반영한 기출수정문제로 정확한 내용을 학습할 수 있도록 하였습니다.

자격시험 소개 INTRODUCE

손해사정사란?

보험사고발생시 손해액 및 보험금의 산정업무를 전문적으로 수행하는 자로서 보험금 지급의 객관성과 공정성을 확보하여 보험계약자나 피해자의 권익을 침해하지 않도록 해주는 일, 즉 보험사고발생시 손해액 및 보험금을 객관적이고 공정하게 산정하는 자를 말합니다.

주요 업무

❶ 손해발생 사실의 확인
❷ 보험약관 및 관계법규 적용의 적정 여부 판단
❸ 손해액 및 보험금의 사정
❹ 손해사정업무와 관련한 서류작성, 제출 대행
❺ 손해사정업무 수행 관련 보험회사에 대한 의견 진술

손해사정사의 구분

업무영역에 따른 구분	재물손해사정사, 차량손해사정사, 신체손해사정사, 종합손해사정사
업무수행에 따른 구분	고용손해사정사, 독립손해사정사

※ 단, 종합손해사정사는 별도의 시험없이 재물 · 차량 · 신체손해사정사를 모두 취득하게 되면 등록이 가능합니다.

자격취득

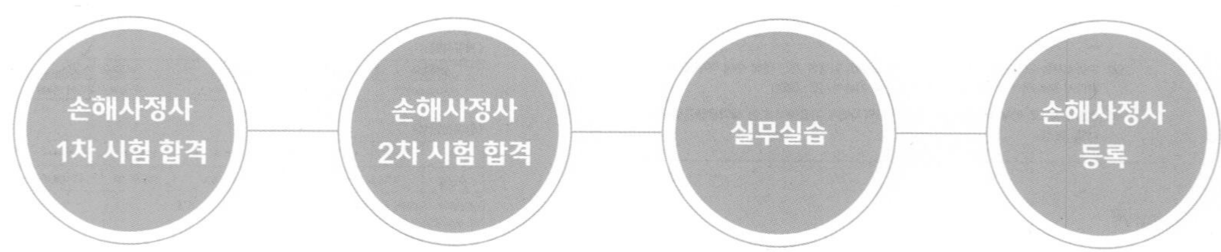

시험일정

구분	원서접수기간	시험일자	합격자 발표
1차 시험	2025.2.18.~2025.2.21.	2025.4.13.	2025.5.30.
2차 시험	2025.6.10.~2025.6.13.	2025.7.27.	2025.9.26.

신체손해사정사 2차 시험 소개 INFORMATION

시험과목 및 방법

시험과목	• 의학이론 • 책임보험 · 근로자재해보상보험의 이론과 실무 • 제3보험의 이론과 실무 • 자동차보험의 이론과 실무(대인배상 및 자기신체손해)
시험방법	논문형(약술형 또는 주관식 풀이형)

합격자 결정

절대평가에 의해 합격자를 결정하며, 절대평가에 의한 합격자가 최소선발예정인원에 미달하는 경우 미달인원에 대하여 상대평가에 의해 합격자를 결정합니다.

▸ 2차 시험 합격자를 결정할 때에는 매 과목 100점을 만점으로 하여 매 과목 40점 이상, 전 과목 평균 60점 이상 득점한 사람을 합격자로 합니다. 다만, 금융감독원장이 손해사정사의 수급상 필요하다고 인정하여 미리 선발예정인원을 공고한 경우에는 매 과목 40점 이상 득점한 사람 중에서 선발예정인원의 범위에서 전 과목 총득점이 높은 사람부터 차례로 합격자를 결정할 수 있습니다.

▸ 전환응시자에 대한 합격결정은 응시한 매 과목에 대하여 40점 이상 득점한 자 중, 전체 응시과목 평균점수가 일반응시자 중 합격자의 최저점수(평균점수) 이상을 득한 경우에 합격자로 결정합니다.

검정현황

구 분	접수(명)	합격(명)	합격률(%)
2018년 제41회	3,177	409	12.87
2019년 제42회	3,249	328	10.10
2020년 제43회	3,121	325	10.41
2021년 제44회	2,981	343	11.51
2022년 제45회	3,075	340	11.06
2023년 제46회	3,037	343	11.30
2024년 제47회	3,166	345	10.90

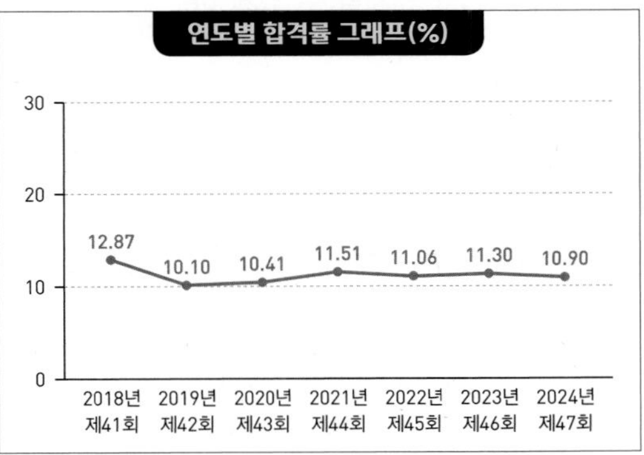

최고득점 & 커트라인

구 분	2018년 제41회	2019년 제42회	2020년 제43회	2021년 제44회	2022년 제45회	2023년 제46회	2024년 제47회
최고득점	69.25	68.75	65.50	67.92	71.67	75.00	74.75
커트라인	50.83	50.42	51.25	53.50	55.00	58.17	56.25

응시자 준수사항 GUIDELINE

1 · 2차 시험 응시자 준수사항(공통)

❶ 응시자는 시험당일 응시표, 신분증 및 필기구를 지참하고, 시험 시작 30분전까지 지정된 고사실에 입실하여 시험안내에 따라야 합니다.

- **신분증 인정범위** : 주민등록증(주민등록발급신청서 포함), 유효기간 내의 운전면허증 · 여권, 공무원증, 복지카드(장애인등록증), 국가유공자증, 외국인등록증 및 재외동포 국내거소증, 신분확인증명서[초 · 중 · 고등학교 학생 또는 군인에 한함, 학교장(부대장)이 발급], 국가자격증(국가기술자격증 포함), 정부중앙부처 또는 지방자치단체에서 발급한 면허증, 초 · 중 · 고등학교 학생증(재학증명서) 및 청소년증
- **필기구 허용범위** : 1차 시험은 컴퓨터용 수성사인펜, 2차 시험은 흑색 또는 청색필기구(동일 종류에 한하며 사인펜이나 연필 종류 등은 사용할 수 없음)

❷ 지각한 응시자에 대하여는 시험응시를 불허합니다.

❸ 보험계리사 시험의 모든 과목 및 재물손해사정사 시험(2차)의 "회계원리" 과목에서는 자료를 저장할 수 없는 단순계산기를 개별 지참하여 사용 가능하며, 공학용 및 재무용 등 데이터 저장 기능이 있는 전자계산기는 사용할 수 없습니다.

❹ 접수된 서류의 기재사항은 변경할 수 없으며, 허위 또는 착오기재 등으로 발생하는 불이익은 일체 응시자 책임으로 합니다.

❺ 응시자 본인의 부주의로 인하여 답안지 기재에 오류(1차 시험의 경우 지정필기구 미사용으로 전산기기에 의한 채점이 불가하거나, 2차 시험의 경우 답안지의 지정된 곳 이외에 성명 등을 기재하여 응시자를 인지할 수 있게 하는 경우 포함)를 범하여 불이익이 발생할 경우, 이는 일체 응시자 책임으로 합니다.

❼ 매 시험시간 종료 전까지 임의로 퇴실할 수 없으며, 감독관의 지시에 따르지 않고 중도 퇴실할 경우에는 해당 과목을 무효로 처리할 수 있습니다.

❼ 응시자가 다음의 행위를 하는 경우에는 당해 시험을 무효로 할 수 있습니다.

- 시험 종료에도 불구하고 답안지 제출을 거부 또는 지연하는 행위
- 정당한 사유 없이 좌석표에 지정된 좌석으로의 이동을 거부하는 행위
- 시험 시작 전에 문제를 풀이하는 행위
- 응시표, 신분증, 필기구, 단순계산기 등 시험응시에 필수적인 물품을 제외한 소지품을 감독관이 지정한 장소로 이동하지 않거나 이동된 소지품을 임의로 가져오는 행위
- 전자 · 통신기기를 감독관이 지정한 장소로 이동하지 않거나 임의로 가져오는 행위(감독관의 지시가 없더라도 시험지 또는 답안지 배포 후 전자 · 통신기기를 소지하는 행위를 포함하며, 전원의 On/Off 유무와 무관)
- 전자 · 통신기기를 감독관이 지정한 장소로 이동하였으나, 전원을 끄지 않은 경우(실제 사용 여부와 무관)
- 그 밖에 감독관 지시사항 등을 따르지 아니하여 공정한 시험운영을 방해하는 행위

❽ 응시자가 다음과 같이 부정한 행위를 하는 경우에는 당해 시험을 무효로 할 수 있으며, 그 행위가 있은 날부터 5년간 해당 시험에 응시할 수 없습니다.

- ▸ 시험 중 다른 응시자와 시험과 관련된 대화를 하거나 답안지를 교환하는 행위
- ▸ 시험 중에 다른 응시자의 답안지 또는 문제지를 엿보는 행위
- ▸ 다른 응시자를 위하여 답안을 알려주거나 엿보게 하는 행위
- ▸ 시험 중 시험문제 내용과 관련된 물건을 휴대하는 행위
- ▸ 응시자의 좌석 근처(책상, 의자 등)에 시험 관련 내용을 판서하거나 메모하는 행위
- ▸ 시험장 내외의 자로부터 도움을 받고 답안지를 작성하는 행위(전자 · 통신기기 등을 활용하는 경우 포함)
- ▸ 미리 시험문제를 알고 시험을 응시하는 행위
- ▸ 다른 수험자와 성명 또는 수험번호를 바꾸어 제출하는 행위
- ▸ 대리시험을 치르거나 치르게 하는 행위
- ▸ 그 밖의 부정한 행위 등으로 본인 또는 다른 사람의 시험 결과에 영향을 미치는 행위

❾ 고사실 내에는 시계가 비치되어 있지 않으므로 응시자는 개인용 시계를 준비(고사실 내에 시계가 비치된 경우라도 이를 참고하여서는 안됨)하기 바라며, 휴대용전화기 등 전자 · 통신기기를 시계 용도로 사용할 수 없습니다.

❿ 응시자가 응시원서접수를 취소하고자 하는 경우에는 시험 실시일 전일까지 보험개발원 인터넷 홈페이지(www.kidi.or.kr)에 접속하여 정해진 방법에 따라 응시취소 요청서(원서접수시 입력한 비밀번호 기입)를 작성하여야 합니다. 이 경우 납입하신 응시수수료 환불은 응시원서 접수마감일로부터 시험 실시 15일 전까지 응시를 취소하는 경우에는 응시수수료 전액을, 시험실시 14일 전부터 시험 실시일 전일까지 응시를 취소하는 경우에는 응시수수료의 50%를 환불하여 드립니다. 또한, 응시수수료 환불은 시험이 종료된 후 15일 이내에 응시취소 요청시에 기입하신 계좌로 입금하여 드립니다.

2차 시험 응시자 준수사항

❶ 답안은 흑색이나 청색 필기구(사인펜 또는 연필 종류는 제외) 중 단일 종류로만 계속 사용하여 작성하여야 하며, 지정된 필기구를 사용하지 아니하여 채점되지 않는 불이익은 응시자의 책임입니다.

❷ 답안지의 인적사항 기재란 이외의 부분에 특정인임을 암시하는 문구를 기재하거나, 답안과 관련 없는 특수한 표시를 하는 경우, 그 답안지는 무효로 처리될 수 있습니다.

❸ 답안 정정시에는 반드시 정정부분은 두 줄(=)로 긋고 다시 기재하여야 하며, 수정테이프(수정액) 등을 사용했을 경우 채점상의 불이익을 받을 수 있으므로 사용하지 마시기 바랍니다.

이 책의 차례 CONTENTS

제1과목 | 의학이론

2014년도 제37회 신체손해사정사 2차 시험문제 004
2015년도 제38회 신체손해사정사 2차 시험문제 016
2016년도 제39회 신체손해사정사 2차 시험문제 029
2017년도 제40회 신체손해사정사 2차 시험문제 041
2018년도 제41회 신체손해사정사 2차 시험문제 053
2019년도 제42회 신체손해사정사 2차 시험문제 067
2020년도 제43회 신체손해사정사 2차 시험문제 079
2021년도 제44회 신체손해사정사 2차 시험문제 094
2022년도 제45회 신체손해사정사 2차 시험문제 117
2023년도 제46회 신체손해사정사 2차 시험문제 132
2024년도 제47회 신체손해사정사 2차 시험문제 145

제2과목 | 책임보험 · 근로자재해보상보험의 이론과 실무

2014년도 제37회 신체손해사정사 2차 시험문제 158
2015년도 제38회 신체손해사정사 2차 시험문제 173
2016년도 제39회 신체손해사정사 2차 시험문제 189
2017년도 제40회 신체손해사정사 2차 시험문제 208
2018년도 제41회 신체손해사정사 2차 시험문제 226
2019년도 제42회 신체손해사정사 2차 시험문제 249
2020년도 제43회 신체손해사정사 2차 시험문제 267
2021년도 제44회 신체손해사정사 2차 시험문제 287
2022년도 제45회 신체손해사정사 2차 시험문제 310
2023년도 제46회 신체손해사정사 2차 시험문제 333
2024년도 제47회 신체손해사정사 2차 시험문제 351

제3과목 | 제3보험의 이론과 실무

2014년도 제37회 신체손해사정사 2차 시험문제 374
2015년도 제38회 신체손해사정사 2차 시험문제 391
2016년도 제39회 신체손해사정사 2차 시험문제 409
2017년도 제40회 신체손해사정사 2차 시험문제 427
2018년도 제41회 신체손해사정사 2차 시험문제 443
2019년도 제42회 신체손해사정사 2차 시험문제 459
2020년도 제43회 신체손해사정사 2차 시험문제 476
2021년도 제44회 신체손해사정사 2차 시험문제 491
2022년도 제45회 신체손해사정사 2차 시험문제 513
2023년도 제46회 신체손해사정사 2차 시험문제 537
2024년도 제47회 신체손해사정사 2차 시험문제 559

제4과목 | 자동차보험의 이론과 실무(대인배상 및 자기신체손해)

2014년도 제37회 신체손해사정사 2차 시험문제 586
2015년도 제38회 신체손해사정사 2차 시험문제 598
2016년도 제39회 신체손해사정사 2차 시험문제 613
2017년도 제40회 신체손해사정사 2차 시험문제 625
2018년도 제41회 신체손해사정사 2차 시험문제 639
2019년도 제42회 신체손해사정사 2차 시험문제 655
2020년도 제43회 신체손해사정사 2차 시험문제 668
2021년도 제44회 신체손해사정사 2차 시험문제 685
2022년도 제45회 신체손해사정사 2차 시험문제 698
2023년도 제46회 신체손해사정사 2차 시험문제 712
2024년도 제47회 신체손해사정사 2차 시험문제 731

A SUCCESSFUL PROJECT

신체손해사정사 2차

기출문제해설

제1과목 의학이론

제2과목 책임보험 · 근로자재해보상보험의 이론과 실무

제3과목 제3보험의 이론과 실무

제4과목 자동차보험의 이론과 실무(대인배상 및 자기신체손해)

제1과목

의학이론

2014년도 제37회 신체손해사정사 2차 시험문제
2015년도 제38회 신체손해사정사 2차 시험문제
2016년도 제39회 신체손해사정사 2차 시험문제
2017년도 제40회 신체손해사정사 2차 시험문제
2018년도 제41회 신체손해사정사 2차 시험문제
2019년도 제42회 신체손해사정사 2차 시험문제
2020년도 제43회 신체손해사정사 2차 시험문제
2021년도 제44회 신체손해사정사 2차 시험문제
2022년도 제45회 신체손해사정사 2차 시험문제
2023년도 제46회 신체손해사정사 2차 시험문제
2024년도 제47회 신체손해사정사 2차 시험문제

제37회 신체손해사정사 2차 시험문제

1. 피로골절(fatigue fracture)에 대하여 설명하고(2점), 호발하는 대표적 부위 4곳(8점)을 기술하시오. (10점)

2. 35세 남자 환자가 우측 경골(tibia) 간부골절로 ○○병원을 방문하여 부목 고정을 실시하고 입원하여 병실에서 안정을 취하던 중 부목을 시행했던 우측 하퇴부에 극심한 통증과 우측 발가락의 감각 저하 및 발가락의 움직임이 되지 않는다고 호소하였다. 붕대 속으로 발등의 맥박을 촉지해보니 촉지되지 않았다. (10점)

   (1) 상기 환자에서 가장 가능성이 높은 진단은? (3점)

   (2) 상기 진단의 발생기전에 대하여 설명하시오. (4점)

   (3) 상기 환자에게 취해야 할 조치에 대하여 기술하시오. (3점)

3. 45세 남자 환자가 작업 중 좌측 하퇴부에 약 10cm 정도의 열상(laceration)을 당하여 ○○병원에서 창상에 대하여 봉합술을 시행받고 입원하게 되었다. 수술 후 약 2일 정도가 지난 후에 창상 부위에 극심한 통증을 호소하였고 창상의 부종 및 피부 변색이 발생하였고 창상의 배출액이 증가하였으며 쥐가 부패하는 것 같은 악취가 났다. (10점)

   (1) 상기 환자에서 가장 가능성 높은 진단은? (3점)

   (2) 상기 합병증을 예방하기 위한 조치에 대하여 설명하시오. (3점)

   (3) 상기 환자의 치료에 대하여 설명하시오. (4점)

4. 올림픽 대로에서 3중 추돌 사고가 발생하여 가운데 차량에 탑승한 운전자가 좌측 하지에 부상을 당하였다. 부상 부위를 관찰하니 부종과 변형이 관찰되었으나 개방창은 없었다. 운전자는 심한 통증을 호소하고 있었다. 의식은 분명하였으며 사고 정황상 타부위의 손상은 없는 것으로 판단되었다. (10점)

   (1) 상기 운전자에 대한 응급조치 중 가장 중요하고 먼저 시행해야 할 것은 무엇인가? (2점)

   (2) 상기 응급조치가 필요한 이유에 대하여 설명하시오. (8점)

5. 운동 마비의 정도를 평가하기 위한 근력 등급에 대하여 설명하시오. (10점)

6. 전방십자인대의 손상은 대표적인 스포츠 손상으로 젊은 남자에서 호발한다고 한다. 이러한 전방십자인대 손상을 진단하기 위한 대표적인 신체검진 소견에 대하여 기술하고(8점), 가장 대표적인 영상진단방법(2점)에 대해 쓰시오. (10점)

7. 암은 우리나라 국민의 사망원인 1위를 차지하는 질환으로 평균적으로 우리나라 국민 3명 중 1명은 암을 경험하게 된다고 한다. 전 세계적으로 암을 치료하기 위한 노력을 계속하고 있으나 전반적인 발생 및 암사망률은 줄어들지 않고 있어, 현실적으로 관리에 가장 효율적인 방법으로 암 조기진단을 시행하고 있다. 이상적인 암 선별검사의 조건에 대하여 5가지 이상 약술하시오. (10점)

8. 당뇨병은 만성 진행성 질환으로 현대인의 식생활 습관의 변화와 비만의 증가에 따라 급증하고 있다. 최근 2형 당뇨병에 대한 많은 연구결과에 따라 새로운 진료지침과 새로운 약제들이 개발되어 치료에 적용하고 있으나 아직까지도 당뇨병의 유병률은 줄어들지 않고 있어, 당뇨병은 현대인의 건강을 위협하는 중요한 질환 중 하나이다. 이러한 당뇨병의 진단기준을 모두 쓰시오. (10점)

9. 두통은 머리 또는 목에 발생하는 통증을 의미하는 것으로 병원을 방문하게 하는 매우 흔한 증상 가운데 하나이다. 이렇게 흔하게 접하는 두통이라 하더라도 위험신호(red flag)들이 발견될 경우에는 위험한 결과를 야기할 수 있는 이차성 두통의 가능성이 높아지게 된다. 이러한 두통의 위험신호(red flag)에 대하여 5가지 이상 약술하시오. (10점)

10. 고혈압은 세계적으로 높은 유병률을 보이는 만성 질환으로 관상동맥 질환, 심부전증, 뇌졸증, 신부전 등을 일으키는 심혈관계 질환의 위험인자이다. 우리나라에서도 27 ~ 28% 정도의 유병률을 보이고 있으며 남자 30 ~ 40대에서 인지, 치료, 조절률이 낮아 문제가 되고 있다. 이러한 고혈압의 치료에는 여러 가지 방법을 사용하고 있는데, 약물치료 이외의 생활습관 개선에 대하여 4가지 이상 약술하시오. (10점)

01 피로골절(fatigue fracture)에 대하여 설명하고(2점), 호발하는 대표적 부위 4곳을 기술하시오(8점). (10점)

모범답안

1. 피로골절의 의의

피로골절이란 일정 부위의 뼈에 반복되는 응력에 의해 점차 골질의 연속성이 중단되는 상태로, 장거리 행군(행군골절) 등에 의한 제2, 3, 4 중족골 골절과 육상선수 등에서 보이는 경골골절이 이에 속한다. 정상적인 근육은 뼈에 가해지는 외력을 차단하는 역할을 하나, 근육이 피로하여 정상기능을 소실하면, 뼈에 응력이 집약되어 발생한다. 이때 골절의 형태는 불완전골절이고 골피절면에 대하여 횡골절로 보이며, 드물게 완전골절로 이행될 수 있다. 일명 행군골절 등으로도 불린다.

2. 대표적인 호발부위 4곳

(1) 중족골의 피로골절

장거리 달리기 선수나 발레 무용수에게 흔하며, 제2중족골 경부가 호발부위이나 타 중족골에도 올 수 있다.

(2) 경골간부의 피로골절

주로 젊은 운동선수, 발레 무용수, 군인들에게서 많이 생긴다. 군인들에 있어서는 주로 근위부에 생기며, 임상소견은 일반적으로 서서히 진행하는 국호적 동통과 압통이다. 방사선 소견상 경골 앞쪽 피질골의 비후가 보이기도 하며, 경골 전방 구획증후군과 감별 진단해야 한다.

(3) 대퇴경부의 피로골절

젊고 활동적인 사람이 평소 잘 하지 않던 체조, 달리기, 행군 등을 한 후에 잘 생기며, 골다공증 같은 골 대사성 질환을 가진 노인에게 잘 발생한다.

(4) 주상골의 피로골절

기존의 섬유화나 골성 결합으로 족부변형이 있는 환자, 특히 족근부 배굴곡의 제한, 거골하 관절운동의 제한, 제1중족골의 단축, 중족골 내전에 있는 사람에서 주로 생긴다.

02

35세 남자 환자가 우측 경골(tibia) 간부골절로 ○○병원을 방문하여 부목고정을 실시하고 입원하여 병실에서 안정을 취하던 중 부목을 시행했던 우측 하퇴부에 극심한 통증과 우측 발가락의 감각 저하 및 발가락의 움직임이 되지 않는다고 호소하였다. 붕대 속으로 발등의 맥박을 촉지해보니 촉지되지 않았다. (10점)

(1) 상기 환자에서 가장 가능성이 높은 진단은? (3점)

(2) 상기 진단의 발생기전에 대하여 설명하시오. (4점)

(3) 상기 환자에게 취해야 할 조치에 대하여 기술하시오. (3점)

모범답안

(1) 가장 가능성이 높은 진단 : 구획증후군

가능성이 높은 진단명은 구획증후군이다. 왜냐하면 구획증후군에서 전형적으로 나타나는 증상 5P 중 통증, 감각저하, 마비, 무맥증상이 나타났기 때문이다.

여기서 5P증상이란 ① 동통(Pain), ② 맥박의 소실(Pulselessness), ③ 창백(Pale), ④ 이상감각(Parasthesia), ⑤ 운동마비(Paralysis)를 말한다.

(2) 진단의 발생기전

구획증후군이란 근막에 둘러싸인 폐쇄된 구획 내의 조직압이 높아져서 모세혈관에서의 관류가 저하되어 마침내는 구획 내의 근육과 신경 등 연부조직이 괴사되는 상태를 말한다.

정상적인 구획 내의 조직압은 약 0mmHg인데, 30mmHg 이상이 되면 이상감각이 나타나기 시작하며 감각마비, 운동약화, 운동마비 순으로 나타난다. 조직압이 30 ~ 60mmHg로 상승하게 되면 조직관류가 불충분하게 되고 상대적 국소빈혈상태가 나타나며, 100mmHg 이상 시는 원위부 맥박이 촉진되지 않는다.

(3) 환자에게 취해야 할 조치

급성 구획증후군의 치료는 응급을 요하며, 상승된 구획내압을 낮추어 주어야 한다. 우선 조이는 석고붕대, 솜붕대, 스타키네트를 절개하여야 하며, 적절한 조치에도 불구하고 30분 ~ 1시간 이내에 증상이 좋아지지 않고, 구획증후군으로 진행하는 것이 임상적으로 확실하게 추정되면 즉시 근막절개술을 시행하여야 한다. 진단이 애매할 경우 조직압을 측정하여 30mmHg 이상 증가된 경우에는 지체 없이 근막절개술을 시행하여야 한다.

더 알아보기 근막절개술

근막이란 섬유조직으로 이루어진 막으로 피부 깊은 곳, 근육, 장기, 몸안의 공간을 둘러싸는 층을 말한다. 이 근막을 잘라내어 부은 조직의 압력을 감소시킴으로써 신경, 조직, 장기의 손상이 진행되는 것을 막을 수 있다.

03

45세 남자 환자가 작업 중 좌측 하퇴부에 약 10cm 정도의 열상(laceration)을 당하여 ○○병원에서 창상에 대하여 봉합술을 시행받고 입원하게 되었다. 수술 후 약 2일 정도가 지난 후에 창상 부위에 극심한 통증을 호소하였고, 창상의 부종 및 피부 변색이 발생하였고 창상의 배출액이 증가하였으며 쥐가 부패하는 것 같은 악취가 났다. (10점)

(1) 상기 환자에서 가장 가능성이 높은 진단은? (3점)

(2) 상기 합병증을 예방하기 위한 조치에 대하여 설명하시오. (3점)

(3) 상기 환자의 치료에 대하여 설명하시오. (4점)

모범답안

(1) 가장 가능성이 높은 진단 : 가스괴저

의심되는 진단명은 가스괴저이다. 왜냐하면 외상부위에 심한 통증, 부종, 피부변색, 배출액의 증가, 회색빛 악취가 나는 삼출물 등 전형적인 가스괴저의 증상이 나타났기 때문이다.

(2) 합병증을 예방하기 위한 조치

가스괴저를 예방하기 위해서 가장 중요한 것은 수상 당시 창상의 처치이다. 모든 창상은 철저한 세척과 변연절제술이 절대적으로 필요하다.

(3) 환자의 치료

수액 및 전해질 보정을 위한 보조적 치료와 항생제 투여, 수술적 요법과 고압산소요법이 시행된다. 수술적 치료로 즉각적인 수술적 감압과 괴사된 조직의 변연절제술을 시행한다. 가스괴저가 의심되는 창상에 대해서는 철저한 세척을 하고, 변연절제술 후 창상을 봉합하지 않고 창상을 개방한다.

04

올림픽 대로에서 3중 추돌 사고가 발생하여 가운데 차량에 탑승한 운전자가 좌측 하지에 부상을 당하였다. 부상 부위를 관찰하니 부종과 변형이 관찰되었으나 개방창은 없었다. 운전자는 심한 통증을 호소하고 있었다. 의식은 분명하였으며 사고 정황상 타부위의 손상은 없는 것으로 판단되었다. (10점)

(1) 상기 운전자에 대한 응급조치 중 가장 중요하고 먼저 시행해야 할 것은 무엇인가? (2점)

(2) 상기 응급조치가 필요한 이유에 대하여 설명하시오. (8점)

모범답안

(1) 응급조치 중 가장 먼저 시행해야 할 것 : 부목고정

골절부위의 응급처치 중 가장 중요하고 먼저 시행되어야 할 것은 골절부의 부목고정이다. 이는 사고 발생장소에서부터 즉시 시행하여야 한다.

(2) 상기 응급조치가 필요한 이유

상기 응급조치가 필요한 이유는 ① 골절부위를 움직이지 않게 고정하여 골절부위의 연부조직 손상을 피할 수 있고, ② 폐쇄성 골절이 개방성 골절로 되는 것을 방지하고, ③ 동통을 감소시키고, ④ 지방색전증과 쇼크의 빈도를 감소시키며, ⑤ 환자의 이송과 병원에서의 방사선 촬영을 쉽게 할 수 있기 때문이다.

05 운동 마비의 정도를 평가하기 위한 근력 등급에 대하여 설명하시오. (10점)

모범답안

근력평가

(1) Normal : 단계 5, 근력 100%

중력과 충분한 저항하에서 능동적 정상 관절운동이 가능하다.

(2) Good : 단계 4, 근력 75%

중력과 어느 정도의 저항하에서 능동적 정상 관절운동이 가능하다.

(3) Fair : 단계 3, 근력 50%

중력만을 이기는 능동적 관절운동이 가능하다.

(4) Poor : 단계 2, 근력 25%

무중력 상태에서 능동적 관절운동이 가능하다.

(5) Trace : 단계 1, 근력 10%

수축은 가능하나, 능동적 관절운동이 불가능하다.

(6) Zero : 단계 0, 근력 0%

근육 수축의 증거가 없다.

06

전방십자인대의 손상은 대표적인 스포츠 손상으로 젊은 남자에서 호발한다고 한다. 이러한 전방십자인대 손상을 진단하기 위한 대표적인 신체검진 소견에 대하여 기술하고(8점), 가장 대표적인 영상진단방법(2점)에 대해 쓰시오. (10점)

모범답안

1. 신체검진 소견

(1) 전방전위검사

고관절 및 슬관절을 70 ~ 90도로 굴곡한 후 하퇴부를 전방으로 당겨 시행한다. 경골 및 족부를 중립 위치, 내회전, 외회전하여 스트레스를 가함으로써 회전 불안정성을 관찰할 수 있다.

(2) Lachman 검사

슬관절을 20 ~ 30도 가량 굴곡하여 하퇴부를 당겨 그 전위 정도와 부하시 종점의 경도를 측정한다.

(3) Pivor shift test

고관절을 20도 외전 및 슬관절을 신전상태에서 내회전하고, 서서히 굴곡시켜 슬관절이 아탈구 상태로부터 정복되는 것을 육안으로 관찰하거나 감각으로 느낀다.

2. 가장 대표적인 영상진단방법

(1) Arthrometer

전방전위검사 및 Lachman 검사 등은 간편하게 십자인대파열을 진단할 수 있지만, 객관적으로 인대의 손상을 평가하고 그 잔여기능을 나타내기 위해 K1000 등의 관절운동측정기가 개발되었다.

(2) MRI

전방십자인대파열에 동반된 손상의 진단을 위해 주로 시행되며, 기능적 상태보다는 주로 파열이 되었다는 형태적 사실을 알려준다.

07

암은 우리나라 국민의 사망원인 1위를 차지하는 질환으로 평균적으로 우리나라 국민 3명 중 1명은 암을 경험하게 된다고 한다. 전 세계적으로 암을 치료하기 위한 노력을 계속하고 있으나 전반적인 발생 및 암사망률은 줄어들지 않고 있어, 현실적으로 관리에 가장 효율적인 방법으로 암 조기진단을 시행하고 있다. 이상적인 암 선별검사의 조건에 대하여 5가지 이상 약술하시오. (10점)

모범답안

암 선별검사의 조건(5가지 이상)

(1) 질병의 특성

① 공중보건에 중요한 문제이면서 고위험군을 쉽게 찾아낼 수 있어야 한다.

② 발견이 가능한 무증상 시기가 존재해야 한다.

③ 무증상 시기에 치료를 함으로써 결과가 개선될 수 있어야 한다.

(2) 검사의 특성

① 무증상 시기에 질병을 발견할 수 있을 정도로 충분히 민감도가 높아야 한다.

② 위 양성결과가 최소화 될 수 있도록 충분히 특이도가 높아야 한다.

③ 환자가 용인할 수 있어야 한다.

(3) 선별집단의 특성

① 선별이 정당화 될 수 있을 정도로 질병의 유병률이 충분히 높아야 한다.

② 적절한 치료에 대한 접근성이 용이해야 한다.

③ 환자가 추가검사 및 치료에 기꺼이 따를 의지가 있어야 한다.

08

당뇨병은 만성 진행성 질환으로 현대인의 식생활 습관의 변화와 비만의 증가에 따라 급증하고 있다. 최근 2형 당뇨병에 대한 많은 연구결과에 따라 새로운 진료지침과 새로운 약제들이 개발되어 치료에 적용하고 있으나 아직까지도 당뇨병의 유병률은 줄어들지 않고 있어, 당뇨병은 현대인의 건강을 위협하는 중요한 질환 중 하나이다. 이러한 당뇨병의 진단기준을 모두 쓰시오. (10점)

모범답안

당뇨병의 진단기준

다음과 같은 경우 중 1가지 이상이 해당될 때이고, 서로 다른 날 연속적으로 2회 이상 나타나야 한다.

① 8시간 이상 금식 후 혈장 공복혈당이 126mg/dL 이상

② 75g 포도당 부하 후 2시간째 혈장 혈당 수치가 200mg/dL 이상

③ 다뇨, 다음, 체중감소 등의 당뇨병 증상들이 나타나고 식사와 관계없이 채취한 혈장에서 혈당이 200mg/dL 이상

④ HbA1c(당화혈색소)가 6.5% 이상인 경우(당화혈색소는 최근 수주간의 평균 혈당수치를 보여준다)

09

두통은 머리 또는 목에 발생하는 통증을 의미하는 것으로 병원을 방문하게 하는 매우 흔한 증상 가운데 하나이다. 이렇게 흔하게 접하는 두통이라 하더라도 위험신호(red flag)들이 발견될 경우에는 위험한 결과를 야기할 수 있는 이차성 두통의 가능성이 높아지게 된다. 이러한 두통의 위험신호(red flag)에 대하여 5가지 이상 약술하시오. (10점)

모범답안

두통의 위험신호(red flag)

① 갑자기 시작하는 처음 있는 심한 두통
② 50세 이후에 새로 시작되는 두통
③ 열, 발진 또는 목의 경직이 동반되는 두통
④ 신경학적 증상이나 징후가 동반되는 두통
⑤ 의식의 변화가 동반되는 두통
⑥ 성격이 다른 종류의 두통
⑦ 정도가 점점 심해지는 두통
⑧ 고혈압과 서맥이 있는 두통
⑨ 분출성 구토를 동반하는 두통
⑩ 운동, 성교, 기침, 재채기시에 발생하는 두통
⑪ 두부 외상의 과거력이 있는 두통

10

고혈압은 세계적으로 높은 유병률을 보이는 만성 질환으로 관상동맥 질환, 심부전증, 뇌졸증, 신부전 등을 일으키는 심혈관계 질환의 위험인자이다. 우리나라에서도 27 ~ 28% 정도의 유병률을 보이고 있으며 남자 30 ~ 40대에서 인지, 치료, 조절률이 낮아 문제가 되고 있다. 이러한 고혈압의 치료에는 여러 가지 방법을 사용하고 있는데, 약물치료 이외의 생활습관 개선에 대하여 4가지 이상 약술하시오. (10점)

모범답안

고혈압 생활습관 개선

고혈압의 비약물적 요법은 음식섭취 조절, 운동, 체중 조절, 스트레스 조절로 요약된다.

(1) 금 연

금연은 심혈관 질환을 감소시키기 위해서 필수적이다.

(2) 금 주

다량의 음주는 혈압을 상승시키고 심혈관 질환을 증가시킨다.

(3) 운 동

지속적인 운동의 효과는 체중감소와 무관하게 혈압을 감소시킨다.

(4) 체중감량

비만 중 남성형 비만(상체비만)은 고혈압과 많은 관계가 있다.

(5) 식이 조절

식염 섭취를 약 5gm 이하로 감소시키면 수축기 혈압/확장기 혈압이 4.9/2.6mmHg 감소되는 것으로 알려져 있다. 고지방, 과도한 에너지 섭취를 제한하고 과일이나 채소, 저지방 유제품, 지방 없는 단백질, 칼슘, 칼륨, 마그네슘과 섬유소를 적절히 섭취한다.

(6) 스트레스 조절

스트레스는 고혈압의 합병증인 뇌졸증(혹은 뇌출혈), 심근경색증을 유발한다고 알려져 있다.

제38회 신체손해사정사 2차 시험문제

1. 활막관절에 대하여 설명하시오. (10점)

2. 40세 남자 환자로 자동차에 우측 무릎이 부딪친 후 무릎에 부종이 생겼다. 일반 방사선 촬영상 골절의 소견을 보이지 않아 슬관절 무릎내 장애(슬내장)로 진단되었다. 손상이 의심되는 조직을 모두 쓰시오. (10점)

3. 관절강직의 원인은? (10점)

4. 부정유합의 정의(5점)와 원인(5점)은? (10점)

5. 40세 남자 환자로 5m 높이에서 떨어지면서 우측 족근관절에 골절이 있었다. 수술 후 3주가 지나서 발바닥 및 발가락 끝 부위에 약물치료에도 반응이 없는 통증과 저림을 호소하였고 족근관 부위에 압통이 나타났다. (10점)

   (1) 진단명은? (2점)

   (2) 압박되는 신경은? (3점)

   (3) 진단법을 모두 쓰시오. (3점)

   (4) 치료방법은? (2점)

6. 75세 남자 환자로 자동차에 충돌 후 우측 대퇴경부골절이 생겼으나 전신상태가 좋지 않아 수술이 늦어지고 심한 골다공증이 있는 상태이다. 예상되는 국소적 합병증(4가지)과 합당한 수술적 방법은? (10점)

7. 골다공증은 폐경 또는 노화에 의해 발생하는 흔한 대사성 질환으로 뼈를 구성하는 미세구조가 약해지고 손상되어 쉽게 골절이 생기는 질환이다. (10점)

(1) 주(major) 위험인자 3가지 약술하시오. (6점)

(2) 예방을 위해서는 '이 시기'에 형성되는 최대 골량을 최고로 만드는 것이 중요하므로 '이 시기'의 영양이 매우 중요하다. '이 시기'는? (2점)

(3) 고령자에서는 골절을 유발하는 가장 큰 요인이 '이것'이며 이를 예방하기 위해서는 근력강화와 유연성, 균형능력을 키우는 것이 중요하다. '이것'은? (2점)

8. 65세 여자가 최근 식사량이 줄고 스트레스로 인하여 잠을 설치는 등 3～4일 전부터 평소보다 힘들게 지내면서 몸통 왼쪽 가슴에서 등쪽에 걸쳐 가려움과 통증이 발생하였고, 금일 같은 부위에 수포가 관찰되었다. (10점)

(1) 진단은? (4점)

(2) 동반 가능한 합병증을 2가지 쓰시오. (6점)

9. 우리나라의 유방암은 여성에서 2번째로 호발하는 암이다. 유방암의 경우 여러 가지 위험요인에 의해 복합적으로 영향을 받는데 이러한 고위험군에 해당하는 경우를 3가지 약술하시오. (10점)

10. 자궁경부암의 발생에는 (①) 감염이 중요한 요인이다. (①)은(는) 자궁경부의 편평세포암 환자의 99%에서 발견되며, 과정은 다를 것으로 보이지만 편평세포암과 선암 모두의 원인으로 밝혀져 있다. (10점)

(1) ①에 들어갈 내용을 쓰시오. (4점)

(2) 자궁경부암의 발생 위험요인을 3가지 쓰시오. (6점)

01 활막관절에 대하여 설명하시오. (10점)

모범답안

활막관절

활막관절이란 활액으로 차 있는 관절강을 중심으로 양쪽의 골은 관절연골로 덮여 있고 나머지 둘레는 관절낭으로 덮여 있는 관절을 말한다. 관절낭의 바깥층은 결합조직으로 구성되고 인대에 의해 보강되며 관절낭의 안층과 골막 등 관절내 구조물이 활액막으로 덮여 있다. 활막관절은 비교적 자유롭게 운동할 수 있는데, 윤활기구가 잘 발달하여 마찰이 거의 없이 미끄러질 수 있다.

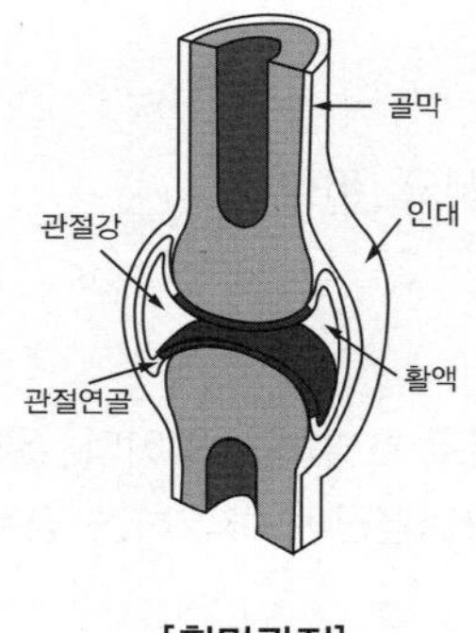

[활막관절]

〈자료출처 : 서울아산병원〉

02

40세 남자 환자로 자동차에 우측 무릎이 부딪친 후 무릎에 부종이 생겼다. 일반 방사선 촬영상 골절의 소견을 보이지 않아 슬관절 무릎내 장애(슬내장)로 진단되었다. 손상이 의심되는 조직을 모두 쓰시오. (10점)

모범답안

무릎내 장애(슬내장) 손상조직

주로 외상으로 인해 슬관절 기능에 지장을 초래하는 다양한 관절내 그리고 관절외 장애를 슬내장이라 한다.

(1) 반월상연골 손상

부분 굴곡위에서 회전력이 가해질 때 발생한다. 굴곡위에서 경골에 대한 대퇴골의 내회전으로 인해 내측 반월상연골의 후방 그리고 중앙으로 전위되고 이때 갑작스런 슬관절의 신전으로 종파열이 발생한다.

(2) 원판형 반월상연골 손상

원판형 반월상연골은 무릎 안에 있는 반월상연골의 비정상적인 모양을 의미한다.

(3) 측부인대 손상

무릎의 양 측면(내측 측부인대, 외측 측부인대)에 존재한다. 내측 측부인대는 대퇴골과 경골을 연결하고, 외측 측부인대는 대퇴골과 비골에 연결되어 있다.

(4) 십자인대 손상

전방십자인대는 무릎의 중간에 대각선으로 주행하며 경골이 대퇴골에 대해 전방으로 미끄러지는 것을 방지할 뿐 아니라 무릎의 회전안정성을 제공한다. 후방십자인대는 무릎 뒤쪽에 위치하고 대퇴골과 경골을 이어주는 인대 중 하나로 경골이 후방으로 빠지는 것을 제한하는 기능을 한다.

(5) 관절내 유리체

일명 joint mice라고도 한다. 유리체는 슬관절에서 가장 많이 발생하고 그 밖에 족근관절, 고관절, 주관절 등에서도 발생하며 남자에 호발한다.

(6) 박리성 골연골염

박리성 골연골염은 연골하골의 무혈성 변화가 나타나 치유되지 않았을 때 연골하골을 덮고 있는 연골이나 골이 분리되어 관절내 유리체를 발생시키는 질환이다.

(7) 활막추벽증후군

발생학적으로 관절강 내에 활막의 잔재가 남아 있는 것을 활막추벽이라 하며, 활막추벽이 비후되어 슬내장의 증상을 일으킬 경우, 이를 활막추벽증후군이라 한다.

03 관절강직의 원인은? (10점)

모범답안

관절강직의 원인

석고붕대 등의 외고정이나 수술 후 내고정 후, 골절에 이웃한 관절의 장기간 고정은 골절주위의 연부조직 유착이나 근위축을 초래하고 관절막에 반흔형성을 하며, 관절자체가 손상을 입지 않더라도 관절면이 유착된다.

원인으로는 관절탈구, 아탈구, 인대손상, 관절타박상, 관절내골절, 골절 및 탈구 치료를 위한 장기간의 외고정, 광범위한 연부조직의 손상에 대한 반흔 구축, 손상지의 지속적인 부종 등이 있다.

더 알아보기 **관절강직(ankylosis)**

외상이나 어떤 질환으로 발생하는 관절의 고정적인 운동장애로, 관절을 이루는 뼈나 연골 주위의 조직이 굳어져 관절의 움직임에 장해가 있는 상태를 말한다. 장기간의 비활동시기 후에 관절의 불편감이나 통증이 초래되는 상태 또는 관절의 운동범위가 줄거나 소실된 상태로 정의할 수 있다.
골 관절염, 류마티스 관절염, 강직성 척추염의 흔한 증상 중 하나이며, 드물게 관절의 감염이나 종양에 의해서도 발생한다. 부상이나 과도한 사용에 의해서도 유발된다.

04 부정유합의 정의(5점)와 원인(5점)은? (10점)

모범답안

부정유합

(1) 정 의

부정유합이란 골편들이 원래의 해부학적 위치가 아닌 상태로 유합되는 것을 말하며, 각형성변형, 회전변형, 하지단축 등의 변형을 일으킨다.

(2) 원 인

부정유합이 생기는 원인으로는 ① 중추신경계의 손상으로 경련성 마비를 동반한 골절, ② 심한 연부조직 손상을 동반한 골절로 내고정으로 양호한 정복이 어려운 경우, ③ 골절의 골편이 심하거나, 고령이거나 건강상태가 불량하여 관혈적 정복을 못하여 부정확한 정복이 시행된 경우, ④ 불충분한 고정과 조기보행 또는 환자 부주의 등이 있다.

더 알아보기 관혈적 정복

뼈가 골절되었을 때 골절부위를 정복하기 위해 피부를 절개하고, 골절부위를 직접 보면서 맞추는 수술 방법을 말한다.

05

40세 남자 환자로 5m 높이에서 떨어지면서 우측 족근관절에 골절이 있었다. 수술 후 3주가 지나서 발바닥 및 발가락 끝 부위에 약물치료에도 반응이 없는 통증과 저림을 호소하였고 족근관 부위에 압통이 나타났다. (10점)

(1) 진단명은? (2점)

(2) 압박되는 신경은? (3점)

(3) 진단법을 모두 쓰시오. (3점)

(4) 치료방법은? (2점)

모범답안

(1) 진단명

족근관증후군

(2) 압박되는 신경

후경골신경

(3) 진단법

① 근전도와 신경전도검사

② 틴넬증후검사

③ 초음파 및 MRI검사

④ 족근관을 약 60초 동안 압박하는 신경유발검사

(4) 치료방법

류마티스 관절염으로 인한 활액막염이 원인인 경우에는 부목고정, 비스테로이드 소염제, 스테로이드 국소주사를 사용하고 골절 후 족근관 바닥의 형태가 변한 경우라면 수술적 치료를 시행한다.

06

75세 남자 환자로 자동차에 충돌 후 우측 대퇴경부골절이 생겼으나 전신상태가 좋지 않아 수술이 늦어지고 심한 골다공증이 있는 상태이다. 예상되는 국소적 합병증(4가지)과 합당한 수술적 방법은? (10점)

모범답안

1. 국소적 합병증

(1) 감 염

고령의 환자이므로 당뇨병 등 성인병을 동반하는 경우가 많아 감염률이 높다. 감염이 되면 예후는 불량하다.

(2) 불유합

불유합은 비전위 골절에서는 잘 일어나지 않으나, 전위성 골절에서는 20 ~ 30%에서 발생한다.

(3) 무혈성 괴사

대퇴경부골절에서 골편의 전위로 인하여 상지대동맥이 손상을 받아 일어난다.

(4) 고정실패

골다공증이 있는 상태이므로 내고정물의 고정이 실패할 가능성이 있다.

2. 합당한 수술적 방법

70세 이상 고령의 환자에서 심하게 전위되거나 3주 이상 치료가 지연된 대퇴경부골절 또는 류마티스 관절염이나 퇴행성 관절염이 있는 환자에서 발생한 대퇴경부골절의 경우에는 인공관절 치환술을 시행할 수 있다.

07

골다공증은 폐경 또는 노화에 의해 발생하는 흔한 대사성 질환으로 뼈를 구성하는 미세구조가 약해지고 손상되어 쉽게 골절이 생기는 질환이다. (10점)

(1) 주(major) 위험인자 3가지 약술하시오. (6점)

(2) 예방을 위해서는 '이 시기'에 형성되는 최대 골량을 최고로 만드는 것이 중요하므로 '이 시기'의 영양이 매우 중요하다. '이 시기'는? (2점)

(3) 고령자에서는 골절을 유발하는 가장 큰 요인이 '이것'이며, 이를 예방하기 위해서는 근력강화와 유연성, 균형능력을 키우는 것이 중요하다. '이것'은? (2점)

모범답안

골다공증

(1) 주(major) 위험인자

① 연령의 증가(노화)

② 생활습관 : 운동부족, 칼슘과 비타민 D 섭취가 적은 식사, 흡연, 과도한 알코올 또는 카페인 섭취 등

③ 내분비계 이상

㉠ 조기 폐경 : 여성호르몬인 에스트로겐의 감소

㉡ 약물복용 : 부신피질호르몬, 갑상선호르몬, 항응고제 등의 장기복용

④ 유전적 요소 : 골다공증이 있는 가족력

(2) 최대 골량 형성시기

골다공증을 예방하기 위해서는 20 ~ 30대 때부터 최대 골량을 많이 확보해 놓고, 칼슘과 비타민 D를 섭취하고, 뼈와 근육을 자극해주는 운동을 해야 한다.

(3) 고령자에게 골절을 유발하는 가장 큰 요인

낙상은 골다공증이 있는 고령자에게 골절 위험을 증가시키는 요인이다. 낙상을 예방하기 위해서 근력강화와 유연성, 균형능력을 키우는 체중부하운동을 적절히 해야 한다.

08

65세 여자가 최근 식사량이 줄고 스트레스로 인하여 잠을 설치는 등 3 ~ 4일 전부터 평소보다 힘들게 지내면서 몸통 왼쪽 가슴에서 등쪽에 걸쳐 가려움과 통증이 발생하였고, 금일 같은 부위에 수포가 관찰되었다. (10점)

(1) 진단은? (4점)

(2) 동반 가능한 합병증을 2가지 쓰시오. (6점)

모범답안

대상포진

(1) 진 단

65세 여자가 스트레스로 잠을 설치고 왼쪽 가슴에서 등쪽에 걸쳐 가려움증과 통증, 수포가 관찰되는 것으로 보아 대상포진이 의심된다.

대상포진은 원인균인 베리셀라 – 조스터 바이러스(varicella – zoster virus)에 의해 말초신경절(주로 삼차신경, 갈비사이신경, 궁둥신경)을 침범하는 신경피부계의 급성 염증으로 신경을 따라 물집들이 띠 모양으로 발생하는 질환으로 통증이 아주 심한 질환이다.

(2) 합병증

주된 합병증은 대상포진 후 신경통으로, 피부발진이 호전된 후에도 통증이 있는 경우 또는 30일 이상 통증이 지속되는 경우로 정의하기도 한다. 피부에 중추신경계를 침범하여 수막염이나 뇌염증상을 일으킬 수도 있다.

09

우리나라의 유방암은 여성에서 2번째로 호발하는 암이다. 유방암의 경우 여러 가지 위험 요인에 의해 복합적으로 영향을 받는데 이러한 고위험군에 해당하는 경우를 3가지 약술하시오. (10점)

모범답안

유방암 고위험군

① 연령 : 고연령

② 지역 : 선진국

③ 초경 연령 : 11세 이전

④ 폐경 연령 : 54세 이후

⑤ 첫 만삭 임신 연령 : 40대 초반에 첫 출산

⑥ 가족력 : 직계 가족 중 젊은 나이에 유방암 병력

⑦ 양성 유방 질환 병력 : 비전형 증식증

⑧ 다른 쪽 유방의 유방암

⑨ 식사 : 포화지방 과다섭취

⑩ 체중 : 체질량 지수 > 35

⑪ 음주 : 과다 음주

⑫ 이온화 방사선 노출 : 10세 이후 어린 연령 때 비정상적 노출

⑬ 경구피임약 : 현 사용자

⑭ 호르몬 대체요법 : 10년 이상 사용

10

자궁경부암의 발생에는 (①) 감염이 중요한 요인이다. (①)은(는) 자궁경부의 편평세포암 환자의 99%에서 발견되며, 과정은 다를 것으로 보이지만 편평세포암과 선암 모두의 원인으로 밝혀져 있다. (10점)

(1) ①에 들어갈 내용을 쓰시오. (4점)

(2) 자궁경부암의 발생 위험요인을 3가지 쓰시오. (6점)

모범답안

(1) ①에 들어갈 내용 : 인유두종 바이러스(Human Papilloma Virus ; HPV)

인유두종 바이러스는 성관계를 통해 전염되는데 자궁경부암이 있는 대부분의 여성에게 발견된다. 고위험군 바이러스(HPV type 16, 18, 32, 33 등)는 지속적인 감염상태를 유지하여 자궁경부암의 전단계인 자궁경부 이형성증으로 발전하며, 이 중 일부는 자궁경부암으로 진행되는 것으로 알려져 있다. 악성종양 발생의 고위험군으로 구분되어 있는 HPV 16과 HPV 18은 자궁경부암의 70%에서 발견된다.

(2) 자궁경부암의 발생 위험요인(3가지)

① 흡연, ② 사람면역결핍바이러스(HIV) 감염, ③ 클라미디어(성병의 하나) 감염, ④ 과일과 채소의 섭취가 적은 식이, ⑤ 장기간 경구피임약의 사용, ⑥ 출산수가 많은 경우, ⑦ 낮은 사회경제수준 등도 자궁경부암의 발생 위험요인으로 알려져 있다.

제39회 신체손해사정사 2차 시험문제

1. 병적 골절의 원인이 되는 전신적 병변 및 국소적 병변 5개 이상을 기술하시오. (10점)

2. 골다골증성 골절이 많이 발생하는 곳 3곳 이상을 기술하시오. (10점)

3. 29세 환자로 교통사고 후 우측 전완부의 요골 및 척골에 분쇄 골절이 발생하였다. 예상되는 합병증은(5개 이상)? (10점)

4. 50세 환자로 교통사고 후 우측 고관절 비구부 골절 및 탈구가 발생하여 수술적 치료를 받았다. 예상되는 합병증은(5개 이상)? (10점)

5. 발에서 중족부에 해당되는 골구조물을 쓰시오(5개). (10점)

6. 교통사고로 대퇴골 원위부 관절내 골절이 발생하였다. 관절내 골절편을 견고하게 고정시켜야 하는 이유를 설명하시오. (10점)

7. 대표적인 우리나라 가을철 고열성 질환으로 제3급 법정감염병으로 지정되어 있어, 공중보건학적으로 지속적 감시가 필요한 질환 3가지를 쓰시오. (10점)

8. 우리나라는 과거에 비하여 결핵 환자수가 많이 감소하였으나, 여전히 가장 중요한 감염병이다. 일반적으로 결핵의 진단에 사용할 수 있는 검사를 3가지 쓰시오. (10점)

9. 간암은 우리나라에서 갑상선암을 제외하고 5번째로 호발하는 암이며, 사망률로는 폐암 다음으로 두 번째에 해당하는 질환이다. 이러한 간암의 대표적인 위험요인을 3가지 쓰시오. (10점)

10. 간경변증은 만성 간 손상에 대한 회복과정에서 발생하는 섬유화가 진행되어 불규칙한 재생결절이 생긴 상태이다. 대상성 간경변증 환자의 50%는 진단 후 10년 이내 합병증이 발생한다. 간경변증의 대표적인 합병증 3가지를 쓰시오. (10점)

01 병적 골절의 원인이 되는 전신적 병변 및 국소적 병변 5개 이상을 기술하시오. (10점)

모범답안

병적 골절의 원인이 되는 전신적 병변 및 국소적 병변

염증, 종양, 골조송증(골다공증) 등 병적 상태에 있을 때 작은 외력에 의하여 발생하는 골절을 병적 골절이라고 한다. 원인이 되는 병변은 ① 골다공증, ② 신생물(암), ③ 부갑상선 기능항진증, ④ 골연화증, ⑤ 방사선조사 골절 등이 있다.

※ **골조송증** : 뼈의 무기질과 단백질이 줄어들어 뼈조직이 엉성해지는 증상

병적 골절의 가장 흔한 원인은 골다공증이며, 흔한 골절부위는 척추와 고관절 주위이다. 신생물에 의한 경우는 원발성 종양과 전이성 골종양이 있는데, 전이성 골종양이 더 흔하다. 종양치료를 위한 방사선조사에 의하여 약해진 뼈에서 발생하는 골절 또한 병적 골절이다.

02 골다골증성 골절이 많이 발생하는 곳 3곳 이상을 기술하시오. (10점)

모범답안

골다골증성 골절 호발부위

골다공증에 의한 병적 골절은 주로 ① 척추, ② 대퇴경부 및 전자부, ③ 요골 원위부, ④ 상완골 등에서 발생한다.

척추골절에 대한 성형술은 척추체의 약화로 인하여 초래된 통증에 대하여 척추체를 안정시켜 통증을 완화시키는데 있다. 고관절 주위의 골절은 골절부위의 견고한 내고정, 인공 고관절 치환술 등으로 치료한다.

03 29세 환자로 교통사고 후 우측 전완부의 요골 및 척골에 분쇄 골절이 발생하였다. 예상되는 합병증은(5개 이상)? (10점)

모범답안

예상되는 합병증

(1) 구획증후군

전완부 골절에서 구획증후군은 흔한 합병증은 아니지만, 발생시 심각한 후유장해를 유발할 수 있는 합병증이다. 구획증후군 발생의 위험인자로는 강한 외력에 의한 압궤손상의 경우와 골절의 위치가 전완근위 1/3인 경우 등이다.

(2) 감 염

대부분 감염은 개방성 골절에서 기인하며, 내고정물이 안정이 있다면 대부분 감염이 치료되며 내고정물을 제거하지 않는다. 골수염의 경우 대개 6주간의 정맥 항생제요법을 사용하며, 골절 유합 후에도 감염이 지속되면 내고정물을 제거하고 변연절제술 및 감염된 골조직의 제거술을 시행한다.

(3) 불유합 및 부정유합

불유합은 감염, 수술적 정복 후 고정이 불충분할 때, 도수정복 후 정복이나 유지가 잘못되었을 때 나타난다.

(4) 재골절

전완부 골절을 금속판 고정으로 치료한 후 금속판을 제거하였을 때 재골절이 발생할 수 있다.

(5) 요척골 골결합

요척골 골결합은 동일한 위치의 전완골 동시 골절이나 근위부 1/3의 골절에서 발생할 수 있다.

04

50세 환자로 교통사고 후 우측 고관절 비구부 골절 및 탈구가 발생하여 수술적 치료를 받았다. 예상되는 합병증은(5개 이상)? (10점)

모범답안

예상되는 합병증

(1) 감 염

대부분의 감염은 수술 후 초기에 발생하는데 광범위한 변연절제술과 함께 충분한 세척을 해야 하며, 적절한 항생제를 투여해야 한다.

(2) 신경손상

후방탈구시 좌골신경의 손상이 올 수 있으며, 이는 탈구된 골두 또는 비구 골편의 압박에 기인한다.

(3) 외상성 관절염

수상 당시의 충격으로 관절 연골이나 관절 연골로의 혈행이 비가역적으로 손상되면 외상 후 관절염 발생은 필연적이다.

(4) 대퇴골두 무혈성 괴사

고관절탈구시 적어도 24시간 내에 정복해야만 대퇴골두의 무혈성 괴사 및 외상성 관절염 등의 합병을 최소한 막을 수 있다.

(5) 고관절 아탈구

수상 당시 관절막의 손상이 심하였던 경우와 후벽 골편의 무혈성 괴사가 야기된 경우에 발생할 수 있다.

05 발에서 중족부에 해당되는 골구조물을 쓰시오(5개). (10점)

모범답안

발의 중족부 골구조물

입방골, 주상골, 설상골 3개(내측설상골, 중간설상골, 외측설상골)

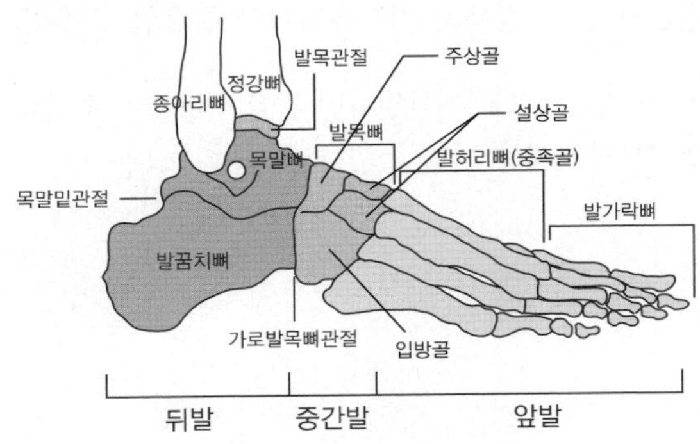

06

교통사고로 대퇴골 원위부 관절내 골절이 발생하였다. 관절내 골절편을 견고하게 고정시켜야 하는 이유를 설명하시오. (10점)

모범답안

교통사고로 대퇴 원위부 관절내 골절 발생시 관절내 골절편을 견교하게 교정시켜야 하는 이유

대부분 관절내 골절은 치유되어도 관절면의 조화나 정렬은 복원되지 않는다. 관절이 불안정한 경우, 특히 골절이 견고하게 고정되지 않은 경우는 지연유합이나 불유합이 발생할 수 있다.

관절내 골절로 관절의 움직임이 지속적으로 제한된다면 관절의 강직이 초래되므로 보통 불안정한 관절내 골절을 안전하게 고정할 수 있도록 해야 한다.

07 대표적인 우리나라 가을철 고열성 질환으로 제3급 법정감염병으로 지정되어 있어, 공중보건학적으로 지속적 감시가 필요한 질환 3가지를 쓰시오. (10점)

모범답안

우리나라 가을철 고열성 질환(제3급 법정감염병)

(1) 렙토스피라증

렙토스피라균에 의한 인수공통 질환이다. 우리나라에서는 가을철에 발열과 오한, 전신적 근육통 및 두통 등 독감과 비슷한 전구증상으로 시작되어 흉통, 기침, 호흡곤란을 동반한 혈담 내지 객혈 등의 치명적인 질환까지 폭넓은 임상증상을 나타내는 질환이다.

감염된 동물의 소변으로 배출된 균에 오염된 풀이나 흙 그리고 물에서 피부상처 부위나 점막을 통해 침입되면 제일 먼저 균혈증을 나타내고 곧바로 장기로 퍼져나간다. 경증의 경우 독시사이클린, 중증에는 페니실린을 정맥주사한다.

(2) 신증후출혈열(유행성 출혈열)

한탄바이러스에 의해 발생하는 급성 열성 질환이다. 급격한 발열과 전신쇠약감으로 시작하여 구토와 복통, 저혈압, 단백뇨에 뒤이은 신부전증, 그리고 출혈성 경향을 동반하는 급성 열성 질환이다. 대체로 병의 진행은 발열기, 저혈압기, 핍뇨기, 이뇨기, 회복기의 5단계의 특징적인 임상 양상을 보인다. 조기진단 후 입원하여 안정하는 것이 중요하다.

발열기에는 안정시키고 수분을 과다하게 주는 것보다 제한한다. 발병 4 ~ 5일 내에 정맥내 리바비린이 사용될 경우 사망률과 신기능 장애, 혈관 불안정을 감소시킨다.

(3) 쯔쯔가무시병

우리나라에 토착화된 리케치아병으로 감수성이 있는 사람이 진드기가 서식하는 산야에서 쯔쯔가무시균에 노출되어 발병하는 급성 열성 질환이다. 감염된 진드기 유충이 사람을 물어 전파된다. 발진, 가피(유충에 물린 검은 딱지), 림프절증 등이 특징적이다. 조기에 임상진단하여 가급적 빨리 항생제로 치료하면 회복이 대부분 잘되는 질환이다.

08 우리나라는 과거에 비하여 결핵 환자수가 많이 감소하였으나, 여전히 가장 중요한 감염병이다. 일반적으로 결핵의 진단에 사용할 수 있는 검사를 3가지 쓰시오. (10점)

모범답안

결핵진단검사(3가지)

(1) 피부반응검사

결핵균에 의한 감염을 진단하는 방법으로 간편하고 비용이 적게 들며, 결핵을 판독하기 쉬우나 부정확하며 비특이적인 검사방법이다.

(2) X-선 사진촬영

흉부단순후전상(Chest PA)을 기본으로 하여 판독하되 필요하면 측면상, 폐첨상 및 단순촬영을 실시하여 병변의 성격 및 범위 등을 알아낸다.

(3) 객담(기관지분비물)검사

치료시작 전 및 치료 후에 확진을 위해 반드시 결핵균의 검사를 실시한다. 초회 객담 도말검사는 2회 또는 3회 실시를 원칙으로 한다.

09

간암은 우리나라에서 갑상선암을 제외하고 5번째로 호발하는 암이며, 사망률로는 폐암 다음으로 두 번째에 해당하는 질환이다. 이러한 간암의 대표적인 위험요인을 3가지 쓰시오. (10점)

모범답안

간암의 대표적인 위험인자(3가지)

(1) 간경변증

① 간염바이러스 보균자에 비해 간암의 위험이 5.9배 높다.

② 연간 간암 발생률은 1.0 ~ 4.9%이다.

(2) B형 간염 바이러스감염

① HBeAg 양성자는 음성 대조군에 비해 간암의 위험이 14.4배 높다.

② HBcAb 단독 양성은 2배이다.

③ 만성 간염에서 연간 간암 발생률은 0.8 ~ 1.9%이다.

④ 보균자에서 연간 간암 발생률은 0.2 ~ 0.7%이다.

(3) C형 간염 바이러스감염

① anti-HCV 양성자는 음성 대조군에 비해 간암의 위험이 10배 높다.

② HBsAg과 anti-HCV 모두 양성자는 간암 위험이 27.3배 높다.

10

간경변증은 만성 간 손상에 대한 회복과정에서 발생하는 섬유화가 진행되어 불규칙한 재생결절이 생긴 상태이다. 대상성 간경변증 환자의 50%는 진단 후 10년 이내 합병증이 발생한다. 간경변증의 대표적인 합병증 3가지를 쓰시오. (10점)

모범답안

간경변증의 대표적인 합병증(3가지)

(1) 복 수

문맥압 항진으로 복수가 발생하며 복수조절시 복수만 있는 경우 하루 0.5kg의 복수와 말초 부종이 동반된 경우에는 하루 1kg씩 줄인다. 치료는 염분 및 수분제한, 이뇨제를 사용한다.

(2) 간성뇌증

의식 저하는 진행된 간경변증 환자에게 흔하게 발생한다. 심한 경우는 뇌병증을 일으키는데, 의식 저하는 그 정도에 따라 착란에서 혼수, 심지어는 사망에까지 이를 수 있다. 치료는 유발인자를 줄이고 암모니아 형성 및 체내 흡수를 줄이는 것이다.

(3) 식도정맥류

문맥압 항진증으로 위나 식도에 우회로 정맥류가 생긴다. 일반적으로 식도정맥류 출혈을 예측할 수 있는 3가지 변수는 정맥류의 크기, 정맥류의 색깔, 간기능 부전의 정도(Child score) 등이다. 정맥류 출혈의 치료와 예방에는 약물치료, 내시경적 치료, 수술적 치료 등이 있다.

제40회 신체손해사정사 2차 시험문제

1. 골절의 국소합병증 중 하나인 구획증후군(compartment syndrome)의 증상에 대하여 기술하고(5점), 진단방법(5점)에 대하여 기술하시오. (10점)

2. 45세 남자 환자가 요통 및 우측 하지로의 방사통(radiating pain)을 호소하며 ○○병원 응급실을 방문하였다. 요통은 3년 전부터 있었고 3주 전부터는 우측 종아리 외측으로의 통증이 있어 인근 병원에서 추간판 탈출증이 의심된다고 들었다고 한다. 약물 치료 등의 보존적 치료를 시행하였으나 1일 전부터는 보행시 하지의 위약감을 호소하였고, 금일 아침부터는 소변을 보기가 어렵다고 한다. 신체검진상 좌측 하지의 위약이 관찰되었고 항문 주위의 감각이 저하되었다.
   (1) 상기 환자에서 가장 타당한 진단은? (5점)
   (2) 상기 환자의 가장 적절한 치료방법은? (5점)

3. 25세 남자 환자가 축구하다가 회내전 상태로 손을 뻗힌 상태에서 땅을 짚고 넘어지면서 발생한 극심한 수근부 통증 및 부종을 주 증상으로 내원하였다. X-ray 상 요골 원위부의 골절과 원위 요척관절의 탈구가 동반된 소견을 보였다.
   (1) 상기 환자에서 가장 가능성이 높은 진단은? (5점)
   (2) 상기 환자의 가장 적절한 치료방법은? (5점)

4. 수근부를 이루는 8가지의 뼈를 기술하시오. (각 1점, 총 8점)
   이 중 가장 흔하게 골절되는 뼈를 기술하시오. (2점)

5. 견관절 탈구는 가능한 빨리 정복을 시행하여야 한다. 견관절 탈구에서 흔히 사용되는 정복술을 4가지 기술하고(명칭만 기술할 것, 각 2점, 총 8점), 가장 안전하고 널리 사용되는 방법에 대해 기술하시오(명칭만 기술할 것, 2점). (10점)

6. 슬관절 후방십자인대 손상은 슬관절의 과신전이나 경골의 후방전위로 인하여 발생한다. 이러한 후방십자인대 손상을 진단하기 위한 신체검진법에서 대표적인 방법 2가지만 기술하시오. (각 4점, 총 8점) 또한 가장 민감도가 높다고 알려진 영상검사방법(2점)에 대하여 기술하시오. (10점)

7. 만성 콩팥병의 정의는 KDIGO 2012 가이드라인에 따르면 사구체 여과율(GFR) 60mL/min/1.73m^2 미만의 콩팥기능의 장애가 3개월 이상 있거나, 콩팥기능의 장애가 없더라도 '콩팥 손상의 증거'가 3개월 이상 있는 경우 진단을 내릴 수 있다고 알려져 있다. 여기에서 '콩팥 손상의 증거'에 해당하는 소견을 4개 쓰시오. (10점)

8. 중증재생불량성 빈혈의 일반적인 정의를 보면 골수검사에서 세포충실도가 통상 (①)% 미만으로 저하되어 있고, 이와 함께 '말초혈액검사에서 이상소견들'이 있는 경우이다. (10점)

(1) ①에 들어갈 적절한 내용을 쓰시오. (5점)

(2) '말초혈액검사에서 이상소견들'에 해당하는 3개의 기준 중 호중구감소와 혈소판감소에 대한 기준을 쓰시오. (5점)

① 호중구 (　　)/mL 이하

② 혈소판 (　　)/mL 이하

9. 일반적으로 베체트병은 International Study Group(ISG) 진단기준에 따라 재발성 구강궤양이 존재하고 '4가지 항목' 중 2가지 이상을 만족시킬 때 진단내릴 수 있다. 이 '4가지 항목'에 해당하는 기준들을 3가지 이상 쓰시오. (10점)

10. 원발성 심근병증(primary cardiomyopathy)은 일반적으로 심장근육 자체의 질환을 말하는 것으로 다른 구조적인 심장 질환(예를 들면 관상동맥 질환, 판막 질환)으로부터 이차적으로 유발된 심근의 기능부전은 제외한다고 알려져 있다. 이 원발성 심근병증의 대표적인 3가지 질환을 모두 쓰시오. (10점)

01 골절의 국소합병증 중 하나인 구획증후군(compartment syndrome)의 증상에 대하여 기술하고(5점), 진단방법(5점)에 대하여 기술하시오. (10점)

모범답안

구획증후군의 증상과 진단방법

(1) 증 상

증상으로는 소위 5P징후가 있는데 ① 동통(Pain), ② 창백(Pail), ③ 이상감각(Parasthesia), ④ 마비(Paralysis), ⑤ 무맥(Pulselessness) 증상을 말한다. 이 중 가장 빨리 나타나고 가장 중요한 것은 동통으로 주로 심부에 불분명한 경계로 나타나며, 침범된 부위의 근육을 수동적으로 신장시킬 때 동통이 악화된다.

(2) 진단방법

급성 구획증후군에서 구획압은 임상 증상 또는 징후 전에 증가하므로 이의 확인은 진단에 도움을 준다.

① 조직내압검사
② 혈액검사
③ 소변검사

02

45세 남자 환자가 요통 및 우측 하지로의 방사통(radiating pain)을 호소하며 ○○병원 응급실을 방문하였다. 요통은 3년 전부터 있었고 3주 전부터는 우측 종아리 외측으로의 통증이 있어 인근 병원에서 추간판 탈출증이 의심된다고 들었다고 한다. 약물 치료 등의 보존적 치료를 시행하였으나 1일 전부터는 보행시 하지의 위약감을 호소하였고, 금일 아침부터는 소변을 보기가 어렵다고 한다. 신체검진상 좌측 하지의 위약이 관찰되었고 항문 주위의 감각이 저하되었다.

(1) 상기 환자에서 가장 타당한 진단은? (5점)

(2) 상기 환자의 가장 적절한 치료방법은? (5점)

모범답안

(1) 가장 타당한 진단

가장 타당한 진단은 마미총 증후군이다. 마미는 제1요추와 제5요추 사이의 척추 관내에 원추 이하의 요천추 신경근으로 구성되어 있어, 이 부위 손상은 척수손상보다는 말초신경손상에 가깝다. 수핵이 매우 크고 중앙에 위치한 경우에는 마미 전체가 눌리게 되어 마미증후군을 초래하기도 한다. 이때 성기능장애나 소변기능장애시 예후가 불량하여 응급수술이 필요하다.

(2) 가장 적절한 치료방법

응급수술이 필요하다. 말초신경계이므로 다른 척수손상과 달리 완전마비일지라도 수술로 회복될 가능성이 있다.

03

25세 남자 환자가 축구하다가 회내전 상태로 손을 뻗힌 상태에서 땅을 짚고 넘어지면서 발생한 극심한 수근부 통증 및 부종을 주 증상으로 내원하였다. X-ray상 요골 원위부의 골절과 원위 요척관절의 탈구가 동반된 소견을 보였다.

(1) 상기 환자에서 가장 가능성이 높은 진단은? (5점)

(2) 상기 환자의 가장 적절한 치료방법은? (5점)

모범답안

(1) 가장 가능성이 높은 진단

가장 가능성이 높은 진단은 갈레아찌 골절이다. 이 골절은 수근관절의 후외면에 직접적인 타격을 받거나, 극도의 회내전 위치로 손을 뻗친 상태에서 땅을 짚고 넘어질 때 발생한다.

(2) 가장 적절한 치료방법

성인에서는 합병되는 전완부의 회전장애와 하요척관절의 퇴행성 변화를 막기 위해 수술적 치료가 원칙이다.

제1과목 의학이론

04 수근부를 이루는 8가지의 뼈를 기술하시오. (각 1점, 총 8점)
이 중 가장 흔하게 골절되는 뼈를 기술하시오. (2점)

모범답안

(1) 수근부의 8가지 뼈

근위열에 주상골, 월상골, 삼각골, 두상골이 구성되며, 원위열에 대능형골, 소능형골, 유두골, 유구골로 구성된다.

(2) 수근골 중 가장 흔하게 골절되는 뼈

주상골은 수근관절의 생역학적인 면에서 근위 수근열과 원위 수근열을 연결하는 관절의 안정성에 중요한 역할을 한다. 이러한 특성으로 인해 주상골 골절은 수근골 골절 중 가장 흔하다.

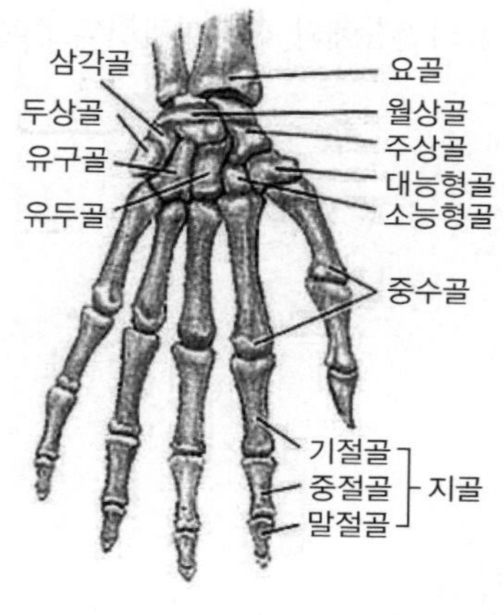

[수근골]

05

견관절 탈구는 가능한 빨리 정복을 시행하여야 한다. 견관절 탈구에서 흔히 사용되는 정복술을 4가지 기술하고(명칭만 기술할 것, 각 2점, 총 8점), 가장 안전하고 널리 사용되는 방법에 대해 기술하시오(명칭만 기술할 것, 2점). (10점)

모범답안

(1) 정복술 4가지

① Stimpson 방법

② Kocher 방법

③ 견인・반견인 방법

④ 견봉 지지 정복술(Shin's method)

(2) 가장 널리 사용되는 방법

Stimpson 방법

엎드려서 탈구된 팔에 3 ~ 5kg 정도의 무게를 달아놓는 방법이다.

06

슬관절 후방십자인대 손상은 슬관절의 과신전이나 경골의 후방전위로 인하여 발생한다. 이러한 후방십자인대 손상을 진단하기 위한 신체검진법에서 대표적인 방법 2가지만 기술하시오(각 4점, 총 8점).
또한 가장 민감도가 높다고 알려진 영상검사방법(2점)에 대하여 기술하시오. (10점)

모범답안

후방십자인대 손상진단

(1) 검진방법 2가지

① 후방전위검사

슬관절 80 ~ 90도 굴곡위에서 후방전위 스트레스를 가하여 시행하며, 스트레스 방사선검사를 통하여 후방전위 정도를 객관적으로 측정할 수 있다.

② 역 축 이동검사(Reverse pivot shift test)

슬관절 신전, 중립회전 위치에서 외반 스트레스를 가하며 굴곡을 하면 20 ~ 30도 굴곡 위에서 경골 고평부 외측이 후방으로 아탈구되고, 신전시 경골은 다시 정복되는 것을 관찰한다.

(2) 가장 민감도가 높다고 알려진 영상검사방법

가장 민감도가 높은 검사는 스트레스 방사선검사로, 후방십자인대의 완전파열과 불완전파열을 구분하는데 KT-1000관절 운동측정기 또는 MRI검사보다 더욱 민감도가 높다고 알려져 있다.

07

만성 콩팥병의 정의는 KDIGO 2012 가이드라인에 따르면 사구체 여과율(GFR) 60 mL/min/1.73m^2 미만의 콩팥기능의 장애가 3개월 이상 있거나, 콩팥기능의 장애가 없더라도 '콩팥 손상의 증거'가 3개월 이상 있는 경우 진단을 내릴 수 있다고 알려져 있다. 여기에서 '콩팥 손상의 증거'에 해당하는 소견을 4개 쓰시오. (10점)

모범답안

콩팥 손상의 증거

① 병리학적인 검사 이상

② 혈액검사 이상

③ 소변검사 이상 : 혈뇨, 단백뇨

④ 영상의학적 검사 이상 : 반흔, 크기 감소, 물콩팥증, 다낭콩팥병 등

08

중증재생불량성 빈혈의 일반적인 정의를 보면 골수검사에서 세포충실도가 통상 (①)% 미만으로 저하되어 있고, 이와 함께 '말초혈액검사에서 이상소견들'이 있는 경우이다.

(10점)

(1) ①에 들어갈 적절한 내용을 쓰시오. (5점)

(2) '말초혈액검사에서 이상소견들'에 해당하는 3개의 기준 중 호중구감소와 혈소판감소에 대한 기준을 쓰시오. (5점)

① 호중구 (　　)/mL 이하

② 혈소판 (　　)/mL 이하

모범답안

중증재생불량성 빈혈

(1) ①에 들어갈 내용

골수검사에서 세포충실도가 통상 (　　)% 미만 : 25

(2) 말초혈액검사에서 이상소견들

① 호중구 (　　)/mL 이하 : 500

② 혈소판 (　　)/mL 이하 : 20,000

09 일반적으로 베체트병은 International Study Group(ISG) 진단기준에 따라 재발성 구강 궤양이 존재하고 '4가지 항목' 중 2가지 이상을 만족시킬 때 진단내릴 수 있다. 이 '4가지 항목'에 해당하는 기준들을 3가지 이상 쓰시오. (10점)

모범답안

베체트병 진단 4가지 항목

반복되는 구강궤양이 있는 환자에서 ① 음부궤양, ② 포도막염이나 망막염과 같은 안구 질환, ③ 피부 질환, 피부초과민성의 4개 소견 중 2개 이상이 관찰되면 베체트병으로 진단한다.

더 알아보기 베체트병(Behcet's disease)의 증상

베체트병은 전신의 혈관에 염증이 발생하는 질환으로, 구강과 성기에 만성적 궤양이 발생하고, 눈과 피부 등에 다양한 증상이 나타난다.

① **구강궤양** : 베체트병의 가장 중요하고 흔한 증상이다. 대부분의 환자에게서 관찰되며, 입안의 혀 주위 점막이나 입안 깊은 곳인 후두 주위 등 입안 어느 곳이나 궤양이 발생한다.
② **성기궤양** : 남성의 성기궤양은 음낭에 가장 많이 발생하며, 음경에도 나타난다. 여성의 성기궤양은 외음부와 질에서 발생한다. 대부분 통증이 심하며, 진물이 나올 수 있다.
③ **피부 증상** : 여드름 모양의 피부염, 모낭염, 혈관염이 동반된 구진성 발진 등 여러 형태로 나타난다.
④ **눈의 증상** : 눈의 통증, 눈부심, 눈물, 발적 및 시력장애가 반복적으로 발생하며, 실명으로 이어질 위험이 있으므로 매우 주의해야 한다.
⑤ **관절 증상** : 관절이 반복적으로 붓거나 아프고, 보통 무릎이나 발목에 잘 발생한다. 베체트병 관절염은 류마티스 관절염과 달리 관절의 변형을 거의 일으키지 않는다.
⑥ **신경계 증상** : 무균성 뇌수막염, 뇌실질 질환이 발생할 수 있으며, 뇌 동맥류, 혈전증에 의한 중풍 등이 발생할 수 있다.
⑦ **소화기 증상** : 대장궤양이나 위궤양이 발생하여 복통이 생기거나 설사를 할 수 있다. 궤양이 진행되어 장 천공 및 복막염으로 이어지는 경우도 있다.
⑧ **혈관계 증상** : 동맥보다는 정맥에 혈전이 발생하는 경우가 많다. 혈전이 심할 경우 복부에 있는 대정맥이 막힐 수 있다.

〈자료출처 : 서울아산병원〉

10

원발성 심근병증(primary cardiomyopathy)은 일반적으로 심장근육 자체의 질환을 말하는 것으로 다른 구조적인 심장 질환(예를 들면 관상동맥 질환, 판막 질환)으로부터 이차적으로 유발된 심근의 기능부전은 제외한다고 알려져 있다. 이 원발성 심근병증의 대표적인 3가지 질환을 모두 쓰시오. (10점)

모범답안

원발성 심근병증 3가지 질환

(1) 확장성 심근병증

심실의 확장과 수축력의 저하, 울혈성 심부전 증상이 나타난다.

(2) 비후성 심근병증

좌심실, 특히 심실 중격의 비대칭성 비후를 보이며 수축력은 정상 또는 항진된다.

(3) 제한성 심근병증

심내벽 또는 심근의 침윤으로 심실의 확장기 충만장애가 특징적인 소견이다.

제41회 신체손해사정사 2차 시험문제

1. 다음 골절 또는 탈구시 동반되는 신경 손상은? (10점)

   (1) 상완골두 탈구

   (2) 상완골 간부 골절

   (3) 비골 근위부 골절

   (4) 고관절 탈구

2. 관절내 골절에 의한 부정유합으로 진행되는 질환(5점)과 치료방법(5점)은? (10점)

3. 무혈성 괴사의 정의(4점) 및 골절 후 무혈성 괴사가 흔히 발생하는 부위(3개 이상, 6점)는? (10점)

4. 개방성 골절에 대한 치료 원칙에 대해 기술하시오. (10점)

5. 골절에 대한 부목고정의 장점은? (10점)

6. 대부분의 쇄골골절은 보존적 치료로 골유합을 얻을 수 있다. 그러나 수술이 필요한 경우는? (10점)

7. 유아 및 소아에서 발생하는 고관절(Hip Joint)의 이상은 일시적인 경우도 있으나, 질병에 따라 후유증을 남기게 되는 경우도 있어 그 원인 파악이 중요하다. 유아 및 소아에서 발생하는 고관절 이상의 질병적 원인에 대하여 기술하시오. (10점)

8. 허혈성 심질환은 사망과 장애를 초래하며 상당한 경제적 손실을 초래한다. 심근의 허혈은 심근으로 산소 전달이 원활하지 못하여 발생하는 것으로 심장의 관상동맥과 관련이 깊다.

(1) 허혈성 심질환인 '협심증'의 종류를 쓰시오. (5점)

(2) 허혈성 심질환인 심근경색증의 진단방법에 대해 기술하시오. (5점)

9. 42세의 여성이 양측 유방에서 젖이 나와서 내원하였다.

(1) 유방검사에서 특별한 이상을 발견할 수 없는 경우 생각할 수 있는 유즙분비의 원인을 약술하시오. (6점)

(2) 만약 이 환자가 유즙분비와 더불어 시야 장애 및 두통을 호소한다면 생각할 수 있는 질병을 쓰시오. (4점)

10. 치매는 후천적으로 발생한 인지기능 손상에 의해 성공적인 일상생활 수행이 불가능해진 상태로 정의할 수 있으며, 인구노령화와 관련하여 그 중요도가 크다. 치매의 원인 및 감별 질환에 대해 약술하시오. (10점)

01 다음 골절 또는 탈구시 동반되는 신경 손상은? (10점)

(1) 상완골두 탈구

(2) 상완골 간부골절

(3) 비골 근위부 골절

(4) 고관절 탈구

모범답안

(1) 상완골두 탈구

상완신경총 또는 액와신경 손상

(2) 상완골 간부골절

요골신경 손상

(3) 비골 근위부 골절

비골신경 손상

(4) 고관절 탈구

좌골신경 손상

더 알아보기 상관골과 비골

상완골(위팔뼈)

상완골(위팔뼈)은 어깨에서 팔꿈치까지 이어진 긴 뼈로, 위쪽부터 1/3씩 나누어 근위, 중간(간부), 원위부로 나눌 수 있다. 위쪽은 반구 모양의 상완골두가 있어 견갑골의 관절과 견관절을 형성하고, 상완골 하부는 주관절과 접속된다. 상완골의 중간부분(간부)은 원기둥모양으로 상단과의 연결부분이 잘록하게 되어 있어 골절이 잘 일어난다.

비골(종아리뼈)

비골(종아리뼈)은 무릎과 발목 사이에 위치하며, 종아리를 이루는 뼈 중 하나이다. 근육이 붙는 부분을 제공하고 발목관절을 안정시키는 역할을 한다. 넙다리뼈와 목말뼈 사이에 있으며, 정강뼈의 뒷쪽에서 목말뼈의 가장자리 쪽에 위치한다. 종아리뼈는 교통사고, 운동 중 손상, 추락사고, 스키사고 등으로 골절이 발생할 수 있다.

02 관절내 골절에 의한 부정유합으로 진행되는 질환(5점)과 치료방법(5점)은? (10점)

모범답안

(1) 부정유합으로 진행되는 질환

① 외상 후 골관절염

② 내반슬(O다리) 및 외반슬(X다리, 각형성, 휜다리)

③ 류마티스 관절염

(2) 치료방법

① 외상 후 골관절염 : 인공관절 치환술

② 내반슬(O다리) 및 외반슬(X다리, 각형성, 휜다리) : 절골술 및 골 성형술

③ 류마티스 관절염 : 인공관절 치환술

더 알아보기 부정유합

부정유합은 뼈가 제 위치에 붙지 않은 것을 말한다. 즉 부정확하게 뼈가 맞추어지거나 골절된 부위의 고정이 잘 되지 못했을 때 또는 심한 조직 손상이 있었을 때 중추신경계 손상으로 경련성 마비를 동반했을 경우 부정유합이 될 수 있다. 부러진 뼈가 원래의 위치가 아닌 상태로 유합되어 각형성과 회전변형이 있어 미용상의 문제 및 기능 장애를 초래할 수 있으며, 특히 관절면의 부정유합은 심각한 장애를 초래할 수 있다.

03 무혈성 괴사의 정의(4점) 및 골절 후 무혈성 괴사가 흔히 발생하는 부위(3개 이상, 6점)는? (10점)

모범답안

무혈성 괴사

(1) 정 의

무혈성 괴사는 골절, 탈구, 스테로이드 복용, 알코올 섭취 등을 원인으로 발생하며, 뼈로 가는 혈관이 차단되어 뼈 조직이 괴사되는 질환을 말한다.

(2) 호발부위

① 거골경부골절 후 거골 체부

② 대퇴경부골절 후 대퇴골두

③ 수근골골절 후 주상골

더 알아보기 **대퇴골두 무혈성 괴사**

넓적다리 뼈의 윗부분은 골반뼈와 함께 엉덩이 관절(고관절)을 이루고 있는데, 골반뼈와 맞닿고 있는 넓적다리 뼈의 윗쪽 끝부분을 대퇴골두라고 한다. 대퇴골두 무혈성 괴사는 대퇴골두로 가는 혈류가 차단되어(무혈성) 뼈 조직이 죽는(괴사) 질환이다. 괴사된 뼈에 압력이 지속적으로 가해지면 괴사 부위가 골절되면서 통증이 시작되고, 이어서 괴사 부위가 무너져 내리면서(함몰) 고관절 자체의 손상이 나타난다.

04 개방성 골절의 치료원칙에 대하여 기술하시오. (10점)

모범답안

개방성 골절의 치료원칙

(1) 응급실에서의 초기 진단 및 처치

출혈 및 신경 손상 예방

(2) 적절한 항생제의 투여

감염 예방

(3) 충분한 세척과 철저한 변연절제술

(4) 골절의 고정 및 창상 수복

임시적인 골절의 안정과 창상을 덮음, 최종 골절의 고정과 연부조직을 덮음

더 알아보기 개방성 골절

개방성 골절이란 골절 부위가 개방 창상을 통해서 외부 환경과 연결되어 있는 골절을 말하며, 골절 주위의 피부와 연부조직의 손상이 동반된다. 따라서 폐쇄성 골절에 비해 감염의 위험성이 높고, 불유합이 발생할 가능성이 높으며, 초기에 적절한 치료가 이루어지지 않으면 심한 경우 절단으로까지 이어지게 된다. 개방성 골절의 치료와 예후는 손상기전, 주위 연부조직의 손상 정도, 개방성 골절의 분류 및 세균 오염의 종류 등에 따라 결정된다.

05 골절에 대한 부목고정의 장점은? (10점)

모범답안

골절에 대한 부목고정의 장점

① 통증을 최소화 한다.

② 근육, 신경, 혈관이 더 이상 손상되는 것을 예방한다.

③ 출혈과 부종을 경감한다.

④ 골편 고정 및 기형을 예방한다.

⑤ 쇼크를 예방한다.

⑥ 폐쇄성 골절이 개방성 골절로 되는 것을 방지한다.

⑦ 골절부위를 고정함으로써 지방색전증 등의 합병증을 예방한다.

06

대부분의 쇄골골절은 보존적 치료로 골유합을 얻을 수 있다. 그러나 수술이 필요한 경우는? (10점)

모범답안

수술이 필요한 경우

① 이미 불유합이 발생한 경우

② 신경 및 혈관의 손상이 동반된 경우

③ 원위 쇄골골절 중에서 오구쇄골인대의 파열이 동반된 불안정성 골절

④ 개방성 골절

더 알아보기 쇄골골절

쇄골은 흉골과 견갑골을 잇는 긴뼈로 흔히 빗장뼈라고도 하며, 팔을 몸통에 고정시켜주는 역할을 한다. 쇄골 골절은 대개 낙상이나 그 외의 직접적인 충격으로 발생한다. 팔을 곧게 뻗은 채로 손을 짚으며 넘어지는 경우, 자동차 충돌 사고시 운전대에 가슴 부위가 부딪히면서 발생하기도 한다. 영아의 경우 출산 중 손상으로 골절되기도 한다. 쇄골골절은 골절 부위 양쪽 뼈의 전위는 심하지 않고 주위 조직의 손상 없이 쇄골만 손상되는 경우가 많다. 드물게는 골절 부위의 날카로운 뼈가 피부 바깥으로 뚫고 나오거나(개방성 골절), 어깨로 가는 큰 신경 또는 혈관을 찔러 심각한 문제를 일으킬 수도 있다.

07

유아 및 소아에서 발생하는 고관절(Hip Joint) 이상은 일시적일 수 있으나, 질병에 따라 후유증을 남기게 되는 경우가 있어 그 원인 파악이 중요하다. 유아 및 소아에서 발생하는 고관절 이상의 질병적 원인에 대하여 기술하시오. (10점)

모범답안

고관절 이상의 질병적 원인

(1) 고관절 이형성증

골반의 비정상적인 발달뿐 아니라, 그것과 관련된 연속적인 장애로 태아기 혹은 아동기 어느 시기에나 발생할 수 있다.

(2) 일과성 고관절 활액막염

고관절막의 물리적 자극에 의한 것으로, 10세 이하 아동의 고관절 동통과 다리를 저는 증상의 가장 흔한 원인으로 알려져 있다. 상기도감염이나 외상, 중이염, 연쇄상구균, 후두감염 등의 질환이 원인이 되기도 한다.

(3) 선천성 고관절탈구

정확한 원인은 불명하나, 유전적, 호르몬 및 기계적 소인 등을 들 수 있으며, 태생기 자궁 내에서의 고관절 발달에 영향을 끼치는 기형 형성요인 등을 들 수 있다. 초산부의 강한 복벽이나 자궁근육 및 저양수증으로 인한 태아의 운동제한도 위험인자가 될 수 있고, 탈구의 70%가 여아이고, 좌측이 60%이다.

08

허혈성 심질환은 사망과 장애를 초래하며, 상당한 경제적 손실을 초래한다. 심근 허혈은 심근으로 산소전달이 원활하지 못하여 발생되는 것으로 관상동맥과 관련이 깊다.

(1) 허혈성 심질활인 '협심증'의 종류를 쓰시오. (5점)

(2) 허혈성 심질환인 심근경색증의 진단방법에 대하여 기술하시오. (5점)

모범답안

1. 협심증의 종류

(1) 안정형 협심증

협심증의 증상이 기상 후에 세수할 때나 배변할 때, 보행 중 특히 빠른 걸음으로 걸을 때, 정신 감동이나 흥분했을 때와 같이 심장의 작업량이 급격히 증가할 때 발생하는 상태이며, 증상의 지속시간은 짧아서 통증 발생 후 안정을 취하면 대부분이 3분 이내, 길어도 15분 이내면 가라앉는다. 니트로글리세린 정제를 혀 밑에 넣어서 사용하면 증상이 빨리 사라진다.

(2) 변이형 협심증(이형성 협심증)

협심증을 일으킬만한 기저 질환(죽상경화병변)이 없음에도 불구하고 관상동맥의 경련(연축)으로 인하여 혈류장애가 발생하여 휴식시에 흉통이 발생할 수도 있고, 통증으로 인하여 잠이 깨기도 하는데, 두근거림, 심한 호흡곤란, 심한 공포 등이 동반되기도 한다.

(3) 불안정 협심증

심한 통증이 하루 3번 이상 자주 나타나는 협심증이 최근 2개월 이내 발생한 것, 점차 심해지는 협심증을 가지거나 휴식기에 협심증이 발생하는 것을 말하며, 약물치료 후 1~2일 이내 증상이 호전되지 않으면 심도자술과 심혈관조영술을 실시한다.

더 알아보기 **심도자술(Cardiac Catheterization)**

심도자술은 서혜부(사타구니)의 큰 혈관을 통해 심장과 혈관 안으로 가는 도관(cather)을 넣어 심장과 대혈관 내의 압력, 산소포화도 등을 측정하고 조영제를 주사하여 여러 각도에서 심장과 혈관의 형태를 X-ray로 촬영하는 검사이다.

2. 심근경색증의 진단방법

(1) 심전도

가장 기본적인 검사이며, 심근경색 급성기에 경색된 동맥의 완전폐색이 일어날 경우 ST분절 상승소견이 나타난다. 일시적인 폐색이었거나 측부 순환이 발생한 경우는 ST분절의 상승소견은 나타나지 않는다.

(2) 혈청 심장표지자

① CK(크레아틴 인산효소), CK-MB효소

경색 후 8시간에서 24시간 사이에 증가하며, 대부분은 48~72시간 내에 정상으로 돌아온다. CK-MB효소는 심근 이외의 조직에서는 의미 있는 농도로 존재하지 않으므로 CK, LDH보다 유용하고 특이적이다.

② 트로포닌T, 트로포닌I

건강한 사람의 혈관에서는 정상적으로 검출되지 않으며, 급성 심근경색 후 20배 이상 증가한다. 트로포닌T, 트로포닌I는 진단적으로 매우 유용하며, 최근에는 생화학적 지표로 선호되고 있다.

③ 마이오글로빈

급성 심근경색 후 수 시간 내에 혈중으로 방출되거나, 신속하게 소변으로 배설되어 경색 24시간 내에 정상범위로 돌아오므로 심장에 대한 특이성은 떨어진다.

④ LDH-I

흉통 후 7~14일간 증가된 상태로 남는다.

09

42세 여성이 양측 유방에서 젖이 나와서 내원하였다.

(1) 유방검사에서 특별한 이상을 발견할 수 없는 경우 생각할 수 있는 유즙분비의 원인을 약술하시오. (6점)

(2) 만약 이 환자가 유즙분비와 더불어 시야장애 및 두통을 호소한다면 생각할 수 있는 질병을 쓰시오. (4점)

모범답안

(1) 유즙분비의 원인 : 고 프로락틴혈증

프로락틴을 분비하는 선종은 뇌하수체종양 중 가장 높은 발생빈도를 보이며, 이로 인한 무월경, 유즙분비 등과 함께 여성불임의 중요한 원인 중의 하나이다.

혈중 프로락틴수치의 측정을 통해 뇌하수체의 프로락틴 분비 거대선종을 진단 받으면 복시와 시야장애를 보이기도 한다.

(2) 생각할 수 있는 질병 : 뇌하수체 기능항진증

가장 흔한 원인은 양성종양인 선종이며, 선종의 크기, 침습성 및 분비 호르몬에 따라 분류된다. 침습성 뇌하수체선종은 터키안장(sella turcica)의 일부나 전부를 포함하며, 터키안장을 침범하지 않은 선종을 봉인선종이라고 한다.

선종이 더 커져서 뇌 조직을 압박하면 내분비증상뿐만 아니라 신경학적 증상으로 시각변화, 두통, 뇌압상승이 나타난다.

더 알아보기 터키안장(sella turcica)

뇌하수체(pituitary gland)는 두개골 기저부 가운데 위치하는데, 코 뒤쪽에 접형동(sphenoid sinus)이 있고 그 위에 터키안장(sella turcica)이라는 뼈 위에 있는 완두콩 크기의 작은 구조물에 위치해 있다. 시상하부(hypothalamus)의 지배를 받아 우리 몸에 중요한 여러 가지 호르몬들을 분비하는 내분비기관이다.

10

치매는 후천적으로 발생하는 인지기능 손상에 의해 성공적인 일상생활 수행이 불가능해진 상태로 정의할 수 있으며, 인구 노령화와 관련하여 그 중요도가 크다. 치매의 원인 및 감별 질환에 대해 약술하시오. (10점)

모범답안

1. 치매의 원인

치매는 정상적인 생활을 하던 사람이 여러 가지 원인에 의하여 뇌의 기능이 손상되면서 이전에 비하여 인지기능과 기억력, 언어능력, 판단력, 사고력 등의 지적능력이 지속적으로 저하되면서 일상생활에 지장을 겪는 상태를 말한다. 치매는 여러 가지 질환들에 의해 나타나는 병적 증상이며, 그 밖에 미만성 루이소체 치매, 두부 외상성 치매 등 매우 다양한 질환들에 의해서 치매가 나타날 수 있다. 알츠하이머병, 혈관성 치매, 미만성 루이소체 치매들은 치매의 증상으로만 나타날 수 있다.

2. 치매의 감별 질환

(1) 알츠하이머병

알츠하이머병은 치매를 일으키는 많은 질환들 중에 가장 흔한 것으로, 처음 증상은 아주 가벼운 건망증으로 시작되지만 그 이후에 병이 진행되면서 언어구사력, 이해력, 읽고 쓰기능력 등의 장애를 가지고 오게 되며, 결국 알츠하이머병에 걸린 환자들은 불안해하기도 하고 매우 공격적이 될 수도 있으며, 집을 나와서 길을 잃어버리고 거리를 방황할 수도 있다.

(2) 혈관성 치매

치매의 원인들 중에서 두 번째로 흔한 것은 혈관성 치매이다. 혈관성 치매도 그 원인에 따라 여러 가지로 분류할 수 있는데, 이들 질환은 뇌에 혈액을 공급하는 뇌혈관들이 막히거나 좁아진 것이 원인이 되어 뇌 안으로 흐르는 혈액의 양이 줄거나 막혀 발생하게 된다. 혈관성 치매의 경우도 일단 발병하며 완치될 수는 없으나, 초기에 진단을 받고 적절한 치료를 받으면 더 이상의 악화는 막을 수 있다.

(3) 루이소체 치매

치매의 원인 질환 중 세 번째로 흔한 질환으로, 병의 진행양상이 알츠하이머병과는 다르며, 인지능력 장애의 심한 변화를 보이면서 간혹 의식장애도 나타날 수 있다. 루이소체 치매에 걸린 환자들은 또한 환각을 경험하기도 하는데, 그로 인하여 환자들은 환각으로 보이는 것이 실제인지 또는 환각인지 구별하기 어렵게 된다. 초기 증상들은 시간이 지남에 따라 심해졌다가 좋아졌다 하는 그런 심한 증상의 변동추이를 보이지만, 결국은 심해지고 심해진 증상이 계속되게 된다.

(4) 파킨슨병

파킨슨병은 몸과 팔, 다리가 굳고 동작의 어둔함, 주로 가만히 있을 때 손이 떨리는 안정시 진전, 말이 어눌해지고 보폭이 줄고 걸음걸이가 늦어지는 등의 증상을 보이게 된다. 또 반대로 알츠하이머병 환자의 일부는 병이 진행되면서 파킨슨병의 증상을 보일 수도 있다.

(5) 헌팅톤병

헌팅톤병도 뇌의 특정부위의 신경세포들이 선택적으로 파괴되어 가는 진행성・퇴행성 뇌질환의 한 가지로 사람의 몸과 마음을 모두 침범하여 증상을 나타내는 질환이다. 병이 진행함에 따라서 인격과 지적능력이 점차 떨어지고 기억력, 언어능력, 판단력 등도 점차 감소하게 되며, 치매는 이 병의 말기에 나타난다.

(6) 크루츠펠트 – 제이콥병

이 병의 가장 초기 증상으로는 기억력장애가 있을 수 있으면서 시야장애나 행동장애가 나타나게 된다. 이후 의식장애와 불수의적 운동증상(근육의 간대성 근경련, 팔, 다리에 허약감 또는 앞이 잘 안 보이는 등의 시각증상)으로 시작해서 매우 빠르게 진행하여 결국은 혼수상태에 이르게 된다.

(7) 픽 병

픽병은 행동장애, 인격장애 그리고 결국은 기억장애가 나타남을 특징으로 하는 비교적 드문 뇌질환이다. 이 병은 계속적으로 증상이 심해져 결국은 언어장애와 이상행동증상 그리고 치매를 유발하게 된다. 이 병은 매우 이상한 행동양식을 보이기 때문에 종종 정신과의사에 의하여 발견되기도 하는데, 확진은 알츠하이머병과 같이 부검에 의해서만 할 수 있다.

제42회 신체손해사정사 2차 시험문제

1. 골관절계의 정상적인 관절에서는 능동적 운동범위가 수동적 운동범위와 일치하나, 수동적 운동범위가 능동적 운동범위보다 큰 경우는? (10점)

2. 6세 남아가 우측 경골간부에 골절 후 부정유합으로 7도 정도의 전방 각 변형이 형성되었다. 향후 치료(5점)와 그 이유(5점)는? (10점)

3. 외상성 관절염이 있을 때 관절의 기능 유지를 위한 수술법에 대해 열거하시오. (10점)

4. 말초신경의 손상 후 회복이 잘 되는 경우를 열거하시오. (10점)

5. 불안정성 골절이란 무엇인가? (10점)

6. 75세의 여자환자가 자동차 사고로 인해 우측 상완골 근위부에 사분 골절 및 탈구가 생겼다. 치료방법(5점)과 그 이유(5점)는? (10점)

7. 아프가점수(APGAR score)는 출생 직후에 소생술이 필요한 신생아를 계통적으로 알아내는 실제적인 방법이라고 할 수 있다. 즉 1분 아프가점수(APGAR score)는 출생 직후 소생술의 필요성을 의미하며, 이후의 아프가점수(APGAR score)의 호전은 신생아가 성공적으로 소생될 가능성과 연관이 깊다. 아프가점수(APGAR score)를 구성하는 구성요소 5가지에 대해 기술하시오. (10점)

8. 대부분의 암에서 병의 범위는 다양한 침습적 및 비침습적 진단검사와 시술에 의해 평가되며, 이러한 과정을 시기결정 혹은 병기 결정(staging)이라고 한다. 이러한 병기의 결정은 암환자의 예후와 밀접한 관련이 있으며, 치료 방법을 결정하는데 중요한 역할을 한다.

(1) 시기(병기) 결정에는 임상적 시기결정과 병리학적 시기결정의 두 가지가 있다. 임상적 시기와 병리학적 시기는 어떻게 결정되는지 기술하시오. (4점)

(2) 가장 널리 사용되는 시기(병기)분류 체계 중 하나는 TNM체계에 따른 시기(병기)이다. T, N, M은 각각 어떤 의미가 있는지 기술하시오. (6점)

9. 현훈(vertigo)은 사물이나 공간 혹은 자신이 빙빙 도는 증상을 뜻하며, 다양한 원인에 의해 발생할 수 있다. 현훈의 원인을 찾을 때는 특히 내이(속귀) 질환에 의한 말초성인지, 뇌졸중과 같은 중추성인지 감별이 매우 중요하다.

(1) 귀의 구조는 크게 외이, 중이, 내이로 나누어지며, 이 중 현훈은 내이와 관련이 깊다. 내이(속귀, inner ear)를 이루는 구조물을 쓰시오. (4점)

(2) 내이와 관련된 말초신경성 현훈을 일으키는 질병(원인)을 쓰시오. (6점)

10. 환자가 급성 흉통 혹은 흉부 불쾌감을 호소할 때 감별해야 할 질환 중 심근경색증은 급격한 사망 및 합병증을 초래할 수 있어 반드시 감별해야 할 중요한 질환이다. 그러나 급성 흉통 혹은 흉부 불쾌감을 일으키는 질환은 심근경색증 외에도 다양하다. 급성 흉통 혹은 흉부 불쾌감을 일으킬 수 있는 질환 중 심근경색을 제외한 다른 원인들에 대하여 기술하시오. (10점)

01 골관절계의 정상적인 관절에서는 능동적 운동범위가 수동적 운동범위와 일치하나, 수동적 운동범위가 능동적 운동범위보다 큰 경우는? (10점)

모범답안

골관절계의 운동범위 제한은 자발통, 근육의 경련이나 약화 또는 파열, 골 봉쇄, 관절구축, 관절고정술 등에서 나타날 수 있는데, 특히 근육마비가 있거나 외상 후 건이나 근육의 파열이 있을 때 수동적 운동범위가 능동적 운동범위보다 큰 경우가 있다.

※ **자발통**(spontaneous pain) : 통증을 일으키는 양상은 다양하고 운동 · 체위의 변환 · 압박 · 한랭 또는 가온 등에 의해서 발생 · 증강되는데 이와 같은 자극을 가함이 없이 평상시에도 자연히 생기는 통증을 말한다.

더 알아보기 관절가동범위운동(Range of Motion)

인체 분절운동은 근 수축 또는 외부 힘에 의해 뼈가 움직임으로써 일어난다. 뼈는 관절을 중심으로 움직이며, 관절의 구조는 관절을 지나는 연부조직의 연결된 유연성(flexibility)과 완전성(integrity)뿐만 아니라, 두 뼈 사이에서 일어날 수 있는 모든 운동에 영향을 준다.

① **수동관절가동범위운동**(passive ROM) : 능동적인 근 수축은 전혀 없으며, 외력(external force)에 의해서 신체 분절의 제한을 받지 않는 ROM운동

② **능동관절가동범위운동**(active ROM) : 근육을 지나는 근육의 수축에 의해 생산되는 제한받지 않는 ROM운동

③ **능동보조관절가동범위운동**(active – assistive ROM) : 주동근이 완전한 가동범위운동을 위해 보조가 필요하기 때문에 도수와 기계에 의한 외력을 제공하여 보조를 받는 능동ROM의 형태

02

6세 남아가 우측 경골간부에 골절 후 부정유합으로 7도 정도의 전방 각 변형이 형성되었다. 향후 치료(5점)와 그 이유(5점)는? (10점)

모범답안

(1) 향후 치료

자연교정을 기대하며, 추적관찰한다.

(2) 그 이유

소아골절의 경우는 성인골절의 경우보다 빠른 치유력을 보이고, 특히 잔존 변형에 대해 스스로 빠른 교정을 보이는 재성형력을 지니고 있어 자연교정이 되는 경우가 많다.

더 알아보기 경골간부골절

인체 분절운동은 근 수축 또는 외부 힘에 의해 뼈가 움직임으로써 일어난다. 뼈는 관절을 중심으로 움직이며, 관절의 구조는 관절을 지나는 연부조직의 연결된 유연성(flexibility)과 완전성(integrity)뿐만 아니라, 두 뼈 사이에서 일어날 수 있는 모든 운동에 영향을 준다.

① **수동관절가동범위운동(passive ROM)** : 능동적인 근 수축은 전혀 없으며, 외력(external force)에 의해서 신체분절의 제한을 받지 않는 ROM운동
② **능동관절가동범위운동(active ROM)** : 근육을 지나는 근육의 수축에 의해 생산되는 제한받지 않는 ROM운동
③ **능동보조관절가동범위운동(active – assistive ROM)** : 주동근이 완전한 가동범위운동을 위해 보조가 필요하기 때문에 도수와 기계에 의한 외력을 제공하여 보조를 받는 능동ROM의 형태

03 외상성 관절염이 있을 때 관절의 기능유지를 위한 수술법에 대해 열거하시오. (10점)

모범답안

고관절 또는 슬관절에 외상성 관절염이 심한 경우 절골술을 이용하여 체중부하 관절면 또는 체중부하 축을 바꿔 효과를 볼 수 있으며, 관절간격의 협소가 동반된 경우에는 일반적으로 인공관절 성형술이 시행된다.

(1) 유리체제거술

관절내시경적 수술로 파열된 연골이나 뼈 조각을 제거해 주는 방법이다.

(2) 근위경골 절골술

무릎의 정렬을 이동시켜 주는 방법이다.

(3) 인공관절 성형술

손상된 관절을 플라스틱과 금속으로 대체하는 방법이다.

(4) 관절연골 이식술

외상이나 관절염으로 으로 인해 부분적 연골손상이 있는 경우에 시행하는 방법이다.

더 알아보기 외상성 관절염

외상에 의하여 골절이 발생하거나 관절연골에 직접적인 손상이 가해져서 관절변형 및 관절간격이 좁아진 후 이차적으로 발생하는 관절염을 외상성 관절염이라 한다.
보존적 치료의 경우 진통 및 소염작용을 가진 약물을 복용하거나 적당한 휴식과 운동의 배합이 있으며, 온열요법, 마사지 및 운동요법 등의 물리치료를 병행하여 증상을 완화시키고 근육의 위축을 방지 할 수 있다.
보존적 요법으로 증세의 호전이 없고, 관절의 변화가 진행하여 일상생활에 지장이 있는 경우 수술적 치료를 한다.
일반적으로 사용되고 있는 수술방법으로는 유리체제거술, 절골술, 관절 성형술 및 관절 고정술 등이 있다.

04 말초신경의 손상 후 회복이 잘 되는 경우를 열거하시오. (10점)

모범답안

① 일반적으로 수초막이 두꺼운 신경이 가늘고 얇은 막의 신경보다 회복이 느리다.

② 신경회복의 순서는 통각신경이 제일 빠르고, 그 다음으로 촉각, 고유수용에 대한 신경이며, 운동신경이 가장 느리고 불안정하다.

③ 말초신경 중 좌골신경의 예후가 가장 나쁘다.

④ 환자의 연령이 적을수록 회복이 잘 된다.

⑤ 주위 연부조직이나 혈관, 골절 등의 동반손상이 있는 경우 신경만 손상된 경우보다 회복이 느리다.

⑥ 수상 후 단절된 상태로 오랫동안 있게 되면 절단원에 퇴행성 변화가 있게 되어 봉합하더라도 회복이 불량하다.

05 불안정성 골절이란 무엇인가? (10점)

모범답안

불안정성 골절

불안정성 골절이란 일단 정복되었더라도 쉽게 다시 전위를 일으키는 골절을 말한다. 장관골의 불안정성 골절은 긴 사상 또는 나선형 골절에서 자주 볼 수 있고, 척추의 불안정성 골절은 척수손상을 일으킬 수 있으며, 골반의 불안정성 골절은 골반환을 유지할 수 없는 골절로 내부 장기에 손상을 줄 수 있다. 이러한 불안정성 골절의 경우는 정복을 유지하기가 어려우므로 수술적 치료가 필요하다.

더 알아보기 안전성 골절

골절 정복 후 사지의 위치에 따라서 정복된 위치를 잘 유지하는 골절을 안정성 골절이라 하며, 횡상골절이나 짧은 사상골절에서 많이 나타난다.

06

75세 여자환자가 자동차사고로 인해 우측 상완골 근위부에 사분골절 및 탈구가 생겼다. 치료방법(5점)과 그 이유(5점)는? (10점)

모범답안

(1) 치료방법

치료방법으로는 인공관절 치환술이 추천된다.

(2) 그 이유

사분골절은 무혈성 괴사 및 부정유합이 발생할 위험이 높고, 대부분 골다공증을 비롯한 골의 질이 좋지 않은 고령환자인 경우에는 내고정 및 고정의 유지가 어렵기 때문이다.

더 알아보기 인공관절 치환술

인공관절 치환술은 관절염이나 특정 질환 또는 외상에 의해 더 이상 기능을 나타내지 못하는, 즉 파괴된 관절의 일부분을 제거하고 인체공학적으로 제작된 기계를 삽입해서 관절의 운동 기능을 회복시켜 주면서 통증을 없애는 수술이다. 인공관절 치환술의 목적은 관절 부위의 통증 해소와 운동 범위를 향상시키는데 있다.

07

아프가점수(APGAR score)는 출생 직후에 소생술이 필요한 신생아를 계통적으로 알아내는 실제적인 방법이라고 할 수 있다. 즉 1분 아프가점수(APGAR score)는 출생 직후 소생술의 필요성을 의미하며, 이후의 아프가점수(APGAR score)의 호전은 신생아가 성공적으로 소생될 가능성과 연관이 깊다. 아프가점수(APGAR score)를 구성하는 구성요소 5가지에 대해 기술하시오. (10점)

모범답안

아프가점수(APGAR score)를 구성하는 구성요소(5가지)

(1) 피부색

전체적으로 창백한지, 사지만 창백한지, 청색증은 없는지를 확인한다.

(2) 맥 박

맥박이 없는지, 분당 100회 이상인지 또는 이하인지를 확인한다.

(3) 반사 및 과민성

자극에 대한 반응이 없는지, 자극시 약하게 울거나 찡그리는지, 움츠리거나 우는지를 확인한다.

(4) 근 긴장도

근 긴장도가 없는지, 약간 굽히거나 펴는 힘을 저지하는 굽힌 팔과 다리인지를 확인한다.

(5) 호 흡

호흡이 없는지, 약하고 불규칙한지, 강한지를 확인한다.

더 알아보기 아프가점수(APGAR score) 채점기준

APGAR	0점	1점	2점
피부색	전체적으로 창백함	사지가 창백하고 몸통은 분홍색	전신이 분홍색이며, 청색증 없음
맥 박	없음	100 미만	100 이상
반사 및 과민성	자극에 대한 반응이 없음	자극을 주면 약하게 울거나 찡그림	자극을 주면 움츠리거나 울음
근 긴장도	없음	약간 굽힘	펴는 힘에 대항하는 굽히는 팔과 다리
호 흡	없음	약하고 불규칙적이며, 헐떡임	강한 호흡과 울음

08

대부분의 암에서 병의 범위는 다양한 침습적 및 비침습적 진단검사와 시술에 의해 평가되며, 이러한 과정을 시기결정 혹은 병기 결정(staging)이라고 한다. 이러한 병기의 결정은 암환자의 예후와 밀접한 관련이 있으며, 치료 방법을 결정하는데 중요한 역할을 한다.

(1) 시기(병기) 결정에는 임상적 시기결정과 병리학적 시기결정의 두 가지가 있다. 임상적 시기와 병리학적 시기는 어떻게 결정되는지 기술하시오. (4점)

(2) 가장 널리 사용되는 시기(병기)분류 체계 중 하나는 TNM체계에 따른 시기(병기)이다. T, N, M은 각각 어떤 의미가 있는지 기술하시오. (6점)

모범답안

(1) 임상학적 시기(병기)와 병리학적 시기(병기)

① 임상학적 시기(병기)

암의 진행정도에 따라 1기부터 4기까지 등급이 나뉘고, 암 덩어리의 크기와 주위조직의 침투정도, 주위 림프절로의 침투 및 전이 여부라는 세 가지 기준에 따라 국제적으로 그 결정양식이 통일되어 있다.

② 병리학적 시기(병기)

수술실에서 적출된 조직만으로 평가하기 때문에 전체적인 병기나 원격전이에 대한 정보는 부족하다. 병리학적 병기는 분화도, 림프절의 전이 존재, 혈관침습의 존재, 유사분열의 정도로 평가한다.

(2) T, N, M 각각의 의미

① T : 원발암의 크기정도 → 수치가 커질수록 나쁜 경우

② N : 림프절 전이유무에 따라 결정 → 수치가 커질수록 나쁜 경우

③ M : 다른 장기로의 전이유무에 따라 전이유무 평가

09

현훈(vertigo)은 사물이나 공간 혹은 자신이 빙빙 도는 증상을 뜻하며, 다양한 원인에 의해 발생할 수 있다. 현훈의 원인을 찾을 때는 특히 내이(속귀) 질환에 의한 말초성인지, 뇌졸중과 같은 중추성인지 감별이 매우 중요하다.

(1) 귀의 구조는 크게 외이, 중이, 내이로 나누어지며, 이 중 현훈은 내이와 관련이 깊다. 내이(속귀, inner ear)를 이루는 구조물을 쓰시오. (4점)

(2) 내이와 관련된 말초신경성 현훈을 일으키는 질병(원인)을 쓰시오. (6점)

모범답안

(1) 내이를 이루는 구조물

① 와우(달팽이관) : 코르티기관(청세포 및 덮개막)이 있어 소리를 감지한다.

② 전정기관 : 와우와 반고리관 사이에 위치하며, 청사의 움직임에 의한 중력의 힘에 기울기감각을 감지한다.

③ 반고리관 : 세반고리관이라고도 불리는 3개의 반고리모양의 관으로 평형감각을 담당한다.

④ 내이도 : 측두골 추체부의 안쪽을 수평으로 통과하여 두개강 쪽으로 개방되며, 안면신경, 청신경, 전정신경 등이 지나가는 관이다.

(2) 내이와 관련된 말초신경성 현훈을 일으키는 질병(원인)

① 메니에르병 : 메니에르병은 난청, 현훈(현기증), 이명의 3대 증상을 특징으로 하는 내이의 질환으로, 내이 내의 림프액 이상으로 발생한다.

② 양성 돌발성 체위성 어지러움증 : 내이의 전정에서 이석이라는 돌가루가 본래의 위치에서 여러 가지 이유로 떨어져 나와 주위의 반고리관 내로 들어가 어지러움 증세가 생기는 질환이다.

③ 전정신경염 : 제8뇌신경(청신경)에 생기는 염증으로, 어지러움 증세가 발생할 수 있다.

더 알아보기 이석증

이석증은 내이의 반고리관에 발생한 이동성 결석으로 인하여 유발된 갑작스러운 회전성 어지럼증을 호소하는 질환이다. 이석(耳石)은 '귓속에 있는 작은 돌멩이'를 뜻하는 일종의 칼슘 부스러기이다. 내이에는 이석기관과 세반고리관으로 이루어진 전정기관(평형감각기)이 있어서 우리 몸의 평형감각을 유지할 수 있도록 해주고 있다. 이석은 이석기관에 정상적으로 존재하면서 몸의 선형 움직임을 감지하는 역할을 하는데, 본래 자리를 이탈해 몸의 회전과 가속을 감지하는 곳인 세반고리관으로 잘못 들어가면 세반고리관을 자극해서 움직일 때마다 회전성 어지럼을 느끼게 된다. 이를 이석증이라고 한다.

10

환자가 급성 흉통 혹은 흉부 불쾌감을 호소할 때 감별해야 할 질환 중 심근경색증은 급격한 사망 및 합병증을 초래할 수 있어 반드시 감별해야 할 중요한 질환이다. 그러나 급성 흉통 혹은 흉부 불쾌감을 일으키는 질환은 심근경색증 외에도 다양하다. 급성 흉통 혹은 흉부 불쾌감을 일으킬 수 있는 질환 중 심근경색을 제외한 다른 원인들에 대하여 기술하시오. (10점)

모범답안

① 심장 질환(비허혈성 심장 질환) : 급성 심낭염, 대동맥박리 또는 대동맥벽내 출혈
② 소화기계 질환에서 흉통 : 식도 경련, 역류성 식도염
③ 신경계 및 근골격계 질환 : 흉곽출구증후군, 대상포진, 늑연골염
④ 폐질환 : 폐색전증, 기형, 폐렴
⑤ 정신적 원인 : 불안

더 알아보기 심근경색증

심근경색증은 심장의 관상동맥이 혈전(피떡)에 의해 완전히 막혀서 심장 근육이 죽는 질환이다. 대부분의 심근경색증은 관상동맥의 죽상동맥경화(coronary atherosclerosis)로 인해서 발생하게 된다. 플라크(plaque)의 파열, 균열, 궤양형성 등이 발생하면서 혈소판의 활성화 및 혈전형성과정이 일어나고, 결국은 혈전성 폐쇄를 일으키게 된다. 이러한 관상동맥의 죽상동맥경화 이외의 원인들로는 좌심실 혹은 좌심방의 혈전, 종양, 판막 이상에 의한 관상동맥 색전, 경구피임약, 과응고성 상태 등에 의한 혈전성 관상동맥 질환, 다카야수병(Takayasu's disease) 등에 의한 관상동맥염, 관상동맥의 혈관경련, 선천성 관상동맥 기형 등이 있다.

발생 위험이 증가하는 경우는 다음과 같다.

① **다발성 관상동맥 위험인자** : 흡연, 비만, 고혈압, 고지혈증, 당뇨, 가족력, 고령(남자 > 45세, 여자 > 55세), 폐경 등
② **불안정성 협심증 혹은 변이형 협심증**
③ **기타 유발인자** : 과격한 운동, 과로, 정신적 스트레스, 질병, 겨울철, 아침에 일어난 직후 등

〈자료출처 : 질병관리청〉

제43회 신체손해사정사 2차 시험문제

1. 체간골은 흉곽과 척추체로 이루어져 있다. 흉곽과 척추체를 구성하는 뼈의 이름을 서술하고(7점), 체간골의 기능을 서술하시오(3점).

2. 어깨 손상의 주요 부위인 회전근개 파열에 대해 아래의 물음에 답하시오.

   (1) 회전근개를 이루는 근육은? (각 1점, 총 4점)

   (2) 이 중 가장 손상이 많이 발생하는 근육은? (1점)

   (3) 회전근개 파열의 진단시 가장 많이 사용하는 영상검사 2가지는? (각 1점, 총 2점)

   (4) 회전근개 파열의 주요 치료 3가지는? (각 1점, 총 3점)

3. 사지의 근력평가는 마비환자와 신경손상환자에서 중요하다. 사지근력평가와 관련하여 아래의 물음에 답하시오.

   (1) 근력을 평가하는 도수근력평가의 단계를 각각 작성하시오(숫자, 영어단어, 영어기호 모두 표시할 것). (6점)

   (2) 이 중, 중력의 제거 유무로 구분되는 두 개의 단계를 작성하시오. (4점)

4. 외상 후 발생할 수 있는 가동범위 감소나 근력약화와 관련된 아래의 물음에 답하시오.

   (1) 외상 후 운동장해(장애)가 발생할 수 있는 원인을 나열하시오. (6점)

   (2) 외상 후 관절염과 가장 관련이 높은 주요 손상을 나열하시오. (4점)

5. 압박골절과 관련된 아래의 물음에 답하시오.

(1) 압박골절이 발생했을 때 일차적으로 가장 많이 진단에 사용하는 영상검사 2가지 (각 1점, 총 2점)

(2) 급성 골절과 만성(진구성) 골절을 구분하는데 가장 유용한 영상검사 2가지 (각 1점, 총 2점)

(3) 압박골절이 가장 호발하는 부위 (3점)

(4) (3) 이외 압박골절이 많이 발생하는 부위 (3점)

6. 25세 남자가 축구경기를 하던 중 점프 후 착지하며 '뚝'하는 파열음과 함께 슬관절의 통증이 발생하였다.

(1) 손상 가능성이 가장 높은 부위의 이름은? (2점)

(2) 상기 경우에서 가장 우선적으로 선택하는 치료방법은? (2점)

(3) 상기 손상을 진단(치료 후 장애평가시에도 활용)하기 위한 신체 검사방법 2가지의 이름과 내용을 서술하시오. (6점)

7. 당뇨병은 췌장에서 분비되는 인슐린의 기능에 문제가 발생해서 혈당이 비정상적으로 상승해 우리 몸에 많은 문제를 일으키는 대표적인 만성 질환이다. 정상 혈당은 최소 8시간 이상 금식한 상태에서 공복 혈장 혈당이 100mg/dL 미만, 75g 경구 당부하 후 2시간 혈장 혈당이 140mg/dL 미만이다. 당뇨병 진단과 관련된 다음 빈칸을 채우시오. (각 1점, 총 10점)

1) 당뇨병 진단기준

(1) 당화혈색소 (①)% 이상 또는

(2) 8시간 이상 공복 혈장 혈당 (②)mg/dL 이상 또는

(3) 75g 경구 당부하 후 2시간 혈장 혈당 (③)mg/dL 이상 또는

(4) 당뇨병의 전형적인 증상 [(④), (⑤), (⑥)]이 있으면서 무작위 혈장 혈당검사에서 (⑦)mg/dL 이상

2) 당뇨병 전단계(당뇨병 고위험군)

(1) 당화혈색소 (⑧ ~ ⑧)% 해당하는 경우 당뇨병 전단계로 정의한다.

(2) 8시간 이상 금식 후 공복 혈장 혈당 (⑨ ~ ⑨)mg/dL 인 경우 공복 혈당 장애로 정의한다.

(3) 75g 경구 당부하 후 2시간 혈장 혈당 (⑩ ~ ⑩)mg/dL 인 경우 내당능 장애로 정의한다.

8. 자살은 2018년 기준 우리나라 사망원인 5위를 차지할 정도로 심각하고 중요한 문제이며, 10 ~ 30대 사망원인 1위이다. 최근 청소년 자살률도 지속적으로 증가하고 있으며, OECD 평균 10만명당 11.5명인 것에 비해 우리나라는 24.7명으로 매우 높은 편이라 자살예방을 위해서 많은 노력을 하고 있다. 자살의 고위험군에 대해서 10개 이상 서술하시오. (10점)

9. 종양이란 우리 몸속에 새롭게 비정상적으로 자라난 덩어리라 볼 수 있다. 종양은 크게 양성종양과 악성종양으로 구분할 수 있다. 종양이 가지는 특성별로 양성종양과 악성종양의 차이점에 대해서 5가지 이상 서술하시오. (10점)

10. 우리나라 사망원인 1위인 암을 조기에 발견해서 암 치료율을 높이고 암 사망률을 감소시키기 위해서 국가 암 검진사업을 하고 있다.
국가 암 검진에는 총 6개 항목이 제공되고 있는데, 이들의 이름(최고 5점)과 검진방법(최고 5점)에 대해서 서술하시오. (10점)

01

체간골은 흉곽과 척추체로 이루어져 있다. 흉곽과 척추체를 구성하는 뼈의 이름을 서술하고(7점), 체간골의 기능을 서술하시오(3점).

모범답안

1. 흉곽과 척추체

(1) 흉곽을 구성하는 뼈

흉부를 둘러싸고 있는 뼈대로 12개의 흉추, 12쌍의 늑골, 1개의 흉골로 구성되어 있다.

① 흉추(12개)

② 늑골(갈비뼈, 12쌍)

③ 늑연골(갈비연골)

④ 흉골(복장뼈)

⑤ 검상돌기

(2) 척추체를 구성하는 뼈

척추는 몸의 중심을 이루고 기둥의 역할을 수행하는 기관으로 33개의 척추뼈로 구성되어 있다. 즉 척추뼈는 경추 7개, 흉추 12개, 요추 5개, 천추 5개, 미추 4개로 구성되어 있다.

① 경추(목뼈, 7개)

② 흉추(등뼈, 12개)

③ 요추(허리뼈, 5개)

④ 천추(엉덩뼈, 5개)

⑤ 미추(꼬리뼈, 4개)

2. 체간골의 기능

체간골(몸통뼈대)이란 팔다리뼈, 척추뼈를 제외한 견갑골(어깨뼈), 골반골(골반뼈), 쇄골(빗장뼈), 흉골(가슴뼈), 늑골(갈비뼈)를 말한다.

① 몸통을 지지하고 체강의 장기를 보호하며, 체격이나 자세를 유지하는 기초를 제공한다.

② 미각, 후각, 청각, 시각, 평형감각과 같은 특수 감각 장기를 수용한다.

③ 체간골에 있는 골수에 의해 조혈기능을 담당한다.

④ 머리, 목 및 몸통의 움직임 조절을 제공한다.

⑤ 호흡운동의 수행을 제공한다.

⑥ 팔다리뼈대의 움직임과 관련된 근육의 부착점을 제공한다.

02 어깨 손상의 주요 부위인 회전근개 파열에 대해 아래의 물음에 답하시오.

(1) 회전근개를 이루는 근육은? (각 1점, 총 4점)

(2) 이 중 가장 손상이 많이 발생하는 근육은? (1점)

(3) 회전근개 파열의 진단시 가장 많이 사용하는 영상검사 2가지는? (각 1점, 총 2점)

(4) 회전근개 파열의 주요 치료 3가지는? (각 1점, 총 3점)

모범답안

(1) 회전근개를 이루는 근육

회전근개는 어깨와 팔을 연결하는 4개의 근육(① 극상근, ② 극하근, ③ 소원근, ④ 견갑하근) 및 힘줄로 이루어져 있다.

(2) 가장 손상이 많이 발생하는 근육

극상근

(3) 회전근개 파열의 진단시 가장 많이 사용하는 영상검사(2가지)

① 초음파검사

② 자기공명영상(MRI)검사

(4) 회전근개 파열의 주요 치료(3가지)

① **비수술적 치료(보존적 치료)**

회전근개에 부분 파열이 있을 때는 보존적 치료를 할 수 있다.

㉠ 운동(또는 물리) 치료 : 운동(물리) 치료는 회전근개만을 선택적으로 강화할 수 있는 일련의 특수한 동작으로 이루어져 있으며, 간단한 도구를 이용한다.

㉡ 약물(또는 주사) 치료 : 회전근개에 부분 파열이 있을 경우에 약물 투여로 통증치료와 염증치료를 한다.

② 수술적 치료

회전근개가 완전히 파열되어 기능에 장애가 생겼을 경우 수술을 시행한다.

㉠ 회전근개봉합술 : 관절내시경을 이용해 끊어진 힘줄의 위치를 확인하고, 실이 달린 나사를 통해 파열된 회전근을 뼈에 붙이는 수술이다. 관절내시경 수술은 진단과 동시에 수술이 가능하다. 이는 절개 부위가 작고 손상이 적기 때문에 입원 기간이 짧고 수술 후 회복이 빠르다는 장점이 있다.

㉡ 견봉성형술 : 관절내시경을 사용하여 견봉 밑 공간을 넓혀줌으로써 어깨 근육이 움직일 때 관절과 충돌하지 않도록 해주는 수술이다. 충돌증후군에 의해서 회전근개가 끊어지게 되므로, 회전근개봉합술과 같이 시행한다.

㉢ 어깨관절 치환술 : 복원이 불가능한 회전근개의 광범위한 파열의 경우, 어깨관절 치환술을 시행할 수 있다.

03

사지의 근력평가는 마비환자와 신경손상환자에서 중요하다. 사지근력평가와 관련하여 아래의 물음에 답하시오.

(1) 근력을 평가하는 도수근력평가의 단계를 각각 작성하시오(숫자, 영어단어, 영어기호 모두 표시할 것). (6점)

(2) 이 중, 중력의 제거 유무로 구분되는 두 개의 단계를 작성하시오. (4점)

모범답안

(1) 근력을 평가하는 도수근력평가의 단계

일반적으로 Normal, Good, Fair, Poor, Trace, Zero로 각각 5, 4, 3, 2, 1, 0점으로 평가된다.

등 급			상 태
Grade 5	Normal(N)	100%	최대의 저항력에 대항하여 능동적인 관절운동이 가능한 상태이다(정상상태).
Grade 4	Good(G)	75%	약간의 저항력을 이겨내고, 능동적인 관절운동이 가능한 상태이다.
Grade 3	Fair(F)	50%	중력을 이겨내고 능동적인 관절운동이 가능한 상태이나, 저항을 이기지 못하는 상태이다.
Grade 2	Poor(P)	25%	중력을 제거한 상태에서 부분적인 관절운동이 가능한 상태이다.
Grade 1	Trace(T)	10%	근육수축은 가능하나, 관절운동은 불가능한 상태이다.
Grade 0	Zero(Z)	0%	근육수축이 전혀 일어나지 않는 완전 마비상태이다. ※ EMG(근전도검사) 측정시 0으로 나온다.

(2) 중력의 제거 유무로 구분되는 두 개의 단계

① 2등급 Poor(P) : 중력을 제거한 상태에서 부분적인 관절운동이 가능한 상태

② 3등급 Fair(F) : 중력을 이겨내고 능동적인 관절운동이 가능한 상태이나, 저항이 없는 상태

04 외상 후 발생할 수 있는 가동범위 감소나 근력약화와 관련된 아래의 물음에 답하시오.

(1) 외상 후 운동장해(장애)가 발생할 수 있는 원인을 나열하시오. (6점)

(2) 외상 후 관절염과 가장 관련이 높은 주요 손상을 나열하시오. (4점)

모범답안

(1) 외상 후 운동장해(장애)가 발생할 수 있는 원인

① 관절 내의 연골골절로 직접적인 손상이 일어난 경우

② 개방성 골절, 분쇄골절로 인한 연부조직(근육, 건, 인대, 피부, 혈관 등)의 손상

③ 관절의 탈구 또는 아탈구로 관절운동이 제한되는 경우

④ 인대의 염좌, 근육의 염좌 및 근육의 타박상

⑤ 오랜 기간 관절고정에 인한 관절강직과 근육위축

⑥ 화상사고로 근육, 뼈, 인대조직의 손상이나 관절 자체가 손상된 경우

⑦ 만성 통증으로 인한 근력 약화

⑧ 중추 및 말초신경 손상으로 인한 근육위축 및 근력 약화

(2) 외상 후 관절염과 가장 관련이 높은 주요 손상

① 인대 손상(전방 또는 후방십자인대 파열, 내측 또는 외측 측부인대 파열)

② 반월상연골 손상

③ 관절내 골절

④ 관절탈구

⑤ 골연골 결손

05 압박골절과 관련된 아래의 물음에 답하시오.

(1) 압박골절이 발생했을 때 일차적으로 가장 많이 진단에 사용하는 영상검사 2가지 (각 1점, 총 2점)

(2) 급성 골절과 만성(진구성) 골절을 구분하는데 가장 유용한 영상검사 2가지 (각 1점, 총 2점)

(3) 압박골절이 가장 호발하는 부위 (3점)

(4) (3) 이외 압박골절이 많이 발생하는 부위 (3점)

모범답안

(1) 압박골절이 발생했을 때 일차적으로 가장 많이 진단에 사용하는 영상검사(2가지)

① X-ray검사 : 진단 방사선 촬영

② CT(Computed Tomography)검사 : 컴퓨터단층 촬영

(2) 급성 골절과 만성(진구성) 골절을 구분하는데 가장 유용한 영상검사(2가지)

① 뼈 스캔(Bone Scan)검사 : 뼈의 골절이나 종양발생 및 전이 여부, 감염 및 관절 질환의 범위와 중증도를 평가

② MRI(자기공명영상)검사 : 골다공증성 압박골절과 전이성 종양에 의한 병적 골절의 판별에 유용

(3) 압박골절이 가장 호발하는 부위

척추뼈 중 흉추(등뼈)부와 요추(허리뼈)부

(4) (3) 이외 압박골절이 많이 발생하는 부위

흉추(등뼈)부와 요추(허리뼈)부 이외에 5 ~ 10% 정도는 경추(목뼈)부에서 발생한다.

06

25세 남자가 축구경기를 하던 중 점프 후 착지하며 '뚝'하는 파열음과 함께 슬관절의 통증이 발생하였다.

(1) 손상 가능성이 가장 높은 부위의 이름은? (2점)

(2) 상기 경우에서 가장 우선적으로 선택하는 치료방법은? (2점)

(3) 상기 손상을 진단(치료 후 장애평가시에도 활용)하기 위한 신체 검사방법 2가지의 이름과 내용을 서술하시오. (6점)

모범답안

(1) 손상 가능성이 가장 높은 부위 : 십자인대 손상

슬관절(무릎 관절)에는 전방십자인대, 후방십자인대, 내측 측부인대 및 외측 측부인대라는 4가지 인대가 있다. 십자인대 손상은 과도한 운동이나 외상으로 인해 십자인대가 찢어지거나 파열된 상태를 의미한다. 주로 축구나 스키 등의 운동을 하는 중에 갑자기 멈추거나 방향을 바꿀 때, 상대방 선수와 충돌할 때, 점프 후 착지할 때, 교통사고시 발생한다.

(2) 상기 경우에서 가장 우선적으로 선택하는 치료방법

십자인대가 파열된 초기에는 관절의 안정 또는 휴식을 취하고, 얼음찜질과 압박붕대를 한 다음, 다친 다리를 심장 부위보다 올려서 연부조직의 추가손상을 예방하는 것이 우선적으로 선택하여야 할 치료방법이다. 십자인대가 부분 파열되고 불안정성이 심하지 않으면, 근력 강화 훈련, 보조기 착용, 석고 고정 등의 보존적 치료를 할 수 있다.

(3) 상기 손상을 진단(치료 후 장애평가시에도 활용)하기 위한 신체 검사방법(2가지)

① **전방전위검사** : 무릎을 90도 굽힌 자세에서 정강이(경골)를 두 손으로 잡고, 전방・후방으로 밀고 당겨본다. 이때 과도한 움직임이 없어야 정상이며, 앞쪽이나 뒤쪽으로 당겨오거나 밀리면 각 전방 및 후방십자인대가 손상되었음을 알 수 있다.

② **라크만 검사(Lachman test)** : 전방십자인대 손상이 의심되는 무릎을 20 ~ 30도 정도 구부리고, 한손으로는 대퇴의 원위부, 다른 한손으로는 하퇴의 근위부를 잡고, 하퇴를 잡은 손으로 정강이뼈를 넙다리뼈를 기준으로 고정하고, 전방으로 당겨본다. 정강이뼈의 전위(즉, 앞쪽으로 당겨짐)가 느껴진다면 라크만 검사의 양성반응으로 전방십자인대의 손상을 의심할 수 있다.

07

당뇨병은 췌장에서 분비되는 인슐린의 기능에 문제가 발생해서 혈당이 비정상적으로 상승해 우리 몸에 많은 문제를 일으키는 대표적인 만성 질환이다. 정상 혈당은 최소 8시간 이상 금식한 상태에서 공복 혈장 혈당이 100mg/dL 미만, 75g 경구 당부하 후 2시간 혈장 혈당이 140mg/dL 미만이다. 당뇨병 진단과 관련된 다음 빈칸을 채우시오. (각 1점, 총 10점)

1) 당뇨병 진단기준

(1) 당화혈색소 (①)% 이상 또는

(2) 8시간 이상 공복 혈장 혈당 (②)mg/dL 이상 또는

(3) 75g 경구 당부하 후 2시간 혈장 혈당 (③)mg/dL 이상 또는

(4) 당뇨병의 전형적인 증상 [(④), (⑤), (⑥)]이 있으면서 무작위 혈장 혈당검사에서 (⑦)mg/dL 이상

2) 당뇨병 전단계(당뇨병 고위험군)

(1) 당화혈색소 (⑧ ~ ⑧)% 해당하는 경우 당뇨병 전단계로 정의한다.

(2) 8시간 이상 금식 후 공복 혈장 혈당 (⑨ ~ ⑨)mg/dL 인 경우 공복 혈당 장애로 정의한다.

(3) 75g 경구 당부하 후 2시간 혈장 혈당 (⑩ ~ ⑩)mg/dL 인 경우 내당능 장애로 정의한다.

제1과목 의학이론

모범답안

① 6.5%

② 126

③ 200

④ 다음

⑤ 다뇨

⑥ 다식

⑦ 200

⑧ 5.7 ~ 6.4

⑨ 100 ~ 125

⑩ 140 ~ 199

08

자살은 2018년 기준 우리나라 사망원인 5위를 차지할 정도로 심각하고 중요한 문제이며, 10 ~ 30대 사망원인 1위이다. 최근 청소년 자살률도 지속적으로 증가하고 있으며, OECD 평균 10만명당 11.5명인 것에 비해 우리나라는 24.7명으로 매우 높은 편이라 자살예방을 위해서 많은 노력을 하고 있다.
자살의 고위험군에 대해서 10개 이상 서술하시오. (10점)

모범답안

자살의 고위험군

① 과거 자살시도 경험자
② 정신병적 증상(조울증 또는 반복적 우울증 등)이 있는 경우
③ 알코올 중독자 또는 알코올 의존자
④ 약물을 남용하는 자
⑤ 쉽게 분노하거나 폭발하는 자
⑥ 실직 또는 은퇴한 자
⑦ 최근에 사별이나 이별을 경험한 자
⑧ 신체적 질병(만성 신부전, 폐기종 등)이 있는 자
⑨ 노인 또는 독신자
⑩ 사회적 고립
⑪ 인격장애 등

09

종양이란 우리 몸속에 새롭게 비정상적으로 자라난 덩어리라 볼 수 있다. 종양은 크게 양성종양과 악성종양으로 구분할 수 있다. 종양이 가지는 특성별로 양성종양과 악성종양의 차이점에 대해서 5가지 이상 서술하시오. (10점)

모범답안

양성종양과 악성종양의 차이점

(1) 세포의 특성

양성종양은 분화가 잘 되어 분열상이 없거나 적고, 세포가 성숙한 반면에, 악성종양은 분화가 안 되어 있고 비정상적인 분열이 많으며, 세포가 미성숙하다.

(2) 성장양식

양성종양은 피막이 있어 점점 커지면서 성장하지만 범위가 한정되어 있고, 주위 조직에 대한 침윤이 없어 수술적 절제가 용이한 반면에, 악성종양은 피막이 없어 주위 조직으로 파고들어 침윤하면서 성장하기 때문에 수술적 절제가 쉽지 않다.

(3) 성장속도

양성종양은 천천히 자라면서 휴지기를 가질 수 있지만, 악성종양은 빨리 자라면서 저절로 없어지는 경우는 드물다.

(4) 전이 및 재발 여부

양성종양은 전이되지 않고 수술로 제거하면 재발하는 경우가 거의 없으나, 악성종양은 전이가 흔하고 수술로 제거하여도 재발하는 경우가 많다.

(5) 인체에의 영향 및 수술 예후

양성종양은 인체에 거의 해가 없고 수술을 하는 경우 예후가 좋으나, 악성종양은 인체에 해가 되고 수술을 하더라도 종양의 크기, 림프절 침범 여부, 다른 장기로의 전이 여부에 따라 예후가 좋지 못한 경우가 많다.

[양성종양과 악성종양의 차이점]

구 분	양성종양	악성종양
세포 특성	분화가 잘 된 성숙 세포이다.	분화가 잘 되지 않은 미성숙 세포이다.
성장 양식	피막이 있어 주변조직에 대한 침윤이 없다.	피막이 없어 주변조직으로 침윤하면서 성장한다.
성장 속도	성장이 느리고, 휴직기도 있다.	성장이 빠르다.
전이 여부	잘 되지 않는다.	잘 된다.
재발 여부	수술로 제거시 재발이 거의 없다.	재발가능성이 높다.
인체 영향	인체에 해가 거의 없다.	인체에 해를 입힌다.
예 후	좋다.	종양의 크기, 림프절 침범 여부, 다른 장기로의 전이 여부에 따라 예후가 달라진다.

10

우리나라 사망원인 1위인 암을 조기에 발견해서 암 치료율을 높이고 암 사망률을 감소시키기 위해서 국가 암 검진사업을 하고 있다.
국가 암 검진에는 총 6개 항목이 제공되고 있는데, 이들의 이름(최고 5점)과 검진방법(최고 5점)에 대해서 서술하시오. (10점)

모범답안

국가 암 검진항목 및 검진방법

① 위암 : 위내시경검사 또는 위장조영검사

② 간암 : 간초음파검사, AFP검사(혈청알파태아단백검사)

③ 대장암 : 분변잠혈검사(양성인 경우 대장내시경검사 또는 대장이중조영검사)

④ 유방암 : 유방촬영검사

⑤ 자궁경부암 : 자궁경부세포검사

⑥ 폐암 : 저선량 흉부 CT(저선량 흉부 전산화단층촬영)검사

[암 검진]

구 분	검진대상	주 기	검진방법
위 암	40세 이상의 남・여	2년	① 위내시경검사 ② 조직검사 ③ 위장조영검사
간 암	40세 이상의 남・여 중 간암 발생 고위험군 ※ "간암 발생 고위험군"이란 간경변증, B형 간염 항원 양성, C형 간염 항체 양성, B형 또는 C형 간염바이러스에 의한 만성 간질환 환자를 말한다.	6개월	① 간초음파검사 ② 혈청알파태아단백검사 (Alphafetoprotein)
대장암	50세 이상의 남・여	1년	① 분변잠혈검사 ② 대장내시경검사 ③ 조직검사 ④ 대장이중조영검사
유방암	40세 이상의 여성	2년	유방촬영검사
자궁경부암	20세 이상의 여성	2년	자궁경부세포검사
폐 암	54세 이상 74세 이하의 남・여 중 폐암 발생 고위험군 ※ "폐암 발생 고위험군"이란 30갑년[하루 평균 담배소비량(갑) × 흡연기간(년)] 이상의 흡연력(吸煙歷)을 가진 현재 흡연자와 폐암 검진의 필요성이 높아 보건복지부장관이 정하여 고시하는 사람을 말한다.	2년	저선량 흉부 CT검사

제44회 신체손해사정사 2차 시험문제

1. 다음은 상지의 구조를 표시한 그림이다. 아래의 질문에 답하시오(영문 및 국문의 의학용어 모두 작성 가능, 단 정확한 명칭을 작성해야 함). (10점)

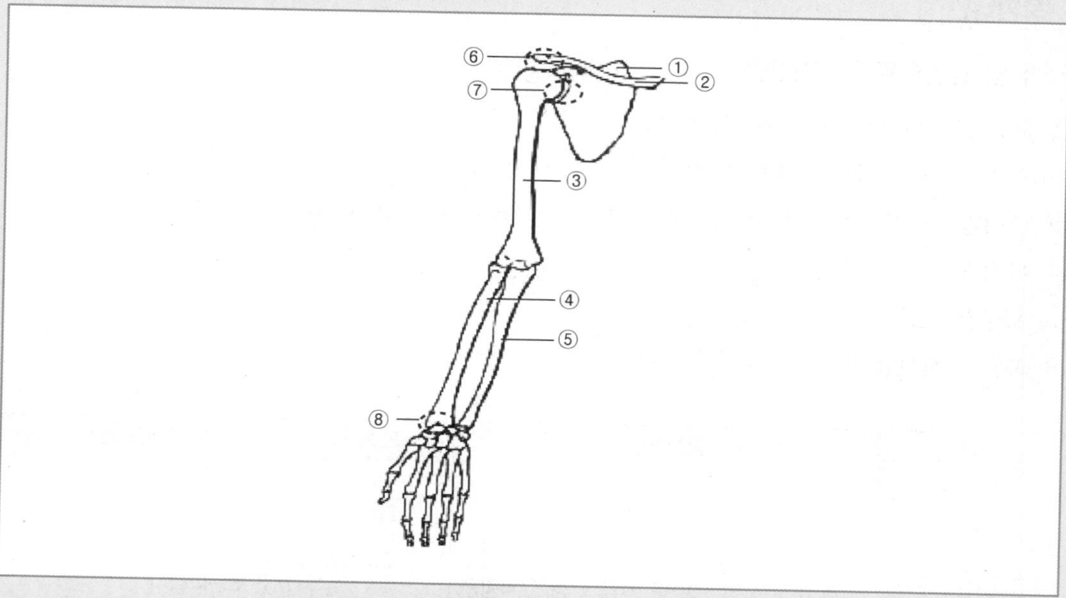

(1) ①, ②, ③, ④, ⑤ 각 숫자에 해당하는 뼈의 이름을 작성하시오. (5점)

(2) 점선으로 표시된 각 숫자 ⑥, ⑦, ⑧에 해당하는 관절의 이름을 작성하시오(견관절, 완관절이 아닌 구체적인 명칭을 쓰시오). (3점)

(3) 상지의 주요 관절 중, 삼각 섬유연골 복합체(TFCC, triangular fibrocartilage complex lesions) 병변이 발생하는 관절은 어느 관절인가? (2점)

2. 다음은 발목의 그림이다. 각 표시된 부분의 명칭을 작성하고 질문에 답하시오(영문 및 국문의 의학용어 모두 작성 가능, 단 정확한 명칭을 작성해야 함). (10점)

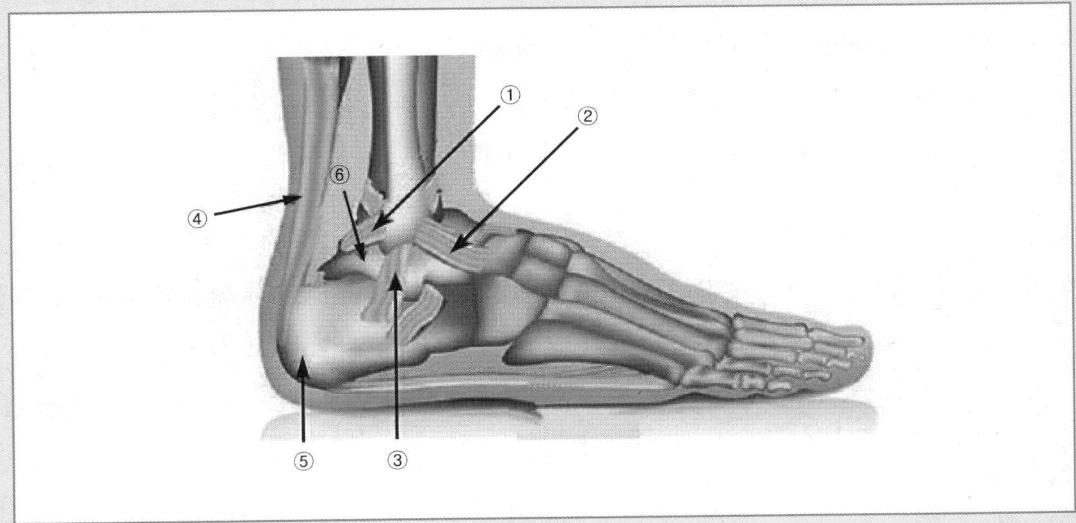

(1) 외측 발목의 안정성과 관련이 높은 주요 인대 ①, ②, ③을 작성하시오. (3점)

(2) ④의 명칭을 작성하시오. (1점)

(3) ⑤, ⑥에 해당하는 뼈의 이름을 작성하시오. (2점)

(4) 발목의 외상 발생시 가장 많이 손상되는 동작(2점) 및 가장 많이 손상되는 인대의 이름(2점)을 쓰시오.

3. 뇌실질내출혈에서 출혈의 외상성과 자발성을 감별하기 위한 고려사항들을 서술하시오. (10점)

4. 관절운동의 제한 원인을 크게 두 가지로 나누어 서술하시오. (10점)

5. 척추전방전위증(spondylolisthesis)에 관하여 아래의 질문에 답하시오. (10점)

(1) 척추전방전위증의 정의 (3점)

(2) 척추전방전위증의 가장 흔한 원인 두 가지 (2점)

(3) 척추전방전위증이 주로 발생하는 부위 (2점)

(4) 척추전방전위증에서 수술을 고려하는 경우 (3점)

6. 척추의 변형각을 측정하는 방법은 크게 두 가지가 있다. 이 두 가지 방법에 대해 설명하시오. (10점)

(1) Cobb's angle(콥스각)을 측정하는 경우 및 임상적 의의를 서술하시오. (2점)

(2) 아래 그림에서 선을 그어 Cobb's angle(콥스각)을 측정하는 방법을 표시하시오(아래 그림을 답안지에 그린 후 선을 그을 것). (3점)

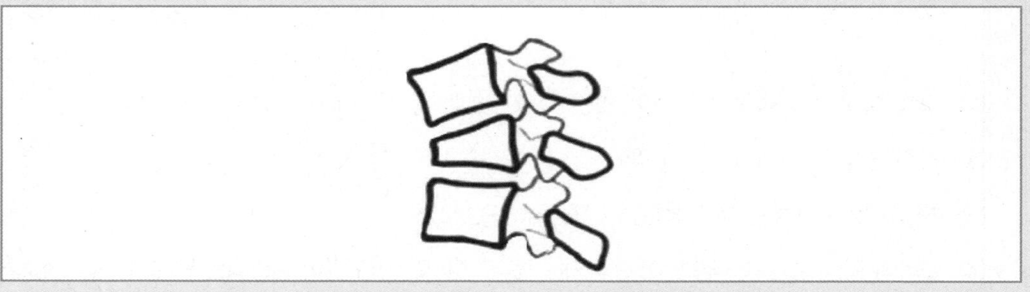

(3) 국소 후만각(local kyphotic angle)의 임상적 의의를 서술하시오. (2점)

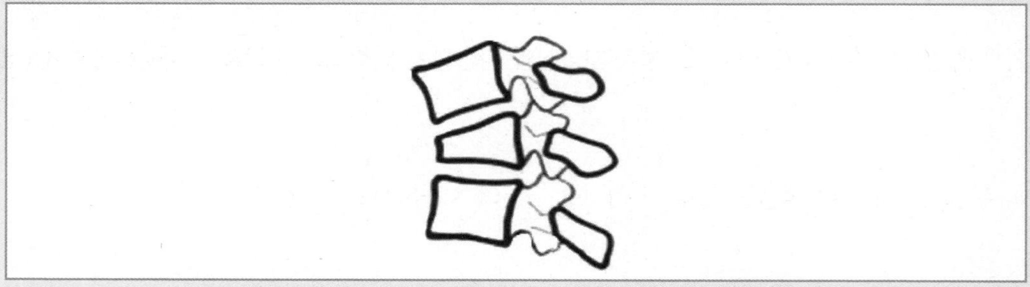

(4) 아래 그림에서 선을 그어 국소 후만각(local kyphotic angle)을 측정하는 방법을 표시하시오(아래 그림을 답안지에 그린 후 선을 그을 것). (3점)

7. 결장 직장의 용종에는 선종성 용종, 과형성 용종, 유년기 용종 등이 있다. 이중 선종성 용종의 경우 악성화 가능성을 가지고 있다. 선종성 용종(adenomatous polyp)에 있어 악성화 가능성이 높은 위험인자 5개를 쓰시오. (10점)

8. 수면무호흡증은 수면 중에 호흡의 멈춤 또는 호흡이 얕아지는 문제가 발생해 수면에 지장이 발생하는 질환이다. 수면무호흡증의 세 가지 유형과 밤 동안의 수면 기록을 분석하여 진단하는 검사방법의 의료 행위명에 대해서 쓰시오. (10점)

(1) 수면무호흡증의 세 가지 유형 (6점)

(2) 수면무호흡증 진단을 위한 검사 의료 행위명 (4점)

9. 종양표지자(tumor marker)는 암의 성장에 반응해서 체내에서 또는 암조직 자체에서 생성되며 혈액, 소변, 조직검체에서 검출된다. 하지만 꼭 특정 암에서만 증가하는 것은 아니고 양성 질환 등 비특이적인 상황에서도 상승할 수 있기 때문에 상승했다고 암을 진단할 수 있는 것은 아니다. 하지만 암 진단에 보조적 역할, 암치료 반응 정도 확인, 암 재발 여부 확인, 암의 크기 반영 등에 이용 할 수 있어 임상에서 흔히 사용하고 있다. 다음 제시된 암의 진단에 도움이 되는 가장 중요한 종양표지자를 한 개씩만 쓰시오. (10점)

(1) 간세포암 :

(2) 갑상선 수질암 :

(3) 대장암, 폐암 :

(4) 전립선암 :

(5) 난소암 :

10. 만성 간질환의 중증도 판정에 사용하는 평가 방법으로 Child – Pugh 분류법을 사용하고 있다. 중증도 판정, 예후 판단, 치료법 결정에 사용되고 있는 Child – Pugh 분류법에는 5가지 항목에 대하여 점수를 평가하여 합산하여 A, B, C 등급을 산정한다. 5가지 평가 항목에 대해서 쓰시오. (10점)

01

다음은 상지의 구조를 표시한 그림이다. 아래의 질문에 답하시오(영문 및 국문의 의학용어 모두 작성 가능, 단 정확한 명칭을 작성해야 함). (10점)

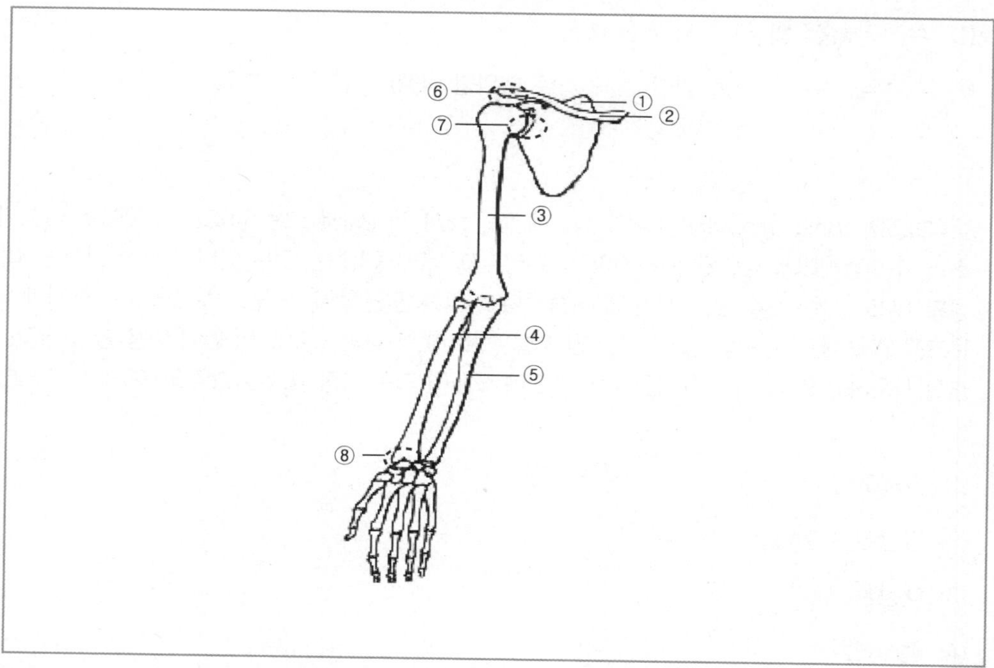

(1) ①, ②, ③, ④, ⑤ 각 숫자에 해당하는 뼈의 이름을 작성하시오. (5점)

(2) 점선으로 표시된 각 숫자 ⑥, ⑦, ⑧에 해당하는 관절의 이름을 작성하시오(견관절, 완관절이 아닌 구체적인 명칭을 쓰시오). (3점)

(3) 상지의 주요 관절 중, 삼각 섬유연골 복합체(TFCC, triangular fibrocartilage complex lesions) 병변이 발생하는 관절은 어느 관절인가? (2점)

모범답안

(1) 뼈의 이름

① 어깨뼈(견갑골, Scapula)

② 빗장뼈(쇄골, Clavicle, Collarbone)

③ 위팔뼈(상완골, Humerus)

④ 노뼈(요골, Radius)

⑤ 자뼈(척골, Ulna)

(2) 관절의 이름

⑥ 봉우리빗장관절(견봉쇄골관절, Acromioclavicular joint)

⑦ 상완와관절(Glenohumeral joint)

⑧ 손목관절(요골수근관절, Radiocarpal joint)

(3) 삼각 섬유연골 복합체(TFCC, triangular fibrocartilage complex lesions) 병변이 발생하는 관절

삼각 섬유연골 복합체(TFCC)의 손상은 손목관절 척측(새끼손가락 방향) 통증의 가장 흔한 원인으로 알려져 있다. 삼각 섬유연골 복합체(TFCC)는 손목의 두개의 뼈인 요골과 척골을 연결하여 안정적인 운동이 가능하게 하는 구조물로서 파열시에는 손목관절 불안정 및 관절염이 발생할 수 있다.

① 먼쪽노자관절(원위요척관절, Distal radioulnar joint)

② 척수뿌리관절(척수근관절, ulnocarpal joint)

02

다음은 발목의 그림이다. 각 표시된 부분의 명칭을 작성하고 질문에 답하시오(영문 및 국문의 의학용어 모두 작성 가능, 단 정확한 명칭을 작성해야 함). (10점)

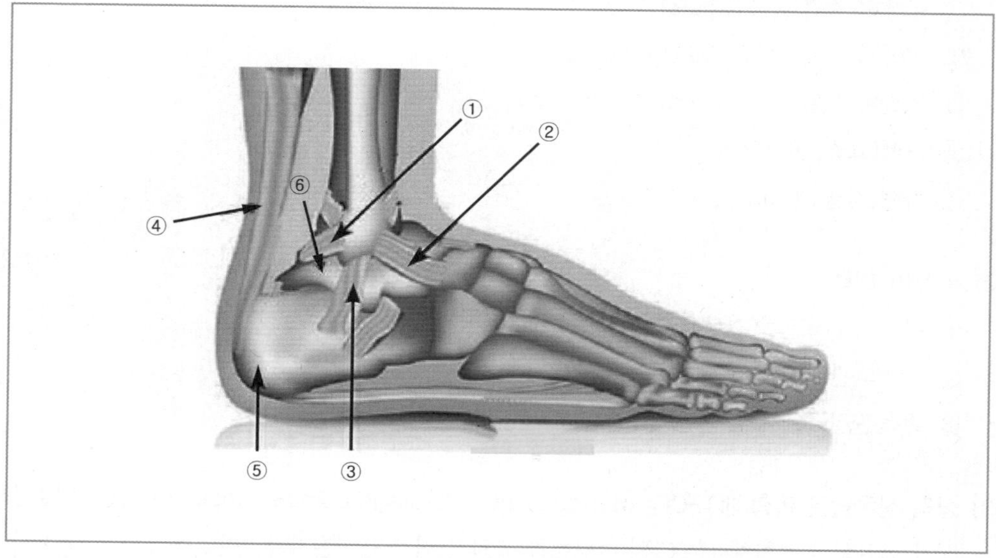

(1) 외측 발목의 안정성과 관련이 높은 주요 인대 ①, ②, ③을 작성하시오. (3점)

(2) ④의 명칭을 작성하시오. (1점)

(3) ⑤, ⑥에 해당하는 뼈의 이름을 작성하시오. (2점)

(4) 발목의 외상 발생시 가장 많이 손상되는 동작(2점) 및 가장 많이 손상되는 인대의 이름(2점)을 쓰시오.

모범답안

(1) 외측 발목의 안정성과 관련이 높은 주요 인대

① 뒤목말종아리인대(후거비인대, Posterior talofibular ligament)

② 앞목말종아리인대(전거비인대, Anterior talofibular ligament)

③ 발꿈치종아리인대(종비인대, Calcaneofibular ligament)

(2) ④의 명칭

④ 발꿈치힘줄(종골건 또는 아킬레스건, Calcaneal tendon)

(3) 뼈의 이름

⑤ 발꿈치뼈(종골, Calcaneus)

⑥ 목말뼈(거골, Talus)

(4) 발목의 외상 발생시 가장 많이 손상되는 동작 및 가장 많이 손상되는 인대

① 발목의 외상 발생시 가장 많이 손상되는 동작

스포츠 활동 중이나 일상생활 중에서 흔하게 발생하는 발목 염좌는 발목이 비틀리거나 접질렸을 때 발목 관절을 지탱하는 발목 인대가 늘어나거나 찢어지는 손상으로 발생하는 질환이다. 즉 발목이 안으로 휘는 내반력(무릎이 O자 모양으로 꺾이게 되는 힘)이 가해질 때 흔하다.

② 가장 많이 손상되는 인대

㉠ 앞목말종아리인대(전거비인대, Anterior talofibular ligament)

㉡ 발꿈치종아리인대(종비인대, Calcaneofibular ligament)

03 뇌실질내출혈에서 출혈의 외상성과 자발성을 감별하기 위한 고려사항들을 서술하시오. (10점)

모범답안

뇌실질내출혈의 원인으로는 크게 고혈압, 저산소증, 동맥류파열, 모야모야병, 혈액응고장애 등에 의한 자발성 출혈과 두부외상에 의한 외상성 출혈로 구분할 수 있다. 뇌실질내출혈은 컴퓨터 단층촬영(CT)과 자기공명영상(MRI) 등으로 두개 내의 출혈 여부를 확인할 수 있다.

① 뇌 컴퓨터 단층촬영(CT)을 통해 뇌출혈 여부, 위치, 크기 등을 확인하며, CT 혈관조영술(CTA)검사로 뇌출혈의 원인이 될 수 있는 혈관이상 유무를 확인한다.

② 자기공명영상(MRI)은 뇌출혈 여부뿐만아니라, 뇌출혈로 인한 손상부위를 자세히 확인하고 예후를 판정하는데 유용하게 이용된다.

더 알아보기 **뇌실질내출혈(Intracerebral Hemorrhage)**

1. **정 의**

사람의 뇌실질을 감싸고 있는 뇌막은 경막, 지주막, 연막의 3종으로 구분되는데, 이 중 중간에 있는 막이 마치 거미줄 모양과 같다고 해서 지주막 또는 거미막이라 하고, 가장 안쪽에 있는 연막과의 사이에 있는 공간이 지주막하 공간이다. 이 지주막하 공간은 비교적 넓은 공간으로, 뇌의 혈액을 공급하는 대부분의 큰 혈관이 지나다니는 통로인 동시에 뇌척수액이 교통하는 공간이 된다. 그래서 뇌혈관에서 출혈이 생기면 가장 먼저 지주막하 공간에 스며들게 되는데 이렇게 어떤 원인에 의해 지주막하 공간에 출혈이 일어나는 질환을 뇌 지주막하 출혈이라 하며, 대부분의 경우 뇌동맥류 파열과 같은 심각한 원인이 있을 수 있고, 이 외에도 뇌혈관의 기형이나 외상 등에 의해서 지주막하 공간에 출혈이 발생하는 모든 경우를 말한다.

2. **원 인**

지주막하 출혈의 원인은 뇌동맥류의 파열에 의한 것이 전체의 65%를 차지할 정도로 가장 많다. 지주막하 출혈은 크게 자발성 출혈과 외상성 출혈로 나눌 수 있는데, 자발성 출혈은 나이를 가리지 않고 발생하며, 뇌혈관에 꽈리 모양의 주머니를 형성하는 선천적인 뇌동맥류나 기타 뇌혈관 기형이 있다가 우연한 기회에 터져 뇌출혈을 일으키는 경우가 대부분이다. 자발성 지주막하 출혈의 원인으로는 뇌동맥류의 파열, 뇌동정맥 기형의 출혈, 추골동맥의 박리, 뇌혈관염, 혈액응고 이상 등 여러 가지가 있지만, 이 중에서 뇌동맥류 파열에 의한 지주막하 출혈이 80%로서 지주막하 출혈이 있을 때 가장 먼저 의심하게 된다.

뇌동맥류의 원인 및 병태 생리는 아직 확실하게 알려진 것이 없으나, 원인으로는 선천성 뇌혈관 벽의 이상, 동맥경화, 고혈압, 심방의 점액종(양성종양)에 의해 혈관이 막히는 색전, 균사체에 의한 혈관염, 외상 등이 있으나, 대개 나이든 환자의 경우는 동맥경화나 고혈압과 같은 원인에 의한 것이 많은 것으로 알려져 있고, 뇌동맥류가 흔히 발생하는 위치는 전교통 동맥, 후교통 동맥, 중대뇌 동맥 분지 부위이며, 그 외에도 다양한 위치에 이런 뇌동맥류가 발생하게 된다.

3. **증 상**

갑작스러운 심한 두통, 심한 구역질과 구토 등의 의식이 있는 경우에서부터 실신이나 의식이 소실되는 경우까지 그 증상이 다양하나, 무엇보다도 특징적인 증상으로는 갑작스럽고 머리를 망치로 맞아 깨질 것 같은 정도의 극심한 두통이다. 이 외에도 안구의 운동이나 동공의 움직임을 지배하는 동안 신경의 마비에 의해 안검하수(윗 눈꺼풀이 늘어지는 현상) 및 복시(사물이 이중으로 보이는 현상), 빛을 싫어하게 되는 광선 공포증이나 목이 뻣뻣해지는 등 전형적인 수막 자극 증상이 나타나며, 경련과 같은 발작을 일으키는 경우도 있다. 때로는 의식장애가 심하고, 혼수상태에서 깨어나지 않은 채 죽는 경우도 있는데, 대체적으로 뇌동맥류 파열 후 3분의 1의 환자가 그 자리에서 즉사하고, 그 외 3분의 1은 병원에 이송 도중 또는 병원에서 사망하게 되며, 나머지 환자만이 치료를 받는 것으로 알려져 있다.

4. **진 단**

환자가 갑자기 두통이나 구토와 함께 의식저하 등의 신경학적 장애가 보일 때는 곧바로 뇌 전산화 단층촬영이나 뇌 자기공명영상과 같은 검사를 통하여 뇌출혈의 정확한 진단과 적절한 치료를 받아야 한다.

5. **검 사**

지주막하 출혈의 진단은 뇌 전산화 단층촬영(CT)으로 하게 된다. 대개 출혈 후 48시간이 지나지 않은 경우 95% 이상에서 진단이 가능하나, 뇌 전산화 단층촬영으로 진단이 애매하거나, 강하게 의심이 되는데 출혈이 관찰되지 않는 경우에는 요추 천자를 통해 뇌척수액에서 출혈 여부를 관찰하여 진단하게 된다. 일단 지주막하 출혈이 진단된 후에는 원인이 무엇인지를 따져야 하며, 이 경우 가장 많은 원인인 뇌동맥류 파열을 감별하기 위해 추가로 뇌혈관 조영술을 시행하게 된다. 뇌혈관 조영술이 침습적인 방법인데 비해 전산화 단층 혈관 조영술 및 자기공명 혈관 조영술은 비침습적이면서 빠르고 간단하게 3차원적인 영상을 얻을 수 있는 방법이다. 기준이 되는 것은 침습적인 뇌혈관 조영술인데, 최근에는 먼저 비침습적인 전산화 단층 혈관 조영술 및 자기공명 혈관 조영술 검사를 시행하고 경우에 따라 뇌혈관 조영술을 시행하는 방법이 많이 이용되고 있다.

04 관절운동의 제한 원인을 크게 두 가지로 나누어 서술하시오. (10점)

모범답안

관절운동의 제한 원인

(1) 경직(Spasticity)

경직이란 뇌질환 이후 근육의 신장반사가 과도하게 흥분되어 움직이는 속도에 비례하여 근육의 긴장도가 증가한 상태를 말한다. 증상은 운동 및 안정시 자신의 의지와는 상관없이 근육이 뻣뻣해지는 양상으로 나타나며 팔, 다리 및 얼굴, 목 등의 모든 근육에서 나타날 수 있어 통증 및 운동기능 상실의 주원인이 된다.

※ **의학용어(4집)** : rigidity – 경축, spasticity – 경직, ankylosis – 강직(증)

(2) 마비(Paralysis)

마비는 흔히 두부외상이나 뇌졸중 등 뇌의 내・외부적 손상으로 인한 경우 또는 타격이나 화상 등에 의해 경추부위나 상・하지의 신경에 손상이 가해지는 경우 발생할 수 있다. 운동신경 마비로 인해 관절운동을 하지 않을 경우 관절구축이 발생할 수도 있다.

※ 강직–인간 증후군(스티프맨 증후군, Stiff–person syndrome)은 점진적으로 악화되는 근육 경직을 유발한다. 강직–인간 증후군은 제1형 당뇨병, 특정 자가면역 장애 또는 특정종류의 암이 있는 사람에게 흔히 발생한다. 몸통 및 복부에서부터 근육이 점차 강직되고 비대해지지만, 결국 전신 근육에 영향을 미친다.

05 척추전방전위증(spondylolisthesis)에 관하여 아래의 질문에 답하시오. (10점)

(1) 척추전방전위증의 정의 (3점)

(2) 척추전방전위증의 가장 흔한 원인 두 가지 (2점)

(3) 척추전방전위증이 주로 발생하는 부위 (2점)

(4) 척추전방전위증에서 수술을 고려하는 경우 (3점)

모범답안

(1) 척추전방전위증의 정의

하나의 척추가 여기에 인접하는 밑의 척추에 비해 정상적인 정렬을 이루지 못하고 앞으로 빠져 있는 상태를 말한다. 즉, 척추전방전위증은 위 척추뼈가 아래 척추뼈보다 앞으로 밀려나가면서 배 쪽으로 튀어나와 신경을 손상시켜 허리통증과 다리 저림을 일으키는 질환이다. 척추전방전위증은 크게 척추분리증에 의한 전방전위증, 퇴행성 변화에 의한 전방전위증, 외상에 의한 전방전위증으로 나눌 수 있다.

(2) 척추전방전위증의 가장 흔한 원인(두 가지)

① 척추분리증

어떤 원인에 의해 척추뼈 내의 연결 부위(협부)에 결손이 발생한 경우를 말하고, 정확한 원인은 밝혀지지 않았다. 다만, 급성 성장기에 척추에 가해지는 반복적 스트레스에 의한 피로골절이 가장 중요한 원인으로 추측된다. 척추분리증이 있어도 전위가 발생하지 않는 경우가 많다. 그러나 금이 간 부위(결손 부위)에서 뼈가 어긋나면서 위쪽 척추가 아래 척추에 비해 앞으로 빠지면(전위) 요추전방전위증 상태가 된다. 이 질환을 성인이 된 후에 처음 발견한 경우, 척추분리증이 언제 발생하였고, 언제 전방전위증으로 발전하였는지 확실하게 알 수 없다. 대개 청소년기부터 있었던 것으로 추정한다. 이 질환이 청소년기에 발견된 경우에는 방사선 검사를 통해 척추뼈가 더 앞으로 빠지지 않았는지 4 ~ 6개월에 한 번씩 정기적으로 관찰해야 한다. 관찰하는 과정에서 척추뼈가 앞으로 더 미끄러질 것 같은 징후가 보이면 더 나빠지는 것을 막기 위해 척추 유합술을 고려한다.

② 노인성 변화(퇴행성 척추전방전위증)

나이가 들면서 퇴행성 변화에 의하여 척추가 장기간 불안정하여 전방전위증이 생길 수 있다.

(3) 척추전방전위증이 주로 발생하는 부위

요추(허리뼈) 4 ~ 5번 부위에서 흔하다.

(4) 척추전방전위증에서 수술을 고려하는 경우

① 비수술적 치료에도 불구하고 통증이나 신경증세가 지속되는 경우
② 소아에서 전위가 33%를 넘어 진행하는 경우
③ 소아에서 처음 진단시 전위가 50%를 넘을 때
④ 성인에서 추간판탈출증이 동반 되었을 때
⑤ 성인에서 제4 ~ 5요추간 전위증에서 전위가 증가할 때
⑥ 성인에서 인접 부위의 퇴행성 변화에 의한 척추관협착증이 생겼을 때

수술은 크게 두 가지 목적을 가지고 있는데, 첫째는 신경이 눌리는 것을 풀어주는 것이며, 둘째는 척추의 불안정증으로 인하여 관절을 고정시키는 것이다.

06

척추의 변형각을 측정하는 방법은 크게 두 가지가 있다. 이 두 가지 방법에 대해 설명하시오. (10점)

(1) Cobb's angle(콥스각)을 측정하는 경우 및 임상적 의의를 서술하시오. (2점)

(2) 아래 그림에서 선을 그어 Cobb's angle(콥스각)을 측정하는 방법을 표시하시오(아래 그림을 답안지에 그린 후 선을 그을 것). (3점)

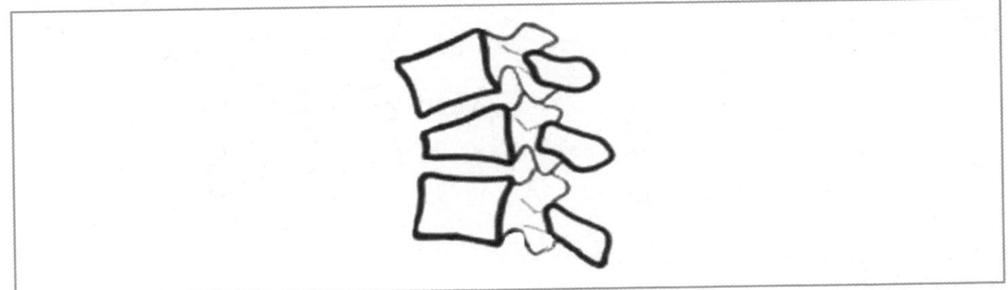

(3) 국소 후만각(local kyphotic angle)의 임상적 의의를 서술하시오. (2점)

(4) 아래 그림에서 선을 그어 국소 후만각(local kyphotic angle)을 측정하는 방법을 표시하시오(아래 그림을 답안지에 그린 후 선을 그을 것). (3점)

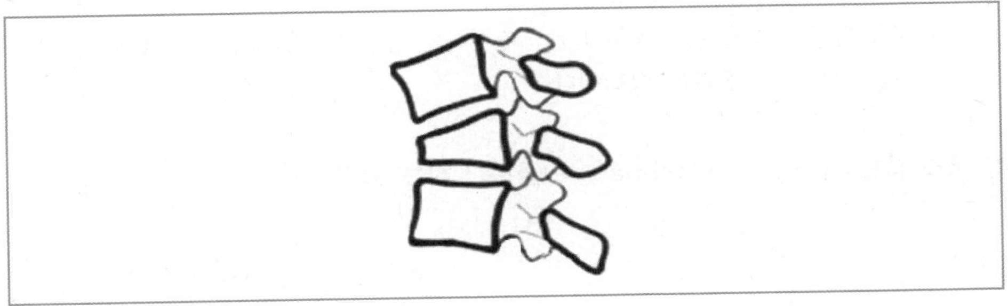

모범답안

(1) Cobb's angle(콥스각)을 측정하는 경우 및 임상적 의의

① Cobb's angle(콥스각)을 측정하는 경우

Cobb's angle(콥스각)은 척추측만증(scoliosis)을 판별하고 진단하기 위해 측정한다. 즉 척추체 골절에 의한 후만 변형을 측정하는 방법 중 하나로 인접한 추체를 포함하여 국소적인 시상만곡을 평가하는 방법이다.

② Cobb's angle(콥스각)을 측정하는 임상적 의의

Cobb's angle(콥스각)은 척추체 손상시 초기 또는 후기 불안정성을 나타내는 지표로서 임상적 의의가 있다. Cobb's angle(콥스각)이 10° 이하일 때는 정상으로 판단하며, 몇도 이상일 때 교정이 필요하거나 수술이 필요하다는 판단기준을 제시한다.

(2) Cobb's angle(콥스각)을 측정하는 방법

Cobb's angle(콥스각)은 측정하려는 척추만곡의 볼록한 쪽으로 가장 기울어진 상부 끝 척추의 상단과 만곡된 하부 끝 척추의 하단에 선을 그은 뒤 각 선에서 직각(90°)으로 수직선을 그어서 교차된 각으로 측만곡의 크기가 된다.

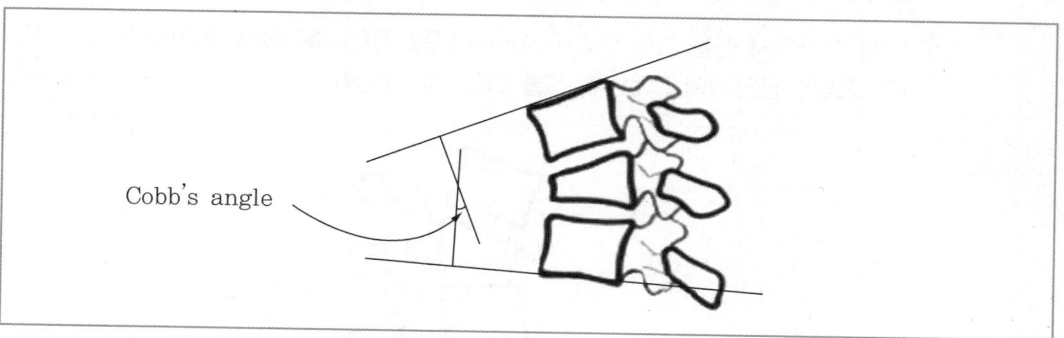

(3) 국소 후만각(local kyphotic angle)의 임상적 의의

국소 후만각(local kyphotic angle, LKA)은 역시 척추체 골절후 후만 변형을 측정하는 방법 중 하나로 골절된 척추체만을 평가하는 방법이다. 골절된 추체만을 측정하므로 누워서 촬영하는 것과 서서 촬영하는 것의 차이가 가장 적으나, 관찰자간 변이가 크다.

국소 후만각은 압박골절된 척추체만을 측정하는 방법으로 골절된 척추체의 상/하부를 기준선으로 삼아 변형각도를 측정하는 방법이다.

(4) 국소 후만각(local kyphotic angle)을 측정하는 방법

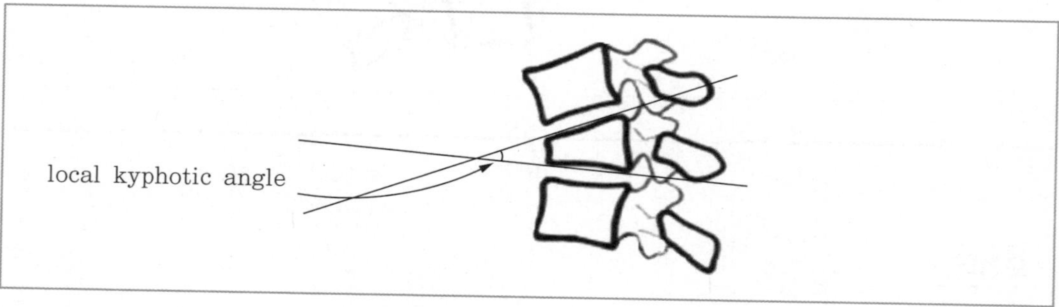

07

결장 직장의 용종에는 선종성 용종, 과형성 용종, 유년기 용종 등이 있다. 이중 선종성 용종의 경우 악성화 가능성을 가지고 있다. 선종성 용종(adenomatous polyp)에 있어 악성화 가능성이 높은 위험인자 5개를 쓰시오. (10점)

모범답안

선종성 용종(adenomatous polyp)에 있어 악성화 가능성이 높은 위험인자(5개)

① 다발성 선종(선종의 개수가 3개 이상)인 경우

② 용종의 크기가 1.0cm 이상인 경우

③ 직장이나 S상 결장에 분포하는 경우

④ 융모성(관상융모 또는 융모) 선종(Tubulovillous 또는 Villous adenoma)인 경우

⑤ 고도 이형성(High – grade dyspalsia)이 동반된 경우

더 알아보기 직장의 양성종양(Rectum, benign tumor)

1. **정 의**

직장은 대장의 일부분으로 직장의 양성종양은 직장내 상피세포에서 발병하여 직장 내로 돌출된 조직을 말하며, 직장 용종의 2/3는 60세 이상에서 발생한다.

① **선종성 용종** : 선종은 암이 나타나기 이전의 병변으로 용종이 2cm 이상으로 커지면 암으로 진행할 수 있다.

② **과형성 용종** : 대체로 크기가 5mm 이하인 용종으로 1cm를 넘는 거대 과형성 용종은 1% 미만이며, 증상을 유발하지 않으면, 제거할 필요가 없다. 과형성 용종과 선종이 혼합된 경우, 크기가 커지고 암으로 진행할 수 있으며, 60세 이후에 약 75%가 발견된다.

③ **유년기 용종(연소성 용종)** : 주로 소아와 청소년기에 나타나며, 70% 정도가 10세 이전에 발생하고, 둥근 표면, 강한 발적, 미란 또는 얕은 궤양, 점액이 채워진 것을 관찰할 수 있다. 이 용종은 혈관 분포가 풍부하여 직장 출혈이 흔히 나타나며, 배변시 탈출하기도 하고, 이러한 이유로 연소성 용종은 제거하는 것이 좋다.

④ **포이츠 – 예거 용종**(Peutz – Jeghers polyp) : 유전자 질환으로 나타나고, 다수의 용종을 보이며, 출혈이나 장 중첩 및 장 폐쇄 등을 유발할 수 있다.

⑤ **점막 용종** : 정상 점막이 용종처럼 튀어나온 것을 말한다.

⑥ **지방종** : 점막하 종양을 말하고, 내시경상 표면이 매끈하고 노란색을 띠고 있으며, 지방종은 대개 증상을 일으키지 않으므로 불확실하면 반드시 조직검사를 시행하는데, 확진된 후에 굳이 제거할 필요는 없다.

⑦ **유암종** : 점막하 종양을 말하며, 크기가 커지면 타 장기로 전이될 수 있어 악성종양으로 분류된다. 다만, 이는 서서히 자라고 크기가 작을 때 발견되므로 내시경적 절제가 가능하고, 지방종과 달리 유암종은 눌러보면 단단하여 눌리지 않으며, 표면에 궤양이 생겨 직장 출혈이 보이기도 한다.

⑧ **평활근종** : 표면이 매끈한 점막하 종양으로 점막근판이나 고유근층에 생긴다.

⑨ **림프관종** : 표면이 매끄럽고 창백하며 종종 투명한 느낌을 주는 점막하 종양으로 부드럽고 쉽게 눌리고, 얕은 함몰이 확인될 수 있는데, 이는 종양의 내부가 림프액으로 채워져 있어서 보이는 특징적인 소견으로 천자시 림프액이 배출되기도 한다.

⑩ **가족성 선종성 용종** : 유전성 질환이나 선천성 질환이 아니며, 어려서부터 검진을 시작하여 전 가족을 검사해야 하고 전 대장에서 매우 다양하게 분포하지만 S상 결장, 직장에 더 높은 밀도로 나타나며 선종의 숫자도 다양하다. 몇 개만 나타날 수 있으며, 전체의 대장 점막을 덮을 만큼 많이 나타날 수도 있고, 진단이 이루어지면 악성화를 막기 위해 최대한 빨리 수술해야 한다.

2. **원 인**

직장의 양성종양의 원인에 대해서는 체질, 유전적 소인, 다이어트, 동물성 지방의 과도한 섭취, 저섬유식이 등이 원인으로 추정되고 있을 뿐이고, 아직까지 정확한 원인은 알려지지 않고 있다.

3. **증 상**

환자는 대부분 증상이 없으며, 대장검사에서 우연히 발견되는 경우가 많고, 종양이 큰 경우에는 대변에 피가 묻어 나오거나 혈변을 보거나 끈적끈적한 점액 변을 보기도 한다.

4. **진 단**

직장수지검사, 대변잠혈검사, 대장조영술, S직장에서 S상 결장까지 관찰하는 S상 결장 내시경, 전 대장을 볼 수 있는 대장내시경을 시행하고, 병변이 관찰되면 조직검사로 CT 또는 MRI검사를 시행한다.

5. **치 료**

어떤 종양이 악성인지 또는 악성으로 진행할지를 알 수 없으므로, 종양은 대부분 제거해야 하는데, 종양은 크기가 클수록 암 발생률이 높아진다. 선종성 용종은 그 크기가 1cm 미만이라면, 암 발생률이 1% 이하이고, 용종의 크기가 2cm 이상의 경우에는 암 발생률이 35% 이상이다. 따라서 2cm 이상 크기의 용종은 암의 전 단계에 해당하는 병변이라고 할 수 있다. 내시경적 절제하는 방법은 다음과 같다.

① **고온 생검술** : 고주파 전류를 통해 발생한 열을 이용해 종양을 괴사시켜 용종을 절제하는 방법으로 주로 5mm 이하의 작은 종양 제거에 사용된다.

② **용종 절제술** : 올가미를 이용해서 종양의 기저부를 조인 후 절제하는 방법으로 2cm 이하의 종양을 대상으로 시행할 수 있다.

③ **내시경적 점막 절제술** : 병변 주위의 점막하층에 생리식염수를 주입하여 점막하층으로 병변이 부풀어 오르도록 한 후 올가미를 씌워 병변 주위의 정상 점막까지 포함하여 절제하는 방법으로 이를 통해 3cm 크기의 병변을 절제할 수도 있다.

④ **조각 용종 절제술** : 종양의 크기가 커서 일괄 절제가 불가능한 큰 병변을 분할하여 절제하는 방법이다. 종양의 크기가 1cm 이상이거나 조직학적으로 악성이라면, 직장암처럼 근치적 절제술을 시행하며, 종양의 크기가 크고 깊이가 깊거나, 내시경으로 제거하기 어려운 위치에 있는 경우에는 개복술을 필요로 한다. 선종의 개수가 많거나 융모 선종이거나 중증 이형성이 있거나 고령이라면 절제술 후에 재발할 가능성이 높고, 3 ~ 6개월마다 추적 내시경검사를 시행해야 한다.

08

수면무호흡증은 수면 중에 호흡의 멈춤 또는 호흡이 얕아지는 문제가 발생해 수면에 지장이 발생하는 질환이다. 수면무호흡증의 세 가지 유형과 밤 동안의 수면 기록을 분석하여 진단하는 검사방법의 의료 행위명에 대해서 쓰시오. (10점)

(1) 수면무호흡증의 세 가지 유형 (6점)

(2) 수면무호흡증 진단을 위한 검사 의료 행위명 (4점)

모범답안

(1) 수면무호흡증의 세 가지 유형

① 폐쇄성 수면무호흡(OSA)

상부 기도의 폐쇄 또는 허탈에 의해서 잠자는 동안에 숨이 반복적으로 정지되는 것이 특징이다. 이 증상이 나타나면 혈액의 산소포화도가 감소하며, 숨을 쉬기 위해 수면 중에 깨어나는 일이 생긴다.

② 중추성 수면무호흡(CSA)

수면 중에 모든 호흡성 노력을 중단시키는 신경학적 장애로, 주로 혈액의 산소포화도를 감소시킨다.

③ 혼합성 수면무호흡증(Mixed Sleep Apnea)

두 유형의 조합형으로, 처음에는 중추형으로 시작되지만 점차 폐쇄형으로 바뀌는 것이 특징이다.

(2) 수면무호흡증 진단을 위한 검사 의료 행위명

정확한 수면평가를 위해서 수면다원검사(Polysomnography)를 시행한다. 수면다원검사는 환자의 수면 중에 발생하는 질환의 원인을 알아내기 위한 검사이다. 주로 뇌파와 심전도, 안전도(눈의 움직임), 근전도, 비디오 촬영이 수반된다.

병원에서 하룻밤을 자면서 수면의 전 과정을 조사한다. 자는 동안 호흡, 맥박, 움직임, 코골이, 혈중 산소포화도, 뇌파 등을 측정한다. 이 밖에 기도의 폐쇄 부위를 파악하기 위한 검사 등을 동시에 시행할 수 있다.

더 알아보기 **수면무호흡증(Sleep apnea)**

1. **정 의**

수면무호흡증은 글자 그대로 잠자는 동안에 숨쉬기를 멈추는 증상을 의미한다. 이것은 폐쇄형, 중추형, 혼합형의 세 가지 형태로 구분된다. 이중 폐쇄형이 가장 흔하고 중추형은 드물고, 혼합형은 이 두 가지 형태의 증상이 같이 존재하는 것이다.

2. **원 인**

현재 코골이 및 수면무호흡의 발생과정에 관한 많은 연구가 진행되었고, 여러 연구결과가 보고되었다. 코골이와 수면무호흡 환자들은 대부분 비강에서 시작되어 인후두까지 이어지는 상기도의 공간이 좁아지는 해부학적 이상을 가지고 있다. 비만으로 인하여 목 부위에 지방이 축적되거나 혀, 편도 등의 조직이 비대해진 경우에도 목 안의 공간이 줄어들고 상기도가 좁아져 코골이 및 수면무호흡이 나타날 수 있다.

턱이 비정상적으로 작거나 목이 짧고 굵은 사람에게 코골이 및 수면무호흡이 나타나는 경우도 많다. 두 번째 인두 주변 근육의 기능에 문제가 생겨 인두의 기도 확장근의 힘이 횡격막에 의한 흉곽내 음압을 이겨내지 못하는 경우에도 발생할 수 있다. 소아의 코골이 및 수면무호흡의 가장 큰 원인은 편도 비대와 아데노이드 비대이다.

3. **증 상**

(1) **폐쇄형 수면무호흡증**

폐쇄형 수면무호흡증은 상부 기도의 폐쇄 또는 허탈에 의해서 잠자는 동안에 숨이 반복적으로 정지되는 것이 특징이다. 이 증상이 나타나면 혈액의 산소포화도가 감소하며, 숨을 쉬기 위해 수면 중에 깨어나는 일이 생긴다. 이것을 '무호흡 사건'이라고도 한다. 이런 무호흡 동안에는 노력성 호흡을 계속하게 된다.

(2) **중추형 수면무호흡증**

수면 중에 모든 호흡성 노력을 중단시키는 신경학적 장애로 정의한다. 주로 혈액의 산소포화도를 감소시킨다.

(3) **혼합형 수면무호흡증**

위에서 말한 두 유형의 조합형이다. 처음에는 중추형으로 시작되지만 점차 폐쇄형으로 바뀌는 것이 특징이다. 일반적으로 폐쇄형 무호흡 성분이 치료되면 중추형 성분의 치료는 그다지 어렵지 않다.

4. **진 단**

수면무호흡증은 우선 병력으로 진단하며, 본인, 배우자, 가족들을 통해 증상을 듣고 진단한다. 주간에 얼마나 졸리는지 물어보아 코골이나 무호흡의 정도를 파악할 수 있으며, 신체검진을 통해 체중, BMI 지수를 측정한다. 외양, 특히 얼굴과 목의 모양을 관찰하고, 이와 함께 비강, 구강, 인두, 후두의 검진을 병행한다. 이를 통해 수면무호흡증의 주된 유발원인을 파악할 수 있다.

정확한 수면평가를 위해서 수면다원검사를 시행하는데, 병원에서 하룻밤을 자면서 수면의 전 과정을 조사한다. 자는 동안 호흡, 맥박, 움직임, 코골이, 혈중 산소포화도, 뇌파 등을 측정하고, 이 밖에 기도의 폐쇄 부위를 파악하기 위한 검사 등을 동시에 시행할 수 있다.

5. **치 료**

수면무호흡증의 치료방법으로는 수술과 호흡 보조장치가 있다. 가장 많이 사용하고 효과적인 것은 지속적 양압 호흡(CPAP) 장치이다. 바이팹(BiPAP)과 디팹(DPAP)은 지속적 양압 호흡(CPAP)의 변형이다. 치료방법은 기도 폐쇄 위치와 형태, 환자의 전반적인 건강상태에 따라 달라진다. 기도 폐쇄는 코(휘어진 비중격, 알레르기에 의해 부어오른 비강), 상부 인두(아데노이드 증식, 긴 연구개, 커다란 목젖, 편도선), 하부 인두(커다란 혀, 짧은 턱, 짧고 넓은 목) 등 어느 부위에서든 일어날 수 있다. 기도 폐쇄의 위치는 개인마다 다르며, 한 개인이 하나 이상의 기도 폐쇄를 가질 수도 있다.

(1) **호흡 보조장치**

① **지속적인 양압 호흡(씨팹, CPAP)** : 폐쇄형, 혼합형 수면무호흡증 치료에서는 코를 통한 지속적인 양압 호흡을 첫 번째로 선택한다. 수면시 공기를 불어 넣는 장치가 호스와 같은 관을 통해 코로 연결되어 있어 수면 중 호흡을 도와준다. 일반적인 산소마스크와 유사하며, 이것은 코에 공기를 불어 넣어 기도 내 공기 압력을 증가시켜서 기도가 폐쇄되지 않도록 작용한다. 산소마스크를 쓰는 것이 매우 번거로울 수 있지만, 수면시 무호흡증과 낮 동안의 피곤함, 다른 물리적인 효과 면에서 권장하는 방법이다.

② **바이팹(BiPAP)** : 바이팹은 그 사람이 필요로 하는 공기의 양을 감지하여 이에 알맞게 공기의 압력을 조절하는 장치이다. 지속적인 양압 호흡이 자는 동안에 일정한 압력의 공기를 지속적으로 불어넣는 것과는 다르며, 바이팹(BiPAP)은 잠을 잘 자는 동안에는 압력을 가하지 않고, 심한 무호흡이 발생할 때에만 더 큰 압력을 제공한다.

(2) **수술적 방법**

① **UPPP 수술(Uvulopalatopharyngoplasty)** : 이 수술은 목젖을 제거하여 인두와 연구개를 단단하게 조여 주며, 기도 폐쇄가 발생하는지에 따라 다른 치료방법과 관련하여 사용할 수 있다. 이 수술의 부작용으로는 전신 마취에 따른 문제, 기도 부종, 수술 전후의 약물 치료의 필요성 증가, 출혈, 수주간 계속되는 심한 통증 등이 있다. 이 수술은 50%의 환자에게서 50% 정도의 효과가 있다. 즉, UPPP 수술을 하는 사람 중 일부는 어떤 식으로든지 지속적 양압 호흡을 하게 될 가능성이 있다. 따라서 의사와 상의하여 신중히 고려한 후 수술 여부를 결정해야 한다.

② **레이저에 의한 구개 성형술(LAUP/Laser – assisted uvuloplasty)** : 레이저를 이용한 구개 성형술은 목젖과 연구개에 대한 새로운 레이저 수술 방법이다. 이 수술이 코골이를 감소시킨다는 보고가 있지만, 수면무호흡을 줄인다는 대조연구는 현재까지 보고되지 않았고, UPPP가 훨씬 더 광범위한 수술이므로 레이저를 이용한 수술은 폐쇄형 수면무호흡증을 치료하는데 효과가 떨어진다. 이 수술은 코를 고는 증상에 효과적일 수 있지만, 수면무호흡증에 대해서 효과적이지는 않다. 이 방법의 가장 큰 위험성은 환자들이 코를 고는 일이 사라지면서 문제가 완전히 해결된 것으로 오해한다는 것이다. 수면무호흡증이 치료되지 않은 상태로 경고 신호인 코골이가 없어지면, 수면무호흡증은 더욱 악화될 수도 있으며, 코골이를 치료하기 위해 레이저를 이용한 구개 성형술을 시행할 때에는 수면 시 호흡에 대한 객관적인 측정을 포함한 수술 전 임상적 평가를 선행해야 한다. 코를 고는 환자는 발견하지 못한 수면 관련 호흡 질환을 가지고 있을 가능성이 있기 때문이다.

③ **코 수술(Nasal surgery)** : 코 수술은 비강내 통로를 열어 주고, 휘어진 비중격을 교정하고, 지속적 양압 호흡을 하는 능력을 향상시키기 위한 목적으로 시행한다.

09

종양표지자(tumor marker)는 암의 성장에 반응해서 체내에서 또는 암조직 자체에서 생성되며 혈액, 소변, 조직검체에서 검출된다. 하지만 꼭 특정 암에서만 증가하는 것은 아니고 양성 질환 등 비특이적인 상황에서도 상승할 수 있기 때문에 상승했다고 암을 진단할 수 있는 것은 아니다. 하지만 암 진단에 보조적 역할, 암치료 반응 정도 확인, 암 재발 여부 확인, 암의 크기 반영 등에 이용 할 수 있어 임상에서 흔히 사용하고 있다. 다음 제시된 암의 진단에 도움이 되는 가장 중요한 종양표지자를 한 개씩만 쓰시오. (10점)

(1) 간세포암 :

(2) 갑상선 수질암 :

(3) 대장암, 폐암 :

(4) 전립선암 :

(5) 난소암 :

모범답안

(1) 간세포암 : AFP(α−feto protein, 알파태아단백) 또는 PIVKA Ⅱ(prothrombin induced by vitamin K absence Ⅱ)

(2) 갑상선 수질암 : Calcitonin(칼시토닌)

(3) 대장암, 폐암 : CEA(발암태아성항원)

(4) 전립선암 : PSA(전립선특이항원)

(5) 난소암 : CA125(암항원 125)

더 알아보기 종양표지자(암표지자 tumor markers, TMs)

종양표지자란 종양세포에서 생성되어 분비되거나 종양조직에 대한 반응으로 주위의 정상조직에서 생성되는 물질을 말한다. 이러한 종양표지자를 혈액이나 다른 체액에서 측정함으로써 암세포의 존재 유무를 결정하거나 정상조직과 암조직을 감별하는데 이용한다.

이상적인 종양표지자의 조건은 첫째, 쉽게 채취할 수 있는 혈액, 소변이나 체액에서 간단하고 비싸지 않게 검사할 수 있어야 하며, 둘째, 알고자 하는 종양에 특이적이어야 한다. 셋째, 종양조직의 크기와 혈중 수치와 상관성을 가져야 하며, 넷째, 임상적이나 방사선학적 소견 등 다른 진단 방법으로 알 수 없는 아주 작은 종양조직의 존재를 혈액이나 소변 등에서 알아 낼 수 있어야 하며, 다섯째, 혈액이나 소변내 수치가 사람마다 일정해야 한다. 그리고 만약 정상인에서 존재하는 물질이라면 암환자의 수치보다 매우 낮아서 정상인과 환자가 쉽게 구별되어야 좋은 종양표지자라 할 수 있다.

원발암과 종양표지자의 조합은 다음과 같다.

① **간암** : 장기 특이성 측면에서 AFP, PIVKA – Ⅱ의 조합이 일반적이다. 또한 간세포암에서 AFP, PIVKA – Ⅱ에 KM01을 추가한 3가지의 조합이 유용하다는 보고도 있다. 간세포암에 비하여 발생 빈도는 낮은 간내 담관암(cholangiocarcinoma)에서는 CA19 – 9가 유용한 표지자이다.

② **갑상선암** : Thyroglobulin, Calcitonin이 대표적이고, 보조표지자로는 CEA, TPA 등이 있다.

③ **대장암** : CEA, CA19 – 9가 특히 중요하며, 두 개의 표지자를 중심으로 한 조합을 우선 생각해 본다. STN은 저분화형 선암에서 양성례를 인정하는 장점이 있으나, 대장암을 대상으로 한 경우에는 문헌에 따라 양성률이 매우 다르다(23.1 ~ 64.7%).

④ **폐암** : 소세포암(SCLC)과 비소세포암(NSCLC) 두 가지 조직형으로 나누는데 소세포암은 폐암의 20 ~ 25%를 차지하고, 훨씬 빨리 자라는 악성종양으로 진단시 주위 림프절이나 다른 장기로 전이를 발견할 수 있다. 그러나 화학요법제나 방사선치료에는 예민하게 반응한다. 반면 비소세포암은 선암(adenocarcinoma), 편평상피암(squamous cell carcinoma), 대세포폐암(large cell lung carcinoma, LCLC) 등 3가지 조직형으로 세분한다. 수술이 일차적 치료방법이지만, 불행하게도 대부분의 경우 발견이 늦다는 점이다.
폐암 표지자로 CEA, SCC, CYFRA 21 – 1, ProGRP, NSE 등이 이용된다. 소세포암에서는ProGRP, NSE가 주로 증가하고, SCC의 증가는 거의 없다. 비소세포암에서는 SCC, CYFRA 21 – 1, CEA뿐만 아니라 CA 15.3, CA 125, CA 19 – 9까지 증가하는 것을 볼 수 있다. 그러나 ProGRP, NSE의 증가는 극히 드물다.

⑤ **전립선암** : 장기 특이성이 높은 PSA, PAP가 잘 알려져 있는데, PAP보다도 PSA의 감도가 우수하다.

⑥ **두경부암** : 혀, 부비강, 인두에서 암의 모태는 편평상피세포이므로 대표적인 두경부암의 암표지자는 SCC이다. 그러나 보조적인 암표지자로 CEA, CA 19 – 9, TPA, BFP 등이 이용된다.

⑦ **난소암** : 서로 독립된 8종류의 종양표지자에 의한 검토에서도 CA125, CA72 – 4, SLX의 3항목 조합이 가장 좋은 진단 효율을 나타낸다는 보고가 있다. 또한 젊은 사람에서는 배세포계 난소암이 많아 AFP 등을 선택하는 경우도 있다. 그러나 최근에는 HE4, CA125를 함께 사용하면 부인과 악성종양에서 감별이 어려운 상피성난소암(epithelial ovarian cancer)의 진단과 경과 관찰에 유용하다는 보고가 있다.

⑧ **자궁암** : 자궁경부암은 대부분 편평상피암이란 점에서 SCC항원을 선택하고, 체부암은 주로 선암이므로 CA125를 제1선택으로 한다. 경부암에서는 CEA, 체부암에서는 BFP, CA15 – 3 또는 TPA 등을 추가하는 조합도 제안되었다.

⑨ **방광암** : CYFRA 21 – 1, CEA 조합을 추천하고 있다.

⑩ **고환암** : 5년 생존율이 95%로 고형종양 중에서 가장 치료가 잘되는 종양이다. beta – hCG, AFP, LDH가 있는데, nonseminomatous germ cell tumors(NSGCTs)에서 beta – hCG, AFP 모두 80 ~ 85%에서 상승하지만, 정상피종(精上皮腫, seminoma)에서는 beta – hCG만 25% 올라가고, AFP는 상승하지 않는다.

⑪ **식도암** : 식도암의 90% 이상은 편평상피암이며, SCC항원의 유용성을 지지하는 보고가 많다. 이것을 제외하면 식도암에서의 종양표지자의 기여도는 낮고, CEA나 TPA는 보조적으로 이용된다.

⑫ **위암** : CEA, CA 19 – 9가 대표적인데 최근 STN(Sialyl Tn) 항원의 유용성이 보고되었다. 어느 것이건 조기암에 대한 양성률은 낮고, 진행이나 재발 위암의 발견에 주요한 의의를 두고 있다. STN의 경우, 예후 불량에서 다른 종양표지자에서는 양성이 되기 어려운 저분화형(저분자형)의 위암에서 양성을 나타내는 경향이 있다. CA 72 – 4는 각종 소화기암에서도 양성화되며, 특히 이제까지 종양표지자가 빈약하던 위암에 높은 양성률을 보이고, 다른 종양의 표지자 검사와 조합하여 유용하게 활용한다.

⑬ **췌장암** : CA19 – 9 또는 유사한 Ⅰ형 당쇄항원에서 한 가지 SLX나 NCC – ST439 중 어느 것이나 한 항목을 각기 선택하는 것이 기본이며, 다시 DUPAN – 2나 CEA를 조합하는 것이 좋다. Elastase의 경우, 암 특이성은 낮지만 조기 췌장암에서 높은 양성률을 나타내므로, CA19 – 9 등과 조합하면 가치가 높다.

⑭ **담낭・담도암** : CA19 – 9, CEA, Esterase 1을 별도로 하면 일반적으로 췌장암 표지자라고 하는 담낭 – 담도암에도 같은 감도를 얻을 수가 있다. 따라서 조합의 방침은 췌장암의 경우와 같이 생각하면 된다.

⑮ **유방암** ; 원발성 유방암에서의 감도는 NCC – ST – 439에서 상대적으로 우수하다. 그러나 현재 CA15 – 3, CEA 조합이 가장 많이 활용되고 있으며, BCA 225와 같은 근래 새로이 출현한 유방암 표지자도 포함하여 다시 상세한 검토가 요구된다.

10

만성 간질환의 중증도 판정에 사용하는 평가 방법으로 Child – Pugh 분류법을 사용하고 있다. 중증도 판정, 예후 판단, 치료법 결정에 사용되고 있는 Child – Pugh 분류법에는 5가지 항목에 대하여 점수를 평가하여 합산하여 A, B, C 등급을 산정한다. 5가지 평가 항목에 대해서 쓰시오. (10점)

모범답안

Child – Pugh 분류법에서 사용되고 있는 5가지 평가 항목

① 총 빌리루빈(Total Bilirubin, mg/dL) : 혈청 빌리루빈 수치 증가

② 혈청 알부민(Albumin, g/dL) : 혈청 알부민 수치 감소

③ INR(혈액응고연장비율) : PT(Prothrombin Time, 혈액응고시간)

④ 복수(Acites) : 복수 유무 및 조절가능 여부

⑤ 간성뇌증(Hepatic encephalopathy, 간성혼수) : 간성뇌증 유무 및 정도

더 알아보기 차일드 – 푸 분류법(Child – Pugh score)

차일드 – 푸 분류법(Child – Pugh score)이란 원래 간경화에서 수술 후의 사망률을 알아보기 위해 만들어졌다. 그러나 현재에는 수술 이후의 예후 및 간 이식에 대한 필요성을 알아보기 위해 이용된다. Child – Pugh score를 계산하기 위해서는 총 5가지의 검사 값이 필요하다. 각각 총 빌리루빈, 혈청 알부민, 프로트롬빈 시간, 복수, 간성뇌증의 여부 및 중증도이다. 각각의 상태에 따라 1점부터 3점까지의 점수를 부여하게 되며 5가지 항목의 점수를 모두 합쳐서 Grade A, B, C를 나누게 된다.

1. **총 빌리루빈(mg/dL)** : 2 미만 1점, 2 ~ 3 2점, 3 초과 3점
2. **혈청 알부민(g/dL)** : 3.5 초과 1점, 2.8 ~ 3.5 2점, 2.8 미만 3점
3. **프로트롬빈 시간에서 연장된 값(초)** : 4초 미만으로 연장 1점, 4 ~ 6초 사이로 연장 2점, 6초 초과 연장 3점
4. **복수의 여부 및 중증도** : 복수 없음 1점, 경도의 복수 2점, 중증도의 복수 3점
5. **간성뇌증의 여부 및 중증도** : 간성뇌증 없음 1점, 경도의 간성뇌증 2점, 중증의 간성뇌증 3점

이렇게 5가지 항목을 각각 1점부터 3점까지 나누고 각각을 더하게 되면 총 최소 5점에서 최고 15점이 나오게 된다.

결과의 해석은 5점과 6점은 Child – Pugh score Class A, 7, 8, 9점은 B, 10점부터 15점까지는 C이다. 점수가 낮을수록 경과가 좋은데, 2년 생존율이 Class A는 85% 정도, B는 55%, C는 35% 정도가 된다고 한다.

제45회 신체손해사정사 2차 시험문제

1. 당뇨병의 합병증은 급성 합병증과 만성 합병증으로 구분하고 만성 합병증은 다시 미세혈관 합병증과 대혈관 합병증으로 구분한다. 미세혈관 합병증에는 크게 3가지 질환이 있으며, 그중 한 개가 당뇨병성 망막병증이다. 나머지 2개의 질환은 어떤 질환인지 쓰시오. (4점)

   당뇨병성 망막병증은 다시 2가지로 구분이 되는데, 이 2가지 질환에 대하여 쓰고, 그 2가지 질환의 차이점에 대해서 쓰시오. (6점)

2. 국제 종양 분류에서는 신생물의 부위와 형태(Morphology)를 포함하고 있으며, 형태는 5자리 분류 번호로 구성되어 있다. 이중 처음 4자리 수는 신생물의 조직학적 형태를 표시하고, 사선 뒤의 5째 자리수는 행동양식을 표시하는 행태코드(biologic behavior code)로 6가지 숫자(/0, /1, /2, /3, /6, /9)를 사용하고 있다. 6가지 숫자와 그 숫자가 의미하는 행태를 쓰시오. (10점)

3. 가와사키병은 일반적으로 5일 이상 지속되는 발열과 5가지 주요 임상기준 중 4개 이상을 만족하면 진단할 수 있다. 또한 심장 관련 합병증은 가와사키병의 장기예후에 중요한 변수가 된다. 가와사키병에서 발열 외 5가지 임상기준을 쓰고(8점), 가와사키병의 심장 관련 합병증에 대하여 쓰시오(2점).

4. 치매보험에서 보장하는 경도치매, 중등도치매, 중증치매의 경우 CDR척도검사를 통해서 진단을 받은 경우에 통상적으로 인정해주고 있다. CDR검사는 환자 및 보호자와 자세한 면담을 통해 6가지 세부 영역의 기능을 평가해 점수를 결정한다. 6가지 세부 영역을 쓰시오. (10점)

5. 다음은 골반에 대한 기술 및 골반을 정면과 측면에서 그린 그림이다. 아래의 질문에 답하시오. (10점 / 영문 및 국문의 의학용어 모두 작성 가능하나 정확한 용어를 사용할 것)

> 골반골은 두 개의 무명골, 천골과 미골로 이루어 졌으며, 후방에는 두 개의 무명골이 천골과 (①)을 형성하고, 전방에는 양측의 무명골이 (②)을 형성한다. 무명골은 (③), (④), (⑤) 총 세 개의 뼈가 융합하여 이루어 진다.

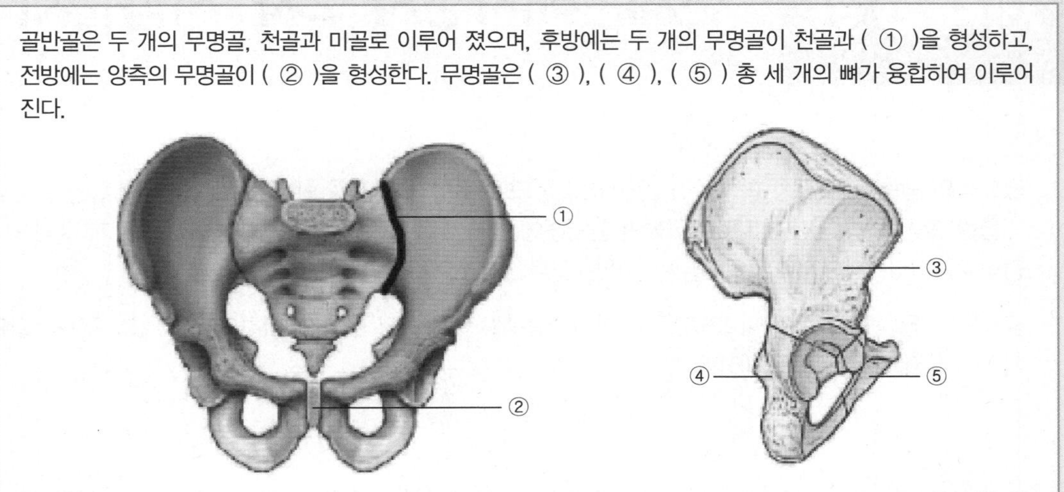

(1) ①, ② 각 숫자에 해당하는 관절의 이름을 쓰시오. (각 2점)

(2) ③, ④, ⑤ 각 숫자에 해당하는 뼈의 이름을 쓰시오. (각 2점)

6. 60세 여성이 낙상 후 악화된 양측 무릎의 통증으로 병원에 방문하였다. 자세한 병력 청취 결과, 무릎통증은 약 10년 전부터 별다른 이유 없이 발생하였고, 초기에는 휴식 후에는 호전되는 경향을 보였으나, 근래에는 쉬어도 잘 호전되지 않았으며 낙상 후 악화되었다고 하였다. 양측 무릎관절의 내반변형이 관찰되었고, 단순방사선검사에서 양측 내측 및 슬개대퇴구획의 관절 간격의 협소가 나타나며, 연골하골의 경화, 관절면 가장자리의 골극이 관찰되었다. 아래의 질문에 답하시오. (10점)

(1) 병력과 신체소견, 방사선소견을 종합하였을 때 가장 가능성이 높은 기저 질환은 무엇인가? (2점)

(2) 위 (1)의 질환의 위험인자를 두 가지를 쓰시오. (각 2점)

(3) 보존적 치료에 잘 듣지 않고 심한 통증이 지속되거나 관절의 불안정성 및 변형이 지속되면 수술 적응이 된다. 수술적 치료방법 두 가지를 쓰시오. (각 2점)

7. 42세 남성이 2m 난간에서 발을 헛디뎌 발꿈치로 착지한 후 양측 발꿈치의 심한 부종과 통증이 발생하여 병원에 방문하였다. 단순방사선검사에서 양측 종골의 관절내 분쇄골절이 의심되었다. 아래의 질문에 답하시오. (10점)

(1) 종골골절에서 관절면의 전위와 손상 정도, 종골 체부의 방출된 정도 등 골절의 형태를 명확하게 파악하기 위해서 필요한 추가적 영상검사는 무엇인가? (2점)

(2) 종골골절 후 발생할 수 있는 급성 합병증을 한 가지만 쓰시오. (2점)

(3) 종골골절은 정확하게 관절면을 정복하더라도 관절내 분쇄골절이 심한 경우 종골과 (①)이 이루는 관절인 (②)에 외상성 관절염이 남게 되는 경우가 많다. ①에 적합한 뼈의 이름과 ②에 적합한 관절의 이름을 쓰시오. (각 2점)

(4) 수상 후 6개월 내지 1년 정도 경과 후 발생한 외상성 관절염으로 증상이 심한 경우 시행해 볼 수 있는 수술방법은? (2점)

8. 51세 여성이 발을 헛디뎌 낙상 후 발생한 우측 발목의 심한 통증과 부종으로 병원에 방문하였다. 단순방사선검사 및 전산화단층촬영에서 우측 발목의 삼과골절(trimalleolar fracture)이 확인되었다. 아래의 질문에 답하시오. (10점)

(1) 다음은 발목관절을 그린 그림이다. '삼과골절'에서 골절이 발생한 뼈의 번호 두 개를 그림에서 찾아 적고, 그 이름을 함께 적으시오. (번호, 이름 각각 2점, 총 8점)

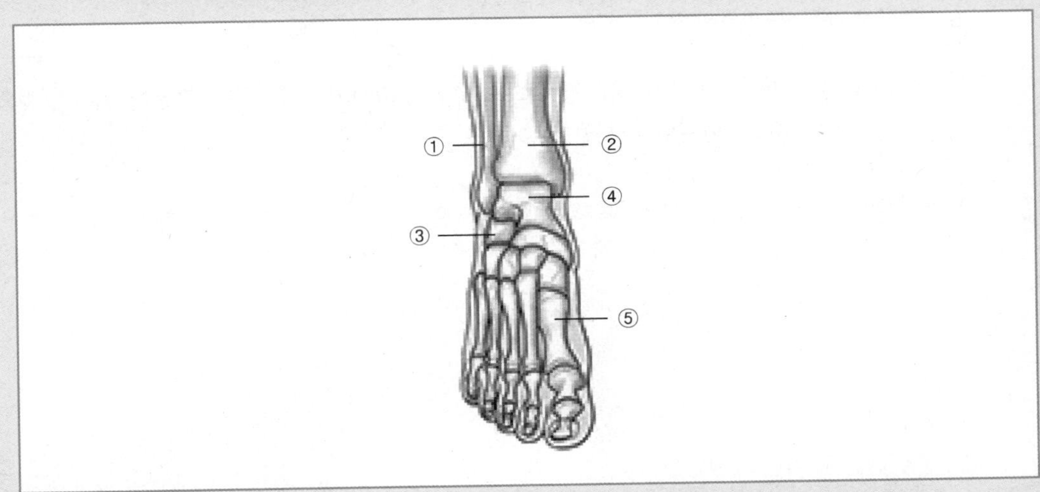

(2) 위 여성에서 발생한 삼과골절에 가장 적합한 치료방법을 간단히 쓰시오. (2점)

9. 다음은 경추의 해부학 및 구조에 대한 설명이다. 다음 빈칸을 순서에 맞게 채우시오.

(각 2점, 총 10점)

> 경추는 굴곡, (①), 외측굴곡 그리고 (②) 운동이 가능한 총 (③)개의 경추골과 이들을 연결시키는 근육, 인대 및 추간판으로 구성된다. 이중 상부 2개의 경추는 하부의 경추와 형태 및 운동의 양상이 서로 사뭇 다르다. 제1경추인 (④)는 추체와 극돌기가 없는 환상구조로 짧은 전궁과 긴 후궁에 의해 연결된 두 개의 외측과로 구성된다. 제2경추인 (⑤)는 경추골 중 가장 큰 체부를 갖고 체부의 상부에는 발생학적으로 제1경추의 추체에 해당하는 치돌기가 존재한다.

10. 50세 남자가 공사현장에서 머리 및 얼굴부위를 기계에 수상하여 응급실에 이송되었다. 아래의 질문에 답하시오. (10점)

(1) 외상성 뇌손상이 의심되어 응급실에서 평가와 예후판정을 위해 눈뜨기, 가장 좋은 운동반응, 가장 좋은 언어반응의 3가지 항목을 합산하여 평가하였다. 이 평가방법이 무엇인지 쓰시오. (2점)

(2) 다음은 시행한 뇌 전산화단층촬영 결과지이다. 결과지에서 출혈과 관계된 두개강내 국소 손상을 두 가지만 찾아서 한글로 쓰시오. (각 2점)

> Traumatic SAH in suprapatellar cistern, both CPA cistern, prepontine cistern, and cisterna magna.
> Acute EDH in cerebellar region.
> Acute IVH in both lat. 3rd, 4th ventricles
> Pneumocephalus in suprasellar area.

(3) 다음은 시행한 안면골 전산화단층촬영 결과지이다. 결과지에서 골절된 두개골을 이루는 뼈의 이름을 두 가지만 찾아서 한글로 쓰시오. (각 2점)

> Fracture of Lt. occipital bone, Rt. zygomatic bone, both nasal bones, both maxillary bones.

01

당뇨병의 합병증은 급성 합병증과 만성 합병증으로 구분하고 만성 합병증은 다시 미세혈관 합병증과 대혈관 합병증으로 구분한다. 미세혈관 합병증에는 크게 3가지 질환이 있으며, 그중 한 개가 당뇨병성 망막병증이다. 나머지 2개의 질환은 어떤 질환인지 쓰시오. (4점)

당뇨병성 망막병증은 다시 2가지로 구분이 되는데, 이 2가지 질환에 대하여 쓰고, 그 2가지 질환의 차이점에 대해서 쓰시오. (6점)

모범답안

(1) 당뇨병의 미세혈관 합병증(2개 질환)

① 당뇨병 신증

신장에 발생한 미세혈관 합병증으로 말기 신부전으로 진행하게 된다. 신장 기능이 나빠지는지 확인하기 위해서 주기적으로 신장 기능검사를 하게 되는데 주로 미세단백뇨검사와 단백뇨검사를 통해 진단한다.

② 당뇨병 신경병증

당뇨병 신경병증은 담배를 피우거나 비만이 있으면 신경병증의 발생 위험이 높아지며, 심혈관계 질환, 중성지방 증가, 고혈압 등과 관련성이 있다. 통증, 온도, 접촉 등 외부로부터의 여러 자극을 감지하는 신체 신경 중 주로 손과 발등의 말초 부위에 있는 신경이 만성적인 고혈당으로 인하여 손상을 받게 되는 경우를 '말초 신경병증'이라고 하며, 자율적으로 신체의 여러 기능을 조절해 주는 자율신경이 손상을 받는 경우 '자율 신경병증'이라고 한다.

(2) 당뇨병성 망막병증(2개 질환)

당뇨병성 망막병증은 신생혈관 증식 여부에 따라 비증식성 당뇨병성 망막병증과 증식성 당뇨병성 망막병증으로 분류할 수 있다.

① 비증식 당뇨병성 망막병증

말초혈관의 순환장애로 혈관이 막히면 망막 위에 출혈이 생기고, 허혈성 변화로 신경막이 부어오른 단계를 '비증식 당뇨병성 망막병증'이라 한다. 만약 황반 부위가 부어오르는 황반부종이 합병되면 되면 심각한 시력장애가 나타나게 된다(당뇨병성 망막병증의 초기 소견).

② 증식 당뇨병성 망막병증

비증식 당뇨병성 망막병증이 더욱 진행된 상태인 '증식 당뇨병성 망막병증'이 되면, 망막에 새로운 혈관이 자라는데 이러한 신생 혈관은 쉽게 터져서 눈 속에 심각한 출혈을 발생시킨다. 이 출혈은 시간이 지나면 흡수되지만 재출혈 되는 경우가 많으며, 더욱 심해지면 영구적인 실명을 초래할 수 있다(당뇨병성 망막병증의 후기 소견).

02

국제 종양 분류에서는 신생물의 부위와 형태(Morphology)를 포함하고 있으며, 형태는 5자리 분류 번호로 구성되어 있다. 이중 처음 4자리 수는 신생물의 조직학적 형태를 표시하고, 사선 뒤의 5째 자리수는 행동양식을 표시하는 행태코드(biologic behavior code)로 6가지 숫자(/0, /1, /2, /3, /6, /9)를 사용하고 있다. 6가지 숫자와 그 숫자가 의미하는 행태를 쓰시오. (10점)

모범답안

행태코드(biologic behavior code)

코 드	행 태
/0	양성(benign)
/1	양성인지 악성인지 불명확(uncertain whether benign or malignant) 경계형 악성(borderline malignancy) 낮은 악성 잠재성(low malignancy potential) 불확실한 악성 잠재성(Uncertain malignant potential)
/2	제자리(Carcinoma in situ) 상피내(Intraepithelial) 비침윤성(Noninfiltrating) 비침습성(Noninvasive)
/3	악성, 원발부위(Malignant, primary site)
/6	악성, 전이부위(Malignant, metastatic site) 악성, 속발부위 (Malignant, secondary site)
/9	악성, 원발부위 또는 속발부위 여부가 불확실한 (Malignant, uncertain whether primary or metastatic site)

03

가와사키병은 일반적으로 5일 이상 지속되는 발열과 5가지 주요 임상기준 중 4개 이상을 만족하면 진단할 수 있다. 또한 심장 관련 합병증은 가와사키병의 장기예후에 중요한 변수가 된다. 가와사키병에서 발열 외 5가지 임상기준을 쓰고(8점), 가와사키병의 심장 관련 합병증에 대하여 쓰시오(2점).

모범답안

(1) 가와사키병에서 발열 외 5가지 임상기준

가와사키병의 증상은 발열과 동반하여 다음의 5가지 중 4가지 이상의 소견이 나타난다.

① 양측성 안구 결막의 충혈

② 다양한 형태의 피부발진

③ 비화농 경부 림프절비대(1.5cm 이상)

④ 점막 변화(구강과 인두 점막의 홍반, 딸기혀, 붉고 균열된 입술 등)

⑤ 사지 소견(손과 발의 부종과 홍조 등)

(2) 가와사키병의 심장 관련 합병증

가와사키병은 영아와 소아에게서 발생하는 급성 혈관염으로 관상동맥류 합병증이 발생할 수 있다. 거대 관상동맥류는 파열, 협착, 혈전 형성 폐쇄에 의한 심근경색의 위험이 있는 합병증이다.

04

치매보험에서 보장하는 경도치매, 중등도치매, 중증치매의 경우 CDR척도검사를 통해서 진단을 받은 경우에 통상적으로 인정해주고 있다. CDR검사는 환자 및 보호자와 자세한 면담을 통해 6가지 세부 영역의 기능을 평가해 점수를 결정한다. 6가지 세부 영역을 쓰시오. (10점)

모범답안

CDR검사의 6가지 세부 영역

CDR검사는 환자 및 보호자와 자세한 면담을 통해서 다음의 6가지 세부 영역의 기능을 평가해 점수를 결정한다.

① 기억력

② 지남력

③ 판단력과 문제해결 능력

④ 사회활동

⑤ 집안생활과 취미

⑥ 위생 및 몸치장

05

다음은 골반에 대한 기술 및 골반을 정면과 측면에서 그린 그림이다. 아래의 질문에 답하시오. (10점 / 영문 및 국문의 의학용어 모두 작성 가능하나 정확한 용어를 사용할 것)

골반골은 두 개의 무명골, 천골과 미골로 이루어 졌으며, 후방에는 두 개의 무명골이 천골과 (①)을 형성하고, 전방에는 양측의 무명골이 (②)을 형성한다. 무명골은 (③), (④), (⑤) 총 세 개의 뼈가 융합하여 이루어진다.

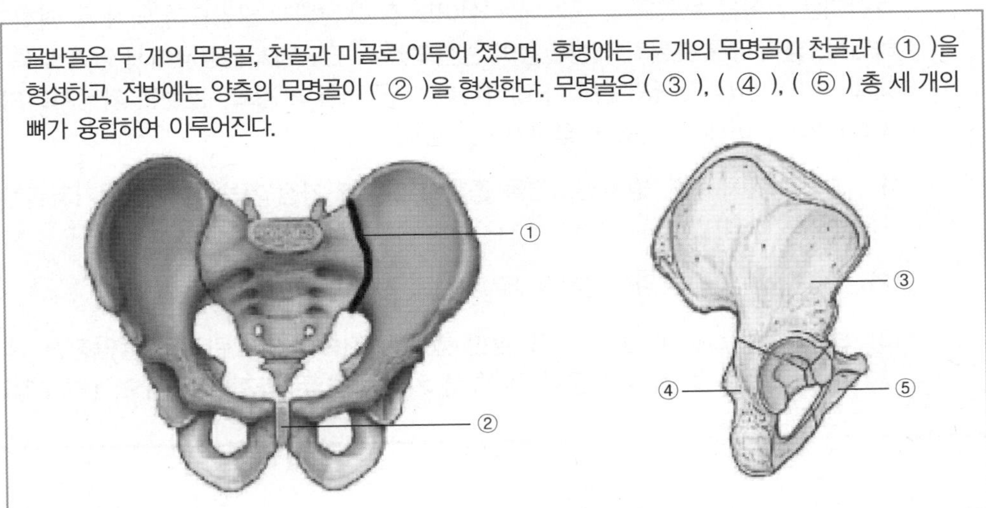

(1) ①, ② 각 숫자에 해당하는 관절의 이름을 쓰시오. (각 2점)

(2) ③, ④, ⑤ 각 숫자에 해당하는 뼈의 이름을 쓰시오. (각 2점)

모범답안

(1) 관절의 이름

① 천장관절(sacroiliac joint, 엉치엉덩결합)

② 치골결합(symphysis pubis, 두덩결합)

(2) 뼈의 이름

③ 장골(ilium, 엉덩뼈)

④ 좌골(ischium, 궁둥뼈)

⑤ 치골(pubis, 두덩뼈)

06

60세 여성이 낙상 후 악화된 양측 무릎의 통증으로 병원에 방문하였다. 자세한 병력 청취 결과, 무릎통증은 약 10년 전부터 별다른 이유 없이 발생하였고, 초기에는 휴식 후에는 호전되는 경향을 보였으나, 근래에는 쉬어도 잘 호전되지 않았으며 낙상 후 악화되었다고 하였다. 양측 무릎관절의 내반변형이 관찰되었고, 단순방사선검사에서 양측 내측 및 슬개대퇴구획의 관절 간격의 협소가 나타나며, 연골하골의 경화, 관절면 가장자리의 골극이 관찰되었다. 아래의 질문에 답하시오. (10점)

(1) 병력과 신체소견, 방사선소견을 종합하였을 때 가장 가능성이 높은 기저질환은 무엇인가? (2점)

(2) 위 (1)의 질환의 위험인자를 두 가지를 쓰시오. (각 2점)

(3) 보존적 치료에 잘 듣지 않고 심한 통증이 지속되거나 관절의 불안정성 및 변형이 지속되면 수술 적응이 된다. 수술적 치료방법 두 가지를 쓰시오. (각 2점)

모범답안

(1) 가장 가능성이 높은 기저 질환 : 퇴행성 관절염

퇴행성 관절염은 관절을 보호하고 있는 연골의 점진적인 손상이나 퇴행성 변화로 인해 관절을 이루는 뼈와 인대 등에 손상이 일어나서 염증과 통증이 생기는 질환이다.

(2) 위 질환의 위험인자(2가지)

① 노화

② 과체중 혹은 비만

③ 유전적 요인

(3) 수술적 치료방법(2가지)

① 관절내시경

② 근위 경골 절골술

③ 인공관절 치환술

07

42세 남성이 2m 난간에서 발을 헛디뎌 발꿈치로 착지한 후 양측 발꿈치의 심한 부종과 통증이 발생하여 병원에 방문하였다. 단순방사선검사에서 양측 종골의 관절내 분쇄골절이 의심되었다. 아래의 질문에 답하시오. (10점)

(1) 종골골절에서 관절면의 전위와 손상 정도, 종골 체부의 방출된 정도 등 골절의 형태를 명확하게 파악하기 위해서 필요한 추가적 영상검사는 무엇인가? (2점)

(2) 종골골절 후 발생할 수 있는 급성 합병증을 한 가지만 쓰시오. (2점)

(3) 종골골절은 정확하게 관절면을 정복하더라도 관절내 분쇄골절이 심한 경우 종골과 (①)이 이루는 관절인 (②)에 외상성 관절염이 남게 되는 경우가 많다. ①에 적합한 뼈의 이름과 ②에 적합한 관절의 이름을 쓰시오. (각 2점)

(4) 수상 후 6개월 내지 1년 정도 경과 후 발생한 외상성 관절염으로 증상이 심한 경우 시행해 볼 수 있는 수술방법은? (2점)

모범답안

(1) 추가적 영상검사

컴퓨터전산화단층촬영(CT)

※ CT 촬영은 종골골절의 진단, 분류, 치료에서 필수적이다.

(2) 급성 합병증

연부조직의 괴사 및 감염

(3) 뼈의 이름과 관절의 이름

① 거골

② 거골하 관절

※ 거골하 관절은 거골과 종골 사이에 위치하는 관절이다.

(4) 수술방법

거골하 관절 유합술(거골하 관절 고정술)

※ 거골하 관절 유합술은 거골이나 종골의 관절내 골절 후 유증, 외상 후 거골하 관절염, 퇴행성 혹은 류마티스 거골하 관절염 등으로 인한 통증, 불안정성, 구조적 기형에 대해 널리 쓰이고 있는 대표적인 수술방법이다.

08

51세 여성이 발을 헛디뎌 낙상 후 발생한 우측 발목의 심한 통증과 부종으로 병원에 방문하였다. 단순방사선검사 및 전산화단층촬영에서 우측 발목의 삼과골절(trimalleolar fracture)이 확인되었다. 아래의 질문에 답하시오. (10점)

(1) 다음은 발목관절을 그린 그림이다. '삼과골절'에서 골절이 발생한 뼈의 번호 두 개를 그림에서 찾아 적고, 그 이름을 함께 적으시오. (번호, 이름 각각 2점, 총 8점)

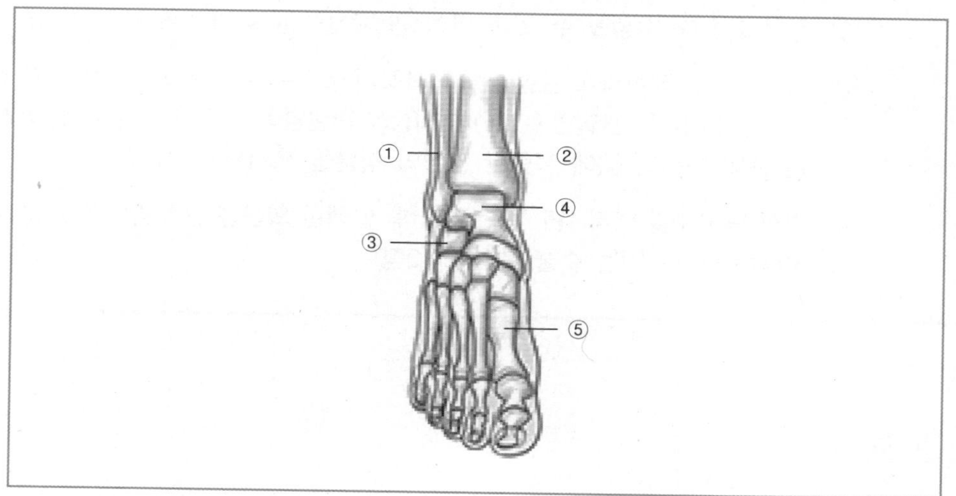

(2) 위 여성에서 발생한 삼과골절에 가장 적합한 치료방법을 간단히 쓰시오. (2점)

모범답안

(1) '삼과골절'에서 골절이 발생한 뼈 이름

① 비골(종아리뼈)

② 경골(정강이뼈)

※ 삼과골절은 다리의 경골, 비골, 그리고 경골의 후면까지 모두 손상된 경우를 말한다.

(2) 삼과골절에 가장 적합한 치료방법

삼과골절은 강한 외상에 의해 발생되며, 부종이 심한 골절이므로 가급적 빨리 수술하는 것이 후유증과 합병증을 줄이는 최선의 방법이다.

① 관혈적 정복술

② 내고정술

09 다음은 경추의 해부학 및 구조에 대한 설명이다. 다음 빈칸을 순서에 맞게 채우시오. (각 2점, 총 10점)

> 경추는 굴곡, (①), 외측굴곡 그리고 (②) 운동이 가능한 총 (③)개의 경추골과 이들을 연결시키는 근육, 인대 및 추간판으로 구성된다. 이중 상부 2개의 경추는 하부의 경추와 형태 및 운동의 양상이 서로 사뭇 다르다. 제1경추인 (④)는 추체와 극돌기가 없는 환상구조로 짧은 전궁과 긴 후궁에 의해 연결된 두 개의 외측과로 구성된다. 제2경추인 (⑤)는 경추골 중 가장 큰 체부를 갖고 체부의 상부에는 발생학적으로 제1경추의 추체에 해당하는 치돌기가 존재한다.

모범답안

① 신전

② 회전

③ 7

④ 환추

⑤ 축추

※ 경추는 굴곡, 신전, 외측굴곡 그리고 회전운동이 가능한 총 7개의 경추골과 이들을 연결시키는 근육, 인대 및 추간판으로 구성된다.

10

50세 남자가 공사현장에서 머리 및 얼굴부위를 기계에 수상하여 응급실에 이송되었다. 아래의 질문에 답하시오. (10점)

(1) 외상성 뇌손상이 의심되어 응급실에서 평가와 예후판정을 위해 눈뜨기, 가장 좋은 운동반응, 가장 좋은 언어반응의 3가지 항목을 합산하여 평가하였다. 이 평가방법이 무엇인지 쓰시오. (2점)

(2) 다음은 시행한 뇌 전산화단층촬영 결과지이다. 결과지에서 출혈과 관계된 두개강내 국소 손상을 두 가지만 찾아서 한글로 쓰시오. (각 2점)

> Traumatic SAH in suprapatellar cistern, both CPA cistern, prepontine cistern, and cisterna magna.
> Acute EDH in cerebellar region.
> Acute IVH in both lat. 3rd, 4th ventricles
> Pneumocephalus in suprasellar area.

(3) 다음은 시행한 안면골 전산화단층촬영 결과지이다. 결과지에서 골절된 두개골을 이루는 뼈의 이름을 두 가지만 찾아서 한글로 쓰시오. (각 2점)

> Fracture of Lt. occipital bone, Rt. zygomatic bone, both nasal bones, both maxillary bones.

모범답안

(1) 평가방법 : Glasgow Coma Scale(GCS)

글라스고우 혼수척도(Glasgow Coma Scale score)는 초기 뇌손상의 중증도 평가기준으로 사용되는데 눈뜨기(eye opening), 운동반응(motor response), 언어반응(verbal response)의 3가지 신경학적 기능을 평가하여 총점을 구하며, 점수가 높을수록 환자의 신경학적 회복이 좋다고 평가한다. 점수가 8점 미만이면 혼수상태를 나타내며, 예후가 불량하다고 평가한다.

(2) 출혈과 관계된 두개강내 국소 손상(2가지)

① 지주막하 출혈(subarachnoid hemorrhage, SAH)
② 경막하 출혈(epidural hemorrhage, EDH)
③ 뇌실질내 출혈(intraventricular hemorrhage, IVH)

(3) 골절된 두개골을 이루는 뼈의 이름(2가지)

① occipital bone : 후두골(뒷머리뼈)
② zygomatic bone : 관골(광대뼈)
③ nasal bone : 비골(코뼈)
④ maxillary bone : 상악골(위턱뼈)

제46회 신체손해사정사 2차 시험문제

1. 슬관절내 구조물 중 하나인 반월상연골판의 기능을 서술하시오(5개). (10점)

2. 대퇴 골두 괴사는 대퇴골 경부골절의 합병증으로 일어날 수 있다. 그 밖에 비외상성으로 대퇴 골두 무혈성 괴사를 일으킬 수 있는 것은 무엇이 있는가요? 5개를 기술하시오. (10점)

3. 다음 그림은 연부조직에 손상 없이 제4중수골골절 후 유합이 되었으나, 손가락을 굽힐 때 손가락이 교차하게 되었다. 원인은 무엇인가? (10점)

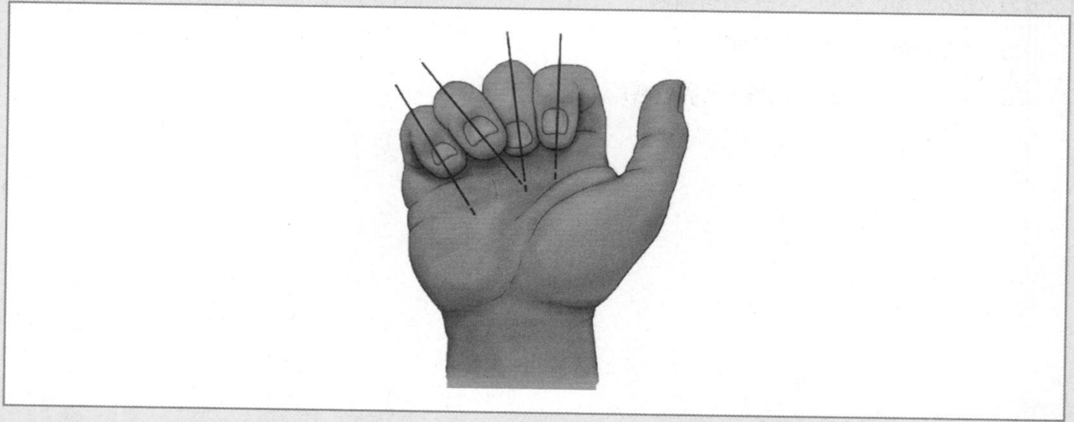

4. 골절치유에 영향을 미치는 치유인자에 대해 설명하시오(10개 이상). (10점)

5. 외상으로 급성 구획증후군이 발생하였다. 전형적인 증상 5개를 기술하시오. (10점)

6. 골다공증골절은 작은 외상에 발생하는 골절을 의미한다. 흔히 발생하는 부위는 어디인가요? 4군데를 기술하시오. (각 2.5점)

7. 동맥의 죽상경화증(죽상동맥경화증)은 혈관의 내피세포의 손상과 지방세포 및 찌꺼기들의 축적으로 경화반(Plaque)이 형성/진행되어, 유의한 혈관 협착 또는 경화반의 파열을 초래하면서 허혈성 심질환, 뇌경색/뇌출혈, 말기 신질환 및 허혈성 사지 질환 등을 유발시킨다. 동맥죽상경화증 발생의 주요 위험인자를 5가지 이상 열거하시오. (5점)

8. 대사증후군(Metabolic syndrome)은 단일 질병이 아닌 유전적 소인과 환경적 인자가 결합하여 발생하는 포괄적 질병으로 정의된다. 현재 우리나라에서 사용되는 대사증후군 진단의 (1) 구성요소 5가지 및 (2) 각 구성요소별 진단기준을 서술하시오. (각 5점, 총 10점)

9. 수정체의 혼탁으로 시력이상이 발생하는 질환인 백내장은 크게 선천성과 후천성으로 나눌 수 있다. (1) 후천성(후발성)으로 발생하는 백내장의 종류를 열거하고, (2) 안과에서의 가장 기본적인 검사이기도 하며, 백내장 진단－수정체 혼탁의 정도 및 위치 파악 등－에 필요한 대표적인 검사방법을 쓰시오. (5점)

10. 만성 기관지염, 폐기종, 만성 천식 등의 기도 폐쇄로 인한 질환인 (1) 만성 폐쇄성 폐질환(COPD)의 3대 주요 증상을 쓰고 폐기능검사(PFT) 중 가장 핵심적인 검사인 (2) FEV1에 대해 설명하시오. (각 5점, 총 10점)

11. 갑상선암과 함께 여성암 발생률 1, 2위를 다투는 질환인 '유방암의 고위험군'에 해당하는 경우를 5가지 이상 열거하시오. (10점)

01 슬관절내 구조물 중 하나인 반월상연골판의 기능을 서술하시오(5개). (10점)

모범답안

반월상연골판의 기능

반월상연골은 ① 체중 전달, ② 외력의 분산, ③ 관절 연골의 보호, ④ 관절의 안정성 및 ⑤ 윤활기능 등의 중요한 기능을 가지고 있다. 따라서 반월상연골이 손상되면 통증, 종창 등이 나타나고, 조기의 퇴행성 관절염으로 진행될 수 있다.

① 체중 전달

② 외력의 분산

③ 관절 연골의 보호

④ 관절의 안정성

⑤ 윤활기능

02

대퇴 골두 괴사는 대퇴골 경부골절의 합병증으로 일어날 수 있다. 그 밖에 비외상성으로 대퇴 골두 무혈성 괴사를 일으킬 수 있는 것은 무엇이 있는가요? 5개를 기술하시오. (10점)

모범답안

대퇴 골두 무혈성 괴사의 원인

대퇴 골두 무혈성 괴사란 대퇴 골두로 가는 혈류가 차단되어 뼈 조직이 괴사되는 질환을 말한다.

대퇴 골두 무혈성 괴사의 위험인자로는 ① 과도한 음주, ② 과도한 흡연, ③ 부신피질호르몬(스테로이드) 투여, ④ 고관절 부위 외상, ⑤ 잠수병, ⑥ 통풍, ⑦ 혈청지질 이상, ⑧ 만성 신장 질환, ⑨ 만성 췌장염, ⑩ 방사선 조사 등이 있다. 이 중에서도 과도한 음주와 부신피질호르몬 투여가 전체 원인의 90% 정도를 차지한다.

03

다음 그림은 연부조직에 손상 없이 제4중수골골절 후 유합이 되었으나, 손가락을 굽힐 때 손가락이 교차하게 되었다. 원인은 무엇인가? (10점)

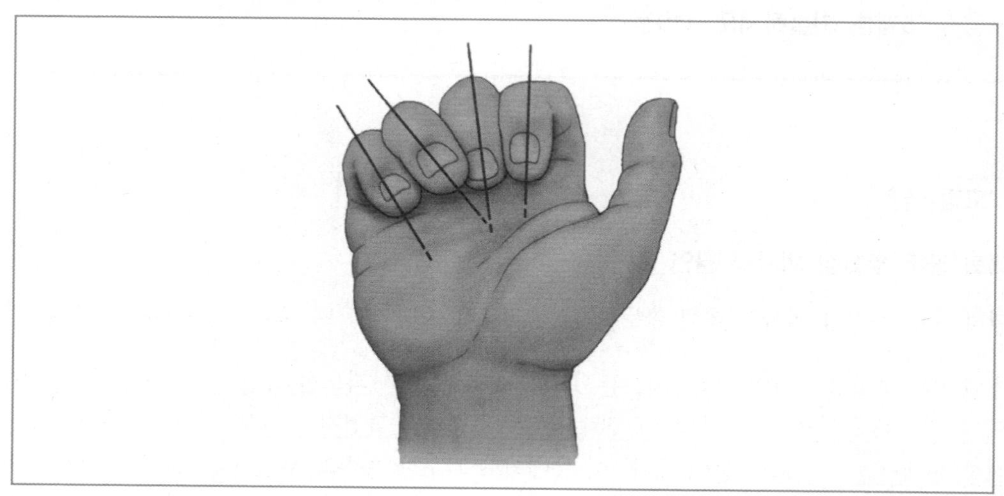

모범답안

회전 변형

손가락을 폈을 때에는 잘 모르지만 주먹을 쥐었을 때 문제의 그림처럼 손가락이 겹치거나 벌어지는 것은 중수골 골절의 합병증인 회전 변형 때문이다. 문제 조건에서 연부조직에 손상이 없으므로 신경이나 인대 또는 건 손상이 원인은 아니다.

주먹을 쥐었을 때 손가락끼리 겹치지 않고 주상골(scaphoid bone)로 잘 모이는게 정상인데, 중수골 골절 후 회전 변형이 생기게 되면 주먹을 쥐었을 때 손가락이 겹치는 변형이 생길 수 있다.

회전 변형은 사선 또는 나선 골절에서 흔히 발생하며, 손가락을 접으면 골절된 손가락이 인접 손가락 위로 겹쳐지게 된다. 이 변형은 주먹 쥐는 동작에서 장애를 유발하기 때문에 손가락 골절수술이 필요하다.

04 골절치유에 영향을 미치는 치유인자에 대해 설명하시오(10개 이상). (10점)

모범답안

골절치유에 영향을 미치는 치유인자

① 나이 : 나이가 어릴수록 골절치유가 빠르다.
② 호르몬 : 갑상선호르몬, 성장호르몬, 칼시토닌, 성호르몬 등은 골절치유를 촉진한다.
③ 감염 여부 : 뼈 조직의 감염은 골절치유를 지연시킨다.
④ 골조직 : 해면골 손상은 치밀골 손상보다 골절치유가 빠르다.
⑤ 혈액 질환 : 영영상태가 불량하므로 골절치유를 지연시킨다.
⑥ 신경마비 : 골절 부위에 대한 전기적 자극이 감소되어 골절치유가 지연된다.
⑦ 연부조직의 손상 : 연부조직의 손상이 적을수록 골절치유가 빠르다.
⑧ 연부조직의 삽입 : 골절부위에 연부조직이 삽입되면 골절치유가 지연된다.
⑨ 골절의 종류 : 폐쇄성 골절이 개방성 골절보다 골절치유가 빠르다.
⑩ 골절의 혈액 공급 : 골절부위의 혈액 공급이 좋을수록 골절치유가 빠르다.
⑪ 기타 : 영양상태, 골절된 가골의 부하, 골절의 안정성 여부, 전기자극, 골이식, 부적절한 치료 등

05 외상으로 급성 구획증후군이 발생하였다. 전형적인 증상 5개를 기술하시오. (10점)

모범답안

급성 구획증후군의 증상

급성 구획증후군은 근육과 신경조직으로 통하는 혈류가 일정 수준 이하로 감소하면서 구획 내 조직의 압력이 계속해 증가하는 응급 질환으로, 손과 팔, 다리 등에 심한 통증과 마비 등을 유발한다. 급성 구획증후군의 전형적인 증상은 다음과 같다.

① 통증(Pain)

② 창백(Pallor)

③ 무맥박(Pulselessness)

④ 감각이상(Paresthesia)

⑤ 마비(Paralysis)

06 골다공증골절은 작은 외상에 발생하는 골절을 의미한다. 흔히 발생하는 부위는 어디인가요? 4군데를 기술하시오. (각 2.5점)

모범답안

골다공증골절이 흔히 발생하는 부위

골다공증은 뼈가 약해져서 작은 충격에도 쉽게 골절이 발생하는 질환이다. 골다공증으로 인한 골절이 발생하는 대표적인 부위는 다음과 같다.

① 척추

② 대퇴골(허벅지뼈) 경부

③ 요골(노뼈) 원위부

※ 요골(노뼈, Radius)은 아래팔의 뼈로 팔꿈치부터 엄지손가락 쪽 손목관절까지를 잇고 있다.

④ 상완골(손목뼈)

07

동맥의 죽상경화증(죽상동맥경화증)은 혈관의 내피세포의 손상과 지방세포 및 찌꺼기들의 축적으로 경화반(Plaque)이 형성/진행되어, 유의한 혈관 협착 또는 경화반의 파열을 초래하면서 허혈성 심질환, 뇌경색/뇌출혈, 말기 신질환 및 허혈성 사지 질환 등을 유발시킨다. 동맥죽상경화증 발생의 주요 위험인자를 5가지 이상 열거하시오. (5점)

모범답안

동맥죽상경화증의 주요 위험인자

① 고지혈증
② 고혈압
③ 당뇨병
④ 흡연
⑤ 나이(남자 45세 이상, 여자 55세 이상)
⑥ 심혈관 질환 가족력
⑦ 과체중 및 복부비만
⑧ 운동부족
⑨ 죽상동맥경화 유발 음식

08

대사증후군(Metabolic syndrome)은 단일 질병이 아닌 유전적 소인과 환경적 인자가 결합하여 발생하는 포괄적 질병으로 정의된다. 현재 우리나라에서 사용되는 대사증후군 진단의 (1) 구성요소 5가지 및 (2) 각 구성요소별 진단기준을 서술하시오. (각 5점, 총 10점)

모범답안

대사증후군(Metabolic syndrome)

(1) 진단의 구성요소(5가지)

① 복부비만

② 혈압

③ 공복 혈당

④ 중성지방

⑤ 고밀도 지질단백질 콜레스테롤(HDL-cholesterol)

(2) 각 구성요소별 진단기준

① **복부비만** : 허리둘레 남자 90cm, 여자 85cm 이상

② **혈압** : 130/85 mmHg 이상 또는 고혈압약 투약 중

③ **공복 혈당** : 100mg/L 이상 또는 혈당조절약 투약 중

④ **중성지방** : 150mg/dL 이상 또는 고중성지질혈증을 치료하기 위해 투약 중

⑤ **고밀도 지질단백질 콜레스테롤(HDL-cholesterol)** : 남자 40mg/dL 미만, 여자 50mg/dL 미만 또는 저-고밀도 지질단백질 콜레스테롤혈증을 치료하기 위해 투약 중

09

수정체의 혼탁으로 시력이상이 발생하는 질환인 백내장은 크게 선천성과 후천성으로 나눌 수 있다. (1) 후천성(후발성)으로 발생하는 백내장의 종류를 열거하고, (2) 안과에서의 가장 기본적인 검사이기도 하며, 백내장 진단−수정체 혼탁의 정도 및 위치 파악 등−에 필요한 대표적인 검사방법을 쓰시오. (5점)

모범답안

백내장

(1) 후천성(후발성)으로 발생하는 백내장의 종류

① 노인성 백내장

② 외상성 백내장

③ 당뇨병성 백내장

④ 중독성 백내장 : 스테로이드 남용

⑤ 기타 원인 : 아토피 등의 전신질환, 자외선의 과다 노출, 눈 속의 염증 등

(2) 백내장 진단에 필요한 대표적인 검사방법

세극등 현미경검사

산동검사를 통해 동공을 확대시킨 후 세극등 현미경검사(눈을 최대 40배까지 확대하여 자세히 볼 수 있는 검사방법)로 수정체 혼탁의 정도와 위치를 확인한다.

더 알아보기 세극등 현미경검사

의사가 빛과 현미경을 사용하여 눈 앞의 구조들을 관찰한다. 현미경이 세극등이라 불리는 이유는 수정체, 각막, 홍채, 그리고 그 둘 사이의 공간을 세밀히 관찰하기 위해 가늘고 긴 빛을 사용하기 때문이다. 이 검사는 의사가 눈의 전면 조직을 작은 부분씩 세부적으로 관찰하여 이상 여부를 감지할 수 있게 해준다. 세극등을 사용하면 수정체에서 백내장의 징후를 발견할 수 있다.

10

만성 기관지염, 폐기종, 만성 천식 등의 기도 폐쇄로 인한 질환인 (1) 만성 폐쇄성 폐질환(COPD)의 3대 주요 증상을 쓰고 폐기능검사(PFT) 중 가장 핵심적인 검사인 (2) FEV1에 대해 설명하시오. (각 5점, 총 10점)

모범답안

(1) 만성 폐쇄성 폐질환(COPD)의 3대 주요 증상

① 기침

② 가래 증가

③ 호흡곤란

④ 천명(쌕쌕거림)

(2) FEV1

폐기능검사는 FVC(폐활량 ; 공기를 최대한 들이마셨다가 최대한 내쉬는 양)와 FEV1(1초간 노력성 호기량 ; 1초 동안 강하게 불어내는 양) 2가지 항목을 측정한다.

① FEV1/FVC의 정상치는 75~80%이며, FEV1/FVC가 70% 미만인 경우 숨을 내쉬는데 장애, 즉 기도폐쇄가 있음을 의미한다.

② 기관지폐쇄가 있는 경우 기관지확장제 투여 후 FEV1이 200mL 또는 12% 이상 증가할 때는 기관지폐쇄가 가역적인 것으로 판단한다.

③ 기관지확장제 투여 후에도 FEV1이 80% 미만, FEV1/FVC이 70% 미만이면 완전히 가역적이지 않는 기류제한이 존재하는 것으로 판단한다.

11

갑상선암과 함께 여성암 발생률 1, 2위를 다투는 질환인 '유방암의 고위험군'에 해당하는 경우를 5가지 이상 열거하시오. (10점)

모범답안

유방암의 고위험군

① **가족력** : 어머니나 형제 중에 유방암 가족력이 있는 사람

② **유전적 요인** : 유방암에 관련된 유전자의 변이가 있는 사람(BRCA1, BRCA2 등)

③ **유방 질환 병력** : 유방암의 병력을 가지고 있는 여성

④ **비정형세포** : 이전 유방조직검사에서 비정형세포들이 발견되었던 여성

⑤ **여성호르몬 자극** : 조기에 초경을 시작했거나 폐경기가 늦어져 장기간 호르몬의 자극을 받는 여성

⑥ **출산 경험** : 30세 이후에 첫 아기를 출산했거나 출산 경험이 없는 여성

⑦ **모유 수유** : 모유 수유를 하지 않은 여성

⑧ **비만** : 폐경 후 비만 여성

⑨ **음주 및 포화지방 과다 섭취** : 술과 동물성 지방을 과잉 섭취하는 여성

⑩ **경구피임약 복용** : 경구피임약을 오랫동안 복용한 여성

⑪ **호르몬 대체요법** : 복합 호르몬대체요법을 시행 중이거나 장기간 복용한 여성

⑫ **관련 질환** : 자궁내막암, 난소암, 대장암의 병력이 있는 여성

⑬ **방사선 노출** : 10세 이후 어린 연령 때 비정상적인 노출

제47회 신체손해사정사 2차 시험문제

1. 50세 성인 남자가 교통사고로 우측 대퇴골의 간부에 분쇄골절이 있어 수술적 치료를 하였다. 치료가 적절하지 않아서 골 변형이 생겼다. 어떤 변형이 예상되는지 5가지를 기술하시오. (10점)

2. 파행(limping gait)이란 비대칭적 보행을 말한다. 원인을 5가지 열거하시오. (10점)

3. 퇴행성 관절염의 단순 방사선 소견을 5가지 기술하시오. (10점)

4. 다음 질환이나 외상에 의해 흔히 손상되는 말초신경은? (10점)

   (1) 상완골 간부골절

   (2) 비골 경부골절

   (3) 수근관증후군(carpal tunnel syndrome)

   (4) 주관증후군(cubital tunnel syndrome)

   (5) 지각이상대퇴신경통(meralgia paresthetica)

5. 30세 남자 환자가 요통과 좌측 하지로 방사통을 호소하면서 내원하였다. 이학적 검사상 장족무지신근(extensor hallucis longus)의 근육 약화와 제1족지 배부에 감각 이상을 보였다. 일반적으로 어느 부위의 추간판 탈출이 의심되며, 압박된 신경근은 무엇인가요? (10점)

   (1) 이환된 부위 (5점)

   (2) 압박된 신경근 (5점)

6. 정형외과적 손상 중 응급처치 및 수술을 요하는 경우를 열거하시오. (10점)

7. 경부 초음파를 시행하는 의료기관의 증가에 따라 갑상선암의 조기진단이 급격히 증가하였다. 갑상선암의 종류를 조직학적 형태에 따라 5가지 이상 열거하시오. (10점)

8. 류마티스 관절염의 많은 증상들은 활액막의 염증반응으로 생긴다. 1987년 미국 류마티스학회의 진단기준과 달리 2010년 미국 류마티스학회/유럽류마티스학회(ACR/EULAR)의 류마티스 관절염 진단기준은 4가지 분류 항목의 점수를 합산하여 진단한다. 아래 질문에 답하시오. (10점)

(1) 4가지 분류 항목들을 열거하시오. (8점)

(2) 신규 환자에서 다른 질환으로 설명할 수 없는 임상적으로 명백한 1개 이상의 관절윤활막염을 가진 경우, 항목 합산 점수가 몇 점 이상인 경우에 류마티스 관절염으로 진단할 수 있는지 쓰시오. (2점)

9. 후천적으로 뇌의 기질적 장애에 의하여 사람의 정신능력과 사회적 활동을 할 수 있는 능력의 소실이 있어 일상생활의 장애를 가져올 정도로 심할 때 치매라고 한다. 치매의 대표적 원인 질환들을 5가지 이상 열거하시오. (10점)

10. 다음은 급성 관동맥증후군에 대한 설명이다. 아래의 질문에 답하시오. (10점)

(1) 불안정형 협심증의 특징적인 흉통을 2가지 이상 나열하시오. (4점)

(2) 전형적인 Q파 심근경색의 특징적인 심전도 소견 3가지를 시간 순서대로 서술하시오. (6점)

01

50세 성인 남자가 교통사고로 우측 대퇴골의 간부에 분쇄골절이 있어 수술적 치료를 하였다. 치료가 적절하지 않아서 골 변형이 생겼다. 어떤 변형이 예상되는지 5가지를 기술하시오. (10점)

모범답안

우측 대퇴골의 간부에 분쇄골절이 발생한 경우 부러진 뼈가 원래의 위치가 아닌 상태로 유합되는 부정유합이 생길 수 있다. 부정유합으로 인한 골 변형으로 예상되는 변형은 다음과 같다.

① 각형성 변형(angular deformity)

② 회전 변형(rotation deformity)

③ 내반 변형(cubitus varus)

④ 외반 변형(cubitus valgus)

⑤ 하지단축 변형(shortening of the limb)

02 파행(limping gait)이란 비대칭적 보행을 말한다. 원인을 5가지 열거하시오. (10점)

모범답안

파행(limping gait)의 원인

① 골절 및 탈구 등으로 각형성 또는 하지단축 등의 변형이 발생한 경우
② 골반골 골절 등으로 골반환이 틀어진 경우
③ 각종 척추 질환 및 신경손상이 발생한 경우
④ 슬관절 또는 족관절내 인대나 연골이 파열된 경우
⑤ 하지동맥협착 등의 말초동맥 질환이 발생한 경우

03 퇴행성 관절염의 단순 방사선 소견을 5가지 기술하시오. (10점)

모범답안

퇴행성 관절염은 관절을 보호하고 있는 연골의 점진적인 손상이나 퇴행성 변화로 인해 관절을 이루는 뼈와 인대 등에 손상이 일어나서 염증과 통증이 생기는 질환이다.

퇴행성 관절염의 단순 방사선 소견은 다음과 같다.

① 관절 간격의 감소 소견

② 연골 아래 뼈의 음영이 짙어지는 경화 소견

③ 관절면의 가장자리에 뼈가 웃자란 듯한 골극(spur) 관찰 소견

④ 불규칙한 관절면 소견

⑤ 이차성 관절염의 경우 원인이 되는 과거 외상이나 질환의 흔적 혹은 변형 소견

04

다음 질환이나 외상에 의해 흔히 손상되는 말초신경은? (10점)

(1) 상완골 간부골절

(2) 비골 경부골절

(3) 수근관증후군(carpal tunnel syndrome)

(4) 주관증후군(cubital tunnel syndrome)

(5) 지각이상대퇴신경통(meralgia paresthetica)

모범답안

(1) 상완골 간부골절

요골신경 : 상완골 간부골절에 동반되어 파열되는 요골신경의 빈도가 가장 높다.

(2) 비골 경부골절

비골신경 : 비골 경부골절시에는 비골신경에 손상이 있을 수도 있으므로, 족지 신전 및 굴곡을 검사하고 감각 또한 면밀히 검사해야 한다.

(3) 수근관증후군(carpal tunnel syndrome)

정중신경 : 수근관증후군은 손으로 들어가는 신경(정중신경)이 손가락을 움직이는 힘줄인 수근관(손목 터널)에 눌려 압박을 받아 손 저림, 감각 저하 등의 증상이 나타나는 질환이다.

(4) 주관증후군(cubital tunnel syndrome)

척골신경 : 주관증후군(팔꿈치터널증후군)은 여러 가지 원인으로 주관(팔꿈치터널)이 좁아지면서 척골신경을 압박하여 통증을 유발하는 팔꿈치 질환이다.

(5) 지각이상대퇴신경통(meralgia paresthetica)

외측대퇴피부신경 : 지각이상대퇴신경통은 허벅지 전외측에 통증이나 저림, 감각이상이 나타나는 외측대퇴피부신경의 단일신경병증이다.

05

30세 남자 환자가 요통과 좌측 하지로 방사통을 호소하면서 내원하였다. 이학적 검사상 장족무지신근(extensor hallucis longus)의 근육 약화와 제1족지 배부에 감각 이상을 보였다. 일반적으로 어느 부위의 추간판 탈출이 의심되며, 압박된 신경근은 무엇인가요? (10점)

(1) 이환된 부위 (5점)

(2) 압박된 신경근 (5점)

모범답안

(1) 이환된 부위

제4-5요추 추간판

(2) 압박된 신경근

제5요추신경근 : 제4-5요추 추간판 탈출증에서는 일반적으로 제5요추신경이 압박을 받는다. 즉 탈출된 제4-5요추 추간판이 제5요추신경을 압박하면 종아리 바깥쪽(장족무지신근)이나 발등(족배부), 발바닥(족저부) 등에 통증이나 저린 감각을 느끼게 된다.

06 정형외과적 손상 중 응급처치 및 수술을 요하는 경우를 열거하시오. (10점)

모범답안

(1) 구획증후군

구획증후군은 손상 후 조직 내 압력이 높아지고 산소 분압이 낮아져 근육이나 신경조직의 괴사가 진행하는 상태로, 대표적인 정형외과적 응급 질환이며, 진단이 되면 바로 근막절개술을 시행하여야 한다.

(2) 혈관 손상이 동반된 골절

혈관 손상이 확인되면 혈관을 봉합하거나 이식을 통해 재관류를 시키는 수술이 필요하며, 동시에 골절 부위의 안정화를 위한 외고정술이나 적절한 내고정술이 필요하다.

(3) 개방성 골절

일반적으로 개방성 골절은 초응급 상황은 아니지만, 개방창이 있는 경우 창상에 대한 적절한 변연절제술과 세척술이 필요하며, 외부 환경에 노출된 골조직은 감염에 취약하기 때문에 가능한 범위에서 신속하게 처치하는 것이 바람직하다.

(4) 정복되지 않는 관절의 골절/탈구

탈구된 관절을 오랜 시간 둘 경우 관절의 연골 손상, 관절로 가는 혈액 공급의 차단, 주변 조직의 심각한 부종 등이 발생하여 향후 정상적인 관절 기능의 회복이 어려울 수도 있기 때문에 의료진의 적절한 처치가 필요하다.

07

경부 초음파를 시행하는 의료기관의 증가에 따라 갑상선암의 조기진단이 급격히 증가하였다. 갑상선암의 종류를 조직학적 형태에 따라 5가지 이상 열거하시오. (10점)

모범답안

조직학적 형태에 따른 갑상선암의 종류

① 유두암(Papillary carcinoma) : 일반적인 갑상선 암(90% 정도)

② 여포암(Follicular carcinoma) : 유두암 다음으로 많으며, 40~50대에 흔히 발생하는 암(5% 정도)

③ 수질암(Medullary carcinoma) : 비여포세포 기원의 암

④ 역형성암(Anaplastic carcinoma, 미분화암) : 매우 드물게 발생하지만 악성도가 아주 높은 암

⑤ 기타 명시된 암(Other specified carcinoma)

⑥ 상세불명암(Unspecified carcinoma)

08

류마티스 관절염의 많은 증상들은 활액막의 염증반응으로 생긴다. 1987년 미국 류마티스학회의 진단기준과 달리 2010년 미국 류마티스학회/유럽류마티스학회(ACR/EULAR)의 류마티스 관절염 진단기준은 4가지 분류 항목의 점수를 합산하여 진단한다. 아래 질문에 답하시오. (10점)

(1) 4가지 분류 항목들을 열거하시오. (8점)

(2) 신규 환자에서 다른 질환으로 설명할 수 없는 임상적으로 명백한 1개 이상의 관절윤활막염을 가진 경우, 항목 합산 점수가 몇 점 이상인 경우에 류마티스 관절염으로 진단할 수 있는지 쓰시오. (2점)

모범답안

(1) 4가지 분류 항목

① **관절 침범 개수** : 침범된 큰 관절 및 작은 관절의 수

② **혈청검사** : 혈청 중 류마티스 인자(Rheumatoid Factor ; RF)검사와 항CCP항체(Anti- Citrullinated Protein Antibody ; ACPA)검사

③ **혈청 염증반응물질** : 적혈구침강속도(Erythrocyte Sedimentation Rate ; ESR)와 C-단백반응(C-reactive protein ; CRP)

④ **증상 발생기간** : 6주 이내 또는 6주 이상

(2) 류마티스 관절염으로 진단할 수 있는 항목 합산 점수

총 10점 만점에 항목 합산 점수가 6점 이상인 경우에 류마티스 관절염으로 진단할 수 있다.

09 **후천적으로 뇌의 기질적 장애에 의하여 사람의 정신능력과 사회적 활동을 할 수 있는 능력의 소실이 있어 일상생활의 장애를 가져올 정도로 심할 때 치매라고 한다. 치매의 대표적 원인 질환들을 5가지 이상 열거하시오. (10점)**

모범답안

치매의 대표적 원인 질환

(1) **알츠하이머병**(Alzheimer's disease ; AD)

전체 50%를 차지하며, 대뇌 피질세포의 점진적인 퇴행성 변화로 인하여 기억력과 언어기능장애를 초래할 뿐 아니라 판단력과 방향 감각이 상실된다.

(2) **혈관성 치매**

전체 15%를 차지하며, 뇌 안으로 흐르는 혈액의 양이 줄거나 막혀 발생하게 된다.

(3) **루이소체**(Lewy body) **치매**

루이소체는 망가져 가는 신경세포 안에서 발견되는 단백질 덩어리로서 파킨슨병 환자의 주요 병변 부위인 뇌간의 흑질 부위에서 관찰된다. 이러한 루이소체가 대뇌 전체에 걸쳐서 광범위하게 발견되면 알츠하이머병의 증상과 매우 유사한 치매 증상을 보이게 된다.

(4) **파킨슨병**(Parkinson's disease)

퇴행성 뇌질환의 하나인 파킨슨병의 말기에 치매의 증상이 나타난다.

(5) **헌팅톤병**(Huntington's disease)

뇌의 특정 부위의 신경 세포들을 선택적으로 파괴되어 가는 진행성 퇴행성 뇌질환으로 병이 진행함에 따라서 인격과 지적능력이 점차 떨어지고 기억력, 언어능력, 판단력 등도 점차 감소하게 된다.

(6) **크루츠펠트-제이야콥병**(Creutzfeldt-Jakob disease ; CJD)

변종 프리온(prion) 단백질이라 불리는 물질에 의하여 발생되는데, 일단 발병하면 치료법은 없으며, 반드시 사망하는 치명적인 뇌질환이다.

(7) **픽병**(Pick's disease)

행동장애, 인격장애, 기억장애가 나타나는 뇌질환으로 결국은 언어장애와 이상행동증 그리고 치매를 유발하게 된다.

10

다음은 급성 관동맥증후군에 대한 설명이다. 아래의 질문에 답하시오. (10점)

(1) 불안정형 협심증의 특징적인 흉통을 2가지 이상 나열하시오. (4점)

(2) 전형적인 Q파 심근경색의 특징적인 심전도 소견 3가지를 시간 순서대로 서술하시오. (6점)

모범답안

(1) 불안정형 협심증의 특징적인 흉통

① 운동시는 물론이고 안정시에도 흉통이 발생한다.

② 흉통의 빈도가 잦아지고 기간이 길어진다.

③ 하루 3번 이상 나타나는 심한 흉통이 최근 2개월 이내 발생한다.

④ Nitroglycerin(니트로글리세린 설하정)으로도 흉통이 잘 없어지지 않는다.

(2) 전형적인 Q파 심근경색의 특징적인 심전도 소견

① T파(T wave) 상승

② ST분절(ST segment) 상승

③ 비정상적인 Q파 출현

심전도의 가장 특징적인 소견은 ST분절 상승이며, 일부 환자에서는 ST분절 하강이나 T파 역위만 나타나거나 비정상적인 Q파가 보이기도 한다. 심전도는 심근경색 부위 및 원인이 된 관상동맥의 위치를 예측하는데 도움이 된다.

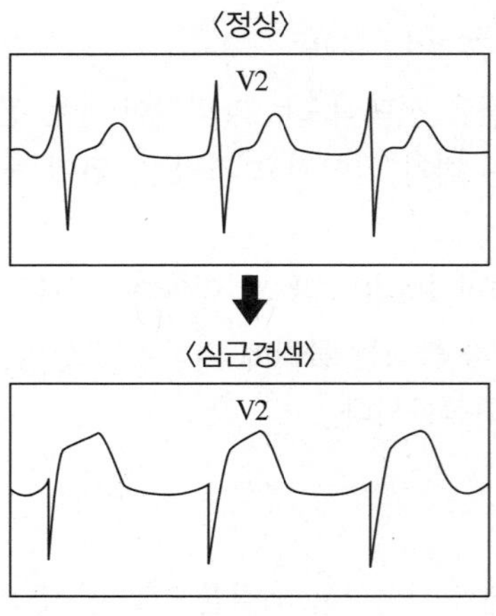

[심근경색의 특징적인 심전도 소견]

〈자료출처 : 질병관리청〉

제2과목

책임보험 · 근로자재해 보상보험의 이론과 실무

2014년도 제37회 신체손해사정사 2차 시험문제

2015년도 제38회 신체손해사정사 2차 시험문제

2016년도 제39회 신체손해사정사 2차 시험문제

2017년도 제40회 신체손해사정사 2차 시험문제

2018년도 제41회 신체손해사정사 2차 시험문제

2019년도 제42회 신체손해사정사 2차 시험문제

2020년도 제43회 신체손해사정사 2차 시험문제

2021년도 제44회 신체손해사정사 2차 시험문제

2022년도 제45회 신체손해사정사 2차 시험문제

2023년도 제46회 신체손해사정사 2차 시험문제

2024년도 제47회 신체손해사정사 2차 시험문제

제37회 신체손해사정사 2차 시험문제

1. 배상책임보험의 보상하는 손해 및 보험금 등의 지급한도에 대하여 국문영업배상책임보험 보통약관과 Commercial General Liability Policy를 비교하여 서술하시오. (15점)

2. 통상임금과 평균임금에 대하여 약술하고, 근로자재해보장책임보험의 재해보상책임담보 특별약관에서 규정하고 있는 휴업보상(상병보상)의 보상기준을 기술하시오. (15점)

3. 2013년 5월 1일 18:00경 ○○유람선(주) 소속 동백호가 거제도 앞 해상에서 갑작스런 폭우로 급히 선착장으로 회항하던 중에 다른 유람선을 피하려 항해사 김기철이 키를 급히 돌리는 바람에 전복되어 항해사 김기철이 실종되고, 승객 중 홍가람(직장인)이 익사한 사고가 발생하였다. ○○유람선(주)는 B 보험회사에 다음과 같이 선원근로자 재해보장책임보험 및 유도선사업자 배상책임보험에 가입하였다. 주어진 조건을 참조하여 B 보험회사가 지급해야 할 보험금을 산출하되 그 과정을 명시하여 각각 계산하시오. (30점)

구분	선원근로자 재해보장책임보험	유도선사업자 배상책임보험
보상한도액	–	• 대인배상 • 1인당 : 2억원 • 1사고당 : 10억원
자기부담금	–	1사고당 : 5백만원
보험조건	• 근로자재해보장책임보험 보통약관 • 재해보상책임담보 특별약관 • 비업무상재해 확장담보 추가특별약관	• 유도선사업자 배상책임보험 보통약관 • 구조비 특별약관
기타 관련사항	〈김기철 임금〉 • 월 통상임금 ₩3,000,000(일 ₩100,000) • 월 승선평균임금 ₩3,600,000(일 ₩120,000)	〈홍가람 인적사항〉 • 생년월일 : 1959.6.1. • 월급여 : ₩4,500,000(일 평균임금 ₩150,000) • 고용계약서상 정년 55세 • 도시보통인부 일당 : ₩75,000 • 호프만계수 : 사고일부터 55세 10.000 60세 60.000 (* 계산 편의를 위함) • 위자료는 판례경향을 감안 : ₩80,000,000

4. 배상책임보험의 담보기준(Coverage Trigger)을 약술하고, 국문영업배상책임보험과 국문의사 및 병원 배상책임보험을 예시하여 설명하시오. (10점)

5. 일반불법행위의 성립요건에 대하여 약술하시오. (5점)

6. 피해자 직접청구권의 법적 성질에 대하여 약술하시오. (10점)

7. 배상책임보험에서 일실수입의 개념 및 산정요인을 약술하고, 취업형태별로 손해배상금을 산출하는 방식에 대하여 기술하시오. 단, 취업형태는 급여소득자, 개인사업자, 무직자로 구분한다. (15점)

01 배상책임보험의 보상하는 손해 및 보험금 등의 지급한도에 대하여 국문영업배상책임보험 보통약관과 Commercial General Liability Policy를 비교하여 서술하시오. (15점)

모범답안

1. 국문영업배상책임보험 보통약관의 보상하는 손해 및 보험금 등의 지급한도

피보험자가 보험증권에 기재된 보장지역 내에서 보험기간 중에 발생된 보험사고로 인하여 피해자에게 법률상의 배상책임을 부담함으로써 입은 아래의 손해를 약관에 따라 보상한다. 아래와 같이 보상이 이루어진 경우에는 보험가입금액(보상한도액)에서 아래 보상액을 뺀 잔액을 나머지 보험기간에 대한 보험가입금액(보상한도액)으로 한다(잔존보험가입금액 방식).

(1) 피보험자가 피해자에게 지급한 법률상 손해배상금

보험가입금액(보상한도액)을 한도로 보상하되, 자기부담금이 약정된 경우에는 그 자기부담금을 초과한 부분만 보상한다.

(2) 피보험자가 지출한 아래의 비용

① 손해방지비용, 대위권보전비용, 피보험자협력비용 : 비용의 전액을 보상

② 소송비용, 공탁보증보험료 : 이 비용과 보상액의 합계액을 보험가입금액(보상한도액) 내에서 보상한다.

2. Commercial General Liability Policy의 보상하는 손해 및 보험금 등의 지급한도

보험증권상의 담보지역 내에서 보험기간 중 발생한 사고로 타인에게 신체장해나 재물손해를 입힘으로써 피보험자가 부담하게 되는 법률상 배상책임손해를 보상한도액 내에서 보상한다.

(1) COVERAGE A(BODILY INJURY AND PROPERTY DAMAGE LIABILITY)

타인에게 신체장해나 재물손해를 입힘으로써 피보험자가 부담하게 되는 법률상 배상책임손해를 보상한도액 내에서 보상한다.

(2) COVERAGE B(PERSONAL AND ADVERTISING INJURY LIABILITY)

인격침해 또는 광고침해로 피보험자가 법률상의 손해배상책임을 부담함으로써 입은 손해를 보상한도액 내에서 보상한다.

(3) COVERAGE C(MEDICAL PAYMENTS)

의료비담보는 피보험자의 구내에서 제3자가 입은 신체장해에 대하여 피보험자에게 배상책임이 없는 경우라도 피해자가 입은 손해 중 의료비에 한하여 일정금액을 한도로 보상한다.

(4) Supplementary Payments – Coverage A and B

보험자에 의하여 발생된 비용, 보석보증보험료, 차압해제보증보험료, 피보험자협력비용 및 소득손실, 피보험자에게 부과된 모든 소송비용, 예비판결이자, 판결이자 등의 비용을 보상한도액을 초과하더라도 보상한다.

02 통상임금과 평균임금에 대하여 약술하고, 근로자재해보장책임보험의 재해보상책임담보 특별약관에서 규정하고 있는 휴업보상(상병보상)의 보상기준을 기술하시오. (15점)

모범답안

1. 통상임금

통상임금이란 근로자에게 정기적이고 일률적으로 소정(所定)근로 또는 총근로에 대하여 지급하기로 정한 시간급 금액, 일급 금액, 주급 금액, 월급 금액 또는 도급금액을 말한다(근로기준법 시행령 제6조 제1항).

통상임금으로 인정되기 위해서는 해당 급여가 정기적・일률적・고정적으로 지급되는 것인지를 기준으로 객관적인 성질에 따라 판단하여야 하고, 임금의 명칭이나 지급주기의 장단 등 형식적 기준에 의해 정할 것은 아니라는 것이 대법원의 입장이었으나, 최근에 법령의 정의와 취지에 충실하게 통상임금 개념을 해석하면 통상임금은 소정근로의 대가로서 정기적・일률적으로 지급하기로 정한 임금을 말한다고 하여 "고정성"을 통상임금의 개념적 징표(판단기준)에서 제외하였다. 따라서 근로자가 소정근로를 온전하게 제공하면 그 대가로서 정기적・일률적으로 지급하도록 정해진 임금은 그에 부가된 조건의 존부나 성취 가능성과 관계없이 통상임금에 해당한다.

통상임금은 해고예고수당, 연장・야간・휴일근로수당, 연차유급휴가수당, 출산전후휴가급여 및 기타 법에 유급으로 표시된 경제적 보상의 지급에 대한 기초자료로 쓰이기 위해 산정된다.

판례 통상임금의 개념과 판단 기준

대법원은 특정 시점 기준 재직자에게만 지급하는 조건('재직조건')과 일정 근무일수를 충족하여야만 지급하는 조건('근무일수 조건')이 부가된 임금 등의 통상임금성이 문제된 사건에서, 아래와 같은 전원일치 의견의 전원합의체 판결을 선고하여 '고정성'을 통상임금의 개념적 징표에서 제외하고 통상임금의 개념과 판단 기준을 재정립하였다 [대법원 2024.12.19. 선고 2020다247190 전원합의체 판결(상고기각) 및 대법원 2024.12.19. 선고 2023다302838 전원합의체 판결(파기환송)].

○ '고정성'을 통상임금의 개념적 징표로 삼아 재직조건 및 근무일수 조건부 임금 등의 통상임금성을 부정하고 재직조건부 임금이 조건의 부가로 인하여 소정근로 대가성을 갖추지 못하였다고 판단한 종전 판례(대법원 2013.12.18. 선고 2012다89399 전원합의체 판결 등)를 변경함.

▶ 종전 판례에 따르면 법령상 근거 없는 고정성 개념에 통상임금 판단이 좌우되어 조건 부가에 의해 통상임금성이 쉽게 부정됨. 통상임금 범위가 부당하게 축소되고 연장근로에 대해 법이 정한 정당한 보상이 이루어지지 못함.

○ 대법원은 고정성 개념을 폐기하고, 근로자가 소정근로를 온전하게 제공하면 그 대가로서 정기적, 일률적으로 지급하도록 정해진 임금은 조건의 존부나 성취 가능성과 관계없이 통상임금에 해당한다는 새로운 법리를 판시함.

▶ 소정근로를 온전하게 제공하는 근로자라면 충족할 '재직조건'이나 '소정근로일수 이내의 근무일수 조건'이 부가되어 있다는 사정만으로 그 임금의 통상임금성이 부정되지 않음.
▶ 종전 판례가 고정성을 부정하여 통상임금이 아니라고 본 근무실적에 따른 성과급은 일반적으로 소정근로 대가성이 없어 여전히 통상임금이 아님. 다만, 근무실적과 무관한 최소 지급분은 소정근로의 대가에 해당함.

2. 평균임금

평균임금이란 이를 산정하여야 할 사유가 발생한 날 이전 3개월 동안에 그 근로자에게 지급된 임금의 총액을 그 기간의 총일수로 나눈 금액을 말한다. 근로자가 취업한 후 3개월 미만인 경우도 이에 준한다(근로기준법 제2조 제1항 제6호). 법령에 따라 산출된 평균임금이 통상임금보다 적으면 통상임금액을 평균임금으로 한다. 평균임금은 근로자의 통상적인 생활임금을 사실대로 산정하는 것을 기본원리로 하여, 근로자의 통상적인 생활을 종전과 같이 보장하려는데 그 취지가 있다.

평균임금의 산정의 기초가 되는 임금총액에는 사용자가 근로의 대가로서 근로자에게 지급한 일체의 금품으로 근로자에게 계속적·정기적으로 지급되고 그 지급에 관하여 단체협약, 취업규칙 등에 의하여 사용자에게 지급의무가 지워져 있으면 그 명칭 여하를 불문하고 모두 포함된다. 평균임금을 산정하기 위해서는 사유 발생 전 3개월 동안의 총일수와 사유발생 전 3개월 동안 지급된 임금총액을 파악해야 하는데, 총일수의 경우 실근로일수가 아닌 역상의 일수를 의미한다.

퇴직금, 휴업수당, 연차유급휴가수당, 재해보상금, 감급액, 산업재해보상보험법상의 보험급여 및 고용보험법상 구직급여기초일액 산정 등을 산출하는 경우에는 평균임금을 기초로 한다.

3. 휴업보상(상병보상)의 보상기준

(1) 재해보상책임담보 특별약관(국내근로자/해외근로자)

업무상 부상이나 질병으로 요양을 받음으로써 근로자가 취업을 할 수 없게 되어 임금을 받지 못하는 기간 동안 근로자에게 평균임금의 60%를 보상한다.

(2) 재해보상확장담보 특별약관(국내근로자/해외근로자)

업무상 부상이나 질병으로 요양을 받음으로써 근로자가 취업을 할 수 없게 되어 임금을 받지 못하는 기간 동안 근로자에게 평균임금의 70%를 보상한다.

(3) 선원근로자 재해보상책임담보 특별약관

① 선원이 직무상 부상을 당하거나 질병에 걸린 경우에는 요양 중인 선원에게 4개월의 범위에서 매월 통상임금에 상당하는 금액을 보상하며, 4개월이 지나도 치유되지 아니한 경우에는 매월 통상임금의 70%에 상당하는 금액을 보상한다.

② 선원이 승무 중 직무 외의 원인에 의하여 부상이나 질병이 발생한 경우에는 요양 중인 선원에게 3개월 이내의 요양기간 중 매월 통상임금의 70%에 상당하는 금액을 보상한다.

03

2013년 5월 1일 18:00경 ○○유람선(주) 소속 동백호가 거제도 앞 해상에서 갑작스런 폭우로 급히 선착장으로 회항하던 중에 다른 유람선을 피하려 항해사 김기철이 키를 급히 돌리는 바람에 전복되어 항해사 김기철이 실종되고, 승객 중 홍가람(직장인)이 익사한 사고가 발생하였다. ○○유람선(주)는 B 보험회사에 다음과 같이 선원근로자 재해보장책임보험 및 유도선사업자 배상책임보험에 가입하였다.

주어진 조건을 참조하여 B 보험회사가 지급해야 할 보험금을 산출하되 그 과정을 명시하여 각각 계산하시오. (30점)

구 분	선원근로자 재해보장책임보험	유도선사업자 배상책임보험
보상한도액	–	• 대인배상 • 1인당 : 2억원 • 1사고당 : 10억원
자기부담금	–	1사고당 : 5백만원
보험조건	• 근로자재해보장책임보험 보통약관 • 재해보상책임담보 특별약관 • 비업무상재해 확장담보 추가특별약관	• 유도선사업자 배상책임보험 보통약관 • 구조비 특별약관
기타 관련사항	〈김기철 임금〉 • 월 통상임금 ₩3,000,000(일 ₩100,000) • 월 승선평균임금 ₩3,600,000(일 ₩120,000)	〈홍가람 인적사항〉 • 생년월일 : 1959.6.1. • 월급여 : ₩4,500,000(일 평균임금 ₩150,000) • 고용계약서상 정년 55세 • 도시보통인부 일당 : ₩75,000 • 호프만계수 : 사고일부터 55세 10.000 60세 60.000 (* 계산 편의를 위함) • 위자료는 판례경향을 감안 : ₩80,000,000

모범답안

1. 선원근로자 재해보장책임보험

(1) 담보책임 여부

상기 사고는 피재자가 사고일시에 갑작스런 폭우로 급히 선회하던 중 다른 유람선과의 충돌을 피하기 위해 키를 급히 돌리는 바람에 발생한 사고로, 이는 피재자가 업무를 수행하는 과정에서 발생된 업무상 재해에 해당한다. 따라서 사업주는 피재자에 대해 「선원법」상의 재해보상책임을 부담하여야 하며, B 보험회사는 사업주(피보험자)와 맺은 보험계약에 따라 사업주를 대신하여 피재자에 대해 보상책임을 부담한다.

또한 「선원법」상 선박소유자는 선원이 해상에서 행방불명된 경우 피부양자에게 1개월분의 통상임금과 3개월분의 승선평균임금에 상당하는 금액을 보상하여야 하며, 행방불명기간이 1개월을 경과한 경우에는 사망으로 추정하여 유족보상 및 장제비를 추가로 보상하여야 한다.

(2) 지급보험금

① 행방불명보상

통상임금 1개월분 + 승선평균임금 3개월분

= (3,000,000원/월 × 1개월) + (3,600,000원/월 × 3개월) = 13,800,000원

② 유족보상

실종 후 1개월이 경과하여 사망한 것으로 판단

유족보상금(직무상 사망) = 승선평균임금 × 1,300일 = 120,000원/일 × 1,300일

= 156,000,000원

③ 장제비

실종 후 1개월이 경과하여 사망한 것으로 판단

승선평균임금 × 120일 = 120,000원/일 × 120일 = 14,400,000원

④ 합계 : 184,200,000원

13,800,000원 + 156,000,000원 + 14,400,000원 = 184,200,000원

2. 유도선사업자 배상책임보험

(1) 담보책임 여부

선장 등 승무원은 승선 중 탑승 승객의 안전을 도모하고 무사히 하선할 수 있도록 모든 조치를 다하여야 하는데, 사안의 경우 갑작스런 폭우로 선회하려다 다른 유람선을 피하기 위해 키를 급히 돌리던 중 발생한 사고로 이는 항해사의 운전조작 부주의로 인한 사고에 해당한다. 따라서 항해사는 피해자에 대해 「민법」상의 일반불법행위책임을 부담하여야 하고, ○○유람선(주) 또한 「민법」상의 사용자책임을 부담하여야 한다. 이에 따라 B 보험회사는 피보험자와의 보험계약에 따른 보상책임을 부담하여야 한다.

(2) 손해배상금

① 일실소득

- 사고 ~ 정년까지 :
  4,500,000원 × 100% × 호프만계수 10 × 생활비공제(2/3) = 30,000,000원
- 정년 ~ 60세까지 :
  (75,000원/일 × 22일) × 100% × 호프만계수 50(= 60 − 10) × 2/3 = 55,000,000원
- 소계 : 30,000,000원 + 55,000,000원 = 85,000,000원

② 위자료 : 사망위자료 80,000,000원 인정

③ 장례비 : 통상적으로 5,000,000원 인정

④ 합계 : 85,000,000원 + 80,000,000원 + 5,000,000원 = 170,000,000원

(3) 지급보험금

지급보험금 = 손해배상금 − 자기부담금

= 170,000,000원 − 5,000,000원 = 165,000,000원(≤ 2억원)

더 알아보기 정년

기업체 정년은 60세를 원칙으로 하지만, 최근 대법원 전원합의체 판결에서 육체노동자 가동연한을 60세에서 65세로 연장하였다. 회사원이나 공무원은 정년(통상 60세)까지는 근로소득을 적용하고, 이후 65세까지는 일용근로자 임금을 적용한다. 이러한 가동연한 연장(5년)은 산재보험을 포함한 모든 배상책임에서 피해자 일실소득액 산정 시 반영된다(서울고등법원 2018.6.14. 선고 2018나2016032 판결).

04 배상책임보험의 담보기준(Coverage Trigger)을 약술하고, 국문영업배상책임보험과 국문의사 및 병원배상책임보험을 예시하여 설명하시오. (10점)

모범답안

1. 담보기준의 의의

배상책임보험에서 보험기간과 관련하여 보상책임의 발생요건을 정한 것을 담보기준(Coverage Trigger)이라고 한다.

2. 담보기준의 종류

(1) 사고발생기준증권(Occurrence Basis Policy)

보험사고가 보험기간 중에 발생하면 보상책임이 인정된다. 대부분의 보험계약은 이 방식을 채택하고 있다.

(2) 배상청구기준증권(Claims – made Basis Policy)

피해자의 손해배상청구가 보험기간 중에 이루어져야 하고, 보험사고는 소급담보일자로부터 보험계약만료일 사이에 발생하여야 보상책임이 인정된다. 일부 배상책임보험과 전문직배상책임이 주로 이 방식을 채택하고 있다.

(3) 손해발견기준증권(Discovery Basis Policy)

보험사고가 소급담보일자 이후 계약기간만료일 사이에 발생하고 손해의 발견을 보험기간 중에 할 것을 요건으로 보험자의 보상책임이 발생한다. 영문도난보험과 금융기관종합보험(Bankers Blanket Bond)이 대표적으로 이 방식을 채택하고 있다.

3. 국문영업배상책임보험과 의사 및 병원배상책임보험의 담보기준

(1) 국문영업배상책임보험

사고발생기준(Occurrence Basis)계약이다. 해당 증권의 보상책임이 보험기간 중에 담보하는 보험사고가 발생하였을 경우 인정된다. 배상책임보험뿐만 아니라 일반재물보험, 상해보험 등 대부분의 보험계약에서 이 담보기준이 적용되고 있다.

(2) 의사 및 병원배상책임보험

배상청구기준(Claims – made Basis)계약으로, 아래의 요건을 모두 충족하는 경우 보상책임이 인정된다.

① 손해사고(Occurrence)는 소급담보일자(Retroactive Date) 이후부터 보험기간만료일 이전에 발생하여야 한다. 그리고 ② 손해사고의 피해자가 가해자(피보험자)를 상대로 손해배상청구(Claims–made)를 보험기간 개시일로부터 보험기간만료일 이전에 제기해야 한다. ③ 또한 그러한 사실이 보험자에게 통지되어야 한다. ④ 만약 보험계약이 중도해지(Cancelled)되거나 갱신되지 아니한(Not renewed) 경우에는 보험기간만료일부터 연장보고기간만료일까지 사이에 제기되고 보험자에게 통지된 배상청구에 대해서만 보상한다.

05 일반불법행위의 성립요건에 대하여 약술하시오. (5점)

모범답안

1. 일반불법행위 의의

일반불법행위란 고의나 과실에 의해 타인에게 손해를 입히는 위법한 행위를 말한다(민법 제750조).

2. 일반불법행위의 성립요건

(1) 고의 또는 과실

고의란 타인에게 손해가 발생한다는 것을 알면서 감히 이를 행하는 심리상태를 말하고, 과실이란 일정한 결과가 발생한다는 것을 알고 있어 주의할 의무가 있음에도 이를 게을리하여 어떠한 행위를 하는 심리상태, 즉 주의의무위반을 말한다.

(2) 위법성

위법이란 가치판단의 문제로 실정법이나 공서양속의 위반을 말한다.

(3) 책임능력

책임능력은 자기의 행위의 결과가 위법하여 법률상 비난받을 수 있다는 것을 인식할 수 있는 정신능력을 말한다. 행위의 의사능력을 불법행위측면에서 평가하여 불법행위능력 내지 책임변식능력이라고도 한다.

(4) 손해의 발생

손해란 법익에 관하여 입은 불이익을 말한다. 가해자에게 손해배상책임을 지우기 위해서는 피해자가 가해자의 불법행위로 인해 자기에게 손해가 생겼음을 입증하여야 한다.

(5) 인과관계

가해행위와 손해 사이에는 인과관계가 있어야 한다. 인과관계는 원칙적으로 권리를 주장하는 피해자가 입증책임을 져야 한다.

06 피해자 직접청구권의 법적 성질에 대하여 약술하시오. (10점)

모범답안

1. 피해자 직접청구권의 의의

피해자 직접청구권이란 책임보험의 피해자가 피보험자를 통하지 아니하고 보험자에게 직접 손해의 전보를 청구할 수 있는 권리를 말한다. 본래 책임보험은 피보험자가 보험기간 중의 사고로 인하여 제3자에게 배상책임을 질 경우 그로 인한 손해의 보상을 목적으로 하는 보험계약이지만, 우리 「상법」에서는 책임보험에서의 피해자의 보험자에 대한 직접청구권을 인정하고 있다(상법 제724조 제2항).

2. 직접청구권의 법적 성질

직접청구권의 법적 성질에 대해 보험금청구권이라는 견해와 손해배상청구권이라는 견해가 있으나, 판례에서는 일관되게 피해자 직접청구권은 피보험자의 보험자에 대한 보험금청구권의 변형이 아니고, 보험자가 피보험자의 피해자에 대한 손해배상채무를 병존적으로 인수한 것으로서 피해자가 보험자에 대하여 가지는 손해배상청구권으로 보고 있다.

07 배상책임보험에서 일실수입의 개념 및 산정요인을 약술하고, 취업형태별로 손해배상금을 산출하는 방식에 대하여 기술하시오. 단, 취업형태는 급여소득자, 개인사업자, 무직자로 구분한다. (15점)

모범답안

1. 일실수입의 개념

일실수입이란 사고가 없었을 경우를 가정하여 피해자가 장래 얻을 수 있었으리라고 예측되는 이익 또는 소득을 말한다. 불법행위로 인한 사상으로 노동능력의 전부 또는 일부를 상실한 경우에 그 일실수입의 산정방식에 관하여 소득상실설(차액설)과 노동능력상실설(평가설)이 대립하고 있는데, 판례는 개별 사안에 따라 각각 적용하고 있다.

2. 일실수입의 산정요인

피해자의 일실수입을 산정하는데 있어서는 피해자의 수입과 함께 생활비, 여명, 노동능력상실률, 가동기간을 확정하여야 한다.

(1) 생활비공제

피해자가 사망한 경우에는 생명침해에 의하여 얻을 수 있는 수익을 상실함과 동시에 수입을 위하여 지출해야만 하는 생활비의 지출을 면하는 바, 피해자의 손해액산정에 있어서 손익상계의 법리에 따라 생활비를 공제한다(1/3공제).

(2) 노동능력상실률

노동능력상실률은 전문의의 신체감정내용을 주된 판단자료로 하여 확정하는데, 통상 McBride식 후유장해평가방법을 기준으로 하며, 국가배상법 또는 AMA식 장해평가방법 등을 참조하여 감정한다.

(3) 가동기간

피해자의 경력, 연령, 직업, 건강상태 기타 여러 사정을 참작하여 가동연한을 인정하기도 하나, 최근 판례에 따르면 65세까지로 하고 있다.

(4) 중간이자공제

손해배상금을 정기금으로 지급하지 아니하고 일시금으로 지급하는 경우에는 그 현가계산에 있어 주로 호프만방식에 의해 중간이자를 공제하고 있다.

3. 취업형태별 손해배상금 산출방식

(1) 급여소득자

사고발생 직전 과거 3개월간 피해자가 근로의 대가로서 받은 보수액에서 제세액을 공제한 금액을 월평균한 금액을 소득으로 인정한다. 계절의 요인 등에 따라 급여의 차등이 있는 경우와 상여금, 체력단련비, 연월차 유가보상금 등 매월 수령하는 금액이 아닌 것은 산정대상기간을 과거 1년으로 한다. 급여(상여)대장 1년분, 소득자별 근로소득 원천징수부 및 원천징수영수증, 재직 또는 경력증명서, 취업규칙 등을 제출받아 객관적인 자료에 근거하여 월평균소득을 산정한다.

(2) 사업소득자

사고발생 직전 과거 1년간의 세법에 따른 관련 증빙서류에 의하여 입증된 수입액에서 그 수입을 위하여 필요한 제경비 및 제세액을 공제하고, 본인의 노무기여율(85/100 한도)을 감안하여 산정한다. 그 기간이 1년 미만인 경우에는 계절적인 요인을 감안하여 합리적으로 산출한다. 사업자등록증, 부가가치세 예정신고서 및 확정신고서, 종합소득세 과세표준확정신고서 및 납세영수증, 세금계산서 등을 제출받아 객관적인 자료에 의하여 월평균소득을 산출한다.

(3) 일용근로자

통상 일용근로자의 시중노임단가는 대한건설협회에서 발간하는 개별직종 노임단가 또는 보통인부의 노임을 참고로 해당임금에 월 근로일수 22일을 적용하여 월평균소득을 산정한다.

(4) 무직자 등

① 유직자이지만「소득세법상」입증이 곤란한 경우 : 관련 자료에 의해 입증된 타당한 금액을 인정하되, 일용근로자 임금을 한도로 한다.

② 미성년 근로자 : 미성년자로서 현실소득액이 일용근로자 임금에 미달하는 경우에는 19세까지는 현실소득액을, 20세 이후에는 일용근로자 임금을 인정한다.

③ 가사노동자 : 일용근로자의 임금을 인정한다.

④ 무직자 : 유아, 연소자, 학생, 이자소득, 연금생활자, 사고 당시 일정한 직업이 없는 자들은 모두 당해 연도 일용근로자 임금을 기준으로 산정한다.

제38회 신체손해사정사 2차 시험문제

1. △△병원 소속 설비기사인 김○○은 병원 내에서 가스설비 점검작업을 하던 중 가스폭발로 현장에서 사망하였다. 국립과학수사연구소의 사고원인 감정 결과 관리상의 하자와 설비기사 본인의 작업부주의가 결합하여 사고가 발생한 것으로 밝혀졌다. 김○○의 유족들은 산업재해보상보험에서 보상을 받은 후 △△병원에 손해배상을 청구하였다.
〈별표〉의 내용을 참고하여 보험금을 산정하고, 그 산출과정을 기재하시오. (25점)

〈별표〉

(1) △△병원 보험가입 사항
  ① 근로자재해보장책임보험(사용자배상책임 특별약관)
    • 1인당/200,000,000원
    • 1사고당/200,000,000원
  ② 가스사고배상책임보험 : 의무보상한도액

(2) 전제조건
  ① 피해자 김○○ 인적사항
    • 생년월일 : 1969.2.28.
    • 입사일자 : 1999.2.28.
  ② 사고일 : 2014.3.1.
  ③ 피해자 과실률 : 20%
  ④ 월평균임금 : 3,000,000원
    (단, 월수계산이 필요한 경우 1개월은 30일로 가정함)
  ⑤ 도시일용노임단가 : 보통인부 80,000원/1일
  ⑥ 호프만계수
    • 사고일 ~ 정년퇴직 55세(120개월) : 100
    • 사고일 ~ 가동기간까지(180개월) : 130
  ⑦ 민사판례에 따른 장례비 3,000,000원 가정
  ⑧ 일실퇴직금 산정시 현가율은 '1 / (1 + 0.05 × 잔여재직기간)'으로 함
  ⑨ 위자료는 서울중앙지방법원 산정기준에 따르며, 사망 또는 100% 장해시 기준금액 80,000,000원 적용

2. 2015년 7월 30일 11시경 경기도 소재 ○○LPG충전소에서 가스폭발사고가 발생하여 충전소 고객인 이○○가 사망하였다.
〈별표〉에 주어진 내용을 참고하여 보험계약별로 분담할 지급보험금을 산정하고, 그 산출과정을 기재하시오. (20점)

〈별표〉

(1) ○○LPG 충전소 보험가입 사항

구분	보상한도액	자기부담금
가스사고배상책임보험(A 보험사) 액화석유가스 소비자보장 특별약관	의무보상한도액	
영업배상책임보험(B 보험사) 시설소유관리자 특별약관	1사고당/ 50,000,000원	1사고당/ 1,000,000원
영업배상책임보험(C 보험사) 시설소유관리자 특별약관	1사고당/ 1,000,000,000원	1사고당/ 20,000,000원

(2) 전제조건

① 이○○의 과실률 : 50%
② 일실수입(현가) : 200,000,000원
③ 일실퇴직금(현가) : 28,000,000원
④ 위자료는 서울중앙지방법원 산정기준에 따르며, 사망 또는 100% 장해시 기준금액 80,000,000원 적용

3. △△건설 소속 허○○이 2010년 11월 17일 10시 30분경 경기도 용인에 소재한 건설현장에서 굴삭기로 송수관을 들어 올리다가 굴삭기와 송수관을 연결했던 밴드로프가 절단되면서 송수관이 관로 하부에서 작업 중이던 같은 회사소속 박○○의 복부를 충격한 사고로 박○○이 다발성 늑골골절 및 비장파열 등의 상해를 입었다.
〈별표〉에 주어진 내용을 참고하여 피해자의 복합장해율과 보험금을 산정하고, 그 산출과정을 기재하시오. (15점)

〈별표〉

(1) △△건설 보험가입 사항

① 근로자재해보장책임보험 : 사용자배상책임 특별약관
② 보상한도액
- 1인당/100,000,000원
- 1사고당/200,000,000원

(2) 전제조건

① 피해자 : 박○○

㉠ 사고일로부터 가동기간까지의 일실수입(현가) : 200,000,000원

㉡ 피해자 과실률 : 20%

㉢ 후유장해 및 노동능력 상실률

• 정형외과

– 경추 추간판 탈출증 : 50%(기왕증 기여도 : 20%)

– 요추 추간판 탈출증 : 30%(기왕증 기여도 : 50%)

• 일반외과

– 비장결손 : 10%

② 근로복지공단으로부터 지급받은 장해일시금 : 45,000,000원

③ 부상 부위의 향후 반흔 성형수술비 : 8,000,000원

④ 위자료는 고려하지 않음

4. 영업배상책임보험(국문)을 가입하고 있는 H호텔에서 보험기간 중 2회의 서로 다른 사고가 발생하였다. 〈별표〉에 주어진 내용을 참고하여 각 사고별 지급보험금을 산정하고 산출과정을 기재하시오. (10점)

〈별표〉

(1) H호텔 보험가입 사항

영업배상책임보험 시설소유관리자 특별약관

보상한도액	신체장해	1인당/100,000,000원
		1사고당/200,000,000원
	재물손해	1사고당/200,000,000원
자기부담금	1사고당/1,000,000원	

(2) 1차사고

① 사고내용 : 대형조명설비의 붕괴로 인한 투숙객 A, 투숙객 B 부상

② 손해내역

• 투숙객에 대한 손해배상금 : 투숙객 A/150,000,000원
투숙객 B/120,000,000원

• 조명설비 복구비용 : 70,000,000원

• 부상투숙객 응급처치 및 호송비용 : 1,000,000원

(3) 2차사고

① 사고내용 : 호텔내 사우나의 온수관 파열로 내방객 1인 전신화상

② 손해내역

• 피해자에 대한 손해배상금(법원 판결금) : 96,000,000원

• 소송비용 : 10,000,000원

• 온수관 복구비용 : 5,000,000원

5. 우리나라 「제조물책임법」상 제조물책임의 의의와 제조물의 결함에 대하여 서술하시오. (10점)

6. 영업배상책임보험(국문)에서 보험계약자 및 피보험자가 부담하는 손해방지의무에 대하여 서술하시오. (10점)

7. 영업배상책임보험(국문) 학교경영자 특별약관에서 보상하는 손해와 학교업무의 범위에 대하여 서술하시오. (10점)

01

△△병원 소속 설비기사인 김○○은 병원 내에서 가스설비 점검작업을 하던 중 가스폭발로 현장에서 사망하였다. 국립과학수사연구소의 사고원인 감정 결과 관리상의 하자와 설비기사 본인의 작업부주의가 결합하여 사고가 발생한 것으로 밝혀졌다. 김○○의 유족들은 산업재해보상보험에서 보상을 받은 후 △△병원에 손해배상을 청구하였다.

〈별표〉의 내용을 참고하여 보험금을 산정하고, 그 산출과정을 기재하시오. (25점)

〈별표〉

(1) **△△병원 보험가입 사항**

① 근로자재해보장책임보험(사용자배상책임 특별약관)
- 1인당/200,000,000원
- 1사고당/200,000,000원

② 가스사고배상책임보험 : 의무보상한도액

(2) **전제조건**

① 피해자 김○○ 인적사항
- 생년월일 : 1969.2.28.
- 입사일자 : 1999.2.28.

② 사고일 : 2014.3.1.

③ 피해자 과실률 : 20%

④ 월평균임금 : 3,000,000원
(단, 월수계산이 필요한 경우 1개월은 30일로 가정함)

⑤ 도시일용노임단가 : 보통인부 80,000원/1일

⑥ 호프만계수
- 사고일 ~ 정년퇴직 55세(120개월) : 100
- 사고일 ~ 가동기간까지(180개월) : 130

⑦ 민사판례에 따른 장례비 3,000,000원 가정

⑧ 일실퇴직금 산정시 현가율은 '1 / (1 + 0.05 × 잔여재직기간)'으로 함

⑨ 위자료는 서울중앙지방법원 산정기준에 따르며, 사망 또는 100% 장해시 기준금액 80,000,000원 적용

모범답안

1. 법률상 손해배상책임 여부

근로계약에 따라 사용자는 근로자가 업무를 수행하는데 있어 근로자에 대한 보호의무, 즉 안전배려의무가 있는 바, 안전한 작업장, 안전장비의 제공, 안전교육, 안전수칙의 제정 및 숙지 등의 사용자의 의무를 불이행함으로써 근로자가 업무상 재해를 입은 경우 사용자는 민사상의 손해배상책임을 진다.

사안의 경우도 병원의 관리상 잘못이 가스폭발사고의 원인 중 하나로 인정된 만큼 해당 병원은 「민법」 제750조상의 과실책임 내지 제758조상의 공작물책임 등에 의거 그로 인한 타인의 손해에 대해 법률상 손해배상책임을 져야 한다.

2. 각 보험계약별 지급보험금 산정

(1) 가스사고 배상책임보험

가스사고배상책임보험은 의무보험이긴 하지만, 보통약관 제8조 제9호에서 피보험자의 근로자가 피보험자의 업무에 종사 중에 입은 신체의 장해(장해로 말미암은 사망을 포함)로 생긴 손해에 대한 배상책임을 보상하지 않는 것으로 정하고 있어 이 보험계약에서는 지급할 보험금이 없다.

(2) 사용자배상책임 특별약관

① 산재보험금

사안의 경우 산재사고에 해당하므로 피재근로자에 대해 산재보험의 유족급여 및 장례비를 산재보험공단에서 지급하여야 한다.

㉠ 유족급여 : 100,000원/일(= 3,000,000원 / 30일) × 1,300일 = 130,000,000원

㉡ 장례비 : 100,000원/일 × 120일 = 12,000,000원

㉢ 소계 : 130,000,000원 + 12,000,000원 = 142,000,000원

② 사용자배상책임(E/L)보험금

㉠ 위자료 : 80,000,000원 × [1 − (20% × 6/10)] = 70,400,000원

㉡ 일실소득

- 정년까지 : 3,000,000원 × 100 × 2/3 × 80% = 160,000,000원
- 60세까지 : 80,000원/일 × 22일* × 30 × 2/3 × 80% = 28,160,000원
  - * **월 가동일수 변경** : 월 22일 → 월 20일(대법원 2024.4.25. 선고 2020다271650 판결)
- 소계 : 160,000,000원 + 28,160,000원 = 188,160,000원
- 손익상계 : 188,160,000원 − 130,000,000원(산재보험 유족급여) = 58,160,000원

㉢ 장례비 : 산재보험 장의비가 더 많으므로 초과손해 없음

㉣ 일실퇴직금

- 일실퇴직금 = [(정년시 퇴직금 × 사고 당시 현가율) − 기근속 퇴직금] × 노동능력상실률
- 사고가 없었더라면 정년까지의 근속연수 : 입사 30세 ~ 정년 55세까지 25년
- 사고 당시까지의 근속연수 : 입사 30세 ~ 사고 45세까지 15년
- 정년시 퇴직금에 대한 현가액
  3,000,000원 × 25년 × [1 / (1 + 0.05 × 10년)] = 50,000,000원
  - 사고시까지의 퇴직금 : 3,000,000원 × 15년 = 45,000,000원
  - 일실퇴직금 : (50,000,000원 − 45,000,000원) × 80% = 4,000,000원

㉤ 지급보험금 합계

70,400,000원 + 58,160,000원 + 4,000,000원 = 132,560,000원(≤ 200,000,000원)

더 알아보기 **장례비**

법원에서 인정받을 수 있는 장례비는 그동안 관행적으로 300만원이 한도였으나, 최근 물가 상승 등을 감안해 장례비를 500만원으로 올려 판결하고 있다. 즉 소득수준 향상과 법원 판례 등을 감안해 자동차보험 표준약관에서도 장례비를 1인당 300만원에서 500만원으로 개정하였다.

02

2015년 7월 30일 11시경 경기도 소재 ○○LPG충전소에서 가스폭발사고가 발생하여 충전소 고객인 이○○가 사망하였다.

〈별표〉에 주어진 내용을 참고하여 보험계약별로 분담할 지급보험금을 산정하고, 그 산출 과정을 기재하시오. (20점)

〈별표〉

(1) ○○LPG 충전소 보험가입 사항

구 분	보상한도액	자기부담금
가스사고배상책임보험(A 보험사) 액화석유가스 소비자보장 특별약관	의무보상한도액	
영업배상책임보험(B 보험사) 시설소유관리자 특별약관	1사고당/ 50,000,000원	1사고당/ 1,000,000원
영업배상책임보험(C 보험사) 시설소유관리자 특별약관	1사고당/ 1,000,000,000원	1사고당/ 20,000,000원

(2) 전제조건

① 이○○의 과실률 : 50%

② 일실수입(현가) : 200,000,000원

③ 일실퇴직금(현가) : 28,000,000원

④ 위자료는 서울중앙지방법원 산정기준에 따르며, 사망 또는 100% 장해시 기준금액 80,000,000원 적용

모범답안

1. 법률상 손해배상책임 여부

피보험자인 ○○LPG충전소는 액화석유가스 충전사업자로서 가스공급업자의 무과실책임의무를 규정하고 있는 「액화석유가스의 안전 및 사업법」에 의거 대인사고의 경우 면책사유에 해당하지 않는 한 가스공급업자의 과실유무에 관계없이 법이 정한 한도 내에서 배상책임이 발생한다.

또한, 과실책임주의에 따른 타인의 손해에 대해서는 「민법」상 손해배상책임이 발생하는 바, 피보험자가 소유, 사용 또는 관리하는 시설 및 그 시설의 용도에 따른 업무의 수행으로 생긴 우연한 사고를 담보하는 영업배상책임보험의 시설소유관리자특약에 따라 B, C 보험사도 보상책임을 진다.

2. 손해액의 산정

① 일실수입 : 200,000,000원 × 50% = 100,000,000원

② 일실퇴직금 : 28,000,000원 × 50% = 14,000,000원

③ 위자료 : 8,000만원 × [1 − (50% × 6/10)] = 56,000,000원

④ 소계 : 100,000,000원 + 14,000,000원 + 56,000,000원 = 170,000,000원

3. A 보험사 : 가스사고배상책임보험

가스사고배상책임보험은 의무보험이 아닌 다른 보험계약과 중복보험인 경우 그 다른 보험에 대하여 법에서 정한 보상범위까지는 우선 보상한다고 규정하고 있다. 따라서 사망 1인당 보상한도액인 80,000,000원을 우선 보상한다.

4. B, C 보험사 : 영업배상책임보험

영업배상책임보험 B, C 계약이 분담해야 할 손해액은 가스배상책임보험에서 우선 보상되고 남은 잔액, 즉 170,000,000원 − 80,000,000원 = 90,000,000원이다.

영업배상책임보험간에는 독립책임액비례분담방식에 따라 보험금을 분담한다.

(1) 독립책임액의 산출

① B 보험사 : 90,000,000원 − 1,000,000원(자기부담금) = 89,000,000원
보상한도액이 50,000,000원이므로 독립책임액은 50,000,000원

② C 보험사 : 90,000,000원 − 20,000,000원(자기부담금) = 70,000,000원
보상한도액이 1,000,000,000원이므로 독립책임액은 70,000,000원

(2) 보험금의 분담

① B 보험사 : 90,000,000원 × 50,000,000원 / 120,000,000원 = 37,500,000원

② C 보험사 : 90,000,000원 × 70,000,000원 / 120,000,000원 = 52,500,000원

03

△△건설 소속 허○○이 2010년 11월 17일 10시 30분경 경기도 용인에 소재한 건설현장에서 굴삭기로 송수관을 들어 올리다가 굴삭기와 송수관을 연결했던 밴드로프가 절단되면서 송수관이 관로 하부에서 작업 중이던 같은 회사소속 박○○의 복부를 충격한 사고로 박○○이 다발성 늑골골절 및 비장파열 등의 상해를 입었다.

〈별표〉에 주어진 내용을 참고하여 피해자의 복합장해율과 보험금을 산정하고, 그 산출과정을 기재하시오. (15점)

〈별표〉

(1) △△건설 보험가입 사항
   ① 근로자재해보장책임보험 : 사용자배상책임 특별약관
   ② 보상한도액
      • 1인당/100,000,000원
      • 1사고당/200,000,000원

(2) 전제조건
   ① 피해자 : 박○○
      ㉠ 사고일로부터 가동기간까지의 일실수입(현가) : 200,000,000원
      ㉡ 피해자 과실률 : 20%
      ㉢ 후유장해 및 노동능력 상실률
         • 정형외과
            – 경추 추간판 탈출증 : 50%(기왕증 기여도 : 20%)
            – 요추 추간판 탈출증 : 30%(기왕증 기여도 : 50%)
         • 일반외과
            – 비장결손 : 10%
   ② 근로복지공단으로부터 지급받은 장해일시금 : 45,000,000원
   ③ 부상 부위의 향후 반흔 성형수술비 : 8,000,000원
   ④ 위자료는 고려하지 않음

모범답안

1. 법률상 손해배상책임 여부

사안의 경우 동일한 사용자에게 고용된 다른 근로자에 의해 업무상 재해가 발생한 경우로 사용자는 면책사유를 입증하지 못하는 한 사용자책임을 면할 수 없다(민법 제756조).

또한, 사용자배상책임보험(E/L)은 근로자가 업무상 재해를 입은 경우 사용자가 「산재보험법」상의 재해보상책임을 초과하여 부담하게 되는 「민법」상 손해배상책임을 담보하는 보험이므로 그에 따라 피재자에 대해 보상책임을 진다.

2. 복합장해율

① 경추 추간판탈출증 : 50% × (1 − 20%) = 40%

② 요추 추간판탈출증 : 30% × (1 − 50%) = 15%

③ 비장결손 : 10%

④ 복합장해율 = 1 − [(1 − a) × (1 − b) × (1 − c)]
= 1 − [(1 − 40%) × (1 − 15%) × (1 − 10%)]
= 54.1%

3. 지급보험금

① 일실수입 : 200,000,000원 × (1 − 20%) − 45,000,000원(장해보상) = 115,000,000원

② 성형수술비 : 8,000,000원 × (1 − 20%) = 6,400,000원

③ 소계 : 115,000,000원 + 6,400,000원 = 121,400,000원

④ 지급보험금 : 보상한도액인 100,000,000원

04

영업배상책임보험(국문)을 가입하고 있는 H호텔에서 보험기간 중 2회의 서로 다른 사고가 발생하였다.

〈별표〉에 주어진 내용을 참고하여 각 사고별 지급보험금을 산정하고 산출과정을 기재하시오. (10점)

〈별표〉

(1) H호텔 보험가입 사항

영업배상책임보험 시설소유관리자 특별약관

보상한도액	신체장해	1인당/100,000,000원
		1사고당/200,000,000원
	재물손해	1사고당/200,000,000원
자기부담금	1사고당/1,000,000원	

(2) 1차사고

① 사고내용 : 대형조명설비의 붕괴로 인한 투숙객 A, 투숙객 B 부상

② 손해내역

- 투숙객에 대한 손해배상금 : 투숙객 A/150,000,000원
  투숙객 B/120,000,000원
- 조명설비 복구비용 : 70,000,000원
- 부상투숙객 응급처치 및 호송비용 : 1,000,000원

(3) 2차사고

① 사고내용 : 호텔내 사우나의 온수관 파열로 내방객 1인 전신화상

② 손해내역

- 피해자에 대한 손해배상금(법원 판결금) : 96,000,000원
- 소송비용 : 10,000,000원
- 온수관 복구비용 : 5,000,000원

모범답안

1. 법률상 손해배상책임 여부

피보험자인 H호텔은 대형조명설비의 붕괴 및 온수관의 파열로 투숙객 A, B와 내방객에게 손해를 입힌 바, 「민법」상의 과실책임(제750조) 및 공작물책임(제758조)에 따른 법률상 손해배상책임을 부담하여야 한다. 따라서 보험회사는 영업배상책임보험 시설소유관리자특약에 따라 보상한도액 내에서 피해자에 대한 보상책임을 진다.

2. 1차사고 보험금 산정

(1) 신체손해

① 투숙객 A : 보상한도액인 100,000,000원

② 투숙객 B : 보상한도액인 100,000,000원

③ 응급처치, 호송비 등(손해방지비용) : 1,000,000원

④ 합계 : 100,000,000원 + 100,000,000원 + 1,000,000원 = 201,000,000원

(2) 재물손해

조명설비 복구비용은 피보험자 자신의 재물손해이므로 배상책임보험에서는 보상되지 않는다.

3. 2차사고 보험금 산정

(1) 신체손해

① 법원 판결금 : 96,000,000원 – 1,000,000원(자기부담금) = 95,000,000원

② 소송비용 : 10,000,000원

③ 합계 : 95,000,000원 + 10,000,000원 = 105,000,000원

④ 지급보험금 : 보상한도액이 100,000,000원이므로 100,000,000원 지급

(2) 재물손해

온수관 복구비용은 피보험자 자신의 재물손해임으로 배상책임보험에서는 보상되지 않는다.

05 우리나라 「제조물책임법」상 제조물책임의 의의와 제조물의 결함에 대하여 서술하시오. (10점)

모범답안

1. 제조물책임의 의의

제조물책임이란 제조물의 제조업자 등이 제조물의 결함으로 발생한 손해에 대해 피해자에게 부담하여야 할 손해배상책임을 의미한다.

제조물책임은 결함책임이라고도 하는데, 책임의 필수요건으로 과실이라는 주관적 요소를 책임요건으로 하지 않고, 결함이라는 객관적 요소를 그 책임요건으로 하므로 제조업자 등이 제조물의 결함 여부에 대해 입증하여야 그 책임을 면할 수 있다. 즉, 피해자가 입증책임을 부담하는 불법행위책임과는 달리 제조물책임에서는 가해자가 입증책임을 부담하게 된다(사실상의 무과실책임 또는 엄격책임).

2. 제조물의 결함

결함(defects)이란 해당 제조물에 제조상, 설계상 또는 표시상의 결함이 있거나 기타 통상적으로 기대할 수 있는 안전성이 결여되어 있는 것을 말한다.

(1) 제조상의 결함

제조상의 결함이란 제조업자가 제조물에 대하여 제조상, 가공상의 주의의무를 이행하였는지에 관계없이 제조물이 원래 의도한 설계와 다르게 제조, 가공됨으로써 안전하지 못하게 된 경우를 말한다. 일부 제조물에 결함이 있는 경우가 이에 해당된다.

(2) 설계상의 결함

설계상의 결함이란 제조업자가 합리적인 대체설계를 채용하였더라면 피해나 위험을 줄이거나 피할 수 있었음에도 대체설계를 채용하지 아니하여 해당 제조물이 안전하지 못하게 된 경우를 말한다. 제조물 전체에 결함이 있는 경우가 이에 해당된다.

(3) 표시상의 결함

표시상의 결함이란 제조업자가 합리적인 설명, 지시, 경고 또는 기타의 표시를 하였더라면 해당 제조물에 의하여 발생할 수 있는 피해나 위험을 줄이거나 피할 수 있었음에도 이를 하지 아니한 경우를 말한다. 모든 안전에 관한 주의 및 경고문에 결함이 있는 경우가 이에 해당된다.

06 영업배상책임보험(국문)에서 보험계약자 및 피보험자가 부담하는 손해방지의무에 대하여 서술하시오. (10점)

모범답안

1. 손해방지의무의 의의

손해방지의무란 손해보험계약에서 보험사고가 발생하였을 때 보험계약자와 피보험자가 손해의 방지와 경감을 위하여 노력해야 할 의무를 말한다.

손해방지의무는 손해의 방지 또는 경감을 위하여 노력하는 일, 제3자로부터 손해의 배상을 받을 수 있는 경우에는 그 권리를 지키거나 행사하기 위해 필요한 조치를 취하는 일, 손해배상책임의 전부 또는 일부에 관하여 지급(변제), 승인 또는 화해를 하거나 소송, 중재 또는 조정을 제기하거나 신청하고자 할 경우에 미리 회사의 동의를 받는 일을 모두 포함하는 개념이다.

2. 손해방지비용에 대한 보상

손해의 방지 또는 경감을 위하여 지출한 필요 또는 유익하였던 비용, 제3자로부터 손해의 배상을 받을 수 있는 경우에는 그 권리를 지키거나 행사하기 위한 조치를 취하기 위하여 지출한 필요 또는 유익하였던 비용, 피보험자가 지급한 소송비용, 변호사비용, 중재, 화해 또는 조정에 관한 비용 등 계약자 또는 피보험자가 손해방지비용으로 지출한 비용은 보상된다.

07 영업배상책임보험(국문) 학교경영자 특별약관에서 보상하는 손해와 학교업무의 범위에 대하여 서술하시오. (10점)

모범답안

1. 보상하는 손해

피보험자가 동 특약에서 정한 사고로 인해 법률상 손해를 부담함으로써 입게 되는 배상책임손해와 관련 비용을 보상한다.

동 특별약관에 있어서 보상하는 손해의 사고라 함은 피보험자가 학교경영과 관련하여 소유, 사용 또는 관리하는 시설 및 학교시설이나 학교업무와 관련된 지역에서 학교업무의 수행으로 생긴 우연한 사고를 말한다.

2. 학교업무의 범위

약관상 정의에 따르면 학교업무라 함은 학교경영과 관련하여 학교시설 내에서 이루어지는 통상적인 업무활동으로 학교가 주관하는 학교행사의 수행과 관련된 업무를 말한다. 따라서 학교의 장이나 그 대리인이 허가하고 학교교직원의 인솔·감독하에 이루어지는 교외활동도 학교업무로 본다.

학교업무는 학생교육과 관련한 활동일체는 물론 교육시설물의 유지관리행위 일체를 포함하는 개념이다. 따라서 학교시설 내부에서 행하여지는 활동뿐만 아니라 수학여행, 시찰, 대외봉사활동 등도 학교업무활동으로 간주될 수 있다.

제39회 신체손해사정사 2차 시험문제

1. 갑(甲)이 소유한 11층 건물에서 화재가 발생하여 인명피해가 발생하였다. 화재는 을(乙)이 운영하는 3층 음식점(바닥면적 200제곱미터)에서 화기 취급부주의에 의해 발화하여 을(乙) 본인이 부상당하고, 4층 독서실로 연소 확대되어 이용고객 병(丙)과 정(丁)이 사망하는 사고가 발생하였다. 아래 〈별표〉의 내용을 참고하여, 각각의 질문에 답하시오. (30점) 기출수정

〈별표〉

(1) 보험가입사항

보험사	계약자/피보험자	보험종목	보상한도액(대인)	자기부담금
A	갑	특약부화재보험(구 신체손해배상특약부 화재보험)	의무보상한도액	–
B	을	다중이용업소 화재배상책임보험	의무보상한도액	–
		시설소유(관리)자 배상책임 특별약관	1인당 / 50,000,000원 1사고당 / 100,000,000원	사고당 1,000,000원

(2) 손해내역

피해자	피해사항	손해액	참고사항
을	부상	30,000,000원	각 특약별 위험률의 부상등급표상 1급 부상
병	현장사망	200,000,000원	법률상 손해배상책임액
정	현장사망	250,000,000원	법률상 손해배상책임액

[질문 1] A, B 보험사의 보상책임유무 및 보상대상자 범위를 약술하시오. (5점)

[질문 2] A, B 보험사에 가입한 의무보험의 약관상 대인 보상한도액을 약술하시오. (5점)

[질문 3] 상기 다수보험계약에 따른 보험금 산정 우선순위를 약술하시오. (5점)

[질문 4] 피해자별, 보험사별 지급보험금을 산정하고, 그 산출과정을 기재하시오. (15점)

2. △△건설(주) 근로자(재해자) 김○○는 건설공사현장에서 작업 중 건설구조물의 관리부실 및 본인의 작업부주의로 3m 아래로 추락하는 산재사고를 당하여 근로복지공단으로부터 아래와 같이 산재보험금을 수령하였다.

※ 보험급여 지급내역

휴업급여	요양급여	장해급여	유족 및 장의비	계
10,000,000원	15,000,000원	50,000,000원	–	75,000,000원

재해자 김○○는 산재보험금을 수령한 후 △△건설(주)에 손해배상을 추가 청구하였는 바, 아래 〈별표〉의 내용을 참고하여 지급보험금을 산정하고, 그 산출과정을 기재하시오. (20점)

〈별표〉

(1) 보험가입사항

① 보험종목 : 국내근로자재해보장책임보험, 사용자배상책임 특별약관

② 보상한도액 : 1인당/100,000,000원, 1사고당/200,000,000원

(2) 전제조건

① 재해자 : 김○○

② 생년월일 : 1970.5.1.

③ 사고일자 : 2015.9.1.

④ 직업 : 보통인부(월소득은 월 22일 인정)

⑤ 노임단가(1일) : 2015년 하반기 90,000원, 2016년 상반기 100,000원

⑥ 가동연한 : 만 60세

⑦ 재해자 과실 : 20%

⑧ 후유장해율 : 요추부 25% 및 족관절 20%

⑨ 요양종료일 : 2015.12.31.

⑩ 직불치료비 : 없음

⑪ 기타 손해 : 보조구 교체비용 3회 인정(1회 100만원, 교체주기 3년)

⑫ 위자료 : 서울중앙지방법원 산정기준에 따르며, 사망 또는 100% 장해시 기준금액 80,000,000원 적용

(3) 호프만계수(경과월수)

4월(사고일 ~ 요양종료일)	176월(사고일 ~ 가동연한)
3	103

(4) 호프만계수(경과연수)

1년	2년	3년	4년	5년
1.00	0.95	0.90	0.85	0.80
6년	7년	8년	9년	10년
0.75	0.70	0.65	0.60	0.55

※ 호프만계수는 계산상 편의를 위해 위 표의 계수를 적용

3. △△칼국수 식당의 종업원 백○○가 음식물을 제공하던 중 바닥에 잔존한 물기에 미끄러지면서 국물을 쏟아 피해자 박○○의 우측 허벅지에 심한 화상을 입힌 사고가 발생하였다.
아래 〈별표〉의 내용을 참고하여, 각 보험사의 지급보험금을 산정하고, 그 산출과정을 기재하시오. (10점)

〈별표〉

(1) 보험가입사항

보험사	보험종목	보상한도액(대인)	자기부담금
A	(국문)영업배상책임보험 시설소유(관리)자 특별약관	1사고당 / 30,000,000원	1사고당 / 1,000,000원
B	장기종합보험 시설소유(관리)자 특별약관 음식물배상책임 특별약관	1사고당 / 100,000,000원 1사고당 / 30,000,000원	1사고당 / 10,000,000원 1사고당 / 1,000,000원

(2) 손해내역

응급처치 및 호송비용 피해자에 대한 손해배상금(법원판결금) 소송비용	1,000,000원 70,000,000원 8,000,000원
합계	79,000,000원

4. 「민법」상 특수불법행위책임을 열거하고, 내용을 약술하시오. (10점)

5. 사업주(사용자)의 안전배려의무를 설명하고, 위반시 효과에 대하여 약술하시오. (10점)

6. 해외근로자 재해보장책임보험에 첨부되는 특별약관을 중심으로 보상하는 손해의 종류와 내용을 약술하시오. (10점)

7. 손해사고기준 배상책임보험과 배상청구기준 배상책임보험의 의의 및 장단점을 비교 약술하시오. (10점)

01

갑(甲)이 소유한 11층 건물에서 화재가 발생하여 인명피해가 발생하였다. 화재는 을(乙)이 운영하는 3층 음식점(바닥면적 200제곱미터)에서 화기 취급부주의에 의해 발화하여 을(乙) 본인이 부상당하고, 4층 독서실로 연소 확대되어 이용고객 병(丙)과 정(丁)이 사망하는 사고가 발생하였다.

아래 〈별표〉의 내용을 참고하여, 각각의 질문에 답하시오. (30점) 

〈별표〉

(1) 보험가입사항

보험사	계약자/피보험자	보험종목	보상한도액(대인)	자기부담금
A	갑	특약부화재보험 (구 신체손해배상특약부 화재보험)	의무보상한도액	–
B	을	다중이용업소 화재배상책임보험	의무보상한도액	–
		시설소유(관리)자 배상책임 특별약관	1인당 / 50,000,000원 1사고당 / 100,000,000원	사고당 1,000,000원

(2) 손해내역

피해자	피해사항	손해액	참고사항
을	부상	30,000,000원	각 특약별 위험률의 부상등급표상 1급 부상
병	현장사망	200,000,000원	법률상 손해배상책임액
정	현장사망	250,000,000원	법률상 손해배상책임액

질문 1 A, B 보험사의 보상책임유무 및 보상대상자 범위를 약술하시오. (5점)

질문 2 A, B 보험사에 가입한 의무보험의 약관상 대인 보상한도액을 약술하시오. (5점)

질문 3 상기 다수보험계약에 따른 보험금 산정 우선순위를 약술하시오. (5점)

질문 4 피해자별, 보험사별 지급보험금을 산정하고, 그 산출과정을 기재하시오. (15점)

모범답안

질문 1 **A, B 보험사의 보상책임유무 및 보상대상자 범위를 약술하시오.**

(1) A 보험사의 보상책임유무 및 보상대상자의 범위(특약부화재보험)

사안의 경우 「화재로 인한 재해보상과 보험가입에 관한 법률」상의 특수건물(층수가 11층 이상인 건물)에 해당되므로 신체손해배상 특약부화재보험(2017.10.17. 특약부화재보험으로 명칭 변경)에 의무적으로 가입하여야 하며, 그 특수건물의 소유자는 그 건물의 화재로 인하여 타인이 사망하거나 부상당한 경우에는 소유자의 과실이 없는 경우에도 동법에 따른 보험가입금액의 범위 내에서 그 손해를 배상할 책임이 있다(제4조). 따라서 A 보험사는 피보험자와의 계약에 따라 보상책임을 부담한다.

사안의 경우 을, 병, 정 모두 동 특약의 타인(특수건물의 소유자 및 그 주거를 같이하는 직계가족 이외의 사람)에 해당하므로 보상대상자이다.

(2) B 보험사의 보상책임유무 및 보상대상자의 범위(다중이용업소 화재배상책임보험, 시설소유관리자 배상책임 특별약관)

① 다중이용업소 화재배상책임보험

사안의 경우 음식점은 다중이용업소에 해당하므로 「다중이용업소의 안전관리에 관한 특별법」에 의거 화재배상책임보험에 의무적으로 가입하여야 하며, 그 다중이용업소의 화재(폭발 포함)로 인하여 타인에게 신체손해나 재물손해가 발생한 경우에는 그 손해에 대해 배상할 책임이 있다. 따라서 B 보험사는 피보험자와의 계약에 따른 보상책임을 부담한다.

사안의 경우 을은 배상책임보험의 피보험자로서 타인에 해당하지 아니하므로 보상대상자가 될 수 없으며, 병과 정은 타인에 해당하므로 보상대상자이다.

② 시설소유관리자 배상책임 특별약관

영업배상책임보험의 동 특약은 피보험자가 소유, 사용 또는 관리하는 시설 및 그 시설의 용도에 따른 업무의 수행으로 생긴 우연한 사고를 담보하는 제3자 배상책임보험으로 담보의 성질상 불법행위책임이 적용된다. 사안의 경우 화기 취급부주의에 의한 발화로 사고가 발생하였으므로 B 보험사는 법률상 손해배상책임에 대해 계약에 따른 보상책임을 부담한다.

사안의 경우 을은 배상책임보험의 피보험자로서 타인에 해당하지 아니하므로 보상대상자가 될 수 없으며, 병과 정은 타인에 해당하므로 보상대상자이다.

질문 2 A, B 보험사에 가입한 의무보험의 약관상 대인 보상한도액을 약술하시오.

(1) A, B 보험사의 대인 보상한도액의 비교

구 분	A 보험사	B 보험사
	특약부화재보험	다중이용업소 화재배상책임보험
사망	1억5,000만원(실손해액 2천만원 미만인 경우에는 2천만원)	1억5,000만원(손해액이 2천만원 미만인 경우에는 2천만원)
부상	1급 3,000만원~14급 50만원(상해등급별 한도로 실손해)	1급 3,000만원~14급 80만원(상해등급별 한도로 실손해)
장해	1급 1억5,000만원~14급 1,000만원(후유장해등급별 정해진 금액)	1급 1억5,000만원~14급 1,000만원(후유장해등급별 한도로 실손해)

※ A 보험사와 B 보험사의 특약부화재보험(구 신체손해배상특약부화재보험)의 보상한도액은 최근 개정 법률에 의한 보상한도액이다.

(2) 보험금의 병급

① 부상자가 치료 중 사망한 경우 : 부상 및 사망보험금 모두 지급

② 부상한 자에게 후유장해가 생긴 경우 : 부상 및 장해보험금 모두 지급

③ 부상이 원인이 되어 사망한 경우 : A 보험사는 사망보험금에서 장해보험금 공제 후 지급하고, B 보험사는 사망보험금에서 사망한 날 이후에 해당하는 장해보험금을 공제 후 지급

질문 3 상기 다수보험계약에 따른 보험금 산정 우선순위를 약술하시오.

A 보험사에 가입된 특약부화재보험과 B 보험사에 가입된 다중이용업소 화재배상책임보험은 의무보험으로 의무보험 상호간에 우선순위는 없지만 특약부화재보험은 소유자에게 무과실책임주의로 보상하며, 다중이용업소 화재배상책임보험은 과실책임주의에 의해 보상된다.

사안의 경우 A, B 보험은 피보험이익과 피보험자가 다른 경우이므로 중복보험이 아닌 다수의 개별보험으로 A 보험사가 우선 보상하면 지급된 금액 중 을에 대한 보험금을 제외한 나머지를 B 보험사에 구상권을 행사하게 된다. 결국 A 보험사는 B 보험사의 초과손해만 부담하게 되는 것이므로 보험금산정에 있어서는 A 보험사는 B 보험사보다 후순위가 된다. 따라서 보험금산정에 있어서는 ① 다중이용업소 화재배상책임보험, ② 시설소유관리자 배상책임 특별약관, ③ 특약부화재보험의 순으로 처리하는 것이 타당하다.

질문 4 **피해자별, 보험사별 지급보험금을 산정하고, 그 산출과정을 기재하시오.**

(1) 피해자별 지급보험금

① '을'에 대한 보험금

A 보험사의 특약부화재보험에서 부상손해액 30,000,000원에 대해서는 부상 1급 한도가 30,000,000원이므로 30,000,000원을 지급한다.

② '병'에 대한 보험금

손해액이 20,000,000원이므로 B 보험사의 다중이용업소 화재배상책임보험에서 150,000,000원을, 시설소유관리자 배상책임 특별약관에서 50,000,000원(= 200,000,000원 − 150,000,000원)을 지급한다.

③ '정'에 대한 보험금

손해액이 250,000,000원이므로 B 보험사의 다중이용업소 화재배상책임보험에서 150,000,000원을, 시설소유관리자 배상책임 특별약관에서 50,000,000원을 지급한다. 그리고 A 보험사의 특약부화재보험에서 나머지 50,000,000원을 지급한다.

사안의 경우 1사고당 자기부담금 1,000,000원은 손해액에서 공제하며, 1사고당 손해액(450,000,000원)이 보상한도액(100,000,000원)을 초과하므로 보상한도액 내에서 전액 보상한다.

(2) 보험사별 지급보험금

① A 보험사 : 30,000,000원 + 50,000,000원 = 80,000,000원

② B 보험사 : 300,000,000원(다중이용업소 화재배상책임보험) + 100,000,000원(시설소유관리자 배상책임보험) = 400,000,000원

02

△△건설(주) 근로자(재해자) 김○○는 건설공사현장에서 작업 중 건설구조물의 관리부실 및 본인의 작업부주의로 3m 아래로 추락하는 산재사고를 당하여 근로복지공단으로부터 아래와 같이 산재보험금을 수령하였다.

※ 보험급여 지급내역

휴업급여	요양급여	장해급여	유족 및 장의비	계
10,000,000원	15,000,000원	50,000,000원	–	75,000,000원

재해자 김○○는 산재보험금을 수령한 후 △△건설(주)에 손해배상을 추가 청구하였는바, 아래 〈별표〉의 내용을 참고하여 지급보험금을 산정하고, 그 산출과정을 기재하시오. (20점)

〈별표〉

(1) 보험가입사항

① 보험종목 : 국내근로자재해보장책임보험, 사용자배상책임 특별약관

② 보상한도액 : 1인당/100,000,000원, 1사고당/200,000,000원

(2) 전제조건

① 재해자 : 김○○

② 생년월일 : 1970.5.1.

③ 사고일자 : 2015.9.1.

④ 직업 : 보통인부(월소득은 월 22일 인정)

⑤ 노임단가(1일) : 2015년 하반기 90,000원, 2016년 상반기 100,000원

⑥ 가동연한 : 만 60세

⑦ 재해자 과실 : 20%

⑧ 후유장해율 : 요추부 25% 및 족관절 20%

⑨ 요양종료일 : 2015.12.31.

⑩ 직불치료비 : 없음

⑪ 기타 손해 : 보조구 교체비용 3회 인정(1회 100만원, 교체주기 3년)

⑫ 위자료 : 서울중앙지방법원 산정기준에 따르며, 사망 또는 100% 장해시 기준금액 80,000,000원 적용

(3) 호프만계수(경과월수)

4월(사고일 ~ 요양종료일)	176월(사고일 ~ 가동연한)
3	103

(4) 호프만계수(경과연수)

1년	2년	3년	4년	5년
1.00	0.95	0.90	0.85	0.80
6년	**7년**	**8년**	**9년**	**10년**
0.75	0.70	0.65	0.60	0.55

※ 호프만계수는 계산상 편의를 위해 위 표의 계수를 적용

모범답안

1. 법률상 손해배상책임 여부

사안의 경우 △△건설(주) 소속 김○○가 현장에서 작업 중 건설구조물의 관리부실 및 본인의 작업부주의로 추락하는 사고가 발생하였으므로 업무상 재해에 해당하여 근로복지공단으로부터 산재보험금을 수령하였다. 그리고 피보험자인 △△건설(주)는 불법행위 또는 근로자에 대한 안전배려의무위반에 따른 법률상 손해배상책임이 있고, 보험회사는 피보험자와의 계약에 따른 보상책임을 부담하여야 한다.

2. 사용자배상책임특약(E/L)의 지급보험금

(1) 휴업손해

90,000원/일 × 22일* × 100% × 3 × 80% = 4,752,000원

* **월 가동일수 변경** : 월 22일 → 월 20일(대법원 2024.4.25. 선고 2020다271650 판결)

산재보험 휴업급여 10,000,000원을 공제하면 지급보험금은 없다.

(2) 상실수익액

요양종료 시점부터 가동연한 종료시점까지 복합장해율 40%[= 25% + (100 − 25) × 20%]를 적용하여 산출한다.

100,000원/일 × 22일* × 40% × 100(= 103 − 3) × 80% = 70,400,000원

* **월 가동일수 변경** : 월 22일 → 월 20일(대법원 2024.4.25. 선고 2020다271650 판결)

산재보험 장해급여 50,000,000원을 공제하면 지급보험금은 20,400,000원이다.

(3) 보조구비용

초회분은 산재보험 요양급여에서 지급되었다고 보면 보조구비용은 다음과 같다.

1,000,000원 × 2.25(= 0.90 + 0.75 + 0.60) × 80% = 1,800,000원

(4) 위자료

80,000,000원 × 40% × [1 − (6 / 10 × 20%)] = 28,160,000원

(5) 합 계

20,400,000원 + 1,800,000원 + 28,160,000원 = 50,360,000원

03

△△칼국수 식당의 종업원 백○○가 음식물을 제공하던 중 바닥에 잔존한 물기에 미끄러지면서 국물을 쏟아 피해자 박○○의 우측 허벅지에 심한 화상을 입힌 사고가 발생하였다.

아래 〈별표〉의 내용을 참고하여, 각 보험사의 지급보험금을 산정하고, 그 산출과정을 기재하시오. (10점)

〈별표〉

(1) 보험가입사항

보험사	보험종목	보상한도액(대인)	자기부담금
A	(국문)영업배상책임보험 시설소유(관리)자 특별약관	1사고당 /30,000,000원	1사고당 /1,000,000원
B	장기종합보험 시설소유(관리)자 특별약관 음식물배상책임 특별약관	1사고당 /100,000,000원 1사고당 /30,000,000원	1사고당 /10,000,000원 1사고당 /1,000,000원

(2) 손해내역

응급처치 및 호송비용 피해자에 대한 손해배상금(법원판결금) 소송비용	1,000,000원 70,000,000원 8,000,000원
합계	79,000,000원

모범답안

1. 법률상 손해배상책임 여부

사안의 경우 피보험자가 운영하는 식당에서 종업원이 부주의로 발생한 사고로 피용자는 「민법」 제750조의 일반불법행위책임을 져야 하고, 사용자는 동법 제756조의 사용자책임을 져야 한다.

따라서 A, B 보험사는 피보험자의 법률상 손해배상책임에 대해 계약에 따른 보상책임을 부담하여야 한다. 단, B 보험사의 음식물배상책임 특별약관에서는 사안의 경우 담보하는 위험이 아니므로 보상책임이 없다.

2. 보험사별 지급보험금

(1) A 보험사

손해액 중 응급처치 및 호송비용은 손해방지비용으로 보상한도액과 관계없이 보상하지만, 소송비용은 손해액과의 합계금액을 보상한도액 내에서 보상하므로 A 보험사의 독립책임액은 다음과 같다.

1,000,000원(응급처치 및 호송비용) + 30,000,000(손해배상금) = 31,000,000원

※ 손해액에서 자기부담금을 공제한 금액(70,000,000원 + 8,000,000원 − 1,000,000원 = 77,000,000원)이 보상한도액(30,000,000원)을 초과하므로 보상한도액(30,000,000원)을 지급한다.

(2) B 보험사

1,000,000원(응급처치 및 호송비용) + 70,000,000(손해배상금) + 8,000,000원(소송비용) − 10,000,000원(자기부담금) = 69,000,000원

(3) 지급보험금

① A 보험사 지급보험금

79,000,000원 × 31,000,000원 / 100,000,000원 = 24,490,000원

② B 보험사 지급보험금

79,000,000원 × 69,000,000원 / 100,000,000원 = 54,510,000원

04 「민법」상 특수불법행위책임을 열거하고, 내용을 약술하시오. (10점)

모범답안

1. 의 의

특수불법행위란 「민법」 제750조에서 정하고 있는 일반불법행위의 성립요건과 다른 특수한 성립요건이 정해져 있는 불법행위를 말하며, 이에는 책임무능력자의 감독자책임, 사용자책임, 도급인의 책임, 공작물책임, 동물점유자책임, 공동불법행위책임 등이 있다.

2. 특수불법행위의 종류

(1) 책임무능력자의 감독자의 책임(민법 제755조)

책임무능력자(미성년자, 심신상실자)를 감독할 법정의무가 있는 자인 친권자, 후견인 및 감독의무자에 갈음하여 책임무능력자를 감독하는 자가 이들에 대한 감독을 게을리한 경우 책임무능력자의 불법행위에 대하여 손해배상책임을 진다.

(2) 사용자책임(민법 제756조)

타인을 사용하여 어떤 사무를 종사하게 한 자 및 사용자에 갈음하여 사무를 감독하는 자는 피용자가 그 업무집행에 관하여 제3자에게 손해를 입힌 때에 그 피용자의 선임 및 사무감독을 게을리 하지 않았음을 입증하지 못하면 손해를 배상할 책임이 있다.

(3) 도급인의 책임(민법 제757조)

도급인은 수급인이 그 일에 관하여 제3자에게 가한 손해를 배상할 책임이 없다. 그러나 도급 또는 지시에 관하여 도급인에게 중대한 과실이 있는 때에는 그러하지 아니한다.

(4) 공작물책임(민법 제758조)

공작물의 점유자 및 소유자가 공작물의 설치 또는 보존의 하자로 인하여 타인에게 손해를 가한 때에는 그 손해를 배상할 책임이 있다. 즉 공작물의 설치, 보존 또는 수목의 재식, 보존의 흠으로 타인에게 손해를 준 때에는 그 공작물의 점유자가 손해를 배상할 책임이 있고, 그 점유자가 손해의 방지에 필요한 주의를 게을리 하지 아니한 때에는 그 소유자가 손해배상책임을 진다.

(5) 동물점유자책임(민법 제759조)

동물의 점유자는 동물이 타인에게 가한 손해를 배상할 책임이 있다. 동물의 종류는 묻지 않으며, 손해는 인적, 물적 손해를 포함하고, 상당한 주의를 하였거나 상당한 주의를 하여도 손해가 발생한 경우에는 면책이 인정된다.

(6) 공동 불법행위자책임(민법 제760조)

수인이 공동의 불법행위로 타인에게 손해를 가한 때에는 연대하여 그 손해를 배상할 책임이 있다. 공동불법행위자의 책임은 각자가 채권자에 대하여 전부의 손해배상책임을 지는 부진정연대채무로 본다.

05 사업주(사용자)의 안전배려의무를 설명하고, 위반시 효과에 대하여 약술하시오. (10점)

모범답안

1. 의 의

사용자는 근로계약에 수반되는 주된 의무인 급부의무와 함께 근로계약상 부수적 의무로서 피용자가 노무를 제공하는 과정에서 생명, 신체, 건강을 해치는 일이 없도록 인적, 물적 환경을 정비하는 등 필요한 조치를 강구하여야 할 의무를 부담하는데, 이를 안전배려의무라 한다.

2. 안전배려의무위반의 효과

(1) 이행의 청구 및 취로거부

근로자는 사용자에게 적절한 조치를 강구하도록 요구하거나 위반행위의 중지를 청구할 수 있으며 취로를 거부할 수 있다. 또한 그 침해가 현저하게 근로제공을 계속하지 못하도록 만드는 경우에는 근로관계를 즉시 해지할 수 있다.

(2) 채무불이행에 따른 손해배상청구

산재근로자 또는 그 유족은 산재보상의 급부 외에 안전배려의무위반에 근거한 채무불이행책임으로 손해배상을 청구할 수 있다.

(3) 손해배상책임의 인정요건

특별한 사정이 없는 한 그 사고가 피용자의 업무와 관련성을 가지고 있을 뿐만 아니라, 또한 그 사고가 통상 발생할 수 있다고 하는 것이 예측되거나 예측할 수 있는 경우라야 할 것이고, 그 예측가능성은 사고가 발생한 때와 장소, 사고가 발생한 경위 기타 여러 사정을 고려하여 판단하여야 하며, 그 외 손해배상책임의 요건을 충족하여야 한다.

06 해외근로자 재해보장책임보험에 첨부되는 특별약관을 중심으로 보상하는 손해의 종류와 내용을 약술하시오. (10점)

모범답안

1. 해외근로자 재해보장책임보험

해외사업장에 고용된 근로자가 업무수행 중에 업무에 기인한 재해를 입은 경우에 사용자가 부담해야 할 「근로기준법」, 「산재보험법」상의 재해보상과 「민법」상 사용자가 추가로 부담하여야 할 배상책임 손해를 보상하는 보험을 말한다.

2. 약관별 보상내용

(1) 재해보상책임 특별약관/재해보상확장 추가특별약관

구 분	재해보상책임 특별약관	재해보상확장 추가특별약관
요양보상	치료비 전액	해당 없음
휴업보상	휴업일수 1일에 대하여 평균임금의 60%	70%에 상당하는 금액
장해보상	14급 50일분 ~ 1급 1,340일분	14급 55일분 ~ 1급 1,474일분
유족보상	평균임금의 1,000일분	1,300일분
장사비	평균임금의 90일분	120일분
일시보상	평균임금의 1,340일분	1,474일분 (단, 일시보상금을 피보험자가 나누어 지급받기를 원할 경우 매년 정기예금이율을 반영한 금액을 나누어 보상)

(2) 비업무상재해확장 추가특별약관(선원 및 해외근로자용)

24시간 담보특별약관이라고도 하며, 추가보험료 납입시 피보험자의 근로자에게 생긴 비업무상의 신체의 상해 또는 질병에 대하여도 업무상의 재해와 동일한 방법으로 보상한다.

(3) 간병보상 추가특별약관

재해보상책임 특별약관 및 재해보상확장 추가특별약관에 의한 요양보상을 받은 자 중, 치유 후 의학적으로 상시 또는 수시로 간병이 필요하여 실제로 간병을 받는 자에게 지급한다.

(4) 사용자배상책임 특별약관

「근로기준법」 및 「산재보험법」상의 재해보상을 초과하여 사용자가 부담하게 되는 민사상의 손해배상책임액과 이에 따른 소송비용 및 협력비용을 보상한도액 내에서 보상한다. 다만, 손해배상금이 보상한도액을 초과할 경우에는 소송비용 및 협력비용은 그 비율에 따라 비례보상한다.

07 손해사고기준 배상책임보험과 배상청구기준 배상책임보험의 의의 및 장단점을 비교 약술하시오. (10점)

모범답안

1. 손해사고기준증권(Occurrence Basis Policy)

손해사고기준증권이란 보험기간 중에 발생된 사고를 담보의 기준으로 하는 보험증권으로 대부분의 보험이 보험기간 중에 발생한 손해사고를 담보의 기준으로 한다. 즉 보험사고가 보험기간에 발생하면 비록 보험기간이 종료한 후에 피해자가 피보험자에게 손해배상청구를 하였더라도 보험금청구권이 소멸되지 않는 한 보험자가 보험금 지급책임을 지게 된다.

그런데 손해사고는 그 사고일자를 판단하는 것이 일반적으로 용이하지만 사고유형이 서서히, 계속적, 반복적, 누적적으로 진행되어 발생되는 사고일 경우에는 그 사고가 어느 시점에 발생하였다고 특정하기가 어려운 경우도 있다. 이러한 장기간 서서히 누적되어 발생하는 사고(Occurrence)인 경우 사고 발생일자를 특정하는 이론으로는 위험설, 침해설 및 과정설이 있다.

2. 배상청구기준증권(Claim – made Basis Policy)

책임보험에서의 보험사고는 장기간 서서히 누적되어 발생하는 사고의 경우 손해사고의 발생과 발생된 손해사고를 피보험자가 인식(발견)하는 과정 및 피보험자에게 손해배상청구가 제기되는 과정이 있다.

배상청구기준증권은 담보의 기준을 피해자가 피보험자에게 처음으로 손해배상청구를 제기한 시점을 기준으로 하는 증권을 말한다. 사고발생과 손해배상청구 사이에 장기의 잠재기간이 있는 장기축적손해(Long – tail Claim)에 주로 적용되며 생산물배상책임보험, 의사배상책임보험, 임원배상책임보험 등에 사용되고 있다.

배상청구기준에서도 사고의 개념에 대해서는 청구사고설을 따르는 것은 아니고 손해사고설을 따르되 담보의 기준을 배상청구일자로 할 뿐이다. 또한 손해사고일자를 의미하는 소급담보일자(Retroactive Date)에 의한 담보제한규정을 두고 있다.

3. 담보기준의 비교

사고발생기준(Occurrence Basis)계약에서는 해당 증권의 보상책임이 보험기간 중에 담보하는 보험사고가 발생하였을 경우에 인정된다. 배상책임보험뿐만 아니라 일반재물보험, 상해보험 등 대부분의 보험계약에서 적용되고 있다.

배상청구기준(Claims – made Basis)계약에서는 보상책임이 아래의 요건을 모두 충족하는 경우에 인정된다.

① 손해사고(Occurrence)는 소급담보일자(Retroactive Date) 이후부터 보험기간만료일 이전에 발생하여야 한다.

② 손해사고의 피해자가 가해자(피보험자)를 상대로 손해배상청구(Claims – made)를 보험기간 개시일로부터 보험기간만료일 이전에 제기해야 한다.

③ 보험자에게 통지되어야 한다.

④ 만약 보험계약이 중도해지(Cancelled) 되거나 갱신되지 아니한(Not renewed) 경우에는 보험기간만료일부터 연장보고기간만료일까지 사이에 제기되고 보험자에게 통지된 배상청구에 대해서만 보상한다.

제40회 신체손해사정사 2차 시험문제

1. 「재난 및 안전관리기본법」에 따라 의무적으로 가입해야 하는 재난배상책임보험의 의무가입 대상시설과 가입의무 면제시설을 열거하고, 담보위험과 대인사고에 대한 보상한도를 기술하시오. (10점)

2. 장기종합보험의 가족일상생활배상책임 특별약관에서 피보험자의 범위를 열거하고, 책임능력 없는 미성년자의 불법행위에 대한 책임법리를 약술하시오. (10점)

3. 「산업재해보상보험법」에서 정하고 있는 특수형태근로종사자의 개념과 범위를 설명하고, 그 적용특례에 대하여 약술하시오. (10점)

4. 국문영업배상책임보험에서 피보험자가 피해자로부터 손해배상청구소송을 받고 보험회사에 소송의 대행을 요청하는 경우 보험회사가 대행하는 업무의 범위를 약술하고, 피보험자의 의무와 보험회사가 소송을 대행하지 않는 경우를 기술하시오. (10점)

5. 2016년 12월 15일 갑(甲) 소유의 15층 건물 5층에서 원인미상의 화재사고가 발생하였다. 이 사고로 방문객 을(乙)이 중증화상을 입고 긴급 이송되었으나, 입원치료 중 사망하였다.
아래 〈별표〉의 내용을 참고하여 각각의 질문에 답하시오. (25점)

〈별표〉
(1) 보험가입사항
① 계약자/피보험자 : 갑(甲)
② 국문화재보험 : 특약부화재보험

(2) 전제조건
① 피해자 : 을(乙)
② 생년월일 : 1957년 2월 5일
③ 피해사항 : 전신 3도 화상 진단 후 치료 중 사망
④ 상해급수 : 1급 11항(보상한도액 : 30,000,000원)
⑤ 입원치료비용 : 3,000,000원
⑥ 사고발생시 갑(甲)이 지출한 긴급조치비용 : 2,000,000원
⑦ 일실수익(현가) : 5,000,000원
⑧ 남자평균임금 : 100,000원/1일

[질문 1] 「화재로 인한 재해보상과 보험가입에 관한 법률」에 따른 갑(甲)의 손해배상책임에 대하여 약술하시오. (5점)

[질문 2] 「화재로 인한 재해보상과 보험가입에 관한 법률」에서 정하고 있는 실손해액의 범위를 기술하고, 을(乙)의 실손해액을 산출하시오. (10점)

[질문 3] 보험회사가 지급해야 할 보험금을 산정하고, 그 산출과정을 기재하시오. (10점)

6. 2017년 5월 10일 12:05분경 △△노인전문 간호센터에서 요양보호사 김○○는 요양 3등급인 입소자 박○○가 간식으로 떡 드시는 것을 도와주던 중 자리를 잠시 비웠다. 박○○는 12:15분경 갑자기 기침 및 사례를 시작하였으나 멈추지 않아 인근 병원으로 이송되었고 치료 중에 사망하였다.
아래 〈별표〉의 내용을 참고하여 보험회사가 지급해야 할 보험금을 산정하고, 그 산출과정을 기재하시오. (10점)

〈별표〉
(1) 보험가입사항
① 국문영업배상책임보험 : 시설소유(관리)자 특별약관
(보상한도액 : 1억원/1인당, 2억원/1사고당, 자기부담금 : 10만원)
② 전문직업배상책임보험(요양보호사)
(보상한도액 : 1억원/1인당, 2억원/1사고당, 자기부담금 : 50만원)

(2) 전제조건

① 피해자 : 박○○

② 생년월일 : 1931년 3월 1일

③ 사고일 : 2017년 5월 10일

④ 사망일 : 2017년 7월 10일

⑤ 피해자 과실 : 20%(기존 연하장해 고려하여 적용)

⑥ 사망관여도 : 50%(직접사인 : 심부전)

⑦ 책임비율 : 간호센터 30%, 요양보호사 70%

⑧ 손해사항

치료비	간병비	장례비
5,000,000원	5,000,000원	4,000,000원

※ 피해자 과실은 치료관계비에만 적용한다.

※ 위자료는 감안하지 아니한다.

7. 김○○은 도로공사 하수관거 작업현장 옆을 지나던 중 자전거를 피하려다 도로 절개면의 토사를 밟고 미끄러져 넘어지는 상해를 입어 시공자 △△건설(주)를 상대로 소송을 제기하여 판결을 받았다. 아래 〈별표〉의 내용을 참고하여 보험회사가 지급해야 할 보험금을 산정하고, 그 산출과정을 기술하시오. (10점)

〈별표〉

(1) 보험가입사항

① 계약자/피보험자 : △△건설(주)

② 보험종목 : 국문영업배상책임보험/도급업자 특별약관

③ 보상한도액 : 대인 50,000,000원/1인당

④ 자기부담금 : 10,000,000원/1사고당

(2) 손해사항

① 사고시 응급 호송비용 : 1,000,000원

② 상해 및 장해진단서 발급비용(피해자 부담) : 300,000원

③ 사고원인 등 필요조사비용(피보험자 부담) : 2,000,000원

④ 제3자에 대한 권리행사를 위한 비용 : 100,000원

⑤ 변호사비용(피보험자 부담) : 5,000,000원

⑥ 인지대, 송달료(피보험자 부담) : 500,000원

⑦ 신체감정비용(피해자 부담) : 1,000,000원

⑧ 판결금 : 60,000,000원

8. 남대서양 해역에서 오징어 채낚기 조업 중이던 △△수산(주) 소속 선원 강○○은 2016년 3월 10일 조타기 유압라인이 파열되어 이를 수리하던 중 기상악화로 인한 선체의 롤링으로 유압파이프에 안면부와 무릎을 부딪히는 사고를 입었다. 당시 충격으로 치아가 파절되고 슬관절부에 통증이 있어 병원에서 치료를 받았다.
아래 〈별표〉의 내용을 참고하여 각각의 질문에 답하시오. (15점)

〈별표〉

(1) 보험가입사항

① 계약자/피보험자 : △△수산(주)

② 선원근로자재해보장책임보험
- 재해보상책임 특별약관
- 비업무상재해확장 추가특별약관

(2) 전제조건

① 피해자 : 강○○

② 사고발생일 : 2016년 3월 10일

③ 상병명 : 치아 파절 및 상실(장해등급 11급)
슬관절 손상(장해등급 12급)

④ 입원(2016년 5월 1일 ~ 2016년 11월 30일) : 5,000,000원

⑤ 통원(2016년 12월 1일 ~ 2016년 12월 31일) : 1,000,000원(요양종료)

⑥ 임금현황
- 고정급 : 2,000,000원
- 통상임금 : 2,700,000원(월 30일 가정)
- 승선평균임금 : 3,300,000원(월 30일 가정)

⑦ 장해등급별 장해급여표(평균임금 기준)

구분	근로기준법	산업재해보상보험법
9급	350일	385일
10급	270일	297일
11급	200일	220일
12급	140일	154일

[질문 1] 위 〈별표〉와 같이 둘 이상의 장해가 있는 경우에 적용하는 장해등급의 조정방법에 대하여 약술하시오. (5점)

[질문 2] 보험회사가 지급해야 할 재해보상금을 산정하고, 그 산출과정을 기재하시오. (10점)

01

「재난 및 안전관리기본법」에 따라 의무적으로 가입해야 하는 재난배상책임보험의 의무가입 대상시설과 가입의무 면제시설을 열거하고, 담보위험과 대인사고에 대한 보상한도를 기술하시오. (10점)

모범답안

1. 의무가입 대상시설

2017년 1월 18일부터 재난사고 발생위험이 높은 20종의 시설에 대해 보험가입이 의무화되었다. 즉 「시설물의 안전관리에 관한 특별법」 제2조에 따른 시설물 및 특정관리대상시설 중 대통령령으로 정하는 시설은 재난배상책임보험에 의무적으로 가입해야 한다.

시행령에 정한 20개의 시설은 숙박시설, 과학관, 물류창고, 박물관, 미술관, 휴게・일반음식점, 장례식장, 경륜장, 경정장, 장외매장, 국제회의시설, 지하상가, 도서관, 주유소, 여객자동차터미널, 전시시설, 15층 이하 아파트, 경마장, 장외발매소, 농어촌민박이다.

2. 가입의무 면제시설

① 「다중이용업소의 안전관리에 관한 특별법」 제2조 제1호에 따른 다중이용업으로 화재배상책임보험에 가입하여야 하는 시설

② 「화재로 인한 재해보상과 보험가입에 관한 법률」 제2조 제3호에 따른 특수건물로서 특약부화재보험에 가입하여야 하는 시설

③ 「국유재산법」, 「공유재산 및 물품관리법」에 따라 보험 또는 공제 등에 가입하여야 하는 국・공유시설

3. 담보위험

재난배상책임보험은 「재난 및 안전관리기본법」에 따라 재난취약시설이 의무적으로 가입하여야 하는 보험으로 화재, 폭발, 붕괴 등으로 인한 타인의 신체 또는 재산상의 손해를 보상한다.

4. 대인사고 보상한도(자동차손해배상보장법 시행령)

(1) 사망의 경우

피해자 1인당 1억5천만원의 범위에서 피해자에게 발생한 손해액(실손해액이 2,000만원 미만인 경우에는 2,000만원)

(2) 부상의 경우

피해자 1인당 [별표1]에 정하는 금액의 범위에서 피해자에게 발생한 손해액 : 1급 3천만원 ~ 14급 50만원

(3) 후유장애의 경우

부상에 대한 치료를 마친 후 더 이상의 치료효과를 기대할 수 없고, 그 증상이 고정된 상태에서 그 부상이 원인이 되어 신체의 장해(이하 "후유장애"라 한다)가 생긴 경우에는 피해자 1인당 [별표2]에서 정하는 금액의 범위에서 피해자에게 발생한 손해액 : 1급(1억5천만원) ~ 14급(1천만원)

(4) 보험금의 병급

① 부상당한 사람이 치료 중 그 부상이 원인이 되어 사망한 경우에는 (1) 사망의 경우와 (2) 부상의 경우에 따른 한도금액을 더한 금액 범위에서 피해자에게 발생한 손해액

② 부상당한 사람에게 그 부상이 원인이 되어 후유장애가 생긴 경우에는 (2) 부상의 경우와 (3) 후유장애의 경우에 따른 금액을 더한 금액

③ (3) 후유장애의 경우에 따른 금액을 지급한 후 그 부상이 원인이 되어 사망한 경우에는 (1) 사망의 경우에 따른 금액에서 (3) 후유장애의 경우에 따른 금액 중 사망한 날 이후에 해당하는 손해액을 공제한 금액

02 장기종합보험의 가족일상생활배상책임 특별약관에서 피보험자의 범위를 열거하고, 책임능력 없는 미성년자의 불법행위에 대한 책임법리를 약술하시오. (10점)

모범답안

1. 개 요

가족일상생활배상책임 특별약관은 피보험자가 보험기간 중 국내, 국외에서 아래의 사고로 타인에게 입힌 신체장해 또는 재물손해에 대해 법률상 배상책임을 부담함으로써 입은 손해를 보상하는 보험이다.

① 피보험자가 주거용으로 사용하는 보험증권 기재의 주택의 소유, 사용 또는 관리에 기인하는 우연한 사고

② 피보험자의 일상생활(주택 이외의 부동산의 소유, 사용 또는 관리는 제외)에 기인하는 우연한 사고

2. 피보험자의 범위

① 기명피보험자

② 기명피보험자의 배우자(가족관계등록부 또는 주민등록상에 기재된 배우자)

③ 기명피보험자 또는 배우자와 생계를 같이 하고 보험증권에 기재된 주택의 주민등록상 동거 중인 동거 친족(민법 제777조)

④ 기명피보험자 또는 배우자와 생계를 같이 하는 별거중인 미혼 자녀

3. 책임능력 없는 미성년자의 불법행위에 대한 책임법리

책임무능력자의 감독자책임이 성립하기 위해서는 감독자의 과실이 필요한데, 이 과실은 가해자인 책임무능력자의 직접적인 가해행위 자체에 대한 과실이 아니라, 감독의무자나 대리감독자가 가해행위를 한 책임무능력자에 대해 감독의무를 게을리한 과실이다.

감독의무자나 대리감독자의 감독상 과실에 대한 입증책임은 피해자로부터 감독의무자나 대리감독자에게로 전환되어 감독의무자나 대리감독자가 과실이 없음을 입증해야 한다. 그러나 현실적으로 면책증명이 거의 인정되지 않아 감독자책임은 실질적으로 무과실책임(중간책임)이다.

03 「산업재해보상보험법」에서 정하고 있는 특수형태근로종사자의 개념과 범위를 설명하고, 그 적용특례에 대하여 약술하시오. (10점)

모범답안

1. 특수형태근로종사자의 개념 및 적용특례

계약의 형식에 관계없이 근로자와 유사한 노무를 제공함에도 「근로기준법」이 적용되지 아니하여 업무상의 재해로부터 보호할 필요가 있는 자로 아래 요건의 모두에 해당하는 자 중 대통령령으로 정하는 직종에 종사하는 자의 노무제공을 받는 사업은 산재보험을 특례로 적용한다(고용보험은 적용 제외).

① 주로 하나의 사업에 그 운영에 필요한 노무를 상시적으로 제공하고 보수를 받아 생활할 것

② 노무를 제공함에 있어서 타인을 사용하지 아니할 것

2. 특수형태근로종사자의 범위

(1) 보험 또는 공제를 모집하는 사람으로서 아래의 어느 하나에 해당하는 사람

①「보험업법」 제83조 제1항 제1호에 따른 보험설계사

②「우체국예금보험에 관한 법률」에 따른 우체국보험의 모집을 전업으로 하는 자

(2) 콘크리트믹서트럭 운전자

「건설기계관리법」 제3조 제1항에 따라 등록된 콘크리트믹서트럭을 소유하며, 그 콘크리트믹서트럭을 직접 운전하는 사람

(3) 학습지 교사

한국표준직업분류상 세세분류에 따른 학습지 교사

(4) 골프장 캐디

「체육시설의 설치・이용에 관한 법률」 제7조에 따라 직장체육시설로 설치된 골프장 또는 같은 법 제19조에 따라 체육시설업의 등록을 한 골프장에서 골프경기를 보조하는 골프장 캐디

(5) 택배기사

한국표준직업분류상 세분류에 따른 택배원인 사람으로서 택배사업(소화물을 집화, 수송과정을 거쳐 배송하는 사업을 말한다)에서 집화 또는 배송업무를 하는 사람

(6) 전속 퀵서비스기사

한국표준직업분류상 세분류에 따른 택배원인 사람으로서 고용노동부장관이 정하는 기준에 따라 주로 하나의 퀵서비스업자로부터 업무를 의뢰받아 배송업무를 하는 사람

(7) 대출모집인

「대부업 등의 등록 및 금융이용자 보호에 관한 법률」 제3조 제1항 단서에 따른 대출모집인

(8) 신용카드 회원모집인

「여신전문금융업법」 제14조의2 제1항 제2호에 따른 신용카드 회원모집인

(9) 대리운전기사(전속)

고용노동부장관이 정하는 기준에 따라 주로 하나의 대리운전업자로부터 업무를 의뢰받아 대리운전 업무를 하는 사람

04 국문영업배상책임보험에서 피보험자가 피해자로부터 손해배상청구소송을 받고 보험회사에 소송의 대행을 요청하는 경우 보험회사가 대행하는 업무의 범위를 약술하고, 피보험자의 의무와 보험회사가 소송을 대행하지 않는 경우를 기술하시오. (10점)

모범답안

1. 보험회사가 대행하는 업무의 범위

보험회사는 피보험자의 법률상 손해배상책임을 확정하기 위하여 피보험자가 피해자와 행하는 합의, 절충, 중재 또는 소송(확인의 소를 포함)에 대하여 협조하거나 피보험자를 위하여 이러한 절차를 대행할 수 있다. 보험회사는 피보험자에 대하여 보상책임을 지는 한도 내에서 상기의 절차에 협조하거나 대행한다.

2. 피보험자의 의무

(1) 통지의무

피보험자는 보험사고가 발생한 경우 및 타인으로부터 손해배상청구를 접수한 경우 그 사실을 지체 없이 보험회사에 통지하여야 한다. 이러한 통지의무를 게을리 함으로써 손해가 확대된 경우에는 피보험자가 지체 없이 통지하였더라면 방지하거나 경감할 수 있었던 손해는 보상하지 않는다.

(2) 협조의무

보험회사가 상기의 절차에 협조하거나 대행하는 경우에는 피보험자는 보험회사의 요청에 따라 필요한 서류증거의 제출, 증언 또는 증인출석 등에 협조하여야 하며, 정당한 이유 없이 협조하지 않았을 때에는 보험자는 그로 인하여 늘어난 손해는 보상하지 않는다.

3. 보험회사가 소송을 대행하지 않는 경우

① 피보험자가 피해자에 대하여 부담하는 법률상의 손해배상책임액이 보험증권에 기재된 보상한도액을 명백하게 초과하는 때

② 피보험자가 정당한 이유 없이 협력하지 않을 때

05

2016년 12월 15일 갑(甲) 소유의 15층 건물 5층에서 원인미상의 화재사고가 발생하였다. 이 사고로 방문객 을(乙)이 중증화상을 입고 긴급 이송되었으나, 입원치료 중 사망하였다.

아래 〈별표〉의 내용을 참고하여 각각의 질문에 답하시오. (25점)

〈별표〉

(1) **보험가입사항**

① 계약자/피보험자 : 갑(甲)

② 국문화재보험 : 특약부화재보험

(2) **전제조건**

① 피해자 : 을(乙)

② 생년월일 : 1957년 2월 5일

③ 피해사항 : 전신 3도 화상 진단 후 치료 중 사망

④ 상해급수 : 1급 11항(보상한도액 : 30,000,000원)

⑤ 입원치료비용 : 3,000,000원

⑥ 사고발생시 갑(甲)이 지출한 긴급조치비용 : 2,000,000원

⑦ 일실수익(현가) : 5,000,000원

⑧ 남자평균임금 : 100,000원/1일

질문 1 **「화재로 인한 재해보상과 보험가입에 관한 법률」에 따른 갑(甲)의 손해배상책임에 대하여 약술하시오. (5점)**

질문 2 **「화재로 인한 재해보상과 보험가입에 관한 법률」에서 정하고 있는 실손해액의 범위를 기술하고, 을(乙)의 실손해액을 산출하시오. (10점)**

질문 3 **보험회사가 지급해야 할 보험금을 산정하고, 그 산출과정을 기재하시오. (10점)**

모범답안

질문 1 **「화재로 인한 재해보상과 보험가입에 관한 법률」에 따른 갑(甲)의 손해배상책임에 대하여 약술하시오.**

특약부화재보험은 특수건물의 화재로 타인이 사망하거나 부상함으로써 그 타인에게 건물소유자가 부담하여야 할 법률상 손해배상책임을 보상하는 보험이다. 여기서 타인이란 특수건물의 소유자 및 그 주거를 같이하는 직계가족 이외의 사람을 말한다.

사안의 경우 갑(甲)이 소유하는 특수건물에서 원인미상의 화재로 타인[을(乙)]이 화상을 입고 치료 받던 중 사망하게 되었으므로 방문객 을(乙)은 「화재로 인한 재해보상과 보험가입에 관한 법률」상의 타인에 해당하고 또한 면책사유가 존재하지 않으므로 소유자는 손해배상책임을 부담하여야 한다. 또한 보험회사는 피보험자와의 계약에 따라 그 손해에 대해 보상할 책임을 진다.

질문 2 「화재로 인한 재해보상과 보험가입에 관한 법률」에서 정하고 있는 실손해액의 범위를 기술하고, 을(乙)의 실손해액을 산출하시오.

(1) 실손해액의 범위

① 사망의 경우

사망한 때의 월급액이나 월실수액 또는 평균임금에 장래의 취업가능기간을 곱하여 산출한 금액에 남자평균임금의 100일분에 해당하는 장례비를 더한 금액으로 한다.

② 부상의 경우

화재로 인하여 신체상에 상해를 입은 경우에 그 상해를 치료함에 소요되는 모든 비용으로 한다.

③ 후유장애보험금의 경우

「화재보험법」 개정(2017.10.17.) 전에는 후유장애보험금에 대해 실손해액이 아닌 후유장애등급별로 정해진 금액을 지급하였으나, 개정 후 현재는 후유장애등급별 한도로 피해자에게 발생한 실손해액을 지급한다.

(2) 을(乙)의 실손해액

① 부상 : 3,000,000원(치료비 전액)

② 사망 : 5,000,000원 + (100,000원/일 × 100일) = 15,000,000원

※ 「화재로 인한 재해보상과 보험가입에 관한 법률 시행령」 제5조에 따라 사망의 경우 실손해액이 2,000만원 미만이면 2,000만원으로 한다. 따라서 을(乙)의 사망 실손해액은 2,000만원이다.

질문 3 보험회사가 지급해야 할 보험금을 산정하고, 그 산출과정을 기재하시오.

(1) 손해배상금

① 부상 : 3,000,000원(부상 1급 한도 30,000,000원 미만)

② 사망 : 20,000,000원(사망 한도 1억5,000만원 미만)

(2) 비 용

사고발생시 갑(甲)이 지출한 긴급조치비용 2,000,000원은 손해방지비용으로 전액 인정한다.

(3) 합 계

3,000,000원 + 20,000,000원 + 2,000,000원 = 25,000,000원

06

2017년 5월 10일 12:05분경 △△노인전문 간호센터에서 요양보호사 김○○는 요양 3등급인 입소자 박○○가 간식으로 떡 드시는 것을 도와주던 중 자리를 잠시 비웠다. 박○○는 12:15분경 갑자기 기침 및 사례를 시작하였으나 멈추지 않아 인근 병원으로 이송되었고 치료 중에 사망하였다.

아래 〈별표〉의 내용을 참고하여 보험회사가 지급해야 할 보험금을 산정하고, 그 산출과정을 기재하시오. (10점)

〈별표〉

(1) **보험가입사항**

① 국문영업배상책임보험 : 시설소유(관리)자 특별약관
(보상한도액 : 1억원 / 1인당, 2억원 / 1사고당, 자기부담금 : 10만원)

② 전문직업배상책임보험(요양보호사)
(보상한도액 : 1억원 / 1인당, 2억원 / 1사고당, 자기부담금 : 50만원)

(2) **전제조건**

① 피해자 : 박○○
② 생년월일 : 1931년 3월 1일
③ 사고일 : 2017년 5월 10일
④ 사망일 : 2017년 7월 10일
⑤ 피해자 과실 : 20%(기존 연하장해 고려하여 적용)
⑥ 사망관여도 : 50%(직접사인 : 심부전)
⑦ 책임비율 : 간호센터 30%, 요양보호사 70%
⑧ 손해사항

치료비	간병비	장례비
5,000,000원	5,000,000원	4,000,000원

※ 피해자 과실은 치료관계비에만 적용한다.
※ 위자료는 감안하지 아니한다.

모범답안

1. 법률상 손해배상책임 여부

사안의 경우 거동이 불편한 피해자를 간병하던 요양보호사가 전문인으로서 피해자를 안전하게 보호하여야 할 의무를 위반한 업무상 과실로 발생한 사고인 바, 해당 요양보호사는 「민법」 제750조의 일반불법행위책임을 지며, 요양보호사의 선임 또는 감독자인 △△노인전문 간호센터는 「민법」 제756조의 사용자책임을 진다. 또한 이들은 피해자에 대해 공동불법행위자로서 부진정연대채무를 진다.

2. 지급보험금

(1) 손해배상금

① 치료비

5,000,000원 × 50%(사망관여도) × (1 − 20%) = 2,000,000원

② 간병비

5,000,000원 × 50%(사망관여도) × (1 − 20%) = 2,000,000원

③ 장례비

4,000,000원 × 50%(사망관여도) = 2,000,000원

※ 장례비에 대해서는 지문에 따라 과실상계를 적용하지 않는다.

④ 합 계

2,000,000원 + 2,000,000원 + 2,000,000원 = 6,000,000원

(2) 지급보험금

① 국문영업배상책임보험

책임비율에 따라 (6,000,000원 × 30%) − 100,000원(자기부담금) = 1,700,000원이 산정되나, 본 사고는 전문직업인의 직업상 과실로 생긴 손해이므로 영업배상책임보험 시설소유관리자 특별약관에서는 약관상 면책된다.

② 전문직업배상책임보험(요양보호사)

책임비율에 따라 (6,000,000원 × 70%) − 500,000원(자기부담금) = 3,700,000원이 산정되나, △△노인전문 간호센터와 요양보호사는 공동불법행위자로서 부진정연대채무를 부담하므로 전문직업배상책임보험에서 손해액 6,000,000원에서 자기부담금 500,000원을 공제한 5,500,000원을 지급하여야 한다. 보험회사는 △△노인전문 간호센터에 차액 1,800,000원(= 5,500,000원 − 3,700,000원)에 대해 구상권을 행사한다.

07

김○○은 도로공사 하수관거 작업현장 옆을 지나던 중 자전거를 피하려다 도로 절개면의 토사를 밟고 미끄러져 넘어지는 상해를 입어 시공자 △△건설(주)를 상대로 소송을 제기하여 판결을 받았다.

아래 〈별표〉의 내용을 참고하여 보험회사가 지급해야 할 보험금을 산정하고, 그 산출과정을 기술하시오. (10점)

〈별표〉

(1) **보험가입사항**

① 계약자/피보험자 : △△건설(주)

② 보험종목 : 국문영업배상책임보험/도급업자 특별약관

③ 보상한도액 : 대인 50,000,000원 / 1인당

④ 자기부담금 : 10,000,000원/1사고당

(2) **손해사항**

① 사고시 응급 호송비용 : 1,000,000원

② 상해 및 장해진단서 발급비용(피해자 부담) : 300,000원

③ 사고원인 등 필요조사비용(피보험자 부담) : 2,000,000원

④ 제3자에 대한 권리행사를 위한 비용 : 100,000원

⑤ 변호사비용(피보험자 부담) : 5,000,000원

⑥ 인지대, 송달료(피보험자 부담) : 500,000원

⑦ 신체감정비용(피해자 부담) : 1,000,000원

⑧ 판결금 : 60,000,000원

모범답안

1. 법률상 손해배상책임 여부

사안의 경우 피보험자인 △△건설(주)는 통행인이 많은 작업현장에서 작업 중 통행인이 피해를 입지 않도록 최선의 안전조치를 게을리한 과실로 동 사고가 발생된 것이므로 「민법」상의 일반불법행위책임 및 공작물책임을 부담하여야 하고, 보험회사는 피보험자와의 계약에 따른 보상책임을 부담하여야 한다.

2. 지급보험금

(1) 판결금액 : 60,000,000원

(2) 피해자의 비용손해

상해 및 장해진단서 발급비용 300,000원 + 신체감정비용 1,000,000원 = 1,300,000원

(3) 피보험자의 비용손해

① 사고시 응급호송비용(손해방지비용) 1,000,000원

② 사고원인 등 필요조사비용(협력비용) 2,000,000원

③ 제3자에 대한 권리행사를 위한 비용(대위권보전비용) 100,000원

④ 소송비용 : 변호사비용 5,000,000원 + 인지대, 송달료 500,000원 = 5,500,000원

(4) 손해배상금 합계액

판결금액 60,000,000원 + 피해자의 비용손해 1,300,000원 = 61,300,000원

(5) 자기부담금 공제 후 손해배상금

61,300,000원 − 10,000,000원(자기부담금) = 51,300,000원

(6) 지급보험금

보상한도액 50,000,000원 + 사고시 응급호송비용(손해방지비용) 1,000,000원 + 사고원인 등 필요조사비용(협력비용) 2,000,000원 + 제3자에 대한 권리행사를 위한 비용(대위권보전비용) 100,000원 = 53,100,000원

08

남대서양 해역에서 오징어 채낚기 조업 중이던 △△수산(주) 소속 선원 강○○은 2016년 3월 10일 조타기 유압라인이 파열되어 이를 수리하던 중 기상악화로 인한 선체의 롤링으로 유압파이프에 안면부와 무릎을 부딪히는 사고를 입었다. 당시 충격으로 치아가 파절되고 슬관절부에 통증이 있어 병원에서 치료를 받았다.

아래 〈별표〉의 내용을 참고하여 각각의 질문에 답하시오. (15점)

〈별표〉

(1) **보험가입사항**

① 계약자/피보험자 : △△수산(주)

② 선원근로자재해보장책임보험

- 재해보상책임 특별약관
- 비업무상재해확장 추가특별약관

(2) **전제조건**

① 피해자 : 강○○

② 사고발생일 : 2016년 3월 10일

③ 상병명 : 치아 파절 및 상실(장해등급 11급)
슬관절 손상(장해등급 12급)

④ 입원(2016년 5월 1일 ~ 2016년 11월 30일) : 5,000,000원

⑤ 통원(2016년 12월 1일 ~ 2016년 12월 31일) : 1,000,000원(요양종료)

⑥ 임금현황

- 고정급 : 2,000,000원
- 통상임금 : 2,700,000원(월 30일 가정)
- 승선평균임금 : 3,300,000원(월 30일 가정)

⑦ 장해등급별 장해급여표(평균임금 기준)

구 분	근로기준법	산업재해보상보험법
9급	350일	385일
10급	270일	297일
11급	200일	220일
12급	140일	154일

질문 1 위 〈별표〉와 같이 둘 이상의 장해가 있는 경우에 적용하는 장해등급의 조정방법에 대하여 약술하시오. (5점)

질문 2 보험회사가 지급해야 할 재해보상금을 산정하고, 그 산출과정을 기재하시오. (10점)

모범답안

질문 1 **위 〈별표〉와 같이 둘 이상의 장해가 있는 경우에 적용하는 장해등급의 조정방법에 대하여 약술하시오.**

장해등급의 조정이란 계열을 달리하는 신체장해가 2 이상 있는 경우에 중한 쪽의 신체장해등급을 따르거나 중한 쪽의 등급을 1개 등급 내지 3개 등급을 인상하여 당해 장해등급을 인정하는 것을 말한다.

① 5급 이상에 해당하는 신체장해가 2 이상 있는 경우 : 3개 등급 인상

② 8급 이상에 해당하는 신체장해가 2 이상 있는 경우 : 2개 등급 인상

③ 13급 이상에 해당하는 신체장해가 2 이상 있는 경우 : 1개 등급 인상

질문 2 **보험회사가 지급해야 할 재해보상금을 산정하고, 그 산출과정을 기재하시오.**

(1) 보상책임 여부

사안의 경우 △△수산(주) 소속 선원 강○○가 조타기를 수리하던 중 기상악화로 인한 선체의 롤링으로 유압파이프에 안면부와 무릎을 부딪히는 사고가 발생한 것으로, 이는 선원이 승선 중 직무상 원인에 의한 사고에 해당하므로 선주는 「선원법」상 재해보상책임을 부담하여야 하고, 보험회사는 피보험자와의 계약에 따른 보상책임을 부담하여야 한다.

(2) 재해보상책임 지급보험금(W/C)

① 요양보상(직무상 재해) : 치료비 전액

5,000,000원(입원) + 1,000,000원(통원) = 6,000,000원

② 상병보상(직무상 재해)

- 4개월까지 통상임금 전액 : 2,700,000원/월 × 4개월 = 10,800,000원
- 4개월 이후 통상임금 70% : 2,700,000원/월 × 70% × 4개월 = 7,560,000원
- 소계 : 10,800,000원 + 7,560,000원 = 18,360,000원

③ 장해보상

치아 파절 및 상실(장해등급 11급), 슬관절 손상(장해등급 12급), 13급 이상 신체장해가 2이상 있는 경우에 해당하므로 11급에서 1등급 인상 10급을 적용한다.

승선평균임금 110,000원/일(= 3,300,000원 / 30일) × 297일 = 32,670,000원

④ 지급보험금

6,000,000원 + 18,360,000원 + 32,670,000원 = 57,030,000원

제41회 신체손해사정사 2차 시험문제

1. 갑(甲)은 5층 높이의 비계 위에서 철골절단 작업 중 추락하여 인근병원으로 이송하였으나 사망하였으며, 근로복지공단은 유족급여를 「산재법」상 수급권자에게 지급하였다. 이후 유족인 배우자와 성년의 자녀(1인)는 사용자를 상대로 각자 손해배상을 청구하였다.
아래 〈별표〉의 내용을 참고하여 보험회사가 지급해야 할 보험금을 각각 산정하고, 그 산출과정을 기재하시오. (15점)

〈별표〉

(1) 보험가입사항
① 국내근로자재해보장책임보험
② 사용자배상책임 특별약관
• 보상한도액 : 1인당 100,000,000원 / 1사고당 200,000,000원

(2) 전제조건
① 피해자 : 갑(甲)
② 사고일자 : 2018년 3월 5일
③ 직업 : 철골공
④ 임금 : 2,500,000원(월)
⑤ 근로복지공단 지급내역

(단위 : 원)

요양급여	휴업급여	유족급여(일시금)	장의비	기타
1,000,000	–	100,000,000	12,000,000	–

※ 유족급여는 일시금으로 환산한 금액임.
⑥ 피해자 과실 : 40%
⑦ 호프만계수(H) : 계산상 편의를 위한 임의계수임.
• 사망일 ~ 가동연한 : 120개월(H : 100)
⑧ 위자료 : 유족들은 50,000,000원에 합의함.

2. 가스공급업자 A는 2018년 1월 22일 행복음식점을 방문하여 가스통 1개를 교체하였다. 이후 행복음식점에서 근무하는 갑(甲)은 주방에서 조리를 위해 가스밸브를 열고 점화하는 순간 폭발하여 건물이 붕괴되었다. 갑(甲)은 무너진 건물에 매몰되었다가 구조되어 병원으로 이송되었다. 동 사고의 원인은 불상의 가스누출에 의한 폭발사고로 확인되었다.
아래 〈별표〉의 내용을 참고하여 질문에 답하시오. (15점)

〈별표〉
(1) 보험가입사항
① 가스사고배상책임보험
② 액화석유가스 소비자보장 특별약관

(2) 전제조건
① 직업 / 임금 : 일용직 / 290만원(월)
② 진단명 : 목 부위 3도 화상
③ 후유장해 : 추상장해 10%
④ 호프만계수(H) : 계산상 편의를 위한 임의계수임.
- 사고일 ~ 퇴원일 : 3개월(H : 3)
- 사고일 ~ 가동종료일 : 25개월(H : 23)

⑤ 피해자의 부상급수 1급, 장해급수 14급
⑥ 발생비용

(단위 : 원)

치료비	향후 치료비	응급처치 및 호송비용	구조비용
4,000,000	2,000,000	200,000	500,000

(1) 가스사고배상책임보험에서 보험을 가입해야 하는 사업자 및 담보하는 가스사고는 무엇인지 약술하시오. (5점)

(2) 액화석유가스 소비자보장 특약에서 보상하는 손해와 보상하지 않는 손해를 약술하시오. (5점)

(3) 상기 〈별표〉의 내용을 참조하여 갑(甲)의 지급보험금을 산정하고, 그 산출과정을 기재하시오. (5점)

3. 갑(甲)은 본인 소유의 1층 단독건물에서 일반음식점을 운영하고 있다. 2018년 1월 20일 22:00경 영업 중인 갑(甲)의 음식점에 불상의 자가 침입하여 미리 준비한 인화성 물질을 붓고 방화하여 그 화재와 유독가스로 인해 음식점 손님 을(乙), 병(丙), 정(丁)이 상해를 입는 사고가 발생하였다.
아래 〈별표〉의 내용을 참고하여 각각의 질문에 답하시오. (15점)

〈별표〉

(1) 갑(甲)의 보험가입사항

① 보험회사 A : 재난배상책임보험

② 보험회사 B : 장기재물보험, 화재(폭발 포함)배상책임 특별약관

• 보상한도액 : 사망 1인당 100,000,000원 / 부상 1인당 20,000,000원

(2) 손해사항

(단위 : 원)

피해자	피해사항	법률상 손해배상금	손해 세부내역
을(乙)	현장사망	200,000,000	사망에 따른 실제손해액 2억원
병(丙)	치료 중 사망	220,000,000	사망에 따른 실제손해액 2억원 부상등급 1급, 실제치료비 2천만원
정(丁)	부상	50,000,000	부상등급 1급, 실제치료비 5천만원

(3) 전제조건

① 음식점 바닥면적은 165제곱미터이다.

② 경찰조사 및 국립수사연구원 화재감식결과 등에 따르면, 화재원인은 불상자의 방화로 최종 확인되었고, 갑(甲)의 건물소유에 따른 관리상 하자나 기타 귀책사유에 따른 손해 확대 등은 확인되지 않아 갑(甲)의 과실 없는 사고로 종결되었다.

③ 갑(甲)의 음식점은 다중이용업소 화재배상책임보험 의무가입대상 시설에는 해당하지 않는다.

(1) 각 보험종목별 보상하는 손해와 보상책임에 대하여 각각 약술하시오. (5점)

(2) 보험사별, 피해자별 지급보험금을 산정하고, 그 산출과정을 기재하시오. (10점)

4. 갑(甲)은 을(乙) 소유의 건물에 사무실을 임차하여 사용 중이다. 2018년 5월 10일 갑(甲)의 사무실 내에서 화재사고가 발생하였으며, 외국인 내방객들(A, B, C)이 대피하는 과정에서 상해를 입었다. 아래 〈별표〉의 내용을 참조하여 각각의 질문에 답하시오. (15점)

> 〈별표〉
> [보험가입사항]
> ① Commercial General Liability Insurance
> ② Insured : 갑(甲)
> ③ Limits of Insurance
> - General Aggregate Limit $500,000
> - Each Occurrence Limit $500,000
> - Fire Damage Limit $100,000(any one fire)
> - Medical Expenses Limit $5,000(any one person)
> - All Costs & Expenses Limit $20,000

(1) 피해자 A는 임차인 갑(甲)을 상대로 응급치료비 $3,000을 청구하였다. 피해자 B는 $1Million의 손해배상청구의 소를 제기하였고, 임차인 갑(甲)은 변호사를 선임하여 변론한 결과 배상판결금 $200,000과 변호사비용 $25,000이 발생하였다. 이 경우 지급보험금을 산정하고, 그 산출과정을 기재하시오. (5점)

(2) 피해자 A와 B의 보험금이 지급된 후 보험자는 갑(甲)과 을(乙)간에 합의된 건물화재손해 $135,000에 대하여 증권상 보험금을 지급하였다. 이후 피해자 C는 $2Million의 손해배상청구의 소를 제기하였고, 임차인 갑(甲)은 변호사를 선임하여 변론한 결과 배상판결금 $300,000과 변호사비용 $40,000이 발생하였다. 이 경우 지급보험금을 산정하고, 그 산출과정을 기재하시오. (10점)

5. 아래 〈별표〉를 참고하여 A, B, C 보험회사별로 근로자 갑(甲)과 을(乙)에 대한 약관상 담보 여부 및 그 사유를 약술하시오. (10점)

> 〈별표〉
> (1) 사고내용
> 주상건설(주)는 상가건물 신축을 도급받아 비계공사의 일부를 상승비계(주)에 하청을 주었으며, 상승비계(주)는 서울크레인(주)와 크레인 임대차계약을 별도로 맺어 공사를 진행 중이다.
> 2017년 2월 10일 위 현장에서 상승비계(주) 소속 현장반장의 유도에 따라 공사자재를 이동하던 중 크레인 붐대가 비계를 충격하여 비계작업 중이던 갑(甲)이 추락하여 사망하였고, 무너진 비계에 의해 을(乙)이 부상을 입었다.
> ※ 갑(甲) : 상승비계(주) 소속 비계공, 을(乙) : 서울크레인(주) 소속 운전자

(2) 보험가입사항
① A 보험회사(계약자 : 주상건설(주))
• 국내근로자재해보장책임보험
(보험료는 전체 도급공사의 총임금으로 보험가입)
• 사용자배상책임 특별약관
② B 보험회사(계약자 : 상승비계(주))
• 국문영업배상책임보험
• 도급업자 특별약관
③ C 보험회사(계약자 : 서울크레인(주))
• 국문영업배상책임보험
• 건설기계업자 특별약관
※ 상승비계(주)와 서울크레인(주)의 과실은 각각 50% 가정

6. 건물신축공사 현장에서 2014년 5월 8일 근로자 갑(甲)은 5m 높이의 벽체 미장작업 중 사다리에서 미끄러져 추락하여 상해를 입었다. 갑(甲)은 산재보상을 청구하였으며, 2017년 12월 22일 산재보상이 종료되었다. 그 후 사용자를 상대로 손해배상을 청구하고 있다. (10점)

(1) 위와 같이 근로자 갑(甲)이 손해배상을 청구하는 경우 「민법」상 손해배상청구권 소멸시효와 사용자배상책임 특별약관의 소멸시효 관련 내용을 기술하시오. (5점)

(2) 위 사례의 경우 보험금청구권 소멸시효의 기산점에 대하여 설명하고, 그 사유를 약술하시오. (5점)

7. 의사 및 병원배상책임보험 보통약관의 "의료과실배상책임 담보조항"에서 말하는 의료과실(사고)의 정의, 법률상 의료과실의 판단기준, 보상하지 않는 손해(일반조항의 보상하지 않는 손해 제외)에 대하여 약술하시오. (10점)

8. 2018년 4월 19일 시행된 「제조물책임법」의 개정취지, 주요 개정내용(제조업자의 책임, 결함의 추정)을 약술하시오. (10점)

01

갑(甲)은 5층 높이의 비계 위에서 철골절단 작업 중 추락하여 인근병원으로 이송하였으나 사망하였으며, 근로복지공단은 유족급여를 「산재법」상 수급권자에게 지급하였다. 이후 유족인 배우자와 성년의 자녀(1인)는 사용자를 상대로 각자 손해배상을 청구하였다.

아래 〈별표〉의 내용을 참고하여 보험회사가 지급해야 할 보험금을 각각 산정하고, 그 산출 과정을 기재하시오. (15점)

〈별표〉

(1) **보험가입사항**

① 국내근로자재해보장책임보험

② 사용자배상책임 특별약관

- 보상한도액 : 1인당 100,000,000원 / 1사고당 200,000,000원

(2) **전제조건**

① 피해자 : 갑(甲)

② 사고일자 : 2018년 3월 5일

③ 직업 : 철골공

④ 임금 : 2,500,000원(월)

⑤ 근로복지공단 지급내역

(단위 : 원)

요양급여	휴업급여	유족급여(일시금)	장의비	기 타
1,000,000	–	100,000,000	12,000,000	–

※ 유족급여는 일시금으로 환산한 금액임.

⑥ 피해자 과실 : 40%

⑦ 호프만계수(H) : 계산상 편의를 위한 임의계수임.

- 사망일 ~ 가동연한 : 120개월(H : 100)

⑧ 위자료 : 유족들은 50,000,000원에 합의함.

모범답안

1. 법률상 손해배상책임 여부

근로계약에 따라 사용자는 근로자가 업무를 수행하는데 있어서 근로자에 대해 안전배려의무를 부담하게 되는 바, 안전한 작업장, 안전장비 제공, 안전교육, 안전수칙 제정 및 숙지 등 사용자가 안전배려의무를 불이행함으로써 근로자가 업무상 재해를 입게 되면 사용자는 민사상의 손해배상책임을 부담하게 된다.

사례의 경우 구체적인 사고내용은 나와 있지 않으나, 근로자가 철골절단 작업 중 추락한 사고로 사용자가 충분히 안전한 작업여건을 제공하지 않아 재해가 발생한 것으로 판단되므로 사용자에게는 법률상 손해배상책임이 발생한다 할 것이다.

2. 보상책임 여부

사용자배상책임 특별약관은 피보험자의 근로자에게 보험기간 중 생긴 업무상 재해로 인해 재해보상 관련 법령에서 급부가 이루어진 경우에 재해보상금액을 초과하는 피보험자의 법률상 배상책임손해를 보상하는 보험을 말한다.

사례의 경우에도 유족이 근로자의 업무상 재해에 대해 근로복지공단으로부터 유족급여를 수령하였으므로 그 금액을 초과하는 손해, 즉 피보험자의 법률상 배상책임손해를 보험자는 보상할 책임이 있다.

3. 사용자배상책임 특별약관상 지급보험금

(1) 치료비

근로복지공단으로 치료비, 즉 요양급여를 전액 지급받았으므로 사용자배상책임 특별약관에서는 보상할 금액이 없다.

1,000,000원 × (1 − 40%) − 1,000,000원(요양급여) = 0원

(2) 일실수입

2,500,000원 × 100% × 2/3 × 100 × 60% = 100,000,000원

① 유가족별 상속

- 배우자 : 100,000,000원 × 1.5/2.5 = 60,000,000원
- 자녀(1인) : 100,000,000원 × 1/2.5 = 40,000,000원

② 손익상계

산재보험에서는 배우자만이 수급권자이므로 배우자가 근로복지공단으로부터 받은 유족급여에 대해서만 손익상계를 하면 된다.

60,000,000원(배우자 몫) − 100,000,000원(유족급여) = 0원

③ 일실수입 지급보험금 : 40,000,000원(자녀 몫)

(3) 장례비

(5,000,000원 × 60%) − 12,000,000원(장의비) = 0원

(4) 위자료

50,000,000원(유족과 합의한 위자료를 인정)

(5) 지급보험금 합계

40,000,000원 + 50,000,000원 = 90,000,000원 ≤ 100,000,000원(보상한도액)

02

가스공급업자 A는 2018년 1월 22일 행복음식점을 방문하여 가스통 1개를 교체하였다. 이후 행복음식점에서 근무하는 갑(甲)은 주방에서 조리를 위해 가스밸브를 열고 점화하는 순간 폭발하여 건물이 붕괴되었다. 갑(甲)은 무너진 건물에 매몰되었다가 구조되어 병원으로 이송되었다. 동 사고의 원인은 불상의 가스누출에 의한 폭발사고로 확인되었다.

아래 〈별표〉의 내용을 참고하여 질문에 답하시오. (15점)

〈별표〉

(1) **보험가입사항**

① 가스사고배상책임보험

② 액화석유가스 소비자보장 특별약관

(2) **전제조건**

① 직업 / 임금 : 일용직 / 290만원(월)

② 진단명 : 목 부위 3도 화상

③ 후유장해 : 추상장해 10%

④ 호프만계수(H) : 계산상 편의를 위한 임의계수임.

- 사고일 ~ 퇴원일 : 3개월(H : 3)
- 사고일 ~ 가동종료일 : 25개월(H : 23)

⑤ 피해자의 부상급수 1급, 장해급수 14급

⑥ 발생비용

(단위 : 원)

치료비	향후 치료비	응급처치 및 호송비용	구조비용
4,000,000	2,000,000	200,000	500,000

(1) 가스사고배상책임보험에서 보험을 가입해야 하는 사업자 및 담보하는 가스사고는 무엇인지 약술하시오. (5점)

(2) 액화석유가스 소비자보장 특약에서 보상하는 손해와 보상하지 않는 손해를 약술하시오. (5점)

(3) 상기 〈별표〉의 내용을 참조하여 갑(甲)의 지급보험금을 산정하고, 그 산출과정을 기재하시오. (5점)

모범답안

1. 보험가입의무자 및 가스사고의 정의

(1) 가입의무자

① 가스사용자

② 용기 등 제조업자

③ 가스사업자

④ 가스시설 시공업자 중 도시가스를 연료로 사용하는 온수보일러와 그 부대시설의 설치공사 또는 변경공사를 하는 자

(2) 가스사고의 정의

가스사고란 가스로 인한 폭발, 파열, 화재 및 가스의 누출로 타인의 신체에 상해(사망과 유독가스를 우연하게 일시에 흡입, 흡수, 섭취하여 발생한 중독증상을 포함)를 입히거나 재물을 멸실, 훼손 또는 오손케 하는 것을 말한다.

2. 액화석유가스 소비자보장 특약에서 보상하는 손해와 보상하지 않는 손해

(1) 보상하는 손해

보통약관 제3조(보상하는 손해)에도 불구하고 피보험자가 보험증권상의 보장지역 내에서 보험기간 중에 발생한 보험사고로 인하여 피해자에게 「액화석유가스의 안전관리 및 사업법 시행령」에 따라 법률상 배상책임을 부담함으로써 입은 손해를 보상한다. 이 특약은 신체손해에 대하여 소비자 또는 타인의 과실여부를 불문하고 보상한다(보상책임주의).

(2) 보상하지 않는 손해

① 소비자 등의 고의로 인한 손해. 다만, 사고를 야기한 소비자 등을 제외한 제3자에게 발생한 손해는 보상

② 판매사업자, 충전사업자와 사전 협의 없이 공급자 소유의 설비를 임의로 철거하거나 변경하는 행위로 인한 손해

③ 판매사업자, 충전사업자가 소비설비의 점검결과 불비한 것으로 지적, 통지된 부분을 개선치 않은 행위로 인한 손해

3. 갑(甲)에 대한 지급보험금 산정

(1) 보상책임 여부

사례의 경우 액화석유가스 소비자보장 특별약관에서 정하는 보상하지 않는 손해에 해당하지 아니하므로 보험자는 갑(甲)이 입은 신체손해에 대해 과실 여부를 불문하고 보상책임을 부담하여야 한다.

(2) 지급보험금

① 부 상

- 치료비 및 향후 치료비 : 4,000,000원 + 2,000,000원 = 6,000,000원
- 일실수입(입원기간) : 2,900,000원 × 100% × 3(H계수) = 8,700,000원
- 소계 : 6,000,000원 + 8,700,000원 = 14,700,000원

부상급수 1급 한도액 15,000,000원 이내이므로 14,700,000원 전액 인정한다.

② 일실수입(후유장해)

2,900,000원 × 10% × 20(= 23 − 3) = 5,800,000원

장해급수 14급 한도액 5,000,000원을 초과하므로 5,000,000원 인정한다.

③ 비용손해

200,000원(응급처치 및 호송비용) + 500,000원(구조비용) = 700,000원

이 비용손해는 손해방지비용에 해당하므로 보상한도액을 초과하더라도 보상된다.

④ 지급보험금

14,700,000원 + 5,000,000원 + 700,000원 = 20,400,000원

03

갑(甲)은 본인 소유의 1층 단독건물에서 일반음식점을 운영하고 있다. 2018년 1월 20일 22:00경 영업 중인 갑(甲)의 음식점에 불상의 자가 침입하여 미리 준비한 인화성 물질을 붓고 방화하여 그 화재와 유독가스로 인해 음식점 손님 을(乙), 병(丙), 정(丁)이 상해를 입는 사고가 발생하였다.

아래 〈별표〉의 내용을 참고하여 각각의 질문에 답하시오. (15점)

〈별표〉

(1) 갑(甲)의 보험가입사항

① 보험사 A : 재난배상책임보험

② 보험사 B : 장기재물보험, 화재(폭발 포함)배상책임 특별약관

• 보상한도액 : 사망 1인당 100,000,000원 / 부상 1인당 20,000,000원

(2) 손해사항

(단위 : 원)

피해자	피해사항	법률상 손해배상금	손해 세부내역
을(乙)	현장사망	200,000,000	사망에 따른 실제손해액 2억원
병(丙)	치료 중 사망	220,000,000	사망에 따른 실제손해액 2억원 부상등급 1급, 실제치료비 2천만원
정(丁)	부상	50,000,000	부상등급 1급, 실제치료비 5천만원

(3) 전제조건

① 음식점 바닥면적은 165제곱미터이다.

② 경찰조사 및 국립수사연구원 화재감식결과 등에 따르면, 화재원인은 불상자의 방화로 최종 확인되었고, 갑(甲)의 건물소유에 따른 관리상 하자나 기타 귀책사유에 따른 손해 확대 등은 확인되지 않아 갑(甲)의 과실 없는 사고로 종결되었다.

③ 갑(甲)의 음식점은 다중이용업소 화재배상책임보험 의무가입대상 시설에는 해당하지 않는다.

(1) 각 보험종목별 보상하는 손해와 보상책임에 대하여 각각 약술하시오. (5점)

(2) 보험사별, 피해자별 지급보험금을 산정하고, 그 산출과정을 기재하시오. (10점)

모범답안

1. 각 보험종목별 보상하는 손해와 보상책임

(1) 재난배상책임보험(보험사 A)

① 보상하는 손해

회사는 보험증권상의 보장지역 내에서 보험기간 중에 피보험자가 소유, 관리 또는 점유하는 시설에서 발생한 화재, 붕괴, 폭발로 인한 타인의 생명, 신체 또는 재산상의 손해에 대해 피보험자가 부담하는 손해를 피보험자의 과실 여부를 불문하고 보상한다.

② 보상책임

재난배상책임보험은 피보험자가 소유, 관리 또는 점유하는 시설에서 발생한 화재, 붕괴, 폭발로 인한 타인의 손해에 대해 보상하는 보험이므로, 사례의 경우 비록 불상의 자가 침입하여 방화를 한 사건이지만 보험회사는 보상책임을 부담한다. 또한 전제조건에서 화재가 난 음식점은 다중이용업소 화재배상책임보험의 의무가입시설에 해당하지 않는다고 하였으므로 의무보험인 재난배상책임보험에서 우선 보상된다.

(2) 장기재물보험, 화재(폭발 포함)배상책임 특별약관(보험사 B)

① 보상하는 손해

회사는 피보험자가 보험증권상의 보장지역 내에서 보험기간 중에 보험의 목적에 발생한 화재 또는 폭발사고로 인한 타인의 신체 또는 재물손해에 대해 법률상 손해배상책임을 부담함으로써 입은 손해를 보상한다.

② 보상책임

사례의 경우 사고가 발생한 음식점이 다중이용업소 화재배상책임보험 의무가입대상 시설이 아니라고 전제하고 있어 장기재물보험의 화재배상책임 특별약관은 피보험자가 임의로 가입한 것으로 판단되며, 동 특별약관에서는 피보험자에게 과실이 있는 경우에 의무보험인 재난배상책임보험에서 보상하는 손해를 초과하는 손해를 보상하는 것인데, 사고조사 결과 피보험자인 갑(甲)에게 과실이 없는 사고로 종결되었으므로 보험회사의 보상책임은 발생하지 않는다.

2. 보험사별, 피해자별 지급보험금 산정

(1) 피해자 을(乙) : 현장사망

① A 보험사의 재난배상책임보험

실제손해액은 2억원이나, 사망한도액 1억5천만원을 지급한다.

② B 보험사의 화재배상책임 특별약관

피보험자의 과실이 없는 사고로 종결되었으므로, 동 특약에서는 면책된다.

(2) 피해자 병(丙) : 치료 중 사망

① A 보험사의 재난배상책임보험

치료 중 사망하였으므로 사망한도액 1억5천만원과 부상 1급 한도액 3천만원을 합한 1억8천만원 범위에서 피해자의 손해액을 보상하므로, 1억8천만원을 지급한다.

② B 보험사의 화재배상책임 특별약관

피보험자의 과실이 없는 사고로 종결되었으므로, 동 특약에서는 면책된다.

(3) 피해자 정(丁) : 부상

① A 보험사의 재난배상책임보험

실제손해액은 5천만원이나, 부상 1급 한도액 3천만원을 지급한다.

② B 보험사의 화재배상책임 특별약관

피보험자의 과실이 없는 사고로 종결되었으므로, 동 특약에서는 면책된다.

04

갑(甲)은 을(乙) 소유의 건물에 사무실을 임차하여 사용 중이다. 2018년 5월 10일 갑(甲)의 사무실 내에서 화재사고가 발생하였으며, 외국인 내방객들(A, B, C)이 대피하는 과정에서 상해를 입었다.

아래 〈별표〉의 내용을 참조하여 각각의 질문에 답하시오. (15점)

〈별표〉
[보험가입사항]
① Commercial General Liability Insurance
② Insured : 갑(甲)
③ Limits of Insurance
- General Aggregate Limit $500,000
- Each Occurrence Limit $500,000
- Fire Damage Limit $100,000(any one fire)
- Medical Expenses Limit $5,000(any one person)
- All Costs & Expenses Limit $20,000

(1) 피해자 A는 임차인 갑(甲)을 상대로 응급치료비 $3,000을 청구하였다. 피해자 B는 $1Million의 손해배상청구의 소를 제기하였고, 임차인 갑(甲)은 변호사를 선임하여 변론한 결과 배상판결금 $200,000과 변호사비용 $25,000이 발생하였다. 이 경우 지급보험금을 산정하고, 그 산출과정을 기재하시오. (5점)

(2) 피해자 A와 B의 보험금이 지급된 후 보험자는 갑(甲)과 을(乙)간에 합의된 건물 화재손해 $135,000에 대하여 증권상 보험금을 지급하였다. 이후 피해자 C는 $2Million의 손해배상청구의 소를 제기하였고, 임차인 갑(甲)은 변호사를 선임하여 변론한 결과 배상판결금 $300,000과 변호사비용 $40,000이 발생하였다. 이 경우 지급보험금을 산정하고, 그 산출과정을 기재하시오. (10점)

모범답안

1. 질문사항 (1)의 지급보험금 산정

(1) 피해자 A

응급치료비 $3,000(≤ $5,000)

(2) 피해자 B

① 배상판결금 : $200,000(≤ $500,000)

② 변호사비용 : $20,000(실제비용이 보상한도액을 초과하므로 한도액 지급)

③ 소계 : $200,000 + $20,000 = $220,000

2. 질문사항 (2)의 지급보험금 산정

(1) 임대인 을(乙)

$100,000(합의금액이 보상한도액을 초과하므로 보상한도액까지 지급)

(2) 피해자 C

① 배상판결금

$500,000(총보상한도액) − $203,000(A 지급 $3,000 + B 지급 $200,000)

= $197,000(잔여보상한도액)

※ 영문영업배상책임보험(CGL)에서는 총보상한도액에서 이미 지급된 Coverage A(BI & PD) 및 B(PI & AI)에 따른 손해배상금과 Coverage C(MP)에 따른 의료비를 차감한 잔액이 잔여보상한도액이 된다.

② 변호사비용

추가지급조항(SP)은 일반적으로 보상한도액의 적용을 받지 않으나, 사례에서는 보상한도액을 별도로 설정하고 있어 이미 동일한 사고로 변호사비용이 보상한도액 $20,000까지 지급되었으므로 본 건에서는 지급할 금액이 없다.

③ 소계 : $197,000 + $0 = $197,000

05 아래 〈별표〉를 참고하여 A, B, C 보험회사별로 근로자 갑(甲)과 을(乙)에 대한 약관상 담보 여부 및 그 사유를 약술하시오. (10점)

〈별표〉

(1) **사고내용**

주상건설(주)는 상가건물 신축을 도급받아 비계공사의 일부를 상승비계(주)에 하청을 주었으며, 상승비계(주)는 서울크레인(주)와 크레인 임대차계약을 별도로 맺어 공사를 진행 중이다. 2017년 2월 10일 위 현장에서 상승비계(주) 소속 현장반장의 유도에 따라 공사자재를 이동하던 중 크레인 붐대가 비계를 충격하여 비계작업 중이던 갑(甲)이 추락하여 사망하였고, 무너진 비계에 의해 을(乙)이 부상을 입었다.

※ 갑(甲) : 상승비계(주) 소속 비계공, 을(乙) : 서울크레인(주) 소속 운전자

(2) **보험가입사항**

① A 보험회사(계약자 : 주상건설(주))
- 국내근로자재해보장책임보험(보험료는 전체 도급공사의 총임금으로 보험가입)
- 사용자배상책임 특별약관

② B 보험회사(계약자 : 상승비계(주))
- 국문영업배상책임보험
- 도급업자 특별약관

③ C 보험회사(계약자 : 서울크레인(주))
- 국문영업배상책임보험
- 건설기계업자 특별약관

※ 상승비계(주)와 서울크레인(주)의 과실은 각각 50% 가정

모범답안

1. A 보험회사(국내근로자재해보장책임보험)

(1) 갑(甲)

피보험자의 원수급인, 하도급인 및 그들의 근로자에게 생긴 손해는 면책이지만, 사례의 경우 보험계약을 체결할 때 "보험료는 전체 도급공사의 총임금으로 보험가입"이라는 단서조항이 붙어 있으므로 보험회사는 보상책임을 부담하여야 한다. 다만, 사용자배상책임보험은 노동관계법령에 따른 재해보상금을 초과하는 손해를 보상하는 보험이므로 산재보험에 의하여 선 보상 후 그 초과손해에 대해서만 보험회사가 책임을 부담한다.

(2) 을(乙)

크레인(장비) 임대차계약은 비록 노무도급의 성격이 다소 존재한다 하더라도 기본적으로는 임대차관계에 해당하는 것이므로 크레인(장비) 임대사업자 또는 그 소속 근로자는 「산재보험법」상의 하수급인에 해당되지 않는다. 따라서 을(乙)은 피보험자인 주상건설(주)와 크레인(장비) 임대차계약을 맺은 서울크레인(주)의 소속 근로자이므로 보험회사는 보상책임을 부담하지 않는다.

2. B 보험회사(국문영업배상책임보험 도급업자 특별약관)

(1) 갑(甲)

국문영업배상책임보험의 도급업자 특별약관에서는 피보험자의 근로자가 피보험자의 업무 중에 입은 손해는 보상하지 않는 손해로 규정하고 있다. 따라서 상승비계(주)의 근로자인 갑(甲)에 대해서 보험회사는 보상책임을 부담하지 않는다.

(2) 을(乙)

크레인(장비) 임대차계약은 비록 노무도급의 성격이 다소 존재한다 하더라도 기본적으로는 임대차관계에 해당하는 것이므로 서울크레인(주)의 근로자는 산재보험으로는 보상받을 수 없으나, 을(乙)은 상승비계(주)에 대해서는 「민법」 제750조의 불법행위책임 및 「민법」 제756조의 사용자책임을 물을 수 있다. 따라서 보험회사는 상승비계(주)의 책임비율에 해당하는 부분에 대해서는 보상책임을 부담하여야 한다.

3. C 보험회사(국문영업배상책임보험 건설기계업자 특별약관)

(1) 갑(甲)

서울크레인(주)는 소속 근로자의 불법행위로 피해를 입은 상승비계(주)의 근로자인 갑(甲)에 대해 「민법」 제756조의 사용자책임을 부담하여야 하므로 보험회사는 갑(甲)의 피해에 대해 보상책임을 부담하여야 한다.

(2) 을(乙)

국문영업배상책임보험의 건설기계업자 특별약관에서는 피보험자의 근로자가 피보험자의 업무 중에 입은 손해는 보상하지 않는 손해로 규정하고 있다. 따라서 서울크레인(주)의 근로자인 을(乙)의 피해에 대해 보험회사는 보상책임을 부담하지 않는다.

06

건물신축공사 현장에서 2014년 5월 8일 근로자 갑(甲)은 5m 높이의 벽체 미장작업 중 사다리에서 미끄러져 추락하여 상해를 입었다. 갑(甲)은 산재보상을 청구하였으며, 2017년 12월 22일 산재보상이 종료되었다. 그 후 사용자를 상대로 손해배상을 청구하고 있다. (10점)

(1) 위와 같이 근로자 갑(甲)이 손해배상을 청구하는 경우 「민법」상 손해배상청구권 소멸시효와 사용자배상책임 특별약관의 소멸시효 관련 내용을 기술하시오. (5점)

(2) 위 사례의 경우 보험금청구권 소멸시효의 기산점에 대하여 설명하고, 그 사유를 약술하시오. (5점)

모범답안

1. 「민법」상 손해배상청구권 소멸시효와 사용자배상책임 특별약관의 소멸시효 관련 내용

(1) 「민법」상 손해배상청구권 소멸시효

소멸시효란 어떤 권리를 가진 자가 그 권리를 행사할 수 있었음에도 불구하고 일정기간 동안 이를 행사하지 않는 상태가 계속되는 경우 그 권리를 처음부터 없었던 것으로 인정하는 제도를 말한다.

불법행위책임의 소멸시효는 피해자가 가해자 및 손해를 알았거나 알 수 있었던 때로부터 3년, 불법행위를 한 날로부터 10년간 행사하지 않으면 손해배상청구권이 소멸한다(민법 제766조). 채무불이행책임(계약책임)은 이에 대한 별도의 규정은 없고 일반채권으로서 그 소멸시효기간은 10년이다(민법 제162조 제1항).

(2) 사용자배상책임 특별약관상 소멸시효

사용자배상책임 특별약관에서는 재해보상책임 특별약관 및 재해보상 관련 법령에서 보상되는 재해보상금액을 초과하여 피보험자가 법률상의 배상책임을 부담함으로써 입은 손해를 보상하고, 재해보상책임 특별약관 및 산재보험법에 의한 급부가 이루어진 경우에 한하여 보상하므로 소멸시효의 기산점은 급부가 이루어진 시점으로 보아야 할 것이다.

한편 보상하지 않는 손해를 보면, 재해발생일로부터 3년이 경과한 후 피보험자가 손해배상청구를 받음으로써 부담하게 된 배상책임에 대해서는 보상하지 않는다고 규정하고 있어 일반불법행위책임의 소멸시효기간과 동일하게 규정되어 있다.

2. 보험금청구권 소멸시효의 기산점 및 그 이유

(1) 보험금청구권 소멸시효 기산점

사례의 경우 2014년 5월 8일 사고가 발생하였고 산재보상은 2017년 12월 22일 종결되어 3년이 경과하여 사용자에게 손해배상을 청구하였으나, 보험금청구권 소멸시효 기산점은 산재급부가 이루어진 2017년 12월 22일로 보고 보상이 이루어져야 한다.

(2) 그 사유

사용자배상책임 특별약관에서는 재해보상책임 특별약관 및 재해보상 관련 법령에서 보상되는 재해보상금액을 초과하여 피보험자가 법률상의 배상책임을 부담함으로써 입은 손해를 보상하고, 재해보상책임 특별약관 및 산재보험법에 의한 급부가 이루어진 경우에 한하여 보상하므로 소멸시효의 기산점은 급부가 이루어진 시점으로 보아야 할 것이다.

07 의사 및 병원배상책임보험 보통약관의 "의료과실배상책임 담보조항"에서 말하는 의료과실(사고)의 정의, 법률상 의료과실의 판단기준, 보상하지 않는 손해(일반조항의 보상하지 않는 손해 제외)에 대하여 약술하시오. (10점)

모범답안

1. 의료과실(사고)의 정의

의료사고란 피보험자가 의료행위를 잘못 행하였거나, 당연히 행하여야 할 의료행위를 행하지 않음으로써 타인에게 신체장해를 입힌 경우를 말한다. 여기서 의료행위란 보건진료 관계법령에 위배되지 않고, 의학상 일반적으로 인정되는 수단과 방법에 의하여 질병과 상해에 대하여 진단하거나 예방, 치료 등의 행위를 하는 것을 말하고, 타인이란 의료행위의 대상이 되는 수진자를 말한다.

2. 법률상 의료과실의 판단기준

(1) 진료상의 주의의무위반

의료과실은 일전한 사실을 인식할 수 있었음에도 불구하고 부주의로 이를 인식하지 못한 것을 말한다. 의료행위로 인해 타인에게 발생한 손해에서 의료인에게 과실이 있는 것으로 객관적으로 인정되면 의료인에게는 그에 대한 책임이 부과될 수 있는데, 과실 여부의 판정에 중심이 되는 요소가 의료행위 당시에 의료인에게 요구되는 주의의무이다.

의료인에게 손해배상책임을 물으려면 의료행위 중의 고의 또는 과실이 인정되어야 하는데, 여기서의 과실이란 사회통념상 요구되는 주의의무위반을 말하는데 의료행위는 사람의 생명 등을 취급하는 것이므로 의료인에게는 보통의 주의의무보다 더 높은 정도의 주의의무가 요구된다고 할 수 있다. 주의의무위반의 판단기준은 진료환경 및 조건, 의료행위의 특수성 등을 감안하여 규범적인 수준으로 판단하여야 한다.

(2) 설명의무위반

의료인은 진료계약상의 의무 또는 침습 등에 대한 승낙을 얻기 위한 전제로서 질병의 증상, 치료방법 및 필요성, 발생이 예상되는 위험 등에 관하여 당시의 의료수준에 비추어 상당하다고 생각되는 사항을 설명하여 환자가 그 필요성이나 위험성을 충분히 비교하여 그 의료행위를 받을지 말지를 선택할 수 있도록 하여야 하는데 이를 의료인의 설명의무라고 한다. 설명의무의 위반 역시 주의의무위반과 마찬가지로 의료인에게 손해배상책임을 발생하게 하는 의료과실 판단기준의 하나이다.

3. 보상하지 않는 손해

① 무면허 또는 무자격자의 의료행위로 생긴 손해에 대한 배상책임

② 의료행위를 보증함으로써 가중된 배상책임

③ 피보험자의 지시에 따르지 않은 피보험자의 피용인이나 의료기사의 행위로 생긴 손해에 대한 배상책임

④ 핵연료물질 또는 핵연료물질에 의하여 오염된 물질의 방사성, 폭발성 그 밖의 유해한 특성 또는 이들의 특성에 의한 사고로 생긴 손해에 대한 배상책임. 단, 방사능을 이용하여 의료진단을 하는 경우로 생긴 손해에 대한 배상책임은 보상한다.

⑤ 위 ④ 이외의 방사선을 쬐는 것 또는 방사능 오염으로 인한 손해

⑥ 미용 또는 이에 준한 것을 목적으로 한 의료행위 후 그 결과에 관하여 생긴 손해에 대한 배상책임

⑦ 피보험자의 업무시설 또는 설비, 항공기, 차량(원동력이 인력인 경우도 포함), 자동차, 선박, 동물의 점유, 사용 또는 관리로 인한 배상책임. 그러나 피보험자가 동승하여 환자의 긴급수송 도중 수행한 의료행위의 과실로 인한 배상책임은 보상한다.

⑧ 타인의 명예를 훼손하거나 비밀을 누설함으로써 생긴 손해에 대한 배상책임

⑨ 공인되지 않은 특수의료행위를 함으로써 생긴 손해에 대한 배상책임

⑩ 재물손해에 대한 배상책임

⑪ 후천성면역결핍증(AIDS)에 기인하여 발생하는 손해에 대한 배상책임

⑫ 피보험자의 부정, 사기, 범죄행위 또는 피보험자가 음주상태나 약물복용상태에서 의료행위를 수행함으로써 생긴 손해에 대한 배상책임

08 2018년 4월 19일 시행된 「제조물책임법」의 개정취지, 주요 개정내용(제조업자의 책임, 결함의 추정)을 약술하시오. (10점)

모범답안

1. 「제조물책임법」의 개정취지

제조물의 대부분이 고도의 기술을 바탕으로 제조되고 또한 이에 관한 정보가 제조업자에게 편중되어 있어 피해자가 제조물의 결함여부 등을 과학적, 기술적으로 입증한다는 것은 사실상 불가능하다.

「제조물책임법」을 개정한 취지는 첫째, 이러한 불합리한 점을 고려하여 피해자가 ① 해당 제조물이 정상적으로 사용되는 상태에서 손해가 발생하였다는 사실, ② 그 손해가 제조업자의 실질적인 지배영역에 속한 원인으로부터 초래되었다는 사실, ③ 그 손해가 제조물의 결함 없이는 통상적으로 발생하지 아니한다는 사실을 증명하면 제조물을 공급할 당시에 제조물에 결함이 있었고, 그 제조물의 결함으로 인하여 손해가 발생한 것으로 추정하도록 하여 소비자의 입증책임을 경감하고, 둘째, 징벌적 손해배상제도를 도입하여 제조업자의 악의적인 불법행위에 대한 징벌 및 유사한 행위에 대한 억지력을 강화하고 피해자에게는 실질적인 보상이 이루어질 수 있도록 하는데 있다.

2. 「제조물책임법」의 주요 개정내용

(1) 징벌적 손해배상제도 도입

제조업자가 제조물의 결함을 알면서도 필요한 조치를 취하지 아니한 결과로 생명 또는 신체에 중대한 손해를 입은 자가 있는 경우 그 손해의 3배를 넘지 아니하는 범위에서 손해배상책임을 지도록 하였다.

(2) 공급업자의 고지의무제도 도입

제조물을 판매, 대여 등의 방법으로 공급한 자가 피해자 등의 요청을 받고 상당한 기간 내에 그 제조업자 등을 피해자 등에게 고지하지 아니한 경우 손해배상책임을 지도록 하였다.

(3) 피해자의 입증책임 완화

피해자가 ① 해당 제조물이 정상적으로 사용되는 상태에서 손해가 발생하였다는 사실, ② 그 손해가 제조업자의 실질적인 지배영역에 속한 원인으로부터 초래되었다는 사실, ③ 그 손해가 제조물의 결함 없이는 통상적으로 발생하지 아니한다는 사실을 증명하면 제조물을 공급할 당시에 제조물에 결함이 있었고, 그 제조물의 결함으로 인하여 손해가 발생한 것으로 추정하도록 하였다.

제42회 신체손해사정사 2차 시험문제

1. A 건설회사의 전공보조직원(정규직)인 피해자 "김○○"은 2016년 12월 1일 11시경 회사가 시행하는 전신주 조류피해방지 공사현장에서 동료직원 박○○이 약 16m 높이의 전신주 위에서 작업 도중 떨어뜨린 약 3kg 정도의 전류방지 커버에 머리부분을 충격당하여 두개골 함몰골절, 뇌실질내 출혈 및 두개골 결손상태의 재해를 입었다. 피해자 "김○○"은 사전에 안전교육을 받은 바 없었고, 사고 당시 안전모를 착용하지 않았다. 피해자 "김○○"은 치료종결 후 다음 날부터의 일실수익과 개호비를 회사에 청구하였다. 아래 〈별표〉의 내용을 참고하여 각각의 질문에 답하시오.

〈별표〉

(1) 보험가입사항

① 보험사 : ○○보험(주)

② 피보험자 : A 건설회사

③ 보험종목

- 근로자재해보장책임보험
- 사용자배상책임담보 특별약관(보상한도액 : 1인당 2억원 / 1사고당 4억원)

(2) 전제조건

① 피해자 : 김○○

② 생년월일 : 1961년 12월 1일

③ 입사일자 : 2010년 12월 1일

④ 사고일자 : 2016년 12월 1일

⑤ 정년 : 만 60세

⑥ 월급여 : 3,000,000원

⑦ 기대여명 : 치료종결일부터 20년

⑧ 개호 : 치료종결일부터 여명기간까지 1일 8시간의 개호가 필요함.

⑨ 치료기간 : 사고일 ~ 2019년 4월 4일

⑩ 노동능력상실률

- 우측 상하지 강직성 부전마비 : 50%
- 기질성 인격장해 : 20%

⑪ 과실비율 : 30%(피해자 과실비율)

⑫ 근로복지공단 지급내역

- 휴업급여 : 58,000,000원
- 요양급여 : 72,000,000원

⑬ 호프만계수
- 사고일 ~ 치료종결일 : 28개월(H계수 : 20)
- 사고일 ~ 정년 : 60개월(H계수 : 50)
- 사고일 ~ 가동기간 : 120개월(H계수 : 100)
- 사고일 ~ 여명기간 : 268개월(H계수 : 180)

⑭ 기 타
- 도시일용임금 : 일 90,000원
- 일실퇴직금 산정시 현가율은 [1 / (1 + 0.05 × 잔여재직기간)]으로 계산
- 위자료는 고려하지 않음.
- 월수계산이 필요한 경우 1개월은 30일로 가정

(1) 복합장해율(노동능력상실률)을 계산하고, 그 산출과정을 기재하시오. (3점)

(2) 치료종결일 이후의 일실수익을 계산하고, 그 산출과정을 기재하시오. (10점)

(3) 일실퇴직금을 계산하고, 그 산출과정을 기재하시오. (10점)

(4) 개호비를 계산하고, 그 산출과정을 기재하시오. (5점)

(5) 보험회사가 지급해야 할 보험금을 계산하고, 그 산출과정을 기재하시오. (2점)

2. 2019년 7월 8일 19시경 서울 종로구 인사동에 소재한 ○○빌딩(10층) 지하 1층 '을'이 임차한 대중목욕탕 기계실에서 화재가 발생하여 미처 대피하지 못한 입욕객 "김○○"이 연기에 질식하여 사망하는 사고가 발생하였다. 1개월 전 종로소방서 소방점검에 대비하여 건물소유주 '갑'과 임차인 '을' 임대차 계약규정에 따라 연대하여 시설점검을 실시한 바 있다.
아래 〈별표〉의 내용을 참고하여 각각의 질문에 답하시오.

〈별표〉
(1) 보험가입사항
1) A 보험회사
① 피보험자 : 건물소유주 '갑'
② 보험종목 : Commercial General Liability Insurance Policy
③ 보상한도액
- Bodily Injury : 1인당 1억원 / 1사고당 5억원
- Property Damage : 1사고당 10억원

④ 자기부담금
- Bodily Injury : 1사고당 1천만원
- Property Damage : 1사고당 3천만원

2) B 보험회사
① 피보험자 : 임차인 '을'
② 보험종목 : 다중이용업소화재배상책임보험
③ 보상한도액 : 의무보상한도액

(2) 전제조건
① 피해자 : 김○○
② 생년월일 : 1963년 6월 30일
③ 직종 : 전기기사(정규직)
④ 월급여 : 3,000,000원
⑤ 과실비율 : 20%(피해자 과실비율)
⑥ 호프만계수
- 사고일 ~ 정년 : 48개월(H계수 : 40)
- 사고일 ~ 65세 : 108개월(H계수 : 90)

⑦ 기 타
- 도시일용임금 : 일 90,000원
- 민사판결사례에 따른 장례비는 4,000,000원으로 가정
- 위자료는 100,000,000원을 기준으로 함.
- 퇴직금 손실은 고려하지 않음.
- 상기 사고에 대하여 건물소유주 '갑'과 임차인 '을'은 공동으로 연대책임을 부담하며, 지급보험금은 독립책임액 분담방식에 따라 계산한다.

(1) 피해자 "김○○"에 대한 법률상 손해배상책임액을 계산하고, 그 산출과정을 기재하시오. (10점)

(2) A, B 보험회사가 지급해야 할 보험금을 계산하고, 그 산출과정을 기재하시오. (10점)

3. 여객선 ○○호가 백령도 선착장에 접안하던 중 갑작스런 파도로 접안시설에 충돌하여, 갑판선상에 미리 나와 있던 여객 수명이 넘어지고 1명이 해상으로 추락하였으며, 선착장에 나와 있던 주민 수명이 부상을 입는 사고가 발생하였다. 추락한 여객은 구조되었다.

〈별표〉
(1) 보험가입사항
① 보험종목
- 선주배상책임보험 보통약관
- 구조비 특별약관

② 보상한도액 : 1인당 2억원 / 1사고당 10억원

(2) 손해사항
① 추락 승객의 구조비 : 3,000,000원
② 부상 승객의 긴급 후송비 : 2,500,000원
③ 부상 주민의 응급 치료비 : 1,500,000원
④ 파손된 접안시설의 복구비 : 20,000,000원
⑤ 탑승 승객의 소화물 파손손해 : 5,000,000원

(1) 상기 보험계약의 보통약관 및 특별약관에서 보상하는 손해를 약술하시오. (5점)

(2) 상기 손해사항의 항목별 보상 여부를 기술하고, 지급보험금을 계산하시오. (5점)

4. 근로자재해보장책임보험의 재해보상책임 특별약관에서 국내근로자와 선원근로자에 대하여 보상하는 손해를 비교하여 약술하시오. (10점)

5. 배상책임보험에서 보고기간연장담보(Extended Reporting Period)의 종류와 설정대상 계약조건 및 필요성을 기술하시오. (10점)

6. 가스사고배상책임보험에서 피해자의 후유장해가 1등급일 경우, 그 해당 신체장해 유형 9가지 및 1인당 지급가능한 보험금액을 약술하시오. (10점)

7. 「산업재해보상보험법」에서 정의하고 있는 업무상 재해의 개념 및 동법 시행령에서 규정하고 있는 업무상 재해의 유형별 인정기준을 약술하시오. (10점)

01

A 건설회사의 전공보조직원(정규직)인 피해자 "김○○"은 2016년 12월 1일 11시경 회사가 시행하는 전신주 조류피해방지 공사현장에서 동료직원 박○○이 약 16m 높이의 전신주 위에서 작업 도중 떨어뜨린 약 3kg 정도의 전류방지 커버에 머리부분을 충격당하여 두개골 함몰골절, 뇌실질내 출혈 및 두개골 결손상태의 재해를 입었다. 피해자 "김○○"은 사전에 안전교육을 받은 바 없었고, 사고 당시 안전모를 착용하지 않았다. 피해자 "김○○"은 치료종결 후 다음 날부터의 일실수익과 개호비를 회사에 청구하였다.

아래 〈별표〉의 내용을 참고하여 각각의 질문에 답하시오.

〈별표〉

(1) **보험가입사항**

① 보험사 : ○○보험(주)

② 피보험자 : A 건설회사

③ 보험종목

- 근로자재해보장책임보험
- 사용자배상책임담보 특별약관(보상한도액 : 1인당 2억원 / 1사고당 4억원)

(2) **전제조건**

① 피해자 : 김○○

② 생년월일 : 1961년 12월 1일

③ 입사일자 : 2010년 12월 1일

④ 사고일자 : 2016년 12월 1일

⑤ 정년 : 만 60세

⑥ 월급여 : 3,000,000원

⑦ 기대여명 : 치료종결일부터 20년

⑧ 개호 : 치료종결일부터 여명기간까지 1일 8시간의 개호가 필요함.

⑨ 치료기간 : 사고일 ~ 2019년 4월 4일

⑩ 노동능력상실률

- 우측 상하지 강직성 부전마비 : 50%
- 기질성 인격장해 : 20%

⑪ 과실비율 : 30%(피해자 과실비율)

⑫ 근로복지공단 지급내역

- 휴업급여 : 58,000,000원
- 요양급여 : 72,000,000원

⑬ 호프만계수

- 사고일 ~ 치료종결일 : 28개월(H계수 : 20)
- 사고일 ~ 정년 : 60개월(H계수 : 50)
- 사고일 ~ 가동기간 : 120개월(H계수 : 100)
- 사고일 ~ 여명기간 : 268개월(H계수 : 180)

⑭ 기 타

- 도시일용임금 : 일 90,000원
- 일실퇴직금 산정시 현가율은 [1 / (1 + 0.05 × 잔여재직기간)]으로 계산
- 위자료는 고려하지 않음.
- 월수계산이 필요한 경우 1개월은 30일로 가정

(1) 복합장해율(노동능력상실률)을 계산하고, 그 산출과정을 기재하시오. (3점)

(2) 치료종결일 이후의 일실수익을 계산하고, 그 산출과정을 기재하시오. (10점)

(3) 일실퇴직금을 계산하고, 그 산출과정을 기재하시오. (10점)

(4) 개호비를 계산하고, 그 산출과정을 기재하시오. (5점)

(5) 보험회사가 지급해야 할 보험금을 계산하고, 그 산출과정을 기재하시오. (2점)

모범답안

(1) 복합장해율(노동능력상실률)

① 우측 상하지 강직성 부전마비 : 50%

② 기질성 인격장해 : 20%

③ 복합장해율 : 50% + (100% − 50%) × 20% = 60%

(2) 치료종결일 이후의 일실수익

① 치료종결일 이후 ~ 정년까지

월급여 3,000,000원 × 중복장해율 60% × H계수 30(= 50 − 20) × 과실상계 70%(= 100% − 30%) = 37,800,000원

② 정년 이후 ~ 가동기간까지

1,980,000원(= 90,000원/일 × 22일*) × 60% × H계수 50(= 100 − 50) × 과실상계 70%(100% − 30%) = 41,580,000원

* 월 가동일수는 경험측상 22일로 가정하여 계산하였으나, 최근 대법원은 월 22일에서 월 20일로 변경하였다(대법원 2024.4.25. 선고 2020다271650 판결).

③ 일실수익 합계

37,000,000원 + 41,580,000원 = 78,580,000원

(3) 일실퇴직금

① 정년시 예상퇴직금의 현가

3,000,000원 × 11년 × [1 / (1 + 0.05 × 5년)] = 26,400,000원

② 기수령퇴직금

3,000,000원 × 6년 = 18,000,000원

③ 일실퇴직금

(26,400,000원 − 18,000,000원) × 60% × 과실상계 70%(= 100% − 30%) = 3,528,000원

※ 피해자는 입사일 당시 만 나이가 49세이었으므로 총 11년 근무가 가능하고, 사고일 당시 만 6년을 근무하였으므로 잔여재직기간은 만 5년이 된다.

(4) 개호비(간병비)

2,700,000원(= 90,000원/일 × 30일) × 1인(8시간) × H계수 160(= 180 − 20) × 과실상계 70% (= 100% − 30%) = 302,400,000원

※ 개호비(간병비)의 경우 1인당(하루 8시간 기준) 도시일용임금 근로자 1일 해당 임금 × (30일)로 산정한다.

(5) 지급보험금

일실수익 78,580,000원 + 일실퇴직금 3,528,000원 + 개호비 302,400,000원 = 384,508,000원

그러나 1인당 보상한도액이 2억원이므로, 지급보험금은 2억원이다.

02

2019년 7월 8일 19시경 서울 종로구 인사동에 소재한 ○○빌딩(10층) 지하 1층 '을'이 임차한 대중목욕탕 기계실에서 화재가 발생하여 미처 대피하지 못한 입욕객 "김○○"이 연기에 질식하여 사망하는 사고가 발생하였다. 1개월 전 종로소방서 소방점검에 대비하여 건물소유주 '갑'과 임차인 '을'은 임대차 계약규정에 따라 연대하여 시설점검을 실시한 바 있다.

아래 〈별표〉의 내용을 참고하여 각각의 질문에 답하시오.

〈별표〉

(1) **보험가입사항**

1) A 보험회사

① 피보험자 : 건물소유주 '갑'

② 보험종목 : Commercial General Liability Insurance Policy

③ 보상한도액

- Bodily Injury : 1인당 1억원 / 1사고당 5억원
- Property Damage : 1사고당 10억원

④ 자기부담금

- Bodily Injury : 1사고당 1천만원
- Property Damage : 1사고당 3천만원

2) B 보험회사

① 피보험자 : 임차인 '을'

② 보험종목 : 다중이용업소화재배상책임보험

③ 보상한도액 : 의무보상한도액

(2) **전제조건**

① 피해자 : 김○○

② 생년월일 : 1963년 6월 30일

③ 직종 : 전기기사(정규직)

④ 월급여 : 3,000,000원

⑤ 과실비율 : 20%(피해자 과실비율)

⑥ 호프만계수

- 사고일 ~ 정년 : 48개월(H계수 : 40)
- 사고일 ~ 65세 : 108개월(H계수 : 90)

⑦ 기 타

- 도시일용임금 : 일 90,000원
- 민사판결사례에 따른 장례비는 4,000,000원으로 가정
- 위자료는 100,000,000원을 기준으로 함.
- 퇴직금 손실은 고려하지 않음.
- 상기 사고에 대하여 건물소유주 '갑'과 임차인 '을'은 공동으로 연대책임을 부담하며, 지급보험금은 독립책임액 분담방식에 따라 계산한다.

(1) 피해자 "김○○"에 대한 법률상 손해배상책임액을 계산하고, 그 산출과정을 기재하시오. (10점)

(2) A, B 보험회사가 지급해야 할 보험금을 계산하고, 그 산출과정을 기재하시오. (10점)

모범답안

1. 법률상 손해배상책임액

(1) 일실수익

① 사고일 이후 ~ 정년까지

3,000,000원 × 100% × H계수 40 × 2/3(= 1 − 1/3) × 과실상계 80%(= 100% − 20%)
= 64,000,000원

② 정년 이후 ~ 가동기간까지

1,980,000원(90,000원 × 22일*) × H계수 50(= 90 − 40) × 2/3 × 과실상계 80%(= 100% − 20%)
= 52,800,000원

* 월 가동일수 변경 : 월 22일 → 월 20일(대법원 2024.4.25. 선고 2020다271650 판결)

③ 소계 : 64,000,000원 + 52,800,000원 = 116,800,000원

(2) 장례비

4,000,000원 × 과실상계 80%(= 100% − 20%) = 3,200,000원

(3) 위자료

100,000,000원 × 100% × (100% − 20% × 6/10) = 88,000,000원

(4) 합계액

116,800,000원 + 3,200,000원 + 88,000,000원 = 208,000,000원

2. A, B 보험회사의 지급보험금

(1) A 보험회사의 독립책임액

208,000,000원 − 10,000,000원 > 100,000,000원 − 10,000,000원

따라서 A 보험회사의 독립책임액은 90,000,000원이다.

(2) B 보험회사의 독립책임액

208,000,000원 − 0원 > 150,000,000원

따라서 B 보험회사의 독립책임액은 150,000,000원이다.

※ 2019년 7월 8일 사고이므로 2019년 7월 3일 이후 계약이라고 가정하고, 보상한도액을 변경 후 금액인 150,000,000원으로 하여 계산하였다.

(3) 독립책임액의 합계액

90,000,000원 + 150,000,000원 = 240,000,000원

(4) 지급보험금

① A 보험회사 : 208,000,000원 × 90,000,000원 / 240,000,000원 = 78,000,000원

② B 보험회사 : 208,000,000원 × 150,000,000원 / 240,000,000원 = 130,000,000원

※ 2019년 7월 3일 이전 계약이라고 가정하면, A 보험회사는 90,000,000원, B 보험회사는 변경 전 보상한도액인 100,000,000원을 지급하면 된다.

03

여객선 ㅇㅇ호가 백령도 선착장에 접안하던 중 갑작스런 파도로 접안시설에 충돌하여, 갑판선상에 미리 나와 있던 여객 수명이 넘어지고 1명이 해상으로 추락하였으며, 선착장에 나와 있던 주민 수명이 부상을 입는 사고가 발생하였다. 추락한 여객은 구조되었다.

〈별표〉

(1) **보험가입사항**

① 보험종목
- 선주배상책임보험 보통약관
- 구조비 특별약관

② 보상한도액 : 1인당 2억원 / 1사고당 10억원

(2) **손해사항**

① 추락 승객의 구조비 : 3,000,000원
② 부상 승객의 긴급 후송비 : 2,500,000원
③ 부상 주민의 응급 치료비 : 1,500,000원
④ 파손된 접안시설의 복구비 : 20,000,000원
⑤ 탑승 승객의 소화물 파손손해 : 5,000,000원

(1) 상기 보험계약의 보통약관 및 특별약관에서 보상하는 손해를 약술하시오. (5점)

(2) 상기 손해사항의 항목별 보상 여부를 기술하고, 지급보험금을 계산하시오. (5점)

모범답안

1. 보통약관 및 특별약관의 보상하는 손해

(1) 보통약관에서 보상하는 손해

피보험자가 보험증권상의 보장지역 내에서 보험기간 중에 발생된 보험사고로 인하여 보험증권에 기재된 선박에 탑승한 여객의 신체에 장해를 입혀 피해자에게 법률상의 배상책임을 부담함으로써 입은 손해를 보상한다.

① 법률상의 손해배상금

② 비용손해

㉠ 손해방지경감비용(비용 전액 보상)

㉡ 권리보전행사비용(비용 전액 보상)

㉢ 소송비용, 변호사비용, 중재, 화해 또는 조정에 관한 비용(이 비용과 손해액의 합계액을 보상한도액 내에서 보상)

㉣ 공탁보증보험료(이 비용과 손해액의 합계액을 보상한도액 내에서 보상)

㉤ 피보험자 협력비용(비용 전액 보상)

(2) 특별약관에서 보상하는 손해

보통약관의 규정에 불구하고 손해방지경감비용 중 구조비에 대해서는 구조비 특별약관의 규정에 따라 피보험자가 여객을 구조 또는 수색하기 위하여 직접 지급한 필요하고 유익한 비용을 보험증권에 기재된 보상한도액 내에서 보상한다.

2. 항목별 보상 여부 및 지급보험금

(1) 항목별 보상 여부

① 추락 승객의 구조비 : 3,000,000원 ☞ 구조비 특별약관에 따라 보상

② 부상 승객의 긴급 후송비 : 2,500,000원 ☞ 보통약관에 따라 보상

③ 부상 주민의 응급 치료비 : 1,500,000원 ☞ 보상하는 손해에 해당하지 않음

④ 파손된 접안시설의 복구비 : 20,000,000원 ☞ 보상하는 손해에 해당하지 않음

⑤ 탑승 승객의 소화물 파손손해 : 5,000,000원 ☞ 보상하는 손해에 해당하지 않음

(2) 지급보험금

3,000,000원 + 2,500,000원 = 5,500,000원

※ 선주배상책임보험에서는 탑승한 승객에 대해서만 보상책임을 부담한다.

04 근로자재해보장책임보험의 재해보상책임 특별약관에서 국내근로자와 선원근로자에 대하여 보상하는 손해를 비교하여 약술하시오. (10점)

모범답안

구 분	국내근로자	선원근로자
요양보상	치료비 전액	• 직무상 재해 : 치료비 전액 • 승무 중 직무외 재해 : 3개월 이내의 치료비 전액
상병보상 (휴업보상)	평균임금 60%	• 직무상 재해 : 4개월까지 통상임금 100%, 4개월 초과 통상임금 70% • 승선 중 직무외 재해 : 3개월 이내의 통상임금 70%
장해보상	평균임금 1,340일분(1급) ~ 50일분(14급)	승선평균임금 1,474일분(1급) ~ 55일분(14급)
유족보상	평균임금 1,000일분	• 직무상 : 승선평균임금 1,300일분 • 직무외 : 승선평균임금 1,000일분
장제비 (장의비)	평균임금 90일분	승선평균임금 120일분
일시보상	평균임금 1,340일분	승선평균임금 1,474일분
행방불명보상	없음	• 1개월 내 : 통상임금 1개월분 + 승선평균임금 3개월분 • 1개월 후 : 유족보상 + 장제비

05

배상책임보험에서 보고기간연장담보(Extended Reporting Period)의 종류와 설정대상 계약조건 및 필요성을 기술하시오. (10점)

모범답안

1. 보고기간연장담보의 종류

(1) 자동보고기간연장담보

① 단기자동연장담보기간

소급일자와 만기일 사이에 발생된 사고에 대한 손해배상청구가 만기일과 만기일 다음날부터 60일 이내에 제기된 경우에는 그 손해배상청구가 만기일에 제기된 것으로 간주하여 담보한다.

② 중기자동연장담보기간

소급일자와 만기일 사이에 발생된 사고가 만기일 다음날부터 60일 이내에 통보된 후, 그 사고에 대한 손해배상청구가 만기일로부터 5년 이내에 제기된 경우에는 그 손해배상청구가 만기일에 제기된 것으로 간주하여 담보한다.

(2) 선택연장담보기간

소급일자와 만기일 사이에 발생된 사고에 대하여 만기일 다음날 이후에 제기되는 손해배상청구는 제한 없이 모두 담보한다. 선택연장담보기간은 적어도 보험종료일로부터 60일 이전에 보험계약자의 청구가 있어야 하며, 보험자는 이의 담보를 거절할 수 없다. 보험자는 선택연장담보기간에 대하여 담보위험, 이전의 보험계약조건, 이후의 보상추정액과 기타 요인 등을 고려하여 기존보험료의 200% 이내의 추가보험료를 납부하여야 한다.

2. 설정대상 계약조건 및 필요성

(1) 설정대상 계약조건

① 보험계약이 보험료 부지급 이외의 사유로 해지되었거나 갱신되지 않은 경우

② 갱신된 배상청구기준증권의 소급담보일자가 이전 증권의 소급담보일자보다 후일로 되어 있는 경우

③ 갱신된 증권이 손해사고기준증권인 경우

(2) 필요성

손해사고기준증권은 보험기간 중에 발생된 사고는 보험기간이 종료된 후에 손해배상청구가 제기되더라도 이를 담보하는데 반해, 배상청구기준증권은 이를 담보하지 아니한다. 따라서 보험기간 만기 무렵에 보험사고가 발생하여 보험기간 내에 손해배상청구를 할 수 없는 경우가 발생할 수 있는데, 이러한 불합리한 점을 해소하기 위해 특약조항인 보고기간연장담보가 필요한 것이다.

06 가스사고배상책임보험에서 피해자의 후유장해가 1등급일 경우, 그 해당 신체장해 유형 9가지 및 1인당 지급가능한 보험금액을 약술하시오. (10점)

모범답안

(1) 1등급 신체장해 유형

① 두 눈이 실명된 사람

② 말하는 기능과 음식물을 씹는 기능을 완전히 잃은 사람

③ 신경계통의 기능 또는 정신에 뚜렷한 장해가 남아 항상 보호를 받아야 하는 사람

④ 흉복부장기에 뚜렷한 장해가 남아 항상 보호를 받아야 하는 사람

⑤ 반신불수가 된 사람

⑥ 두 팔을 팔꿈치 이상에서 잃은 사람

⑦ 두 팔을 완전히 사용하지 못하게 된 사람

⑧ 두 다리를 무릎관절 이상에서 잃은 사람

⑨ 두 다리를 완전히 사용하지 못하게 된 사람

(2) 1인당 보상한도

후유장해가 1등급일 경우 1인당 보상한도는 8,000만원이며, 부상이 원인이 되어 1등급 후유장해가 생긴 경우에는 8,000만원에 부상한도액을 합산한 금액을 보상한다.

07

「산업재해보상보험법」에서 정의하고 있는 업무상 재해의 개념 및 동법 시행령에서 규정하고 있는 업무상 재해의 유형별 인정기준을 약술하시오. (10점)

모범답안

1. 업무상 재해의 개념

업무상 재해란 업무상 사유에 따른 근로자의 부상, 질병, 장해 또는 사망을 말하며, 업무상 재해에 해당하기 위해서는 업무수행성 및 업무기인성이 인정되어야 한다.

2. 업무상 재해의 인정기준(법 제37조)

(1) 업무상 사고

① 근로자가 근로계약에 따른 업무나 그에 따르는 행위를 하던 중 발생한 사고

② 사업주가 제공한 시설물 등을 이용하던 중 그 시설물 등의 결함이나 관리소홀로 발생한 사고

③ 사업주가 주관하거나 사업주의 지시에 따라 참여한 행사나 행사준비 중에 발생한 사고

④ 휴게시간 중 사업주의 지시에 다라 참여한 행사나 행사준비 중에 발생한 사고

⑤ 그 밖에 업무와 관련하여 발생한 사고

(2) 업무상 질병

① 업무수행 과정에서 물리적 인자, 화학물질・분진・병원체・신체에 부담을 주는 업무 등 근로자의 건강에 장해를 일으킬 수 있는 요인을 취급하거나 그에 노출되어 발생한 질병(직업성 질병)

② 업무상 부상이 원인이 되어 발생한 질병(재해성 질병)

③ 직장내 괴롭힘, 고객의 폭언 등으로 인한 업무상 스트레스로 발생한 질병

④ 그 밖에 업무와 관련하여 발생한 질병

(3) 출퇴근 재해

① 사업주가 제공한 교통수단이나 그에 준하는 교통수단을 이용하는 등 사업주의 지배관리하에서 출퇴근하는 중 발생한 사고

② 그 밖에 통상적인 경로와 방법으로 출퇴근하는 중 발생한 사고

3. 「산업재해보상보험법 시행령」(제27조 ~ 제35조)에서 정한 업무상 재해의 유형별 인정기준

(1) 업무상 사고

① 업무수행 중의 사고

㉠ 근로자가 다음의 어느 하나에 해당하는 행위를 하던 중에 발생한 사고는 업무상 사고로 본다.

- 근로계약에 따른 업무수행 행위
- 업무수행 과정에서 하는 용변 등 생리적 필요 행위
- 업무를 준비하거나 마무리하는 행위, 그 밖에 업무에 따르는 필요적 부수행위
- 천재지변·화재 등 사업장 내에 발생한 돌발적인 사고에 따른 긴급피난·구조행위 등 사회통념상 예견되는 행위

㉡ 근로자가 사업주의 지시를 받아 사업장 밖에서 업무를 수행하던 중에 발생한 사고는 업무상 사고로 본다. 다만, 사업주의 구체적인 지시를 위반한 행위, 근로자의 사적(私的) 행위 또는 정상적인 출장 경로를 벗어났을 때 발생한 사고는 업무상 사고로 보지 않는다.

㉢ 업무의 성질상 업무수행 장소가 정해져 있지 않은 근로자가 최초로 업무수행 장소에 도착하여 업무를 시작한 때부터 최후로 업무를 완수한 후 퇴근하기 전까지 업무와 관련하여 발생한 사고는 업무상 사고로 본다.

② 시설물 등의 결함 등에 따른 사고

사업주가 제공한 시설물, 장비 또는 차량 등(이하 "시설물 등"이라 한다)의 결함이나 사업주의 관리 소홀로 발생한 사고는 업무상 사고로 본다.

③ 행사 중의 사고

운동경기·야유회·등산대회 등 각종 행사에 근로자가 참가하는 것이 사회통념상 노무관리 또는 사업운영상 필요하다고 인정되는 경우로서 다음의 어느 하나에 해당하는 경우에 근로자가 그 행사에 참가(행사 참가를 위한 준비·연습을 포함한다)하여 발생한 사고는 업무상 사고로 본다.

㉠ 사업주가 행사에 참가한 근로자에 대하여 행사에 참가한 시간을 근무한 시간으로 인정하는 경우

㉡ 사업주가 그 근로자에게 행사에 참가하도록 지시한 경우

㉢ 사전에 사업주의 승인을 받아 행사에 참가한 경우

㉣ 그 밖에 위의 규정에 준하는 경우로서 사업주가 그 근로자의 행사 참가를 통상적·관례적으로 인정한 경우

④ 특수한 장소에서의 사고

사회통념상 근로자가 사업장 내에서 할 수 있다고 인정되는 행위를 하던 중 태풍·홍수·지진·눈사태 등의 천재지변이나 돌발적인 사태로 발생한 사고는 근로자의 사적 행위, 업무 이탈 등 업무와 관계없는 행위를 하던 중에 사고가 발생한 것이 명백한 경우를 제외하고는 업무상 사고로 본다.

⑤ **요양 중의 사고**

업무상 부상 또는 질병으로 요양을 하고 있는 근로자에게 다음의 어느 하나에 해당하는 사고가 발생하면 업무상 사고로 본다.

㉠ 요양급여와 관련하여 발생한 의료사고

㉡ 요양 중인 산재보험 의료기관(산재보험 의료기관이 아닌 의료기관에서 응급진료 등을 받는 경우에는 그 의료기관을 말한다) 내에서 업무상 부상 또는 질병의 요양과 관련하여 발생한 사고

㉢ 업무상 부상 또는 질병의 치료를 위하여 거주지 또는 근무지에서 요양 중인 산재보험 의료기관으로 통원하는 과정에서 발생한 사고

⑥ **제3자의 행위에 따른 사고**

제3자의 행위로 근로자에게 사고가 발생한 경우에 그 근로자가 담당한 업무가 사회통념상 제3자의 가해행위를 유발할 수 있는 성질의 업무라고 인정되면 그 사고는 업무상 사고로 본다.

(2) 업무상 질병의 인정기준

① 근로자가 업무상 질병의 범위에 속하는 질병에 걸린 경우(임신 중인 근로자가 유산・사산 또는 조산한 경우를 포함한다) 다음의 요건 모두에 해당하면 업무상 질병으로 본다.

㉠ 근로자가 업무수행 과정에서 유해・위험요인을 취급하거나 유해・위험요인에 노출된 경력이 있을 것

㉡ 유해・위험요인을 취급하거나 유해・위험요인에 노출되는 업무시간, 그 업무에 종사한 기간 및 업무 환경 등에 비추어 볼 때 근로자의 질병을 유발할 수 있다고 인정될 것

㉢ 근로자가 유해・위험요인에 노출되거나 유해・위험요인을 취급한 것이 원인이 되어 그 질병이 발생하였다고 의학적으로 인정될 것

② 업무상 부상을 입은 근로자에게 발생한 질병이 다음의 요건 모두에 해당하면 업무상 질병으로 본다.

㉠ 업무상 부상과 질병 사이의 인과관계가 의학적으로 인정될 것

㉡ 기초 질환 또는 기존 질병이 자연발생적으로 나타난 증상이 아닐 것

(3) 출퇴근 중의 사고

근로자가 출퇴근하던 중에 발생한 사고가 다음의 요건에 모두 해당하면 출퇴근 재해로 본다.

① 사업주가 출퇴근용으로 제공한 교통수단이나 사업주가 제공한 것으로 볼 수 있는 교통수단을 이용하던 중에 사고가 발생하였을 것

② 출퇴근용으로 이용한 교통수단의 관리 또는 이용권이 근로자 측의 전속적 권한에 속하지 아니하였을 것

2020년도 책임보험 · 근로자재해보상보험의 이론과 실무

제43회 신체손해사정사 2차 시험문제

1. A건설(주)는 베트남 하노이 인근 △△쇼핑센터 신축공사를 수주하여 공사를 진행하던 중 2018년 4월 11일 현장근로자 "김○○"은 지하 1층 기계실 내에서 발판이 설치된 사다리 위에 올라가 펌프배관 용접 작업을 하던 중 발을 헛디뎌 중심을 잃고 바닥으로 떨어지는 사고로 허리 및 손가락 부위에 큰 부상을 입었다. 사고 이후 "김○○"은 현지 병원에서 응급치료 시행 후 국내로 긴급 이송되어 입원치료를 받았으며, 이후 영구후유장해 판정을 받았다.
아래 〈별표〉의 내용을 참고하여 각각의 질문에 답하시오. (20점)

〈별표〉

(1) 보험가입사항

① 계약자/피보험자 : A건설(주)

② 보험종목 : 해외근로자재해보장책임보험

- 재해보상책임 특별약관
- 재해보상확장 추가특별약관
- 비업무상재해확장 추가특별약관

(2) 전제조건

① 재해자 : 김○○

② 담당직무 : 용접공

③ 근로계약 : 2018년 4월 1일 ~ 2018년 9월 30일(6개월)

④ 지급된 임금총액 : 2,000,000원(2018년 4월 1일 ~ 2018년 4월 10일)

⑤ 과실률 : 30%

⑥ 손해사항

- 현지에서 국내 요양기관으로의 긴급이송비용 : 3,500,000원
  (재해자 이송비용 2,500,000원, 동행간호인 호송비용 1,000,000원)
- 현지/국내 병원치료비 : 15,000,000원
- 향후 치료비 : 2,000,000원(현가액)
- 사고일 ~ 요양종료일 : 200일

⑦ 영구후유장해 판정사항

- 요추부 장해 : 「산재법」 제8급 제2호 판정
- 손가락 장해 : 「산재법」 제14급 제6호 판정
- 재해사고 이전 요추부 수술에 따른 기왕증 기여도 50%

⑧ 「근로기준법」상 신체장해등급과 재해보상표

장해등급	제7급	제8급	제13급	제14급
장해보상일시금	560일분	450일분	90일분	50일분

(1) 「근로기준법」에서 정하고 있는 "요양의 범위" 7가지를 기재하시오. (5점)

(2) 재해자 "김○○"의 요양보상을 산정하고, 그 산출과정을 기재하시오. (5점)

(3) 재해자 "김○○"의 휴업보상을 산정하고, 그 산출과정을 기재하시오. (3점)

(4) 재해자 "김○○"의 장해보상을 산정하고, 그 산출과정을 기재하시오. (7점)

2. ○○아파트 101동 101호에 거주하는 '갑'은 해외여행을 가기 위해 본인의 반려견을 평소 친하게 지내는 옆집 102호에 거주하는 '을'의 배우자 '병'에게 맡기고 해외여행을 갔다. 잠시 반려견을 맡게 된 '병'은 인근 공원을 혼자 산책하던 중 개목줄을 놓쳐 같은 아파트 주민 '정'이 반려견에게 전신을 물려 병원으로 긴급 후송되어 치료를 받던 중 과다출혈로 사망하였다. 이에 피해자 '정'의 유가족은 '갑' 및 '병'을 상대로 손해배상을 청구하였다.
아래 〈별표〉의 내용을 참고하여 각각의 질문에 답하시오. (20점)

〈별표〉

(1) 보험가입사항

보험사	계약자/피보험자	가입담보 특약	보상한도액	자기부담금
A	갑	일상생활중배상책임	1억원	대물 20만원
B	을	일상생활중배상책임	1억원	대물 2만원
C	병	가족일상생활중배상책임	3억원	대물 20만원

(2) 전제조건
'정'에 대한 손해배상금 산정내역

치료비	장례비	일실수익	위자료
20,000,000원	5,000,000원	175,000,000원	100,000,000원

※ 생활비 공제는 고려하지 않음

(1) 상기 사례에서 '갑', '을', '병'에게 적용되는 「민법」상의 특수불법행위책임에 대하여 약술하시오. (10점)

(2) 각 보험사가 지급해야 할 지급보험금을 산정하고, 그 산출과정을 기재하시오. (10점)

3. ㅁㅁ인테리어(주)는 인천시 소재 △△모텔 리모델링 공사를 수주하여 보수공사를 진행하던 중 2018년 7월 31일 오후 3시경 소속 근로자 "김○○"가 건물 4층 외벽에 설치된 작업 발판이 무너지며 1층으로 추락하여 사망하는 사고가 발생하였다. 때마침 공사현장 아래를 지나가던 행인 "박○○"가 철제 구조물 및 건축자재 더미에 깔려 머리, 척추, 다리 등에 큰 부상을 입고 약 10개월간 병원치료를 받았고, 이후 영구후유장해 판정을 받았다.
아래 〈별표〉의 내용을 참고하여 각각의 질문에 답하시오. (20점)

〈별표〉
(1) 보험가입사항
① 보험회사 : A보험(주)
② 계약자/피보험자 : ㅁㅁ인테리어(주)
③ 보험조건 : 영업배상책임보험 보통약관
• 도급업자 특별약관
④ 보상한도액(대인) : 1인당 5억원, 1사고당 10억원
⑤ 자기부담금(대인) : 1사고당 100만원

(2) 전제조건
1) 피해자 : 김○○(현장사망)
① 직무(직종) : 현장근로자(비계공)
② 과실률 : 30%
③ 일실수익 : 120,000,000원
④ 위자료 : 70,000,000원

2) 피해자 : 박○○(부상/장해)
① 생년월일 : 1970년 7월 30일
② 직무(직종) : 도시일용근로자(보통인부)
③ 시중노임 : 1일 120,000원(월 가동일수 22일)
④ 과실률 : 20%
⑤ 병원치료비 : 25,000,000원
⑥ 향후 치료비 : 5,000,000원(현가액)
⑦ 영구후유장해부위별 노동능력상실률
• 두부손상 장해 50%
• 척추체 장해 40%(기왕증 기여도 50%)
• 다리 부위 10%
⑧ 호프만계수(계산상 편의를 위한 임의계수임)
• 사고일 ~ 치료 종료 : 10개월(H계수 : 10)
• 사고일 ~ 가동 기간 : 144개월(H계수 : 110)
⑨ 위자료 : 서울중앙지방법원 산정기준에 따르며, 사망 또는 100% 장해시 기준금액 100,000,000원 적용

(1) A보험(주)의 피해자별 보상책임에 대하여 약술하시오. (6점)

(2) "박○○"의 복합장해율을 계산하고, 그 산출과정을 기재하시오. (4점)

(3) A보험(주)가 지급해야 할 지급보험금을 산정하고, 그 산출과정을 기재하시오. (10점)

4. 부진정연대채무(不眞正連帶債務)에 대하여 연대채무(連帶債務)와 비교하여 설명하고, 판례에서 부진정연대채무관계로 보는 경우에 대한 「민법」상의 관련 규정을 2가지 기재하시오. (10점)

5. 「근로기준법」 및 「선원법」의 재해보상에서 정하고 있는 일시보상에 대하여 각각 설명하고, 그 지급의 효과에 대하여 비교 설명하시오. (10점)

6. 「산재법」상 일용근로자의 평균임금 산정시 적용하는 통상근로계수의 개념을 설명하고, 통상근로계수 적용을 제외하는 3가지 경우에 대하여 약술하시오. (10점)

7. 어린이놀이시설 배상책임보험의 가입대상별 담보위험과 보상한도액을 기재하고, 이 보험에 적용되는 손해배상책임법리에 대하여 약술하시오. (10점)

01

A건설(주)는 베트남 하노이 인근 △△쇼핑센터 신축공사를 수주하여 공사를 진행하던 중 2018년 4월 11일 현장근로자 "김○○"은 지하 1층 기계실 내에서 발판이 설치된 사다리 위에 올라가 펌프배관 용접작업을 하던 중 발을 헛디뎌 중심을 잃고 바닥으로 떨어지는 사고로 허리 및 손가락 부위에 큰 부상을 입었다. 사고 이후 "김○○"은 현지 병원에서 응급치료 시행 후 국내로 긴급 이송되어 입원치료를 받았으며, 이후 영구후유장해 판정을 받았다.

아래 〈별표〉의 내용을 참고하여 각각의 질문에 답하시오. (20점)

〈별표〉

(1) **보험가입사항**

① 계약자/피보험자 : A건설(주)

② 보험종목 : 해외근로자재해보장책임보험

- 재해보상책임 특별약관
- 재해보상확장 추가특별약관
- 비업무상재해확장 추가특별약관

(2) **전제조건**

① 재해자 : 김○○

② 담당직무 : 용접공

③ 근로계약 : 2018년 4월 1일 ~ 2018년 9월 30일(6개월)

④ 지급된 임금총액 : 2,000,000원(2018년 4월 1일 ~ 2018년 4월 10일)

⑤ 과실률 : 30%

⑥ 손해사항

- 현지에서 국내 요양기관으로의 긴급이송비용 : 3,500,000원
  (재해자 이송비용 2,500,000원, 동행간호인 호송비용 1,000,000원)
- 현지/국내 병원치료비 : 15,000,000원
- 향후 치료비 : 2,000,000원(현가액)
- 사고일 ~ 요양종료일 : 200일

⑦ 영구후유장해 판정사항

- 요추부 장해 : 「산재법」 제8급 제2호 판정
- 손가락 장해 : 「산재법」 제14급 제6호 판정
- 재해사고 이전 요추부 수술에 따른 기왕증 기여도 50%

⑧ 「근로기준법」상 신체장해등급과 재해보상표

장해등급	제7급	제8급	제13급	제14급
장해보상일시금	560일분	450일분	90일분	50일분

(1) 「근로기준법」에서 정하고 있는 "요양의 범위" 7가지를 기재하시오. (5점)

(2) 재해자 "김○○"의 요양보상을 산정하고, 그 산출과정을 기재하시오. (5점)

(3) 재해자 "김○○"의 휴업보상을 산정하고, 그 산출과정을 기재하시오. (3점)

(4) 재해자 "김○○"의 장해보상을 산정하고, 그 산출과정을 기재하시오. (7점)

모범답안

(1) 「근로기준법」에서 정하고 있는 "요양의 범위"(7가지)

① 진찰

② 약제 또는 진료 재료의 지급

③ 인공팔다리 또는 그 밖의 보조기의 지급

④ 처치, 수술, 그 밖의 치료

⑤ 입원

⑥ 간병

⑦ 이송

(2) 재해자 "김○○"의 요양보상 산정 및 산출과정

① **이송비** : 현지에서 국내 요양기관으로의 긴급이송비용 3,500,000원 중 재해자 이송비용 2,500,000원을 보상한다.

※ 해외근재로 본국으로 송환되는 경우의 이송비용을 보상하지 않으나, 기동이 불가하여 호송을 요하는 중환자에 해당하는 것으로 판단하여 재해자 이송비용을 500만원 한도 내에서 보상하며, 동행간호인 호송비용(1,000,000원)은 약관상 어떠한 경우에도 보상하지 않는다.

② **현지/국내 병원치료비** : 15,000,000원을 전액 보상한다.

③ **향후 치료비** : 보상하지 않는다.

④ **요양보상 산정** : 2,500,000원 + 15,000,000원 = 17,500,000원

(3) 재해자 "김○○"의 휴업보상 산정 및 산출과정

① **산정식** : 평균임금 × 요양일수 × 70%

② **평균임금** : 산정일수가 3개월 미만이므로, 해당 기간에 받은 임금 총액을 근무일수로 나누어 산정한다.
평균임금 = 2,000,000원 / 10일 = 200,000원/일

③ **요양일수** : 200일

④ **휴업보상 산정** : 200,000원/일 × 200일 × 70% = 28,000,000원

(4) 재해자 "김○○"의 장해보상 산정 및 산출과정

① **장해등급 판정** : 장해급수 8급과 14급은 장해등급 조정대상이 아니므로, 둘 중 더 높은 8급에 해당하는 장해등급을 적용한다.

② **장해등급 일수** : 주어진 장해보상일시금 일수(8급 450일)가 「근로기준법」 기준이기 때문에 재해보상확장 추가특약을 적용하여 「산재보험법」상 기준일수로 산정한다.
장해보상일수 = 450일 × 110% = 495일

③ **기왕증 기여도 반영 여부** : 재해사고 이전 요추부 수술에 기왕증이 있으나, 대법원 판례에 따라 기왕증 기여도를 적용하지 않는다.

④ **장해보상 산정** : 평균임금 × 해당 급수에 따른 장해보상일수
200,000원 × 495일 = 99,000,000원

02

○○아파트 101동 101호에 거주하는 '갑'은 해외여행을 가기 위해 본인의 반려견을 평소 친하게 지내는 옆집 102호에 거주하는 '을'의 배우자 '병'에게 맡기고 해외여행을 갔다. 잠시 반려견을 맡게 된 '병'은 인근 공원을 혼자 산책하던 중 개목줄을 놓쳐 같은 아파트 주민 '정'이 반려견에게 전신을 물려 병원으로 긴급 후송되어 치료를 받던 중 과다출혈로 사망하였다. 이에 피해자 '정'의 유가족은 '갑' 및 '병'을 상대로 손해배상을 청구하였다.

아래 〈별표〉의 내용을 참고하여 각각의 질문에 답하시오. (20점)

〈별표〉

(1) 보험사항

보험사	계약자/피보험자	가입담보 특약	보상한도액	자기부담금
A	갑	일상생활중배상책임	1억원	대물 20만원
B	을	일상생활중배상책임	1억원	대물 2만원
C	병	가족일상생활중배상책임	3억원	대물 20만원

(2) 전제조건

'정'에 대한 손해배상금 산정내역

치료비	장례비	일실수익	위자료
20,000,000원	5,000,000원	175,000,000원	100,000,000원

※ 생활비 공제는 고려하지 않음

(1) 상기 사례에서 '갑', '을', '병'에게 적용되는 「민법」상의 특수불법행위책임에 대하여 약술하시오. (10점)

(2) 각 보험사가 지급해야 할 지급보험금을 산정하고, 그 산출과정을 기재하시오. (10점)

모범답안

1. '갑', '을', '병'에게 적용되는 「민법」상의 특수불법행위책임

(1) 동물의 점유자의 책임

위 사안에 적용되는 「민법」상의 특수불법행위책임은 동물의 점유자의 책임이다. 동물의 점유자의 책임이란 동물이 타인에게 가한 손해에 대하여 동물의 점유자나 보관자가 지는 손해배상책임을 말한다(민법 제759조). 동물의 점유자의 책임은 위험책임설에 근거하며, 입증책임이 점유자나 보관자에게 전환된다. 다만, 점유자나 보관자가 상당한 주의를 하였거나 상당한 주의를 하였음에도 불구하고 손해가 발생할 경우에는 면책된다.

더 알아보기 **동물의 점유자의 책임(민법 제759조)**

① 동물의 점유자는 그 동물이 타인에게 가한 손해를 배상할 책임이 있다. 그러나 동물의 종류와 성질에 따라 그 보관에 상당한 주의를 해태하지 아니한 때에는 그러하지 아니하다.
② 점유자에 갈음하여 동물을 보관한 자도 전항의 책임이 있다.

(2) 점유자 및 보관자의 손해배상책임

동물이 타인에게 손해를 입힌 경우 점유자는 타인에 대해 손해배상책임을 진다. 다만, 동물의 종류와 성질에 따라 보관에 상당한 주의를 게을리 하지 않은 경우 면책될 수 있고, 상당한 주의를 다하였음을 입증해야 하는 중간책임에 해당한다. 보관자도 점유자에 갈음하여 손해배상책임을 진다.

(3) '갑', '을', '병'의 손해배상책임 여부

① 갑 : 반려견 소유자인 '갑'은 사고 당시 동물의 점유자에 해당하지 않기 때문에 피해자에 대해 법률상의 손해배상책임을 부담하지 않는다.

② 을 : '병'의 배우자인 '을'은 사고 당시 동물의 점유자 또는 보관자로 판단할 수 없으므로, 법률상의 손해배상책임을 부담하지 않는다.

③ 병 : '병'은 사고 당시 동물의 점유자로서, 산책 도중에 반려견의 개목줄을 놓치는 부주의로 사고가 발생하였으므로, 「민법」 759조에 따른 손해배상책임을 부담한다.

2. 각 보험사가 지급해야 할 지급보험금 산정 및 산출과정

(1) 각 보험사별 보상책임의 검토

① A 보험사 : '갑'은 법률상 손해배상책임을 부담하지 않으므로, A 보험사는 약관상 보상책임을 부담하지 않는다.

② B 보험사 : '병'은 '을'의 배우자이므로, '을'이 가입한 일상생활배상책임의 피보험자에 해당하며, '병'의 일상생활 중 부주의로 사고가 발생하였으므로 보상책임을 부담한다.

③ C 보험사 : '병'은 가족일상생활중배상책임의 피보험자에 해당하며, '병'의 일상생활 중 부주의로 사고가 발생하였으므로 보상책임을 부담한다.

(2) 손해액 산정

① 치료비 : 20,000,000원

② 장례비 : 5,000,000원

③ 일실수익 : 175,000,000원

④ 위자료 : 100,000,000원

⑤ 합계 : 20,000,000원 + 5,000,000원 + 175,000,000원 + 100,000,000원
= 300,000,000원

(3) 각 보험사별 독립책임액

문제 사례에서 B, C 보험사는 동일한 위험을 담보하므로, 중복보험에 해당한다. 따라서 각 보험사는 독립책임액 분담방식에 따라 지급보험금을 산정한 후 독립책임액 합산액이 손해액을 초과할 경우 독립책임액 비율에 따라 분담하여 지급한다.

① B 보험사 : 손해액(300,000,000원)이 보상한도(100,000,000원)를 초과하므로, 독립책임액은 100,000,000원이다.

② C 보험사 : 손해액(300,000,000원)이 보상한도(300,000,000원)와 동일하므로, 독립책임액은 300,000,000원이다.

③ 독립책임액 합산액 : 독립책임액 합산액(400,000,000원)이 손해액(300,000,000원)을 초과한다.

(4) 각 보험사별 지급보험금

① A 보험사 : 보상책임이 없으므로 지급보험금이 없다.

② B 보험사 : 300,000,000원 × (1억원 / 4억원) = 75,000,000원

③ C 보험사 : 300,000,000원 × (3억원 / 4억원) = 225,000,000원

03

ㅁㅁ인테리어(주)는 인천시 소재 △△모텔 리모델링 공사를 수주하여 보수공사를 진행하던 중 2018년 7월 31일 오후 3시경 소속 근로자 "김○○"가 건물 4층 외벽에 설치된 작업발판이 무너지며 1층으로 추락하여 사망하는 사고가 발생하였다. 때마침 공사현장 아래를 지나가던 행인 "박○○"가 철제 구조물 및 건축자재 더미에 깔려 머리, 척추, 다리 등에 큰 부상을 입고 약 10개월간 병원치료를 받았고, 이후 영구후유장해 판정을 받았다.

아래 〈별표〉의 내용을 참고하여 각각의 질문에 답하시오. (20점)

〈별표〉

(1) **보험가입사항**
- ① 보험회사 : A보험(주)
- ② 계약자/피보험자 : ㅁㅁ인테리어(주)
- ③ 보험조건 : 영업배상책임보험 보통약관
  - 도급업자 특별약관
- ④ 보상한도액(대인) : 1인당 5억원, 1사고당 10억원
- ⑤ 자기부담금(대인) : 1사고당 100만원

(2) **전제조건**

1) 피해자 : 김○○(현장사망)
- ① 직무(직종) : 현장근로자(비계공)
- ② 과실률 : 30%
- ③ 일실수익 : 120,000,000원
- ④ 위자료 : 70,000,000원

2) 피해자 : 박○○(부상/장해)
- ① 생년월일 : 1970년 7월 30일
- ② 직무(직종) : 도시일용근로자(보통인부)
- ③ 시중노임 : 1일 120,000원(월 가동일수 22일)
- ④ 과실률 : 20%
- ⑤ 병원치료비 : 25,000,000원
- ⑥ 향후 치료비 : 5,000,000원(현가액)
- ⑦ 영구후유장해부위별 노동능력상실률
  - 두부손상 장해 50%
  - 척추체 장해 40%(기왕증 기여도 50%)
  - 다리 부위 10%
- ⑧ 호프만계수(계산상 편의를 위한 임의계수임)
  - 사고일 ~ 치료 종료 : 10개월(H계수 : 10)
  - 사고일 ~ 가동 기간 : 144개월(H계수 : 110)
- ⑨ 위자료 : 서울중앙지방법원 산정기준에 따르며, 사망 또는 100% 장해시 기준금액 100,000,000원 적용

(1) A보험(주)의 피해자별 보상책임에 대하여 약술하시오. (6점)

(2) "박○○"의 복합장해율을 계산하고, 그 산출과정을 기재하시오. (4점)

(3) A보험(주)가 지급해야 할 지급보험금을 산정하고, 그 산출과정을 기재하시오. (10점)

모범답안

1. A보험(주)의 피해자별 보상책임

(1) 근로자 김○○

피보험자 □□인테리어(주)는 근로자 김○○에 대해 「민법」 제758조에 의거하여 공작물 점유자, 소유자 책임 및 안전배려의무위반에 따른 손해배상책임(민법 제390조)을 부담한다.

그러나 영업배상책임보험 도급업자 특별약관은 피보험자가 수행하는 도급공사 작업 또는 작업의 수행을 위하여 소유, 사용, 관리하는 시설로 인하여 발생한 사고로 타인의 신체 및 재물에 손해를 입힌 경우에 도급업자가 부담하는 법률상의 배상책임손해를 담보하는 특별약관이다. 즉 영업배상책임보험 도급업자 특별약관에서 피보험자의 근로자가 피보험자의 업무에 종사 중 입은 신체장해는 산재보험 담보영역이므로 이 특별약관에서는 담보되지 않는다(면책사항). 따라서 A보험(주)는 근로자 김○○에 대해 보상책임을 부담하지 않는다.

(2) 행인 박○○

피보험자 □□인테리어(주)는 행인 박○○에 대해 「민법」 제758조(공작물 등의 점유자, 소유자의 책임) 및 제750조(불법행위책임)에 의거하여 손해배상책임을 부담한다.

또한, 영업배상책임보험 도급업자 특별약관에서 피보험자 □□인테리어(주)가 소유, 사용, 관리하는 시설의 하자로 생긴 사고는 보상하므로, 지나가던 행인 박○○가 입은 신체장해에 대해 보상책임이 있다.

2. 행인 박○○의 복합장해율 계산 및 산출과정

(1) 부위별 장해율 산정

① 두부손상 장해 : 50%

② 척추체 장해 : 40% × (100% − 50%) = 20%(※ 기왕증 기여도 50% 차감)

③ 다리부위 장해 : 10%

(2) 최종 복합장해율 산정

① 두부손상 장해 + 척추체 장해 : 50% + (100% − 50%) × 20% = 60%

② 최종 복합장해율 산정 : 다리부위 장해를 합산하면,
60% + (100% − 60%) × 10% = 64%

3. A보험(주)가 지급해야 할 지급보험금 산정 및 산출과정

(1) 행인 박○○의 손해배상금 산정

① 치료비 : 25,000,000원 × (100% − 20%) = 20,000,000원

② 향후 치료비 : 5,000,000원 × (100% − 20%) = 4,000,000원

③ 치료기간 일실수익 : (120,000원/일 × 22일*) × 100% × 10 × (100% − 20%)
= 21,120,000원

* 월 가동일수 변경 : 월 22일 → 월 20일(대법원 2024.4.25. 선고 2020다271650 판결)

④ 장해기간 일실수익 : (120,000원/일 × 22일*) × 64% × (110 − 10) × (100% − 20%)
= 135,168,000원

* 월 가동일수 변경 : 월 22일 → 월 20일(대법원 2024.4.25. 선고 2020다271650 판결)

⑤ 위자료 : 100,000,000원 × 64% × [100% − (20% × 60%)] = 56,320,000원

⑥ 합계 : 20,000,000원 + 4,000,000원 + 21,120,000원 + 135,168,000원 + 56,320,000원
= 236,608,000원

(2) 지급보험금 산정

손해배상금(236,608,000원) − 자기부담금(1,000,000원) = 235,608,000원
1인당 보상한도가 5억원이므로, 지급보험금은 235,608,000원이다.

04 부진정연대채무(不眞正連帶債務)에 대하여 연대채무(連帶債務)와 비교하여 설명하고, 판례에서 부진정연대채무관계로 보는 경우에 대한 「민법」상의 관련 규정을 2가지 기재하시오. (10점)

모범답안

1. 부진정연대채무와 연대채무

(1) 부진정연대채무

부진정연대채무란 여러 명(수인)의 채무자가 동일 내용의 급부에 관해 각자 독립하여 전부 급부의무를 부담하지만, 채무자간의 공동목적에 의한 주관적 관련이 없어 1인에 대하여 생긴 목적도달 이외의 사유는 다른 채무자에 영향을 미치지 아니하고 채무자간에 구상관계도 생기지 않는 채권관계로서 「민법」상 연대채무에 속하지 않는 것을 말한다.

(2) 연대채무

연대채무란 수인의 채무자가 각자 독립하여 채무 전부를 변제할 의무를 가지며, 그 가운데 채무자 1인이 채무의 이행을 하면 다른 채무자의 채무도 소멸하는 다수당사자의 채무를 말한다. 연대채무는 채무자의 수만큼의 다수의 독립한 채무이다. 따라서 연대채무자의 한 사람에 대한 법률행위의 무효 또는 취소의 원인은 다른 채무자의 채무에 영향을 미치지 않는다.

(3) 부진정연대채무와 연대채무의 비교

① 공통점

부진정연대채무는 수인의 채무자가 동일 내용의 급부에 관해 각자 독립하여 전부 급부의무를 부담하고, 1인 채무자의 이행으로 다른 채무자의 채무가 소멸하는 점에서 연대채무와 같다.

② 차이점

㉠ 부진정연대채무는 채무자 사이에 공동목적에 의한 주관적 공동관계가 없으나, 연대채무는 주관적 공동관계가 있다.

판례 **대법원 1998.6.26. 선고 98다5777 판결**

「민법」 제426조가 연대채무에 있어서의 변제에 관하여 채무자 상호간에 통지의무를 인정하고 있는 취지는, 연대채무에 있어서는 채무자들 상호간에 공동목적을 위한 주관적인 연관관계가 있고 이와 같은 주관적인 연관관계의 발생 근거가 된 대내적 관계에 터잡아 채무자 상호간에 출연분담에 관한 관련관계가 있게 되므로, 구상관계에 있어서도 상호 밀접한 주관적인 관련관계를 인정하고 변제에 관하여 상호 통지의무를 인정함으로써 과실 없는 변제자를 보다 보호하려는데 있으므로, 이와 같이 출연분담에 관한 주관적인 밀접한 연관관계가 없고 단지 채권만족이라는 목적만을 공통으로 하고 있는 부진정연대채무에 있어서는 그 변제에 관하여 채무자 상호간에 통지의무 관계를 인정할 수 없고, 변제로 인한 공동면책이 있는 경우에 있어서는 채무자 상호간에 어떤 대내적인 특별관계에서 또는 형평의 관점에서 손해를 분담하는 관계가 있게 되는데 불과하다고 할 것이므로, 부진정연대채무에 해당하는 공동불법행위로 인한 손해배상채무에 있어서도 채무자 상호간에 구상요건으로서의 통지에 관한 「민법」의 위 규정을 유추 적용할 수는 없다.

㉡ 부진정연대채무는 구상권을 원칙적으로 행사할 수 없으나, 연대채무는 구상권을 행사할 수 있다. 그런데 판례는 부진정연대채무자 중 1인이 자기부담 부분 이상을 변제하여 공동의 면책을 얻게 하였다면 다른 부진정연대채무자에게 부담 부분의 비율에 따라 구상권을 행사할 수 있다고 하였다.

판례 **대법원 2006.1.27. 선고 2005다19378 판결**

부진정연대채무의 관계에 있는 복수의 책임주체 내부관계에 있어서는 형평의 원칙상 일정한 부담 부분이 있을 수 있으며, 그 부담 부분은 각자의 고의 및 과실의 정도에 따라 정하여지는 것으로서 부진정연대채무자 중 1인이 자기의 부담 부분 이상을 변제하여 공동의 면책을 얻게 하였을 때에는 다른 부진정연대채무자에게 그 부담 부분의 비율에 따라 구상권을 행사할 수 있다.

㉢ 부진정연대채무는 변제, 대물변제, 공탁, 상계 등에 대해서는 절대적 효력이 있으나, 그 이외의 사유에 대해서는 다른 채무자에게 영향을 미치지 않는다(상대적 효력). 반면, 연대채무는 변제, 대물변제, 공탁, 상계 등 목적도달 이외의 사유에 대해서도 다른 채무자에게 절대적 효력을 미친다.

판례 **대법원 2006.1.27. 선고 2005다19378 판결**

부진정연대채무자 상호간에 있어서 채권의 목적을 달성시키는 변제와 같은 사유는 채무자 전원에 대하여 절대적 효력을 발생하지만 그 밖의 사유는 상대적 효력을 발생하는 데에 그치는 것이므로 피해자가 채무자 중의 1인에 대하여 손해배상에 관한 권리를 포기하거나 채무를 면제하는 의사표시를 하였다 하더라도 다른 채무자에 대하여 그 효력이 미친다고 볼 수는 없다 할 것이고, 이러한 법리는 채무자들 사이의 내부관계에 있어 1인이 피해자로부터 합의에 의하여 손해배상채무의 일부를 면제받고도 사후에 면제받은 채무액을 자신의 출재로 변제한 다른 채무자에 대하여 다시 그 부담 부분에 따라 구상의무를 부담하게 된다 하여 달리 볼 것은 아니다.

2. 판례에서 부진정연대채무관계로 보는 경우에 대한 「민법」상의 관련 규정

(1) 피용자의 불법행위책임(민법 제750조)과 사용자배상책임(민법 제756조)

판례 대법원 1975.12.23. 선고 75다1193 판결

피용자의 사무집행 중의 불법행위로 인한 사용자의 「민법」 제756조의 규정에 의한 배상책임과 피용자 자신의 「민법」 제750조의 규정에 의한 불법행위 책임은 전혀 별개의 것이고, 다만, 피해자가 어느 편으로 부터 배상에 의하여 일부 또는 전부의 만족을 얻었을 때에는 그 범위 내에서 타방의 배상책임이 소멸한다 할 것이고 이러한 피용자의 업무집행 중의 불법행위 책임과 사용자 배상책임이 강학상 부진정연대채무의 부류에 속한다 하더라도 성질상 사용자의 피용자에 대한 구상관계는 반드시 「민법」의 연대채무에 관한 규정에 따라야 하는 것은 아니고, 사용자와 피용자간의 법률관계에 따라서 해결하여야 하고, 이에 관한 다툼은 특약이 없는 한 법률행위 해석에 관한 문제에 속한다.

(2) 책임무능력자의 불법행위에 대한 법정감독의무자와 대리감독자의 책임(민법 제755조)

판례 대법원 1981.8.11. 선고 81다298 판결

책임무능력자의 대리감독자에게 「민법」 제755조 제2항에 의한 배상책임이 있다고 하여 위 대리감독자의 사용자 또는 사용자에 갈음한 감독자에게 당연히 「민법」 제756조에 의한 사용자책임이 있다고 볼 수는 없으며, 책임무능력자의 가해행위에 관하여 그 대리감독자에게 고의 또는 과실이 인정됨으로써 별도로 불법행위의 일반 요건을 충족한 때에만 위 대리감독자의 사용자 또는 사용자에 갈음한 감독자는 「민법」 제756조의 사용자책임을 지게 된다.

(3) 공동불법행위자(민법 제760조)

판례 대법원 1997.12.12. 선고 96다50896 판결

공동불법행위자는 채권자에 대한 관계에서는 연대책임(부진정연대채무)을 지되, 공동불법행위자들 내부관계에서는 일정한 부담 부분이 있고, 이 부담 부분은 공동불법행위자의 과실의 정도에 따라 정하여지는 것으로서 공동불법행위자 중 1인이 자기의 부담 부분 이상을 변제하여 공동의 면책을 얻게 하였을 때에는 다른 공동불법행위자에게 그 부담 부분의 비율에 따라 구상권을 행사할 수 있다.

05 「근로기준법」 및 「선원법」의 재해보상에서 정하고 있는 일시보상에 대하여 각각 설명하고, 그 지급의 효과에 대하여 비교 설명하시오. (10점)

모범답안

1. 일시보상

(1) 「근로기준법」(제84조)

요양보상(제78조)을 받는 근로자가 요양을 시작한 지 2년이 지나도 부상 또는 질병이 완치되지 아니하는 경우에는 사용자는 그 근로자에게 평균임금 1,340일분을 일시보상함으로써, 근로기준법에 따른 모든 보상책임을 면할 수 있다.

(2) 「선원법」(제98조)

선박소유자는 요양보상(제94조 제1항) 및 상병보상(제96조 제1항)을 받고 있는 선원이 2년이 지나도 그 부상이나 질병이 치유되지 아니하는 경우에는 「산업재해보상보험법」에 따른 제1급의 장해보상에 상당하는 금액(승선평균임금 1,474일분)을 선원에게 지급함으로써 요양보상, 상병보상 및 장해보상에 따른 보상책임을 면할 수 있다.

2. 지급의 효과

(1) 「근로기준법」

「근로기준법」상 사업주가 피재근로자에게 일시보상[평균임금 × 1,340일(1급)]을 지급하면 모든 재해보상책임을 면한다.

(2) 「선원법」

「선원법」상 선원에게 일시보상[승선평균임금 × 1,474일(1급)]을 지급하면 요양보상, 상병보상 및 장해보상에 따른 보상책임을 면할 수 있으나, 유족보상과 장제비에 대한 지급책임까지 면제되는 것은 아니다.

(3) 「민법」상 손해배상책임 면제 여부

「근로기준법」 또는 「선원법」상 일시보상하였다 하더라도 「민법」상의 손해배상책임까지 면제되는 것은 아니다.

06 「산재법」상 일용근로자의 평균임금 산정시 적용하는 통상근로계수의 개념을 설명하고, 통상근로계수 적용을 제외하는 3가지 경우에 대하여 약술하시오. (10점)

모범답안

1. 통상근로계수

(1) 개 념

통상근로계수란 1개월 대비 일용노동자가 근무하는 비율을 감안하여 노동부장관이 고시하는 근로계수이다. 근로형태가 특이하여 산재보험 급여 산정시 평균임금을 적용하는 것이 적당하지 않다고 인정하는 경우에 통상근로계수를 적용하여 평균임금을 산정한다. 현재 노동부가 고시한 통상근로계수는 73/100이다. 즉 월급제의 경우에는 계속 근로한다고 보지만 일용노동자의 경우 월기준 22일 정도를 일한다고 보고 일당의 73%만 평균임금으로 인정하는 것이다.

(2) 통상근로계수 적용대상 근로자

"근로형태가 특이하여 평균임금을 적용하는 것이 적당하지 않다고 인정되는 경우"란 다음의 어느 하나에 해당하는 경우를 말한다.

① 1일 단위로 고용되거나 근로일에 따라 일당(미리 정하여진 1일 동안의 근로시간에 대하여 근로하는 대가로 지급되는 임금을 말한다) 형식의 임금을 지급받는 근로자(이하 "일용근로자"라 한다)에게 평균임금을 적용하는 경우

② 둘 이상의 사업(산재보험의 보험가입자가 운영하는 사업을 말한다)에서 근로하는 「근로기준법」에 따른 단시간근로자(일용근로자는 제외하며, 이하 "단시간근로자"라 한다)에게 평균임금을 적용하는 경우

2. 통상근로계수 적용을 제외하는 경우(3가지)

평균임금 산정사유 발생일 당시 당해 사업의 동종 업무에 종사하는 다른 일용노동자의 근로조건 등이 다음 조건에 해당하는 경우 통상근로계수가 적용되지 않는다.

① 근로관계가 3개월 이상 계속되는 경우

② 평균임금 산정사유 발생일 직전 3개월간 월평균 근로일수가 통상근로계수의 산정기초가 되는 근로일수를 초과하는 경우

③ 근로자 및 같은 사업에서 같은 직종에 종사하는 다른 일용근로자의 근로조건, 근로계약의 형식, 구체적인 고용 실태 등을 종합적으로 고려할 때 근로 형태가 상용근로자와 비슷하다고 인정되는 경우와 평균임금 산정사유 발생일 당시 1개월 이상 근로한 일용근로자가 통상근로계수를 적용하는 것이 부당하다고 신청한 경우로서 당해 일용근로자에게 지급된 입금액이 신청인이 제출한 자료 등에 의하여 명확한 경우

07 어린이놀이시설 배상책임보험의 가입대상별 담보위험과 보상한도액을 기재하고, 이 보험에 적용되는 손해배상책임법리에 대하여 약술하시오. (10점)

모범답안

1. 가입대상별 담보위험

어린이놀이시설 관리주체 및 안전검사기관은 어린이놀이시설의 사고로 인하여 어린이의 생명・신체 또는 재산상의 손해를 발생하게 하는 경우 그 손해에 대한 배상을 보장하기 위하여 보험에 가입하여야 한다(어린이놀이시설 안전관리법 제21조 제1항).

(1) 어린이놀이시설 관리주체

피보험자(어린이놀이시설 관리주체)가 소유, 사용 또는 관리하는 어린이놀이시설 및 그 시설의 용도에 따른 업무의 수행으로 발생된 보험사고로 인하여 피보험자가 타인에게 신체장해나 재물손해를 입힌 경우 피해자에게 법률상의 배상책임을 부담함으로써 입은 손해를 보상한다.

(2) 어린이놀이시설 안전검사기관

피보험자가 어린이놀이시설의 정기검사, 설치검사, 정기설치검사, 안전진단(이하 "안전검사업무"라 한다) 안전검사업무의 하자로 인하여 어린이놀이시설을 이용하는 타인에게 신체장해 또는 재물손해를 입혀 피해자에게 법률상의 배상책임을 부담함으로써 입은 손해를 보상한다.

2. 보상한도액

(1) 신체손해

① 사망의 경우 : 8천만원(※ 실손해액이 2천만원 미만인 경우에는 2천만원)
② 부상의 경우 : 1급 1천500만원 ~ 14급 60만원(※ 상해 등급별 한도로 실손보상)
③ 신체장해가 생긴 경우 : 1급 8천만원 ~ 14급 500만원(※ 장해 등급별 한도로 실손보상)
④ 부상자가 치료 중에 해당 부상이 원인이 되어 사망한 경우 : ①과 ②의 금액을 합산한 금액
⑤ 부상한 자에게 해당 부상이 원인이 되어 신체장해가 생긴 경우 : ②와 ③의 금액을 합산한 금액
⑥ ③의 금액을 지급한 후 해당 부상이 원인이 되어 사망한 경우 : ①의 금액에서 ③에 따라 지급한 금액을 뺀 금액

(2) 재산상 손해 : 1사고당 200만원

3. 손해배상책임법리

(1) 어린이놀이시설의 설치 또는 보존상의 하자로 인한 사고

「민법」 제758조(공작물 등의 점유자, 소유자의 책임)에 따라 손해배상책임을 부담한다. 즉 공작물(놀이시설)의 설치 또는 보존의 하자로 인하여 타인에게 손해를 가한 때에는 공작물점유자(관리주체)가 손해를 배상할 책임이 있다.

(2) 어린이놀이시설 관리주체 또는 안전검사기관의 업무수행상 고의 또는 과실로 인한 사고

「민법」 제750조(불법행위의 내용)에 따라 손해배상책임을 부담한다. 즉, 고의 또는 과실로 인한 위법행위로 타인에게 손해를 가한 자는 그 손해를 배상할 책임이 있다.

(3) 어린이놀이시설 관리주체 또는 안전검사기관 직원이 업무수행상 타인에게 손해를 입힌 경우

「민법」 제756조(사용자의 배상책임)에 따라 손해배상책임을 부담한다. 즉 타인을 사용하여 어느 사무에 종사하게 한 자는 피용자(소속 직원)가 그 사무집행에 관하여 제3자에게 가한 손해를 배상할 책임이 있다.

제44회 신체손해사정사 2차 시험문제

1. '갑'이 소유자인 12층 특수건물의 2층 150m^{2}를 '을'이 최근 임차하여 노래연습장을 개업하고 2012년 7월 6일 다중이용업소 화재배상책임보험에 신규 가입하였다. 2021년 7월 8일 저녁 9시경에 노래연습장에서 화재가 발생하여 '을'과 손님 '병'은 현장에서 질식으로 사망하였고, 종업원 '정'은 이 사고로 화상치료를 받았으나 장해가 발생하였다. 화재원인에 대하여 국립과학수사연구소는 "정확한 발화원인과 발화지점을 단정할 수 없는 원인미상의 화재사고"로 감식하였다
아래 〈별표〉의 내용을 참고하여 각각의 질문에 답하시오. (20점)

〈별표〉

[보험가입사항]

보험회사	피보험자	보험종목	보상한도액
A	갑	신체손해배상특약부 화재보험	의무보상한도
B	을	다중이용업소 화재배상책임보험	의무보상한도

[등급별 보상한도액]

보험종목	후유장해 7급	부상등급 4급
신체손해배상특약부 화재보험	6천만원	1천만원
다중이용업소 화재배상책임보험	6천만원	1천만원

[재해자별 손해내역]

재해자	피해사항	손해액	손해내용	비고
을	현장사망	2억원	법률상 손해배상금	노래연습장 주인
병	현장사망	2.5억원	법률상 손해배상금	노래연습장 손님
정	치료 후 후유장해	3천만원	병원화상치료비 (부상등급 4급)	노래연습장 종업원
		1억원	법률상 손해배상금 (후유장해등급 7급)	

(1) 신체손해배상특약부 화재보험과 다중이용업소 화재배상책임보험에서 '타인'의 적용범위를 설명하시오. (5점)

(2) 재해자별로 A와 B 보험회사가 지급해야 할 지급보험금을 각각 산정하고, 그 산출과정을 기재하시오. (15점)

2. 2021년 7월 1일 ○○수영장에서 강습을 받던 김○○는 입수가 금지된 풀장에 들어갔다가 수영미숙으로 의식을 잃게 되는 사고가 발생하였다. 그러나 안전요원의 신속한 응급조치가 지연되어 김○○은 후유장해가 발생하였다.
아래 〈별표〉의 내용을 참고하여 보험회사가 지급해야 할 지급보험금을 산정하고, 그 산출과정을 기재하시오. (15점)

〈별표〉

[보험가입사항]

- 보험조건 : 체육시설업자배상책임보험
- 피보험자 : ○○수영장
- 보험기간 : 2020년 12월 31일 ~ 2021년 12월 31일
- 보상한도액 : 5억원 / 1인당
- 자기부담금 : 100,000원 / 1사고당

[전제조건]

- 성명 : 김○○
- 생년월일 : 1991년 7월 1일(사고 당시 30세)
- 기대여명 : 이 사고로 잔존여명이 10년으로 단축됨.
- 직업 : 회사원(정년 60세)
- 소득 : 현실소득 6,000,000원/월(일실퇴직금 산정 제외)
- 시중노임단가 : 보통인부 3,000,000원/월
- 노동능력상실률 : 두부, 뇌, 척수, Ⅸ – B – 4항 100%
- 개호 : 사고일로부터 여명기간까지 3,000,000원/월 인정
- 피보험자 책임범위 : 30%
- 발생치료비(대법원 2018다287935 판례, 최근 판례기준으로 산정할 것)

항목	요양급여		비급여	총 치료비
	공단부담금	본인부담금		
금액	30,000,000원	20,000,000원	10,000,000원	60,000,000원

- 향후 치료비 및 보조구 구입비(현가) : 100,000,000원
- 위자료 : 50,000,000원(피보험자 책임범위를 고려함)
- 호프만계수(계산상 편의를 위한 임의계수임)
  * 사고일 ~ 기대여명까지 : 120개월(H계수 : 90)
  * 사고일 ~ 정년퇴직 60세까지 : 360개월(H계수 : 220)
  * 사고일 ~ 가동연한까지 : 420개월(H계수 : 242)

3. 김○○은 이탈리아 선주의 상선에 선원으로 취업하여 직무수행 중 기상악화로 인해 선박이 좌초되어 중상해를 입고 5개월간 치료를 받았으나, 부상 악화로 사망하여 해외 현지에 매장되었다. 아래의 〈별표〉를 내용에 참고하여 각각의 질문에 답하시오. (15점)

〈별표〉

[보험가입사항 및 손해내역]

보험가입사항	치료기간 및 치료비	임금현황
선원근로자재해보장책임보험 – 해외취업선원재해보상 추가특별약관	• 치료기간(5개월) : 2021.2.1. ~ 2021.6.30. • 치료비 : $4,000	• 월 통상임금 : $3,000($100/일) • 월 승선평균임금 : $3,600($120/일)

[김○○의 부양 중인 가족관계]

- 사실혼 배우자 갑(甲)
- 미성년 자녀 을(乙)
- 모친 병(丙)
- 조모 정(丁)

(1) 보험회사가 지급해야 할 지급보험금을 산정하고, 그 산출과정을 기재하시오. (10점)

(2) 김○○의 부양 중인 가족관계를 토대로 「선원법」에 따른 각 상속인의 상속비율을 기재하시오. (5점)

4. ○○병원에 입원한 환자 '갑'과 '을' 그리고 병원 응급실을 방문한 다른 병원 소속 응급차량 운전기사 '병'은 ○○병원에서 코로나 바이러스에 감염되었다고 주장하면서, 각각 소송을 제기하였다.
법원은 ○○병원의 감염환자관리에 대한 의료과오로 인하여 환자 '갑'과 '을'이 코로나에 감염되었다고 법률상 배상책임을 인정하였으나, 운전기사 '병'은 외부에서 감염되어 병원은 법률상 배상책임이 없는 것으로 판결하였다. 본 건 사고에 대한 소송비용은 보험자 동의하에 ○○병원이 모두 지출하였다.
아래 〈별표〉의 내용을 참고하여 보험회사가 지급해야 할 지급보험금을 산정하고, 그 산출과정을 기재하시오. (15점)

〈별표〉

[피보험자 ○○병원의 보험계약사항]

보험회사	A 보험회사	B 보험회사	C 보험회사
보험종목	의사 및 병원배상책임보험 의료과실배상책임보장조항 (배상청구기준)	국문영업배상책임보험 보통약관 – 시설소유(관리)자 특약	의사 및 병원배상책임보험 의료과실배상책임 보장조항 (배상청구기준)
보험기간	2020.3.1. ~ 2021.3.1.	2020.5.1. ~ 2021.5.1.	2021.3.1. ~ 2022.3.1.
소급담보일	2019.3.1.	–	2019.3.1.
보상 한도액	1억원 / 1청구당 1억원 / 총 보상한도액	1억원 / 1청구당 1억원 / 총 보상한도액	5천만원 / 1청구당 5천만원 / 총 보상한도액
자기부담금	5천만원 / 1청구당	1백만원 / 1사고당	1천만원 / 1청구당

[소송결과 및 손해내역]

사건번호	2021가합10001	2021가합10002	2021가합10003
피해자(원고)	갑	을	병
소가	200,000,000원	200,000,000원	100,000,000원
사고발생일	2021.2.10.	2021.2.10.	2021.2.10.
손해배상청구일	2021.2.15.	2021.3.10.	2021.5.15.
손해액	• 판결금 : 1억원 • 소송비용 : 1천만원	• 판결금 : 6천만원 • 소송비용 : 1천만원	소송비용 : 1천만원

5. 2021년 2월 1일 서울□□요양원에 입소중인 중증치매환자 '갑'을 요양보호사 '을'이 부축하여 복도를 지나가다가 요양보호사 '을'의 부주의로 인하여 함께 넘어져 '갑'이 대퇴부 골절상해를 입고 인근 병원으로 이송되어 장기간 입원치료를 받았다.
아래 〈별표〉의 내용을 참고하여 각각의 질문에 답하시오. (10점)

〈별표〉
[보험가입사항]
- 보험회사 : A 보험회사
- 보험종목 : Professional Indemnity & Omissions Insurance Police(Claims－made Basis)
- 보험계약자 : 서울□□요양원
- 피보험자 : 서울□□요양원 / 요양보호사 '을' 외 200명
- 보험기간 : 2020.7.1. 00:00 ~ 2021.7.1. 00:00
- 담보위험 : 노인요양시설 전문직업인 업무
- Terms & Conditions
  * L.O.L : 1억원 / 1인당, 5억원 / 1사고당
  * Deductible : ₩500,000 / any one claim
  * Co－Insurance of the Insured Clause

지급보험금 구간	공동보험 분담비율(%)
2,000만원 이하	지급보험금의 10%
2,000만원 초과	200만원＋2,000만원 초과하는 지급보험금의 20%

  * Claims Control Clause

[전제조건]
- 피해자 : '갑'
- 사고일자 : 2021년 2월 1일(배상청구일)
- 피해자과실 : 20%
- 손해내용(계산상 편의를 위한 임의금액임)
  * 실제치료비 : ₩19,500,000
  * 간병비 : ₩7,000,000
  * 향후 치료비(현가) : ₩8,500,000
  * 위자료는 감안하지 않음

(1) A 보험회사가 피해자 '갑'에게 지급해야 할 지급보험금을 산정하고, 그 산출과정을 기재하시오. (5점)

(2) 상기 〈별표〉의 보험가입사항에서 "Claims Control Clause"에 대하여 약술하시오. (5점)

6. 배상책임보험에서 제3자에 대한 보험자대위를 설명하고, 국문영업배상책임 보험약관에 규정하고 있는 대위권에 대하여 약술하시오. (15점)

7. 생산물배상책임보험을 가입한 피보험자 ○○전자가 제조·공급한 냉장고의 결함으로 화재가 발생하여 김○○이 화상을 입었다. 피해자 김○○은 사고발생전 예정되어 있던 해외유학이 이 건 사고로 인하여 취소되어 손해가 발생하였다고 주장하면서 ○○전자에 손해배상청구를 하였다. (10점)

(1) 상기 사고의 피해자 김○○의 손해배상청구가 「제조물책임법」상 인정될 수 있는지에 대하여 설명하시오. (6점)

(2) 「제조물책임법」에서 규정하고 있는 제조업자의 면책사유를 약술하시오. (4점)

01

'갑'이 소유자인 12층 특수건물의 2층 150m^{2}를 '을'이 최근 임차하여 노래연습장을 개업하고 2012년 7월 6일 다중이용업소 화재배상책임보험에 신규 가입하였다. 2021년 7월 8일 저녁 9시경에 노래연습장에서 화재가 발생하여 '을'과 손님 '병'은 현장에서 질식으로 사망하였고, 종업원 '정'은 이 사고로 화상치료를 받았으나 장해가 발생하였다. 화재원인에 대하여 국립과학수사연구소는 "정확한 발화원인과 발화지점을 단정할 수 없는 원인미상의 화재사고"로 감식하였다

아래 〈별표〉의 내용을 참고하여 각각의 질문에 답하시오. (20점)

〈별표〉

[보험가입사항]

보험회사	피보험자	보험종목	보상한도액
A	갑	신체손해배상특약부 화재보험	의무보상한도
B	을	다중이용업소 화재배상책임보험	의무보상한도

[등급별 보상한도액]

보험종목	후유장해 7급	부상등급 4급
신체손해배상특약부 화재보험	6천만원	1천만원
다중이용업소 화재배상책임보험	6천만원	1천만원

[재해자별 손해내역]

재해자	피해사항	손해액	손해내용	비 고
을	현장사망	2억원	법률상 손해배상금	노래연습장 주인
병	현장사망	2.5억원	법률상 손해배상금	노래연습장 손님
정	치료 후 후유장해	3천만원	병원화상치료비 (부상등급 4급)	노래연습장 종업원
		1억원	법률상 손해배상금 (후유장해등급 7급)	

(1) 신체손해배상특약부 화재보험과 다중이용업소 화재배상책임보험에서 '타인'의 적용 범위를 설명하시오. (5점)

(2) 재해자별로 A와 B 보험회사가 지급해야 할 지급보험금을 각각 산정하고, 그 산출과정을 기재하시오. (15점)

모범답안

1. 신체손해배상특약부 화재보험과 다중이용업소 화재배상책임보험에서 '타인'의 적용범위

(1) 신체손해배상특약부 화재보험

'타인'은 특수건물의 소유자 및 그 주거를 같이하는 직계가족(법인의 경우 이사 또는 업무집행기관) 이외의 사람이므로 사례에서는 피해자 '을', '병', '정'은 여기에 해당하므로, 모두 타인이다.

① **소유자** : 특수건물의 소유자가 개인인 경우 소유자 및 그 주거를 같이하는 직계가족은 제외되며, 특수건물의 소유자가 법인의 경우 이사 등의 업무집행기관은 제외된다.

② **임차인** : 화재가 그 타인의 고의, 중과실 또는 법령위반으로 생겼을 경우 그 타인의 손해는 면책이다.

③ **종업원** : 종업원 및 건물관리인 역시 타인에 속한다. 다만, 종업원에 대해 산업재해보상보험에 가입하고 있는 경우 그 종업원에 대한 손해배상책임을 담보하는 보험에 가입하지 않을 수 있다.

※ 신체손해배상특약부 화재보험은 "특약부 화재보험"으로 용어가 개정되었다.

(2) 다중이용업소 화재배상책임보험

피보험자가 보험증권상의 보장지역 내에서 보험기간 중에 피보험자가 소유, 사용 또는 관리하는 다중이용시설의 화재(폭발 포함)로 인하여 피보험자가 타인의 신체 또는 재물에 대한 법률상의 배상책임을 부담한다. 여기서 '타인'은 「민법」상 '타인'으로, 불법행위자를 제외하고 타인의 범위에 제한이 없다.

다만, 종업원부보장 특별약관에 가입된 경우에는 피보험자의 "종업원이 피보험자의 업무수행 중 사상한 경우에는 보상하지 않는다"라고 규정되어 있으므로 피보험자인 '을'을 제외한 '병'과 '정'이 타인에 해당된다.

※ 2021년 7월 6일부터 다중이용업소의 영업주 또는 영업을 하려는 자는 화재배상책임보험에 「무과실」 보장내용을 포함하여야 한다.

2. 재해자별로 A와 B 보험회사가 지급해야 할 지급보험금

(1) '을' 재해자

① **A 보험회사** : 노래연습장 주인인 '을'은 임차인으로서 신체손해배상특약부 화재보험의 '타인'에 해당한다. 현장사망으로 손해액 2억원 중 의무보상한도액(사망한도) 1억5,000만원을 보상한다.

② **B 보험회사** : '을'은 다중이용업소 화재배상책임보험의 피보험자에 해당하므로 보상하지 않는다(면책).

(2) '병' 재해자

A 보험회사의 신체손해배상특약부 화재보험과 B 보험회사의 다중이용업소 화재배상책임보험은 '무과실책임주의'에 따라 보상하는 보험이므로, 독립책임액비례분담주의를 적용한다. 즉 부진정연대채무의 관계이다. 따라서 사고원인이 미상이고, 내부적인 책임비율을 제시하지 않았으므로 「민법」 제424조에 따라 각각 손해액의 50%씩 부담한다.

① **A 보험회사** : 노래연습장 손님인 '병'은 신체손해배상특약부 화재보험의 '타인'에 해당하므로, 현장사망에 따른 손해액 2억5천만원 중 50%인 1억2,500만원을 보상한다.

② **B 보험회사** : '병'은 다중이용업소 화재배상책임보험의 '타인'에 해당하므로, 현장사망에 따른 손해액 2억5천만원 중 50%인 1억2,500만원을 보상한다.

(3) '정' 재해자

종업원 배상책임보장 제외 특별약관에 가입되어 있지 않다고 가정하며, '무과실책임주의'에 따라 보상하는 보험이므로, 각 보험회사는 손해액의 50%씩 부담한다.

① **A 보험회사** : 노래연습장 종업원인 '정'은 신체손해배상특약부 화재보험의 '타인'에 해당하므로, 병원화상치료비 3,000만원 중 50%인 1,500만원을 지급해야 하는데 부상등급 4급의 한도액(1,000만원)을 초과하므로, 1,000만원을 보상한다. 또한 후유장해비 1억원 중 50%인 5,000만원을 지급해야 하는데 후유장해등급 7급의 한도액(6,000만원) 이내이므로, 5,000만원을 보상한다.

② **B 보험회사** : '정'은 다중이용업소 화재배상책임보험의 '타인'에 해당하므로, 병원화상치료비 3,000만원 중 50%인 1,500만원을 지급해야 하는데 부상등급 4급의 한도액(1,000만원)을 초과하므로, 1,000만원을 보상한다. 또한 후유장해비 1억원 중 50%인 5,000만원을 지급해야 하는데 후유장해등급 7급의 한도액(6,000만원) 이내이므로, 5,000만원을 보상한다.

(4) 보험회사별 지급보험금

① A 보험회사

1억5,000만원('을') + 1억2,500만원('병') + 6,000만원('정') = **3억3,500만원**

② B 보험회사

1억2,500만원('병') + 6,000만원('정') = **1억8,500만원**

02

2021년 7월 1일 ○○수영장에서 강습을 받던 김○○는 입수가 금지된 풀장에 들어갔다가 수영미숙으로 의식을 잃게 되는 사고가 발생하였다. 그러나 안전요원의 신속한 응급조치가 지연되어 김○○은 후유장해가 발생하였다.

아래 〈별표〉의 내용을 참고하여 보험회사가 지급해야 할 지급보험금을 산정하고, 그 산출 과정을 기재하시오. (15점)

〈별표〉

[보험가입사항]

- 보험조건 : 체육시설업자배상책임보험
- 피보험자 : ○○수영장
- 보험기간 : 2020년 12월 31일 ~ 2021년 12월 31일
- 보상한도액 : 5억원 / 1인당
- 자기부담금 : 100,000원 / 1사고당

[전제조건]

- 성명 : 김○○
- 생년월일 : 1991년 7월 1일(사고 당시 30세)
- 기대여명 : 이 사고로 잔존여명이 10년으로 단축됨.
- 직업 : 회사원(정년 60세)
- 소득 : 현실소득 6,000,000원/월(일실퇴직금 산정 제외)
- 시중노임단가 : 보통인부 3,000,000원/월
- 노동능력상실률 : 두부, 뇌, 척수, Ⅸ-B-4항 100%
- 개호 : 사고일로부터 여명기간까지 3,000,000원/월 인정
- 피보험자 책임범위 : 30%
- 발생치료비(대법원 2018다287935 판례. 최근 판례기준으로 산정할 것)

항 목	요양급여		비급여	총 치료비
	공단부담금	본인부담금		
금액	30,000,000원	20,000,000원	10,000,000원	60,000,000원

- 향후 치료비 및 보조구 구입비(현가) : 100,000,000원
- 위자료 : 50,000,000원(피보험자 책임범위를 고려함)
- 호프만계수(계산상 편의를 위한 임의계수임)
  - * 사고일 ~ 기대여명까지 : 120개월(H계수 : 90)
  - * 사고일 ~ 정년퇴직 60세까지 : 360개월(H계수 : 220)
  - * 사고일 ~ 가동연한까지 : 420개월(H계수 : 242)

모범답안

1. 법률상 손해배상책임과 보상책임

체육시설업자배상책임보험은 의무가입대상 보험으로, 체육시설업자가 소유, 사용, 관리하는 시설물의 하자나 업무상의 과실로 인해 제3자에게 법률상의 손해배상책임을 부담하게 되었을 경우 그로 인한 손해를 보상해준다.

○○수영장은 김○○가 입수가 금지된 풀장에 들어가지 못하도록 관리했어야 했고, 안전요원의 신속한 응급조치가 지연된 과실로 사고가 발생하였으므로, 보상책임을 진다.

2. 지급보험금 산정

(1) 치료비

① 본인부담금 및 비급여 치료비

(20,000,000원 + 10,000,000원) × 30% = 9,000,000원

② 공단의 구상금

공단 부담금 30,000,000원 × 30% = 9,000,000원

판례 **판례에 나타난 사례**

공단이 불법행위의 피해자에게 보험급여를 한 다음 「국민건강보험법」 제58조 제1항에 따라 피해자의 가해자에 대한 기왕치료비 손해배상채권을 대위하는 경우 그 대위의 범위는 가해자의 손해배상액을 한도로 한 공단부담금 전액이 아니라, 그중 가해자의 책임비율에 해당하는 금액으로 제한되고 나머지 금액(공단부담금 중 피해자의 과실비율에 해당하는 금액)에 대해서는 피해자를 대위할 수 없으며, 이는 보험급여 후에도 여전히 손해를 전보받지 못한 피해자를 위해 공단이 최종적으로 부담한다고 보아야 한다(대법원 2021.3.18. 선고 2018다287935 전원합의체 판결).

③ 향후 치료비 및 보조구 구입비

1억원 × 30% = 30,000,000원

④ 치료비 합계

① + ② + ③ = 9,000,000원 + 9,000,000원 + 30,000,000원 = **48,000,000원**

(2) 일실수입액

① 사고일로부터 기대여명(10년)까지

현실소득 6,000,000원 × 100% × H계수 90 × 30% = 162,000,000원

② 기대여명 이후 정년퇴직 60세까지

현실소득 6,000,000원 × 100% × H계수 (220 − 90) × 2/3 × 30% = 156,000,000원

③ 정년 이후 가동연한까지

보통인부 3,000,000원 × 100% × H계수 (240 − 220) × 2/3 × 30% ≒ 12,000,000원

※ H계수가 240을 초과하므로 240을 한도로 적용한다.

④ 일실수입액 합계

① + ② + ③ = 162,000,000원 + 156,000,000원 + 12,000,000원 = **330,000,000원**

(3) 개호비

3,000,000원 × H계수 90 × 30% = **81,000,000원**

(4) 위자료

전액 보상하므로, **50,000,000원**이다.

(5) 총 손해액

(1) + (2) + (3) + (4)

= 48,000,000원 + 330,000,000원 + 81,000,000원 + 50,000,000원 = **509,000,000원**

(6) 지급보험금

총 손해액 509,000,000원에서 자기부담금 100,000원을 공제한 508,900,000원을 지급해야 하지만, 보상한도액 5억원을 초과하므로 **5억원을 지급**한다.

03

김○○은 이탈리아 선주의 상선에 선원으로 취업하여 직무수행 중 기상악화로 인해 선박이 좌초되어 중상해를 입고 5개월간 치료를 받았으나, 부상 악화로 사망하여 해외 현지에 매장되었다.

아래의 〈별표〉를 내용에 참고하여 각각의 질문에 답하시오. (15점)

〈별표〉

[보험가입사항 및 손해내역]

보험가입사항	치료기간 및 치료비	임금현황
선원근로자재해보장책임보험 – 해외취업선원재해보상 추가특별약관	• 치료기간(5개월) : 2021.2.1. ~ 2021.6.30. • 치료비 : $4,000	• 월 통상임금 : $3,000($100/일) • 월 승선평균임금 : $3,600($120/일)

[김○○의 부양 중인 가족관계]

- 사실혼 배우자 갑(甲)
- 미성년 자녀 을(乙)
- 모친 병(丙)
- 조모 정(丁)

(1) 보험회사가 지급해야 할 지급보험금을 산정하고, 그 산출과정을 기재하시오. (10점)

(2) 김○○의 부양 중인 가족관계를 토대로 「선원법」에 따른 각 상속인의 상속비율을 기재하시오. (5점)

모범답안

1. 보험회사가 지급해야 할 지급보험금

(1) 요양보상

직무수행 중 사고이므로, 치료비 전액(= $4,000)을 보상한다.

(2) 상병보상(휴업급여)

직무상 재해의 경우 4개월까지 통상임금 전액, 4개월 초과시 통상임금의 70%를 보상한다.

① 4개월까지 : 통상임금 전액을 보상하므로, $3,000/월 × 4개월 = $12,000

② 4개월 이후 ~ 요양종료 : 통상임금 × 70%, $3,000 × 1개월 × 70% = $2,100

③ 합계 : ① + ② = $12,000 + $2,100 = $14,100

(3) 장제비

직무수행 중 사망시 승선평균임금의 120일분과 $4,500 중 큰 금액을 보상한다.

승선평균임금 $120/일 × 120일 = **$14,400**

(4) 유족보상(유족급여)

① 직무수행 중 사망의 경우 승선평균임금 1,300일분 + 특별보상금($40,000)을 보상한다.
승선평균임금($120/일 × 1,300일) + 특별보상금($40,000) = **$196,000**

※ 상선의 경우 최저보상액이 $70,000이다.

② 직무외 사망의 경우 승선평균임금 1,000일분 + 특별보상금($40,000)을 보상한다.

(5) 현지에서 화장 또는 매장하는 경우 특별위로금

상선이므로 승선평균임금 90일분을 보상한다.

승선평균임금 $120/일 × 90일 = **$10,800**

(6) 최종 지급보험금 합계

(1) + (2) + (3) + (4) + (5)

= $4,000(요양보상) + $14,100(상병보상) + $14,400(장제비) + $196,000(유족보상) + $10,800(특별위로금)

= **$239,300**

2. 「선원법」에 따른 각 상속인의 상속비율

선원의 사망 당시 제1순위 범위는 배우자(사실상 혼인관계에 있던 자를 포함), 자녀, 부모, 손 및 조부모 순서로 한다. 단, 배우자, 자녀, 부모는 동일 순위로 하므로, 사실혼 배우자 갑(甲), 미성년 자녀 을(乙), 모친 병(丙)이 균등배분을 받는다.

① 사실혼 배우자 갑(甲) : 1/3

② 미성년 자녀 을(乙) : 1/3

③ 모친 병(丙) : 1/3

04

ㅇㅇ병원에 입원한 환자 '갑'과 '을' 그리고 병원 응급실을 방문한 다른 병원 소속 응급차량 운전기사 '병'은 ㅇㅇ병원에서 코로나 바이러스에 감염되었다고 주장하면서, 각각 소송을 제기하였다.

법원은 ㅇㅇ병원의 감염환자관리에 대한 의료과오로 인하여 환자 '갑'과 '을'이 코로나에 감염되었다고 법률상 배상책임을 인정하였으나, 운전기사 '병'은 외부에서 감염되어 병원은 법률상 배상책임이 없는 것으로 판결하였다. 본 건 사고에 대한 소송비용은 보험자 동의하에 ㅇㅇ병원이 모두 지출하였다.

아래 〈별표〉의 내용을 참고하여 보험회사가 지급해야 할 지급보험금을 산정하고, 그 산출 과정을 기재하시오. (15점)

〈별표〉

[피보험자 ㅇㅇ병원의 보험계약사항]

보험회사	A 보험회사	B 보험회사	C 보험회사
보험종목	의사 및 병원배상책임보험 의료과실배상책임보장조항 (배상청구기준)	국문영업배상책임보험 보통약관 – 시설소유(관리)자 특약	의사 및 병원배상책임보험 의료과실배상책임 보장조항 (배상청구기준)
보험기간	2020.3.1. ~ 2021.3.1.	2020.5.1. ~ 2021.5.1.	2021.3.1. ~ 2022.3.1.
소급 담보일	2019.3.1.	–	2019.3.1.
보상 한도액	1억원 / 1청구당 1억원 / 총 보상한도액	1억원 / 1청구당 1억원 / 총 보상한도액	5천만원 / 1청구당 5천만원 / 총 보상한도액
자기 부담금	5천만원 / 1청구당	1백만원 / 1사고당	1천만원 / 1청구당

[소송결과 및 손해내역]

사건번호	2021가합10001	2021가합10002	2021가합10003
피해자(원고)	갑	을	병
소 가	200,000,000원	200,000,000원	100,000,000원
사고발생일	2021.2.10.	2021.2.10.	2021.2.10.
손해배상청구일	2021.2.15.	2021.3.10.	2021.5.15.
손해액	• 판결금 : 1억원 • 소송비용 : 1천만원	• 판결금 : 6천만원 • 소송비용 : 1천만원	소송비용 : 1천만원

모범답안

1. 법률상 배상책임

○○병원의 감염환자관리에 대한 의료과오로 인하여 환자 '갑'과 '을'이 코로나에 감염된 것으로 법률상 손해배상책임을 인정하였다. 그러나 운전기사 '병'은 손해배상책임이 인정되지 않았다.

환자 '갑'은 A 보험회사의 소급담보 일자(2019.3.1.) 이후 발생한 사고(2021.2.10.)로 보험기간에 최초의 손해배상을 청구한 것으로 A 보험회사에서 보상책임을 부담할 것이다. 환자 '을'과 운전기사 '병'의 경우에는 C 보험회사로 갱신된 이후 최초의 손해배상청구가 들어왔기 때문에 C 보험회사에서 보상책임을 부담할 것이다. 단, B 보험회사인 국문영업배상책임보험 시설소유(관리)자 특별약관의 경우 의료과오로 인한 사고이므로 약관상 면책사유에 해당하여 보상책임이 발생하지 않는다.

즉 의료과실은 B 보험회사의 시설소유(관리)자 특별약관에서 보상하지 않고, A 보험회사와 C 보험회사의 의료과실배상책임보장조항에서 보상한다.

2. 각 보험회사가 지급해야 할 지급보험금

(1) A 보험회사

소급담보일(2019.3.1.) 이후 보험기간(2019.3.1. ~ 2021.3.1.) 내에 보험사고가 발생(2021.2.10.)하였으므로, A 보험회사는 보상한도 내에서 보상책임이 발생한다.

① '갑'에 지급해야 할 지급보험금

(판결금 1억원 − 자기부담금 5천만원) + 소송비용 1천만원 = **6천만원**

※ 1청구당 총 보상한도액이 1억원 이내이므로 6천만원을 지급한다.

② '을'에 지급해야 할 지급보험금

사고발생일(2021.2.10.)이 소급담보일(2019.3.1.) 이후이지만, 보험기간(2019.3.1. ~ 2021.3.1.) 내에 청구되지 않았으므로, 보상책임이 발생하지 않는다.

③ '병'에 지급해야 할 지급보험금

'병'에 대해서는 법률상 손해배상책임이 인정되지 않았기 때문에 보상책임이 발생하지 않는다. 다만, 소송비용 1천만원만 인정한다. 그런데 '병'의 손해배상청구일은 2021.5.15.로, A 보험회사의 보험기간이 경과하였기 때문에 A 보험회사는 소송비용을 지급하지 않는다.

(2) C 보험회사

① '갑'에 지급해야 할 지급보험금

사고발생일(2021.2.10.)이 소급담보일(2019.3.1) 이후이지만, 보험기간(2021.3.1. ~ 2022.3.1.) 이전에 청구(2021.2.15.)되었으므로, 보상책임이 발생하지 않는다.

② '을'에 지급해야 할 지급보험금

사고발생일(2021.2.10.)이 소급담보일(2019.3.1.) 이후이고, 보험기간(2021.3.1. ~ 2022.3.1.) 내에 청구(2021.3.10.)되었으므로, 보상책임이 발생한다.

(판결금 6천만원 – 자기부담금 1천만원) + 소송비용 1천만원 = 6천만원 ≤ **5천만원**

※ 1청구당 총 보상한도액 5천만원 이내이므로 5천만원을 지급한다.

③ '병'에 지급해야 할 지급보험금

사고발생일(2021.2.10.)이 소급담보일(2019.3.1.) 이후이고, 보험기간(2021.3.1. ~ 2022.3.1.) 내에 청구(2021.5.15.)되었으나, 총 보상한도액이 소진되었으므로 C 보험회사는 소송비용(1천만원)을 지급하지 않는다.

05

2021년 2월 1일 서울□□요양원에 입소중인 중증치매환자 '갑'을 요양보호사 '을'이 부축하여 복도를 지나가다가 요양보호사 '을'의 부주의로 인하여 함께 넘어져 '갑'이 대퇴부 골절상해를 입고 인근 병원으로 이송되어 장기간 입원치료를 받았다.

아래 〈별표〉의 내용을 참고하여 각각의 질문에 답하시오. (10점)

〈별표〉

[보험가입사항]

- 보험회사 : A 보험회사
- 보험종목 : Professional Indemnity & Omissions Insurance Police(Claims－made Basis)
- 보험계약자 : 서울□□요양원
- 피보험자 : 서울□□요양원 / 요양보호사 '을' 외 200명
- 보험기간 : 2020.7.1. 00:00～2021.7.1. 00:00
- 담보위험 : 노인요양시설 전문직업인 업무
- Terms & Conditions
  - * L.O.L : 1억원 / 1인당, 5억원 / 1사고당
  - * Deductible : ₩500,000 / any one claim
  - * Co－Insurance of the Insured Clause

지급보험금 구간	공동보험 분담비율(%)
2,000만원 이하	지급보험금의 10%
2,000만원 초과	200만원＋2,000만원 초과하는 지급보험금의 20%

  - * Claims Control Clause

[전제조건]

- 피해자 : '갑'
- 사고일자 : 2021년 2월 1일(배상청구일)
- 피해자과실 : 20%
- 손해내용(계산상 편의를 위한 임의금액임)
  - * 실제치료비 : ₩19,500,000
  - * 간병비 : ₩7,000,000
  - * 향후 치료비(현가) : ₩8,500,000
  - * 위자료는 감안하지 않음

(1) A 보험회사가 피해자 '갑'에게 지급해야 할 지급보험금을 산정하고, 그 산출과정을 기재하시오. (5점)

(2) 상기 〈별표〉의 보험가입사항에서 "Claims Control Clause"에 대하여 약술하시오. (5점)

모범답안

1. A 보험회사가 피해자 '갑'에게 지급해야 할 지급보험금

(1) 손해배상액 산정

① 실제치료비

₩19,500,000 × (1 − 20%) = ₩15,600,000

② 간병비

₩7,000,000 × (1 − 20%) = ₩5,600,000

③ 향후 치료비(현가)

₩8,500,000 × (1 − 20%) = ₩6,800,000

④ 합 계

① + ② + ③ = ₩15,600,000 + ₩5,600,000 + ₩6,800,000 = ₩28,000,000

(2) 지급보험금 산정

① Deductible(자기부담금) 공제

손해배상금(₩28,000,000) − 자기부담금(₩500,000) = ₩27,500,000

② Co − Insurance of the Insured Clause(공동보험 분담비율) 적용시

지급보험금이 2,000만원을 초과하므로,

₩2,000,000 + {(₩27,500,000 − ₩20,000,000) × 20%} = ₩3,500,000

∴ 지급보험금 = ₩27,500,000 − ₩3,500,000 = ₩24,000,000 < 1인당 한도 1억원

2. Claims Control Clause(클레임통제조항)

"Claims Control Clause(클레임통제조항)"은 보험증권하에서 사고가 발생할 경우, 사고의 조사나 보험금의 지급 등에 있어서 원보험회사와 재보험회사간에 상호 협조를 하기로 한다는 약관이다. 즉 원보험자가 보험사고(청구)가 발생할 경우 재보험회사에게 모든 정보를 공유하고, 재보험사가 직접 합의절충 등을 하지는 않지만 재보험회사의 사전승인 없이는 합의절충 및 손해액 지급이 불가능하며, 이를 지키지 않을 경우 재보험사의 책임이 발생하지 않는 약관을 말한다.

통상 이 약관은 원보험회사로 하여금 ① 사고 사실을 즉시 재보험회사로 통보하도록 하고, ② 손해사정인이나 변호사 선정시 재보험회사의 사전동의를 구하도록 하며, ③ 보험금 지급결정도 재보험회사의 동의를 구하도록 하고 있다.

재보험회사가 보험금 사정/지급결정에 있어서 거의 전적인 결정권을 가지도록 문구가 되어 있을 경우에는 "Claims Control Clause"라고 하며, 원보험회사와 재보험회사가 상호 협의하도록 문구가 되어 있을 경우 "Claims Co − operation Clause"라고 한다.

06 배상책임보험에서 제3자에 대한 보험자대위를 설명하고, 국문영업배상책임 보험약관에 규정하고 있는 대위권에 대하여 약술하시오. (15점)

모범답안

1. 제3자에 대한 보험자대위

(1) 의 의

피보험자에게 보험금을 지급한 보험자는 보험의 목적(잔존물대위) 또는 제3자(청구권대위)에게 가지는 피보험자의 권리를 법률상 당연 취득하게 되는데 이를 '보험자대위'라 한다.

근재보험 보통약관에서 정하고 있는 대위권은 「상법」상 '청구권대위'에 해당한다. 청구권대위란 피보험자의 손해가 제3자의 행위로 인하여 생긴 경우에는 보험금액을 지급한 보험자가 그 지급한 금액의 한도에서 제3자에 대한 보험계약자 또는 피보험자의 권리를 취득하는 것을 말하는데, 「상법」에서는 '제3자에 대한 보험대위(상법 제682조)'라고 한다.

(2) 목 적

제3자에 대한 보험자대위 청구권은 피보험자의 이중이득방지, 보험의 도박화 방지, 제3자의 면책방지 등을 목적으로 한다.

(3) 성립 요건

① 제3자의 행위로 인해 보험사고가 발생하고, 이로 인해 피보험자가 손해를 입어야 한다.

② 보험자는 피보험자에게 보험금을 적법하게 지급해야 한다.

③ 보험계약자 또는 피보험자가 제3자에 대해 권리를 갖고 있어야 한다.

(4) 효 과

① 피보험자 등의 제3자에 대한 권리는 법률규정에 의해 당연히 보험자에게 이전된다. 이런 권리를 이전하기 위해 피보험자와 보험자간에 별도의 의사표시나 대항요건은 필요하지 않다. 이때 보험자는 피보험자가 제3자에 대해 행사할 수 있는 권리의 한도에서만 이런 대위권을 행사할 수 있으며, 자기가 지급한 보험금액의 한도에서만 대위권을 행사할 수 있다.

② 제3자에 의해 보험사고가 발생한 후 보험자가 보험금을 지급하기 전에 피보험자가 제3자에 대한 권리를 행사하거나 처분한 경우에는 피보험자는 보험자에 대해 보험금청구권을 행사할 수 없다. 또한 피보험자가 보험자로부터 보험금을 지급받은 후에 제3자에 대한 권리를 행사하거나 처분한 경우에는 피보험자는 보험자의 대위권을 침해한 것이 되어 부당이득반환 또는 불법행위에 기한 손해배상책임을 부담한다.

③ 보험자가 보상할 보험금의 일부를 지급한 경우에는 피보험자의 권리를 침해하지 아니하는 범위에서 그 권리를 행사할 수 있다.

(5) 보험자대위권의 제한

① 가족에 대한 대위권의 제한

보험계약자나 피보험자의 제3자에 대한 대위권 규정에 따른 권리가 그와 생계를 같이 하는 가족에 대한 것인 경우 보험자는 그 권리를 취득하지 못한다. 다만, 손해가 그 가족의 고의로 인하여 발생한 경우에는 그러하지 아니하다.

② 피용자에 대한 대위권의 제한

피보험자의 업무에 종사 중인 피용인은 대위권을 행사할 수 없다.

③ 타인을 위한 보험계약의 경우

타인을 위한 보험계약의 경우에는 회사는 계약자에 대한 대위권을 포기한다.

2. 국문영업배상책임 보험약관에 규정하고 있는 대위권

(1) 보통약관상 대위권

① 회사가 보험금을 지급한 때(현물보상한 경우를 포함한다)에는 회사는 지급한 보험금의 한도 내에서 아래의 권리를 가진다. 다만, 회사가 보상한 금액이 피보험자가 입은 손해의 일부인 경우에는 피보험자의 권리를 침해하지 않는 범위 내에서 그 권리를 가진다.

㉠ 피보험자가 제3자로부터 손해배상을 받을 수 있는 경우에는 그 손해배상청구권

㉡ 피보험자가 손해배상을 함으로써 대위 취득하는 것이 있을 경우에는 그 대위권

② 계약자 또는 피보험자는 제1항에 의하여 회사가 취득한 권리를 행사하거나 지키는 것에 관하여 조치를 하여야 하며, 또한 회사가 요구하는 증거 및 서류를 제출하여야 한다.

③ 회사는 제1항, 제2항에도 불구하고 타인을 위한 보험계약의 경우에는 계약자에 대한 대위권을 포기한다.

④ 회사는 제1항에 따른 권리가 계약자 또는 피보험자와 생계를 같이 하는 가족에 대한 것인 경우에는 그 권리를 취득하지 못한다. 다만, 손해가 그 가족의 고의로 인하여 발생한 경우에는 그 권리를 취득한다.

(2) 대위권포기 특별약관

회사는 보통약관 제14조(대위권)의 규정에도 불구하고 보험증권에 기재된 사람에 대한 대위권을 포기한다.

07

생산물배상책임보험을 가입한 피보험자 ○○전자가 제조·공급한 냉장고의 결함으로 화재가 발생하여 김○○이 화상을 입었다. 피해자 김○○은 사고발생전 예정되어 있던 해외유학이 이 건 사고로 인하여 취소되어 손해가 발생하였다고 주장하면서 ○○전자에 손해배상청구를 하였다. (10점)

(1) 상기 사고의 피해자 김○○의 손해배상청구가 「제조물책임법」상 인정될 수 있는지에 대하여 설명하시오. (6점)

(2) 「제조물책임법」에서 규정하고 있는 제조업자의 면책사유를 약술하시오. (4점)

모범답안

(1) 「제조물책임법」상 손해배상책임 인정 여부

「제조물책임법」 제3조 제1항에 의하면 "제조업자(○○전자)는 제조물의 결함으로 생명·신체 또는 재산에 손해(그 제조물에 대하여만 발생한 손해는 제외한다)를 입은 자에게 그 손해를 배상하여야 한다"고 규정하고 있다. 또한 제조물의 결함으로 인한 손해배상책임에 관하여 「제조물책임법」에 규정된 것을 제외하고는 「민법」에 따른다.

「민법」 제750조는 불법행위에 대한 손해배상 책임과 관련해 "고의 또는 과실로 인한 위법 행위로 타인에게 손해를 가한 자는 그 손해를 배상할 책임이 있다"고 규정하고 있다.

이 사건에서 냉장고 제조업자인 ○○전자가 화재사고로 인하여 「제조물책임법」상 손해배상책임을 지려면, "첫째 이 사건 냉장고가 통상적인 방법으로 사용되는 상태에서, 둘째 이 사건 화재사고가 이 사건 냉장고의 제조업자인 ○○전자의 배타적 지배하에 있는 영역(즉 냉장고 내부)에서 발생했고, 셋째 이러한 화재는 어떤 자의 과실 없이는 통상 발생하지 않는다"는 점을 피해자 김○○가 주장·입증하여야 한다.

설령 「민법」상 불법행위 책임이 적용된다고 하더라도 이 사건 냉장고에 대한 구체적인 제조상의 결함 및 그러한 결함과 이 사건 화재 사이의 인과관계에 대한 주장·입증이 있어야 한다.

따라서 이 사건에서 피해자 김○○은 해외유학 취소로 인한 손해에 대해 피보험자 ○○전자가 이 사건 냉장고에 대한 구조상 결함이 존재한다는 사실을 알거나 알 수 있었음에도 그 결함으로 인한 손해의 발생을 방지하기 위한 적절한 조치를 하지 않았다는 것을 입증하지 않는 한, 손해배상책임을 묻을 수 없다.

(2) 제조업자의 면책사유

① 제조업자가 해당 제조물을 공급하지 아니하였다는 사실

② 제조업자가 해당 제조물을 공급한 당시의 과학·기술 수준으로는 결함의 존재를 발견할 수 없었다는 사실

③ 제조물의 결함이 제조업자가 해당 제조물을 공급한 당시의 법령에서 정하는 기준을 준수함으로써 발생하였다는 사실

④ 원재료나 부품의 경우에는 그 원재료나 부품을 사용한 제조물 제조업자의 설계 또는 제작에 관한 지시로 인하여 결함이 발생하였다는 사실

※ 손해배상책임을 지는 자가 제조물을 공급한 후에 그 제조물에 결함이 존재한다는 사실을 알거나 알 수 있었음에도 그 결함으로 인한 손해의 발생을 방지하기 위한 적절한 조치를 하지 아니한 경우에는 ②~④까지의 규정에 따른 면책을 주장할 수 없다.

제45회 신체손해사정사 2차 시험문제

1. 2021년 11월 1일 9시 30분경 경기도 평택시 소재 ○○반도체공장 신축공사 현장에서 (주)□□지게차 소속 안○○이 지게차를 운전하던 중 갓길에 주차되어 있던 덤프트럭 뒤에서 신호를 하면서 도로 쪽으로 나온 (주)△△이앤씨 소속 정식 근로자 김□□를 발견하지 못하고 충격하여 사망하는 사고가 발생하였다.
   피해자 유족 측은 근로복지공단으로부터 「산업재해보상보험법」에 따른 보험급여액을 지급받고 추가로 지게차 운전자 안○○의 소속사인 (주)□□지게차에 손해배상을 청구하였으며, (주)□□지게차는 A 보험회사에 보험금을 청구하였다. 한편 근로복지공단도 보험급여액을 지급한 다음 「산업재해보상보험법」 제87조 제1항에 따라 손해배상청구권을 대위하여 행사하고 있다.
   아래 〈별표〉의 내용을 참고하여, 다음의 질문에 답하시오.

〈별표〉

[보험가입사항]

① 보험회사 : A
② 피보험자 : (주)□□지게차
③ 보험종목 : 영업배상책임보험
- 건설기계업자 특별약관
- 보상한도액 : 대인대물 일괄 1사고당 2억원
- 자기부담금 : 1사고당 30만원

[전제조건]

① 피해자 : 김□□
- 생년월일 : 1964년 10월 31일
- 입사일자 : 2002년 1월 1일
- 정년(60세) : 2024년 10월 31일
- 월평균임금 : 6,000,000원(일 200,000원)
- 과실률 : 30%

② 사고 이해관계자 책임분담률 : (주)□□지게차 60%, (주)△△이앤씨 40%
③ 도시일용노임단가 : 보통인부 150,000원
④ 호프만계수(계산의 편의를 위한 임의계수임)
- 사고일 ~ 정년 60세(36개월) : 30
- 사고일 ~ 가동연한 65세(96개월) : 80

⑤ 위자료는 서울지방법원 산정기준에 따르며, 사망 또는 100% 장해시 기준금액 100,000,000원을 적용함.
⑥ 민사판결사례에 따른 장례비는 5,000,000원으로 가정함.
⑦ 일실퇴직금 산정시 현가율은 「1 / (1 + 0.05 × 잔여재직기간)」으로 함.
⑧ 현가율은 소숫점 첫째자리 미만에서 절사함.
⑨ 월수계산시 1개월은 30일로 가정함.
⑩ 최근 대법원 전원합의체 판결을 준용함.

(1) A 보험회사가 지급할 보험금을 산정하고, 그 산출과정을 기재하시오. (20점)

(2) 「산업재해보상보험법」 제87조 제1항에 따라 근로복지공단이 제3자에 대해 행사할 수 있는 구상권의 대상과 범위에 대하여 약술하시오. (5점)

(3) 근로복지공단이 제3자에 대해 행사할 수 있는 구상금액을 산정하고, 그 산출과정을 기재하시오. (5점)

2. 2015년 4월 1일 16시경 ○○건설(주)의 SRF 신규설비 설치공사 현장에서 최□□와 보조작업자가 슈트 인양작업을 하던 중 높이 3m 가량의 성형기 철골구조물 위에서 최□□가 보조작업자가 넘겨주던 배출 슈트를 받다가 무게중심을 잃고 낙상하는 사고를 당했다.
아래 〈별표〉의 내용을 참고하여 다음의 질문에 답하시오.

〈별표〉

[보험가입사항]

① 피보험자 : ○○건설(주) 및 협력업체들

② 보험종목 : 국내근로자재해보장책임보험
- 사용자배상책임담보 특별약관
- 보상한도액 : 1인당 100,000,000원 / 1사고당 500,000,000원

[전제조건]

① 피해자 : 최□□
- 생년월일 : 1962년 8월 1일
- 직책 : 용접공(협력업체 소속 일용직)
- 평균임금(일) : 150,000원
- 도시일용임금(일) : 100,000원
- 과실률 : 20%

② 후유장해(노동능력상실률)
- 흉추골절 : 25%(영구)
- 요추횡돌기골절 : 20%(한시 5년)
- 슬관절동요장해 : 10%(기왕장해)

③ 산재보험 급여액
- 요양급여 지급액(2015년 4월 1일 ~ 2018년 3월 31일) : 74,000,000원
- 휴업급여 지급액(2015년 4월 1일 ~ 2018년 3월 31일) : 73,000,000원
- 장해급여 지급액(결정일 2018년 3월 31일) : 40,000,000원(장해등급 7급)

④ 호프만계수(계산의 편의를 위한 임의계수임)

개월	계수	개월	계수
36	30	56	50
48	40	108	90

⑤ 위자료는 고려하지 않음.

(1) 보험회사가 지급할 보험금을 산정하고, 그 산출과정을 기재하시오. (10점)

(2) 기왕장해가 존재하는 경우와 기왕증 기여도가 존재하는 장해의 경우, 복합장해율을 산정하는 방식을 비교하여 약술하시오. (5점)

3. 서울 종로구에 소재한 △△병원에서 근무 중이던 간호사 김○○과 외래환자 이□□가 병원 승강기 탑승 중 오작동된 승강기가 추락하면서 부상을 입고 그 부상으로 인해 후유장해가 남았다.
아래 〈별표〉의 내용을 참고하여 보험종목별 및 피해자별로 지급할 보험금을 각각 산정하고, 그 산출과정을 기재하시오. (15점)

〈별표〉

[보험가입사항]

• 피보험자 : △△병원

보험종목	승강기사고 배상책임보험	영업배상책임보험 – 시설소유(관리)자 특별약관	국내근로자 재해보장책임보험 – 사용자배상책임담보 특별약관
보상한도액	법정 보험금액	대인 1사고당 1억원	1사고당 1억원
자기부담금		1사고당 10만원	

[전제조건]

① 간호사 김○○
- 승강기사고배상책임보험 장해등급 : 손가락 13급, 치아 14급
- 상실수익 : 2,000만원
- 위자료 : 500만원
- 산재보험 장해급여 수령액 : 1,000만원

② 외래환자 이□□
- 승강기사고배상책임보험 장해등급 : 팔 12급, 다리 13급, 눈 14급
- 상실수익 : 4,000만원
- 위자료 : 1,000만원

③ 후유장해 등급별 승강기사고 배상책임보험 보험금액 한도

장해등급	10급	11급	12급	13급	14급
장해일시보상금	1,500만원	1,200만원	1,000만원	800만원	500만원

④ 승강기사고배상책임보험에서 상기 피해자들의 등급별 부상은 고려하지 않는 것으로 한다.

⑤ 상실수익 및 위자료 금액은 계산 편의상 산정한 금액임.

⑥ 피해자들의 과실은 없는 것으로 한다.

4. 유도선사업자 '갑'은 승선정원 50명의 선박에 80명의 승객을 승선시키고 운행을 하였으며, 운항을 마치고 접안 중 운전부주의로 선박이 접안시설과 충돌하는 사고가 발생하였다. 이 사고로 갑판에 있던 승객 김○○과 접안시설 위에서 사진을 찍던 관광객 이□□가 바다에 빠져 함께 실종되었다. 수색과정에서 김○○과 이□□를 구조하여 병원으로 후송하였으며, 김○○은 치료 후 상태가 호전되었으나, 이□□는 치료 중 사망하였다.
아래 〈별표〉의 내용을 참고하여, 다음의 질문에 답하시오.

〈별표〉
[보험가입사항]
① 피보험자 : 유도선사업자 '갑'
② 보험종목 : 유도선사업자배상책임보험(보상한도액 : 1인당 2억원)
- 구조비담보 특별약관(보상한도액 : 1천만원)
- 승객 외 제3자담보 특별약관(보상한도액 : 1인당 2억원)
- 관습상의 비용담보 특별약관

[손해사항]
① 사고선박 예인비 : 10,000,000원
② 수색구조비 : 2,000,000원
③ 피해자
㉠ 승객 김○○
- 병원치료비 : 10,000,000원
- 상실수익 : 3,000,000원
- 위자료 : 3,000,000원
- 휴대품 수리비용 : 1,000,000원

㉡ 접안시설 관광객 이□□
- 병원치료비 : 10,000,000원
- 상실수익 : 50,000,000원
- 위자료 : 100,000,000원
- 카메라 수리비용 : 1,000,000원

(1) 보험회사가 지급할 담보별 보험금을 산출과정을 기재하여 산정하시오. (7점)

(2) "관습상의 비용담보 특별약관"에서 보상하는 손해를 약술하시오. (3점)

5. "수개의 책임보험"에 대한 「상법」 규정을 약술하고, 국문영업배상책임보험 보통약관에서 규정하고 있는 보험금의 분담조항에 대하여 기술하시오. (10점)

6. 고객 홍○○은 SUN 가구마트에서 안락의자를 구입하기 위해 안락의자가 편한지 앉아보는 과정에서 갑자기 안락의자 등받이가 분리되어 요추골절상을 입었다. 홍○○은 SUN 가구마트를 상대로 손해배상 청구소송을 제기하였다. 한편 SUN 가구마트는 아래 2개의 보험을 가입하고 있다.

- Commercial General Liability Policy(Cover for Premises & Operations Liability)
- Products/Completed Operations Liability Policy

(1) SUN 가구마트가 가입한 보험에서 홍○○이 제기한 손해배상청구소송이 담보되는지 여부에 대하여 각각 약술하시오. (5점)

(2) 미주지역에 수출하여 소비자에게 판매된 상기 제품의 결함과 관련한 손해배상청구소송 사건에서 원고는 청구원인으로 피고의 Negligence, Breach of Warranty, Strict Liability를 주장하고 있다. 이에 대하여 각각 약술하시오. (5점)

7. 「중대재해 처벌 등에 관한 법률」에서 규정하고 있는 "중대재해"에 대하여 기술하고, 「기업중대사고 배상책임보험(특별약관 포함)」에서 보상하는 손해를 약술하시오. (10점)

01

2021년 11월 1일 9시 30분경 경기도 평택시 소재 ○○반도체공장 신축공사 현장에서 (주)□□지게차 소속 안○○이 지게차를 운전하던 중 갓길에 주차되어 있던 덤프트럭 뒤에서 신호를 하면서 도로 쪽으로 나온 (주)△△이앤씨 소속 정식 근로자 김□□를 발견하지 못하고 충격하여 사망하는 사고가 발생하였다.

피해자 유족 측은 근로복지공단으로부터 「산업재해보상보험법」에 따른 보험급여액을 지급받고 추가로 지게차 운전자 안○○의 소속사인 (주)□□지게차에 손해배상을 청구하였으며, (주)□□지게차는 A 보험회사에 보험금을 청구하였다. 한편 근로복지공단도 보험급여액을 지급한 다음 「산업재해보상보험법」 제87조 제1항에 따라 손해배상청구권을 대위하여 행사하고 있다.

아래 〈별표〉의 내용을 참고하여, 다음의 질문에 답하시오.

〈별표〉

[보험가입사항]

① 보험회사 : A
② 피보험자 : (주)□□지게차
③ 보험종목 : 영업배상책임보험
- 건설기계업자 특별약관
- 보상한도액 : 대인대물 일괄 1사고당 2억원
- 자기부담금 : 1사고당 30만원

[전제조건]

① 피해자 : 김□□
- 생년월일 : 1964년 10월 31일
- 입사일자 : 2002년 1월 1일
- 정년(60세) : 2024년 10월 31일
- 월평균임금 : 6,000,000원(일 200,000원)
- 과실률 : 30%

② 사고 이해관계자 책임분담률 : (주)□□지게차 60%, (주)△△이앤씨 40%
③ 도시일용노임단가 : 보통인부 150,000원
④ 호프만계수(계산의 편의를 위한 임의계수임)
- 사고일 ~ 정년 60세(36개월) : 30
- 사고일 ~ 가동연한 65세(96개월) : 80

⑤ 위자료는 서울지방법원 산정기준에 따르며, 사망 또는 100% 장해시 기준금액 100,000,000원을 적용함.
⑥ 민사판결사례에 따른 장례비는 5,000,000원으로 가정함.
⑦ 일실퇴직금 산정시 현가율은 「1 / (1 + 0.05 × 잔여재직기간)」으로 함.
⑧ 현가율은 소숫점 첫째자리 미만에서 절사함.
⑨ 월수계산시 1개월은 30일로 가정함.
⑩ 최근 대법원 전원합의체 판결을 준용함.

(1) A 보험회사가 지급할 보험금을 산정하고, 그 산출과정을 기재하시오. (20점)

(2) 「산업재해보상보험법」 제87조 제1항에 따라 근로복지공단이 제3자에 대해 행사할 수 있는 구상권의 대상과 범위에 대하여 약술하시오. (5점)

(3) 근로복지공단이 제3자에 대해 행사할 수 있는 구상금액을 산정하고, 그 산출과정을 기재하시오. (5점)

모범답안

1. 지급보험금의 산정

(1) 장례비

장례비는 근로자가 업무상의 사유로 사망한 경우에 평균임금의 120일분에 상당하는 금액을 그 장례를 지낸 유족에게 지급한다(산업재해보상보험법 제71조 제1항).

- 장례비 = 200,000원/일 × 120일 = 24,000,000원
- 산재보상액(24,000,000원)이 장례비 5,000,000원을 초과하므로 0원이다.

(2) 사망 일실수입

① 유족급여

일시금 기준으로 평균임금의 1,300일분을 지급한다.

유족급여 = 200,000원/일 × 1,300일 = 260,000,000원

② 사고 ~ 정년까지

6,000,000원 × 30H × 100% × (1 − 1/3) = 120,000,000원

※ 생활비공제(1/3)

③ 정년 이후 ~ 가동연한까지

150,000원 × 22일* × 50H(= H80 − H30) × 100% × (1 − 1/3) = 110,000,000원

※ 문제조건에서 월수계산시 1개월은 30일로 가정하였지만, 1개월 가동일수의 경우 대법원 판례에 따라 정년 이후에는 일용직근로자의 통상 22일을 적용하여 산정하였다.

* 최근 대법원은 월 가동일수를 월 22일에서 월 20일로 판시하였다(대법원 2024.4.25. 선고 2020다271650 판결).

④ 사망 일실수입

사망 일실수입 = {(120,000,000원 + 110,000,000원) − 260,000,000원} × (1 − 0.3)
= 0원

(3) 퇴직일시금

① 정년시 퇴직금

6,000,000원 × (22년 + 10 / 12) = 137,000,000원

② 기수령 퇴직금

6,000,000원 × (19년 + 10 / 12) = 119,000,000원

③ 일실퇴직금

{정년시 퇴직금 × 현가율 − 기수령 퇴직금} × 과실상계

= {137,000,000원 × 0.8 − 119,000,000원} × (1 − 0.3) = 0원

※ 현가율 = 1 / (1 + 0.05 × 잔여재직기간) = 1 / (1 + 0.05 × 3) ≒ 0.869 = 0.8

※ 현가할인에 의해 일실퇴직금이 발생하지 않음

(4) 위자료

100,000,000원 × 노동능력상실률 × {1 − (6/10 × 피해자 과실비율)}

= 100,000,000원 × 100% × {1 − (6 / 10 × 30%)}

= 82,000,000원

(5) 지급보험금 합계

사고 이해관계자 책임분담률을 고려하여, A 보험회사가 지급할 보험금을 산정하면

82,000,000원 × 60%(피보험자 책임분담률) = 49,200,000원

49,200,000원 − 300,000원(자기부담금) = 48,900,000원

※ 보상한도액 2억원 이내이므로 전액 보상한다.

더 알아보기 실무적 계산방법

실무적으로 피해근로자는 부진정연대책임 원리에 따라 우선 A 보험회사에서 전액 지급받고, A 보험회사는 (주)△△이앤씨의 책임분담률에 해당하는 금액에 대하여 대위권을 행사할 수 있다.
즉 A 보험회사의 지급보험금 = 82,000,000원 − 자기부담금(300,000원) = 81,700,000원
여기서, A 보험회사는 81,700,000원 × 40% = 32,680,000원에 해당하는 금액을 (주)△△이앤씨에게 구상 청구할 수 있다.

2. 구상권의 대상과 범위

(1) 구상권의 대상

공단은 제3자의 행위에 따른 재해로 보험급여를 지급한 경우에는 그 급여액의 한도 안에서 급여를 받은 사람의 제3자에 대한 손해배상청구권을 대위(代位)한다. 다만, 보험가입자인 둘 이상의 사업주가 같은 장소에서 하나의 사업을 분할하여 각각 행하다가 그중 사업주를 달리하는 근로자의 행위로 재해가 발생하면 그러하지 아니하다.

(2) 구상권의 범위

① 재해근로자의 제3자에 대한 손해배상청구권을 대위할 수 있는 범위는 제3자의 손해배상액을 한도로 하여 보험급여 중 제3자의 책임비율에 해당하는 금액으로 제한된다.

② 산업재해가 산재보험 가입 사업주와 제3자의 공동불법행위로 인하여 발생한 경우에도 공단이 재해근로자의 제3자에 대한 손해배상청구권을 대위할 수 있는 범위는 제3자의 손해배상액을 한도로 하여 보험급여 중 제3자의 책임비율에 해당하는 금액으로 제한된다.

판례 **구상금(대법원 2022.3.24. 선고 2021다241618 전원합의체 판결)**

공단이 제3자의 불법행위로 재해근로자에게 보험급여를 한 다음 산재보험법 제87조 제1항에 따라 재해근로자의 제3자에 대한 손해배상청구권을 대위할 수 있는 범위는 제3자의 손해배상액을 한도로 하여 보험급여 중 제3자의 책임비율에 해당하는 금액으로 제한된다. 따라서 보험급여 중 재해근로자의 과실비율에 해당하는 금액에 대해서는 공단이 재해근로자를 대위할 수 없으며, 이는 보험급여 후에도 여전히 손해를 전보받지 못한 재해근로자를 위해 공단이 종국적으로 부담한다고 보아야 한다. 이와 같이 본다면 산재보험법에 따라 보험급여를 받은 재해근로자가 제3자를 상대로 손해배상을 청구할 때 그 손해 발생에 재해근로자의 과실이 경합된 경우에, 재해근로자의 손해배상청구액은 보험급여와 같은 성질의 손해액에서 먼저 보험급여를 공제한 다음 과실상계를 하는 '공제 후 과실상계' 방식으로 산정하여야 한다.

또한 산업재해가 산재보험 가입 사업주와 제3자의 공동불법행위로 인하여 발생한 경우에도 공단이 재해근로자의 제3자에 대한 손해배상청구권을 대위할 수 있는 범위는 제3자의 손해배상액을 한도로 하여 보험급여 중 제3자의 책임비율에 해당하는 금액으로 제한됨은 위와 같다. 따라서 공단은 보험급여 중 재해근로자의 과실비율에 해당하는 금액에 대해서 재해근로자를 대위할 수 없고, 재해근로자를 위해 위 금액을 종국적으로 부담한다. 재해근로자가 가입 사업주와 제3자의 공동불법행위를 원인으로 가입 사업주나 제3자를 상대로 손해배상을 청구하는 경우에도 그 손해 발생에 재해근로자의 과실이 경합된 때에는 '공제 후 과실상계' 방식으로 손해배상액을 산정하여야 한다.

다만, 위와 같이 공동불법행위로 산업재해가 발생하여 공단이 제3자를 상대로 재해근로자의 손해배상청구권을 대위하는 경우에는, 순환적인 구상소송을 방지하는 소송경제적인 목적 등에 따라 공단은 제3자에 대하여 산재보험 가입 사업주의 과실비율 상당액은 대위 행사할 수 없다. 그러므로 공단은 '공제 후 과실상계' 방식에 따라 보험급여에서 재해근로자의 과실비율 상당액을 공제한 다음, 여기서 다시 재해근로자가 배상받을 손해액 중 가입 사업주의 과실비율 상당액을 공제하고, 그 차액에 대해서만 재해근로자의 제3자에 대한 손해배상청구권을 대위할 수 있다.

판례 **구상권 행사의 상대방이 되는 '제3자'의 의미(대법원 2022.8.19. 선고 2021다263748 판결 / 대법원 2004.12.24. 선고 2003다33691 판결)**

산업재해보상보험법 제87조 제1항에 정한 구상권 행사의 상대방이 되는 '제3자'라 함은 재해근로자와 산업재해보상보험관계가 없는 자로서 재해근로자에 대하여 불법행위 등으로 인한 손해배상책임을 지는 자를 말한다. 문제의 경우 (주)□□지게차 및 A 보험회사가 제3자에 해당된다.

3. 구상금액의 산정

(1) 장례비

5,000,000원 × (1 − 30%) × (1 − 40%) = 2,100,000원

※ 산재보상액 24,000,000원 범위 이내임

(2) 사망 일실수입

(120,000,000원 + 110,000,000원) × (1 − 30%) × (1 − 40%) = 96,600,000원

※ 유족급여 범위 이내임

(3) 위자료

위자료는 공단에서 지급하지 않은 항목이므로 구상금액에서 제외된다.

(4) 합 계

2,100,000원 + 96,600,000원 = 98,700,000원

공단은 98,700,000원에 대하여 제3자인 (주)□□지게차 및 A 보험회사에게 대위권을 행사한다.

02

2015년 4월 1일 16시경 ○○건설(주)의 SRF 신규설비 설치공사 현장에서 최□□와 보조작업자가 슈트 인양작업을 하던 중 높이 3m 가량의 성형기 철골구조물 위에서 최□□가 보조작업자가 넘겨주던 배출슈트를 받다가 무게중심을 잃고 낙상하는 사고를 당했다.

아래 〈별표〉의 내용을 참고하여, 다음의 질문에 답하시오.

〈별표〉

[보험가입사항]

① 피보험자 : ○○건설(주) 및 협력업체들

② 보험종목 : 국내근로자재해보장책임보험

- 사용자배상책임담보 특별약관
- 보상한도액 : 1인당 100,000,000원 / 1사고당 500,000,000원

[전제조건]

① 피해자 : 최□□

- 생년월일 : 1962년 8월 1일
- 직책 : 용접공(협력업체 소속 일용직)
- 평균임금(일) : 150,000원
- 도시일용임금(일) : 100,000원
- 과실률 : 20%

② 후유장해(노동능력상실률)

- 흉추골절 : 25%(영구)
- 요추횡돌기골절 : 20%(한시 5년)
- 슬관절동요장해 : 10%(기왕장해)

③ 산재보험 급여액

- 요양급여 지급액(2015년 4월 1일 ~ 2018년 3월 31일) : 74,000,000원
- 휴업급여 지급액(2015년 4월 1일 ~ 2018년 3월 31일) : 73,000,000원
- 장해급여 지급액(결정일 2018년 3월 31일) : 40,000,000원(장해등급 7급)

④ 호프만계수(계산의 편의를 위한 임의계수임)

개 월	계 수	개 월	계 수
36	30	56	50
48	40	108	90

⑤ 위자료는 고려하지 않음.

(1) 보험회사가 지급할 보험금을 산정하고, 그 산출과정을 기재하시오. (10점)

(2) 기왕장해가 존재하는 경우와 기왕증 기여도가 존재하는 장해의 경우, 복합장해율을 산정하는 방식을 비교하여 약술하시오. (5점)

모범답안

1. 지급보험금 산출과정

(1) 치료비

피해자가 부담한 치료비가 없으므로 0원이다.

(2) 휴업손해

휴업손해 = 150,000원 × 22일* × 30H × (100% − 10%) × (1 − 0.2) − 73,000,000원

= 0원

※ 휴업손해는 실제 수입의 감소가 있는 경우에 인정되는 것이므로 기왕장해를 감안하여 휴업손해를 산정하는 것은 손해배상법리와 맞지 않는 것으로 본다.

(3) 일실수입

한시장해(96개월) 및 가동연한에 해당하는 호프만계수가 문제의 조건에서 주어지지 않아 보험금을 산정할 수 없다.

2. 복합장해율을 산정하는 방식

(1) 기왕장해가 존재하는 경우

기왕의 장해로 인한 후유장해와 사고로 인한 후유장해를 복합 산정을 한 현재의 노동능력상실률에서 기왕의 장해로 인한 노동능력상실률을 차감하여 산정한다.

(2) 기왕증 기여도가 존재하는 장해의 경우

① 피해자의 기왕증 등 소인이 기여한 후유장해가 하나뿐인 경우

사고로 인한 후유장해의 노동능력상실률에서 기왕증이 기여한 비율을 곱하는 방법으로 사고만으로 인한 노동능력상실률을 산정한다.

- 사고만으로 인한 노등능력상실률 = {노동능력상실률 × (1 − 기왕증 기여도)}

② 피해자의 기왕증 등 소인이 기여한 후유장해 이외에 다른 후유장해가 존재하는 경우

기왕증이 기여한 후유장해의 노동능력상실률을 기왕증의 기여비율대로 산정한 다음 나머지 장해로 인한 노동능력상실률을 복합장해의 산정방식에 따라 합산하여 전체 노동능력상실률을 산정한다.

판례 **대법원 2008.7.24. 선고 2007다52294 판결**

손해배상청구소송에서 기왕증과 관련하여, ‘기왕의 장해율’ 즉 사고 이전에 이미 기왕증이 있었던 경우에 그 기왕증으로 인한 노동능력상실의 정도와, ‘기왕증의 기여도’ 즉 사고와 피해자의 기왕증이 경합하여 피해자에게 후유증이 나타난 경우에 기왕증이 후유증이라는 결과 발생에 기여한 정도는 구분되어야 하고, 일실수입 손해를 계산하기 위한 노동능력상실률을 산정함에 있어 기왕증의 기여도를 참작하였다면 특별한 사정이 없는 한 개호비를 산정함에 있어서도 그 기왕증의 기여도를 참작하여야 한다.

03

서울 종로구에 소재한 △△병원에서 근무 중이던 간호사 김○○과 외래환자 이□□가 병원 승강기 탑승 중 오작동된 승강기가 추락하면서 부상을 입고 그 부상으로 인해 후유장해가 남았다.

아래 〈별표〉의 내용을 참고하여 보험종목별 및 피해자별로 지급할 보험금을 각각 산정하고, 그 산출과정을 기재하시오. (15점)

〈별표〉

[보험가입사항]

• 피보험자 : △△병원

보험종목	승강기사고 배상책임보험	영업배상책임보험 – 시설소유(관리)자 특별약관	국내근로자 재해보장책임보험 – 사용자배상책임담보 특별약관
보상한도액	법정 보험금액	대인 1사고당 1억원	1사고당 1억원
자기부담금		1사고당 10만원	

[전제조건]

① 간호사 김○○
- 승강기사고배상책임보험 장해등급 : 손가락 13급, 치아 14급
- 상실수익 : 2,000만원
- 위자료 : 500만원
- 산재보험 장해급여 수령액 : 1,000만원

② 외래환자 이□□
- 승강기사고배상책임보험 장해등급 : 팔 12급, 다리 13급, 눈 14급
- 상실수익 : 4,000만원
- 위자료 : 1,000만원

③ 후유장해 등급별 승강기사고 배상책임보험 보험금액 한도

장해등급	10급	11급	12급	13급	14급
장해일시보상금	1,500만원	1,200만원	1,000만원	800만원	500만원

④ 승강기사고배상책임보험에서 상기 피해자들의 등급별 부상은 고려하지 않는 것으로 한다.

⑤ 상실수익 및 위자료 금액은 계산 편의상 산정한 금액임.

⑥ 피해자들의 과실은 없는 것으로 한다.

모범답안

1. 보험종목별 보상책임

(1) 승강기사고 배상책임보험

승강기사고 배상책임보험은 피보험자(△△병원)가 소유 · 사용 · 관리하는 승강기로 생긴 우연한 사고로 발생한 타인(외래환자 이□□)에 대한 손해배상책임을 담보하는 보험이다.

피보험자의 근로자(간호사 김○○)가 승강기 내에서 피보험자의 업무종사 중 입은 신체장해에 대해서는 보상하지 않는다. 즉 외래환자 이□□는 보상하지만, 피보험자의 근로자인 간호사 김○○에 대해서는 보상하지 않는다.

(2) 영업배상책임보험 – 시설소유(관리)자 특별약관

시설소유(관리)자 특별약관은 피보험자가 보험기간 중에 발생한 특별약관에 기재된 보험사고로 인하여 타인의 신체장해를 입히거나 타인의 재물을 망가뜨려(재물손해) 법률적인 배상책임을 부담함으로써 입은 손해를 보상하는 보험이다.

이 특별약관도 피보험자의 근로자가 피보험자의 업무종사 중에 입은 신체장해에 대해서는 보상하지 않는다. 즉 외래환자 이□□는 보상하지만, 피보험자의 근로자인 간호사 김○○에 대해서는 보상하지 않는다.

(3) 국내근로자 재해보장책임보험 – 사용자배상책임담보 특별약관

사용자배상책임담보 특별약관에서는 피보험자가 업무상 재해를 입은 근로자에 대해 보상하므로, 외래환자 이□□와 피보험자의 근로자인 간호사 김○○ 모두에 대해서 보상한다.

회사가 보상하는 손해는 재해보상책임 특별약관 및 재해보상 관련 법령(산업재해보상보험법, 재해보상에 관한 기타 법령을 포함)에 따라 보상되는 재해보상 금액을 초과하여 피보험자가 법률상의 손해배상책임을 부담함으로써 입은 손해를 말한다.

2. 피해자별 지급보험금 산정

(1) 간호사 김○○

① 승강기사고 배상책임보험 : 보상하지 않는다(면책).

② 영업배상책임보험 – 시설소유(관리)자 특별약관 : 보상하지 않는다(면책).

③ 국내근로자 재해보장책임보험 – 사용자배상책임담보 특별약관

산재보험 장해급여 수령액을 초과한 금액을 보험금으로 산정한다.

지급보험금 = (상실수익 2,000만원 – 산재보험 장해급여 수령액 1,000만원) + 위자료 500만원
= 1,500만원

(2) 외래환자 이□□

의무보험인 승강기사고 배상책임보험에서 먼저 보상하고, 보상한도를 초과하는 손해배상금은 영업배상책임보험[시설소유(관리)자 특별약관]에서 보상한다.

① 승강기사고 배상책임보험

신체장해가 둘 이상 있을 경우에는 중한 신체장해에 해당하는 장해등급보다 한 등급 높이 배상한다. 즉 장해등급(팔 12급, 다리 13급, 눈 14급) 중 팔 12급보다 한 등급 높은 11급으로 산정한다.

손해배상금 = 상실수익 4,000만원 + 위자료 1,000만원 = 5,000만원

그런데 손해배상금 5,000만원은 11급 보험금액 한도 1,200만원을 초과하므로, 지급보험금은 1,200만원이다.

② 영업배상책임보험 – 시설소유(관리)자 특별약관

지급보험금 = (5,000만원 – 1,200만원) – 자기부담금(10만원) = 3,790만원(※ 보상한도 이내임)

04

유도선사업자 '갑'은 승선정원 50명의 선박에 80명의 승객을 승선시키고 운행을 하였으며, 운항을 마치고 접안 중 운전부주의로 선박이 접안시설과 충돌하는 사고가 발생하였다. 이 사고로 갑판에 있던 승객 김○○과 접안시설 위에서 사진을 찍던 관광객 이□□가 바다에 빠져 함께 실종되었다. 수색과정에서 김○○과 이□□를 구조하여 병원으로 후송하였으며, 김○○은 치료 후 상태가 호전되었으나, 이□□는 치료 중 사망하였다.

아래 〈별표〉의 내용을 참고하여, 다음의 질문에 답하시오.

〈별표〉

[보험가입사항]

① 피보험자 : 유도선사업자 '갑'
② 보험종목 : 유도선사업자배상책임보험(보상한도액 : 1인당 2억원)
- 구조비담보 특별약관(보상한도액 : 1천만원)
- 승객 외 제3자담보 특별약관(보상한도액 : 1인당 2억원)
- 관습상의 비용담보 특별약관

[손해사항]

① 사고선박 예인비 : 10,000,000원
② 수색구조비 : 2,000,000원
③ 피해자
㉠ 승객 김○○
- 병원치료비 : 10,000,000원
- 상실수익 : 3,000,000원
- 위자료 : 3,000,000원
- 휴대품 수리비용 : 1,000,000원

㉡ 접안시설 관광객 이□□
- 병원치료비 : 10,000,000원
- 상실수익 : 50,000,000원
- 위자료 : 100,000,000원
- 카메라 수리비용 : 1,000,000원

(1) 보험회사가 지급할 담보별 보험금을 산출과정을 기재하여 산정하시오. (7점)

(2) "관습상의 비용담보 특별약관"에서 보상하는 손해를 약술하시오. (3점)

모범답안

(1) 담보별 보험금

① 사고선박 예인비

사고선박 예인비(10,000,000원)는 재물손해에 해당하므로 보상하지 않는다.

② 수색구조비

수색구조비(2,000,000원)는 보상한도액 1,000만원 이내이므로 구조비담보 특별약관에서 보상한다.

③ 승객 김○○

유도선사업자배상책임보험에서 보상하며, 운항을 마치고 접안 중 사고로 뚜렷한 정원 초과로 생긴 사고가 아니기 때문에 정원을 한도로 보상한다.

지급보험금 = 병원치료비 10,000,000원 + 상실수익 3,000,000원 + 위자료 3,000,000원
= 16,000,000원

※ 휴대품 수리비용(1,000,000원)은 재물손해에 해당하므로 보상하지 않는다.

④ 관광객 이□□

승객 외 제3자담보 특별약관에서 보상한다.

지급보험금 = 병원치료비 10,000,000원 + 상실수익 50,000,000원 + 위자료 100,000,000원
= 160,000,000원

※ 카메라 수리비용(1,000,000원)은 재물손해에 해당하므로 보상하지 않는다.

⑤ 보험회사가 지급할 보험금 합계

② + ③ + ④ = 2,000,000원 + 16,000,000원 + 160,000,000원 = 178,000,000원

(2) "관습상의 비용담보 특별약관"에서 보상하는 손해

회사는 유도선사업자배상책임보험 보통약관의 규정에도 불구하고 승객의 신체장해에 대하여 피보험자에게 배상책임이 없는 경우 피보험자가 회사의 동의를 얻어 관습상 지급한 아래의 비용을 보상한다. 회사는 관습상의 비용에 관하여 피해승객 1인당 30만원 한도 내에서 보상한다.

① 승객 또는 그 유족에게 지급하는 조의금이나 위로금

② 승객의 친족에게 지급하는 식대, 숙박비 및 교통비

05 "수개의 책임보험"에 대한 「상법」 규정을 약술하고, 국문영업배상책임보험 보통약관에서 규정하고 있는 보험금의 분담조항에 대하여 기술하시오. (10점)

모범답안

(1) "수개의 책임보험"에 대한 「상법」 규정

① 「상법」 제725조의2(수개의 책임보험)

피보험자가 동일한 사고로 제3자에게 배상책임을 짐으로써 입은 손해를 보상하는 수개의 책임보험계약이 동시 또는 순차로 체결된 경우에 그 보험금액의 총액이 피보험자의 제3자에 대한 손해배상액을 초과하는 때에는 제672조와 제673조의 규정을 준용한다.

② 「상법」 제672조(중복보험)

동일한 보험계약의 목적과 동일한 사고에 관하여 수개의 보험계약이 동시에 또는 순차로 체결된 경우에 그 보험금액의 총액이 보험가액을 초과한 때에는 보험자는 각자의 보험금액의 한도에서 연대책임을 진다. 이 경우에는 각 보험자의 보상책임은 각자의 보험금액의 비율에 따른다.

③ 「상법」 제673조(중복보험과 보험자 1인에 대한 권리포기)

수개의 보험계약을 체결한 경우에 보험자 1인에 대한 권리의 포기는 다른 보험자의 권리의무에 영향을 미치지 아니한다.

(2) 국문영업배상책임보험 보통약관에서 규정하고 있는 보험금의 분담조항

① 이 계약에서 보장하는 위험과 같은 위험을 보장하는 다른 계약(공제계약을 포함한다)이 있을 경우 각 계약에 대하여 다른 계약이 없는 것으로 하여 각각 산출한 보상책임액의 합계액이 손해액을 초과할 때에는 아래에 따라 손해를 보상한다. 이 계약과 다른 계약이 모두 의무보험인 경우에도 같다.

$$\text{손해액} \times \frac{\text{이 계약의 보상책임액}}{\text{다른 계약이 없는 것으로 하여 각각 계산한 보상책임액의 합계액}}$$

사례 **보상책임액의 합계액이 손해액을 초과하는 경우**

계약A : 보상책임액 1,000만원 / 계약B : 보상책임액 1,000만원 / 손해액 : 1,000만원
→ 계약A 보험회사 : 1,000만원 × 1,000만원 / (1,000만원 + 1,000만원) = 500만원 지급
→ 계약B 보험회사 : 1,000만원 × 1,000만원 / (1,000만원 + 1,000만원) = 500만원 지급

② 이 계약이 의무보험이 아니고 다른 의무보험이 있는 경우에는 다른 의무보험에서 보상되는 금액(피보험자가 가입을 하지 않은 경우에는 보상될 것으로 추정되는 금액)을 차감한 금액을 손해액으로 간주하여 제1항에 의한 보상할 금액을 결정한다.
③ 피보험자가 다른 계약에 대하여 보험금 청구를 포기한 경우에도 회사의 제1항에 의한 지급보험금 결정에는 영향을 미치지 않는다.

06

고객 홍○○은 SUN 가구마트에서 안락의자를 구입하기 위해 안락의자가 편한지 앉아보는 과정에서 갑자기 안락의자 등받이가 분리되어 요추골절상을 입었다. 홍○○은 SUN 가구마트를 상대로 손해배상청구소송을 제기하였다. 한편 SUN 가구마트는 아래 2개의 보험을 가입하고 있다.

- Commercial General Liability Policy(Cover for Premises & Operations Liability)
- Products/Completed Operations Liability Policy

(1) SUN 가구마트가 가입한 보험에서 홍○○이 제기한 손해배상청구소송이 담보되는지 여부에 대하여 각각 약술하시오. (5점)

(2) 미주지역에 수출하여 소비자에게 판매된 상기 제품의 결함과 관련한 손해배상청구소송 사건에서 원고는 청구원인으로 피고의 Negligence, Breach of Warranty, Strict Liability를 주장하고 있다. 이에 대하여 각각 약술하시오. (5점)

모범답안

(1) 손해배상청구소송이 담보되는지 여부

① Commercial General Liability Policy(Cover for Premises & Operations Liability)

㉠ CGL(Commercial General Liability)은 피보험자(SUN 가구마트)가 보험기간 중에 영업행위로 우연한 보험사고로 타인(홍○○)의 신체에 상해를 입히거나 재물을 훼손하여 민사상 배상하여야 할 책임 있는 손해를 담보하는 영문영업배상책임보험이므로 손해배상청구소송이 담보된다.

㉡ 시설소유관리자배상책임(Premises and Operations Liability) 특별약관은 피보험자가 공장 또는 사업장의 소유, 임차, 사용 및 관리자로서 건물, 기계장치, 구축물 등의 시설물(Premises)과 공장의 인적 또는 물적인 운영(Operations)을 함에 있어서 상당한 주의의무를 다하지 못하여 타인의 생명 및 신체에 손해를 입힌 경우 그 법률적 손해배상책임을 담보한다.

② Products/Completed Operations Liability Policy

해외수출품에 대한 생산물배상책임보험으로, 피보험자가 제조, 판매, 공급 또는 시공한 생산물이 타인에게 양도된 후 그 생산물의 결함으로 발생한 우연한 사고로 타인의 신체나 재물에 손해를 입힘으로써, 민사상 손해배상책임(제조물책임)을 부담해야 하는 손해를 보상한다. 하지만 생산물인 안락의자가 타인에게 양도되기 전이므로 담보대상이 아니기 때문에 손해배상청구소송도 담보되지 않는다.

(2) 청구원인

① Negligence(과실책임)

피해자의 손해 발생에 대해 그 방지를 위한 의무의 고의 내지 부주의에 의한 위반이 있어야 한다. 즉 생산물책임의 주체가 되는 제조업체의 주의의무가 선량한 관리자로서 주위의무를 위반(Negligence)하였을 경우 책임을 부과한다.

② Breach of Warranty(보증책임 위반)

보증책임은 판매자와 구매자간에 제품의 품질에 대하여 명시적·묵시적으로 보증을 하고 후에 판매자가 보증한 제품내용이 명백히 사실과 다를 경우에 구매자에 대해 직접 책임을 부담하는 것이다(무과실책임).

㉠ **명시보증** : 설명서, 카탈로그, 라벨, 광고 등의 전달수단에 의해서 명시된 사항을 위반한 경우

㉡ **묵시보증** : 상품으로서 기능을 발휘하지 못하는 경우, 사용적합성이 없는 경우 등

③ Strict Liability(엄격책임주의)

엄격책임은 과실존재의 입증과 계약관계의 요건 없이 배상청구를 가능하게 하고 피해자로 하여금 소송을 용이하게 함으로써 제조업자는 매우 엄격한 제품에 대한 책임을 부담하게 되었다.

07 「중대재해 처벌 등에 관한 법률」에서 규정하고 있는 "중대재해"에 대하여 기술하고, 「기업중대사고 배상책임보험(특별약관 포함)」에서 보상하는 손해를 약술하시오. (10점)

모범답안

1. 「중대재해 처벌 등에 관한 법률」에서 규정하고 있는 "중대재해"

(1) 정 의

"중대재해"란 "중대산업재해"와 "중대시민재해"를 말한다.

(2) "중대산업재해"

"중대산업재해"란 「산업안전보건법」 제2조 제1호에 따른 산업재해 중 다음의 어느 하나에 해당하는 결과를 야기한 재해를 말한다.

① 사망자가 1명 이상 발생

② 동일한 사고로 6개월 이상 치료가 필요한 부상자가 2명 이상 발생

③ 동일한 유해요인으로 급성 중독 등 대통령령으로 정하는 직업성 질병자가 1년 이내에 3명 이상 발생

(3) "중대시민재해"

"중대시민재해"란 특정 원료 또는 제조물, 공중이용시설 또는 공중교통수단의 설계, 제조, 설치, 관리상의 결함을 원인으로 하여 발생한 재해로서 다음의 어느 하나에 해당하는 결과를 야기한 재해를 말한다. 다만, 중대산업재해에 해당하는 재해는 제외한다.

① 사망자가 1명 이상 발생

② 동일한 사고로 2개월 이상 치료가 필요한 부상자가 10명 이상 발생

③ 동일한 원인으로 3개월 이상 치료가 필요한 질병자가 10명 이상 발생

2. 「기업중대사고 배상책임보험(특별약관 포함)」에서 보상하는 손해

「중대재해 처벌 등에 관한 법률」 및 동법 시행령에 따른 중대재해가 발생한 경우 손해를 입은 피해자로부터 보험기간 중에 손해배상청구가 제기되어 피보험자가 민사상 법률상의 배상책임을 부담함으로써 입은 아래의 손해를 보상한다.

① 피보험자가 피해자에게 지급할 책임을 지는 법률상의 손해배상금

② 계약자 또는 피보험자가 지출한 아래의 비용

㉠ 피보험자가 손해의 방지 또는 경감을 위하여 지출한 필요 또는 유익하였던 비용

㉡ 피보험자가 제3자로부터 손해의 배상을 받을 수 있는 그 권리를 지키거나 행사하기 위하여 지출한 필요 또는 유익하였던 비용

㉢ 피보험자가 지급한 소송비용, 변호사비용, 중재, 화해 또는 조정에 관한 비용

㉣ 보험증권상의 보상한도액 내의 금액에 대한 공탁보증보험료. 그러나 회사는 그러한 보증을 제공할 책임은 부담하지 않는다.

※ **공탁보증보험료** : 가압류, 가집행, 가처분 신청 등 각종 민사사건을 신청할 때, 잘못된 신청으로 인해 발생하는 피신청인의 손해를 법적으로 보상해 주기 위해 법원에 납부하는 공탁금을 대신하는 보험상품의 보험료

㉤ 피보험자가 회사의 요구에 따르기 위하여 지출한 비용

제46회 신체손해사정사 2차 시험문제

1. 남태평양 해역에서 조업 중이던 ㅁㅁ수산(주) 소유의 대한민국 국적 어선에 승선하여 근무 중이던 '김○○' 갑판장은 2021년 1월 30일 갑판에서 작업 중 추락하여 부상을 입게 되었다. '김○○' 갑판장은 인근 항구의 병원으로 후송되었으나, 현지에서 수술이 어렵다는 의사 소견에 따라 혼자 움직일 수가 없어 동료 선원 1명의 호송을 받아 한국으로 귀국한 후 치료를 받았다.
   아래 〈별표〉의 내용을 참고하여 다음 질문에 답하시오. (25점)

〈별표〉

[보험가입사항]

① 보험회사 : '갑' 보험회사
② 피보험자 : ㅁㅁ수산(주)
③ 보험종목 : 선원근로자재해보장책임보험
  • 재해보상책임 특별약관
  • 비업무상 재해확장 추가특별약관
  • 사용자배상책임 특별약관
   (보상한도액 : 1인당 100,000,000원 / 1사고당 200,000,000원)
④ 보험기간 : 2020년 4월 25일 ~ 2021년 4월 25일

[전제조건]

① 피재자명 : '김○○' 갑판장
② 근로계약기간 : 2020년 5월 1일 ~ 2021년 7월 31일
③ 이송비(사고와 상당인과관계 있는 손해로 인정됨)
  • 항공운임 : 피재자 및 호송선원 합계 5,000,000원(1인당 2,500,000원)
  • 구급차 병원이송비 : 500,000원
④ 치료관계비
  • 입원치료비 : 7,000,000원(2021년 2월 1일 ~ 2021년 7월 31일)
  • 향후 반흔제거술 : 4,500,000원(현가액)
⑤ 장해등급 / 노동능력상실률
  • 우측 슬관절 부전강직(장해10급) / 슬관절 부전강직 20%(영구장해)
  • 좌측 엄지발가락 절단(장해12급) / 족지절단 5%(영구장해)
⑥ 사고 당시 선원임금 등
  • 통상임금 : 월 4,000,000원
  • 승선평균임금 : 월 6,000,000원(1개월은 30일로 본다)
  • 도시일용노임 : 월 2,000,000원
⑦ 피재자 과실 : 50%
⑧ 호프만계수(계산상 편의를 위한 계수임)
  • 사고일 ~ 입원종료일 : 6개월(H계수 : 5)
  • 사고일 ~ 가동종료일 : 27개월(H계수 : 25)

⑨ 위자료와 일실퇴직금은 고려하지 않음.
⑩ 장해급여표(평균임금 기준)

등급	근로기준법	산업재해보상보험법
제8급	450일분	495일분
제9급	350일분	385일분
제10급	270일분	297일분
제11급	200일분	220일분
제12급	140일분	154일분

(1) '갑' 보험회사의 보험계약에서 특약별 '보상하는 손해'에 대하여 약술하시오. (5점)

(2) '갑' 보험회사에서 '김○○' 갑판장에게 지급할 보험금을 산정하고, 그 산출과정을 기재하시오. (20점)

2. 2022년 7월 1일 피해자 '박○○'은 △△백화점에서 물건을 구입한 후 1층으로 내려가던 중 시설물 하자로 인해 추락하는 사고가 발생하여 목과 무릎 부위에 심한 부상을 입고 6개월간 입원치료 후 △△백화점에 손해배상을 청구하였다.
아래 〈별표〉의 내용을 참고하여 다음 질문에 답하시오. (20점)

〈별표〉
[보험가입사항]
① 보험회사 : '을' 보험회사
② 피보험자 : △△백화점
③ 보험종목 : 국문영업배상책임보험 / 시설소유(관리)자 특별약관
  • 보상한도액 : 1인당 100,000,000원 / 1사고당 200,000,000원
  • 자기부담금 : 1,000,000원 / 1사고당
④ 보험기간 : 2022년 1월 1일 ~ 2022년 12월 31일

[전제조건]
① 피해자 : '박○○' / 가정주부
② 도시일용임금 : 100,000원(계산시 월 3,000,000원 적용)
③ 진단명 : 경추 방출성 골절, 슬개골골절
④ 피해자 과실 : 50%
⑤ 노동능력상실률 : 경추 50%(영구장해), 무릎 40%(3년 한시장해)
⑥ 호프만계수(계산상 편의를 위한 임의계수임)
  • 사고일 ~ 입원종료일 : 6개월(H계수 : 5)
  • 사고일 ~ 한시장해기간 : 36개월(H계수 : 30)
  • 사고일 ~ 가동종료일 : 72개월(H계수 : 60)
⑦ 기왕치료비 : 8,000,000원
⑧ 향후 치료비 : 성형수술비 1,000,000원 / 내고정물 제거비 1,000,000원
⑨ 위자료는 고려하지 않음.

(1) 상기 보험계약의 약관상 '보상하는 손해'에 대하여 약술하고, 일반불법행위책임의 성립요건에 대하여 기재하시오. (10점)

(2) '을' 보험회사가 지급할 보험금을 산정하고, 그 산출과정을 기재하시오. (10점)

3. 전문의 'A'가 운영하는 ㅁㅁ정형외과의원에 내원한 '최○○'는 추간판탈출증으로 진단되어 2020년 8월 11일 정형외과 전문의 'A'(집도의)와 정형외과 전문의 'B'(전문의 'A'에 의해 고용된 보조의)로부터 척추수술을 받았으나, 의료과실로 인한 영구장해로 진단받고 2021년 10월 15일 손해배상을 청구하였다. 아래 〈별표〉의 내용을 참고하여 다음 질문에 답하시오. (20점)

〈별표〉

[보험가입사항]

보험회사	'갑' 보험회사	'을' 보험회사
보험종목	의사 및 병원 배상책임보험 • 배상청구기준 • 의료과실 배상책임담보	의사 및 병원 배상책임보험 • 배상청구기준 • 의료과실 배상책임담보 • 피보험자 지정 특별약관
보험계약자	ㅁㅁ정형외과의원	○○정형외과개원의협의회
피보험자	ㅁㅁ정형외과의원	전문의 'A'
보험기간	2020.1.1. ~ 2020.12.31.	2021.1.1. ~ 2021.12.31.
소급담보일자	2020.1.1.	2020.1.1.
보상한도액	200,000,000원 / 1인당	200,000,000원 / 1인당
자기부담금	10,000,000원 / 1사고당	10,000,000원 / 1사고당

[전제조건]

① 피해자 : '최○○' / 보험설계사
- 월 수입액 : 월 4,000,000원(단순경비율 50% 적용 전)
- 노동능력상실률 : 사지마비 100%(영구장해)

② 도시일용노임 : 월 3,000,000원

③ 개호비 : 사고일로부터 여명기간 동안 성인 1일 1인(월 6,000,000원)

④ 기왕치료비 : 10,000,000원

⑤ 향후 치료비(현가) : 40,000,000원

⑥ 책임범위 : 전문의 'A'와 전문의 'B'의 책임을 60%로 제한함.

⑦ 위자료 : 100,000,000원(사고경위 및 책임범위 등 감안하여 인정)

⑧ 공동불법행위자 내부분담률 : 전문의 'A' 50%, 전문의 'B' 50%

⑨ 호프만계수(계산상 편의를 위한 임의계수임)
- 사고일 ~ 가동연한까지 : 24개월(H계수 : 20)
- 사고일 ~ 기대여명까지 : 60개월(H계수 : 50)

(1) 상기 보험계약에서 피보험자의 범위에 대하여 기재하고, 의사 및 병원 배상책임보험약관의 담보위험에 대하여 약술하시오. (10점)

(2) 각 보험회사가 지급할 보험금을 산정하고, 그 산출과정을 기재하시오. (10점)

4. 「근로기준법」에서 정의하고 있는 평균임금의 개념에 대하여 설명하고, 동법 시행령의 평균임금 계산에서 제외되는 기간과 임금에 대하여 기재하시오. (15점)

5. 불법행위로 인한 법률상 손해배상액 산정에서 사업소득자의 수입, 필요 경비 그리고 기여도 등에 대한 객관적인 자료가 없는 경우에 일실수익 산정방법에 대하여 설명하시오. (10점)

6. 영문배상책임보험 CGL(Commercial General Liability Policy) 약관의 'Medical Payments'에 대하여 약술하시오. (10점)

01

남태평양 해역에서 조업 중이던 ㅁㅁ수산(주) 소유의 대한민국 국적 어선에 승선하여 근무 중이던 '김○○' 갑판장은 2021년 1월 30일 갑판에서 작업 중 추락하여 부상을 입게 되었다. '김○○' 갑판장은 인근 항구의 병원으로 후송되었으나, 현지에서 수술이 어렵다는 의사 소견에 따라 혼자 움직일 수가 없어 동료 선원 1명의 호송을 받아 한국으로 귀국한 후 치료를 받았다.

아래 〈별표〉의 내용을 참고하여 다음 질문에 답하시오. (25점)

〈별표〉

[보험가입사항]

① 보험회사 : '갑' 보험회사

② 피보험자 : ㅁㅁ수산(주)

③ 보험종목 : 선원근로자재해보장책임보험

- 재해보상책임 특별약관
- 비업무상 재해확장 추가특별약관
- 사용자배상책임 특별약관

(보상한도액 : 1인당 100,000,000원 / 1사고당 200,000,000원)

④ 보험기간 : 2020년 4월 25일 ~ 2021년 4월 25일

[전제조건]

① 피재자명 : '김○○' 갑판장

② 근로계약기간 : 2020년 5월 1일 ~ 2021년 7월 31일

③ 이송비(사고와 상당인과관계 있는 손해로 인정됨)

- 항공운임 : 피재자 및 호송선원 합계 5,000,000원(1인당 2,500,000원)
- 구급차 병원이송비 : 500,000원

④ 치료관계비

- 입원치료비 : 7,000,000원(2021년 2월 1일 ~ 2021년 7월 31일)
- 향후 반흔제거술 : 4,500,000원(현가액)

⑤ 장해등급 / 노동능력상실률

- 우측 슬관절 부전강직(장해10급) / 슬관절 부전강직 20%(영구장해)
- 좌측 엄지발가락 절단(장해12급) / 족지절단 5%(영구장해)

⑥ 사고 당시 선원임금 등

- 통상임금 : 월 4,000,000원
- 승선평균임금 : 월 6,000,000원(1개월은 30일로 본다)
- 도시일용노임 : 월 2,000,000원

⑦ 피재자 과실 : 50%

⑧ 호프만계수(계산상 편의를 위한 계수임)

- 사고일 ~ 입원종료일 : 6개월(H계수 : 5)
- 사고일 ~ 가동종료일 : 27개월(H계수 : 25)

⑨ 위자료와 일실퇴직금은 고려하지 않음.

⑩ 장해급여표(평균임금 기준)

등 급	근로기준법	산업재해보상보험법
제8급	450일분	495일분
제9급	350일분	385일분
제10급	270일분	297일분
제11급	200일분	220일분
제12급	140일분	154일분

(1) '갑' 보험회사의 보험계약에서 특약별 '보상하는 손해'에 대하여 약술하시오. (5점)

(2) '갑' 보험회사에서 '김○○' 갑판장에게 지급할 보험금을 산정하고, 그 산출과정을 기재하시오. (20점)

모범답안

1. 특약별 '보상하는 손해'

(1) 재해보상책임 특별약관

보험회사가 부담하는 보상하는 손해는 아래의 재해보상책임으로 인한 손해를 말한다.

① 재해보상책임

㉠ 「선원법」 적용 근로자의 경우 「선원법」 제94조 내지 제101조에 정한 재해 보상금액 : 요양보상, 상병보상, 장해보상, 일시보상, 유족보상, 장제비, 행방불명보상

㉡ 선박 내에서의 간이치료비용 및 그 기간의 휴업급여는 제외한다.

② 재해보상책임에 관하여 피보험자가 회사의 동의를 받아 지출한 소송비용

③ 재해를 입은 근로자가 국외지역에서 요양기관으로 이송되거나 본국으로 송환되는 경우의 이송비용을 보상하지 않는다. 그러나 거동이 불가능하여 호송을 요하는 중환자, 유해의 송환비용 또는 요양기관으로 긴급히 이송을 요하는 경우의 이송비용은 적절한 운송용구에 의한 편도에 한하여 실비로 1인당 5백만원을 한도로 보상하여 준다. 다만, 어떠한 경우라도 호송인에 대한 비용은 보상하지 않는다.

(2) 비업무상 재해확장 추가특별약관

보험회사는 재해보상책임 특별약관 제1조(보상하는 손해)의 규정에도 불구하고 피보험자의 근로자에게 생긴 비업무상의 신체의 상해 또는 질병에 대하여도 업무상의 재해와 동일한 방법으로 보상한다.

(3) 사용자배상책임 특별약관

① 회사가 부담하는 보상하는 손해는 재해보상책임 특별약관 및 재해보상 관련 법령(산업재해보상보험법, 재해보상에 관한 기타 법령을 포함한다)에 따라 보상되는 재해보상 금액을 초과하여 피보험자가 법률상의 배상책임을 부담함으로써 입은 손해를 말한다.

② 위의 손해금액은 재해보상책임 특별약관 및 산업재해보상보험법(공제계약을 포함한다)에 의한 급부가 이루어진 경우에 한하여 보상한다.

2. 지급보험금 산정

(1) 재해보상책임 특별약관

① 요양보상

㉠ 입원치료비 : 7,000,000원

㉡ 이송비 : 3,000,000원

- 항공운임 : 피재자 1인당 2,500,000원(호송인 비용 제외, 보상한도 500만원 이내)
- 구급차 병원이송비 : 500,000원

※ 구급차 병원이송비용을 이송비가 아닌 손해방지비용으로 볼 수 있으며, 전액 보상한다.

㉢ 소계 : 7,000,000원 + 3,000,000원 = **10,000,000원**

② 상병보상

㉠ 4개월까지 통상임금 전액 : 4,000,000원/월 × 4개월 × 100% = 16,000,000원

㉡ 4개월 이후 통상임금 70% : 4,000,000원/월 × 2개월 × 70% = 5,600,000원

㉢ 소계 : 16,000,000원 + 5,600,000원 = **21,600,000원**

③ 장해보상

㉠ 장해등급 조정 : 13급 이상의 장해가 둘 이상 있는 경우 심한 장해등급(10급)보다 1등급 상향하므로 9급으로 조정한다.

㉡ 장해보상 = 승선평균임금 × 385일분(9급)
= 200,000원/일 × 385일 = **77,000,000원**

※ 승선평균임금 = 6,000,000원 / 30일 = 200,000원/일

④ 지급보험금 합계

10,000,000원 + 21,600,000원 + 77,000,000원 = **108,600,000원**

(2) 사용자배상책임 특별약관

① **치료비**

향후 치료비(반흔제거술)만 산정한다.

향후 치료비 = 4,500,000원(현가) × (1 − 50%) = **2,250,000원**

※ 피재자 과실 : 50%

② **호송선원 이송비**

2,500,000원 × (1 − 50%) = **1,250,000원**

③ **일실수익**

'과실상계 후 공제설'에 따라 산출하면 다음과 같다.

㉠ 입원 일실수익(사고일 ~ 입원종료일)

- 6,000,000원 × 100% × 5H × (1 − 50%) = 15,000,000원

  ※ 입원기간이 근로계약기간 내이므로 승선평균임금으로 계산한다.

- 손익상계 : 15,000,000원 − 21,600,000원(상병보상) = 0원(음수)

㉡ 장해 일실수익(입원종료일 ~ 가동종료일)

- 2,000,000원 × 24% × 20H(= 25H − 5H) × (1 − 50%) = 4,800,000원

  ※ 복합장해율 = 20% + (100 − 20)% × 5% = 24%

- 손익상계 : 4,800,000원 − 77,000,000원(장해보상) = 0원(음수)

④ **지급보험금 합계**

2,250,000원 + 1,250,000원 = 3,500,000원

※ 1인당 보상한도액 100,000,000원 이내이므로 3,500,000원을 보상한다.

더 알아보기 **최근 대법원 판례에 따른 '공제 후 과실상계'를 적용하였을 경우 지급보험금 산정**

① **치료비**

향후 치료비 = 4,500,000원(현가) × (1 − 50%) = **2,250,000원**

② **호송선원 이송비**

2,500,000원 × (1 − 50%) = **1,250,000원**

③ **일실수익**

㉠ 입원 일실수익(사고일 ~ 입원종료일)

- 6,000,000원 × 100% × 5H = 30,000,000원

  ※ 입원기간이 근로계약기간 내이므로 승선평균임금으로 계산한다.

- 손익상계 : {30,000,000원 − 21,600,000원(상병보상)} × (1 − 50%) = **4,200,000원**

㉡ 장해 일실수익(입원종료일 ~ 가동종료일)

- 2,000,000원 × 24% × 20H(= 25H − 5H) = 9,600,000원

  ※ 근로계약기간이 종료되었으므로, 도시일용노임을 적용한다.

- 손익상계 : {9,600,000원 − 77,000,000원(장해보상)} × (1 − 50%) = **0원**(음수)

④ **지급보험금 합계**

2,250,000원 + 1,250,000원 + 4,200,000원 + 0원 = **7,700,000원**(≤ 1인당 보상한도 100,000,000원)

※ 1인당 보상한도액 100,000,000원 이내이므로 7,700,000원을 보상한다.

02

2022년 7월 1일 피해자 '박○○'은 △△백화점에서 물건을 구입한 후 1층으로 내려가던 중 시설물 하자로 인해 추락하는 사고가 발생하여 목과 무릎 부위에 심한 부상을 입고 6개월간 입원치료 후 △△백화점에 손해배상을 청구하였다.

아래 〈별표〉의 내용을 참고하여 다음 질문에 답하시오. (20점)

〈별표〉

[보험가입사항]

① 보험회사 : '을' 보험회사
② 피보험자 : △△백화점
③ 보험종목 : 국문영업배상책임보험 / 시설소유(관리)자 특별약관
- 보상한도액 : 1인당 100,000,000원 / 1사고당 200,000,000원
- 자기부담금 : 1,000,000원 / 1사고당

④ 보험기간 : 2022년 1월 1일 ~ 2022년 12월 31일

[전제조건]

① 피해자 : '박○○' / 가정주부
② 도시일용임금 : 100,000원(계산시 월 3,000,000원 적용)
③ 진단명 : 경추 방출성 골절, 슬개골골절
④ 피해자 과실 : 50%
⑤ 노동능력상실률 : 경추 50%(영구장해), 무릎 40%(3년 한시장해)
⑥ 호프만계수(계산상 편의를 위한 임의계수임)
- 사고일 ~ 입원종료일 : 6개월(H계수 : 5)
- 사고일 ~ 한시장해기간 : 36개월(H계수 : 30)
- 사고일 ~ 가동종료일 : 72개월(H계수 : 60)

⑦ 기왕치료비 : 8,000,000원
⑧ 향후 치료비 : 성형수술비 1,000,000원 / 내고정물 제거비 1,000,000원
⑨ 위자료는 고려하지 않음.

(1) 상기 보험계약의 약관상 '보상하는 손해'에 대하여 약술하고, 일반불법행위책임의 성립요건에 대하여 기재하시오. (10점)

(2) '을' 보험회사가 지급할 보험금을 산정하고, 그 산출과정을 기재하시오. (10점)

모범답안

1. 약관상 '보상하는 손해' 및 일반불법행위책임의 성립요건

(1) 약관상 '보상하는 손해'

피보험자가 소유·사용 또는 관리하는 시설 및 그 시설의 용도에 따른 업무의 수행으로 생긴 우연한 사고로 인하여 타인(제3자)의 신체에 상해·장해를 입히거나 타인의 재물에 피해를 입혀 법률상 손해배상책임을 부담함으로써 입은 손해를 보상한다.

(2) 일반불법행위책임의 성립요건

「민법」 제750조에서는 고의 또는 과실로 인한 위법행위로 타인에게 손해를 가한 자는 그 손해를 배상할 책임이 있다고 규정하고 있다. 따라서 「민법」상의 일반불법행위책임이 성립하려면 다음과 같은 요건을 갖추어야 한다.

① 고의 또는 과실

가해자에게 고의 또는 과실이 있어야 한다. 가해자의 고의나 과실에 대한 입증책임은 피해자에게 있다. 여기서 고의란 일정한 결과가 발생하리라는 것을 알면서 감히 이를 행하는 심리상태를 말하며, 과실이란 자기의 행위로 일정한 결과가 발생한다는 것을 인식했어야 함에도 불구하고 주의를 게을리하여 인식하지 못하고 그 행위를 하는 심리상태를 말한다.

② 책임능력

가해자에게 책임능력이 있어야 한다. 책임능력이란 자기의 행위의 결과가 위법한 것으로서, 법률상의 책임을 변식할 수 있는 정신능력을 말한며(민법 제753조, 제754조 참조), 입증책임은 가해자에게 있다.

③ 위법성

가해자의 가해행위는 위법한 것이어야 한다. 위법성은 보호할 가치가 있는 이익을 위법하게 침해하는 것을 말하며, 입증책임은 가해자에게 있다.

④ 손해의 발생

불법행위가 성립하기 위해서는 위법행위로 인하여 손해가 발생하여야 한다. 손해는 법적으로 보호할 가치가 있는 이익에 대한 침해로 생긴 불이익을 말하며, 재산적 손해뿐만 아니라 비재산적 손해의 가치의 멸실, 감소를 모두 포함한다.

⑤ 인과관계

위법행위와 손해 사이에 인과관계가 있어야 하며, 입증책임은 피해자에게 있다. 통설과 판례는 상당인과관계설을 취하고 있다.

2. 지급보험금 산정

(1) 치료비

① 기왕치료비 : 8,000,000원 × (1 − 50%) = 4,000,000원

② 향후 치료비

㉠ 성형수술비 : 1,000,000원 × (1 − 50%) = 500,000원

㉡ 내고정물 제거비 : 1,000,000원 × (1 − 50%) = 500,000원

③ 소계 : 4,000,000원 + 500,000원 + 500,000원 = **5,000,000원**

(2) 일실수익

① 사고일 ~ 입원종료일까지

3,000,000원 × 100% × 5H × (1 − 50%) = 7,500,000원

② 입원종료일 ~ 한시장해종료일까지

3,000,000원 × 70% × 25H(= 30H − 5H) × (1 − 50%) = 26,250,000원

※ 복합장해율 = 50% + (100 − 50)% × 40% = 70%

③ 한시장해종료일 ~ 가동종료일까지

3,000,000원 × 50% × 30H(= 60H − 30H) × (1 − 50%) = 22,500,000원

④ 소계 : 7,500,000원 + 26,250,000원 + 22,500,000원 = **56,250,000원**

(3) 합 계

5,000,000원 + 56,250,000원 = **61,250,000원**

(4) 지급보험금

61,250,000원 − 1,000,000원(자기부담금) = **60,250,000원**(≤ 1인당 보상한도 100,000,000원)

※ 1인당 보상한도액 100,000,000원 이내이므로 60,250,000원을 보상한다.

03

전문의 'A'가 운영하는 ㅁㅁ정형외과의원에 내원한 '최○○'는 추간판탈출증으로 진단되어 2020년 8월 11일 정형외과 전문의 'A'(집도의)와 정형외과 전문의 'B'(전문의 'A'에 의해 고용된 보조의)로부터 척추수술을 받았으나, 의료과실로 인한 영구장해로 진단받고 2021년 10월 15일 손해배상을 청구하였다.

아래 〈별표〉의 내용을 참고하여 다음 질문에 답하시오. (20점)

〈별표〉

[보험가입사항]

보험회사	'갑' 보험회사	'을' 보험회사
보험종목	의사 및 병원 배상책임보험 • 배상청구기준 • 의료과실 배상책임담보	의사 및 병원 배상책임보험 • 배상청구기준 • 의료과실 배상책임담보 • 피보험자 지정 특별약관
보험계약자	ㅁㅁ정형외과의원	○○정형외과개원의협의회
피보험자	ㅁㅁ정형외과의원	전문의 'A'
보험기간	2020.1.1. ~ 2020.12.31.	2021.1.1. ~ 2021.12.31.
소급담보일자	2020.1.1.	2020.1.1.
보상한도액	200,000,000원 / 1인당	200,000,000원 / 1인당
자기부담금	10,000,000원 / 1사고당	10,000,000원 / 1사고당

[전제조건]

① 피해자 : '최○○' / 보험설계사
- 월 수입액 : 월 4,000,000원(단순경비율 50% 적용 전)
- 노동능력상실률 : 사지마비 100%(영구장해)

② 도시일용노임 : 월 3,000,000원
③ 개호비 : 사고일로부터 여명기간 동안 성인 1일 1인(월 6,000,000원)
④ 기왕치료비 : 10,000,000원
⑤ 향후 치료비(현가) : 40,000,000원
⑥ 책임범위 : 전문의 'A'와 전문의 'B'의 책임을 60%로 제한함.
⑦ 위자료 : 100,000,000원(사고경위 및 책임범위 등 감안하여 인정)
⑧ 공동불법행위자 내부분담률 : 전문의 'A' 50%, 전문의 'B' 50%
⑨ 호프만계수(계산상 편의를 위한 임의계수임)
- 사고일 ~ 가동연한까지 : 24개월(H계수 : 20)
- 사고일 ~ 기대여명까지 : 60개월(H계수 : 50)

(1) 상기 보험계약에서 피보험자의 범위에 대하여 기재하고, 의사 및 병원 배상책임보험 약관의 담보위험에 대하여 약술하시오. (10점)

(2) 각 보험회사가 지급할 보험금을 산정하고, 그 산출과정을 기재하시오. (10점)

모범답안

1. 피보험자의 범위 및 의사 및 병원 배상책임보험약관의 담보위험

(1) 피보험자의 범위

① '갑' 보험회사(의사 및 병원 배상책임보험)

피보험자는 증권에 기재된 기명피보험자 외에 관계법령에 의하여 면허 또는 자격을 취득한 자로서 기명피보험자의 지시·감독에 따라 상시적 또는 일시적으로 기명피보험자의 의료행위를 보조하는 자를 포함한다. 따라서 전문의 'A'와 전문의 'B'가 모두 피보험자에 해당된다.

② '을' 보험회사(피보험자 지정 특별약관)

피보험자 지정 특별약관에 따르면, 기명피보험자와 동일한 면허 또는 자격을 취득한 의사로서 기명피보험자에 의해 고용된 자는 피보험자에서 제외된다. 따라서 전문의 'A'만 피보험자에 해당된다.

판례 **대법원 2011.9.8. 선고 2009다73295 판결**

정형외과 전문의가 체결한 '의사 및 병원 배상책임보험계약' 중 주된 계약의 피보험자 지정 특별약관에서 '피보험자라 함은 보험가입증서(보험증권)에 피보험자로 기재된 기명피보험자 외에 관계법령에 의하여 면허 또는 자격을 취득한 자로서 기명피보험자의 지시·감독에 따라 상시적 또는 일시적으로 기명피보험자의 의료행위를 보조하는 자를 포함합니다. 단, 기명피보험자와 동일한 면허 또는 자격을 취득한 의사로서 기명피보험자에 의해 고용된 자는 제외합니다'라고 정한 사안에서, 정형외과의원에서 근무하는 마취과 전문의가 피보험자에 포함된다고 한 사례

(2) 의사 및 병원 배상책임보험약관의 담보위험

① 의료과실 배상책임 담보조항

피보험자(의사 및 병원)가 수행하는 의료행위와 관련하여 의료과실에 의해 타인(환자)에게 신체장해를 입혀 발생하는 의료사고를 보상한다.

㉠ '의료행위'란 보건진료관계 법령에 위배되지 아니하고 의학상 일반적으로 인정되는 수단과 방법에 따라 질병과 상해에 대하여 진단하거나 예방, 치료 등의 의료행위를 말한다.

㉡ '의료사고'란 피보험자가 의료행위를 잘못하였거나 당연히 행하였어야 할 의료행위를 행하지 아니함으로써 타인(의료행위의 대상이 되는 수진자를 말한다)에게 입힌 신체장해를 말한다.

② 일반배상책임 담보조항

특별약관에 따라 피보험자가 보험기간 중에 담보조항에 해당하는 사고로 인하여 타인으로부터 손해배상청구가 제기됨으로써 발생하는 법률상 손해배상책임을 보상한다. 즉 병원의 시설과 관련하여 일어나는 사고, 병원에서 제조하는 음식물 등 생산물에 의하여 발생한 사고, 주차장에 의하여 발생한 사고로 인한 배상책임을 보상한다.

㉠ 시설소유관리자 배상책임 : 의료사고가 아닌 일반적인 병원시설 관리 및 운영상의 손해배상책임을 담보한다.

㉡ 생산물 배상책임 : 입원환자 또는 일반인에게 공급하는 음식물로 인해 발생하는 손해배상책임을 담보한다.

㉢ 주차장 배상책임 : 주차장에서 발생하는 손해배상책임을 담보한다.

2. 각 보험회사의 지급보험금 산정

(1) 각 보험회사의 보상책임

의사 및 병원 배상책임보험은 배상청구기준 담보증권이므로, 소급담보일자 이후 사고가 발생하고, 보험기간 중 피해자의 최초의 손해배상청구가 있어야 한다. 그런데 문제의 사례에서 수술일은 2020년 8월 11일이고, 손해배상청구일은 2021년 10월 15일이다. 따라서 '갑' 보험회사는 보험기간(2020.1.1 ~ 2020.12.31.) 이후에 청구가 제기되었으므로 면책이고, '을' 보험회사는 소급담보일자 이후 사고가 발생하고 보험기간(2021.1.1. ~ 2021.12.31.) 중 최초의 손해배상청구가 제기되었으므로 피보험자인 전문의 A의 의료과실로 인한 사고를 보상한다.

(2) 손해액 산정

① 치료비

㉠ 기왕치료비 : 10,000,000원 × 60%(피보험자 책임비율) = 6,000,000원

㉡ 향후 치료비(현가) : 40,000,000원 × 60% = 24,000,000원

㉢ 소계 : 6,000,000원 + 24,000,000원 = **30,000,000원**

② 개호비

6,000,000원 × 1인 × 50H × 60% = **180,000,000원**

③ 일실수익(사고일 ~ 가동연한까지)

3,000,000원 × 100% × 20H × 60% = **36,000,000원**

※ 단순경비율 50% 적용시 4,000,000원 – (4,000,000원 × 50%) = 2,000,000원으로, 도시일용노임(3,000,000원)보다 적으므로 3,000,000원을 적용한다.

④ 위자료

100,000,000원

⑤ 합 계

30,000,000원 + 180,000,000원 + 36,000,000원 + 100,000,000원 = **346,000,000원**

(3) 최종 지급보험금('을' 보험회사)

'을' 보험회사는 '피보험자 지정 특별약관'에 따라 피보험자인 전문의 'A'에게만 보상한다. 즉 공동불법행위자의 내부분담률에 따라 피보험자인 전문의 'A'에게 346,000,000원의 50%에 대해 자기부담금을 공제하고 지급한다.

(346,000,000원 × 50%) – 10,000,000원 = **163,000,000원**(≤ 1인당 보상한도 200,000,000원)

※ 1인당 보상한도액 200,000,000원 이내이므로 163,000,000원을 보상한다.

04 「근로기준법」에서 정의하고 있는 평균임금의 개념에 대하여 설명하고, 동법 시행령의 평균임금 계산에서 제외되는 기간과 임금에 대하여 기재하시오. (15점)

모범답안

(1) 평균임금의 개념

"평균임금"이란 이를 산정하여야 할 사유가 발생한 날 이전 3개월 동안에 그 근로자에게 지급된 임금의 총액을 그 기간의 총일수로 나눈 금액을 말한다. 근로자가 취업한 후 3개월 미만인 경우도 이에 준한다.

① 산출된 금액이 그 근로자의 통상임금보다 적으면 그 통상임금액을 평균임금으로 한다.

② 일용근로자의 평균임금은 고용노동부장관이 사업이나 직업에 따라 정하는 금액으로 한다.

③ 근로기준법상 평균임금을 산정할 수 없는 경우에는 고용노동부장관이 정하는 바에 따른다.

(2) 평균임금 계산에서 제외되는 기간과 임금(근로기준법 시행령 제2조)

① 제외 기간

평균임금 산정기간 중에 다음 각 호의 어느 하나에 해당하는 기간이 있는 경우에는 그 기간과 그 기간 중에 지급된 임금은 평균임금 산정기준이 되는 기간과 임금의 총액에서 각각 뺀다.

㉠ 근로계약을 체결하고 수습 중에 있는 근로자가 수습을 시작한 날부터 3개월 이내의 기간

㉡ 사용자의 귀책사유로 휴업한 기간

㉢ 출산전후휴가 및 유산·사산 휴가 기간

㉣ 업무상 부상 또는 질병으로 요양하기 위하여 휴업한 기간

㉤ 「남녀고용평등과 일·가정 양립 지원에 관한 법률」 제19조에 따른 육아휴직 기간

㉥ 「노동조합 및 노동관계조정법」 제2조 제6호에 따른 쟁의행위 기간

㉦ 「병역법」, 「예비군법」 또는 「민방위기본법」에 따른 의무를 이행하기 위하여 휴직하거나 근로하지 못한 기간. 다만, 그 기간 중 임금을 지급받은 경우에는 그러하지 아니하다.

㉧ 업무 외 부상이나 질병, 그 밖의 사유로 사용자의 승인을 받아 휴업한 기간

② 제외 임금

평균임금의 총액을 계산할 때에는 임시로 지급된 임금 및 수당과 통화 외의 것으로 지급된 임금을 포함하지 아니한다. 다만, 고용노동부장관이 정하는 것은 그러하지 아니하다.

05 불법행위로 인한 법률상 손해배상액 산정에서 사업소득자의 수입, 필요 경비 그리고 기여도 등에 대한 객관적인 자료가 없는 경우에 일실수익 산정방법에 대하여 설명하시오. (10점)

모범답안

일실수익 산정방법

(1) 불법행위로 인한 일실수익 산정기준

불법행위로 인하여 사망하거나 신체상의 장애를 입은 사람이 장래 얻을 수 있는 수입의 상실액은 원칙적으로 그 불법행위로 인하여 손해가 발생할 당시에 그 피해자가 종사하고 있었던 직업의 소득을 기준으로 하여야 하고, 이를 기준으로 할 수 없는 경우에는 그 피해자가 가지고 있는 특정한 기능이나 자격 또는 학력에 따라 얻을 수 있을 것으로 상당한 개연성이 인정되는 통계소득을 기준으로 하여 산정할 수도 있다(대법원 1997.11.28. 선고 97다40049 판결).

(2) 객관적인 자료가 있는 경우

객관적 자료를 토대로 산정하여야 하는 것이 원칙이다. 그러나, 사업소득자의 경우에 수입, 필요경비, 기여도 등에 대한 객관적인 자료를 확인하기 어려운 경우가 많다.

판례는 "피해자에 대한 사고 당시의 실제수입을 확정할 수 있는 객관적인 자료가 현출되어 있어 그에 기하여 합리적이고 객관성 있는 기대수입을 산정할 수 있다면, 사고 당시의 실제수입을 기초로 일실수입을 산정하여야 하고, 임금구조 기본통계조사보고서 등의 통계소득이 실제수입보다 높다고 하더라도 사고 당시에 실제로 얻고 있던 수입보다 높은 통계소득만큼 수입을 장차 얻을 수 있으리라는 특수사정이 인정되는 경우에 한하여 그러한 통계소득을 기준으로 일실수익을 산정하여야 한다"고 판시하였다(대법원 2006.3.9. 선고 2005다16904 판결).

(3) 객관적인 자료가 없는 경우

객관적인 자료가 없는 경우에는 일반적으로 노동부가 발행하는 고용형태별 근로실태조사보고서에 의하여 산정한다.

판례는 "객관적 자료가 없는 경우에는 그 사업체의 규모와 경영형태, 종업원의 수 및 경영실적 등을 참작하여 피해자와 같은 정도의 학력, 경력 및 경영능력 등을 가진 사람을 고용하는 경우의 보수상당액, 즉 대체고용비를 합리적이고 개연성 있는 방법으로 산출하여 이를 기초로 일실수익을 산정할 수도 있다"고 판시하였다(대법원 1989.6.13. 선고 88다카10906 판결).

06 영문배상책임보험 CGL(Commercial General Liability Policy) 약관의 'Medical Payments'에 대하여 약술하시오. (10점)

모범답안

CGL(Commercial General Liability Policy) 약관의 'Medical Payments(의료비 지급)'

(1) 보상하는 손해

보험기간 중에 담보지역 내에서 사고가 발생하고 사고일자로부터 1년 이내에 발생하여 보험회사에 통지된 치료비로서 피해자가 보험회사의 요청에 따라 보험회사의 비용으로 보험회사가 지정한 의사의 진단서를 제출한 경우에 한하여, 보험회사는 아래에 기재된 신체장해 사고로 발생한 의료비를 보상한다.

① 피보험자가 소유 또는 임차하는 시설에서 발생한 사고

② 피보험자가 소유 또는 임차하는 시설에 인접하는 장소에서 발생한 장소

③ 피보험자의 사업활동에 기인된 사고

(2) 보상하는 항목(의료비 항목)

보험회사는 필요하고도 유익한 비용으로서 피보험자의 과실유무를 불문하고 보상한도액 내에서 아래의 의료비를 보상한다.

① 사고발생시의 응급처치 비용

② 치료, 수술, X선 검사, 보철기구를 포함한 치과치료비

③ 구급차, 입원, 전문간호, 장례비

(3) 보상하지 않는 손해(면책조항)

아래와 같은 의료비는 보상하지 않는다.

① 피보험자 자신의 신체장해

② 피보험자를 위해 또는 피보험자를 대신해서 고용된 사람, 또는 피보험자에게 세든 사람에 대한 신체장해

③ 피보험자가 소유 또는 임차하는 시설을 통상적으로 점유하고 있는 자가 입은 신체장해

④ 피보험자의 근로자 여부를 불문하고 「노동자재해보상에 관한 법률」, 폐질급부에 관한 법률, 기타 이와 유사한 법률에 의해 보상되는 신체장해

⑤ 운동경기에 참가 중에 입은 신체장해

⑥ 생산물/완성작업위험에 포함되는 신체장해

⑦ Coverage A에서 보상하지 않는 신체장해

⑧ 선전포고의 유무에도 불구하고 전쟁 또는 전쟁에 수반되는 사태로 생긴 신체장해

※ 전쟁이라 함은 내란, 폭동, 반란 또는 혁명을 포함한다.

⑥ 생산물/완성작업위험에 포함되는 신체장해

⑦ Coverage A에서 보상하지 않는 신체장해

2024년도 제47회 신체손해사정사 2차 시험문제

1. ‘주식회사 A’가 소유하고 있는 특수건물 지하 1층에서 인테리어 공사 중에 화재가 발생하여 공사를 관리 중이던 ‘주식회사 A’의 직원 B와 ‘주식회사 A’와 임대차 계약에 따라 입점해 있는 지하 1층의 푸드코트식당 소속의 직원 C가 화상 등 상해를 입었다.
   화재원인과 관련하여, ‘주식회사 A’의 직원 B의 과실 50%와 푸드코트식당의 직원 C의 과실 50%가 인정되었다.
   아래의 전제조건을 참고하여 다음 질문에 답하시오. (25점)

〈전제조건〉
[보험계약사항]
(1) ‘갑’ 보험회사
  ① 보험종목 : 국내근로자재해보장책임보험 / 사용자배상책임 특별약관
  ② 계약자 / 피보험자 : ‘주식회사 A’
  ③ 보상한도액 : 1인당 2억원 / 1사고당 3억원

(2) ‘을’ 보험회사
  ① 보험종목 : 화재보험 / 신체손해배상책임 특별약관
  건물소유자의 종업원배상책임부보장 추가특별약관
  ② 계약자 / 피보험자 : ‘주식회사 A’
  ③ 보상한도액 : 의무보상한도액

[기초자료]
(1) 피해자 B
  ① 소속 : ‘주식회사 A’ 직원
  ② 월평균임금 : 5,000,000원
  ③ 보통인부 일용노임 : 150,000원
  ④ 호프만계수(계산상 편의를 위한 임의계수임)
    • 사고일~입원종료일 : 12개월(H계수 : 10)
    • 사고일~정년까지 : 60개월(H계수 : 50)
    • 사고일~가동기간 : 120개월(H계수 : 100)
  ⑤ 사용자 책임비율 : 50%
  ⑥ 치료비 : 20,000,000원
  ⑦ 비급여 치료비(반흔제거술) : 20,000,000원
  ⑧ 후유장해(맥브라이드 기준)
    • 양측 수지 부전강직 50%(영구장해)
    • 우측 슬관절 부전강직 20%(영구장해)
  ⑨ 위자료와 일실퇴직금은 고려하지 않음.

⑩ 근로복지공단 산재지급내역

요양급여	휴업급여	장해급여
20,000,000원	40,000,000원	200,000,000원

(2) 피해자 C

① 소속 : 푸드코트식당 직원

② 치료비 : 20,000,000원

③ 월평균임금 : 3,000,000원

④ 호프만계수(계산상 편의를 위한 임의계수임)
- 장래의 취업가능기간 : 40개월(H계수 : 30)

⑤ 부상 및 장해 등급
- 부상 1급 연부조직의 손상이 심한 부상
- 장애 7급 외모에 뚜렷한 흉터
- 장애 7급 신경계통의 기능에 장애
- 맥브라이드 병합장해 70%

⑥ 위자료 : 20,000,000원

⑦ 화재로 인한 재해보상과 보험가입에 관한 법률 시행령 기준

부상등급	부상등급 보험금액	장애등급	장애등급 보험금액
1급	3,000만원	6급	7,500만원
2급	1,500만원	7급	6,000만원
3급	1,200만원	8급	4,500만원

(1) '갑' 보험회사의 피해자별 보상책임 여부를 설명하고 지급보험금을 산정하시오. (15점)

(2) '을' 보험회사의 피해자별 보상책임 여부를 설명하고 지급보험금을 산정하시오. (10점)

2. 간병인 A는 OO간병인협회와 간병인소개약정을 체결하고 요양병원 B에 파견되어 병실에서 중증질환 환자 C를 화장실로 데려가기 위해 이동하던 중에 환자 C의 손을 놓아버리는 탓에 중심을 잃고 넘어져 환자 C는 뇌출혈을 진단받고 사지마비 상태가 되었다.
아래의 전제조건을 참고하여 다음 질문에 답하시오. (15점)

〈전제조건〉

[보험계약사항]

보험회사	'갑' 보험회사	'을' 보험회사	'병' 보험회사
보험종목	전문직업인(간병인) 배상책임보험	영업배상책임보험 시설소유관리자특약	일상생활배상책임보험
피보험자	간병인 A	요양병원 B	간병인 A
보상한도액	2억원/1인당	2억원/1인당	2억원/1인당
자기부담금	1,000,000원/1사고당	1,000,000원/1사고당	1,000,000원/1사고당

[기초자료]

① 피해자 : 환자 C
② 사고 당시 : 만 80세
③ 기대여명 : 잔존여명 5년
④ 노동능력상실률 : 맥브라이드 장해 100%
⑤ 개호인 : 사고일로부터 여명기간 동안 성인 1.5인/일
⑥ 개호비(1인) : 2,000,000원/월
⑦ 기왕치료비 : 10,000,000원
⑧ 향후 치료비 및 보조구 구입비(현가) : 40,000,000원
⑨ 책임제한 : 환자의 나이 및 기왕증 관여도 등을 고려하여 간병인 책임을 50%로 제한함.
⑩ 위자료 : 사고 경위, 나이, 과실 정도 등을 참작하여 30,000,000원 인정함.
⑪ 호프만계수(계산상 편의를 위한 임의계수임)
 • 사고일~기대여명까지 : 60개월(H계수 : 50)

(1) 보험회사별 피해자에 대한 보상책임 여부를 설명하시오. (10점)

(2) 보험회사별 지급보험금을 산정하시오. (5점)

3. 「제조물책임법」과 관련하여 다음 질문에 답하시오. (15점)

(1) 제조물 '결함'의 의미와 징벌적 손해배상책임에 대하여 설명하시오. (10점)

(2) 제조물 '결함 등의 추정'을 위하여 피해자가 증명하여야 하는 사실의 내용을 열거하시오. (5점)

4. 영업배상책임보험과 관련하여 다음 질문에 답하시오. (15점)

(1) 보험회사가 피보험자의 보험금 청구서류를 접수한 때에 약관에서 규정하고 있는 보험회사의 보험금 지급절차에 대하여 설명하시오. (7점)

(2) 피해자가 보험금 직접청구권을 행사한 때에 약관에서 규정하고 있는 보험회사와 피보험자의 권리와 의무에 대하여 설명하시오. (8점)

5. 해외근로자재해보장책임보험의 '비업무상 재해확장담보 추가특별약관'에 대하여 설명하시오. (10점)

6. 책임보험에서 담보하는 피보험자의 법률상 손해배상금 중 위자료에 대한 법률적 근거와 산정기준에 대하여 설명하시오. (10점)

7. 아래의 CGL(Commercial General Liability Policy)보험 특별약관에 대하여 약술하시오. (10점)

(1) Waiver of Subrogation Clause(대위권포기 특별약관) (5점)

(2) Additional Insured(Vendors) Clause[추가피보험자(판매인) 특별약관] (5점)

01

'주식회사 A'가 소유하고 있는 특수건물 지하 1층에서 인테리어 공사 중에 화재가 발생하여 공사를 관리 중이던 '주식회사 A'의 직원 B와 '주식회사 A'와 임대차 계약에 따라 입점해 있는 지하 1층의 푸드코트식당 소속의 직원 C가 화상 등 상해를 입었다.

화재원인과 관련하여, '주식회사 A'의 직원 B의 과실 50%와 푸드코트식당의 직원 C의 과실 50%가 인정되었다.

아래의 전제조건을 참고하여 다음 질문에 답하시오. (25점)

〈전제조건〉

[보험계약사항]

(1) '갑' 보험회사
① 보험종목 : 국내근로자재해보장책임보험 / 사용자배상책임 특별약관
② 계약자 / 피보험자 : '주식회사 A'
③ 보상한도액 : 1인당 2억원 / 1사고당 3억원

(2) '을' 보험회사
① 보험종목 : 화재보험 / 신체손해배상책임 특별약관
건물소유자의 종업원배상책임부보장 추가특별약관
② 계약자 / 피보험자 : '주식회사 A'
③ 보상한도액 : 의무보상한도액

[기초자료]

(1) 피해자 B
① 소속 : '주식회사 A' 직원
② 월평균임금 : 5,000,000원
③ 보통인부 일용노임 : 150,000원
④ 호프만계수(계산상 편의를 위한 임의계수임)
• 사고일~입원종료일 : 12개월(H계수 : 10)
• 사고일~정년까지 : 60개월(H계수 : 50)
• 사고일~가동기간 : 120개월(H계수 : 100)
⑤ 사용자 책임비율 : 50%
⑥ 치료비 : 20,000,000원
⑦ 비급여 치료비(반흔제거술) : 20,000,000원
⑧ 후유장해(맥브라이드 기준)
• 양측 수지 부전강직 50%(영구장해)
• 우측 슬관절 부전강직 20%(영구장해)
⑨ 위자료와 일실퇴직금은 고려하지 않음.
⑩ 근로복지공단 산재지급내역

요양급여	휴업급여	장해급여
20,000,000원	40,000,000원	200,000,000원

(2) 피해자 C
① 소속 : 푸드코트식당 직원
② 치료비 : 20,000,000원
③ 월평균임금 : 3,000,000원
④ 호프만계수(계산상 편의를 위한 임의계수임)
• 장래의 취업가능기간 : 40개월(H계수 : 30)
⑤ 부상 및 장해 등급
• 부상 1급 연부조직의 손상이 심한 부상
• 장애 7급 외모에 뚜렷한 흉터
• 장애 7급 신경계통의 기능에 장애
• 맥브라이드 병합장해 70%
⑥ 위자료 : 20,000,000원
⑦ 화재로 인한 재해보상과 보험가입에 관한 법률 시행령 기준

부상등급	부상등급 보험금액	장애등급	장애등급 보험금액
1급	3,000만원	6급	7,500만원
2급	1,500만원	7급	6,000만원
3급	1,200만원	8급	4,500만원

(1) '갑' 보험회사의 피해자별 보상책임 여부를 설명하고 지급보험금을 산정하시오. (15점)

(2) '을' 보험회사의 피해자별 보상책임 여부를 설명하고 지급보험금을 산정하시오. (10점)

모범답안

1. '갑' 보험회사

(1) 피해자별 보상책임 여부

① 피해자 B

피보험자(주식회사 A)는 「산업안전보건법」상의 안전배려의무(제5조 제1항)위반으로 인하여 「민법」상의 불법행위책임이 성립되고, 그에 따라 피해자 B에 대해 손해배상책임을 부담하여야 한다.

사용자배상책임 특별약관에서는 피보험자(주식회사 A)의 근로자(피해자 B)에게 생긴 업무상 재해로 인하여 피보험자가 부담하는 손해를 보상한다. 즉 '갑' 보험회사는 재해보상책임 특별약관 및 재해보상 관련 법령(산업재해보상보험법, 재해보상에 관한 기타 법령을 포함)에 따라 보상되는 재해보상 금액을 초과하여 피보험자가 법률상의 손해배상책임을 부담함으로써 입은 손해를 보상한다. 따라서 피해자 B는 '주식회사 A'의 근로자이므로 '갑' 보험회사는 보상책임이 발생한다.

② 피해자 C

피해자 C는 '주식회사 A'의 근로자가 아니므로 '갑' 보험회사는 보상책임이 발생하지 않는다.

(2) 지급보험금

① 피해자 B

㉠ 치료비 : 20,000,000원 − 20,000,000원(요양급여) × (1 − 50%) = 0원

㉡ 비급여 치료비(반흔제거술) : 20,000,000원 × (1 − 50%) = **10,000,000원**

㉢ 일실수익(입원) : 5,000,000원 × 100% × 10(H계수) = 50,000,000원

- 손익상계 : 50,000,000원 − 40,000,000원(휴업급여) = 10,000,000원
- 과실상계 : 10,000,000원 × (1 − 50%) = **5,000,000원**

㉣ 일실수익(장해)

- 노동능력상실률 : 50% + (1 − 50%) × 20% = 60%
- 입원종료일 ~ 정년까지 : 5,000,000원 × 60% × (50 − 10) = 120,000,000원
- 정년 이후 ~ 가동연한까지 : (150,000원 × 20일*) × 60% × (100 − 50) = 90,000,000원

더 알아보기 | 월 가동일수에 관한 대법원의 입장 변경(월 22일 → 월 20일)

최근 대법원은 2024.4.25. 선고 2020다271650 판결을 통해 "월 가동일수를 20일을 초과해 인정하기 어렵다"는 취지로 판시해 종전의 견해를 변경하였다. 대법원이 이와 같이 월 가동일수에 관한 입장을 변경한 것은 주 5일제의 시행, 공휴일 증가, 일과 삶의 균형을 중시하는 문화의 확산 및 정착 등으로 인해 월 근로일수가 꾸준히 감소했고, 월 가동일수를 22일 정도로 보는 것의 근거가 됐던 각종 통계자료(고용형태별 근로실태 조사의 고용형태별・직종별・산업별 최근 10년간 월 평균 근로일수 등)의 내용들도 변경되었기 때문이다.

- 일실수익(장해) 소계 : 120,000,000원 + 90,000,000원 = 210,000,000원
- 손익상계 : 210,000,000원 − 200,000,000원(장해급여) = 10,000,000원
- 과실상계 : 10,000,000원 × (1 − 50%) = **5,000,000원**

㉤ 손해액 합계

10,000,000원 + 5,000,000원 + 5,000,000원 = **20,000,000원**

㉥ 지급보험금

손해액 20,000,000원은 보상한도액 1인당 2억원 이내이므로 20,000,000원을 지급한다.

② 피해자 C

면책이므로 지급보험금은 없다.

2. '을' 보험회사

(1) 피해자별 보상책임 여부

① 피해자 B

특수건물 소유자인 피보험자(주식회사 A)는 「화재보험법」상 피해자 B에 대해 그 손해를 배상할 책임이 발생하고, 화재보험 / 신체손해배상책임 특별약관에서는 특수건물의 화재, 폭발 또는 파열로 타인이 사망하거나 부상당함으로써 건물소유자 손해배상책임에 따라 피보험자가 부담할 손해를 보상한다. 그런데 피해자 B는 약관상 타인에 해당되지만 건물소유자의 종업원배상책임부보장 추가특별약관에 가입되어 있으므로, '을' 보험회사는 보상책임이 발생하지 않는다.

② 피해자 C

특수건물의 소유자(주식회사 A)는 그 특수건물의 화재로 인하여 다른 사람이 사망하거나 부상을 입었을 때에는 과실이 없는 경우에도 보험금액의 범위에서 그 손해를 배상할 책임이 있다(화재보험법 제4조 제1항). 피해자 C는 피보험자와의 관계에서 약관상 타인에 해당하므로 그가 입은 손해에 대해 '을' 보험회사는 보상책임이 발생한다.

※ '타인'이라 함은 특수건물의 소유자 및 그 주거를 같이하는 직계가족(법인인 경우에는 이사 또는 업무집행기관) 이외의 사람을 말한다.

(2) 지급보험금

① 피해자 B

면책이므로 지급보험금은 없다.

② 피해자 C

㉠ 부상 : 치료비 20,000,000원

㉡ 장해 : 월현실소득액 × 노동능력상실률 × 취업가능기간
= 3,000,000원/월 × 70% × 40개월 = 84,000,000원

㉢ 지급보험금

- 부상보험금 : 치료비 20,000,000원은 부상 1등급 보험금액 30,000,000원 한도 내이므로 20,000,000원을 지급한다.
- 장해보험금 : 신체장애(후유장애)가 둘 이상 있는 경우에는 그중 심한 신체장애(후유장애)에 해당하는 등급보다 한 등급 높은 금액으로 배상한다. 따라서 7급 장애등급 보험금액(60,000,000원)을 6급 장애등급 보험금액(75,000,000원)으로 배상한다.
장해 일실수익 84,000,000원은 한도금액인 75,000,000원을 초과하므로 75,000,000원을 지급한다.

㉣ 지급보험금 합계

부상보험금 20,000,000원 + 장해보험금 75,000,000원 = 95,000,000원

02

간병인 A는 ○○간병인협회와 간병인소개약정을 체결하고 요양병원 B에 파견되어 병실에서 중증질환 환자 C를 화장실로 데려가기 위해 이동하던 중에 환자 C의 손을 놓아버리는 탓에 중심을 잃고 넘어져 환자 C는 뇌출혈을 진단받고 사지마비 상태가 되었다.

아래의 전제조건을 참고하여 다음 질문에 답하시오. (15점)

〈전제조건〉

[보험계약사항]

보험회사	'갑' 보험회사	'을' 보험회사	'병' 보험회사
보험종목	전문직업인(간병인) 배상책임보험	영업배상책임보험 시설소유관리자특약	일상생활배상책임보험
피보험자	간병인 A	요양병원 B	간병인 A
보상한도액	2억원/1인당	2억원/1인당	2억원/1인당
자기부담금	1,000,000원/1사고당	1,000,000원/1사고당	1,000,000원/1사고당

[기초자료]

① 피해자 : 환자 C
② 사고 당시 : 만 80세
③ 기대여명 : 잔존여명 5년
④ 노동능력상실률 : 맥브라이드 장해 100%
⑤ 개호인 : 사고일로부터 여명기간 동안 성인 1.5인/일
⑥ 개호비(1인) : 2,000,000원/월
⑦ 기왕치료비 : 10,000,000원
⑧ 향후 치료비 및 보조구 구입비(현가) : 40,000,000원
⑨ 책임제한 : 환자의 나이 및 기왕증 관여도 등을 고려하여 간병인 책임을 50%로 제한함.
⑩ 위자료 : 사고 경위, 나이, 과실 정도 등을 참작하여 30,000,000원 인정함.
⑪ 호프만계수(계산상 편의를 위한 임의계수임)
- 사고일~기대여명까지 : 60개월(H계수 : 50)

(1) 보험회사별 피해자에 대한 보상책임 여부를 설명하시오. (10점)

(2) 보험회사별 지급보험금을 산정하시오. (5점)

모범답안

1. 보험회사별 피해자에 대한 보상책임 여부

(1) '갑' 보험회사

전문직업인(간병인) 배상책임보험은 "피보험자가 전문직업인으로 서비스를 제공한 이후 직접적인 결과로 제3자에게 발생하는 법률적 배상책임에 따른 손해"를 보상한다. 따라서 간병인 A의 업무수행 중 환자 C(피해자)가 사지마비 상태가 되었으므로, '갑' 보험회사는 법률적 배상책임 손해에 대해 보상책임이 발생한다.

(2) '을' 보험회사

영업배상책임보험 시설소유관리자특약은 "피보험자가 소유하거나 사용・관리하는 시설 및 시설의 용도에 따른 업무수행 중 우연한 사고로 인해 제3자에게 법률상 배상책임에 따른 손해"를 보상한다.

사안의 경우는 간병인 A가 요양병원 B의 근로자도 아니고, 설사 요양병원 B에 간병인 A에 대한 지휘・감독권이 있었다 하더라도 피보험자 시설의 소유・사용・관리에 따른 사고가 아니고, 이 특약에서는 "전문직업인의 직업상 과실로 생긴 손해에 대한 배상책임"에 대해 면책사항으로 규정하고 있으므로, 피해자(환자 C)에 대해 '을' 보험회사는 보상책임이 발생하지 않는다.

(3) '병' 보험회사

일상생활배상책임보험은 "일상생활 중 뜻하지 않게 타인의 신체, 재산에 피해를 입혀 발생한 법률상 배상책임에 따른 손해"를 보상한다.

사안의 경우 간병인 A는 일상생활배상책임보험의 피보험자에 해당하므로 피해자(환자 C)에 대해 법률상 손해배상책임을 부담하여야 한다. 다만, 이 보험에서는 피보험자의 "직접적인 직무수행으로 인한 배상책임"에 대해 면책사항으로 규정하고 있으므로, 피해자(환자 C)에 대해 '병' 보험회사는 보상책임이 발생하지 않는다.

2. 보험회사별 지급보험금

(1) '갑' 보험회사

① 개호비(간병비)

2,000,000원 × 1.5인 × 50(H계수) × 50% = 75,000,000원

② 기왕치료비

10,000,000 × 50% = 5,000,000원

③ 향후 치료비 및 보조구(현가)

40,000,000원 × 50% = 20,000,000원

④ 위자료

사고 경위, 나이, 과실 정도 등을 참작하여 30,000,000원을 인정한다.

⑤ 일실수익 : 해당 사항 없음

⑥ 합 계

①＋②＋③＋④ = 75,000,000원 + 5,000,000원 + 20,000,000원 + 30,000,000원
= 130,000,000원

⑦ 지급보험금

130,000,000원 − 1,000,000원(자기부담금) = 129,000,000원

보상한도액 1인당 2억원 이내이므로 129,000,000원을 지급한다.

(2) '을' 보험회사

면책이므로 지급보험금은 없다.

(3) '병' 보험회사

면책이므로 지급보험금은 없다.

03

「제조물책임법」과 관련하여 다음 질문에 답하시오. (15점)

(1) 제조물 '결함'의 의미와 징벌적 손해배상책임에 대하여 설명하시오. (10점)

(2) 제조물 '결함 등의 추정'을 위하여 피해자가 증명하여야 하는 사실의 내용을 열거하시오. (5점)

모범답안

1. 제조물 '결함'의 의미와 징벌적 손해배상책임

(1) 제조물 '결함'의 의미(제조물책임법 제2조 제2호)

"결함"이란 해당 제조물에 다음의 어느 하나에 해당하는 제조상・설계상 또는 표시상의 결함이 있거나 그 밖에 통상적으로 기대할 수 있는 안전성이 결여되어 있는 것을 말한다.

① 제조상의 결함

"제조상의 결함"이란 제조업자가 제조물에 대하여 제조상・가공상의 주의의무를 이행하였는지에 관계없이 제조물이 원래 의도한 설계와 다르게 제조・가공됨으로써 안전하지 못하게 된 경우를 말한다.

② 설계상의 결함

"설계상의 결함"이란 제조업자가 합리적인 대체설계(代替設計)를 채용하였더라면 피해나 위험을 줄이거나 피할 수 있었음에도 대체설계를 채용하지 아니하여 해당 제조물이 안전하지 못하게 된 경우를 말한다.

③ 표시상의 결함

"표시상의 결함"이란 제조업자가 합리적인 설명・지시・경고 또는 그 밖의 표시를 하였더라면 해당 제조물에 의하여 발생할 수 있는 피해나 위험을 줄이거나 피할 수 있었음에도 이를 하지 아니한 경우를 말한다.

(2) 징벌적 손해배상책임(제조물책임법 제3조)

① 제조업자는 제조물의 결함으로 생명·신체 또는 재산에 손해(그 제조물에 대하여만 발생한 손해는 제외한다)를 입은 자에게 그 손해를 배상하여야 한다.

② ①항에도 불구하고 제조업자가 제조물의 결함을 알면서도 그 결함에 대하여 필요한 조치를 취하지 아니한 결과로 생명 또는 신체에 중대한 손해를 입은 자가 있는 경우에는 그 자에게 발생한 손해의 3배를 넘지 아니하는 범위에서 배상책임을 진다. ⇒ **징벌적 손해배상책임**

이 경우 법원은 배상액을 정할 때 다음의 사항을 고려하여야 한다.

1. 고의성의 정도
2. 해당 제조물의 결함으로 인하여 발생한 손해의 정도
3. 해당 제조물의 공급으로 인하여 제조업자가 취득한 경제적 이익
4. 해당 제조물의 결함으로 인하여 제조업자가 형사처벌 또는 행정처분을 받은 경우 그 형사처벌 또는 행정처분의 정도
5. 해당 제조물의 공급이 지속된 기간 및 공급 규모
6. 제조업자의 재산상태
7. 제조업자가 피해구제를 위하여 노력한 정도

2. 제조물 '결함 등의 추정'을 위하여 피해자가 증명하여야 하는 사실의 내용

피해자가 다음의 사실을 증명한 경우에는 제조물을 공급할 당시 해당 제조물에 결함이 있었고 그 제조물의 결함으로 인하여 손해가 발생한 것으로 추정한다. 다만, 제조업자가 제조물의 결함이 아닌 다른 원인으로 인하여 그 손해가 발생한 사실을 증명한 경우에는 그러하지 아니하다(제조물책임법 제3조의2).

1. 해당 제조물이 정상적으로 사용되는 상태에서 피해자의 손해가 발생하였다는 사실
2. 제1호의 손해가 제조업자의 실질적인 지배영역에 속한 원인으로부터 초래되었다는 사실
3. 제1호의 손해가 해당 제조물의 결함 없이는 통상적으로 발생하지 아니한다는 사실

04 영업배상책임보험과 관련하여 다음 질문에 답하시오. (15점)

(1) 보험회사가 피보험자의 보험금 청구서류를 접수한 때에 약관에서 규정하고 있는 보험회사의 보험금 지급절차에 대하여 설명하시오. (7점)

(2) 피해자가 보험금 직접청구권을 행사한 때에 약관에서 규정하고 있는 보험회사와 피보험자의 권리와 의무에 대하여 설명하시오. (8점)

모범답안

1. 보험회사의 보험금 지급절차(배상책임보험 표준약관 제7조)

① 회사는 피보험자의 보험금 청구서류를 접수한 때에는 접수증을 교부하고, 그 서류를 접수받은 후 지체 없이 지급할 보험금을 결정하고 지급할 보험금이 결정되면 7일 이내에 이를 지급한다. 또한, 지급할 보험금이 결정되기 전이라도 피보험자의 청구가 있을 때에는 회사가 추정한 보험금의 50% 상당액을 가지급보험금으로 지급한다.

② 회사는 지급보험금이 결정된 후 7일(이하 '지급기일'이라 한다)이 지나도록 보험금을 지급하지 않았을 때에는 지급기일의 다음날부터 지급일까지의 기간에 대하여 〈부표〉 '보험금을 지급할 때의 적립이율'에 따라 연단위 복리로 계산한 금액을 보험금에 더하여 지급한다. 그러나 피보험자의 책임 있는 사유로 지체된 경우에는 그 해당기간에 대한 이자를 더하여 지급하지 않는다.

2. 피해자의 보험금 직접청구권에 대한 보험회사와 피보험자의 권리와 의무(배상책임보험 표준약관 제12조)

(1) 직접청구권의 행사

피보험자가 피해자에게 손해배상책임을 지는 사고가 생긴 때에는 피해자는 이 약관에 의하여 회사가 피보험자에게 지급책임을 지는 금액한도 내에서 회사에 대하여 보험금의 지급을 직접 청구할 수 있다.

(2) 보험회사의 권리와 의무

① **항변권** : 회사는 피보험자가 그 사고에 관하여 가지는 항변(손해배상책임의 유무, 과실상계, 손익상계, 계약상의 하자, 면책사유의 존재 등)으로써 피해자에게 대항할 수 있다.

② **통지의무** : 회사가 피해자의 직접청구를 받았을 때에는 지체 없이 피보험자에게 통지하여야 한다.

(3) 피보험자의 권리와 의무(피보험자의 협조의무)

① 회사의 요구가 있으면 계약자 및 피보험자는 필요한 서류증거의 제출, 증언 또는 증인출석에 협조하여야 한다.

② 피보험자가 피해자로부터 손해배상의 청구를 받았을 경우에 회사가 필요하다고 인정할 때에는 피보험자를 대신하여 회사의 비용으로 이를 해결할 수 있다. 이 경우에 회사의 요구가 있으면 계약자 또는 피보험자는 이에 협력하여야 한다.

③ 계약자 및 피보험자가 정당한 이유 없이 회사의 요구에 협조하지 않았을 때에는 회사는 그로 인하여 늘어난 손해는 보상하지 않는다.

05 해외근로자재해보장책임보험의 '비업무상 재해확장담보 추가특별약관'에 대하여 설명하시오. (10점)

모범답안

1. 개 요

비업무상 재해확장담보 추가특별약관은 피보험자의 근로자에게 생긴 비업무상의 신체의 상해 또는 질병에 대하여도 업무상 재해와 동일하게 보상하는 특약으로 선원 및 해외근로자에게 적용된다.

2. 보상하는 손해

회사는 재해보상책임 특별약관 제1조(보상하는 손해)의 규정에도 불구하고 피보험자의 근로자에게 생긴 비업무상의 신체의 상해 또는 질병에 대하여도 업무상의 재해와 동일한 방법으로 보상한다.

3. 보상범위

① 휴업보상 : 휴업일수 1일에 대하여 평균임금의 70/100에 상당하는 금액
② 장해보상 : 14급 55일 ~ 1급 1,474일분
③ 유족보상 : 평균임금의 1,300일분
④ 장제비 : 평균임금의 120일분
⑤ 일시보상 : 평균임금의 1,474일분

4. 보상하지 않는 손해

회사는 보통약관 제4조(보상하지 않는 손해)에 추가하여 아래의 손해도 보상하지 않는다. 다만, 제4항과 제7항이 「선원법」 근로자에게 해당하는 경우 「선원법」에서 정한 재해보상금은 보상한다.

① 중독, 마취, 만취 등으로 생긴 손해

② 과격한 운동이나 위험한 오락(스카이다이빙, 스쿠버다이빙, 행글라이딩, 자동차경주 등)으로 인하여 생긴 손해

③ 자해, 자살, 자살미수 및 이와 유사한 행위로 인하여 생긴 손해

④ 한국표준질병사인분류에 아래와 같이 분류된 질병 및 이로 인하여 생긴 손해

1. 악성 신생물(C00~C95, D00~09)
2. 당뇨병(E10~E14)
3. 만성 류머티스성 심질환(I05~I09)
4. 고혈압성 질환(I10~I15)
5. 허혈성 심질환(I20~I25)
6. 기타형의 심질환(I30~I52)
7. 뇌혈관 질환(I60~I69)

⑤ 매독, 임질, AIDS, 기타 이와 유사한 질병 및 이로 인하여 생긴 손해

⑥ 시력감퇴 등 생리적 노화 또는 약화 및 이로 인하여 생긴 손해

⑦ 치아에 관련된 질병 및 이로 인하여 생긴 손해

⑧ 군인이 아닌 자로서 군사작전을 수행하거나 군사훈련을 받는 중에 생긴 손해

5. 준용규정

비업무상 재해확장담보 추가특별약관에 정하지 아니한 사항은 재해보상책임 특별약관을 따른다.

06 책임보험에서 담보하는 피보험자의 법률상 손해배상금 중 위자료에 대한 법률적 근거와 산정기준에 대하여 설명하시오. (10점)

모범답안

1. 위자료에 대한 법률적 근거

(1) 법적 근거

위자료란 불법행위 등을 원인으로 피해자가 입은 고통 등의 정신적 손해를 금전으로 배상해 주는 손해배상금을 말한다.

위자료에 대한 주된 법률적 근거는 「민법」 제751조에 규정하고 있다. 즉 「민법」 제751조(재산 이외의 손해의 배상) 제1항에 "타인의 신체, 자유 또는 명예를 해하거나 기타 정신상 고통을 가한 자는 재산 이외의 손해에 대하여도 배상할 책임이 있다"라고 규정하고 있다. 또한 「민법」 제752조(생명침해로 인한 위자료)에는 "타인의 생명을 해한 자는 피해자의 직계존속, 직계비속 및 배우자에 대하여는 재산상의 손해 없는 경우에도 손해배상의 책임이 있다"라고 규정하고 있다.

판례 **대법원 2005.11.10. 선고 2005다37710 판결**

「민법」 제751조 제1항은 불법행위로 인한 재산 이외의 손해에 대한 배상책임을 규정하고 있고, 재산 이외의 손해는 정신상의 고통만을 의미하는 것이 아니라 그 외에 수량적으로 산정할 수 없으나 사회통념상 금전평가가 가능한 무형의 손해도 포함된다고 할 것이므로, 법인의 명예나 신용을 훼손한 자는 그 법인에게 재산 이외의 손해에 대하여도 배상할 책임이 있다.

(2) 위자료의 청구권자

위자료 청구권은 생명, 신체를 침해받은 피해자 본인뿐만 아니라 그로 말미암아 정신적 고통을 입은 근친자 또는 그에 따르는 자도 행사할 수 있다. 「민법」 제752조에 따르면 "타인의 생명을 해한 자는 피해자의 직계존속, 직계비속이나 배우자에 대해서는 재산상의 손해가 없는 경우에도 손해배상의 책임이 있다"라고 규정하고 있는데, 판례와 통설은 이 조항은 위자료 청구권이 있는 사람과 피해법익에 대하여 이를 주의적, 예시적으로 규정한 것에 불과하여 위 규정에 없는 형제자매, 외조부 등의 친족들도 그 정신적 고통에 대해 증명을 하면 「민법」에 따라 위자료를 청구할 수 있다고 한다.

2. 위자료의 산정기준

(1) 위자료 산정시 참작 사유

위자료 산정시 참작 사유에 대해 달리 제한은 없으나, 대체로 피해자의 연령, 직업, 사회적 지위, 재산 및 생활상태, 피해로 입은 고통의 정도, 피해자의 과실 정도 등 피해자 측의 사정을 참작 사유로 하고 있다. 그 밖에 가해자의 고의, 과실의 정도, 가해행위의 동기, 원인, 가해자의 재산상태, 사회적 지위, 연령, 사고 후의 가해자의 태도 등 가해자 측의 사정까지 피해자의 위자료를 산정하는데 있어서 고려의 대상이 될 수 있다.

(2) 위자료 산정기준

「민법」에는 위자료 산정의 기준이나 방법에 대하여 아무런 규정이 없으므로, 개별 사건을 재판하는 판사가 사실심 변론종결 당시까지 나타난 제반사정을 참작하여 직권, 재량으로 결정하게 된다. 다만, 재판실무상 일정 유형에 대한 위자료 산정의 기준이 정해져 있기는 하지만, 실제 재판에서는 동일한 유형의 사건이라면 거의 유사한 금액의 위자료가 인정되고 있다.

① 위자료 산정공식

위자료 = 위자료 기준액 × 노동능력상실률 × [1 − (피해자의 과실 × 6/10)]

※ 과실상계와 관련하여 상계설과 참작설의 대립이 있으나, 판례나 실무에서는 참작설에 따라 피해자에게 과실이 있는 경우 그 과실의 60%만을 적용하여 위자료를 산정한다.

② 영구장해와 한시장해가 중복되는 경우

영구장해와 한시장해가 중복될 때는 우선 한시장해를 영구장해로 환산하고, 이들 장해를 합산하여 위자료를 산정한다.

③ 후유장해가 발생하지 않은 경우

후유장해가 발생하지 않은 경우, 위자료를 산정하는 일률적인 기준은 없으나, 실무상 자동차보험 약관 기준을 참고하거나 진단기간에 일정 금액을 곱하여 산정하기도 한다.

판례 **위자료 산정 관련 판례**

대법원 1999.4.23. 선고 98다41377 판결, 대법원 2002.11.26. 선고 2002다43165 판결 등 참조

불법행위로 입은 정신적 고통에 대한 위자료 액수에 관하여는 사실심 법원이 여러 사정을 참작하여 그 직권에 속하는 재량에 의하여 이를 확정할 수 있다.

대법원 2014.1.16. 선고 2011다108057 판결

불법행위로 입은 비재산적 손해에 대한 위자료 액수에 관하여는 사실심법원이 여러 사정을 참작하여 그 직권에 속하는 재량에 의하여 이를 확정할 수 있는 것이나, 이것이 위자료의 산정에 법관의 자의가 허용된다는 것을 의미하는 것은 물론 아니다. 위자료의 산정에도 그 시대와 일반적인 법 감정에 부합될 수 있는 액수가 산정되어야 한다는 한계가 당연히 존재하고, 따라서 그 한계를 넘어 손해의 공평한 분담이라는 이념과 형평의 원칙에 현저히 반하는 위자료를 산정하는 것은 사실심법원이 갖는 재량의 한계를 일탈한 것이 된다.

더 알아보기 **불법행위 유형별 적정한 위자료 산정방안(사법부, 2017)**

(1) 불법행위 유형별 기준금액의 설정

위자료의 본질, 법적 성격, 위자료 산정 사례, 비교법적 검토, 불법행위 유형별 특수성과 현 시대의 제반 여건 등을 종합하여 불법행위 유형에 따라 위자료 산정 기준금액을 설정한다.

(2) 특별가중사유의 구성

위자료의 기준금액을 가중하는 특별가중사유는 가해자 요소(행위불법의 중대성)만으로 단일하게 구성하고, 피해자 요소(결과불법의 중대성)는 원칙적으로 고려하지 않는다.

(3) 가중금액의 설정

특별가중사유가 인정되는 경우에는 1단계의 기준금액을 가중한다. 다만, 법관이 구체적인 사건의 개별・특수성에 비추어 특별가중사유가 2개 이상 존재하거나 특별가중사유의 정도가 중하여 가중금액만으로 손해의 전보에 충분하지 아니하다고 판단하는 경우에는 가중금액의 추가증액도 당연히 가능하고, 반대로 특별가중사유의 정도 여하에 따라서는 가중금액의 감액도 가능하다.

[불법행위 유형별 위자료 기준금액 및 가중금액]

<table>
<tr><th colspan="2">불법행위 유형</th><th>기준금액</th><th colspan="2">가중금액</th></tr>
<tr><td colspan="2">교통사고</td><td>1억원</td><td colspan="2">1억원</td></tr>
<tr><td colspan="2">대형재난사고</td><td>2억원</td><td colspan="2">4억원</td></tr>
<tr><td colspan="2">영리적 불법행위</td><td>3억원</td><td colspan="2">6억원</td></tr>
<tr><td rowspan="2">명예훼손</td><td>일반 피해</td><td>5천만원</td><td>1억원</td><td rowspan="2">피해가 매우 중대한 경우 훼손된 가치에 상응하도록 초과 가능</td></tr>
<tr><td>중대 피해</td><td>1억원</td><td>1억원</td></tr>
</table>

07 아래의 CGL(Commercial General Liability Policy)보험 특별약관에 대하여 약술하시오. (10점)

(1) Waiver of Subrogation Clause(대위권포기 특별약관) (5점)

(2) Additional Insured(Vendors) Clause[추가피보험자(판매인) 특별약관] (5점)

모범답안

(1) Waiver of Subrogation Clause(대위권포기 특별약관)

'대위권포기 특별약관'은 보험회사가 보험사고로 인한 손해비용을 지급한 경우 지급한 보험금의 한도 내에서 권리(대위권)를 취득하여 피보험자가 제3자에 대하여 가지는 손해배상청구권을 대위 행사할 수 있음에도 불구하고 이를 포기하는 조항이다. 이 조항은 보험회사가 보험증권에 따라 보장되는 손실에 대해 책임을 질 수 있는 제3자에게 보상을 요청할 권리를 포기하는 것이다. 즉, 손실이 발생하면 보험회사는 손실을 일으킨 당사자에게 책임이 있더라도 손해배상 청구를 제기할 수 없다. '대위권 포기'는 보험회사가 제3자를 상대로 법적 조치를 취할 수 있는 능력을 제한하는 조항이기 때문에 보험계약자에게 많은 이점을 제공할 수 있다.

더 알아보기 대위권

보험회사가 보험금을 지급한 때(현물보상한 경우를 포함한다)에는 보험회사는 지급한 보험금의 한도 내에서 아래의 권리를 가진다. 다만, 보험회사가 보상한 금액이 피보험자가 입은 손해의 일부인 경우에는 피보험자의 권리를 침해하지 않는 범위 내에서 그 권리를 가진다.

1. 피보험자가 제3자로부터 손해배상을 받을 수 있는 경우에는 그 손해배상청구권
2. 피보험자가 손해배상을 함으로써 대위 취득하는 것이 있을 경우에는 그 대위권

(2) Additional Insured(Vendors) Clause[추가피보험자(판매인) 특별약관]

추가피보험자(판매인) 특별약관은 생산물배상책임보험의 주요 특별약관으로, 제조업자의 제품을 판매(도매 또는 소매)하는 판매인을 추가피보험자로 하여 보상한다.

※ 생산물배상책임보험은 피보험자가 제조, 판매, 공급 또는 시공한 생산물이 타인에게 양도된 후 그 생산물의 결함으로 인한 우연한 사고로 타인의 신체나 재물에 손해를 입힘으로써, 법률(민사)상 손해배상책임(제조물책임)을 부담하는 경우, 이에 따른 손해를 보상한다.

결함 있는 제품으로 피해를 입은 소비자는 제조업자는 물론 그 제품의 판매업자에게도 손해배상을 청구할 수 있다. 이때 판매업자는 피해자에 대해 손해배상책임을 부담하지만 이를 제조업자에게 구상할 수 있다. 결국 판매업자는 구상권을 확보하기 위하여 제조업자가 기명피보험자로 되어 있는 보험증권에 공동피보험자 대신에 추가피보험자 배서에 의하여 피보험자로 추가된다.

더 알아보기 **추가피보험자(판매인) 특별약관**

(1) 보상하는 손해

회사는 아래(추가피보험자란)에 기재된 사람 또는 단체를 피보험자에 포함한다. 단, 증권에 표시된 피보험자의 제품으로 인해 발생하는 신체장해 또는 재물손해에 대해서만 해당 항목의 내용이 적용된다. 판매인의 사업에 대해서는 다음과 같은 추가 조항이 적용된다.

(2) 주요 면책사항

① 계약에 의하여 가중된 신체장해나 재물손해에 대한 배상책임. 그러나 계약이 없었더라도 손해배상책임을 부담하였을 경우에는 보상한다.
② 피보험자가 승인하지 않은 모든 명시적 보증으로 생긴 손해에 대한 배상책임
③ 판매인의 고의에 의한 생산물을 물리적 또는 화학적으로 변경으로 생긴 손해에 대한 배상책임
④ 재포장으로 생긴 손해에 대한 배상책임. 그러나 제조업자의 지시에 따라 조사, 전시, 시험 또는 부품 교환만을 목적으로 포장을 벗긴 후 다시 원상태로 재포장하였을 경우에는 보상한다.
⑤ 판매인이 생산물을 공급, 판매하는 통상적인 영업활동과 관련하여 검사, 조정, 시험 또는 서비스를 제공하지 않아서 생긴 손해에 대한 배상책임
⑥ 전시, 설치, 서비스 또는 수리로 생긴 손해에 대한 배상책임. 그러나 판매업자의 구내에서 생산물의 판매와 관련하여 이러한 작업으로 발생하는 경우에는 보상한다.
⑦ 판매인 등이 생산물에 상표를 붙이든지 바꾸거나 생산물을 다른 물건의 용기, 부품 또는 성분으로 사용함으로써 생긴 손해에 대한 배상책임
⑧ 판매인 등이 생산물이나 그 생산물의 성분, 부품 또는 생산물의 용기를 구입한 사람에게 입힌 신체장해나 재물손해에 대한 배상책임

제3과목

제3보험의 이론과 실무

2014년도 제37회 신체손해사정사 2차 시험문제

2015년도 제38회 신체손해사정사 2차 시험문제

2016년도 제39회 신체손해사정사 2차 시험문제

2017년도 제40회 신체손해사정사 2차 시험문제

2018년도 제41회 신체손해사정사 2차 시험문제

2019년도 제42회 신체손해사정사 2차 시험문제

2020년도 제43회 신체손해사정사 2차 시험문제

2021년도 제44회 신체손해사정사 2차 시험문제

2022년도 제45회 신체손해사정사 2차 시험문제

2023년도 제46회 신체손해사정사 2차 시험문제

2024년도 제47회 신체손해사정사 2차 시험문제

제37회 신체손해사정사 2차 시험문제

1. 질병 · 상해보험 표준약관 「제4관 보험계약의 성립과 유지」 "청약의 철회" 조항 중 ① 청약철회 기간 및 청약철회를 제한하는 계약 유형, ② 청약철회 접수시 보험회사가 약관에서 정한 유형별 업무처리 내용을 각각 기술하고(개정 보험업법 2014년 7월 15일 시행 기준), ③ "계약의 무효" 조항 중 계약이 무효가 되는 3가지를 약술하시오. (15점)

2. 피보험자 신나라씨는 실손의료보험을 가입하고 계약을 정상으로 유지 중 의료기관에서 입원 및 통원치료를 받고 보험금을 청구하였다. 아래 제 조건을 읽고, ① 통원의료비(외래), ② 통원의료비(처방조제비), ③ 입원의료비를 계산하시오(각각 계산과정 명시). (20점)

〈계약사항〉

보험종류	피보험자	보험기간	담보종목	가입금액 (보상한도액)	자기부담률
실손 의료보험 (표준형)	신나라	2014.5.6. ~2017.5.6.	질병입원형 질병통원형	입원 : 3,000만원 통원 : 외래 1회당 25만원, 처방 1건당 5만원	20%

※ 상기 보험은 실손의료보험 표준약관 및 표준사업방법서 개정(2014.2.11.)으로 아래의 통원의료비 및 입원의료비는 발생한 것으로 가정함

※ 동일회사 계약의 자동갱신 또는 재가입은 없는 것으로 가정함

〈통원의료비 발생내역〉

통원일	진단명(병명)	진료기관	본인부담의료비	
			외래	처방조제비
2017.3.11.	위염	A의원	40,000원	10,000원
2017.3.11.	위염	B병원	200,000원	50,000원
2017.4.25.	비만	B병원	50,000원	100,000원
2017.5.4.	위궤양	C상급종합병원	250,000원	70,000원
2017.10.7.	위궤양	C상급종합병원	300,000원	50,000원

〈입원의료비 발생내역〉

입원기간	진단명(병명)	진료기관	본인부담의료비	
			요양급여 중 본인부담의료비	비급여의료비
2014.10.1. ~ 10.10.(10일)	추간판탈출증	D상급종합병원	100만원	500만원*
2014.11.1. ~ 11.15.(15일)	추간판탈출증	E한방병원	50만원	300만원
2015.3.1. ~ 3.30.(30일)	추간판탈출증	B병원	200만원	400만원**
2015.11.15. ~ 11.30.(16일)	추간판탈출증	D상급종합병원	150만원	50만원

* D상급종합병원 입원기간(2014.10.1. ~ 10.10.) 중 비급여의료비 500만원에는 병실료 차액 300만원(상급병실 10일 사용)이 포함됨

** B병원 입원기간(2015.3.1. ~ 3.30.) 중 비급여의료비 400만원에는 보조기 구입비용 50만원, 환자 간병비 50만원, 선택진료비 100만원, 보호자 식대비 48만원, 진단서 발급비용 2만원이 포함됨

〈기타사항〉

- 계약 전 알릴의무위반 사실은 없음
- 보험금 계산시 편의상 본인부담금 상한제도와 자기부담금 한도제도는 적용하지 않음

3. 장기간병보험의 중증치매진단비 특별약관에서 제6차 개정 한국표준질병·사인분류(통계청 고시, 2011.1.1. 시행) 중 중증치매로 분류되는 질병명 및 질병코드에 관하여 기술하시오. (10점)

4. 제3보험 신경계 장해의 장해판정 기준은 뇌, 척수 및 말초신경계 손상으로 "일상생활 기본동작(ADLs) 제한 장해평가표"의 5가지 기본동작 중 하나 이상의 동작이 제한되었을 때를 말합니다. 아래 (1) ~ (5)의 유형에서 질문하는 제한 정도에 따른 지급률의 장해상태를 설명하시오. (15점)

(1) 이동동작 : 제한정도에 따른 지급률 30%의 장해상태

(2) 음식물 섭취 : 제한정도에 따른 지급률 20%의 장해상태

(3) 배변/배뇨 : 제한정도에 따른 지급률 10%의 장해상태

(4) 목욕 : 제한정도에 따른 지급률 3%의 장해상태

(5) 옷입고 벗기 : 제한정도에 따른 지급률 5%의 장해상태

5. 다음 보험금 청구 사례를 읽고 주어진 문제에 대하여 답하시오. 기출수정

〈계약사항〉

보험종목	피보험자	보험기간	가입금액(보장내용)		사망시 수익자
장기 상해 보험	A	2012.12.1. ~ 2022.12.1.	일반상해사망담보	2,500만원	법정 상속인
			교통상해사망담보	5,000만원	
			일반상해후유장해담보	1억원	
			일반상해 80% 이상 후유장해재활자금	5,000만원	

※ 상기의 일반상해사망, 교통상해사망, 일반상해후유장해, 일반상해 80% 이상 후유장해재활자금 담보는 별도의 특약보험료를 각각 납입하였음

※ 일반상해 80% 이상 후유장해재활자금은 일반상해 사고로 장해지급률이 80% 이상에 해당하는 장해상태가 되었을 때 보험수익자에게 일시금으로 가입금액을 지급함

※ 장기상해보험은 질병·상해보험 표준약관을 사용함

〈사고사항〉

피보험자 A(47세)는 2013.8.1. 건축공사 현장을 지나던 중 철골구조물이 낙하하여 부상을 입고 치료 후 후유장해가 남아 2014.2.25. 후유장해를 진단받았으나, 보험금을 청구하지 않고 지내다가 교통사고로 2014.6.28. 현장 사망함

〈장해진단사항〉

- 경추에 약간의 추간판탈출증 : 10%
- 우측 눈의 안구에 뚜렷한 조절기능 장해 : 10%
- 우측 손의 5개 손가락을 모두 잃었을 때 : 55%
- 우측 손목관절의 기능에 뚜렷한 장해를 남긴 때 : 10%
- 요추에 심한 추간판탈출증 : 20%(5년 한시장해)
- 좌측 어깨관절의 기능에 약간의 장해를 남긴 때 : 5%

〈가족사항〉

- 피보험자(A) : 사망 당시 부친(B)과 모친(C)이 생존해 있음
- 피보험자(A) : 배우자와 자녀가 없음
- 피보험자(A) : 형제자매로 성년의 동생(D)과 방계혈족으로 4촌 형(E)이 있음

〈기타사항〉

- 가족 중에 심신상실 및 심신박약자, 금치산자·한정치산자는 없음
- 부친(B)은 피보험자(A)의 사망 이후인 2014.7.21. 사망함

〈질문사항〉

상기의 조건에서 유가족이 2014.8.5. 보험회사에 보험금을 청구하였을 때, 지급보험금을 ① 후유장해보험금, ② 일반상해 80% 이상 후유장해재활자금, ③ 사망보험금으로 구분하여 산출하고, ④ 모친(C)이 수령할 보험금을 계산하시오(각각 계산과정 명시). (20점)

6. 다음은 피보험자 행복해씨가 계약한 암보험계약이다. 아래의 제 조건을 참고하여 ① A 보험사가 지급하여야 할 진단급여금 및 수술급여금, ② B 보험사가 지급하여야 할 진단급여금 및 수술급여금을 계산하시오(각각 계산과정 명시). (20점)

〈계약사항〉

보험사	보험기간	보장내용	
		암 진단급여금	암 수술급여금(1회당)
A 보험사	2011.9.11. ~ 2031.9.11.	고액암 : 2,000만원 일반암 : 1,000만원 경계성암 : 200만원 갑상선암 : 200만원	고액암 : 400만원 일반암 : 200만원 경계성암 : 50만원 갑상선암 : 50만원
B 보험사	2012.7.10. ~ 2022.7.10.	고액암 : 1,000만원 일반암 : 500만원	고액암 : 200만원 일반암 : 100만원

※ 상기의 질병(암)은 제6차 개정 한국표준질병・사인분류(통계청 고시, 2011.1.1. 시행)를 기준으로 함

〈기타사항〉

- 고액암 : 식도암, 췌장암, 뼈암, 뇌암, 혈액암
- 약관상 보상하는 손해이며, 계약 전 알릴의무위반 사실은 없음
- 고액암, 일반암 진단급여금은 최초 1회에 한하여 지급. 경계성암과 갑상선암도 각각 최초 1회에 한하여 지급
- 고액암, 일반암, 갑상선암, 경계성암 진단급여금은 가입일로부터 1년 이내 진단받은 경우 해당 진단급여금의 50% 지급

〈치료사항〉

- 2012.7.25. : 갑상선암(C73) 진단
- 2012.8.17. : 상세불명 부위의 악성 신생물(C77) 진단
- 2012.8.20. : 상세불명 부위의 악성 신생물(C77)로 수술을 시행하고, 조직검사결과 일차성 암은 갑상선암(C73)으로 최종 확인됨
- 2012.10.5. : 조직검사결과 원발성 유방암(C50) 진단 및 유방절제수술 시행
- 2013.6.1. : 백혈병으로 1차 수술 후 시행한 검사결과 만성 호산구성 백혈병(D47.5) 최종 진단
- 2013.11.10. : 백혈병 상태 악화로 재입원하여 만성 호산구성 백혈병(D47.5) 2차 수술 시행

01

질병 · 상해보험 표준약관 「제4관 보험계약의 성립과 유지」 "청약의 철회" 조항 중 ① 청약철회 기간 및 청약철회를 제한하는 계약 유형, ② 청약철회 접수시 보험회사가 약관에서 정한 유형별 업무처리 내용을 각각 기술하고(개정 보험업법 2014년 7월 15일 시행기준), ③ "계약의 무효" 조항 중 계약이 무효가 되는 3가지를 약술하시오. (15점)

모범답안

1. 청약철회 기간 및 청약철회를 제한하는 계약유형

(1) 청약철회 기간

보험계약자는 증권을 받은 날로부터 15일 이내에 청약을 철회할 수 있다. 단, 청약한 날부터 30일이 초과된 계약은 청약을 철회할 수 없다.

(2) 청약철회를 제한하는 계약유형

① 보험계약을 체결하기 위하여 피보험자가 건강진단을 받아야 하는 보험계약(진단계약)

② 보험기간이 1년 미만인 보험계약

③ 전문보험계약자가 체결한 계약

더 알아보기 전문보험계약자

보험계약에 관한 전문성, 자산규모 등에 비추어 보험계약의 내용을 이해하고 이행할 능력이 있는 자로서 「보험업법」 제2조(정의), 「보험업법 시행령」 제6조의2(전문보험계약자의 범위 등) 또는 보험업감독규정 제1-4조의2(전문보험계약자의 범위)에서 정한 국가, 한국은행, 대통령령으로 정하는 금융기관, 주권상장법인, 지방자치단체, 단체보험계약자 등의 전문보험계약자를 말한다.

2. 청약철회 접수시 업무처리 내용

(1) 보험료를 현금으로 받은 경우

보험회사는 청약의 철회를 접수한 날로부터 3일 이내에 이미 납입 받은 보험료를 반환하여야 하며, 보험료 반환이 늦어진 기간에 대하여는 보험계약대출이율을 연단위 복리로 계산한 금액을 더하여 반환하여야 한다.

(2) 보험료를 신용카드로 결재한 경우

보험료를 신용카드로 납입한 경우에는 신용카드의 매출을 취소하며, 이자를 더하여 지급하지 않는다.

(3) 청약철회 전 보험사고가 이미 발생한 경우

보험계약 청약의 철회 당시 이미 보험금의 지급사유가 발생한 경우에는 그 청약 철회의 효력은 발생하지 아니한다.

3. 계약의 무효조항 3가지

(1) 피보험자의 서면동의 결여(상법 제731조 제1항)

타인의 생명을 담보로 하는 사망보험계약에서 타인의 서면에 의한 동의가 없는 계약은 무효이다. 다만, 단체가 규약에 따라 구성원의 전부 또는 일부를 피보험자로 하는 계약을 체결한 경우에는 이를 적용하지 아니한다. 이때 단체보험의 수익자를 피보험자 또는 그 상속인이 아닌 자로 지정할 때에는 단체의 규약에서 명시적으로 정한 경우가 아니면 이를 적용한다.

(2) 심신상실자 등의 사망보험계약(상법 제732조)

15세 미만자, 심신상실자, 심신박약자의 사망을 보험사고로 하는 계약은 무효이다.

(3) 보험연령이 미달하거나 초과한 계약(표준약관 제21조)

피보험자의 나이가 보험계약 체결시 계약에서 정한 나이에 미달되거나 초과되었을 경우에 그 계약은 무효이다. 다만, 보험회사가 피보험자의 나이에 대한 착오를 발견하였을 때 이미 계약에서 정한 나이에 도달한 경우에는 유효한 보험계약으로 인정된다. 하지만 15세 미만자의 사망을 보험금 지급사유로 하는 보험계약이 15세 미만인 상태에서 계약이 체결된 경우에는 착오발견 당시 이미 15세를 초과하였다고 하더라도 그 계약은 무효이다.

02

피보험자 신나라씨는 실손의료보험을 가입하고 계약을 정상으로 유지 중 의료기관에서 입원 및 통원치료를 받고 보험금을 청구하였다. 아래 제 조건을 읽고, ① 통원의료비(외래), ② 통원의료비(처방조제비), ③ 입원의료비를 계산하시오(각각 계산과정 명시). (20점)

〈계약사항〉

보험종류	피보험자	보험기간	담보종목	가입금액(보상한도액)	자기부담률
실손의료보험 (표준형)	신나라	2014.5.6. ~ 2017.5.6.	질병입원형 질병통원형	입원 : 3,000만원 통원 : 외래 1회당 25만원, 처방 1건당 5만원	20%

※ 상기 보험은 실손의료보험 표준약관 및 표준사업방법서 개정(2014.2.11.)으로 아래의 통원의료비 및 입원의료비는 발생한 것으로 가정함

※ 동일회사 계약의 자동갱신 또는 재가입은 없는 것으로 가정함

〈통원의료비 발생내역〉

통원일	진단명(병명)	진료기관	본인부담의료비	
			외 래	처방조제비
2017.3.11.	위염	A의원	40,000원	10,000원
2017.3.11.	위염	B병원	200,000원	50,000원
2017.4.25.	비만	B병원	50,000원	100,000원
2017.5.4.	위궤양	C상급종합병원	250,000원	70,000원
2017.10.7.	위궤양	C상급종합병원	300,000원	50,000원

〈입원의료비 발생내역〉

입원기간	진단명(병명)	진료기관	본인부담의료비	
			요양급여 중 본인부담의료비	비급여의료비
2014.10.1. ~ 10.10.(10일)	추간판탈출증	D상급종합병원	100만원	500만원*
2014.11.1. ~ 11.15.(15일)	추간판탈출증	E한방병원	50만원	300만원
2015.3.1. ~ 3.30.(30일)	추간판탈출증	B병원	200만원	400만원**
2015.11.15. ~ 11.30.(16일)	추간판탈출증	D상급종합병원	150만원	50만원

* D상급종합병원 입원기간(2014.10.1. ~10.10.) 중 비급여의료비 500만원에는 병실료 차액 300만원(상급병실 10일 사용)이 포함됨

** B병원 입원기간(2015.3.1. ~3.30.) 중 비급여의료비 400만원에는 보조기 구입비용 50만원, 환자 간병비 50만원, 선택진료비 100만원, 보호자 식대비 48만원, 진단서 발급비용 2만원이 포함됨

〈기타사항〉

- 계약 전 알릴의무위반 사실은 없음
- 보험금 계산시 편의상 본인부담금 상한제도와 자기부담금 한도제도는 적용하지 않음

모범답안

1. 통원의료비

하루에 동일한 질환으로 중복 통원한 경우에 공제금은 높은 공제금 1회만 공제한다. 비만은 면책위험에 해당한다.

(1) 2017.3.11. – 위염

(4만원 + 20만원) − Max[1.5만원, (24만원 × 20%)] = 192,000원

※ 동일한 질병으로 중복 통원한 경우 공제금은 공제금이 큰 의료기관의 직접공제금과 각 의료기관의 통원의료비를 합산한 금액의 20% 중 더 큰 금액을 공제한다.

(2) 2017.4.25. – 비만 : 면책

(3) 2017.5.4. – 위궤양

25만원 − Max[2만원, (25만원 × 20%)] = 200,000원

(4) 2017.10.7. – 위궤양

30만원 − Max[2만원, (30만원 × 20%)] = 240,000원

(5) 합계 : 632,000원

2. 처방조제비

(1) 2017.3.11. – 위염

(1만원 + 5만원) – Max[0.8만원, (6만원 × 20%)] = 48,000원

※ 동일한 질병으로 중복 통원한 경우 공제금은 처방조제비 직접공제금과 각 처방조제비를 합산한 금액의 20% 중 더 큰 금액을 공제한다.

(2) 2017.4.25. – 비만 : 면책

(3) 2017.5.4. – 위궤양

7만원 – Max[0.8만원, (7만원 × 20%)] = 56,000원

단, 처방조제비 한도가 5만원이므로 5만원을 인정한다.

(4) 2017.10.7. – 위궤양

5만원 – Max[0.8만원, (5만원 × 20%)] = 40,000원

(5) 합 계

48,000원 + 50,000원 + 40,000원 = 138,000원

3. 입원의료비

(1) 2014.10.1. 입원

① 입원비 : (100만원 + 200만원) × 80% = 2,400,000원

② 병실차액 : (300만원 × 50%) = 1,500,000원

단, 1일 평균금액은 300만원 / 10일 = 30만원으로 계산되지만, 약관상 1일 평균금액은 10만원을 한도로 하므로 10만원/일 ×10일 = 100만원을 인정한다.

③ 소계 : 3,400,000원

(2) 2014.11.1. 입원

50만원 × 80% = 400,000원

※ 한방병원의 비급여의료비는 보상대상이 아니다.

(3) 2015.3.1. 입원

비급여의료비 400만원 – 보조기 구입비용 50만원 – 간병비 50만원 – 보호자 식대비 48만원 – 진단서 발급비용 2만원 = 보장대상의료비 250만원

(200만원 + 250만원) × 80% = 3,600,000원

(4) 2015.11.15. 입원

(150만원 + 50만원) × 80% = 1,600,000원

※ 하나의 질병으로 인한 입원의료비는 최초 입원일로부터 365일까지 보상한다. 단, 하나의 질병으로 365일을 넘어 입원할 경우에는 90일간의 보상제외기간이 지났거나, 최종입원의 퇴원일로부터 180일이 경과하여 재입원한 경우에는 새로운 질병으로 보아 다시 보상한다. 사안의 경우 하나의 질병으로 최종입원의 퇴원일(2015.3.30.)로부터 180일이 경과하여 재입원(2015.11.15.)한 경우에 해당하므로 보상한다.

(5) 합 계

3,400,000원 + 400,000원 + 3,600,000원 + 1,600,000원 = 9,000,000원

03

장기간병보험의 중증치매진단비 특별약관에서 제6차 개정 한국표준질병・사인분류(통계청 고시, 2011.1.1. 시행) 중 중증치매로 분류되는 질병명 및 질병코드에 관하여 기술하시오. (10점)

모범답안

① 알츠하이머병에서의 치매(F00)

② 혈관성 치매(F01)

③ 달리 분류된 기타 질환에서의 치매(F02)

④ 상세불명의 치매(F03)

⑤ 치매에 병발된 섬망(F05.1)

04

제3보험 신경계 장해의 장해판정 기준은 뇌, 척수 및 말초신경계 손상으로 "일상생활 기본동작(ADLs) 제한 장해평가표"의 5가지 기본동작 중 하나 이상의 동작이 제한되었을 때를 말합니다. 아래 (1) ~ (5)의 유형에서 질문하는 제한정도에 따른 지급률의 장해상태를 설명하시오. (15점)

(1) 이동동작 : 제한정도에 따른 지급률 30%의 장해상태

(2) 음식물 섭취 : 제한정도에 따른 지급률 20%의 장해상태

(3) 배변/배뇨 : 제한정도에 따른 지급률 10%의 장해상태

(4) 목욕 : 제한정도에 따른 지급률 3%의 장해상태

(5) 옷입고 벗기 : 제한정도에 따른 지급률 5%의 장해상태

모범답안

(1) 이동동작(30%)

휠체어 또는 다른 사람의 도움 없이는 방밖을 나올 수 없는 상태 또는 보행이 불가능하나 스스로 휠체어를 밀어 이동이 가능한 상태

(2) 음식물 섭취(20%)

입으로 식사를 전혀 할 수 없어 계속적으로 튜브(비위관 또는 위루관)나 경정맥 수액을 통해 부분 혹은 전적인 영양공급을 받는 상태

(3) 배뇨/배변(10%)

화장실에 가는 일, 배변, 배뇨는 독립적으로 가능하나 대소변 후 뒤처리에 있어 다른 사람의 도움이 필요한 상태

(4) 목욕(3%)

세안, 양치와 같은 개인위생관리는 독립적으로 시행가능하나 목욕이나 샤워시 부분적으로 타인의 도움이 필요한 상태

(5) 옷 입고 벗기(5%)

상 · 하의 의복 착탈시 부분적으로 다른 사람의 도움이 필요한 상태 또는 상의 또는 하의 중 하나만 혼자서 착탈의가 가능한 상태

05 다음 보험금 청구 사례를 읽고 주어진 문제에 대하여 답하시오.

〈계약사항〉

보험종목	피보험자	보험기간	가입금액(보장내용)		사망시 수익자
장기 상해 보험	A	2012.12.1 ~ 2022.12.1	일반상해사망담보	2,500만원	법정 상속인
			교통상해사망담보	5,000만원	
			일반상해후유장해담보	1억원	
			일반상해 80% 이상 후유장해재활자금	5,000만원	

※ 상기의 일반상해사망, 교통상해사망, 일반상해후유장해, 일반상해 80% 이상 후유장해재활자금담보는 별도의 특약보험료를 각각 납입하였음

※ 일반상해 80% 이상 후유장해재활자금은 일반상해 사고로 장해지급률이 80% 이상에 해당하는 장해상태가 되었을 때 보험수익자에게 일시금으로 가입금액을 지급함

※ 장기상해보험은 질병・상해보험 표준약관을 사용함

〈사고사항〉

피보험자 A(50세)는 2013.8.1. 건축공사 현장을 지나던 중 철골구조물이 낙하하여 부상을 입고 치료 후 후유장해가 남아 2014.2.25. 후유장해를 진단받았으나, 보험금을 청구하지 않고 지내다가 교통사고로 2014.6.28. 현장 사망함

〈장해진단사항〉

- 경추에 약간의 추간판탈출증 : 10%
- 우측 눈의 안구에 뚜렷한 조절기능 장해 : 10%
- 우측 손의 5개 손가락을 모두 잃었을 때 : 55%
- 우측 손목관절의 기능에 뚜렷한 장해를 남긴 때 : 10%
- 요추에 심한 추간판탈출증 : 20%(5년 한시장해)
- 좌측 어깨관절의 기능에 약간의 장해를 남긴 때 : 5%

〈가족사항〉

- 피보험자(A) : 사망 당시 부친(B)과 모친(C)이 생존해 있음
- 피보험자(A) : 배우자와 자녀가 없음
- 피보험자(A) : 형제자매로 성년의 동생(D)과 방계혈족으로 4촌 형(E)이 있음

〈기타사항〉

- 가족 중에 심신상실 및 심신박약자, 금치산자・한정치산자는 없음
- 부친(B)은 피보험자(A)의 사망 이후인 2014.7.21. 사망함

〈질문사항〉

상기의 조건에서 유가족이 2014.8.5. 보험회사에 보험금을 청구하였을 때, 지급보험금을 ① 후유장해보험금, ② 일반상해 80% 이상 후유장해재활자금, ③ 사망보험금으로 구분하여 산출하고, ④ 모친(C)이 수령할 보험금을 계산하시오(각각 계산과정 명시). (20점)

모범답안

1. 후유장해 보험금

(1) 지급률의 결정

① 척추의 장해 : 경추와 요추의 장해가 있으나 높은 장해 하나만 인정 ⇒ 10%

② 손과 팔의 장해 : 동일한 팔과 손의 장해지급률의 한도 적용 ⇒ 60%

③ 눈의 장해 : 조절기능 장해는 50세 이상은 무시함

④ 좌측 어깨 관절장해 : 좌우의 팔과 다리는 다른 부위 ⇒ 5%

⑤ 합계 : 75%

(2) 후유장해보험금

1억원 × 75% = 7,500만원

2. 일반상해 80% 이상 후유장해재활자금

후유장해지급률이 80% 미만이므로 해당 사항 없음

3. 모친(C)이 수령할 보험금

피보험자의 사망보험금은 1억5,000만원(= 7,500만원 + 7,500만원)이고, 이를 부친(B)과 모친(C)이 상속한다.

- 부친(B) : 1억5,000만원 × 1/2 = 7,500만원
- 모친(C) : 1억5,000만원 × 1/2 = **7,500만원**

다만, 부친(B)도 보험금 청구 이전에 사망하였으므로, 이를 다시 모친(C)과 A의 동생(D)이 다시 상속한다.

- 모친(C) : 7,500만원 × 1.5 / 2.5 = **4,500만원**
- 동생(D) : 7,500만원 × 1 / 2.5 = 3,000만원

따라서 모친(C)은 총 **1억2,000만원**(= 7,500만원 + 4,500만원)을 수령한다.

06

다음은 피보험자 행복해씨가 계약한 암보험계약이다. 아래의 제 조건을 참고하여 ① A 보험사가 지급하여야 할 진단급여금 및 수술급여금, ② B 보험사가 지급하여야 할 진단급여금 및 수술급여금을 계산하시오(각각 계산과정 명시). (20점)

〈계약사항〉

보험사	보험기간	보장내용	
		암 진단급여금	암 수술급여금(1회당)
A 보험사	2011.9.11. ~ 2031.9.11.	고액암 : 2,000만원 일반암 : 1,000만원 경계성암 : 200만원 갑상선암 : 200만원	고액암 : 400만원 일반암 : 200만원 경계성암 : 50만원 갑상선암 : 50만원
B 보험사	2012.7.10. ~ 2022.7.10.	고액암 : 1,000만원 일반암 : 500만원	고액암 : 200만원 일반암 : 100만원

※ 상기의 질병(암)은 제6차 개정 한국표준질병・사인분류(통계청 고시, 2011.1.1. 시행)를 기준으로 함

〈기타사항〉

- 고액암 : 식도암, 췌장암, 뼈암, 뇌암, 혈액암
- 약관상 보상하는 손해이며, 계약 전 알릴의무위반 사실은 없음
- 고액암, 일반암 진단급여금은 최초 1회에 한하여 지급. 경계성암과 갑상선암도 각각 최초 1회에 한하여 지급
- 고액암, 일반암, 갑상선암, 경계성암 진단급여금은 가입일로부터 1년 이내 진단받은 경우 해당 진단급여금의 50% 지급

〈치료사항〉

- 2012.7.25. : 갑상선암(C73) 진단
- 2012.8.17. : 상세불명 부위의 악성 신생물(C77) 진단
- 2012.8.20. : 상세불명 부위의 악성 신생물(C77)로 수술을 시행하고, 조직검사결과 일차성 암은 갑상선암(C73)으로 최종 확인됨
- 2012.10.5. : 조직검사결과 원발성 유방암(C50) 진단 및 유방절제수술 시행
- 2013.6.1. : 백혈병으로 1차 수술 후 시행한 검사결과 만성 호산구성 백혈병(D47.5) 최종 진단
- 2013.11.10. : 백혈병 상태 악화로 재입원하여 만성 호산구성 백혈병(D47.5) 2차 수술 시행

모범답안

1. A 보험사가 지급하여야 할 진단급여금 및 수술급여금

(1) 진단급여금

① 2012.7.25. 갑상선암 진단급여금 : 100만원(가입일로부터 1년 이내에 진단받은 경우에 해당하므로 50%만 지급)

② 2012.8.17. 악성 신생물(C77) 진단급여금 : 해당 사항 없음

③ 2012.8.20. 갑상선암(C73)으로 최종 확인 : 진단급여금을 기지급하였으므로, 해당 사항 없음

④ 2012.10.5. 유방암(C50) 진단급여금 : 1,000만원

⑤ 2013.6.1. 만성 호산구성 백혈병(D47.5) 진단급여금 : 1,000만원(= 2,000만원 − 1,000만원)

⑥ 합계 : 2,100만원

(2) 수술급여금

① 2012.8.20. 갑상선암 수술 : 50만원

② 2012.10.5. 유방암 수술 : 200만원

③ 2013.6.1. 백혈병 수술(1차) : 400만원

④ 2013.11.10. 백혈병 수술(2차) : 400만원

⑤ 합계 : 1,050만원

2. B 보험사가 지급하여야 할 진단급여금 및 수술급여금

유방암의 진단일이 계약일로부터 87일째이므로 B 보험사와의 암보험계약은 무효이다. 따라서 이미 지급한 암관련 보험금이 있다면 모두 환수하고, 기타 B 보험사의 암 관련 보험금의 지급책임은 없다.

제38회 신체손해사정사 2차 시험문제

1. 김갑동씨는 사무직으로 근무시 아래의 보험을 가입하고 2014.5.3.일자에 엘리베이터 정비원으로 직무가 변경되었으나 사고일까지 통보하지 않았다. 아래의 제 조건을 참고하여 질문에 답하시오. (30점)

〈계약사항〉

보험종목	피보험자	보험기간	보장내용(가입금액)	
장기상해보험	김갑동	2013.4.1. ~ 2033.4.1.	일반상해후유장해담보	1억원
			교통상해후유장해담보	2억원
			신주말일반상해후유장해담보	1억원
			일반상해 80% 이상 후유장해담보	1억원

※ 상기 각 담보는 별도의 특약보험료를 각각 납입함. 질병·상해보험 표준약관을 사용함
※ 일반상해 80% 이상 후유장해는 상해사고로 장해지급률 80% 이상에 해당하는 장해상태가 되었을 때 보험수익자에게 가입금액을 전액 지급함
※ 보험요율 : 1급 요율(0.2%), 2급 요율(0.3%), 3급 요율(0.4%)
※ 직업급수 : 사무직(1급), 엘리베이터 정비원(3급)

〈사고사항〉

피보험자는 2014.8.22.(금요일) 쇼핑몰의 엘리베이터 고장으로 본인이 직접 수선작업을 하는 동안 발생한 사고로 상해를 입고 1차 장해진단 받아 2015.2.18.일 보험금을 청구하였다. 이에 보험회사가 알릴의무위반으로 2015.3.5.일 계약해지 처리하였으며, 그 후 장해상태가 악화되어 2차 장해진단을 받았다.

〈장해상태〉

① 1차 장해진단[진단일자 : 2015.2.17.(화요일)]
- 우)슬관절 동요관절 8mm(건측대비 환측)
- 코의 1/4 이상 결손
- 한쪽 코의 후각기능을 완전히 잃음
- 좌)고관절 인공골두 삽입

② 2차 장해진단 : 〈후유장해진단서〉 참조

〈후유장해진단서〉

<table>
<tr><td>성명</td><td>김갑동</td><td>남</td><td>주민번호</td><td>****** – *******</td><td>병록번호</td><td>******</td></tr>
<tr><td>수상일</td><td>2014년 8월 22일</td><td>초진일</td><td>2014년 8월 22일</td><td>장해
진단일</td><td colspan="2">2015년 7월 30일</td></tr>
<tr><td colspan="7">□ 상명병(※ 상병명이 많을 때는 장해와 관계있는 주요 상병명을 기재하여 주십시오)
1)우측 안와부 골절 2)좌측 족관절 골절
3)양측 슬관절 후방 십자인대파열 및 대퇴골 골절</td></tr>
<tr><td colspan="7">□ 주요 치료경과 현증 및 기왕증 주요 검사소견 등
상기 환자는 엘리베이터 수선작업 중 발생한 사고로 본원 내원하여 상병으로 치료 후
1차 후유장해 진단받았으나, 그 후 장해상태 악화되어 2차 후유장해 진단받음</td></tr>
<tr><td colspan="7">□ 상하지, 수, 족 척추관절의 운동범위 등
– 우)슬관절 – 스트레스 엑스선상 12mm 이상의 동요관절(건측대비 환측)
– 좌)슬관절 – 근전도 검사상 심한 마비 소견이 있고 근력검사에서 근력 '1등급(Trace)'
– 좌)족관절 – 굴곡 : 5(40), 신전 : 5(20), 외반 : 10(20), 내반 : 5(30)
※ ( ) : 정상운동범위(AMA 5판 의거)</td></tr>
<tr><td rowspan="2">시
력</td><td>나안시력 :
(좌) (우)
교정시력 :
(좌) (우)</td><td colspan="2">※ 정상시력에 대비한 시각장해율
(정상 100을 기준) (좌) %
(우) %</td><td rowspan="2">청
력</td><td>적용기준
ASA
ISO</td><td>(좌) dB
(우) dB</td></tr>
<tr><td colspan="3">복시유무 : 정면시에서 복시유무 – (유)</td><td colspan="2">보통대화청취거리 : m</td></tr>
<tr><td colspan="7">□ 장해진단(AMA장해평가)
– 우측 안구의 뚜렷한 운동장해(정면 양안시에서 복시를 남긴 때)
– 우측 슬관절 장해상태는 위와 같음
– 좌측 슬관절 및 족관절 장해상태는 위와 같음</td></tr>
<tr><td colspan="4">비고(장해부위의 그림표시 등)
※ 영구장해로 사료됨</td><td colspan="3">상기와 같이 진단함
진단서발행일 : 2015년 7월 30일
병의원 명칭 : **대학교병원</td></tr>
</table>

〈장해분류별 장해지급률〉

① 코의 기능 완전히 잃었을 때(15%)
② 외모에 약간의 추상을 남긴 때(5%)
③ 외모에 뚜렷한 추상을 남긴 때(15%)
④ 한 눈의 안구에 뚜렷한 운동장해(10%)
⑤ 한다리 1관절 기능 완전히 잃었을 때(30%)
⑥ 한다리 1관절 기능 심한 장해(20%)
⑦ 한다리 1관절 기능 뚜렷한 장해(10%)
⑧ 한다리 1관절 기능 약간의 장해(5%)

〈질문사항〉

(1) 1차 장해진단으로 지급하여야 할 보험금을 계산하시오(지급근거 및 계산과정 명시). (10점)

(2) 2차 장해진단으로 지급하여야 할 보험금을 계산하시오(지급근거 및 계산과정 명시). (10점)

(3) 상기 제 조건과 달리, 제3보험의 장해분류표상 아래의 「장해판정기준」에 대해 기술하시오. (10점)

① 한 귀의 청력에 "약간의 장해를 남긴 때"

② 흉복부장기 또는 비뇨생식기 기능에 "뚜렷한 장해를 남긴 때"

2. CI(Critical Illness) 보험에서 「말기 폐질환(End Stage Lung Disease)」에 해당하는 2가지 기준과 제6차 한국표준질병・사인분류(통계청 고시, 2011.1.1. 시행) 중 말기 폐질환으로 분류되는 대상 질병명 및 분류번호를 기술하시오. (15점)

3. 피보험자 행복해씨는 보험가입 당시 보험사에 과거병력을 고지하여 "위, 십이지장" 및 "경추부"에 아래 보험계약의 보험기간(보험금을 지급하지 않는 기간)으로 「특정 신체부위・질병 보장제한부 인수 특별약관」이 부가된 보험계약을 체결하였다. 다음 질문에 답하시오. (20점)

〈계약사항〉

보험종목	보험기간	가입금액(보장내용)	
종합보험	2015.2.1. ~ 2035.2.1.	암 진단비담보	2,000만원
		질병사망담보	5,000만원
		질병수술비 담보(수술 1회당)	100만원
		일반상해입원일당(1일 이상)	1일당 2만원
		교통상해입원일당(4일 이상)	1일당 5만원

※ 암 진단비담보 : 원발암 및 전이암 여부와 관계없이 최초 1회만 지급됨

※ 알릴의무위반 사항은 없음. 특약 개정으로 사고는 발생한 것으로 가정함

〈질문사항〉

(1) 피보험자는 2015.10.17. 콤바인으로 벼 수확작업을 마치고 콤바인을 운전하여 도로 운행 중 사고로 경추골절이 발생하여 2015.10.17 ~ 10.26까지 10일간 병원에서 입원치료를 받았다. 보험사가 지급해야 할 보험금과 그 근거를 기술하시오. (6점)

(2) 피보험자는 2016.3.1. 건강검진시 위암으로 진단받고 치료 후 2016.12.1. 간으로 전이되어 간암 진단받아 치료 중 2017.10.15. 간암으로 사망하였다. 보험사가 지급해야 할 보험금과 그 근거를 기술하시오. (7점)

(3) 상기 (1), (2)의 질문사항과 달리, 피보험자가 상기 보험가입 이후 병원에 내원없이 지내다가 가입 이후인 2020.5.1. 최초 내원한 병원에서 위선종 진단받고 선종제거수술을 받았다. 보험사가 지급해야 할 보험금과 그 근거를 기술하시오. (7점)

4. 다음은 「질병 · 상해보험 표준약관」에 관한 내용이다. 아래 질문에 답하시오. (15점)

(1) 사기에 의하여 계약이 성립되었음을 회사가 증명하는 경우에는 계약일로부터 5년 이내(사기사실을 안 날부터 1개월 이내)에 계약을 취소할 수 있다. 약관에 규정된 "계약 취소 사유"를 모두 기술하시오. (4점)

(2) 보험료의 납입연체로 인한 해지계약을 부활(효력회복)하는 경우에 "준용하는 약관 조항"을 모두 기술하시오. (5점)

(3) 해지환급금이란 계약이 해지된 때에 회사가 계약자에게 돌려주는 금액을 말하는데, "해지환급금을 지급하는 약관 조항"을 모두 기술하시오. (6점)

5. 피보험자 김소망씨는 A, B사에 보험을 가입하고 해외여행 중 발병한 질병으로 현지 병원에서 치료 후 귀국하여 국내 병·의원에서 치료받고 해당 실손의료비를 청구하였다. 아래 질문에 답하시오. (20점)

〈계약사항〉

<table>
<tr><th>보험사</th><th>보험종류</th><th>보험기간</th><th>담보
종목</th><th colspan="2">가입금액(보상한도액)</th><th>비고</th></tr>
<tr><td>A</td><td>실손
의료보험
(표준형)</td><td>2015.5.1.
~
2035.5.1.</td><td>질병</td><td colspan="2">입원 : 5,000만원
통원 : 외래 1회당 20만원,
처방 1건당 10만원</td><td>자기부담률
(20%)</td></tr>
<tr><td rowspan="2">B</td><td rowspan="2">해외여행
실손
의료보험
(표준형)</td><td rowspan="2">2015.10.1.
~
2015.10.15.</td><td rowspan="2">질병
의료비</td><td>해
외</td><td>1,000만원</td><td rowspan="2">여행지역
(전세계)
자기부담률
(20%)</td></tr>
<tr><td>국
내</td><td>입원 : 5,000만원
통원 : 외래 1회당 20만원
처방 1건당 10만원</td></tr>
</table>

※ 상기 보험은 표준약관 개정(2014.12.26.)으로 아래의 통원의료비 및 입원의료비는 발생한 것으로 가정함. 계약 전 알릴의무위반 사항 없음

※ 보험금 계산시 편의상 본인부담금 상한제도와 자기부담금 한도제도는 적용하지 않음

〈해외의료비 발생내역〉

진료기관	진단명(병명)	치료기간	구분	본인부담의료비
일본 E대학병원	뇌내출혈(I61)	2015.10.3.	통원	1,000,000원
일본 F치과의원	치주염(K05)	2015.10.14.	통원	300,000원
일본 K약국	치주염(K05)	2015.10.14.	처방	30,000원

〈국내 입원의료비 발생내역〉

진료기관	진단명(병명)	입원기간	요양급여		비급여 의료비
			공단부담	본인부담	
L상급종합병원	뇌내출혈(I61)	2016.5.7. ~ 6.5.(30일)	700만원	400만원	300만원*
N한방병원	뇌내출혈(I61)	2016.11.25. ~ 12.22.(28일)	200만원	200만원	500만원
O병원	뇌내출혈(I61)	2017.5.15. ~ 5.24.(10일)	150만원	300만원	100만원

* L상급종합병원 입원기간(2016.5.7. ~ 6.5.) 중 비급여의료비 300만원에는 회사가 보상하는 질병치료를 목적으로 하는 영양제 30만원, TV시청료 10만원, 의사의 임상적 소견과 관련이 없는 검사비용 50만원이 포함됨

〈국내 통원의료비 발생내역〉

진료기관	진단명(병명)	치료기간	구분	본인부담의료비
P상급종합병원	뇌출혈후유증(I69)	2017.5.25.	통원	80,000원
Q약국	뇌출혈후유증(I69)	2017.5.25.	처방	30,000원
R의원	상세불명 치매(F03)	2017.6.25.	통원	150,000원
S약국	상세불명 치매(F03)	2017.6.25.	처방	130,000원

〈질문사항〉

(1) 해외의료비 발생내역에 대하여 A, B 보험사가 지급하여야 할 실손의료비를 계산하시오(각각 계산과정 명시). (5점)

(2) 국내의료비 발생내역에 대하여 A, B 보험사가 지급하여야 할 실손의료비[① 입원의료비, ② 통원의료비(외래), ③ 통원의료비(처방조제비)]를 계산하시오(각각 계산과정 명시). (15점)

01

김갑동씨는 사무직으로 근무시 아래의 보험을 가입하고 2014.5.3.일자에 엘리베이터 정비원으로 직무가 변경되었으나 사고일까지 통보하지 않았다. 아래의 제 조건을 참고하여 질문에 답하시오. (30점)

〈계약사항〉

보험종목	피보험자	보험기간	보장내용(가입금액)	
장기상해보험	김갑동	2013.4.1. ~ 2033.4.1.	일반상해후유장해담보	1억원
			교통상해후유장해담보	2억원
			신주말일반상해후유장해담보	1억원
			일반상해 80% 이상 후유장해담보	1억원

※ 상기 각 담보는 별도의 특약보험료를 각각 납입함. 질병·상해보험 표준약관을 사용함

※ 일반상해 80% 이상 후유장해는 상해사고로 장해지급률 80% 이상에 해당하는 장해상태가 되었을 때 보험수익자에게 가입금액을 전액 지급함

※ 보험요율 : 1급 요율(0.2%), 2급 요율(0.3%), 3급 요율(0.4%)

※ 직업급수 : 사무직(1급), 엘리베이터 정비원(3급)

〈사고사항〉

피보험자는 2014.8.22.(금요일) 쇼핑몰의 엘리베이터 고장으로 본인이 직접 수선작업을 하는 동안 발생한 사고로 상해를 입고 1차 장해진단 받아 2015.2.18.일 보험금을 청구하였다. 이에 보험회사가 알릴의무위반으로 2015.3.5.일 계약해지 처리하였으며, 그 후 장해상태가 악화되어 2차 장해진단을 받았다.

〈장해상태〉

① 1차 장해진단[진단일자 : 2015.2.17.(화요일)]
- 우)슬관절 동요관절 8mm(건측대비 환측)
- 코의 1/4 이상 결손
- 한쪽 코의 후각기능을 완전히 잃음
- 좌)고관절 인공골두 삽입

② 2차 장해진단 : 〈후유장해진단서〉 참조

〈후유장해진단서〉

성명	김갑동	남	주민번호	****** – *******	병록번호	******
수상일	2014년 8월 22일		초진일	2014년 8월 22일	장해 진단일	2015년 7월 30일

□ 상명병(※ 상병명이 많을 때는 장해와 관계있는 주요 상병명을 기재하여 주십시오)
1)우측 안와부 골절　　　2)좌측 족관절 골절
3)양측 슬관절 후방 십자인대파열 및 대퇴골 골절

□ 주요 치료경과 현증 및 기왕증 주요 검사소견 등
상기 환자는 엘리베이터 수선작업 중 발생한 사고로 본원 내원하여 상병으로 치료 후 1차 후유장해 진단받았으나, 그 후 장해상태 악화되어 2차 후유장해 진단받음

□ 상하지, 수, 족 척추관절의 운동범위 등
- 우)슬관절 – 스트레스 엑스선상 12mm 이상의 동요관절(건측대비 환측)
- 좌)슬관절 – 근전도 검사상 심한 마비 소견이 있고 근력검사에서 근력 '1등급(Trace)'
- 좌)족관절 – 굴곡 : 5(40), 신전 : 5(20), 외반 : 10(20), 내반 : 5(30)
※ (　　) : 정상운동범위(AMA 5판 의거)

시력	나안시력 : (좌) (우) 교정시력 : (좌) (우)	※ 정상시력에 대비한 시각장해율 (정상 100을 기준) (좌) % (우) %	청력	적용기준 ASA ISO	(좌) dB (우) dB
	복시유무 : 정면시에서 복시유무 – (유)			보통대화청취거리 : m	

□ 장해진단(AMA장해평가)
- 우측 안구의 뚜렷한 운동장해(정면 양안시에서 복시를 남긴 때)
- 우측 슬관절 장해상태는 위와 같음
- 좌측 슬관절 및 족관절 장해상태는 위와 같음

비고 (장해부위의 그림표시 등) ※ 영구장해로 사료됨	상기와 같이 진단함 진단서발행일 : 2015년 7월 30일 병의원 명칭 : **대학교병원

〈장해분류별 장해지급률〉

① 코의 기능 완전히 잃었을 때(15%)
② 외모에 약간의 추상을 남긴 때(5%)
③ 외모에 뚜렷한 추상을 남긴 때(15%)
④ 한 눈의 안구에 뚜렷한 운동장해(10%)
⑤ 한다리 1관절 기능 완전히 잃었을 때(30%)
⑥ 한다리 1관절 기능 심한 장해(20%)
⑦ 한다리 1관절 기능 뚜렷한 장해(10%)
⑧ 한다리 1관절 기능 약간의 장해(5%)

〈질문사항〉

(1) 1차 장해진단으로 지급하여야 할 보험금을 계산하시오(지급근거 및 계산과정 명시). (10점)

(2) 2차 장해진단으로 지급하여야 할 보험금을 계산하시오(지급근거 및 계산과정 명시). (10점)

(3) 상기 제 조건과 달리, 제3보험의 장해분류표상 아래의 「장해판정기준」에 대해 기술하시오. (10점)

① 한 귀의 청력에 "약간의 장해를 남긴 때"

② 흉복부장기 또는 비뇨생식기 기능에 "뚜렷한 장해를 남긴 때"

모범답안

1. 1차 장해진단으로 지급하여야 할 보험금

(1) 검토사항

① 피보험자는 신주말(금요일)에 사고가 발생하였으므로 주말일반상해후유장해가 담보된다.

② 엘리베이터는 교통승용구에 포함되지만, 피보험자가 교통승용구를 수선, 청소 작업 등을 하는 경우에는 교통상해로 보지 않는다.

③ 직업 또는 직무가 변경되었고, 그 직무로 인한 사고발생시 비례보상한다.

④ 후유장해지급률이 합산하여 80% 이상이 되면 해당 고도후유장해보험금의 지급대상이 되고, 기왕증 및 직업요율변경을 적용한 후 보상한다.

(2) 지급보험금

① 1차 장해진단 장해지급률

- 우)슬관절 동요관절 8mm(건측대비 환측) ⇒ 5%
- 코의 1/4 이상 결손 ⇒ 5%
- 좌)고관절 인공골두 삽입 ⇒ 30%
- 장해지급률 합계 : 40%

※ 한쪽 코의 후각기능을 완전히 잃은 경우에는 장해보상대상이 되지 않고, 양쪽 코의 후각기능을 완전히 잃은 경우에만 장해보상대상이 된다.

② 후유장해보험금

- 일반상해후유장해 : 1억원 × 40% × 0.2 / 0.4 = 2,000만원
- 교통상해후유장해 : 해당 사항 없음
- 신주말일반상해후유장해 : 1억원 × 40% × 0.2 / 0.4 = 2,000만원
- 80% 이상 후유장해 : 해당 사항 없음
- 1차 사고 후유장해보험금 합계액 : 4,000만원

2. 2차 장해진단으로 지급하여야 할 보험금

(1) 2차 장해진단 장해지급률

① 우)슬관절 : 스트레스 엑스선상 12mm 이상의 동요관절(건측대비 환측) ⇒ 10%

② 좌)슬관절 : 심한 마비소견 있고, 근력검사에서 근력 1등급(Trace) ⇒ 20%

③ 좌)족관절 : 굴곡 : 5(40), 신전 : 5(20), 외반 : 10(20), 내반 : 5(30) ⇒ 20%

(2) 후유장해보험금

① 일반상해후유장해담보

- 우)슬관절 : (1억원 × 10%) − (1억원 × 5%) = 500만원
- 좌)슬관절 / 좌)족관절 : (1억원 × 60%) − (1억원 × 30%) = 3,000만원

※ 좌)고관절 30% + 좌)슬관절 20% + 좌)족관절 20% = 70%이나, 한 다리의 장해지급률 한도가 60%이므로 60%까지만 인정한다.

- 감액보상금액 : 3,500만원 × 0.2 / 0.4 = 1,750만원

② 교통상해후유장해담보 : 해당 사항 없음

③ 신주말일반상해후유장해

- 우)슬관절 : (1억원 × 10%) − (1억원 × 5%) = 500만원
- 좌)슬관절 : (1억원 × 60%) − (1억원 × 30%) = 3,000만원
- 감액보상금액 : 3,500만원 × 0.2 / 0.4 = 1,750만원

④ 80% 이상 후유장해

- 우)슬관절 ⇒ 10%
- 좌)슬관절 20%, 좌)족관절 20%, 좌)고관절 30%, 합계 60%
- 외모의 장해 ⇒ 5%
- 1차 및 2차 후유장해지급률 합계 : 75%
- 80% 이상 후유장해 : 해당 사항 없음

⑤ 2차 사고 후유장해보험금 합계액 : 3,500만원

3. 제3보험의 장해분류표상 아래의 「장해판정기준」

(1) 한 귀의 청력에 "약간의 장해를 남긴 때"

"약간의 장해를 남긴 때"라 함은 순음청력검사 결과 평균순음역치가 70dB 이상인 경우에 해당되어, 50cm 이상의 거리에서는 보통의 말소리를 알아 듣지 못하는 경우를 말한다.

(2) 흉복부장기 또는 비뇨생식기 기능에 "뚜렷한 장해를 남긴 때"

① 한쪽 폐 또는 한쪽 신장을 전부 잘라내었을 때

② 방광 기능상실로 영구적인 요도루, 방광루, 요관 장문합 상태

③ 위, 췌장을 50% 이상 잘라내었을 때

④ 대장절제, 항문 괄약근 등의 기능장해로 영구적으로 장루, 인공항문을 설치한 경우(치료과정에서 일시적으로 발생하는 경우는 제외)

⑤ 심장기능 이상으로 인공심박동기를 영구적으로 삽입한 경우

⑥ 요도괄약근 등의 기능장해로 영구적으로 인공요도괄약근을 설치한 경우

02

CI(Critical Illness) 보험에서 「말기 폐질환(End Stage Lung Disease)」에 해당하는 2가지 기준과 제6차 한국표준질병 · 사인분류(통계청 고시, 2011.1.1. 시행) 중 말기 폐질환으로 분류되는 대상 질병명 및 분류번호를 기술하시오. (15점)

모범답안

1. 말기 폐질환의 진단기준

말기 폐질환이라 함은 양쪽 폐장 모두가 심한 비가역적인 기능부전을 보여서 그 결과 도보동작이 지속적으로 현저하게 제한되고 평생 일상생활의 기본동작의 제한을 받아야 하는 상태로서 다음의 한 가지 기준 이상에 해당되어야 한다.

① 폐기능 검사에서 최대한 노력하여 잘 불었을 때 1초간 노력성 호기량(FEV 1.0)이 지속적으로 정상예측치의 30% 이하(일부상품 25%)인 경우

② 비가역적인 만성 저산소증으로서 안정상태에서의 동맥혈 가스분석검사(ABGA)상 동맥혈 산소분압(PaO_2)이 60mmHg 이하인 경우

2. 분류코드

대상질병	대상질병분류번호
1. 인플루엔자 및 폐렴	J09 ~ J18
2. 기타 급성 하기도 감염	J20 ~ J22
3. 만성 하기도 질환	J40 ~ J47
4. 외부요인에 의한 폐질환	J60 ~ J70
5. 주로 간질에 영향을 주는 기타 호흡기 질환	J80 ~ J84
6. 하기도의 화농성 및 괴사성 병태	J85 ~ J86
7. 흉막의 기타 질환	J90 ~ J94
8. 호흡계통의 기타 질환	J95 ~ J99

※ 제7차 개정 이후 한국표준질병 · 사인분류에 있어서 상기 질병 이외에 추가로 상기 분류번호에 해당하는 질병이 있는 경우에는 그 질병도 포함하는 것으로 한다.

03

피보험자 행복해씨는 보험가입 당시 보험사에 과거병력을 고지하여 "위, 십이지장" 및 "경추부"에 아래 보험계약의 보험기간(보험금을 지급하지 않는 기간)으로 「특정 신체부위·질병 보장제한부 인수 특별약관」이 부가된 보험계약을 체결하였다. 다음 질문에 답하시오. (20점)

〈계약사항〉

보험종목	보험기간	가입금액(보장내용)	
종합보험	2015.2.1. ~2035.2.1.	암 진단비담보	2,000만원
		질병사망담보	5,000만원
		질병수술비 담보(수술 1회당)	100만원
		일반상해입원일당(1일 이상)	1일당 2만원
		교통상해입원일당(4일 이상)	1일당 5만원

※ 암 진단비담보 : 원발암 및 전이암 여부와 관계없이 최초 1회만 지급됨
※ 알릴의무위반 사항은 없음. 특약 개정으로 사고는 발생한 것으로 가정함

〈질문사항〉

(1) 피보험자는 2015.10.17. 콤바인으로 벼 수확작업을 마치고 콤바인을 운전하여 도로 운행 중 사고로 경추골절이 발생하여 2015.10.17. ~ 10.26.까지 10일간 병원에서 입원치료를 받았다. 보험사가 지급해야 할 보험금과 그 근거를 기술하시오. (6점)

(2) 피보험자는 2016.3.1. 건강검진시 위암으로 진단받고 치료 후 2016.12.1. 간으로 전이되어 간암 진단받아 치료 중 2017.10.15. 간암으로 사망하였다. 보험사가 지급해야 할 보험금과 그 근거를 기술하시오. (7점)

(3) 상기 (1), (2)의 질문사항과 달리, 피보험자가 상기 보험가입 이후 병원에 내원없이 지내다가 가입 이후인 2020.5.1. 최초 내원한 병원에서 위선종 진단받고 선종제거수술을 받았다. 보험사가 지급해야 할 보험금과 그 근거를 기술하시오. (7점)

모범답안

(1) 2015.10.17. 경추골절에 대한 지급보험금

농업기계인 콤바인을 도로 주행 중에 사용하던 중 발생한 사고는 교통상해에 해당한다. 종합보험 내에 일반상해와 교통상해를 함께 담보하고 있으므로 각각 지급한다. 위, 십이지장 부담보특약은 상해사고에 영향을 미치지 아니한다.

① **일반상해입원** : 10일 × 2만원/일 = 20만원

② **교통상해입원** : (10일 − 3일) × 5만원/일 = 35만원

③ **합계액** : 55만원

(2) 2016.3.1. 건강검진시 위암으로 진단받고 치료 후 2016.12.1. 간으로 전이되어 간암 진단받아 치료 중 2017.10.15. 간암으로 사망한 경우 지급보험금

① **암 진단보험금** : 면책

특정부위에 발생한 질병의 전이로 인하여 특정부위 이외의 부위에 발생한 질병에 대해 보험금을 지급하지 않는다. 따라서 위암으로 진단받고 치료 후 간으로 전이되어 간암 진단받아 치료 중 간암으로 사망하였으므로, 암 진단비 2,000만원은 지급하지 않는다.

② **질병사망보험금** : 5,000만원

③ **합계액** : 5,000만원

(3) 2020.5.1. 최초 내원한 병원에서 위선종 진단받고 선종제거수술을 받은 경우 지급보험금

청약 전에 진단받은 질환이라고 하더라도 또는 부담보가 설정된 질병이라고 하더라도 보험가입 후 5년 동안 추가적인 진단, 처치 사실이 없으면 그 이후의 치료내용에 대하여는 보상한다.

- **질병수술비** : 100만원

04

다음은 「질병 · 상해보험 표준약관」에 관한 내용이다. 아래 질문에 답하시오. (15점)

(1) 사기에 의하여 계약이 성립되었음을 회사가 증명하는 경우에는 계약일로부터 5년 이내(사기사실을 안 날부터 1개월 이내)에 계약을 취소할 수 있다. 약관에 규정된 "계약 취소사유"를 모두 기술하시오. (4점)

(2) 보험료의 납입연체로 인한 해지계약을 부활(효력회복)하는 경우에 "준용하는 약관 조항"을 모두 기술하시오. (5점)

(3) 해지환급금이란 계약이 해지된 때에 회사가 계약자에게 돌려주는 금액을 말하는데, "해지환급금을 지급하는 약관 조항"을 모두 기술하시오. (6점)

모범답안

1. 약관에 규정된 계약 취소사유

사기에 의한 계약, 즉 계약자 또는 피보험자가 대리진단, 약물사용을 수단으로 진단절차를 통과하거나 진단서 위 · 변조 또는 청약일 이전에 암 또는 사람면역결핍바이러스(HIV) 감염의 진단 확정을 받은 후 이를 숨기고 가입하는 등의 뚜렷한 사기의사에 의하여 계약이 성립되었음을 회사가 증명한 경우에는 보장개시일로부터 5년 이내(사기사실을 안 날부터는 1개월 이내) 계약을 취소할 수 있다.

2. 보험료 납입연체로 인한 해지계약을 부활하는 경우 준용하는 약관 조항

보험료 납입연체로 계약이 해지되었으나, 해지환급금을 받지 않은 경우(보험계약대출 등에 따라 해지환급금이 차감되었으나 받지 않은 경우 또는 해지환급금이 없는 경우를 포함) 계약자는 해지된 날부터 3년 이내에 계약의 부활(효력회복)을 청약할 수 있고, 그에 따라 해지계약이 부활된 경우에는 계약 전 알릴의무, 계약 전 알릴의무위반의 효과, 사기에 의한 계약, 보험계약의 성립, 제1회 보험료 및 회사의 보장개시의 약관 조항을 준용한다.

3. 해지환급금을 지급하는 약관 조항

(1) 계약자가 해지하는 경우

① 계약자의 임의해지

계약이 소멸하기 전에는 계약자는 언제든지 계약을 해지할 수 있다.

② 피보험자의 서면동의 철회

타인의 사망을 보험사고로 하는 보험계약에서 서면동의를 한 피보험자는 언제든지 서면동의를 철회할 수 있으며, 서면동의를 철회하면 계약은 해지된다.

③ 회사의 파산선고

회사가 파산선고를 받은 경우 계약자는 계약을 해지할 수 있으며, 해지하지 않은 경우 3월을 경과한 때에는 계약의 효력이 상실된다.

(2) 보험자가 해지하는 경우

① 중대사유로 인한 해지

- 계약자 등이 고의로 보험금 지급사유를 발생시킨 경우
- 계약자 등이 보험금청구서류를 위·변조한 경우

② 계속보험료 미납으로 인한 계약해지

③ 계약 전 알릴의무 및 계약 후 알릴의무위반의 경우

④ 제3자의 담보권 실행으로 인한 계약해지

05

피보험자 김소망씨는 A, B사에 보험을 가입하고 해외여행 중 발병한 질병으로 현지 병원에서 치료 후 귀국하여 국내 병·의원에서 치료받고 해당 실손의료비를 청구하였다. 아래 질문에 답하시오. (20점)

〈계약사항〉

보험사	보험종류	보험기간	담보종목	가입금액(보상한도액)		비 고
A	실손의료보험 (표준형)	2015.5.1. ~ 2035.5.1.	질병	입원 : 5,000만원 통원 : 외래 1회당 20만원, 처방 1건당 10만원		자기부담률 (20%)
B	해외여행 실손의료보험 (표준형)	2015.10.1. ~ 2015.10.15.	질병 의료비	해외	1,000만원	여행지역 (전세계) 자기부담률 (20%)
				국내	입원 : 5,000만원 통원 : 외래 1회당 20만원 처방 1건당 10만원	

※ 상기 보험은 표준약관 개정(2014.12.26.)으로 아래의 통원의료비 및 입원의료비는 발생한 것으로 가정함. 계약 전 알릴의무위반 사항 없음

※ 보험금 계산시 편의상 본인부담금 상한제도와 자기부담금 한도제도는 적용하지 않음

〈해외의료비 발생내역〉

진료기관	진단명(병명)	치료기간	구 분	본인부담의료비
일본 E대학병원	뇌내출혈(I61)	2015.10.3.	통원	1,000,000원
일본 F치과의원	치주염(K05)	2015.10.14.	통원	300,000원
일본 K약국	치주염(K05)	2015.10.14.	처방	30,000원

〈국내 입원의료비 발생내역〉

진료기관	진단명(병명)	입원기간	요양급여		비급여의료비
			공단부담	본인부담	
L상급종합병원	뇌내출혈(I61)	2016.5.7. ~ 6.5.(30일)	700만원	400만원	300만원*
N한방병원	뇌내출혈(I61)	2016.11.25. ~ 12.22.(28일)	200만원	200만원	500만원
O병원	뇌내출혈(I61)	2017.5.15. ~ 5.24.(10일)	150만원	300만원	100만원

* L상급종합병원 입원기간(2016.5.7 ~ 6.5.) 중 비급여의료비 300만원에는 회사가 보상하는 질병치료를 목적으로 하는 영양제 30만원, TV시청료 10만원, 의사의 임상적 소견과 관련이 없는 검사비용 50만원이 포함됨

〈국내 통원의료비 발생내역〉

진료기관	진단명(병명)	치료기간	구 분	본인부담의료비
P상급종합병원	뇌출혈후유증(I69)	2017.5.25.	통원	80,000원
Q약국	뇌출혈후유증(I69)	2017.5.25.	처방	30,000원
R의원	상세불명 치매(F03)	2017.6.25.	통원	150,000원
S약국	상세불명 치매(F03)	2017.6.25.	처방	130,000원

〈질문사항〉

(1) 해외의료비 발생내역에 대하여 A, B 보험사가 지급하여야 할 실손의료비를 계산하시오(각각 계산과정 명시). (5점)

(2) 국내의료비 발생내역에 대하여 A, B 보험사가 지급하여야 할 실손의료비[① 입원의료비, ② 통원의료비(외래), ③ 통원의료비(처방조제비)]를 계산하시오(각각 계산과정 명시). (15점)

모범답안

(1) 해외의료비 발생내역에 대하여 A, B 보험사가 지급하여야 할 실손의료비

① A사 : 해당 사항 없음

② B사 : 해외의료기관에서 치료받은 의료비 전액을 보상한다.
1,000,000원 + 300,000원 + 30,000원 = 1,330,000원

(2) 국내의료비 발생내역에 대하여 A, B 보험사가 지급하여야 할 실손의료비[① 입원의료비, ② 통원의료비(외래), ③ 통원의료비(처방조제비)]

① 입원의료비

진료기간	본인부담	비급여 의료비	보장대상의료비	보장대상의료비의 합계	보상책임액(80%)
L상급종합병원	400만원	300만원	400만원 + (300만원 − 10만원 − 50만원)	640만원	512만원
N한방병원	200만원	500만원	200만원(비급여면책)	200만원	160만원
O병원	300만원	100만원	300만원 + 100만원	면책	면책
합계				840만원	672만원
계산	A사 : 672만원 B사 : 해당 사항 없음				

※ O병원의 입원의료비는 보상제외기간에 해당되므로 보상하지 않는다(면책).

② 통원의료비(외래)

병 원	진단명	보장대상의료비	공제액	보상책임액
P상급종합병원	I69	8만원	Max[2만원, 1.6만원]	6만원
R의원	F03	15만원	Max[1만원, 3만원]	12만원
합계				18만원
계산	A사 : 18만원 B사 : 해당 사항 없음			

③ 통원의료비(처방조제비)

병 원	진단명	보장대상의료비	공제액	보상책임액
Q약국	I69	3만원	Max[0.8만원, 0.6만원]	2.2만원
S약국	F03	13만원	Max[0.8만원, 2.6만원]	10만원
합계				12.2만원
계산	A사 : 12.2만원 B사 : 해당 사항 없음			

※ B 보험사의 경우 보험기간 종료일 2015년 10월 15일부터 180일이 경과하여 치료비가 발생했기 때문에 보험금을 지급하지 않는다.

제39회 신체손해사정사 2차 시험문제

1. 다음의 청구 사례를 보고 아래 질문에 답하시오. (30점)

〈계약사항〉

보험종목	피보험자	보험기간	보장내용(가입금액)	보험수익자
장기상해보험 (K보험사)	김보상	2014.5.1. ~ 2029.4.30.	일반상해후유장해 : 1억원	피보험자
			교통사고후유장해 : 2억원	피보험자
			80% 이상 후유장해 : 1억원	피보험자
			일반상해사망 : 7천만원	법정상속인

※ 장기상해보험은 질병·상해보험 표준약관을 사용하며, 정상 유지 계약임
※ 알릴의무위반 사항과 보상하지 않는 사항 없음
※ 80% 이상 후유장해 발생시 일시금으로 전액 지급
※ 파생장해 및 기왕증 없음

〈사고 내용〉

피보험자(김보상)는 2016년 1월 9일 자가용 자동차를 타고 가족들과 여행을 가던 중 교통사고를 당하여 아래와 같은 장해진단을 받았다(장해진단일 : 2016년 8월 9일).

〈장해진단 내용〉

① 머리뼈와 상위경추(상위목뼈 : 제 1, 2목뼈) 사이에 뚜렷한 이상전위가 있음
② 요추의 특수검사(CT, MRI 등)에서 추간판 병변이 확인되고, 의학적으로 인정할 만한 하지방사통(주변부위로 뻗치는 증상)이 있음
③ 우측 고관절의 운동범위 합계가 정상 운동범위의 1/2 이하로 제한됨(7년 한시장해)
④ 우측 슬관절에 스트레스 엑스선상 13mm의 동요관절이 있음
⑤ 얼굴에 지름 4cm의 조직함몰
⑥ 머리에 손바닥 1/2 크기 이상의 반흔, 모발결손
⑦ 좌측 귀의 순음청력검사결과 평균순음역치가 90dB 이상(3회 이상 청력검사 실시함)
⑧ 뇌 손상으로 다음과 같은 일상생활기본동작(ADLs) 제한 남음
- 독립적인 음식물 섭취는 가능하나 젓가락을 이용하여 생선을 바르거나 음식물을 자르지는 못하는 상태
- 목욕시 신체(등 제외)의 일부 부위만 때를 밀 수 있는 상태

※ 상기 장해진단은 장해판정기준에 의해 확정됨

〈장해분류표상 장해지급률〉

① 심한 추간판탈출증(20%)
② 뚜렷한 추간판탈출증(15%)
③ 약간의 추간판탈출증(10%)
④ 척추에 심한 운동장해를 남긴 때(40%)
⑤ 척추에 뚜렷한 운동장해를 남긴 때(30%)
⑥ 척추에 약간의 운동장해를 남긴 때(10%)
⑦ 외모에 뚜렷한 추상을 남긴 때(15%)
⑧ 외모에 약간의 추상을 남긴 때(5%)
⑨ 한 다리의 3대관절 중 관절 하나의 기능을 완전히 잃었을 때(30%)
⑩ 한 다리의 3대관절 중 관절 하나의 기능에 심한 장해를 남긴 때(20%)
⑪ 한 다리의 3대관절 중 관절 하나의 기능에 뚜렷한 장해를 남긴 때(10%)
⑫ 한 다리의 3대관절 중 관절 하나의 기능에 약간의 장해를 남긴 때(5%)
⑬ 한 귀의 청력을 완전히 잃었을 때(25%)
⑭ 한 귀의 청력에 심한 장해를 남긴 때(15%)
⑮ 한 귀의 청력에 약간의 장해를 남긴 때(5%)
⑯ 독립적인 음식물 섭취는 가능하나 젓가락을 이용하여 생선을 바르거나 음식물을 자르지는 못하는 상태(5%)
⑰ 목욕시 신체(등 제외)의 일부 부위만 때를 밀 수 있는 상태(3%)

〈질문사항〉

(1) K 보험회사가 김보상에게 지급해야 할 후유장해보험금을 각 담보별로 계산하시오(산출근거 명시). (15점)

(2) 만약 김보상이 위 교통사고로 현장사망 하였다고 가정할 경우 K 보험회사가 지급해야 할 사망보험금을 수익자별로 계산하시오(계산과정 명시). (7점)

피보험자는 배우자A, 자녀B(30세, 양자)와 자녀C(27세)가 있으며 자녀C는 결혼하여 배우자D와 자녀E(3세)가 있다. 자녀C는 피보험자가 사망하기 1개월 전 질병으로 사망하였다.

※ 보험수익자는 심신상실자, 심신박약자가 아닌 정상인임

(3) 질병・상해보험 표준약관 「보험금 지급에 관한 세부규정」에는 일반적인 장해판정시기가 규정되어 있으며, 장해분류표에 장해판정시기를 별도로 정한 경우에는 그에 따르도록 되어 있다. "그 별도로 정한 경우"를 모두 기술하시오. (8점)

2. CI(Critical Illness) 보험의 「중대한 뇌졸중(Critical Stroke)」에서 규정하고 있는 "보상에서 제외하는 질병(질환)"을 기술하시오. (10점)

3. 다음의 질문에 답하시오. (15점)

(1) 「보험업법」상 손해보험업의 보험종목 전부를 취급하는 손해보험회사가 질병을 원인으로 하는 사망을 제3보험의 특약의 형식으로 "담보할 수 있는 요건"을 모두 기술하시오. (6점)

(2) 질병・상해보험 표준약관상 "회사의 손해배상책임"을 쓰시오. (5점)

(3) 다음은 질병・상해보험 표준약관 중 「보험금 지급에 관한 세부규정」이다. 빈칸(①, ②)에 들어갈 내용을 쓰시오. (4점)

> 보험금의 지급사유의 '사망'에는 보험기간에 다음 어느 하나의 사유가 발생한 경우를 포함합니다.
> • 실종선고를 받은 경우 : (①) 때에 사망한 것으로 봅니다.
> • 관공서에서 수해, 화재나 그 밖의 재난을 조사하고 사망한 것으로 통보하는 경우 : (②)을 기준으로 합니다.

4. 김행복은 2014년 회사를 퇴직하고, 2015년부터 현재(2016년 8월)까지 국민건강보험료로 매월 58,000원을 납입해왔다. 아래의 제조건을 읽고 질문에 답하시오. (30점)

〈계약사항〉

보험사	보험종목	피보험자	보험기간	보장내용(가입금액)	자기부담률
갑	실손의료보험〈표준형〉	김행복	2016.1.5. ~ 2036.1.4.	질병입원의료비 : 5,000만원	20%

※ 고지의무위반 등 계약상 하자는 없으며, 퇴직시 연령은 고려하지 않음

〈건강보험 기준보험료〉

분위	본인부담 상한액	보험료수준	월별 직장보험료 구간	월별 지역보험료 구간
1분위	120만원	10% 이하	30,440원 이하	9,380원 이하
2분위 ~ 3분위	150만원	10% 초과 ~ 30% 이하	30,440원 초과 ~ 45,640원 이하	9,380원 초과 ~ 25,050원 이하
4분위 ~ 5분위	200만원	30% 초과 ~ 50% 이하	45,640원 초과 ~ 67,410원 이하	25,050원 초과 ~ 54,450원 이하
6분위 ~ 7분위	250만원	50% 초과 ~ 70% 이하	67,410원 초과 ~ 103,010원 이하	54,450원 초과 ~ 105,000원 이하
8분위	300만원	70% 초과 ~ 80% 이하	103,010원 초과 ~ 132,770원 이하	105,000원 초과 ~ 141,000원 이하
9분위	400만원	80% 초과 ~ 90% 이하	132,770원 초과 ~ 179,700원 이하	141,100원 초과 ~ 190,870원 이하
10분위	500만원	90% 초과	179,700원 초과	190,870원 초과

※ 건강보험 기준보험료 : 2015년과 2016년은 동일하며, 매년 1월 1일부터 12월 31일까지 적용한다고 가정함
※ 김행복은 국민건강보험법 적용대상자이며, 퇴직 이후 건강보험가입자 및 피부양자로 건강보험료 전액을 납입해왔음
※ '갑' 보험사로부터 2016년 지급받지 못한 실손보험금은 2017년 국민건강보험공단에서 환급받을 수 있음

〈입원의료비 발생내역〉

진료기관	진단명	입원기간	요양급여		비급여의료비
			공단부담	본인부담	
A상급종합병원	위암	2016.3.1. ~ 2016.3.15.	600만원	200만원	400만원
B요양병원	위암	2016.4.1. ~ 2016.6.15.	400만원	100만원	600만원
C한방병원	위암	2016.7.1. ~ 2016.7.30.	350만원	300만원	300만원

※ 비급여 비용은 치료 관련 비용이고, 상급병실료는 없음
※ C한방병원은 한의사만 진료하는 병원임
※ 2016.7.30. 이후 추가 치료사항은 없음

〈질문사항〉

(1) '갑' 보험사가 지급해야 할 실손의료비를 계산하시오(풀이과정 명시). (15점)

(2) 실손의료보험 표준약관상 "본인부담금 상한제"를 기술하고, 김행복이 2017년 국민건강보험공단으로부터 환급받을 수 있는 금액을 계산하시오. (5점)

(3) 실손의료보험 표준약관 「질병입원의료비의 보상하지 않는 사항」 중 면책사항으로 오인되거나 보험가입자가 놓치기 쉬운 보장내용을 2016.1.1. 개정 이후 약관에는 명확히 기재하고 있다. "이에 해당하는 약관 조항"을 5가지 이상 기술하시오. (10점)

5. 다음 주어진 조건을 읽고 질문에 대해 답하시오. (15점)

〈계약사항〉

보험종목	피보험자	보험기간	보장내용	가입금액
장기상해보험 (M 보험사)	홍길동	2016.1.10. ~ 2026.1.9.	일반상해사망	5,000만원
			교통상해사망	1억원
			대중교통이용 중 교통상해사망	2억원

※ 장기상해보험은 질병·상해보험 표준약관을 사용하며, 정상 유지 계약임

※ 알릴의무위반 사항과 보상하지 않는 사항 없음

〈사고사항〉

피보험자(홍길동)는 2016년 3월 21일 강원도 강릉으로 친구들과 함께 전세버스를 타고 친목모임을 가던 중 영동고속도로에서 교통사고가 발생하여 두개골 골절 등으로 현장에서 사망함

〈질문사항〉

(1) 상해보험의 교통상해사망과 대중교통이용 중 교통상해사망 특별약관에서 공통적으로 "보험금을 지급하지 않는 사유"를 기술하시오(단, 보통약관의 보험금을 지급하지 않는 사유는 제외함). (8점)

(2) 대중교통이용 중 교통상해사망 특별약관에서 "대중교통수단의 범위"에 대해 기술하고, M보험회사가 지급해야 할 사망보험금을 계산하시오. (7점)

01 다음의 청구 사례를 보고 아래 질문에 답하시오. (30점)

〈계약사항〉

보험종목	피보험자	보험기간	보장내용(가입금액)	보험수익자
장기상해보험 (K보험사)	김보상	2014.5.1. ~ 2029.4.30.	일반상해후유장해 : 1억원	피보험자
			교통사고후유장해 : 2억원	피보험자
			80% 이상 후유장해 : 1억원	피보험자
			일반상해사망 : 7천만원	법정상속인

※ 장기상해보험은 질병·상해보험 표준약관을 사용하며, 정상 유지 계약임
※ 알릴의무위반 사항과 보상하지 않는 사항 없음
※ 80% 이상 후유장해 발생시 일시금으로 전액 지급
※ 파생장해 및 기왕증 없음

〈사고 내용〉

피보험자(김보상)는 2016년 1월 9일 자가용 자동차를 타고 가족들과 여행을 가던 중 교통사고를 당하여 아래와 같은 장해진단을 받았다(장해진단일 : 2016년 8월 9일).

〈장해진단 내용〉

① 머리뼈와 상위경추(상위목뼈 : 제 1, 2목뼈) 사이에 뚜렷한 이상전위가 있음
② 요추의 특수검사(CT, MRI 등)에서 추간판 병변이 확인되고, 의학적으로 인정할 만한 하지방사통(주변부위로 뻗치는 증상)이 있음
③ 우측 고관절의 운동범위 합계가 정상 운동범위의 1/2 이하로 제한됨(7년 한시장해)
④ 우측 슬관절에 스트레스 엑스선상 13mm의 동요관절이 있음
⑤ 얼굴에 지름 4cm의 조직함몰
⑥ 머리에 손바닥 1/2 크기 이상의 반흔, 모발결손
⑦ 좌측 귀의 순음청력검사결과 평균순음역치가 90dB 이상(3회 이상 청력검사 실시함)
⑧ 뇌 손상으로 다음과 같은 일상생활기본동작(ADLs) 제한 남음
- 독립적인 음식물 섭취는 가능하나 젓가락을 이용하여 생선을 바르거나 음식물을 자르지는 못하는 상태
- 목욕시 신체(등 제외)의 일부 부위만 때를 밀 수 있는 상태

※ 상기 장해진단은 장해판정기준에 의해 확정됨

〈장해분류표상 장해지급률〉

① 심한 추간판탈출증(20%)
② 뚜렷한 추간판탈출증(15%)
③ 약간의 추간판탈출증(10%)
④ 척추에 심한 운동장해를 남긴 때(40%)
⑤ 척추에 뚜렷한 운동장해를 남긴 때(30%)
⑥ 척추에 약간의 운동장해를 남긴 때(10%)
⑦ 외모에 뚜렷한 추상을 남긴 때(15%)
⑧ 외모에 약간의 추상을 남긴 때(5%)
⑨ 한 다리의 3대관절 중 관절 하나의 기능을 완전히 잃었을 때(30%)
⑩ 한 다리의 3대관절 중 관절 하나의 기능에 심한 장해를 남긴 때(20%)
⑪ 한 다리의 3대관절 중 관절 하나의 기능에 뚜렷한 장해를 남긴 때(10%)
⑫ 한 다리의 3대관절 중 관절 하나의 기능에 약간의 장해를 남긴 때(5%)
⑬ 한 귀의 청력을 완전히 잃었을 때(25%)
⑭ 한 귀의 청력에 심한 장해를 남긴 때(15%)
⑮ 한 귀의 청력에 약간의 장해를 남긴 때(5%)
⑯ 독립적인 음식물 섭취는 가능하나 젓가락을 이용하여 생선을 바르거나 음식물을 자르지는 못하는 상태(5%)
⑰ 목욕시 신체(등 제외)의 일부 부위만 때를 밀 수 있는 상태(3%)

〈질문사항〉

(1) K 보험회사가 김보상에게 지급해야 할 후유장해보험금을 각 담보별로 계산하시오(산출근거 명시). (15점)

(2) 만약 김보상이 위 교통사고로 현장사망 하였다고 가정할 경우 K 보험회사가 지급해야 할 사망보험금을 수익자별로 계산하시오(계산과정 명시). (7점)

피보험자는 배우자A, 자녀B(30세, 양자)와 자녀C(27세)가 있으며 자녀C는 결혼하여 배우자D와 자녀E(3세)가 있다. 자녀C는 피보험자가 사망하기 1개월 전 질병으로 사망함

※ 보험수익자는 심신상실자, 심신박약자가 아닌 정상인임

(3) 질병·상해보험 표준약관 「보험금 지급에 관한 세부규정」에는 일반적인 장해 판정시기가 규정되어 있으며, 장해분류표에 장해판정시기를 별도로 정한 경우에는 그에 따르도록 되어 있다. "그 별도로 정한 경우"를 모두 기술하시오. (8점)

모범답안

(1) K 보험회사가 김보상에게 지급해야 할 담보별 후유장해보험금

① 머리뼈와 상위경추의 뚜렷한 전이(30%)와 요추 추간판탈출증(10%)은 동일부위이므로 높은 장해 하나만 인정 : 30%

② 우측 고관절의 뚜렷한 장해(한시 7년)[2%(= 10% × 20%)]와 우측 슬관절의 동요장해(10%)는 합산하여 인정 : 12%

③ 얼굴에 4cm 조직함몰(5%)과 머리에 손바닥 1/2크기의 모발결손(5%)은 동일부위이므로 높은 장해 하나만 인정 : 5%

④ 귀의 청력소실(90dB) : 25%

⑤ 독립적인 음식물 섭취는 가능하지만 젓가락 사용이 불편한 경우(5%)와 목욕시 신체부위 일부만 때를 밀 수 있는 경우(3%)는 합산하여 인정 : 8%(단, 합산 장해지급률이 10% 미만이므로 불인)

⑥ 후유장해지급률 합계 : 72%

⑦ 일반상해후유장해보험금 : 1억원 × 72% = 7,200만원

⑧ 교통사고후유장해보험금 : 2억원 × 72% = 1억4,400만원

⑨ 지급보험금 합계액 : 2억1,600만원

(2) 김보상이 위 교통사고로 현장사망 하였다고 가정할 경우 K 보험회사가 지급해야 할 사망보험금을 수익자별로 계산

피보험자는 배우자A, 자녀B(30세, 양자)와 자녀C(27세)가 있으며 자녀C는 결혼하여 배우자D와 자녀E(3세)가 있다. 자녀C는 피보험자가 사망하기 1개월 전 질병으로 사망함

※ 보험수익자는 심신상실자, 심신박약자가 아닌 정상인임

피보험자의 일반상해사망에 따른 보험금은 7,000만원이다.

① 배우자A : 7,000만원 × 1.5 / 3.5 = 3,000만원

② 자녀B : 7,000만원 × 1 / 3.5 = 2,000만원

③ 자녀C : 7,000만원 × 1 / 3.5 = 2,000만원

④ 자녀C의 배우자D : 2,000만원 × 1.5 / 2.5 = 1,200만원

⑤ 자녀C의 자녀E : 2,000만원 × 1 / 2.5 = 800만원

※ 자녀C가 피보험자의 사망 전에 이미 사망하였으므로 그의 배우자D와 자녀E가 대습상속한다.

(3) 장해분류표에 장해판정시기를 별도로 정한 경우

① 장해판정시기

후유장해는 상해 또는 질병에 대하여 치료가 종결되어 더 이상의 치료효과를 기대할 수 없을 때 판정하는 것을 원칙으로 한다. 다만, 지속적인 치료에도 장해지급률이 상해발생일 또는 질병진단확정일로부터 180일 이내에 확정되지 않는 경우에는 상해발생일 또는 질병진단확정일로부터 180일이 되는 날의 의사진단에 기초하여 고정될 것으로 인정되는 상태를 장해지급률로 결정한다.

② 장해판정시기를 별도로 정한 경우

㉠ 안구 운동장해

안구(눈동자) 운동장해의 판정은 질병의 진단 또는 외상 후 1년 이상이 지난 뒤 그 장해 정도를 평가한다.

㉡ 청력장해

청력장해는 순음청력검사 결과에 따라 데시벨(dB)로서 표시하고 3회 이상 청력검사를 실시한 후 순음평균역치에 따라 적용한다.

㉢ 평형기능의 장해

평형기능의 장해는 장해판정 직전 1년 이상 지속적인 치료 후 장해가 고착되었을 때 판정하며, 뇌병변 여부, 전정기능 이상 및 장해상태를 평가하기 위해 ⓐ 뇌영상검사(CT, MRI), ⓑ 온도안진검사, 전기안진검사(또는 비디오안진검사) 등을 기초로 한다.

㉣ 후각기능의 장해

양쪽 코의 후각기능은 후각인지검사, 후각역치검사 등을 통해 6개월 이상 고정된 후각의 완전소실이 확인되어야 한다.

㉤ 말하는 기능의 장해

말하는 기능의 장해는 1년 이상 지속적인 언어치료를 시행한 후 증상이 고착되었을 때 평가하며, 객관적인 검사를 기초로 한다.

㉥ 추상(추한 모습)장해

성형수술(반흔성형술, 레이저치료 등 포함)을 시행한 후에도 영구히 남게 되는 상태의 추상(추한 모습)을 말한다. 다발성 반흔 발생시 각 판정부위(얼굴, 머리, 목) 내의 다발성 반흔의 길이 또는 면적은 합산하여 평가한다. 단, 길이가 5mm 미만의 반흔은 합산대상에서 제외한다.

㉦ 추간판탈출증으로 인한 신경장해

추간판탈출증으로 인한 신경장해는 수술 또는 시술 후 6개월 이상 경과한 후에 평가한다.

㉧ 팔·다리의 장해

골절부에 금속내고정물 등을 사용한 경우 그것이 기능장해의 원인이 되는 때에는 그 내고정물 등이 제거된 후 장해를 평가한다. 단, 제거가 불가능한 경우에는 고정물 등이 있는 상태에서 장해를 평가한다.

ⓩ 신경계의 장해

신경계의 장해로 발생하는 다른 신체부위의 장해(눈, 귀, 코, 팔, 다리 등)는 해당 장해로도 평가하고, 그중 높은 지급률을 적용한다. 뇌졸중, 뇌손상, 척수 및 신경계의 질환 등은 발병 또는 외상 후 12개월 동안 지속적으로 치료한 후에 장해를 평가한다. 그러나, 12개월이 지났다고 하더라도 뚜렷하게 기능 향상이 진행되고 있는 경우 또는 단기간 내에 사망이 예상되는 경우는 6개월의 범위에서 장해평가를 유보한다.

ⓩ 정신행동장해

정신행동장해는 보험기간 중에 발생한 뇌의 질병 또는 상해를 입은 후 18개월이 지난 후에 판정함을 원칙으로 한다. 단, 질병발생 또는 상해를 입은 후 의식상실이 1개월 이상 지속된 경우에는 질병발생 또는 상해를 입은 후 12개월이 지난 후에 판정할 수 있다.

ⓚ 치매의 장해평가

치매의 장해평가는 임상적인 증상뿐만 아니라, 뇌영상검사(CT, MRI, SPECT 등)를 기초로 진단되어야 하며, 18개월 이상 지속적인 치료 후 평가한다. 다만, 진단시점에 이미 극심한 치매 또는 심한 치매로 진단된 경우에는 6개월간 지속적인 치료 후 평가한다.

02 CI(Critical Illness) 보험의 「중대한 뇌졸중(Critical Stroke)」에서 규정하고 있는 "보상에서 제외하는 질병(질환)"을 기술하시오. (10점)

모범답안

1. 중대한 뇌졸중의 의의

중대한 뇌졸중이라 함은 지주막하출혈(I60), 뇌내출혈(I61), 비외상성 두개내 출혈(I62), 뇌경색(I63)이 발생하여 뇌혈액순환의 급격한 차단이 생겨서 그 결과 영구적인 신경학적 결손(언어장애, 운동실조, 마비 등)이 나타나는 질병을 말한다.

뇌혈액순환의 급격한 차단은 의사가 작성한 진료기록부상의 전형적인 병력을 기초로 하여야 한다. 영구적인 신경학적 결손이란 주관적인 자각증상이 아니라 신경학적 검사를 기초로 한 객관적인 신경학적 증후로 나타난 장애로서 후유장해분류표에서 정한 '신경계에 장해가 남아 일상생활 기본동작에 제한을 남긴 때'의 지급률 25% 이상인 장해상태를 말한다.

2. 보상에서 제외하는 질병

① 일과성허혈발작
② 가역적 허혈성 신경학적 결손
③ 외상에 의한 뇌출혈
④ 뇌종양으로 인한 뇌출혈
⑤ 뇌수술 합병증으로 인한 뇌출혈
⑥ 신경학적 결손을 가져오는 안동맥의 폐색

03 다음의 질문에 답하시오. (15점)

(1) 「보험업법」상 손해보험업의 보험종목 전부를 취급하는 손해보험회사가 질병을 원인으로 하는 사망을 제3보험의 특약의 형식으로 "담보할 수 있는 요건"을 모두 기술하시오. (6점)

(2) 질병 · 상해보험 표준약관상 "회사의 손해배상책임"을 쓰시오. (5점)

(3) 다음은 질병 · 상해보험 표준약관 중 「보험금 지급에 관한 세부규정」이다. 빈칸(①, ②)에 들어갈 내용을 쓰시오. (4점)

> 보험금의 지급사유의 '사망'에는 보험기간에 다음 어느 하나의 사유가 발생한 경우를 포함합니다.
> • 실종선고를 받은 경우 : (①) 때에 사망한 것으로 봅니다.
> • 관공서에서 수해, 화재나 그 밖의 재난을 조사하고 사망한 것으로 통보하는 경우 : (②)을 기준으로 합니다.

모범답안

(1) 「보험업법」상 손해보험회사가 질병을 원인으로 하는 사망담보요건

① 보험만기는 80세 이하일 것

② 보험금액의 한도는 개인당 2억원 이내일 것

③ 만기시에 지급하는 환급금은 납입보험료 합계액의 범위 내일 것

(2) 질병 · 상해보험 표준약관상 회사의 손해배상책임

① 보험자 및 임직원 등의 고의 과실

보험자의 임직원, 보험설계사 및 대리점의 책임 있는 사유로 인하여 계약자, 피보험자 및 보험수익자에게 손해가 발생한 경우에 보험자는 관계 법률 등에 따라 손해배상의 책임을 져야 한다. 이러한 손해배상책임은 「민법」에서의 불법행위책임을 근거로 한 「보험업법」 제102조를 인용한 규정이다.

② 불필요한 소송의 남발

보험자가 보험금 지급거절 또는 지연지급의 사유가 없음을 알았거나 알 수 있었음에도 불구하고 소를 제기하여 계약자, 피보험자 또는 보험수익자에게 손해를 가한 때에는 그 손해를 배상하여야 한다.

③ 부당한 합의

보험자가 보험금 지급 여부 및 지급금액에 관하여 계약자, 피보험자 또는 보험수익자와 현저하게 공정을 잃은 합의를 함으로써 피보험자 등에게 손해를 가한 때에는 보험자는 그 손해를 배상하여야 한다.

(3) 빈칸(①, ②)에 들어갈 내용

> 보험금의 지급사유의 '사망'에는 보험기간에 다음 어느 하나의 사유가 발생한 경우를 포함합니다.
> - 실종선고를 받은 경우 : (①) 때에 사망한 것으로 봅니다.
> - 관공서에서 수해, 화재나 그 밖의 재난을 조사하고 사망한 것으로 통보하는 경우 : (②)을 기준으로 합니다.

①번 괄호 : 법원에서 인정한 실종기간(5년, 1년)이 끝나는

②번 괄호 : 가족관계등록부에 기재된 사망연월일

04

김행복은 2014년 회사를 퇴직하고, 2015년부터 현재(2016년 8월)까지 국민건강보험료로 매월 58,000원을 납입해왔다. 아래의 제조건을 읽고 질문에 답하시오. (30점)

〈계약사항〉

보험사	보험종목	피보험자	보험기간	보장내용(가입금액)	자기부담률
갑	실손의료보험〈표준형〉	김행복	2016.1.5. ~ 2036.1.4.	질병입원의료비 : 5,000만원	20%

※ 고지의무위반 등 계약상 하자는 없으며, 퇴직시 연령은 고려하지 않음

〈건강보험 기준보험료〉

분 위	본인부담 상한액	보험료수준	월별 직장보험료 구간	월별 지역보험료 구간
1분위	120만원	10% 이하	30,440원 이하	9,380원 이하
2분위 ~ 3분위	150만원	10% 초과 ~ 30% 이하	30,440원 초과 ~ 45,640원 이하	9,380원 초과 ~ 25,050원 이하
4분위 ~ 5분위	200만원	30% 초과 ~ 50% 이하	45,640원 초과 ~ 67,410원 이하	25,050원 초과 ~ 54,450원 이하
6분위 ~ 7분위	250만원	50% 초과 ~ 70% 이하	67,410원 초과 ~ 103,010원 이하	54,450원 초과 ~ 105,000원 이하
8분위	300만원	70% 초과 ~ 80% 이하	103,010원 초과 ~ 132,770원 이하	105,000원 초과 ~ 141,000원 이하
9분위	400만원	80% 초과 ~ 90% 이하	132,770원 초과 ~ 179,700원 이하	141,100원 초과 ~ 190,870원 이하
10분위	500만원	90% 초과	179,700원 초과	190,870원 초과

※ 건강보험 기준보험료 : 2015년과 2016년은 동일하며, 매년 1월 1일부터 12월 31일까지 적용한다고 가정함

※ 김행복은 국민건강보험법 적용대상자이며, 퇴직 이후 건강보험가입자 및 피부양자로 건강보험료 전액을 납입해왔음

※ '갑' 보험사로부터 2016년 지급받지 못한 실손보험금은 2017년 국민건강보험공단에서 환급받을 수 있음

〈입원의료비 발생내역〉

진료기관	진단명	입원기간	요양급여		비급여의료비
			공단부담	본인부담	
A상급종합병원	위암	2016.3.1. ~ 2016.3.15.	600만원	200만원	400만원
B요양병원	위암	2016.4.1. ~ 2016.6.15.	400만원	100만원	600만원
C한방병원	위암	2016.7.1. ~ 2016.7.30.	350만원	300만원	300만원

※ 비급여 비용은 치료 관련 비용이고, 상급병실료는 없음

※ C한방병원은 한의사만 진료하는 병원임

※ 2016.7.30. 이후 추가 치료사항은 없음

〈질문사항〉

(1) '갑' 보험사가 지급해야 할 실손의료비를 계산하시오(풀이과정 명시). (15점)

(2) 실손의료보험 표준약관상 "본인부담금 상한제"를 기술하고, 김행복이 2017년 국민건강보험공단으로부터 환급받을 수 있는 금액을 계산하시오. (5점)

(3) 실손의료보험 표준약관 「질병입원의료비의 보상하지 않는 사항」 중 면책사항으로 오인되거나 보험가입자가 놓치기 쉬운 보장내용을 2016.1.1. 개정 이후 약관에는 명확히 기재하고 있다. "이에 해당하는 약관 조항"을 5가지 이상 기술하시오. (10점)

모범답안

(1) '갑' 보험사가 지급해야 할 실손의료비

① 요양급여 : 250만원(본인부담상한 한도액) × 80% = 200만원

② 비급여 : (400만원 + 600만원) × 80% = 800만원

③ 200만원 초과금액 : 250만원 − 200만원 = 50만원

※ 200만원 한도에서 공제한다.

④ 합계액 : 1,050만원

※ 본인부담상한제는 요양급여에만 적용되고, 국민건강보험공단에서 환불받은 금액 350만원(= 600만원 − 250만원)은 면책이다.

(2) 본인부담금상한제 및 김행복이 2017년 국민건강보험공단으로부터 환급받을 수 있는 금액

본인부담금상한제는 피보험자의 건강보험료 납부수준에 따라 일정금액을 초과하는 의료비를 전액 국민건강보험공단이 부담하는 제도를 말한다. 피보험자가 지불한 요양급여 의료비는 총 600만원이지만, 피보험자의 소득분위에 해당하는 본인부담금(250만원)을 초과하는 의료비는 환불이 가능하다. 따라서 350만원(= 600만원 − 250만원)을 환급받는다.

(3) 보험가입자가 놓치기 쉬운 보장내용(약관 조항 5가지 이상)

① 「의료법」 제2조에 따른 한의사를 제외한 '의사'의 치과치료 행위에 의해서 발생한 의료비(K00 ~ K08)

※ 치과에서 치료받은 경우에 치아질환이 아닌 구강 또는 턱의 질환(K09 ~ K14)으로 소요된 치료비는 비급여의료비까지 실손의료보험에서 보장된다.

② 건강검진 후 검사결과 이상 소견에 따라 건강검진센터 등에서 발생한 추가 의료비용

③ 성조숙증을 치료하기 위한 호르몬 투여

④ 선천성 비신생물성모반(Q82.5)

⑤ 수면무호흡증(G47.3)

⑥ 안검하수, 안검내반 등을 치료하기 위한 시력개선 목적의 이중검수술

⑦ 유방암 환자의 유방재건술

05 다음 주어진 조건을 읽고 질문에 대해 답하시오. (15점)

〈계약사항〉

보험종목	피보험자	보험기간	보장내용	가입금액
장기상해보험 (M 보험사)	홍길동	2016.1.10. ~ 2026.1.9.	일반상해사망	5,000만원
			교통상해사망	1억원
			대중교통이용 중 교통상해사망	2억원

※ 장기상해보험은 질병 · 상해보험 표준약관을 사용하며, 정상 유지 계약임

※ 알릴의무위반 사항과 보상하지 않는 사항 없음

〈사고사항〉

피보험자(홍길동)는 2016년 3월 21일 강원도 강릉으로 친구들과 함께 전세버스를 타고 친목모임을 가던 중 영동고속도로에서 교통사고가 발생하여 두개골 골절 등으로 현장에서 사망함

〈질문사항〉

(1) 상해보험의 교통상해사망과 대중교통이용 중 교통상해사망 특별약관에서 공통적으로 "보험금을 지급하지 않는 사유"를 기술하시오(단, 보통약관의 보험금을 지급하지 않는 사유는 제외함). (8점)

(2) 대중교통이용 중 교통상해사망 특별약관에서 "대중교통수단의 범위"에 대해 기술하고, M보험회사가 지급해야 할 사망보험금을 계산하시오. (7점)

모범답안

(1) 상해보험의 교통상해사망과 대중교통이용 중 교통상해사망 특별약관에서 공통적으로 보험금을 지급하지 않는 사유

① 시운전, 연습 또는 흥행을 위하여 운행 중인 자동차 및 기타 교통수단에 탑승하고 있는 동안 발생한 사고

② 하역작업을 하는 동안 발생된 손해

③ 자동차 및 기타 교통수단의 설치, 수선, 정비나 청소 작업을 하는 동안 발생된 손해

④ 건설기계 및 농업기계가 작업기계로 사용되는 동안 발생된 손해

(2) 대중교통이용 중 교통상해사망 특별약관에서 대중교통수단의 범위 및 M보험회사가 지급해야 할 사망보험금

① 대중교통수단의 범위

㉠ 여객수송용 항공기

㉡ 여객수송용 지하철, 전철, 기차

㉢ 「여객자동차운수사업법」에서 규정한 시내버스, 시외버스 및 고속버스(전세버스 제외)

㉣ 「여객자동차운수사업법」에서 규정한 일반택시, 개인택시(렌터카 제외)

㉤ 여객수송용 선박

② 지급보험금

㉠ 일반상해사망 : 5,000만원

㉡ 교통상해사망 : 1억원

㉢ 대중교통상해사망 : 해당 사항 없음

※ 전세버스는 대중교통수단에 해당되지 않기 때문에 대중교통이용 중 교통상해사망담보는 제외된다.

㉣ 합계액 : 1억5,000만원

제40회 신체손해사정사 2차 시험문제

1. 질병·상해보험 표준약관(2015.12.29. 개정) 조항에 관한 내용이다. 다음 질문에 답하시오. (10점)

   (1) 「보험금 지급에 관한 세부규정」 조항 중 "보험수익자와 회사가 보험금 지급사유에 대해 합의하지 못할 때"에 약관에서 정하고 있는 내용을 기술하시오. (5점)

   (2) 「계약자의 임의해지 및 서면동의 철회」 조항에서 정한 "서면동의의 철회의 의의, 가능시기, 효과"에 대하여 기술하시오. (5점)

2. CI(Critical Illness) 보험에서 보장하는 중대한 수술 중 "관상동맥우회술"의 정의와 보장에서 제외되는 수술에 대하여 기술하시오. (10점)

3. 피보험자 홍길동은 상해보험을 가입 후, 2017.1.1. 교통사고를 당하여 2017.8.10. 아래와 같이 후유장해 진단을 받았다. 다음 질문에 답하시오. (20점)

〈계약사항〉

보험종목	피보험자	보험기간	보장내용(가입금액)
장기상해보험	홍길동	2016.6.1. ~ 2031.6.1.	일반상해 후유장해 1억원
			교통상해 후유장해 2억원

※ 장기상해보험은 질병·상해보험 표준약관을 사용하며, 정상 유지 계약임
※ 상기 각 담보는 별도의 특약보험료를 각각 납입함
※ 알릴의무위반 사항 등 계약 및 보상과정상 문제점 없음

〈장해분류표 : 귀의 장해〉

장해의 분류	지급률(%)
1. 두 귀의 청력을 완전히 잃었을 때	80
2. 한 귀의 청력을 완전히 잃고, 다른 귀의 청력에 심한 장해를 남긴 때	45
3. 한 귀의 청력을 완전히 잃었을 때	25
4. 한 귀의 청력에 심한 장해를 남긴 때	15
5. 한 귀의 청력에 약간의 장해를 남긴 때	5
6. 한 귀의 귓바퀴의 대부분이 결손된 때	10

〈장해진단 내용〉

- 좌측 귀 : 50cm 이상의 거리에서는 보통의 말소리를 알아듣지 못하는 상태
- 우측 귀 : 귀에다 대고 말하지 않고는 큰 소리를 알아듣지 못하는 상태
- 3회 이상 시행한 순음청력 검사결과는 아래와 같음

주파수	500Hz	1,000Hz	2,000Hz	4,000Hz
좌측청력수준(dB)	40	80	80	60
우측청력수준(dB)	80	70	90	80

〈질문사항〉

(1) 홍길동의 좌, 우측 귀의 순음평균역치를 4분법과 6분법을 기준으로 각각 구하시오(계산식 및 산출근거를 명시할 것). (8점)

(2) 6분법을 기준으로 계산한 경우, 장해분류표상 좌, 우측 귀의 장해지급률과 장해보험금을 구하시오(계산식 및 산출근거를 명시할 것). (7점)

(3) 위 질문에 상관없이, 순음청력검사를 실시하기 곤란하거나 검사결과에 대한 검증이 필요한 경우에 귀의 「장해판정기준」에서 규정하고 있는 추가검사 5가지를 기술하시오. (5점)

4. 질병・상해보험 표준약관상 "상해보험계약 후 알릴의무위반의 효과"에 대하여 약술하시오. (10점)

5. 피보험자 김대한(만 51세)은 2016.8.11. 등산 중 추락사고로 상해를 입고 47일간 의식상실 상태로 있다가, 2016.9.27. 의식을 찾았고, 2017.8.12. 장해보험금을 청구하였다. 아래의 제 조건을 읽고 질문에 답하시오(보험계약은 정상 유지 중이며, 보상과정에 면책사항은 없음). (20점) 기출수정

〈계약사항〉

보험종목	피보험자	보험기간	보장내용(가입금액)
장기상해보험	김대한	2014.1.1. ~ 2044.1.1.	일반상해 후유장해 2억원

〈장해진단서〉

성명	김대한	남	주민번호	660111 – 1******	병록번호	*******
수상일	2016.8.11.		초진일	2016.8.12.	장해진단일	2017.8.10.
상병명(※ 상병명이 많을 때는 장해와 관계있는 주요 상병명을 기재) 가. 안와골절(우측) 나. 외상성 뇌실내 출혈, 뇌좌상(개두술 시행) 다. 양 슬관절 십자인대파열(수술 후 상태) 라. 코의 1/3 결손(후각감퇴 상태) 마. 요추 방출성 골절(2개의 척추체 고정술)						
슬관절의 운동범위 등 슬관절(우) : 스트레스 엑스선상 3mm 동요 슬관절(좌) : 스트레스 엑스선상 18mm 동요						
장해진단사항 가. 한 눈의(우측) 안구에 뚜렷한 조절기능장해를 남긴 때에 해당 나. 정신행동에 뚜렷한 장해가 남아 대중교통을 이용한 이동, 장보기 등의 기본적 사회 활동을 혼자서 할 수 없을 때에 해당 다. 슬관절(우, 좌)측의 장해 상태는 위(슬관절의 운동범위 등)와 같음 라. (㉠)에 해당 마. 척추(등뼈)에 약간의 운동장해를 남긴 때에 해당						
비고(장해부위의 그림표시 등) ※ 영구장해에 해당					상기와 같이 진단함 진단서발행일 : 2017.8.11. 병의원 명칭 : ** 병원	

※ 위 장해진단서의 "상병명"과 "장해진단사항"의 각 항목은 일치함

〈질문사항〉

(1) 위 장해진단서의 "장해진단사항" 가 ~ 마 항목에서,

① 장해진단일 현재 장해판정을 유보하는 항목과 그 이유를 쓰시오. (4점)

② 장해분류별 판정기준상 장해에 해당하지 않는 항목 2가지와 그 이유를 쓰시오. (6점)

(2) 위 장해진단서상의 괄호 ㉠에 해당하는 장해의 분류와 지급률을 쓰시오. (5점)

(3) 2017.8.12. 청구한 장해에 대하여 보험회사가 지급하여야 할 장해보험금을 구하고 산출근거를 기술하시오. (5점)

6. 피보험자 김행복은 2017.6.20. 넘어지는 상해사고로 K정형외과의원에서 외래치료 1회를 받고, 30만원의 실손통원의료비(급여 본인부담금 10만원, 비급여 20만원)를 청구하였다. 아래의 제 조건을 읽고 질문에 답하시오. (30점)

※ 단 아래의 문제 (1)～(4)은 실손의료보험 표준약관을 준용함

※ 비급여 : 「국민건강보험법」 또는 「의료급여법」에 따라 보건복지부장관이 정한 비급여대상(「국민건강보험법」에서 정한 요양급여 또는 「의료급여법」에서 정한 의료급여 절차를 거쳤지만 급여항목이 발생하지 않은 경우로 「국민건강보험법」 또는 「의료급여법」에 따른 비급여항목 포함)

〈보험가입내역〉

보험종목	피보험자	보험기간	가입금액	비 고
실손의료보험 (표준형)	김행복	2017.1.2. ～ 2036.1.2.	입원 : 5,000만원 통원 : 외래 1회당 20만원 처방 : 1건당 10만원	자기부담률 (20%)

〈과거 치료내역〉

① 2010.1.1. 갑상선암 완치
② 2011.3.1. ～2011.3.7. 자궁근종으로 입원
③ 2012.8.2. ～2012.8.16. 심장판막증으로 입원 및 수술
④ 2013.6.2. ～2013.7.3. 기관지염으로 계속하여 6회 치료
⑤ 2014.12.1. ～2014.12.3. 기관지염으로 입원
⑥ 2016.8.2. 검사상 고지혈증 의심 소견
⑦ 2016.9.2. 고지혈증 추가검사
⑧ 2016.12.5. 검진상 이상소견이 발생하여 당뇨병 확정 진단을 받고 치료를 받음

〈질문사항〉

(1) 보험회사는 청구내역을 심사하던 중 김행복이 계약 전 치료사실을 회사에 알리지 않고 보험에 가입한 것을 알게 되었다. 위 ①～⑧ 치료 항목 중 알려야 할 대상이 되는 치료항목의 번호를 쓰고, 그에 해당하는 청약서상 질문사항을 기술하시오. (5점)
※ 단, 위 청약서의 질문표는 표준사업방법서에서 정한 계약 전 알릴의무 사항을 준용함

(2) 상기 보험계약이 계약 전 알릴의무위반으로 인해 2017.7.1. 해지되었다고 가정할 때, 외래 치료비 지급 여부와 지급금액을 구하고, 이에 적용되는 「상법」 조항을 기술하시오. (10점)

(3) 만약 상기 계약이 진단계약인 경우, 김행복이 보험가입을 위해 2016.12.5. 확정진단받은 당뇨병을 숨길 목적으로 당뇨약을 복용하고 보험회사의 진단절차를 통과하였다면, 실손의료보험 표준약관에서 적용되는 약관 조항을 기술하시오. (5점)

(4) 위 질문과 상관없이, 2017.4.1.부터 판매된 실손의료보험 상품은 3개 진료군을 특약으로 분리하여 보장하고 있는데, 「비급여 도수치료 · 체외충격파 · 증식치료 실손의료보험 특별약관」에서 보장하는 비급여 치료에 대한 용어와 정의에 대하여 각각 기술하시오. (10점)

01

질병 · 상해보험 표준약관(2015.12.29. 개정) 조항에 관한 내용이다. 다음 질문에 답하시오. (10점)

(1) 「보험금 지급에 관한 세부규정」 조항 중 "보험수익자와 회사가 보험금 지급사유에 대해 합의하지 못할 때"에 약관에서 정하고 있는 내용을 기술하시오. (5점)

(2) 「계약자의 임의해지 및 서면동의 철회」 조항에서 정한 "서면동의의 철회의 의의, 가능시기, 효과"에 대하여 기술하시오. (5점)

모범답안

(1) 「보험금 지급에 관한 세부규정」 조항 중 "보험수익자와 회사가 보험금 지급사유에 대해 합의하지 못할 때"에 약관에서 정하고 있는 내용

보험수익자와 회사가 보험금 지급사유에 대해 합의하지 못한 때에는 보험수익자와 회사가 함께 제3자를 정하고, 그 제3자의 의견에 따를 수 있다. 여기서 제3자는 「의료법」 제3조에 규정한 종합병원 소속 전문의 중에서 정하며, 보험금 지급사유 판정에 드는 의료비용은 회사가 전액 부담한다.

(2) 「계약자의 임의해지 및 서면동의의 철회」 조항에서 정한 서면동의의 철회의 의의, 가능시기, 효과

① 서면동의의 철회의 의의

서면동의의 철회란 타인의 생명보험에서 보험가입시에 서면동의를 한 피보험자가 보험가입 이후에 서면동의를 철회하는 것을 말한다. 피보험자가 서면동의를 철회하면 보험계약은 해지된다.

② 서면동의의 철회의 가능시기

피보험자는 보험기간 중 언제든지 서면동의를 철회할 수 있다.

③ 서면동의의 철회의 효과

서면동의의 철회는 보험계약의 효력을 장래를 향하여 철회할 수 있으며, 소급하여 적용하지 않는다. 서면동의의 철회로 계약이 해지되는 경우 회사가 지급해야 할 해지환급금이 있을 때에는 해지환급금을 계약자에게 지급하여야 한다.

02 CI(Critical Illness) 보험에서 보장하는 중대한 수술 중 "관상동맥우회술"의 정의와 보장에서 제외되는 수술에 대하여 기술하시오. (10점)

모범답안

1. 정 의

관상동맥(심장동맥)우회술이라 함은 관상동맥(심장동맥)질환의 근본적인 치료를 직접목적으로 하여 개흉술을 한 후 대복재정맥, 내유동맥 등의 자가우회도관을 협착이 있는 부위보다 원위부의 관상동맥(심장동맥)에 연결하여 주는 수술을 말한다.

2. 제외되는 수술

카테터를 이용한 수술이나 개흉술을 동반하지 않는 수술은 모두 보장에서 제외한다. 대표적인 제외수술로는 관상동맥성형술, 스텐트삽입술, 회전죽상반절제술 등이 있다.

더 알아보기 CI(Critical Illness) 보험 및 보장종목

CI(Critical Illness) 보험

사고나 질병 등으로 인해 생명이 위독하거나 치명적인 병의 진단을 받은 경우 또는 개흉술, 개심술이 필요한 '중대한 수술'을 받은 경우 및 전신에 치명적인 화상을 입은 경우 사망보험금의 전부 또는 일부를 선지급하는 보험을 말한다.

CI(Critical Illness) 보험의 보장종목

구분	내용
중대한 질병	말기 신부전
	만성 폐질환
	만성 간질환
중대한 암	
중대한 급성 심근경색증	
중대한 뇌졸중	
중대한 수술	관상동맥우회술
	대동맥류인조혈관치환술
	심장판막술
	5대장기이식술
중대한 화상 및 부식	

03

피보험자 홍길동은 상해보험을 가입 후, 2017.1.1. 교통사고를 당하여 2017.8.10. 아래와 이 후유장해 진단을 받았다. 다음 질문에 답하시오. (20점)

〈계약사항〉

보험종목	피보험자	보험기간	보장내용(가입금액)
장기상해보험	홍길동	2016.6.1. ~ 2031.6.1.	일반상해 후유장해 1억원
			교통상해 후유장해 2억원

※ 장기상해보험은 질병・상해보험 표준약관을 사용하며, 정상 유지 계약임
※ 상기 각 담보는 별도의 특약보험료를 각각 납입함
※ 알릴의무위반 사항 등 계약 및 보상과정상 문제점 없음

〈장해분류표 : 귀의 장해〉

장해의 분류	지급률(%)
1. 두 귀의 청력을 완전히 잃었을 때	80
2. 한 귀의 청력을 완전히 잃고, 다른 귀의 청력에 심한 장해를 남긴 때	45
3. 한 귀의 청력을 완전히 잃었을 때	25
4. 한 귀의 청력에 심한 장해를 남긴 때	15
5. 한 귀의 청력에 약간의 장해를 남긴 때	5
6. 한 귀의 귓바퀴의 대부분이 결손된 때	10

〈장해진단 내용〉

- 좌측 귀 : 50cm 이상의 거리에서는 보통의 말소리를 알아듣지 못하는 상태
- 우측 귀 : 귀에다 대고 말하지 않고는 큰 소리를 알아듣지 못하는 상태
- 3회 이상 시행한 순음청력 검사결과는 아래와 같음

주파수	500Hz	1,000Hz	2,000Hz	4,000Hz
좌측청력수준(dB)	40	80	80	60
우측청력수준(dB)	80	70	90	80

〈질문사항〉

(1) 홍길동의 좌, 우측 귀의 순음평균역치를 4분법과 6분법을 기준으로 각각 구하시오 (계산식 및 산출근거를 명시할 것). (8점)

(2) 6분법을 기준으로 계산한 경우, 장해분류표상 좌, 우측 귀의 장해지급률과 장해보험금을 구하시오(계산식 및 산출근거를 명시할 것). (7점)

(3) 위 질문에 상관없이, 순음청력검사를 실시하기 곤란하거나 검사결과에 대한 검증이 필요한 경우에 귀의 「장해판정기준」에서 규정하고 있는 추가검사를 기술하시오. (5점) 기출수정

모범답안

(1) 홍길동의 좌, 우측 귀의 순음평균역치를 4분법과 6분법을 기준으로 산출

① 6분법에 의한 순음평균역치

6분법에 의한 순음평균역치 계산식 : (a + 2b + 2c + d) / 6

- a : 500Hz, b : 1,000Hz, c : 2,000Hz, d : 4,000Hz
- 좌 : (40dB + 160dB + 160dB + 60dB) / 6 = 70dB
- 우 : (80dB + 140dB + 180dB + 80dB) / 6 = 80dB

② 4분법에 의한 순음평균역치

4분법에 의한 순음평균역치 계산식 : (a + 2b + c) / 4

- a : 500Hz, b : 1,000Hz, c : 2,000Hz
- 좌 : (40dB + 160dB + 80dB) / 4 = 70dB
- 우 : (80dB + 140dB + 90dB) / 4 = 77.5dB

(2) 6분법을 기준으로 계산한 경우, 장해분류표상 좌, 우측 귀의 장해지급률과 장해보험금

① 장해지급률 : 좌측 약간의 장해 5% + 우측 심한 장해 15% = 20%

② 장해보험금 : 3억원(= 1억원 + 2억원) × 20%(= 5% + 15%) = 6,000만원

(3) 순음청력검사를 실시하기 곤란하거나, 검사결과에 대한 검증이 필요한 경우에 귀의 「장해판정기준」에서 규정하고 있는 추가검사

순음청력검사를 실시하기 곤란하거나(청력의 감소가 의심되지만 의사소통이 되지 않는 경우, 만 3세 미만의 소아 포함), 검사결과에 대한 검증이 필요한 경우에는 다음의 검사를 추가실시 후 장해를 평가한다.

① 언어청력검사

② 임피던스 청력검사

③ 청성뇌간반응검사(ABR)

④ 이음향방사검사

04 질병 · 상해보험 표준약관상 "상해보험계약 후 알릴의무위반의 효과"에 대하여 약술하시오. (10점)

모범답안

1. 계약 후 알릴의무

계약자 또는 피보험자는 보험기간 중에 피보험자에게 다음의 변경이 발생한 경우에는 우편, 전화, 방문 등의 방법으로 지체 없이 회사에 알려야 한다.

① 보험증권 등에 기재된 직업 또는 직무의 변경

㉠ 현재의 직업 또는 직무가 변경된 경우

㉡ 직업이 없는 자가 취직한 경우

㉢ 현재의 직업을 그만둔 경우

② 보험증권 등에 기재된 피보험자의 운전 목적이 변경된 경우

예 자가용에서 영업용으로 변경, 영업용에서 자가용으로 변경 등

③ 보험증권 등에 기재된 피보험자의 운전 여부가 변경된 경우

예 비운전자에서 운전자로 변경, 운전자에서 비운전자로 변경 등

④ 이륜자동차 또는 원동기장치 자전거를 계속적으로 사용하게 된 경우

2. 상해보험계약 후 알릴의무위반의 효과

① 계약자 등이 계약 후 알릴의무를 위반한 경우 보험회사는 보험금 지급사유의 발생 여부에 관계없이 그 사실을 안 날부터 1개월 이내에 이 계약을 해지할 수 있다.

② 계약의 해지가 보험금 지급사유 발생 전에 이루어진 경우, 이로 인하여 보험회사가 환급하여야 할 보험료가 있을 경우에는 해지환급금을 계약자에게 지급한다.

③ 계약의 해지가 보험금 지급사유 발생 후에 이루어진 경우에 보험회사는 다음에 따라 보험금을 지급한다.

㉠ 위험의 증가로 보험료를 더 내야 할 경우 회사가 청구한 추가보험료(정산금액을 포함)를 계약자가 납입하지 않았을 때, 보험회사는 위험이 증가되기 전에 적용된 보험요율(변경 전 요율)의 위험이 증가된 후에 적용해야 할 보험요율(변경 후 요율)에 대한 비율에 따라 보험금을 삭감하여 지급한다. 다만, 증가된 위험과 관계없이 발생한 보험금 지급사유에 관해서는 원래대로 지급한다.

㉡ 계약자 또는 피보험자가 고의 또는 중대한 과실로 변경사실을 보험회사에 알리지 않았을 경우 변경 후 요율이 변경 전 요율보다 높을 때에는 보험회사는 그 변경사실을 안 날부터 1개월 이내에 계약자 또는 피보험자에게 ㉠에 따라 보장됨을 통보하고, 이에 따라 보험금을 지급한다.

④ 알릴의무를 위반한 사실이 보험금 지급사유가 발생하는 데에 영향을 미쳤음을 보험회사가 증명하지 못한 경우에는 해당 보험금을 지급한다.

05

피보험자 김대한(만 51세)은 2016.8.11. 등산 중 추락사고로 상해를 입고 47일간 의식상실 상태로 있다가, 2016.9.27. 의식을 찾았고, 2017.8.12. 장해보험금을 청구하였다. 아래의 제 조건을 읽고 질문에 답하시오(보험계약은 정상 유지 중이며, 보상과정에 면책사항은 없음). (20점) 기출수정

〈계약사항〉

보험종목	피보험자	보험기간	보장내용(가입금액)
장기상해보험	김대한	2014.1.1. ~ 2044.1.1.	일반상해 후유장해 2억원

〈장해진단서〉

<table>
<tr><td>성명</td><td>김대한</td><td>남</td><td>주민번호</td><td>660111-1******</td><td>병록번호</td><td>*******</td></tr>
<tr><td>수상일</td><td colspan="2">2016.8.11.</td><td>초진일</td><td>2016.8.12.</td><td>장해진단일</td><td>2017.8.10.</td></tr>
<tr><td colspan="7">상병명(※ 상병명이 많을 때는 장해와 관계있는 주요 상병명을 기재)
가. 안와골절(우측)
나. 외상성 뇌실내 출혈, 뇌좌상(개두술 시행)
다. 양 슬관절 십자인대파열(수술 후 상태)
라. 코의 1/3 결손(후각감퇴 상태)
마. 요추 방출성 골절(2개의 척추체 고정술)</td></tr>
<tr><td colspan="7">슬관절의 운동범위 등
슬관절(우) : 스트레스 엑스선상 3mm 동요
슬관절(좌) : 스트레스 엑스선상 18mm 동요</td></tr>
<tr><td colspan="7">장해진단사항
가. 한 눈의(우측) 안구에 뚜렷한 조절기능장해를 남긴 때에 해당
나. 정신행동에 뚜렷한 장해가 남아 대중교통을 이용한 이동, 장보기 등의 기본적 사회 활동을 혼자서 할 수 없을 때에 해당
다. 슬관절(우, 좌)측의 장해 상태는 위(슬관절의 운동범위 등)와 같음
라. (㉠)에 해당
마. 척추(등뼈)에 약간의 운동장해를 남긴 때에 해당</td></tr>
<tr><td colspan="5">비고(장해부위의 그림표시 등)
※ 영구장해에 해당</td><td colspan="2">상기와 같이 진단함
진단서발행일 : 2017.8.11.
병의원 명칭 : ** 병원</td></tr>
</table>

※ 위 장해진단서의 "상병명"과 "장해진단사항"의 각 항목은 일치함

〈질문사항〉

(1) 위 장해진단서의 "장해진단사항" 가 ~ 마 항목에서,

① 장해진단일 현재 장해판정을 유보하는 항목과 그 이유를 쓰시오. (4점)

② 장해분류별 판정기준상 장해에 해당하지 않는 항목 2가지와 그 이유를 쓰시오. (6점)

(2) 위 장해진단서상의 괄호 ㉠에 해당하는 장해의 분류와 지급률을 쓰시오. (5점)

(3) 2017.8.12. 청구한 장해에 대하여 보험회사가 지급하여야 할 장해보험금을 구하고 산출근거를 기술하시오. (5점)

모범답안

(1) 상기 장해진단서의 장해진단사항(가 ~ 마)에서

① 장해진단일 현재 장해판정을 유보하는 항목과 그 이유

㉠ 장해판정을 유보하는 항목 : 정신행동장해

㉡ 장해판정을 유보하는 이유 : 정신행동장해는 뇌의 질병 또는 상해를 입은 후 18개월이 지난 후 평가하는 것이 원칙이며, 사안의 경우와 같이 1월 이상의 의식상실이 있는 경우에는 질병발생 또는 상해를 입은 후 12개월이 경과한 후에 장해를 평가할 수 있다.

② 장해분류별 판정기준상 장해에 해당하지 않는 항목 2가지와 그 이유

㉠ 한 눈의 안구에 뚜렷한 조절기능장해를 남긴 때

'안구의 뚜렷한 조절기능장해'란 조절력이 정상의 1/2 이하로 감소된 경우를 말한다. 다만, 조절력의 감소를 무시할 수 있는 50세 이상(장해진단시 연령 기준)의 경우에는 제외한다. 따라서 사고 당시 피보험자의 나이가 51세이므로 장해가 인정되지 않는다.

㉡ 우측 슬관절 동요장해

슬관절의 동요장해는 인정기준이 5mm 이상인 경우에 인정되기 때문에 사안의 경우와 같이 5mm 미만의 동요는 장해로 인정되지 않는다.

(2) 위 장해진단서상의 괄호 ㉠에 해당하는 장해의 분류와 지급률

코의 1/3 결손은 약간의 추상장해(지급률 5%)에 해당하며, 후각감퇴는 장해의 대상이 되지 않는다.

(3) 2017.8.12. 청구한 장해에 대하여 보험회사가 지급하여야 할 장해보험금

① 장해지급률

㉠ 좌)슬관절 동요장해 : 20%

㉡ 코의 추상장해 : 5%

㉢ 척추의 운동장해 : 10%

② 장해보험금 : 2억원 × 35% = 7,000만원

06

피보험자 김행복은 2017.6.20. 넘어지는 상해사고로 K정형외과의원에서 외래치료 1회를 받고, 30만원의 실손통원의료비(급여 본인부담금 10만원, 비급여 20만원)를 청구하였다. 아래의 제 조건을 읽고 질문에 답하시오. (30점)

※ 단, 아래의 문제 (1)～(4)은 실손의료보험 표준약관을 준용함

※ 비급여 : 「국민건강보험법」 또는 「의료급여법」에 따라 보건복지부장관이 정한 비급여대상(「국민건강보험법」에서 정한 요양급여 또는 「의료급여법」에서 정한 의료급여 절차를 거쳤지만 급여항목이 발생하지 않은 경우로 「국민건강보험법」 또는 「의료급여법」에 따른 비급여항목 포함)

〈보험가입내역〉

보험종목	피보험자	보험기간	가입금액	비 고
실손의료보험 (표준형)	김행복	2017.1.2. ～2036.1.2.	입원 : 5,000만원 통원 : 외래 1회당 20만원 처방 : 1건당 10만원	자기부담률 (20%)

〈과거 치료내역〉

① 2010.1.1. 갑상선암 완치
② 2011.3.1. ～2011.3.7. 자궁근종으로 입원
③ 2012.8.2. ～2012.8.16. 심장판막증으로 입원 및 수술
④ 2013.6.2. ～2013.7.3. 기관지염으로 계속하여 6회 치료
⑤ 2014.12.1. ～2014.12.3. 기관지염으로 입원
⑥ 2016.8.2. 검사상 고지혈증 의심 소견
⑦ 2016.9.2. 고지혈증 추가검사
⑧ 2016.12.5. 검진상 이상소견이 발생하여 당뇨병 확정 진단을 받고 치료를 받음

〈질문사항〉

(1) 보험회사는 청구내역을 심사하던 중 김행복이 계약 전 치료사실을 회사에 알리지 않고 보험에 가입한 것을 알게 되었다. 위 ①～⑧ 치료 항목 중 알려야 할 대상이 되는 치료항목의 번호를 쓰고, 그에 해당하는 청약서상 질문사항을 기술하시오. (5점)

※ 단, 위 청약서의 질문표는 표준사업방법서에서 정한 계약 전 알릴의무 사항을 준용함

(2) 상기 보험계약이 계약 전 알릴의무위반으로 인해 2017.7.1. 해지되었다고 가정할 때, 외래 치료비 지급 여부와 지급금액을 구하고, 이에 적용되는 「상법」 조항을 기술하시오. (10점)

(3) 만약 상기 계약이 진단계약인 경우, 김행복이 보험가입을 위해 2016.12.5. 확정진단 받은 당뇨병을 숨길 목적으로 당뇨약을 복용하고 보험회사의 진단절차를 통과하였다면, 실손의료보험 표준약관에서 적용되는 약관 조항을 기술하시오. (5점)

(4) 위 질문과 상관없이, 2017.4.1.부터 판매된 실손의료보험 상품은 3개 진료군을 특약으로 분리하여 보장하고 있는데, 「비급여 도수치료 · 체외충격파 · 증식치료 실손의료보험 특별약관」에서 보장하는 비급여 치료에 대한 용어와 정의에 대하여 각각 기술하시오. (10점)

모범답안

(1) 위 ①~⑧ 치료항목 중 알려야 할 대상이 되는 치료항목의 번호 및 그에 해당하는 청약서상 질문사항

① 갑상선암은 최근 5년이 경과하였으므로 고지할 필요가 없다.

② 자궁근종 입원치료는 최근 5년이 경과하였으므로 고지할 필요가 없다.

③ 심장판막증은 최근 5년 이내에 진단을 받고 입원 및 수술을 시행하였으므로 고지하여야 한다.

④ 기관지염은 최근 5년 이내에 계속하여 7회 미만의 치료를 하였으므로 고지할 필요가 없다.

⑤ 기관지염은 최근 5년 이내에 입원치료 하였으므로 고지하여야 한다.

⑥ 고지혈증은 최근 3개월 내에 의심소견을 받은 것이 아니므로 고지할 필요가 없다.

⑦ 고지혈증 추가검사(재검사)는 최근 1년 이내에 시행한 것이므로 고지하여야 한다.

⑧ 당뇨병은 과거 5년 이내에 진찰 또는 검사를 통하여 확정 진단되었으므로 고지하여야 한다.

따라서 <u>③ 심장판막증으로 입원 및 수술한 사실, ⑤ 기관지염으로 입원한 사실, ⑦ 고지혈증으로 추가검사를 받은 사실, ⑧ 당뇨병으로 확정 진단받은 사실</u>에 대해서는 고지하여야 한다.

(2) 상기 보험계약이 계약 전 알릴의무위반으로 인해 2017.7.1. 해지되었다고 가정할 때, 외래치료비 지급 여부와 지급금액 및 적용되는 「상법」 조항

① 외래치료비 지급 여부

계약 전 알릴의무위반 사항이 보험금 지급사유에 영향을 미치지 않았으므로, 회사는 상해의료비를 지급한다. 다만, 고지의무위반을 이유로 보험계약을 해지할 수 있다.

② 지급금액

30만원 − Max[1만원, (30만원 × 20%)] = 24만원

외래치료비 한도가 20만원이므로 20만원을 지급한다.

③ 적용되는 「상법」 조항

「상법」 제651조에서는 계약자 또는 피보험자의 고지의무위반시 계약일로부터 3년 또는 그 사실을 안 날로부터 1월 내에 계약을 해지할 수 있도록 하고 있다. 한편 「상법」 제655조에서는 고지의무위반으로 계약이 해지되는 경우 계약이 해지되기 이전의 보험사고에 대하여도 보험금의 지급책임이 없고, 이미 지급받은 보험금의 반환을 청구할 수 있다. 다만, 고지의무위반 사실과 보험사고 사이에 인과관계가 없음이 증명된 때에는 보험금의 지급책임이 발생한다.

(3) 만약 상기 계약이 진단계약인 경우, 김행복이 보험가입을 위해 2016.12.5. 확정진단받은 당뇨병을 숨길 목적으로 당뇨약을 복용하고 보험회사의 진단절차를 통과하였다면, 실손의료보험 표준약관에서 적용되는 약관 조항

계약자 또는 피보험자가 대리진단이나 약물사용을 통하여 진단절차를 통과하거나, 진단서를 위조 또는 변조하거나, 청약일 이전에 암 또는 사람면역결핍바이러스(HIV) 감염의 진단 확정을 받은 후 이를 숨기고 가입하는 등 사기에 의하여 계약이 성립되었음을 회사가 증명하는 경우에는 회사는 계약일부터 5년 이내(사기사실을 안 날부터 1개월 이내)에 계약을 취소할 수 있다(표준약관 제15조).

(4) 위 질문과 상관없이, 2017.4.1.부터 판매된 실손의료보험 상품은 3개 진료군을 특약으로 분리하여 보장하고 있는데, 「비급여 도수치료 · 체외충격파 · 증식치료 실손의료보험 특별약관」에서 보장하는 비급여 치료에 대한 용어와 정의

① 비급여 특별약관의 의의

비급여 도수치료 · 체외충격파 · 증식치료 실손의료비 특별약관은 피보험자가 계약일 또는 매년 계약 해당일로부터 1년 이내에 도수치료 등을 받은 경우에 350만원 이내에서 50회까지를 보상하는 특약이다. 즉 본인이 실제로 부담한 비급여의료비에서 1회당 3만원과 보장대상의료비의 30% 중 많은 금액을 공제한 금액을 1년 단위로 연간 350만원 이내에서 50회까지 보장한다.

② 용어의 정의

㉠ 도수치료

도수치료란 치료자가 손(정형용 교정장치 장비 등의 도움을 받는 경우를 포함한다)을 이용해서 환자의 근골격계통(관절, 근육, 연부조직, 림프절 등)의 기능개선 및 통증감소를 위하여 실시하는 치료행위를 말한다.

㉡ 체외충격파치료

체외에서 충격파를 병변에 가해 혈관 재형성을 돕고 건(힘줄) 및 뼈의 치유과정을 자극하거나 재활성화 시켜 기능개선 및 통증감소를 위하여 실시하는 치료행위를 말한다. 다만, 체외충격파쇄석술은 제외된다.

㉢ 증식치료

근골격계 통증이 있는 부위의 인대나 건(힘줄), 관절, 연골 등에 증식물질을 주사하여 통증이 소실되거나 완화되는 것을 유도하는 치료행위를 말한다.

제41회 신체손해사정사 2차 시험문제

1. 「질병 · 상해보험 표준약관」에 관한 아래 질문에 답하시오. (20점)

   (1) 「제1회 보험료 및 회사의 보장개시」 조항에 '회사가 청약과 함께 제1회 보험료를 받고 청약을 승낙하기 전에 보험금 지급사유가 발생하였을 때에도 보장개시일로부터 이 약관이 정하는 바에 따라 보장을 합니다.'라고 규정하고 있다. 이 조항에도 불구하고 "보장하지 않는 경우"를 모두 기술하시오. (7점)

   (2) 계약자는 회사의 승낙을 얻어 계약내용을 변경할 수 있는데, 「계약내용의 변경 등」 조항에 규정된 "계약내용을 변경할 수 있는 항목"을 모두 기술하시오. (7점)

   (3) 「약관의 해석」 조항에 규정된 해석원칙을 모두 기술하시오. (6점)

2. 제3보험의 「지정대리청구서비스 특약」에 의하면 보험계약자는 보험금을 직접 청구할 수 없는 특별한 사정이 있는 경우를 대비하여 계약 체결시 또는 계약 체결 후 보험금의 대리청구권을 지정할 수 있는데, 이 특약을 체결할 수 있는 "적용대상" 계약 및 "지정대리인의 자격"에 대해 기술하시오. (10점)

3. 피보험자 김소망(女)은 실손의료보험(표준형)을 가입하고 정상 유지 중 아래와 같이 입원, 통원치료를 시행하였다. 아래 제 조건을 참고하여 질문에 답하시오. (20점)

〈계약사항〉

피보험자	보험종목	보험기간	가입금액(담보내용)
김소망	실손의료보험 (표준형)	2018.4.5. ~ 2019.4.5.	입원 : 5,000만원 통원 : 외래 20만원(1회당) 처방 10만원(1건당)

※ 계약 전 알릴의무위반 사항은 없으며, 본인부담금 상한제도는 적용하지 않음.

※ 김소망은 국민건강보험법 적용 대상자임.

〈입원치료 내용〉

(단위 : 만원)

입원기간	진료기관	진단명(병명)	요양급여		비급여
			공단부담	본인부담	
2018.5.1. ~5.15.	A산부인과	요실금(N393)	100	40	50
2018.6.15. ~6.18.	B외과의원	치핵(K64)	100	50	40
2018.7.3. ~7.20.	C상급종합병원	척추협착(M48)	300	200	120
2018.7.21. ~7.31.	D한방병원	척추협착(M48)	200	100	80
2018.8.3. ~8.10.	E상급종합병원	심근경색증(I21)	500	200	300

※ C상급종합병원의 비급여항목 중 허리보조기 구입비용 20만원 포함

※ D한방병원은 「의료법」 제2조에 따른 한의사만 진료

※ E상급종합병원 입원기간(2018.8.3. ~8.10.) 중 비급여 300만원에는 상급병실료 차액(상급병실 5일 이용) 200만원 포함

〈통원치료 내용〉

(단위 : 만원)

통원일자	진료기관	진단명(병명)	요양급여		비급여
			공단부담	본인부담	
2018.5.20.	F치과의원	치아우식(K02)	10	3	5
	G치과병원	치아우식(K02)	20	10	6
2018.6.20.	D한방병원	척추협착(M48)	10	30	10
2018.8.15.	E상급종합병원	협심증(I20)	20	10	5
	E상급종합병원	기타 섬망(F05)	10	5	6

※ D한방병원은 「의료법」 제2조에 따른 한의사만 진료

〈기타사항〉

- 비급여 : 「국민건강보험법」에 따라 보건복지부장관이 정한 비급여대상
- 3대 진료군 특약에서 보장하는 비급여항목은 없음

〈질문사항〉

(1) 보험회사가 김소망에게 지급하여야 할 입원의료비를 산출하시오(계산과정 명시할 것). (10점)

(2) 보험회사가 김소망에게 지급하여야 할 통원의료비를 산출하시오(계산과정 명시할 것). (10점)

4. 피보험자 김믿음과 관련된 아래의 조건을 참고하여 질문에 답하시오. (20점)

〈계약사항〉

보험회사	보험종류	보험기간	가입금액(담보내용)	
생명보험 (A)	CI보험	2015.7.1. ~2035.7.1.	주보험	5,000만원
			암 진단비(1회한)	2,000만원
			암사망	2,000만원
			암 수술비(수술 1회당)	200만원
손해보험 (B)	질병보험	2016.10.5. ~2031.10.5.	암 진단비(1회한)	1,000만원
			질병사망	1,000만원
			질병수술비(수술 1회당)	50만원

※ A 보험회사 : 주보험의 담보유형은 80% 선지급형임.
※ 계약 전 알릴의무위반 사항은 없음.
※ 주보험 및 선택특약 보험료는 정상적으로 각각 납부함.
※ A, B 보험회사 : 암 진단비(1년 이내 진단시 50% 지급)

〈진단 및 치료과정 요약〉

- 2017.3.7. B형간염 등으로 동년 3.30.까지 입원
- 2017.3.10. CI보험약관상 말기 간질환(간경화) 진단
- 2017.3.25. 식도정맥류 결찰술 시행
- 2017.5.23. 조직검사결과 간암 진단
- 2018.5.30. 간암으로 동년 6.10.까지 입원
- 2018.6.3. 간동맥색전술 시행
- 2018.6.17. 간암으로 동년 6.30.까지 입원
- 2018.6.20. 간동맥색전술 시행

※ 간동맥색전술은 수술병원 소견상 간암에 대한 직접치료 목적으로 확인됨.

〈질문사항〉

(1) CI(중대한 질병)보험의 「말기 간질환(간경화)」의 정의에 대해 약술하시오. (5점)

(2) 제3보험의 수술보장 특별약관에서 규정하고 있는 "수술의 정의"에 대해 약술하시오. (5점)

(3) A, B 보험회사가 보험수익자에게 지급해야 할 보험금을 담보별로 계산하시오(산출근거 명시). (10점)

5. 아래의 제 조건을 참고하여 물음에 답하시오. (30점)

〈계약사항〉

보험종목	피보험자	보험기간	가입금액(담보내용)	
장기상해보험	김정상 (1969.3.1.생)	2018.4.10. ~2038.4.10.	일반상해후유장해	2억원
			교통상해후유장해	1억원

※ 장기상해보험은 질병·상해보험 표준약관(2018.3.2. 개정)을 적용하며, 정상 유지 계약임.
※ 알릴의무위반 사항은 없으며, 각 담보는 별도 특약보험료를 각각 납입함.

〈사고 및 장해진단 내용〉

① 1차 사고 : 2009년 1월 15일 낙상사고발생

▶ 후유장해 진단 : 2009년 8월 10일
 – 요추 제2번 압박골절(압박률 20%, 척추후만증 10° 변형)

② 2차 사고 : 2018년 7월 1일
피보험자는 P회사에서 새로 개발한 자동차의 엔진 성능시험을 위해 용인소재 공용도로상에서 자동차 시운전을 하던 중 교통사고발생

▶ 후유장해 진단 : 2019년 5월 10일
 – 좌측 안구조절력이 정상의 1/2 이하 감소
 – 얼굴(길이 3cm)와 머리(길이 4cm)에 걸쳐있는 추상 반흔
 – 흉추 제12번 압박골절(압박률 50%)
 – 미골골절로 방사선검사상 각 변형 70° 남은 상태
 – 우측 고관절 인공관절삽입술 시행
 – 우측 슬관절 근전도검사상 완전손상 소견이며, 도수근력검사상 근력이 1등급(trace)
 – 우측 족관절 근전도검사상 불완전손상 소견이며, 도수근력검사상 근력이 4등급(good)

※ 후유장해는 영구장해이며, 발생한 것으로 가정함(사고관여도 100%).

〈장해분류상 장해지급률〉

① 한 눈의 안구(눈동자)에 뚜렷한 조절기능장해를 남긴 때(10%)
② 외모에 뚜렷한 추상을 남긴 때(15%)
③ 외모에 약간의 추상을 남긴 때(5%)
④ 어깨뼈나 골반뼈에 뚜렷한 기형을 남긴 때(15%)
⑤ 빗장뼈, 가슴뼈, 갈비뼈에 뚜렷한 기형을 남긴 때(10%)
⑥ 척추에 심한 기형을 남긴 때(50%)
⑦ 척추에 뚜렷한 기형을 남긴 때(30%)
⑧ 척추에 약간의 기형을 남긴 때(15%)
⑨ 한 다리의 3대관절 중 관절 하나의 기능을 완전히 잃었을 때(30%)
⑩ 한 다리의 3대관절 중 관절 하나의 기능에 심한 장해를 남긴 때(20%)
⑪ 한 다리의 3대관절 중 관절 하나의 기능에 뚜렷한 장해를 남긴 때(10%)
⑫ 한 다리의 3대관절 중 관절 하나의 기능에 약간의 장해를 남긴 때(5%)

〈질문사항〉

(1) 보험회사가 김정상에게 지급해야 할 후유장해보험금을 담보별로 계산하시오. (20점)

(2) 상기 제 조건과 달리 질병・상해보험 표준약관(2018.3.2. 개정) 장해분류표상,

① '정신행동' 장해판정기준에 규정된 보건복지부고시 「장애등급판정기준」의 "능력장해측정기준의 항목" 6가지를 기술하시오. (6점)

② '흉복부장기 및 비뇨생식기의 장해'에 규정된 장해지급률 100%에 해당하는 "장해의 분류"와 "장해판정기준"을 기술하시오. (4점)

01

「질병 · 상해보험 표준약관」에 관한 아래 질문에 답하시오. (20점)

(1) 「제1회 보험료 및 회사의 보장개시」 조항에 '회사가 청약과 함께 제1회 보험료를 받고 청약을 승낙하기 전에 보험금 지급사유가 발생하였을 때에도 보장개시일로부터 이 약관이 정하는 바에 따라 보장을 합니다.'라고 규정하고 있다. 이 조항에도 불구하고 "보장하지 않는 경우"를 모두 기술하시오. (7점)

(2) 계약자는 회사의 승낙을 얻어 계약내용을 변경할 수 있는데, 「계약내용의 변경 등」 조항에 규정된 "계약내용을 변경할 수 있는 항목"을 모두 기술하시오. (7점)

(3) 「약관의 해석」 조항에 규정된 해석원칙을 모두 기술하시오. (6점)

모범답안

(1) 승낙전 보험사고 중 보장하지 않는 경우

① 계약자 또는 피보험자가 회사에 알린 내용이나 건강진단 내용이 보험금 지급사유에 영향을 미쳤음을 회사가 입증하는 경우

② 회사가 계약 전 알릴의무위반의 효과를 준용하여 보장을 하지 아니할 수 있는 경우

③ 진단계약에서 보험금 지급사유 발생할 때까지 진단을 받지 아니한 경우. 다만, 진단계약에서 진단을 받지 않은 경우라도 상해로 보험금 지급사유가 발생하는 경우에는 보상한다.

(2) 계약내용을 변경할 수 있는 항목

계약자는 보험회사의 승낙을 얻어 다음의 사항을 변경할 수 있다. 이 경우 승낙을 서면 등으로 알리거나 보험증권의 뒷면에 기재한다.

① 보험종목

② 보험기간

③ 보험료 납입주기, 납입방법 및 납입기간

④ 계약자, 피보험자

⑤ 보험가입금액, 보험료 등 기타 계약의 내용

(3) 약관해석의 원칙

① 신의성실의 원칙
회사는 신의성실의 원칙에 따라 공정하게 약관을 해석하여야 하며, 계약자에 따라 다르게 해석하지 않는다.

② 작성자불이익의 원칙
회사는 약관의 뜻이 명백하지 않은 경우에는 계약자에게 유리하게 해석한다.

③ 확대해석 금지의 원칙
회사는 보험금을 지급하지 않는 사유 등 계약자나 피보험자에게 불리하거나 부담을 주는 내용은 확대하여 해석하지 않는다.

02

제3보험의 「지정대리청구서비스 특약」에 의하면 보험계약자는 보험금을 직접 청구할 수 없는 특별한 사정이 있는 경우를 대비하여 계약 체결시 또는 계약 체결 후 보험금의 대리청구권을 지정할 수 있는데, 이 특약을 체결할 수 있는 "적용대상" 계약 및 "지정대리인의 자격"에 대해 기술하시오. (10점)

모범답안

(1) 적용대상

계약자, 피보험자 및 보험수익자가 모두 동일한 주계약 및 특약에 적용된다.

(2) 지정대리인의 자격

계약자는 주계약 및 특약에서 정한 보험금을 직접 청구할 수 없는 특별한 사정이 있을 경우를 대비하여 계약을 체결할 때 또는 계약 체결 이후 보험기간 중(다만, 장기요양상태 발생전)에 다음의 어느 하나에 해당하는 자 중 1인을 보험금의 대리청구인(이하 "지정대리청구인" 이라 한다)으로 지정(지정대리청구인의 변경 지정 포함) 할 수 있다. 다만, 지정대리청구인은 보험금 청구시에도 다음의 어느 하나에 해당하는 자 중 1인이어야 한다.

① 피보험자와 동거하거나 피보험자와 생계를 같이 하고 있는 피보험자의 가족관계등록부상 또는 주민등록상의 배우자

② 피보험자와 동거하거나 피보험자와 생계를 같이 하고 있는 피보험자의 3촌 이내의 친족

※ 지정대리청구인이 지정된 이후에 '적용대상'의 보험수익자가 변경되는 경우에는 이미 지정된 지정대리청구인의 자격은 자동적으로 상실된 것으로 본다.

03

피보험자 김소망(女)은 실손의료보험(표준형)을 가입하고 정상 유지 중 아래와 같이 입원, 통원치료를 시행하였다. 아래 제 조건을 참고하여 질문에 답하시오. (20점)

〈계약사항〉

피보험자	보험종목	보험기간	가입금액(담보내용)
김소망	실손의료보험 (표준형)	2018.4.5. ~2019.4.5.	입원 : 5,000만원 통원 : 외래 20만원(1회당) 처방 10만원(1건당)

※ 계약 전 알릴의무위반 사항은 없으며, 본인부담금 상한제도는 적용하지 않음.
※ 김소망은 국민건강보험법 적용 대상자임.

〈입원치료 내용〉

(단위 : 만원)

입원기간	진료기관	진단명(병명)	요양급여		비급여
			공단부담	본인부담	
2018.5.1. ~5.15.	A산부인과	요실금(N393)	100	40	50
2018.6.15. ~6.18.	B외과의원	치핵(K64)	100	50	40
2018.7.3. ~7.20.	C상급종합병원	척추협착(M48)	300	200	120
2018.7.21. ~7.31.	D한방병원	척추협착(M48)	200	100	80
2018.8.3. ~8.10.	E상급종합병원	심근경색증(I21)	500	200	300

※ C상급종합병원의 비급여항목 중 허리보조기 구입비용 20만원 포함
※ D한방병원은 「의료법」 제2조에 따른 한의사만 진료
※ E상급종합병원 입원기간(2018.8.3. ~8.10.) 중 비급여 300만원에는 상급병실료 차액(상급병실 5일 이용) 200만원 포함

〈통원치료 내용〉

(단위 : 만원)

통원일자	진료기관	진단명(병명)	요양급여		비급여
			공단부담	본인부담	
2018.5.20.	F치과의원	치아우식(K02)	10	3	5
	G치과병원	치아우식(K02)	20	10	6
2018.6.20.	D한방병원	척추협착(M48)	10	30	10
2018.8.15.	E상급종합병원	협심증(I20)	20	10	5
	E상급종합병원	기타 섬망(F05)	10	5	6

※ D한방병원은 「의료법」 제2조에 따른 한의사만 진료

〈기타사항〉

- 비급여 : 「국민건강보험법」에 따라 보건복지부장관이 정한 비급여대상
- 3대 진료군 특약에서 보장하는 비급여항목은 없음

〈질문사항〉

(1) 보험회사가 김소망에게 지급하여야 할 입원의료비를 산출하시오(계산과정 명시할 것). (10점)

(2) 보험회사가 김소망에게 지급하여야 할 통원의료비를 산출하시오(계산과정 명시할 것). (10점)

모범답안

(1) 입원의료비

① A산부인과 : 요실금(N393) 면책

② B외과의원 : 치핵(K64) 50만원 × 80% = 40만원

※ 비급여의료비는 보상하지 않음

③ C상급종합병원 : 척추협착(M48) 300만원 × 80% = 240만원

※ 허리보조기 구입비용은 보상하지 않음

④ D한방병원 : 척추협착(M48) 100만원 × 80% = 80만원

※ 한의사의 의료행위로 발생한 비급여의료비는 보상하지 않음

⑤ E상급종합병원 : 심근경색증(I21) 240만원(= 300만원 × 80%) + 80만원(= 8일 × 100,000원/일)
= 320만원

⑥ 입원의료비 합계 : 680만원

(2) 통원의료비

① 2018.5.20.

- 치아우식(K02) : (3만원 + 10만원) – Max[(1만원, 1.5만원), (0.6만원, 2만원)] = 11만원

※ 치과치료(K02)에서 발생한 비급여의료비는 보상하지 않음

② 2018.6.20.

- 척추협착(M48) : 30만원 – Max[1.5만원, 6만원] = 24만원(※ 외래한도 20만원 인정)

③ 2018.8.15.

- 협심증(I20) : (10만원+5만원) – Max[2만원, 3만원] = 12만원
- 기타 섬망(F05) : 5만원 – Max[2만원, 1만원] = 3만원

④ 통원의료비 합계 : 46만원

04 피보험자 김믿음과 관련된 아래의 조건을 참고하여 질문에 답하시오. (20점)

〈계약사항〉

보험회사	보험종류	보험기간	가입금액(담보내용)	
생명보험 (A)	CI보험	2015.7.1. ~2035.7.1.	주보험	5,000만원
			암 진단비(1회한)	2,000만원
			암사망	2,000만원
			암 수술비(수술 1회당)	200만원
손해보험 (B)	질병보험	2016.10.5. ~2031.10.5.	암 진단비(1회한)	1,000만원
			질병사망	1,000만원
			질병수술비(수술 1회당)	50만원

※ A 보험회사 : 주보험의 담보유형은 80% 선지급형임.
※ 계약 전 알릴의무위반 사항은 없음.
※ 주보험 및 선택특약 보험료는 정상적으로 각각 납부함.
※ A, B 보험회사 : 암 진단비(1년 이내 진단시 50% 지급)

〈진단 및 치료과정 요약〉

- 2017.3.7. B형간염 등으로 동년 3.30.까지 입원
- 2017.3.10. CI보험약관상 말기 간질환(간경화) 진단
- 2017.3.25. 식도정맥류 결찰술 시행
- 2017.5.23. 조직검사결과 간암 진단
- 2018.5.30. 간암으로 동년 6.10.까지 입원
- 2018.6.3. 간동맥색전술 시행
- 2018.6.17. 간암으로 동년 6.30.까지 입원
- 2018.6.20. 간동맥색전술 시행
- 2018.8.12. 간암으로 사망

※ 간동맥색전술은 수술병원 소견상 간암에 대한 직접치료 목적으로 확인됨.

〈질문사항〉

(1) CI(중대한 질병)보험의 「말기 간질환(간경화)」의 정의에 대해 약술하시오. (5점)

(2) 제3보험의 수술보장 특별약관에서 규정하고 있는 "수술의 정의"에 대해 약술하시오. (5점)

(3) A, B 보험회사가 보험수익자에게 지급해야 할 보험금을 담보별로 계산하시오(산출 근거 명시). (10점)

모범답안

(1) 말기 간질환(간경화)의 정의

말기 간질환이라 함은 간경변증을 일으키는 말기의 간경화를 의미하며, 다음 중 한 가지 이상의 원인이 된다.

① 통제가 불가능한 복수증

② 영구적인 황달

③ 위나 식도벽의 정맥류

④ 간성뇌증

※ 알코올중독 또는 약물중독에 의한 간질환이나 선천적 및 독성 간질환은 제외된다.

(2) 수술의 정의

수술이란 병원 또는 의원의 의사, 치과의사의 자격을 가진 자에 의하여 치료가 필요하다고 인정된 경우로서 의사의 관리하에 직접치료를 목적으로 기구를 사용하여 생체에 절단, 절제 등의 조작을 가하는 것을 말하며, 여기에는 보건복지부 산하 신의료기술평가위원회로부터 안정성과 치료효과를 인정받은 최신 수술기법도 포함된다. 다만, 흡인, 천자 등의 조치 및 신경차단은 수술에서 제외된다.

(3) 보험회사별 · 담보별 지급보험금

① A 보험회사의 지급보험금

- 주보험 : 5,000만원
- 암 진단비 : 2,000만원
- 암사망 : 2,000만원
- 암 수술비 : 400만원
- 지급보험금 합계 : 9,400만원

② B 보험회사의 지급보험금

- 암 진단비 : 500만원(1년 이내 진단으로 50% 지급)
- 질병사망 : 1,000만원
- 질병수술비 : 150만원(식도정맥류 결찰술 및 수술 2회 시행)
- 지급보험금 합계 : 1,650만원

05 아래의 제 조건을 참고하여 물음에 답하시오. (30점)

〈계약사항〉

보험종목	피보험자	보험기간	가입금액(담보내용)	
장기상해보험	김정상 (1969.3.1.생)	2018.4.10. ~2038.4.10.	일반상해후유장해	2억원
			교통상해후유장해	1억원

※ 장기상해보험은 질병·상해보험 표준약관(2018.3.2. 개정)을 적용하며, 정상 유지 계약임.
※ 알릴의무위반 사항은 없으며, 각 담보는 별도 특약보험료를 각각 납입함.

〈사고 및 장해진단 내용〉

① 1차 사고 : 2009년 1월 15일 낙상사고발생

> ▶ 후유장해 진단 : 2009년 8월 10일
> - 요추 제2번 압박골절(압박률 20%, 척추후만증 10° 변형)

② 2차 사고 : 2018년 7월 1일
피보험자는 P회사에서 새로 개발한 자동차의 엔진 성능시험을 위해 용인소재 공용도로상에서 자동차 시운전을 하던 중 교통사고발생

> ▶ 후유장해 진단 : 2019년 5월 10일
> - 좌측 안구조절력이 정상의 1/2 이하 감소
> - 얼굴(길이 3cm)와 머리(길이 4cm)에 걸쳐있는 추상 반흔
> - 흉추 제12번 압박골절(압박률 50%)
> - 미골골절로 방사선검사상 각 변형 70° 남은 상태
> - 우측 고관절 인공관절삽입술 시행
> - 우측 슬관절 근전도검사상 완전손상 소견이며, 도수근력검사상 근력이 1등급(trace)
> - 우측 족관절 근전도검사상 불완전손상 소견이며, 도수근력검사상 근력이 4등급(good)

※ 후유장해는 영구장해이며, 발생한 것으로 가정함(사고관여도 100%).

〈장해분류상 장해지급률〉

> ① 한 눈의 안구(눈동자)에 뚜렷한 조절기능장해를 남긴 때(10%)
> ② 외모에 뚜렷한 추상을 남긴 때(15%)
> ③ 외모에 약간의 추상을 남긴 때(5%)
> ④ 어깨뼈나 골반뼈에 뚜렷한 기형을 남긴 때(15%)
> ⑤ 빗장뼈, 가슴뼈, 갈비뼈에 뚜렷한 기형을 남긴 때(10%)
> ⑥ 척추에 심한 기형을 남긴 때(50%)
> ⑦ 척추에 뚜렷한 기형을 남긴 때(30%)
> ⑧ 척추에 약간의 기형을 남긴 때(15%)
> ⑨ 한 다리의 3대관절 중 관절 하나의 기능을 완전히 잃었을 때(30%)
> ⑩ 한 다리의 3대관절 중 관절 하나의 기능에 심한 장해를 남긴 때(20%)
> ⑪ 한 다리의 3대관절 중 관절 하나의 기능에 뚜렷한 장해를 남긴 때(10%)
> ⑫ 한 다리의 3대관절 중 관절 하나의 기능에 약간의 장해를 남긴 때(5%)

〈질문사항〉

(1) 보험회사가 김정상에게 지급해야 할 후유장해보험금을 담보별로 계산하시오. (20점)

(2) 상기 제 조건과 달리 질병 · 상해보험 표준약관(2018.3.2. 개정) 장해분류표상,

① '정신행동' 장해판정기준에 규정된 보건복지부고시 「장애등급판정기준」의 "능력장해측정기준의 항목" 6가지를 기술하시오. (6점)

② '흉복부장기 및 비뇨생식기의 장해'에 규정된 장해지급률 100%에 해당하는 "장해의 분류"와 "장해판정기준"을 기술하시오. (4점)

모범답안

1. 담보별 후유장해보험금의 산정

(1) 장해지급률의 산정

① 2차 사고로 인한 후유장해

- 눈의 장해 10%는 피보험자의 나이가 장해진단일을 기준으로 50세 2개월이므로 해당 사항 없음(2019.5.10. − 1969.3.1. = 50세 2개월).
- 추상장해 5%(반흔 길이의 합이 10cm 미만이므로 외모의 약간의 추상)
- 척추의 장해 30%(압박률이 50%이므로 척추의 뚜렷한 기형)
- 체간골장해 15%(미골의 각 변형이 70°이므로 뚜렷한 기형)
- 고관절장해 20%(인공관절을 삽입하였으므로 고관절의 심한 장해)
- 슬관절장해 20%(근력이 1등급이므로 슬관절의 심한 장해)
- 족관절장해 0%(근력이 3등급 이상이어야 장해의 대상이 됨)

② 1차 사고로 인한 후유장해

척추의 장해 15%(보험가입 전의 후유장해이므로 동일부위 장해에서 차감)

(2) 일반상해후유장해보험금의 산정

① 2차 사고 척추의 장해 30%에서 1차 사고 척추의 기왕장해 15%를 뺀 15%를 나머지 장해와 합산하여 75%의 장해 인정(5% + 15% + 15% + 20% + 20% = 75%)

② 보험금 = 2억원 × 75% = 1억5천만원

(3) 교통상해후유장해보험금의 산정

① 공용도로상에서 시운전을 하는 동안 보험금 지급사유가 발생한 경우는 보상한다.

② 보험금 = 1억원 × 75% = 7천5백만원

2. 질병 · 상해보험 표준약관(2018.3.2. 개정) 장해분류표

(1) 정신행동 장해판정기준에 규정된 능력장해측정기준의 항목(6가지)

① 적절한 음식섭취

② 대소변 관리, 세면, 목욕, 청소 등의 청결유지

③ 적절한 대화기술 및 협조적인 대인관계

④ 규칙적인 통원 · 약물복용

⑤ 소지품 및 금전관리나 적절한 구매행위

⑥ 대중교통이나 일반 공공시설의 이용

(2) 흉복부장기 및 비뇨생식기 장해가 100%일 때의 장해의 분류 및 장해의 판정기준

① 장해의 분류 : 심장기능을 잃었을 때

② 장해의 판정기준 : 심장이식을 한 경우

제42회 신체손해사정사 2차 시험문제

1. 질병 · 상해보험표준약관 「보험료 납입이 연체되는 경우 납입최고(독촉)와 계약의 해지」 조항에 대해 아래 질문에 답하시오.

   (1) 조항에서 규정한 ① "납입최고(독촉)기간"과 ② "보험회사가 납입최고(독촉)시 계약자에게 알려야 할 사항"을 기술하시오. (4점)

   (2) 해지계약을 부활(효력회복)하는 경우 「준용조항」을 모두 기술하시오. (6점)

2. 다음 질문에 답하시오.

   (1) 아래의 조건을 참고하여 A, B 보험회사의 지급보험금을 산출하시오(판단근거를 제시할 것). (14점)

〈계약사항〉

보험회사	보험종목	계약자 및 피보험자	보험기간	가입금액 (담보내용)
A	장기상해보험	김안심 (여, 57세)	2015.5.11. ~ 2030.5.11.	상해사망 1억원
B	장기종합보험		2016.7.15. ~ 2026.7.15.	상해사망 1억원

※ 정상 유지 계약임(계약 성립 과정상의 보험회사측 귀책사유 없음).

〈청구사항〉

피보험자는 2019.7.16. 23시경 본인이 종업원으로 일하고 있는 갑식당 주방에서 쓰러져 사망한 채로 발견되어, 사망수익자가 2019.7.30. A, B 보험회사에 보험금을 청구함.

〈직업 관련 사항〉

- 피보험자는 A, B 보험회사에 보험가입시 직업을 전업주부로 고지함.
- 전업주부였던 피보험자는 2016.1.1.부터 갑식당에서 종업원으로 사고일까지 계속 근무함.
- A 보험회사에 직업변경 사실을 알리지 않음.
- 보험요율 : 1급 요율(0.1%), 2급 요율(0.2%), 3급 요율(0.3%)
- 직업급수 : 전업주부(1급), 식당종업원(2급), 이륜차배달원(3급)

〈경찰수사 결과〉

> 피보험자는 사망하기 전까지 평소 지병 및 근황에 특이점이 없었고, CCTV 확인결과 2019.7.16. 16시경 음식점 주방에서 미끄러져 넘어지는 것이 확인되었으며, 부검결과 두부손상으로 인한 외인사로 확인되어 자살 및 타살 혐의점이 없어 내사 종결됨.

(2) 「상해보험의 계약 후 알릴의무(2018.3.2. 개정)」 조항에서 계약자 또는 피보험자는 피보험자에게 변경내용이 발생한 경우 지체 없이 회사에 알리도록 규정하고 있는데, "회사에 알려야 할 피보험자의 변경사항"을 모두 쓰시오. (6점)

3. 다음의 질문에 답하시오.

(1) 피보험자는 교통사고를 당해 치료 후 장해가 발생하여 후유장해보험금을 청구했다. 보험회사가 지급해야 할 후유장해보험금을 산출하시오(산출과정 명기). (8점)

〈계약내용〉

보험종목	피보험자	보험기간	가입금액(담보내용)	
장기상해보험	이석수	2018.5.15. ~2038.5.15.	상해후유장해	1억원

※ 정상 유지 계약이며, 계약 전 알릴의무 및 계약 후 알릴의무위반 없음.

〈사고 내용〉

- 2018.7.10. : 교통사고로 인한 흉복부장기 손상으로 응급실 내원(한국대학병원)
- 2018.7.10. ~ 2019.1.31. : 흉복부장기 손상으로 수술 및 입원 치료(한국대학병원)
- 2019.2.10. : 후유장해진단(한국대학병원)

〈장해진단 내용〉

- 방광의 용량이 50cc 이하로 위축됨.
- 요도괄약근 등의 기능장해로 영구적으로 인공요도괄약근을 설치함.
- 대장절제, 항문괄약근 등의 기능장해로 영구적으로 장루, 인공항문을 설치함(치료종결).

※ 후유장해는 교통사고로 인해 기인한 것이며, 영구장해임.

〈장해분류표 장해지급률〉

> ① 흉복부장기 또는 비뇨생식기 기능을 잃었을 때(75%)
> ② 흉복부장기 또는 비뇨생식기 기능에 심한 장해를 남긴 때(50%)
> ③ 흉복부장기 또는 비뇨생식기 기능에 뚜렷한 장해를 남긴 때(30%)
> ④ 흉복부장기 또는 비뇨생식기 기능에 약간의 장해를 남긴 때(15%)

(2) 표준약관 장해분류표 총칙에서 규정하고 있는 "파생장해"의 장해지급률 적용기준을 기술하시오. (6점)

(3) 아래는 표준약관 장해분류표 "신경계 · 정신행동 장해" 장해판정기준의 장해진단 전문의에 대한 규정이다. 빈칸(①~⑥)에 들어갈 내용을 쓰시오. (6점)

> • 신경계 장해진단 전문의는 (①), (②) 또는 (③) 전문의로 한다.
> • 정신행동 장해진단 전문의는 (④) 전문의를 말한다.
> • 치매의 장해평가는 (⑤ , ⑥) 전문의에 의한 임상치매척도(한국판 Expanded Clinical Dementia Rating) 검사결과에 따른다.

4. 아래의 제 조건을 참고하여 질문에 답하시오.

〈계약사항〉

보험회사	계약자 및 피보험자	보험기간	보험종목 (특별약관)	가입금액(보장내용)
A	심건강 (45세)	2017.1.1. ~ 2027.1.1.	장기상해 (질병사망특약)	• 상해사망 : 1억원 • 질병사망 : 5천만원
B		2019.1.1. ~ 2029.1.1.	장기상해 (질병사망특약)	• 상해사망 : 2억원 • 질병사망 : 1억원

※ 유효한 정상 유지 계약이며, 질병사망담보는 제3보험의 특별약관임.

〈청구사항〉

> 피보험자 심건강씨는 2019.6.30. 21시경 다발성 골절 등을 선행사인으로 사망하여 2019.7.15. 배우자(수익자)는 사망보험금을 청구함.

〈손해사정 내용〉

1. 기본조사내용

직업사항	3년 전부터 사무직으로 종사하고 있음.
병력사항	2016.4.1. "마음편한 정신건강의학과"에서 "우울증"으로 진단받고, 사망시까지 매월 1회 통원 및 투약치료를 지속적으로 받아오고 있었음(가입시 각 보험회사에 치료사실을 알린바 없음).

2. 사망원인(경찰수사 결과)

[사례1] 우울증 치료를 받는 현실을 비관하여 배우자에게 "먼저 가서 미안하다."라는 내용의 유서를 남기고 자신의 아파트 15층 옥상에서 스스로 뛰어내려 사망

[사례2] 유서를 남긴 사실이 없이 평소 치료받던 우울증이 원인이 되어 고도의 심신상실 상태에서 자신의 아파트 15층 옥상에서 스스로 뛰어내려 사망

(1) "사망원인 – [사례1]"에 따라 손해사정을 할 경우 보험회사별로 지급보험금을 산출하시오(판단근거를 제시할 것). (10점)

(2) "사망원인 – [사례2]"에 따라 손해사정을 할 경우 보험회사별로 지급보험금을 산출하시오(판단근거를 제시할 것). (10점)

5. 피보험자 원대한(남, 50세)은 아래 〈표 1〉과 같이 2개 보험회사에 실손의료보험을 가입하고, 〈표 2〉와 같이 민국병원에서 총 5회 입원치료 후 각 보험회사에 실손의료비를 청구하였다. 각 보험회사가 지급하여야 할 실손의료비를 입원기간별로 구분하여 산출하시오(풀이과정을 제시할 것). (30점)

〈표 1〉 계약사항

보험회사 (계약일자)	보험종류 (공제유형)	보험종목(보상한도)	선택특별약관(보상한도)
A (2018.4.1.) 갱신형	기본형 실손의료보험 (표준형)	질병입원형(2천만원) 상해입원형(2천만원)	없음
B (2018.5.1.) 갱신형	기본형 실손의료보험 (표준형)	상해입원형(3천만원)	비급여주사료 실손의료보험 (약관상 보상한도)

※ 유효한 정상 유지 계약이며, 가입전 치료력 및 계약 전 알릴의무위반 사항 없음.

〈표 2〉 입원의료비 발생내역(민국병원)

(단위 : 만원)

구분	입원기간	병명 (병명코드)	요양급여		비급여	
			본인 부담금	공단 부담금	비급여 금액	비급여에 포함된 비용
1	2018.6.1. ~6.30.	제4~5요추 추간판탈출증 (M51)	300	1,200	1,200	• 상급병실료 차액 : 300만원(10일 이용)
2	2018.9.11. ~10.20.	우측 경골 미세골절 (S82)	100	400	400	• 보조기 구입비 : 100만원 • 주사료(20만원×10회) : 200만원(항생제비용 100만원 포함)
3	2019.3.1. ~3.20.	제4~5요추 추간판탈출증 (M51)	200	800	700	
4	2019.4.1. ~4.20.	제4~5요추 추간판탈출증 (M51)	100	400	400	• 주사료(20만원×15회) : 300만원
5	2019.7.1. ~7.15.	제4~5요추 추간판탈출증 (M51)	200	800	1,100	• 도수치료(10만원×10회) : 100만원

※ 입원의료비는 발생한 것으로 가정, 병명코드 M51은 질병, S82는 보상하는 상해임.

※ 피보험자 소득 10분위로 본인부담금 상한제는 고려하지 않음.

01

질병 · 상해보험표준약관 「보험료 납입이 연체되는 경우 납입최고(독촉)와 계약의 해지」 조항에 대해 아래 질문에 답하시오.

(1) 조항에서 규정한 ① "납입최고(독촉)기간"과 ② "보험회사가 납입최고(독촉)시 계약자에게 알려야 할 사항"을 기술하시오. (4점)

(2) 해지계약을 부활(효력회복)하는 경우 「준용조항」을 모두 기술하시오. (6점)

모범답안

(1) 납입최고(독촉)기간과 보험회사가 납입최고(독촉)시 계약자에게 알려야 할 사항

① 납입최고(독촉)기간

보험료 납입이 연체 중인 경우 회사는 14일(보험기간이 1년 미만인 경우에는 7일) 이상의 기간을 납입최고(독촉)기간으로 정하여 납입최고(독촉) 하여야 한다. 계약자와 보험수익자가 다른 경우 보험수익자를 포함하여 납입최고(독촉) 한다.

② 보험회사가 납입최고(독촉)시 계약자에게 알려야 할 사항

㉠ 납입최고(독촉)기간 내에 연체보험료를 납입하여야 한다는 내용

㉡ 납입최고(독촉)기간이 끝나는 날까지 보험료를 납입하지 아니할 경우 납입최고(독촉)기간이 끝나는 다음날에 계약이 해지된다는 내용(이 경우 계약이 해지되는 때에는 즉시 해지환급금에서 보험계약대출 원리금이 차감된다는 내용을 포함)

(2) 해지계약을 부활(효력회복)하는 경우 준용조항

보험료의 납입연체시 납입최고(독촉)와 계약의 해지 요건에 따라 해지된 계약을 부활하는 경우에는 부활일을 청약일로 보아 신계약과 같이 다음의 규정을 준용한다.

① 계약 전 알릴의무(제13조)

② 알릴의무위반의 효과(제14조)

③ 사기에 의한 계약(제15조)

④ 보험계약의 성립(제16조 제2항, 제3항)

⑤ 제1회 보험료의 납입과 회사의 보장개시(제23조)

02 다음 질문에 답하시오.

(1) 아래의 조건을 참고하여 A, B 보험회사의 지급보험금을 산출하시오(판단근거를 제시할 것). (14점)

〈계약사항〉

보험회사	보험종목	계약자 및 피보험자	보험기간	가입금액 (담보내용)
A	장기상해보험	김안심 (여, 57세)	2015.5.11. ~ 2030.5.11.	상해사망 1억원
B	장기종합보험		2016.7.15. ~ 2026.7.15.	상해사망 1억원

※ 정상 유지 계약임(계약 성립 과정상의 보험회사측 귀책사유 없음).

〈청구사항〉

피보험자는 2019.7.16. 23시경 본인이 종업원으로 일하고 있는 갑식당 주방에서 쓰러져 사망한 채로 발견되어, 사망수익자가 2019.7.30. A, B 보험회사에 보험금을 청구함.

〈직업 관련 사항〉

- 피보험자는 A, B 보험회사에 보험가입시 직업을 전업주부로 고지함.
- 전업주부였던 피보험자는 2016.1.1.부터 갑식당에서 종업원으로 사고일까지 계속 근무함.
- A 보험회사에 직업변경 사실을 알리지 않음.
- 보험요율 : 1급 요율(0.1%), 2급 요율(0.2%), 3급 요율(0.3%)
- 직업급수 : 전업주부(1급), 식당종업원(2급), 이륜차배달원(3급)

〈경찰수사 결과〉

피보험자는 사망하기 전까지 평소 지병 및 근황에 특이점이 없었고, CCTV 확인결과 2019.7.16. 16시경 음식점 주방에서 미끄러져 넘어지는 것이 확인되었으며, 부검결과 두부손상으로 인한 외인사로 확인되어 자살 및 타살 혐의점이 없어 내사 종결됨.

(2) 「상해보험의 계약 후 알릴의무(2018.3.2. 개정)」 조항에서 계약자 또는 피보험자는 피보험자에게 변경내용이 발생한 경우 지체 없이 회사에 알리도록 규정하고 있는데, "회사에 알려야 할 피보험자의 변경사항"을 모두 쓰시오. (6점)

모범답안

(1) A, B 보험회사의 지급보험금

① A 보험회사의 지급보험금

피보험자는 2015.5.11.에 전업주부로 직업을 고지하고 보험에 가입한 이후인 2016.1.1.에 식당에서 근무하였으므로 직업고지의무위반 사항에는 해당하지 않는다. 또한 경찰수사 결과에서 사망 전까지 지병 및 근황에 특이점이 없다고 한 점으로 보아 병력고지의무위반 사항도 없는 것으로 판단된다. 다만, 보험가입 이후에 피보험자의 직업 또는 직무가 변경되었으므로 계약 후 알릴의무위반에는 해당하는 것으로 판단되며, 계약 후 알릴의무위반이 보험금 지급사유의 발생에 영향을 미쳤으므로 변경 전 요율의 변경 후 요율에 대한 비율에 따라 보험금액을 감액하여 지급한다.

• 지급보험금 : 1억원 × 0.1 / 0.2 = 5,000만원

② B 보험회사의 지급보험금

보험계약 당시 피보험자는 식당종업원(위험직군)으로 근무하였지만 전업주부(비위험직군)로 고지하였으므로 이는 계약 전 알릴의무에 해당하나, 2019.7.16. 사고 당시 이미 제척기간(위반사실을 안 날부터 1개월, 계약체결일부터 3년)이 경과한 상태였으므로 보험계약을 해지할 수 없다. 또한 보험계약 이후에 직업 또는 직무가 변경된 것이 아니므로 계약 후 알릴의무위반에도 해당하지 않으므로 가입금액 전액을 지급한다.

• 지급보험금 : 1억원

(2) 회사에 알려야 할 피보험자의 변경사항(계약 후 알릴의무)

① 보험증권 등에 기재된 직업 또는 직무의 변경

예 현재의 직업 또는 직무가 변경된 경우, 직업이 없는 자가 취직한 경우, 현재의 직업을 그만둔 경우 등

② 보험증권 등에 기재된 피보험자의 운전목적이 변경된 경우

예 자가용에서 영업용으로 변경, 영업용에서 자가용으로 변경 등

③ 보험증권에 기재된 피보험자의 운전 여부가 변경된 경우

예 비운전자에서 운전자로 변경, 운전자에서 비운전자로 변경 등

④ 이륜자동차 또는 원동기장치 자전거(전동킥보드, 전동이륜평행차, 전동기의 동력만으로 움직일 수 있는 자전거 등 개인형 이동장치를 포함)를 계속적으로 사용(직업, 직무 또는 동호회 활동과 출퇴근용도 등으로 주로 사용하는 경우에 한함)하게 된 경우(다만, 전동휠체어, 의료용 스쿠터 등 보행보조용 의자차는 제외한다) 〈2022.9.30. 개정〉

03 다음의 질문에 답하시오.

(1) **피보험자는 교통사고를 당해 치료 후 장해가 발생하여 후유장해보험금을 청구했다. 보험회사가 지급해야 할 후유장해보험금을 산출하시오(산출과정 명기). (8점)**

〈계약내용〉

보험종목	피보험자	보험기간	가입금액(담보내용)	
장기상해보험	이석수	2018.5.15. ~2038.5.15.	상해후유장해	1억원

※ 정상 유지 계약이며, 계약 전 알릴의무 및 계약 후 알릴의무위반 없음.

〈사고 내용〉

- 2018.7.10. : 교통사고로 인한 흉복부장기 손상으로 응급실 내원(한국대학병원)
- 2018.7.10. ~ 2019.1.31. : 흉복부장기 손상으로 수술 및 입원 치료(한국대학병원)
- 2019.2.10. : 후유장해진단(한국대학병원)

〈장해진단 내용〉

- 방광의 용량이 50cc 이하로 위축됨.
- 요도괄약근 등의 기능장해로 영구적으로 인공요도괄약근을 설치함.
- 대장절제, 항문괄약근 등의 기능장해로 영구적으로 장루, 인공항문을 설치함(치료종결).

※ 후유장해는 교통사고로 인해 기인한 것이며, 영구장해임.

〈장해분류표 장해지급률〉

① 흉복부장기 또는 비뇨생식기 기능을 잃었을 때(75%)
② 흉복부장기 또는 비뇨생식기 기능에 심한 장해를 남긴 때(50%)
③ 흉복부장기 또는 비뇨생식기 기능에 뚜렷한 장해를 남긴 때(30%)
④ 흉복부장기 또는 비뇨생식기 기능에 약간의 장해를 남긴 때(15%)

(2) **표준약관 장해분류표 총칙에서 규정하고 있는 "파생장해"의 장해지급률 적용기준을 기술하시오. (6점)**

(3) **아래는 표준약관 장해분류표 "신경계 · 정신행동 장해" 장해판정기준의 장해진단 전문의에 대한 규정이다. 빈칸(① ~ ⑥)에 들어갈 내용을 쓰시오. (6점)**

- 신경계 장해진단 전문의는 (①), (②) 또는 (③) 전문의로 한다.
- 정신행동 장해진단 전문의는 (④) 전문의를 말한다.
- 치매의 장해평가는 (⑤ , ⑥) 전문의에 의한 임상치매척도(한국판 Expanded Clinical Dementia Rating) 검사결과에 따른다.

모범답안

(1) 후유장해보험금

방광용량이 50cc 이하로 위축된 경우(15%), 영구적인 인공요도괄약근을 설치한 경우(30%) 및 영구적인 장루, 인공항문을 설치한 경우(30%) 모두 동일부위의 장해이므로 그중 높은 장해지급률 하나만 인정된다.

- **지급보험금** : 1억원 × 30% = **3,000만원**

(2) 파생장해의 장해지급률 적용기준

① 하나의 장해가 관찰방법에 따라서 장해분류표상 2가지 이상의 신체부위에서 장해로 평가되는 경우에는 그중 높은 지급률을 적용한다.

② 하나의 장해가 다른 장해와 통상 파생하는 관계에 있는 경우에는 그중 높은 지급률만을 적용한다.

③ 하나의 장해로 둘 이상의 파생장해가 발생하는 경우 각 파생장해의 지급률을 합산한 지급률과 최초 장해의 지급률을 비교하여 그중 높은 지급률을 적용한다.

(3) 빈칸에 들어갈 내용

① 재활의학과

② 신경외과

③ 신경과

④ 정신건강의학과

⑤ 정신건강의학과

⑥ 신경과

04 아래의 제 조건을 참고하여 질문에 답하시오.

〈계약사항〉

보험회사	계약자 및 피보험자	보험기간	보험종목(특별약관)	가입금액(보장내용)
A	심건강(45세)	2017.1.1. ~ 2027.1.1.	장기상해(질병사망특약)	• 상해사망 : 1억원 • 질병사망 : 5천만원
B		2019.1.1. ~ 2029.1.1.	장기상해(질병사망특약)	• 상해사망 : 2억원 • 질병사망 : 1억원

※ 유효한 정상 유지 계약이며, 질병사망담보는 제3보험의 특별약관임.

〈청구사항〉

피보험자 심건강씨는 2019.6.30. 21시경 다발성 골절 등을 선행사인으로 사망하여 2019.7.15. 배우자(수익자)는 사망보험금을 청구함.

〈손해사정 내용〉

1. 기본조사내용

직업사항	3년 전부터 사무직으로 종사하고 있음.
병력사항	2016.4.1. "마음편한 정신건강의학과"에서 "우울증"으로 진단받고, 사망시까지 매월 1회 통원 및 투약치료를 지속적으로 받아오고 있었음(가입시 각 보험회사에 치료사실을 알린 바 없음).

2. 사망원인(경찰수사 결과)

[사례1] 우울증 치료를 받는 현실을 비관하여 배우자에게 "먼저 가서 미안하다."라는 내용의 유서를 남기고 자신의 아파트 15층 옥상에서 스스로 뛰어내려 사망

[사례2] 유서를 남긴 사실이 없이 평소 치료받던 우울증이 원인이 되어 고도의 심신상실 상태에서 자신의 아파트 15층 옥상에서 스스로 뛰어내려 사망

(1) "사망원인 – [사례1]"에 따라 손해사정을 할 경우 보험회사별로 지급보험금을 산출하시오(판단근거를 제시할 것). (10점)

(2) "사망원인 – [사례2]"에 따라 손해사정을 할 경우 보험회사별로 지급보험금을 산출하시오(판단근거를 제시할 것). (10점)

모범답안

(1) 사망원인 – [사례1]에 따라 손해사정을 할 경우 보험회사별 지급보험금

① 보험회사별 지급책임 여부의 검토

A 및 B 보험회사 모두에 보험가입 전부터 우울증으로 치료받아 온 사실을 고지하지 않았으므로 공히 계약 전 알릴의무위반에 해당한다. 다만, A 보험회사의 경우는 보험금 지급사유가 발생하지 않고 2년이 경과하였으므로 계약해지가 제한된다.

B 보험회사의 경우는 보험가입 후 6개월 경과시점에 보험사고가 발생하였으므로 계약 전 알릴의무위반에 따른 계약 해지사유가 된다. 다만, 계약 전 알릴의무위반과 보험사고 사이에 인과관계가 없음이 증명된 때에는 보험금 지급책임이 발생한다.

[사례1]의 경우 피보험자가 배우자에게 유서를 남기는 등의 행위를 한 것으로 보아 사망 당시에 사리변별능력을 상실한 정도의 심신상실 상태로 판단하기 어려워 보인다. 따라서 이 경우는 피보험자가 사리변별능력이 있는 상태에서 고의로 자신을 해친 경우로 중대 사유 위반에 해당되므로 보험회사는 1개월 내에 계약을 해지할 수 있다.

② 보험회사별 지급보험금

㉠ A 보험회사의 지급보험금

- 상해사망담보 : 중대 사유 위반에 해당되어 면책
- 질병사망담보 : 상해사고이므로 면책

㉡ B 보험회사의 지급보험금

- 상해사망담보 : 계약 전 알릴의무 및 중대 사유 위반에 해당되어 면책
- 질병사망담보 : 상해사고이므로 면책

(2) 사망원인 – [사례2]에 따라 손해사정을 할 경우 보험회사별 지급보험금

① A 보험회사의 지급보험금

피보험자가 보험가입 전 우울증 치료사실에 대해 보험가입 당시 고지하지 않아 계약 전 알릴의무 위반에는 해당하나, 보험금 지급사유가 발생하지 않고 2년이 경과하여 제척기간이 경과하였으므로 계약 전 알릴의무위반을 이유로 계약을 해지할 수 없다.

또한, [사례2]에서 고도의 심신상실 상태에서 사고가 발생한 것으로 전제하고 있으므로 고의사고(중대 사유 위반)에도 해당하지 않는다. 따라서 [사례2]의 경우는 피보험자가 심신상실 등으로 자유로운 의사결정을 할 수 없는 상태에서 자신을 해친 경우에 해당하므로 보험회사는 지급책임을 면할 수 없다.

- **지급보험금** : 상해사망보험금 1억원

② B 보험회사의 지급보험금

피보험자는 보험가입전 우울증 치료사실에 대해 고지하지 않았고, 보험가입 후 6개월 경과시점에서 보험사고가 발생하였으므로 계약 전 알릴의무위반에 해당한다.

또한, 이번 사고는 보험가입 전 계속적으로 치료를 받아 온 우울증과도 상당인과관계가 있는 것으로 판단된다. 따라서 보험회사는 보험금 지급책임을 부담하지 않아도 된다.

• 지급보험금 : 면책

05

피보험자 원대한(남, 50세)은 아래 〈표 1〉과 같이 2개 보험회사에 실손의료보험을 가입하고, 〈표 2〉와 같이 민국병원에서 총 5회 입원치료 후 각 보험회사에 실손의료비를 청구하였다. 각 보험회사가 지급하여야 할 실손의료비를 입원기간별로 구분하여 산출하시오(풀이과정을 제시할 것). (30점)

〈표 1〉 계약사항

보험회사 (계약일자)	보험종류 (공제유형)	보험종목(보상한도)	선택특별약관(보상한도)
A (2018.4.1.) 갱신형	기본형 실손의료보험 (표준형)	질병입원형(2천만원) 상해입원형(2천만원)	없음
B (2018.5.1.) 갱신형	기본형 실손의료보험 (표준형)	상해입원형(3천만원)	비급여주사료 실손의료보험 (약관상 보상한도)

※ 유효한 정상 유지 계약이며, 가입전 치료력 및 계약 전 알릴의무위반 사항 없음.

〈표 2〉 입원의료비 발생내역(민국병원)

(단위 : 만원)

구 분	입원기간	병 명 (병명코드)	요양급여		비급여	
			본인 부담금	공단 부담금	비급여 금액	비급여에 포함된 비용
1	2018.6.1. ~6.30.	제4~5요추 추간판탈출증 (M51)	300	1,200	1,200	• 상급병실료 차액 : 300만원(10일 이용)
2	2018.9.11. ~10.20.	우측 경골 미세골절 (S82)	100	400	400	• 보조기 구입비 : 100만원 • 주사료(20만원×10회) : 200만원 (항생제비용 100만원 포함)
3	2019.3.1. ~3.20.	제4~5요추 추간판탈출증 (M51)	200	800	700	
4	2019.4.1. ~4.20.	제4~5요추 추간판탈출증 (M51)	100	400	400	• 주사료(20만원×15회) : 300만원
5	2019.7.1. ~7.15.	제4~5요추 추간판탈출증 (M51)	200	800	1,100	• 도수치료(10만원×10회) : 100만원

※ 입원의료비는 발생한 것으로 가정, 병명코드 M51은 질병, S82는 보상하는 상해임.
※ 피보험자 소득 10분위로 본인부담금 상한제는 고려하지 않음.

모범답안

※ 본 문제는 3세대 실손의료보험약관에 따라 기술하였다.

1. 주요 쟁점사항의 검토

(1) 담보사항

A 보험회사는 상해 및 질병 입원을 모두 담보하는데 반해 B 보험회사는 상해입원만 담보하므로 보험금 분담문제는 상해입원의 경우에만 적용된다.

(2) 200만원 초과 자기부담금

자기부담금 20%가 계약일 또는 매년 계약 해당일부터 기산하여 연간 200만원을 초과하는 경우 그 초과금액은 보험가입금액을 한도로 전액 보상한다.

(3) 비급여주사료 특별약관

비급여주사료는 입원 또는 통원에 관계없이 비급여주사료가 발생하면 공제금액을 뺀 금액을 보상한 도액 내에서 보상한다. 계약일 또는 매년 계약 해당일부터 1년 단위로 250만원 이내에서 입원과 통원을 합산하여 50회까지 보상한다. 입원 또는 통원 1회당 2만원과 보장대상의료비의 30% 중 큰 금액을 공제한다. 다만, 항암제, 항생제(항진균제 포함), 희귀약품을 위해 사용된 비급여주사료는 보통약관에서 보상한다.

(4) 보상제외 기간

보험가입금액 한도까지 모두 보상하면 90일간의 면책기간 내의 치료는 보상하지 않는다. 다만, 최초 입원일부터 275일(= 365일 - 90일) 이내에 보상한도종료일이 있는 경우에는 최초 입원일부터 365일이 경과되는 날부터 다시 보상한다.

2. 보험회사별 지급보험금

(1) A 보험회사의 지급보험금

① 1차 입원(2018.6.1. ~ 6.30.) : 제4 ~ 5요추 추간판탈출증(M51)

- 급여 본인부담금 : 300만원 × 80% = 240만원
- 비급여 : (1,200만원 - 300만원) × 80% = 720만원
- 상급병실료 차액 : Min(300만원 × 50%, 30일 × 10만원/일) = 150만원
- 연간 200만원 초과금 : 40만원

  ※ (300만원 + 1,200만원 - 300만원) × 20% = 240만원
- 합계 : 240만원 + 720만원 + 150만원 + 40만원 = 1,150만원

제3과목 제3보험의 이론과 실무

② 2차 입원(2018.9.11. ~ 10.20.) : 우측 경골 미세골절(S82)

- 급여 본인부담금 : 100만원 × 80% = 80만원
- 비급여 : 200만원 × 80% = 160만원

※ 비급여 400만원 – (보조기 구입비 100만원) – (주사료 100만원) = 200만원

- 합계 : 80만원 + 160만원 = 240만원
- A 보험회사 비례분담액 : 240만원 × 50% = 120만원

③ 3차 입원(2019.3.1. ~ 3.20.) : 제4 ~ 5요추 추간판탈출증(M51)

- 급여 본인부담금 : 200만원
- 비급여 : 700만원

※ 1차 입원에서 초과 자기부담금 200만원을 공제하였으므로 전액 지급

- 합계 : 200만원 + 700만원 = 900만원
- 잔여한도보상 : 2,000만원 – 1,150만원 = 850만원(보상한도까지 보상)

④ 4차 입원(2019.4.1. ~ 4.20.) : 제4 ~ 5요추 추간판탈출증(M51)

보상제외 기간에 해당하므로 면책

⑤ 5차 입원(2019.7.1. ~ 7.15.) : 제4 ~ 5요추 추간판탈출증(M51)

- 급여 본인부담금 : 200만원 × 80% = 160만원
- 비급여 : (1,100만원 – 100만원) × 80% = 800만원
- 연간 200만원 초과금 : 40만원

※ (200만원 + 1,100만원 – 100만원) × 20% = 240만원

- 합계 : 160만원 + 800만원 + 40만원 = 1,000만원

⑥ 지급보험금 합계

1,150만원 + 120만원 + 850만원 + 1,000만원 = 3,120만원

(2) B 보험회사의 지급보험금

① 1차 입원(2018.6.1. ~ 6.30.) : 제4 ~ 5요추 추간판탈출증(M51)

해당 사항 없음

② 2차 입원(2018.9.11. ~ 10.20.) : 우측 경골 미세골절(S82)

- 급여 본인부담금 : 100만원 × 80% = 80만원
- 비급여 : 200만원 × 80% = 160만원

※ 비급여 400만원 – (보조기 구입비 100만원) – (주사료 100만원) = 200만원

- 합계 : 80만원 + 160만원 = 240만원
- B 보험회사 비례분담액 : 240만원 × 50% = 120만원
- 비급여주사료 : 100만원 – Max(2만원, 30만원) = 70만원

③ 3차 입원(2019.3.1. ~ 3.20.) : 제4 ~ 5요추 추간판탈출증(M51)

해당 사항 없음

④ 4차 입원(2019.4.1. ~ 4.20.) : 제4 ~ 5요추 추간판탈출증(M51)

- 비급여주사료 : 300만원 - Max(2만원, 90만원) = 210만원
- 연간 보상한도 : 250만원
- 지급액 : 250만원 - 70만원 = 180만원(보상한도까지 보상)

⑤ 5차 입원(2019.7.1. ~ 7.15.) : 제4 ~ 5요추 추간판탈출증(M51)

해당 사항 없음

⑥ 지급보험금 합계

120만원 + 70만원 + 180만원 = 370만원

제43회 신체손해사정사 2차 시험문제

1. 「질병・상해보험 표준약관」에 관한 "아래의 질문"에 답하시오. (35점)

(1) 회사는 계약자 또는 피보험자가 고의 또는 중대한 과실로 계약 전 알릴의무를 위반하고 그 의무가 중요한 사항에 해당하는 경우에는 계약을 해지할 수 있는데, "회사가 계약을 해지할 수 없는 경우"를 모두 기술하시오. (10점)

(2) 「약관교부 및 설명의무 등」 조항에서 "전화를 이용하여 계약을 체결하는 경우에 자필서명을 생략할 수 있는 2가지 경우"를 기술하시오. (4점)

(3) 지급기일의 초과가 예상되는 경우에는 서류를 접수한 날부터 30영업일 이내에 지급예정일을 정하여 안내하도록 규정하고 있으나, "예외적으로 서류를 접수한 날부터 30영업일을 경과하여 지급예정일을 정할 수 있는 경우"를 기술하시오. (6점)

(4) 「소멸시효」 조항에 규정된 "청구권(6가지)"과 "소멸시효 완성기간"을 기술하시오. (7점)

(5) 「사기에 의한 계약」 조항에 규정된 "계약취소의 사유와 제척기간"을 기술하시오. (8점)

2. 아래의 조건을 참고하여 A 보험회사의 사망보험금을 산출하시오(표준약관에 근거하여 풀이과정을 제시할 것). (15점)

〈계약사항〉

보험회사	보험종목	계약자 및 피보험자	보험 수익자	보험기간	담보내용 : 가입금액 (특별약관 : 가입금액)
A 종합손해	장기상해	김민국 (남, 50세)	상속인	2018.2.1. ~ 2038.1.31.	상해사망 : 2억원 (질병사망 : 1억원)
	장기상해	박사랑 (여, 45세)	상속인	2018.4.1. ~ 2038.3.31.	상해사망 : 1억원 (휴일상해사망 : 1억원)

※ 질병・상해보험 표준약관 및 특별약관이 적용되는 정상 유지 계약으로 계약 전・후 알릴의무위반 사항은 없음(휴일상해사망 특약의 보장은 사고발생지의 표준시를 적용함).

〈사고사항〉

부부사이인 김민국과 박사랑은 여행 목적으로 베트남 호치민에 여행을 갔고, 현지기준 2020.8.9.(일) 23:00시경 호치민 호텔에서 부부싸움 도중 남편 김민국이 부인 박사랑을 흉기로 찌르고, 본인은 이를 비관하여 자유로운 의사결정 상태에서 유서를 남기고 호텔 5층 창문으로 투신함.

김민국과 박사랑은 호치민 병원으로 후송되어 치료 중 박사랑은 현지기준 2020.8.10.(월) 01:00시경 찔린 부위 과다출혈로 사망하고, 김민국도 현지기준 2020.8.10.(월) 04:00시경 다발성 손상으로 사망함.

〈참고사항〉

- 상기 사고내용은 객관적(사망진단서, 현지 경찰조사서류)으로 확인된 내용임.
- 김민국과 박사랑은 법률상 부부이며, 자녀 1명(여, 만 20세)이 있음.
- 대한민국 서울과 베트남 호치민의 시차는 2시간임.
  (서울 16:00 ↔ 호치민 14:00)

3. 피보험자 강철중(남, 43세)은 2020.3.6. 오전 7시경 출근 중 교통사고를 당하여 2020.9.15. 영구 후유장해 진단을 받았다. 아래 질문에 답하시오. (25점)

피보험자는 보험가입 이전에 상해사고로 인해 "우측 슬관절의 기능에 약간의 장해를 남긴 때"에 해당하는 기존 장해가 있었음.

〈계약사항〉

보험회사	피보험자/수익자	보험기간	담보내용(가입금액)
K	강철중	2018.7.20. ~ 2038.7.20.	상해후유장해 : 1억원
			80% 이상 상해후유장해 : 5천만원

※ 질병·상해보험 표준약관을 사용하며, 알릴의무위반 사항이 없는 정상 유지 계약임.
※ 80% 이상 상해후유장해 진단시 해당 특약 가입금액 전액 지급함.

〈후유장해진단 내용〉

① 코의 1/5 이상 결손 상태
② 후각신경의 손상으로 양쪽 코의 후각기능을 완전히 잃은 경우
③ 목에 손바닥 크기 1/2 이상의 추상(추한 모습)
④ 머리뼈(두개골), 제1경추, 제2경추를 모두 유합 또는 고정한 상태
⑤ 요추 2～3번 방출성 골절로 인해 12°이상의 척추측만증 변형이 있음
⑥ 우측 고관절에 인공관절을 삽입한 상태
⑦ 우측 슬관절에 스트레스 엑스선상 17mm의 동요관절이 있음
(정상측인 좌측 슬관절에 스트레스 엑스선상 3mm의 동요관절이 있음)

〈장해분류표상 장해지급률〉

- 코의 호흡기능을 완전히 잃었을 때(15%)
- 코의 후각기능을 완전히 잃었을 때(5%)
- 외모에 뚜렷한 추상(추한 모습)을 남긴 때(15%)
- 외모에 약간의 추상(추한 모습)을 남긴 때(5%)
- 척추(등뼈)에 심한 운동장해를 남긴 때(40%)
- 척추(등뼈)에 뚜렷한 운동장해를 남긴 때(30%)
- 척추(등뼈)에 약간의 운동장해를 남긴 때(10%)
- 척추(등뼈)에 심한 기형을 남긴 때(50%)
- 척추(등뼈)에 뚜렷한 기형을 남긴 때(30%)
- 척추(등뼈)에 약간의 기형을 남긴 때(15%)
- 한 다리의 3대 관절 중 관절 하나의 기능을 완전히 잃었을 때(30%)
- 한 다리의 3대 관절 중 관절 하나의 기능에 심한 장해를 남긴 때(20%)
- 한 다리의 3대 관절 중 관절 하나의 기능에 뚜렷한 장해를 남긴 때(10%)
- 한 다리의 3대 관절 중 관절 하나의 기능에 약간의 장해를 남긴 때(5%)

〈질문사항〉

(1) K 보험회사가 강철중에게 지급해야 할 후유장해보험금을 계산하시오(산출근거를 명기할 것). (15점)

(2) 상기 제 조건과 달리, 아래의 표준약관 장해분류표 내용상 빈칸(① ~ ⑩)에 들어갈 내용을 쓰시오(단위도 명기할 것). (10점)

귀에 "약간의 장해를 남긴 때"라 함은 순음청력검사 결과 평균순역음치가 (①) 이상인 경우에 해당되어, (②) 이상의 거리에서는 보통의 말소리를 알아듣지 못하는 경우를 말한다.
체간골의 장해 중 "골반뼈의 뚜렷한 기형"이라 함은 아래의 경우 중 하나에 해당하는 때를 말한다. ㉮ 천장관절 또는 치골문합부가 분리된 상태로 치유되었거나 좌골이 (③) 이상 분리된 부정유합 상태 ㉯ 육안으로 변형(결손을 포함)을 명백하게 알 수 있을 정도로 방사선 검사로 측정한 각(角)변형이 (④) 이상인 경우 ㉰ 미골의 기형은 골절이나 탈구로 방사선 검사로 측정한 각(角) 변형이 (⑤) 이상 남은 상태
"장해지급률 100%인 장해"는 ㉮ 두 눈이 멀었을 때, ㉯ 심장 기능을 잃었을 때, ㉰ 신경계에 장해가 남아 일상생활 기본동작에 제한을 남긴 때, ㉱ (⑥), ㉲ (⑦), ㉳ (⑧), ㉴ (⑨), ㉵ (⑩)

4. 피보험자 이보상(남, 50세)씨는 행복 보험회사에 〈표 1〉과 같이 보험에 각각 가입하고, 〈표 2〉와 같이 입원치료 후 보험회사에 입원보험금과 실손의료비를 2020.8.30. 일괄 청구하였다. 입원차수별 지급보험금을 산출하시오(입원차수별 각 5점 / 풀이과정을 명기할 것). (25점)

〈표 1〉 계약사항

보험회사 (계약일자)	보험종류 (공제유형)	보장종목(보상한도)	선택 특별약관(보상한도)
행복 ('19.8.1.)	장기종합	상해보장(1천만원)	질병입원보장(1천만원)
	기본(갱신)형 실손의료보험 (표준형)	질병입원형(2천만원) 상해입원형(2천만원)	비급여 도수치료・체외충격파치료・증식치료 실손의료보험(약관상 보상한도)

※ 종합건강보험 질병입원보장 특약 보장내용
동일질병의 직접치료 목적으로 입원 : 1만원(3일 초과 1일당) 단, 동일질병의 입원보험금 지급한도는 90일

〈표 2〉 치료청구사항(추가 치료내역 없음)

(단위 : 만원)

구분 (병원)	입원기간	병명(코드)	요양급여		비급여	
			본인 부담	공단 부담		포함 비용
1차 (A정형)	'19.9.1. ~ 10.20.(50일)	주상병)목뼈 원판장애(M50) 부상병)팔의 신경병증(G56)	200	800	800	도수치료 (20회×10만원)
2차 (B내과)	'19.11.1. ~ 11.10.(10일)	주상병)알콜성 간염(K70) 부상병)대사성 산증(E87)	50	200	150	영양제(100만원) ※ 의사 소견상 치료 목적 50만원
3차 (C신경)	'19.12.1. ~ 12.30.(30일)	주상병)팔의 신경병증(G56) 부상병)관절염(M00)	100	400	300	증식치료 (20회×5만원)
4차 (D한방)	'20.2.1. ~ 2.10.(10일)	주상병)경추 염좌(S13) 부상병)요추 염좌(S33)	–	–	250	도수치료 (5회×10만원)
5차 (E재활)	'20.3.1. ~ 4.19.(50일)	주상병)목뼈 원판장애(M50) 부상병)관절증(M15)	200	800	1,200	도수치료 (20회×10만원)

※ 정상 유지 계약이며, 계약 전 알릴의무위반 사항 없음.
※ 치료의사 소견상 입원치료가 필요했던 질환은 주상병으로 기재함.
※ 4차 입원사유는 교통사고(자동차보험 지불보증)로 비급여는 전액 본인부담액이며, 해당 병원은 「의료법」 제2조에 따른 한의사만 진료함.
※ 피보험자 소득 10분위로 본인부담금 상한제는 고려하지 않음.

01 「질병 · 상해보험 표준약관」에 관한 "아래의 질문"에 답하시오. (35점)

(1) 회사는 계약자 또는 피보험자가 고의 또는 중대한 과실로 계약 전 알릴의무를 위반하고 그 의무가 중요한 사항에 해당하는 경우에는 계약을 해지할 수 있는데, "회사가 계약을 해지할 수 없는 경우"를 모두 기술하시오. (10점)

(2) 「약관교부 및 설명의무 등」 조항에서 "전화를 이용하여 계약을 체결하는 경우에 자필서명을 생략할 수 있는 2가지 경우"를 기술하시오. (4점)

(3) 지급기일의 초과가 예상되는 경우에는 서류를 접수한 날부터 30영업일 이내에 지급예정일을 정하여 안내하도록 규정하고 있으나, "예외적으로 서류를 접수한 날부터 30영업일을 경과하여 지급예정일을 정할 수 있는 경우"를 기술하시오. (6점)

(4) 「소멸시효」 조항에 규정된 "청구권(6가지)"과 "소멸시효 완성기간"을 기술하시오. (7점)

(5) 「사기에 의한 계약」 조항에 규정된 "계약취소의 사유와 제척기간"을 기술하시오. (8점)

모범답안

(1) 회사가 계약을 해지할 수 없는 경우

회사는 계약자 또는 피보험자가 고의 또는 중대한 과실로 계약 전 알릴의무를 위반하고 그 의무가 중요한 사항에 해당하는 경우에는 손해의 발생 여부에 관계없이 계약을 해지할 수 있으나, 다음 중 하나에 해당하는 경우에는 회사는 계약을 해지할 수 없다.

① 회사가 계약 당시에 그 사실을 알았거나 과실로 인하여 알지 못하였을 때

② 회사가 그 사실을 안 날부터 1개월 이상 지났거나 또는 제1회 보험료를 받은 때부터 보험금 지급사유가 발생하지 않고 2년(진단계약의 경우 질병에 대하여는 1년)이 지났을 때

③ 계약을 체결한 날부터 3년이 지났을 때

④ 회사가 계약을 청약할 때 피보험자의 건강상태를 판단할 수 있는 기초자료(건강진단서 사본 등)에 따라 승낙한 경우에 건강진단서 사본 등에 명기되어 있는 사항으로 보험금 지급사유가 발생하였을 때. 다만, 계약자 또는 피보험자가 회사에 제출한 기초자료의 내용 중 중요사항을 고의로 사실과 다르게 작성한 때에는 계약을 해지할 수 있다.

⑤ 보험설계사 등이 계약자 또는 피보험자에게 고지할 기회를 주지 않았거나 계약자 또는 피보험자가 사실대로 고지하는 것을 방해한 경우 또는 계약자 또는 피보험자에게 사실대로 고지하지 않게 하였거나 부실한 고지를 권유했을 때. 다만, 보험설계사 등의 행위가 없었다 하더라도 계약자 또는 피보험자가 사실대로 고지하지 않거나 부실한 고지를 했다고 인정되는 경우에는 계약을 해지할 수 있다.

(2) 전화를 이용하여 계약을 체결하는 경우에 자필서명을 생략할 수 있는 경우(2가지)

① 계약자, 피보험자 및 보험수익자가 동일한 계약의 경우

② 계약자, 피보험자가 동일하고 보험수익자가 계약자의 법정상속인인 계약일 경우

(3) 예외적으로 서류를 접수한 날부터 30영업일을 경과하여 지급예정일을 정할 수 있는 경우

① 소송제기

② 분쟁조정 신청

③ 수사기관의 조사

④ 외국에서 발생한 보험사고에 대한 조사

⑤ 회사의 조사요청에 대한 동의 거부 등 계약자, 피보험자 또는 보험수익자에게 책임이 있는 사유로 보험금 지급사유의 조사와 확인이 지연되는 경우

⑥ 보험금 지급사유에 대해 제3자의 의견에 따르기로 한 경우

(4) 「소멸시효」 조항에 규정된 "청구권(6가지)"과 "소멸시효 완성기간"

① 보험금청구권, ② 만기환급금청구권, ③ 보험료반환청구권, ④ 해지환급금청구권, ⑤ 책임준비금반환청구권 및 ⑥ 배당금청구권은 3년간 행사하지 않으면 소멸시효가 완성된다.

(5) 「사기에 의한 계약」 조항에 규정된 "계약취소의 사유와 제척기간"

계약자 또는 피보험자가 ① 대리진단이나, ② 약물사용을 통하여 진단절차를 통과하거나, ③ 진단서를 위조 또는 변조하거나, ④ 청약일 이전에 암 또는 사람면역결핍바이러스(HIV) 감염의 진단 확정을 받은 후 이를 숨기고 가입하는 등 사기에 의하여 계약이 성립되었음을 회사가 증명하는 경우에는 회사는 계약일부터 5년 이내(사기사실을 안 날부터 1개월 이내)에 계약을 취소할 수 있다.

02

아래의 조건을 참고하여 A 보험회사의 사망보험금을 산출하시오(표준약관에 근거하여 풀이과정을 제시할 것). (15점)

〈계약사항〉

보험회사	보험종목	계약자 및 피보험자	보험 수익자	보험기간	담보내용 : 가입금액 (특별약관 : 가입금액)
A 종합손해	장기상해	김민국 (남, 50세)	상속인	2018.2.1. ~ 2038.1.31.	상해사망 : 2억원 (질병사망 : 1억원)
	장기상해	박사랑 (여, 45세)	상속인	2018.4.1. ~ 2038.3.31.	상해사망 : 1억원 (휴일상해사망 : 1억원)

※ 질병·상해보험 표준약관 및 특별약관이 적용되는 정상 유지 계약으로 계약 전·후 알릴의무위반 사항은 없음(휴일상해사망 특약의 보장은 사고발생지의 표준시를 적용함).

〈사고사항〉

부부사이인 김민국과 박사랑은 여행 목적으로 베트남 호치민에 여행을 갔고, 현지기준 2020.8.9.(일) 23:00시경 호치민 호텔에서 부부싸움 도중 남편 김민국이 부인 박사랑을 흉기로 찌르고, 본인은 이를 비관하여 자유로운 의사결정 상태에서 유서를 남기고 호텔 5층 창문으로 투신함.
김민국과 박사랑은 호치민 병원으로 후송되어 치료 중 박사랑은 현지기준 2020.8.10.(월) 01:00시경 찔린 부위 과다출혈로 사망하고, 김민국도 현지기준 2020.8.10.(월) 04:00시경 다발성 손상으로 사망함.

〈참고사항〉

- 상기 사고내용은 객관적(사망진단서, 현지 경찰조사서류)으로 확인된 내용임.
- 김민국과 박사랑은 법률상 부부이며, 자녀 1명(여, 만 20세)이 있음.
- 대한민국 서울과 베트남 호치민의 시차는 2시간임.
  (서울 16:00 ↔ 호치민 14:00)

모범답안

1. 김민국에 대한 A 보험회사의 사망보험금

김민국은 고의로 자신을 해치고, 자유로운 의사결정 상태에서 유서를 남기고 투신하여 사망하였기 때문에 A 보험회사는 보상책임이 발생하지 않는다. 즉 면책사유에 해당되므로 김민국에 지급할 보험금이 없다.

① 상해사망보험금 : 면책(0원)

② 질병사망보험금 : 면책(0원)

2. 박사랑에 대한 A 보험회사의 사망보험금

보험수익자가 고의로 피보험자를 해친 경우 보험금을 지급하지 않지만, 그 보험수익자가 보험금의 일부 보험수익자인 경우에는 다른 보험수익자에 대한 보험금은 지급한다.

위 사고의 발생일은 일요일이고, 피보험자인 박사랑은 보험수익자인 남편(배우자)이 휘두른 흉기에 의해 사망하였으므로, A 보험회사는 상해사망보험금 1억원과 휴일상해사망보험금 1억원(총 2억원)을 지급한다.

※ 휴일상해사망의 경우 피보험자의 사망일이 아닌 사고발생일을 기준으로 사고발생지의 표준시를 적용한다.

그런데 박사랑에 대한 법정상속인은 배우자인 김민국과 자녀로, 1.5 : 1의 비율로 상속되지만, 배우자 김민국의 고의에 의해 박사랑(피보험자)이 사망하였으므로, 김민국의 상속분에 해당하는 보험금은 면책된다.

(1) 상해사망보험금

① 김민국(보험수익자) : 1억원 × 1.5 / 2.5 = 6,000만원(= 면책)

② 자녀(여, 만 20세) : 1억원 × 1/2.5 = 4,000만원(지급)

(2) 휴일상해사망보험금

① 김민국(보험수익자) : 1억원 × 1.5 / 2.5 = 6,000만원(= 면책)

② 자녀(여, 만 20세) : 1억원 × 1/2.5 = 4,000만원(지급)

(3) 사망보험금 산정

김민국의 상속분에 해당하는 보험금은 면책되고, 자녀의 상속분만 지급한다. 즉

상해사망보험금(4,000만원) + 휴일상해사망보험금(4,000만원) = 8,000만원

03

피보험자 강철중(남, 43세)은 2020.3.6. 오전 7시경 출근 중 교통사고를 당하여 2020.9.15. 영구 후유장해 진단을 받았다. 아래 질문에 답하시오. (25점)

> 피보험자는 보험가입 이전에 상해사고로 인해 "우측 슬관절의 기능에 약간의 장해를 남긴 때"에 해당하는 기존 장해가 있었음.

〈계약사항〉

보험회사	피보험자/수익자	보험기간	담보내용(가입금액)
K	강철중	2018.7.20. ~ 2038.7.20.	상해후유장해 : 1억원
			80% 이상 상해후유장해 : 5천만원

※ 질병·상해보험 표준약관을 사용하며, 알릴의무위반 사항이 없는 정상 유지 계약임.
※ 80% 이상 상해후유장해 진단시 해당 특약 가입금액 전액 지급함.

〈후유장해진단 내용〉

① 코의 1/5 이상 결손 상태
② 후각신경의 손상으로 양쪽 코의 후각기능을 완전히 잃은 경우
③ 목에 손바닥 크기 1/2 이상의 추상(추한 모습)
④ 머리뼈(두개골), 제1경추, 제2경추를 모두 유합 또는 고정한 상태
⑤ 요추 2～3번 방출성 골절로 인해 12°이상의 척추측만증 변형이 있음
⑥ 우측 고관절에 인공관절을 삽입한 상태
⑦ 우측 슬관절에 스트레스 엑스선상 17mm의 동요관절이 있음
(정상측인 좌측 슬관절에 스트레스 엑스선상 3mm의 동요관절이 있음)

〈장해분류표상 장해지급률〉

- 코의 호흡기능을 완전히 잃었을 때(15%)
- 코의 후각기능을 완전히 잃었을 때(5%)
- 외모에 뚜렷한 추상(추한 모습)을 남긴 때(15%)
- 외모에 약간의 추상(추한 모습)을 남긴 때(5%)
- 척추(등뼈)에 심한 운동장해를 남긴 때(40%)
- 척추(등뼈)에 뚜렷한 운동장해를 남긴 때(30%)
- 척추(등뼈)에 약간의 운동장해를 남긴 때(10%)
- 척추(등뼈)에 심한 기형을 남긴 때(50%)
- 척추(등뼈)에 뚜렷한 기형을 남긴 때(30%)
- 척추(등뼈)에 약간의 기형을 남긴 때(15%)
- 한 다리의 3대 관절 중 관절 하나의 기능을 완전히 잃었을 때(30%)
- 한 다리의 3대 관절 중 관절 하나의 기능에 심한 장해를 남긴 때(20%)
- 한 다리의 3대 관절 중 관절 하나의 기능에 약간의 장해를 남긴 때(5%)

〈질문사항〉

(1) K 보험회사가 강철중에게 지급해야 할 후유장해보험금을 계산하시오(산출근거를 명기할 것). (15점)

(2) 상기 제 조건과 달리, 아래의 표준약관 장해분류표 내용상 빈칸(① ~ ⑩)에 들어갈 내용을 쓰시오(단위도 명기할 것). (10점)

귀에 "약간의 장해를 남긴 때"라 함은 순음청력검사 결과 평균순역음치가 (①) 이상인 경우에 해당되어, (②) 이상의 거리에서는 보통의 말소리를 알아듣지 못하는 경우를 말한다.
체간골의 장해 중 "골반뼈의 뚜렷한 기형"이라 함은 아래의 경우 중 하나에 해당하는 때를 말한다. ㉮ 천장관절 또는 치골문합부가 분리된 상태로 치유되었거나 좌골이 (③) 이상 분리된 부정유합 상태 ㉯ 육안으로 변형(결손을 포함)을 명백하게 알 수 있을 정도로 방사선 검사로 측정한 각(角)변형이 (④) 이상인 경우 ㉰ 미골의 기형은 골절이나 탈구로 방사선 검사로 측정한 각(角) 변형이 (⑤) 이상 남은 상태
"장해지급률 100%인 장해"는 ㉮ 두 눈이 멀었을 때, ㉯ 심장 기능을 잃었을 때, ㉰ 신경계에 장해가 남아 일상생활 기본동작에 제한을 남긴 때, ㉱ (⑥), ㉲ (⑦), ㉳ (⑧), ㉴ (⑨), ㉵ (⑩)

모범답안

1. K 보험회사가 강철중에게 지급해야 할 후유장해보험금

(1) 후유장해 지급률 산정

① 코의 1/5 이상 결손 상태 : 코의 1/4 이상 결손이어야 약간의 추상장해에 해당되지만, 코의 1/5 이상 결손 상태는 후유장해에 해당되지 않는다(추상장해).

② 후각신경의 손상으로 양쪽 코의 후각기능을 완전히 잃은 경우 : 지급률 5%(코의 장해)

③ 목에 손바닥 크기 1/2 이상의 추상(추한 모습) : 지급률 5%(추상장해)

④ 머리뼈(두개골), 제1경추, 제2경추를 모두 유합 또는 고정한 상태 : 지급률 40%(척추장해)

⑤ 요추 2 ~ 3번 방출성 골절로 인해 12° 이상의 척추측만증 변형이 있음 : 지급률 30%(척추장해)

⑥ 우측 고관절에 인공관절을 삽입한 상태 : 지급률 20%(다리의 장해)

⑦ 우측 슬관절에 스트레스 엑스선상 17mm의 동요관절이 있음

㉠ 정상측인 좌측 슬관절에 스트레스 엑스선상 3mm의 동요관절이 있음 : 건측(정상 부위) 3mm이므로 환측(장해 부위)에서 차감하면 14mm의 동요관절(뚜렷한 장해)에 해당되므로, 지급률 10%

㉡ 우측 슬관절의 기능에 약간의 장해(기왕장해) : 지급률 5%

⑧ 최종 장해지급률

㉠ 척추장해에서 두 개 이상의 운동단위에서 장해가 발생한 경우에는 그중 가장 높은 지급률(40%)을 적용한다.

㉡ 다리의 장해에서 지급률은 합산하여 적용한다.
따라서, 최종 장해지급률 = 5% + 5% + 40% + 20% + 10% = **80%**

(2) 후유장해보험금 산정

① 상해후유장해

㉠ 코의 장해 : 1억원 × 5% = 500만원

㉡ 추상장해 : 1억원 × 5% = 500만원

㉢ 척추장해 : 1억원 × 40% = 4,000만원

㉣ 우측 고관절 장해 : 1억원 × 20% = 2,000만원

㉤ 우측 슬관절 장해 : 보험가입 이전에 우측 슬관절의 기능에 약간의 장해(기왕장해)가 있으므로, 이를 차감한다. 즉
(1억원 × 10%) − (1억원 × 5%) = 500만원

㉥ 합계 : 500만원 + 500만원 + 4,000만원 + 2,000만원 + 500만원 = **7,500만원**

② 80% 이상 상해후유장해

최종 장해지급률이 80% 이상 상해후유장해에 해당하므로, 특약 담보금액(5천만원) 전액을 지급한다. 단, 슬관절의 기왕장해를 차감하여 지급한다. 즉
5천만원 − (5천만원 × 5%) = **4,750만원**

(3) K 보험회사가 지급하여야 할 후유장해보험금

① 상해후유장해(7,500만원) + ② 80% 이상 상해후유장해(4,750만원) = **1억2,250만원**

2. 표준약관 장해분류표 내용상 빈칸(① ~ ⑩)

① 70dB

② 50cm

③ 2.5cm

④ 20°

⑤ 70°

⑥ 씹어먹는 기능과 말하는 기능 모두에 심한 장해를 남긴 때

⑦ 두 팔의 손목 이상을 잃었을 때

⑧ 두 다리의 발목 이상을 잃었을 때

⑨ 정신행동에 극심한 장해를 남긴 때

⑩ 극심한 치매 : CDR 척도 5점

04

피보험자 이보상(남, 50세)씨는 행복 보험회사에 〈표 1〉과 같이 보험에 각각 가입하고, 〈표 2〉와 같이 입원치료 후 보험회사에 입원보험금과 실손의료비를 2020.8.30. 일괄 청구하였다. 입원차수별 지급보험금을 산출하시오(입원차수별 각 5점 / 풀이과정을 명기할 것). (25점)

〈표 1〉 계약사항

보험회사 (계약일자)	보험종류 (공제유형)	보장종목(보상한도)	선택 특별약관(보상한도)
행복 ('19.8.1.)	장기종합	상해보장(1천만원)	질병입원보장(1천만원)
	기본(갱신)형 실손의료보험 (표준형)	질병입원형(2천만원) 상해입원형(2천만원)	비급여 도수치료・체외충격파치료・증식치료 실손의료보험(약관상 보상한도)

※ 종합건강보험 질병입원보장 특약 보장내용
동일질병의 직접치료 목적으로 입원 : 1만원(3일 초과 1일당) 단, 동일질병의 입원보험금 지급한도는 90일

〈표 2〉 치료청구사항(추가 치료내역 없음)

(단위 : 만원)

구분 (병원)	입원기간	병명(코드)	요양급여		비급여	
			본인 부담	공단 부담		포함 비용
1차 (A정형)	'19.9.1. ~ 10.20.(50일)	주상병)목뼈 원판장애(M50) 부상병)팔의 신경병증(G56)	200	800	800	도수치료 (20회 × 10만원)
2차 (B내과)	'19.11.1. ~ 11.10.(10일)	주상병)알콜성 간염(K70) 부상병)대사성 산증(E87)	50	200	150	영양제(100만원) ※ 의사 소견상 치료 목적 50만원
3차 (C신경)	'19.12.1. ~ 12.30.(30일)	주상병)팔의 신경병증(G56) 부상병)관절염(M00)	100	400	300	증식치료 (20회 × 5만원)
4차 (D한방)	'20.2.1. ~ 2.10.(10일)	주상병)경추 염좌(S13) 부상병)요추 염좌(S33)	–	–	250	도수치료 (5회 × 10만원)
5차 (E재활)	'20.3.1. ~ 4.19.(50일)	주상병)목뼈 원판장애(M50) 부상병)관절증(M15)	200	800	1,200	도수치료 (20회 × 10만원)

※ 정상 유지 계약이며, 계약 전 알릴의무위반 사항 없음.
※ 치료의사 소견상 입원치료가 필요했던 질환은 주상병으로 기재함.
※ 4차 입원사유는 교통사고(자동차보험 지불보증)로 비급여는 전액 본인부담액이며, 해당 병원은 「의료법」 제2조에 따른 한의사만 진료함.
※ 피보험자 소득 10분위로 본인부담금 상한제는 고려하지 않음.

모범답안

※ 본 문제는 3세대 실손의료보험약관에 따라 기술하였다.

1. 1차 입원기간 : '19.9.1. ~ 10.20.(50일)

(1) 입원의료비

의료급여 중 본인부담금과 비급여를 합한 금액(본인이 실제로 부담한 금액)의 80%에 해당하는 금액이며, 도수치료 비용은 차감한다.

{200만원 + (800만원 − 200만원)} × 80% = 640만원

(2) 질병입원특약비

동일질병의 직접치료 목적으로 입원하는 경우 1만원(3일 초과 1일당)이므로,

(50일 − 3일) × 1만원/일 = 47만원

(3) 도수치료특약비

1회당 2만원과 보장대상의료비의 30% 중 큰 금액이고, 계약일 또는 매년 계약 해당일부터 1년 단위로 350만원 이내에서 50회까지 보상하므로,

10만원 − Max(2만원, 10만원 × 30%) = 7만원

7만원/회 × 20회 = 140만원

※ 도수치료・체외충격파치료・증식치료 특별약관의 공제금액은 입원・통원 1회당 2만원과 보장대상의료비의 30% 중 큰 금액을 공제한다.

(4) 합 계

640만원 + 47만원 + 140만원 = 827만원

2. 2차 입원기간 : '19.11.1. ~ 11.10.(10일)

(1) 입원의료비

영양제는 보상하지 않으나, 질병의 치료를 목적으로 하는 경우에는 보상한다. 다만, 비급여주사치료의 경우 비급여주사료 실손의료보험 특별약관에서 보상한다.

{50만원 + (150만원 − 100만원)} × 80% = 80만원

(2) 질병입원특약비

(10일 − 3일) × 1만원/일 = 7만원

(3) 특약치료비

해당 사항 없음

(4) 합 계

80만원 + 7만원 = 87만원

3. 3차 입원기간 : '19.12.1. ~ 12.30.(30일)

(1) 입원의료비

{100만원 + (300만원 − 100만원)} × 80% = 240만원

240만원 + 20만원 = 260만원

※ 계약일자기준 본인부담금 공제 합계가 220만원(1차 160만원 + 3차 60만원)으로 200만원을 초과하므로, 초과금액 20만원을 보상한다.

(2) 질병입원특약비

30일 × 1만원/일 = 30만원

※ 동일질병으로 180일 이내에 입원하였고, 1차 입원에서 3일 공제 적용하였으므로, 이후 90일 보상한도까지는 3일 공제하지 않는다.

(3) 증식치료특약비

5만원 − Max(2만원, 5만원 × 30%) = 3만원

3만원/회 × 20회 = 60만원

(4) 합 계

260만원 + 30만원 + 60만원 = 350만원

4. 4차 입원기간 : '20.2.1. ~ 2.10.(10일)

(1) 입원의료비

한의사가 진료한 한방치료는 보상하지 않는다.

(2) 질병입원특약비

해당 사항 없음

(3) 도수치료특약비

특약형에서도 한방치료는 보상하지 않는다.

※ 면책이므로 특별약관 보상한도 횟수에는 포함되지 않는다.

(4) 합계 : 0원

5. 5차 입원기간 : '20.3.1. ~ 4.19.(50일)

(1) 입원의료비

보장한도액(2,000만원) – 기지급액(1차 640만원 + 3차 260만원) = 1,100만원

※ 기지급액 900만원은 동일질병으로 기지급된 입원의료비이다.

(2) 질병입원특약비

1차 입원 및 3차 입원과 동일한 질병으로 퇴원일로부터 180일 경과하지 아니하였으므로, 3일 공제 없이 보상하되, 90일에서 1차 47일분과 3차 30일을 제외한 13일 한도로 보상한다.

1만원/일 × (90일 – 77일) = 13만원

(3) 도수치료특약비

10만원 – Max(2만원, 10만원 × 30%) = 7만원

7만원/회 × 20회 = 140만원

7만원/회 × 10회 = 70만원

※ 도수치료 · 체외충격파치료 · 증식치료 특별약관은 계약일 또는 매년 계약 해당일부터 1년 단위로 350만원 이내에서 최대 50회까지 보상하는데 기존에 40회 사용하였으므로, 나머지 10회까지만 보상한다.

(4) 합 계

1,100만원 + 13만원 + 70만원 = 1,183만원

제44회 신체손해사정사 2차 시험문제

1. 아래 사례와 같이 피보험자가 보험계약을 유지할 의사가 없는 경우에 질병 · 상해보험 표준약관상 행사할 수 있는 권리와 그 행사로 인한 효과에 대해 약술하시오. (10점)

〈사례〉

이수일과 심순애는 결혼을 약속한 사이로 2021년 1월 4일 심순애가 본인을 보험계약자 및 수익자로 하고, 이수일을 피보험자로 하는 계약을 체결하였다. 상기 계약은 이수일의 사망을 보험사고로 하는 계약이며, 이수일은 보험계약을 체결할 때 자필서명을 이행하였고, 해당 계약은 현재 유효한 보험계약이다. 2021년 5월 31일 이수일과 심순애는 헤어졌고, 보험계약자인 심순애는 해당 계약을 계속 유지하려고 하나, 피보험자인 이수일은 해당 계약을 유지할 의사가 없다.

2. 2021.7.1. 개정된 질병 · 상해보험 표준약관의 「위법계약의 해지」 조항에 관하여 아래의 질문에 답하시오. (10점) 기출수정

(1) 「금융소비자 보호에 관한 법률」 제47조 및 관련 규정이 정하는 바에 따라 계약 체결에 대한 회사의 법위반 사항이 있는 경우 계약자가 위법계약의 해지를 요구할 수 있는 기간을 기술하시오. (4점)

(2) 보험회사는 위법계약의 해지요구를 받은 날부터 일정한 기간 내에 수락 여부를 계약자에게 통지하여야 하는데 그 통지기간을 기술하시오. (2점)

(3) 위법계약으로 인해 해지된 경우 회사가 계약자에게 지급해야 하는 해약환급금을 쓰시오. (4점)

3. 아래사항을 참고하여 보험회사의 지급보험금을 산출하시오(판단근거 및 풀이과정을 제시할 것). (20점)

〈계약사항〉

보험회사	보험종목	계약자 피보험자 수익자	계약일자 (부활일자)	담보내용 (보장금액)	보장내역
A 손해보험	장기건강	홍길동	2020.1.2. (2021.2.1.)	암 진단 (4천만원)	(최초)계약일로부터 1년 이내 보장사유 발생시 해당 금액의 50% 지급

※ 질병·상해보험 표준약관 적용되는 정상 유지 계약임
※ 암 보장개시일은 계약일(부활일)을 포함하여 90일이 지난날의 다음날임
※ 계약자의 계속보험료 미납으로 실효 해지된 후 청약 및 보험회사의 승낙으로 부활됨

〈암 진단 및 청구 내용〉

- 2021.5.2. : 조직검사 결과상 간암 진단(한국대학병원)
- 2021.6.3. : 보험금 청구·접수(지급기일은 2021.6.8.임)
- 2021.6.4. : 지급사유 조사·확인이 필요하여 지급기일이 초과될 것을 수익자에게 통지함
- 2021.7.12. : 보험금 지급

[참고자료]

〈달력 – 2021년〉

일	월	화	수	목	금	토
		6월/1	2	3	4	5
6	7	8	9	10	11	12
13	14	15	16	17	18	19
20	21	22	23	24	25	26
27	28	29	30	7월/1	2	3
4	5	6	7	8	9	10
11	12					

※ 법정공휴일 없음

〈보험금 지급 지연에 따른 추가 금액(보험금을 지급할 때의 적립이율 계산)〉

편의상 아래의 금액으로 계산할 것	
• 보험계약대출이율을 적용한 금액	1일당 1,000원
• 가산이율을 적용한 금액	1일당 500원

4. 홍길동은 보험회사에 3건의 보험계약을 체결하였다. 아래의 질문에 답하시오. (20점)

〈계약사항〉

보험계약	보험기간	계약자 피보험자 수익자	보장내용
보험1	2019.7.1. ~2029.7.1.	홍길동	• 암 진단 : 1,000만원 • 암 입원 : (1일당) 10만원
보험2	2019.7.1. ~2029.7.1.	홍길동	• 상해사망 : 2,000만원 • 상해입원 : (1일당) 5만원
보험3	2020.8.7. ~2030.8.7.	홍길동	• 암 진단 : 2,000만원 • 암 입원 : (1일당) 5만원

※ 상기 보험계약은 표준사업방법서의 계약 전 알릴의무 사항을 준용함
※ 계약 전 알릴의무위반 확인시 계약해지 처리함

〈치료 · 청구 내용〉

홍길동은 간암 확정 진단(진단일 : 2021.1.20.)받고, 2021.1.20.부터 2021.1.29.까지 항암방사선 치료목적으로 입원함. 홍길동은 2021.7.19. 보험회사에 보험금 청구함

〈손해사정 내용〉

① 2014.7.20. 간경화증으로 진단받고 2014.7.20.부터 2014.7.29.까지 한국대학병원에서 입원치료 사실이 확인됨
② 2018.10.1. 급성 위염으로 2018.10.1.부터 2018.10.5.까지 5회 통원 치료하고, 의사로부터 4주치 약물을 투약 처방받은 사실이 있으나, 실제 약은 구입하지는 않음
③ 2019.12.10. 초음파 검사상 간낭종 의심소견이 있었으나, 추가검사(재검사) 사실이 없음
④ 주치의 소견상 간암과 간경화증은 인과관계가 있으나, 간낭종은 인과관계가 없음
⑤ 홍길동은 보험계약을 체결할 때 위 ①~③의 과거병력을 보험회사에 알리지 않음
⑥ 계약무효 및 계약취소 사유는 없음

(1) 상기 내용으로 보험1의 경우 계약 전 알릴의무위반 여부 및 보험금 지급책임의 면 · 부책을 판단하고 근거를 쓰시오. (7점)

(2) 상기 내용으로 보험2의 경우 계약 전 알릴의무위반 여부 및 보험금 지급책임의 면 · 부책을 판단하고 근거를 쓰시오. (6점)

(3) 상기 내용으로 보험3의 경우 계약 전 알릴의무위반 여부 및 보험금 지급책임의 면 · 부책을 판단하고 근거를 쓰시오. (7점)

5. 피보험자 김사랑의 아래 치료 내용에 대해 질문에 답하시오. (20점)

〈치료 내용〉

(단위 : 만원)

치료 순번	병명(코드)	의료기관	치료기간	요양급여		비급여	
				본인	공단		포함 비용
1	고도비만(E66) – 합병증 없음	A대학병원	2021.7.15. ~7.24. (입원)	100	400	400	병실차액 (200) 영양제주사 (100)
2	기질성 환각증 (F06)	B정신건강 의학과의원	2021.7.25. (통원)	5	20	10	–
		C약국 (B정신건강 의학과의원 처방 · 조제)		1	3	–	–
3	목뼈 원판장애 (M50)	D대학병원	2021.7.28. (통원)	10	40	30	MRI검사 (20)
		E정형외과의원		2	8	15	도수치료 (10)

※ 계약 전 알릴의무위반 사항이 없으며, 청구사항 外 치료내역이 없음

(1) 김사랑이 제3세대 실손의료보험에만 가입된 경우에 A 보험회사가 지급해야 할 실손의료비를 치료 순번별로 계산하시오. (10점)

〈계약사항(제3세대 실손)〉

보험회사 (계약일자)	보험종류	보장종목(보상한도)	특별약관(보상한도)
A (2021.4.5.)	기본형 실손의료 (표준형)	• 질병입원형(5천만원) • 질병통원형(30만원)	• 비급여주사료(약관상 한도) • 비급여자기공명영상진단(약관상 한도)

※ 외래의료비는 1회당 20만원, 처방조제비는 1건당 10만원 보상한도

※ 정상 유지 계약임

(2) 김사랑이 제4세대 실손의료보험에만 가입된 경우에 B 보험회사가 지급해야 할 실손의료비를 치료 순번별로 계산하시오. (10점)

〈계약사항(제4세대 실손)〉

보험회사 (계약일자)	보험종류	기본형(보상한도)	특별약관(보상한도)
B (2021.7.5.)	실손의료	질병급여형(5천만원)	• 질병비급여(5천만원) • 3대 비급여(약관상 한도)

※ 질병급여형, 질병비급여형 통원 1회당 각각 20만원 보상한도
※ 실제 계약 체결되어 정상 유지 중임

6. 아래 홍길동의 후유장해진단서를 참고하여 질문에 답하시오. (20점)

〈사고 및 치료 내용〉

홍길동은 여름휴가 중이던 2020.8.10. 계곡에서 다이빙을 하다가 얼굴, 허리 및 다리 등에 상해를 입고 119로 응급 후송되어 치료 종결 후 후유장해진단을 받았다.

〈계약사항〉

보험사	보험종목	피보험자	보험기간	담보내용(가입금액)
A	상해보험	홍길동	2018.1.1. ~ 2038.1.1.	일반상해후유장해(1억원) : 3% ~ 100%
B	상해보험	홍길동	2019.1.1. ~ 2039.1.1.	일반상해후유장해(1억원) : 3% ~ 100%

※ 상기 보험은 질병·상해보험 표준약관이 적용되며, 장해분류표는 2018.4.1. 일부 변경됨
※ 정상 유지 계약이며, 알릴의무위반 사항 없음

〈후유장해진단서〉

<table>
<tr><td>성명</td><td>홍길동(만 47세)</td><td>주민번호</td><td>731007 – 1*****</td><td>병록번호</td><td>********</td></tr>
<tr><td>수상일</td><td>2020년 8월 10일</td><td>초진일</td><td>2020년 8월 10일</td><td>장해진단일</td><td>2021년 6월 14일</td></tr>
<tr><td colspan="6">□ 상병명(※ 상병명이 많을 때는 장해와 관계있는 주요 상병명을 기재)
코뼈골절(수술 후 상태)
우) 안와골절
척추압박골절(제1요추 골절)
우) 대퇴골경부골절(전치환술 후 상태)</td></tr>
<tr><td colspan="6">□ 주요 치료경과 현증 및 기왕증 주요검사 소견 등
상기 환자는 계곡에서 다이빙하다가 발생한 사고로 본원에 내원하여 위 상병명으로 치료 후 후유장해 진단을 받음(기왕증 없음)</td></tr>
<tr><td colspan="6">운동범위(ROM)</td></tr>
<tr><td rowspan="2">시 력</td><td>나안시력 :
(좌) (우)
교정시력 :
(좌) (우)</td><td>정상시력에 대비한 (좌) %
시각장해율 (우) %
(정상 100기준)</td><td rowspan="2">청 력</td><td>적용기준
ASA
ISO</td><td>(좌) db
(우) db</td></tr>
<tr><td colspan="2">복시유무 : 정면시에서 복시유무 – (　　)</td><td colspan="2">보통대화청취거리 : m</td></tr>
<tr><td colspan="6">장해진단(AMA 장해평가)
① 양쪽 코의 후각기능을 완전히 잃었을 때에 해당
② 우) 안구의 조절기능장해 : 조절력이 정상의 1/2 이하로 감소된 경우에 해당
③ 척추압박골절(제1요추)
• 압박률 40%,
• 척추전만 10도(생리적 만곡을 고려한 각도)
④ 우) 대퇴골 인공관절 삽입 상태</td></tr>
<tr><td colspan="4">비고(장해부위의 그림표시 등)
※ 영구장해에 해당</td><td colspan="2">상기와 같이 진단함.
진단서발행일 : 2021.6.14.
병의원 명칭 : 한국병원</td></tr>
</table>

(1) 상기 후유장해진단서를 참고하여 보험사별로 장해진단 항목(①～④)별 장해지급률을 산정하시오. (16점)

(2) A 보험사, B 보험사가 홍길동에게 지급할 보험금을 각각 계산하시오. (4점)

01 아래 사례와 같이 피보험자가 보험계약을 유지할 의사가 없는 경우에 질병 · 상해보험 표준약관상 행사할 수 있는 권리와 그 행사로 인한 효과에 대해 약술하시오. (10점)

〈사례〉

> 이수일과 심순애는 결혼을 약속한 사이로 2021년 1월 4일 심순애가 본인을 보험계약자 및 수익자로 하고, 이수일을 피보험자로 하는 계약을 체결하였다.
> 상기 계약은 이수일의 사망을 보험사고로 하는 계약이며, 이수일은 보험계약을 체결할 때 자필서명을 이행하였고, 해당 계약은 현재 유효한 보험계약이다.
> 2021년 5월 31일 이수일과 심순애는 헤어졌고, 보험계약자인 심순애는 해당 계약을 계속 유지하려고 하나, 피보험자인 이수일은 해당 계약을 유지할 의사가 없다.

모범답안

질병 · 상해보험 표준약관상 행사할 수 있는 권리와 그 행사로 인한 효과

(1) 피보험자의 서면동의 철회권

피보험자인 이수일이 보험계약을 유지할 의사가 없는 경우에 질병 · 상해보험 표준약관상 행사할 수 있는 권리는 피보험자의 서면동의 철회권이다.

타인의 사망을 보험금 지급사유로 하는 계약에서 계약을 체결할 때까지 피보험자의 서면(「전자서명법」 제2조 제2호에 따른 전자서명이 있는 경우로서 「상법 시행령」 제44조의2에 정하는 바에 따라 본인 확인 및 위조 · 변조 방지에 대한 신뢰성을 갖춘 전자문서를 포함)에 의한 동의를 얻지 않은 경우 그 계약은 무효가 되며, 서면으로 동의를 한 피보험자는 계약의 효력이 유지되는 기간에는 언제든지 서면 동의를 장래를 향하여 철회할 수 있다(질병 · 상해보험 표준약관 제21조 제1호, 제31조 제2항).

즉 피보험자인 이수일은 보험계약을 유지할 의사가 없으므로, 보험계약의 효력이 유지되는 기간에는 언제든지 서면동의를 장래를 향하여 철회할 수 있다. 여기서의 철회는 실질적으로 계약해지와 동일한 효과를 갖는다.

(2) 서면동의 철회권 행사로 인한 효과

서면동의 철회로 계약이 해지되어 회사가 지급하여야 할 해약환급금이 있을 때에는 해약환급금을 계약자에게 지급한다(질병 · 상해보험 표준약관 제31조 제2항).

02

2021.7.1. 개정된 질병 · 상해보험 표준약관의 「위법계약의 해지」 조항에 관하여 아래의 질문에 답하시오. (10점)

기출수정

(1) 「금융소비자 보호에 관한 법률」 제47조 및 관련 규정이 정하는 바에 따라 계약 체결에 대한 회사의 법위반 사항이 있는 경우 계약자가 위법계약의 해지를 요구할 수 있는 기간을 기술하시오. (4점)

(2) 보험회사는 위법계약의 해지요구를 받은 날부터 일정한 기간 내에 수락 여부를 계약자에게 통지하여야 하는데 그 통지기간을 기술하시오. (2점)

(3) 위법계약으로 인해 해지된 경우 회사가 계약자에게 지급해야 하는 해약환급금을 쓰시오. (4점)

모범답안

(1) 「금융소비자 보호에 관한 법률」 제47조 및 관련 규정이 정하는 바에 따라 계약 체결에 대한 회사의 법위반 사항이 있는 경우 계약자가 위법계약의 해지를 요구할 수 있는 기간

계약자는 계약 체결일부터 5년 이내의 범위에서 계약자가 위반 사항을 안 날부터 1년 이내에 계약해지요구서에 증빙서류를 첨부하여 위법계약의 해지를 요구할 수 있으며, 회사가 정당한 사유 없이 이에 대한 요구를 따르지 않는 경우 해당 계약을 해지할 수 있다.

(2) 보험회사는 위법계약의 해지요구를 받은 날부터 일정한 기간 내에 수락 여부를 계약자에게 통지하여야 하는데 그 통지기간

회사는 해지요구를 받은 날부터 10일 이내에 수락 여부를 계약자에 통지하여야 하며, 거절할 때에는 거절 사유를 함께 통지하여야 한다.

(3) 위법계약으로 인해 해지된 경우 회사가 계약자에게 지급해야 하는 해약환급금

위법계약으로 인해 계약이 해지된 경우 회사는 적립한 해지 당시의 계약자적립액을 해약환급금으로 계약자에게 지급한다.

03 아래사항을 참고하여 보험회사의 지급보험금을 산출하시오(판단근거 및 풀이과정을 제시할 것). (20점)

〈계약사항〉

보험회사	보험종목	계약자 피보험자 수익자	계약일자 (부활일자)	담보내용 (보장금액)	보장내역
A 손해보험	장기건강	홍길동	2020.1.2. (2021.2.1.)	암 진단 (4천만원)	(최초)계약일로부터 1년 이내 보장사유 발생시 해당 금액의 50% 지급

※ 질병・상해보험 표준약관 적용되는 정상 유지 계약임
※ 암 보장개시일은 계약일(부활일)을 포함하여 90일이 지난날의 다음날임
※ 계약자의 계속보험료 미납으로 실효 해지된 후 청약 및 보험회사의 승낙으로 부활됨

〈암 진단 및 청구 내용〉

- 2021.5.2. : 조직검사 결과상 간암 진단(한국대학병원)
- 2021.6.3. : 보험금 청구・접수(지급기일은 2021.6.8.임)
- 2021.6.4. : 지급사유 조사・확인이 필요하여 지급기일이 초과될 것을 수익자에게 통지함
- 2021.7.12. : 보험금 지급

[참고자료]

〈달력 – 2021년〉

일	월	화	수	목	금	토
		6월/1	2	3	4	5
6	7	8	9	10	11	12
13	14	15	16	17	18	19
20	21	22	23	24	25	26
27	28	29	30	7월/1	2	3
4	5	6	7	8	9	10
11	12					

※ 법정공휴일 없음

〈보험금 지급 지연에 따른 추가 금액(보험금을 지급할 때의 적립이율 계산)〉

편의상 아래의 금액으로 계산할 것	
• 보험계약대출이율을 적용한 금액	1일당 1,000원
• 가산이율을 적용한 금액	1일당 500원

모범답안

1. 판단근거

(1) 암 진단비

① 부활계약의 준용

계약자의 계속보험료 미납으로 실효 해지된 후 청약 및 보험회사의 승낙으로 부활되었으므로, 제14조(계약 전 알릴의무), 제16조(알릴의무위반의 효과), 제17조(사기에 의한 계약), 제18조(보험계약의 성립) 및 제25조(제1회 보험료 및 회사의 보장개시)를 준용한다.

② 암 보장개시일

암 보장개시일은 계약일(부활일)을 포함하여 90일이 지난날의 다음날로 규정하고 있는데 계약(부활) 전 알릴의무위반 사항이 없으므로, 계약일(2020.1.2.)을 기준으로 하지 않고 부활일(2021.2.1.)을 기준으로 한다.

③ 암 진단비의 지급

피보험자가 보험기간 중 암 보장개시일 이후 암으로 진단・확정되었을 때 암 진단비를 지급한다. 다만, (최초)계약일로부터 1년 이내 보장사유 발생시 해당 금액의 50%를 지급한다.

본 문제에서 암 보장개시일은 부활일(2021.2.1.)을 포함하여 90일이 지난날의 다음날인 2021.5.2.인데, 피보험자인 홍길동은 2021.5.2. 한국대학병원에서 조직검사 결과상 간암 진단을 받았고, (최초)계약일로부터 1년이 지났으므로 암 진단비를 100% 지급받는다.

(2) 지연이자

① 회사가 보험금 지급사유를 조사・확인하기 위해 필요한 기간이 지급기일을 초과할 것이 명백히 예상되는 경우에는 그 구체적인 사유와 지급예정일 및 보험금 가지급제도(회사가 추정하는 보험금의 50% 이내를 지급)에 대하여 피보험자 또는 보험수익자에게 즉시 통지한다. 다만, 지급예정일은 보험금의 청구 관련 서류를 접수한 날부터 30영업일 이내에서 정한다.

② 회사는 지급기일 내에 보험금을 지급하지 않았을 때(지급예정일을 통지한 경우를 포함)에는 그 다음날부터 지급일까지의 기간에 대하여 '보험금을 지급할 때의 적립이율 계산'에서 정한 이율로 계산한 금액을 보험금에 더하여 지급한다.

[보험금을 지급할 때의 적립이율 계산]

구 분	기 간	지급이자
사망보험금, 후유장해보험금, 입원보험금, 간병보험금 등	지급기일의 다음날부터 30일 이내 기간	보험계약대출이율
	지급기일의 31일 이후부터 60일 이내 기간	보험계약대출이율 + 가산이율(4.0%)
	지급기일의 61일 이후부터 90일 이내 기간	보험계약대출이율 + 가산이율(6.0%)
	지급기일의 91일 이후 기간	보험계약대출이율 + 가산이율(8.0%)

2. 지급보험금 산출

(1) 암 진단비

암 보장개시일은 부활일(2021.2.1.)을 포함하여 90일이 지난날의 다음날인 2021.5.2.이다.

피보험자인 홍길동은 2021.5.2. 한국대학병원에서 조직검사 결과상 간암 진단을 받았으므로, A 손해보험회사에서 암 진단비 100%(**40,000,000원**)을 보상받는다.

(2) 지연이자

보험금 지급기일은 2021.6.8.이었으나, 지급사유 조사・확인이 필요하여 2021.7.12.(34일 지연)에 보험금 지급이 이루어졌다. 약관상 「보험금을 지급할 때의 적립이율 계산」에서 '지급기일의 다음날부터 30일 이내 기간'은 '보험계약대출이율'로, '지급기일의 31일 이후부터 60일 이내 기간'은 '보험계약대출이율 + 가산이율(4.0%)'을 지급이자로 한다.

① **지급기일의 다음날부터 30일 이내 기간**[2021.6.9. ~ 2021.7.8.(30일)]
30일 × 1,000원/일 = 30,000원

② **지급기일의 31일 이후부터 60일 이내 기간**[2021.7.9. ~ 2021.7.12.(4일)]
(4일 × 1,000원/일) + (4일 × 500원/일) = 6,000원

③ **지연이자 합계**
① + ② = 30,000원 + 6,000원 = **36,000원**

(3) 지급보험금 합계

(1) + (2) = 암 진단비(40,000,000원) + 지연이자(36,000원) = **40,036,000원**

04

홍길동은 보험회사에 3건의 보험계약을 체결하였다. 아래의 질문에 답하시오. (20점)

〈계약사항〉

보험계약	보험기간	계약자 피보험자 수익자	보장내용
보험1	2019.7.1. ~2029.7.1.	홍길동	• 암 진단 : 1,000만원 • 암 입원 : (1일당) 10만원
보험2	2019.7.1. ~2029.7.1.	홍길동	• 상해사망 : 2,000만원 • 상해입원 : (1일당) 5만원
보험3	2020.8.7. ~2030.8.7.	홍길동	• 암 진단 : 2,000만원 • 암 입원 : (1일당) 5만원

※ 상기 보험계약은 표준사업방법서의 계약 전 알릴의무 사항을 준용함
※ 계약 전 알릴의무위반 확인시 계약해지 처리함

〈치료 · 청구 내용〉

홍길동은 간암 확정 진단(진단일 : 2021.1.20.)받고, 2021.1.20.부터 2021.1.29.까지 항암방사선 치료목적으로 입원함. 홍길동은 2021.7.19. 보험회사에 보험금 청구함

〈손해사정 내용〉

① 2014.7.20. 간경화증으로 진단받고 2014.7.20.부터 2014.7.29.까지 한국대학병원에서 입원치료 사실이 확인됨
② 2018.10.1. 급성 위염으로 2018.10.1.부터 2018.10.5.까지 5회 통원 치료하고, 의사로부터 4주치 약물을 투약 처방받은 사실이 있으나, 실제 약은 구입하지는 않음
③ 2019.12.10. 초음파 검사상 간낭종 의심소견이 있었으나, 추가검사(재검사) 사실이 없음
④ 주치의 소견상 간암과 간경화증은 인과관계가 있으나, 간낭종은 인과관계가 없음
⑤ 홍길동은 보험계약을 체결할 때 위 ①~③의 과거병력을 보험회사에 알리지 않음
⑥ 계약무효 및 계약취소 사유는 없음

(1) 상기 내용으로 보험1의 경우 계약 전 알릴의무위반 여부 및 보험금 지급책임의 면·부책을 판단하고 근거를 쓰시오. (7점)

(2) 상기 내용으로 보험2의 경우 계약 전 알릴의무위반 여부 및 보험금 지급책임의 면·부책을 판단하고 근거를 쓰시오. (6점)

(3) 상기 내용으로 보험3의 경우 계약 전 알릴의무위반 여부 및 보험금 지급책임의 면·부책을 판단하고 근거를 쓰시오. (7점)

모범답안

1. 보험1의 경우 계약 전 알릴의무위반 여부 및 보험금 지급책임의 면·부책 판단 근거

(1) 계약 전 알릴의무위반 여부

홍길동은 보험계약을 체결할 때 〈손해사정 내용〉 중 ①~③의 과거병력을 보험회사에 알리지 않았기 때문에 계약 전 알릴의무위반에 해당된다.

① 간경화증

2014.7.20. 간경화증으로 진단받고 2014.7.20.부터 2014.7.29.까지 한국대학병원에서 입원치료 사실이 확인되었다.

이는 "최근 5년 이내에 의사로부터 진찰 또는 검사를 통하여 입원, 수술(제왕절개 포함), 계속하여 7일 이상 치료, 계속하여 30일 이상 투약 등 의료행위를 받은 사실"에 해당되므로, 계약 전 알릴의무위반에 해당된다.

② 급성 위염

2018.10.1. 급성 위염으로 2018.10.1.부터 2018.10.5.까지 5회 통원 치료하고, 의사로부터 4주치 약물을 투약 처방받은 사실이 있으나, 실제 약은 구입하지는 않았다.

이는 "계속하여 7일 이상 치료, 계속하여 30일 이상 투약 등 의료행위를 받은 사실"에 해당되지 않으므로, 계약 전 알릴의무위반에 해당되지 않는다.

③ 간낭종 의심소견

2019.12.10. 초음파 검사상 간낭종 의심소견이 있었으나, 추가검사(재검사) 사실이 없었다. 이는 보험기간 중 치료내용이므로 계약 전 알릴의무위반과 관련이 없다.

(2) 보험금 지급책임의 면·부책 판단 근거

① 계약 전 알릴의무위반 사항에 해당하므로 계약을 해지하고 해지환급금을 지급한다.

② 주치의 소견상 "간암과 간경화증은 인과관계가 있음"이 확인되었으므로 보험금 지급책임이 면책된다. 즉 약관상 계약 전 알릴의무위반 사실이 보험금 지급사유 발생에 영향을 미친 경우에 해당하므로 보험금을 지급하지 않는다.

2. 보험2의 경우 계약 전 알릴의무위반 여부 및 보험금 지급책임의 면 · 부책 판단 근거

(1) 계약 전 알릴의무위반 여부

홍길동은 보험계약을 체결할 때 〈손해사정 내용〉 중 ①~③의 과거병력을 보험회사에 알리지 않았기 때문에 계약 전 알릴의무위반에 해당된다.

① 간경화증

위 1.의 (1) ① 간경화증 내용과 같다. 즉 계약 전 알릴의무위반에 해당된다.

② 급성 위염

위 1.의 (1) ② 급성 위염과 같다. 즉 계약 전 알릴의무위반에 해당되지 않는다.

③ 간낭종 의심소견

위 1.의 (1) ③ 급성 간낭종 의심소견과 같다. 계약 전 알릴의무위반과 관련이 없다.

(2) 보험금 지급책임의 면 · 부책 판단 근거

① 계약 전 알릴의무를 위반하였으나, 보험금 지급사유가 발생하지 않고 보장개시일(2019.7.1.)로부터 보험금청구일(2021.7.19.)까지 2년이 지났기 때문에 보험계약을 해지할 수 없다.

※ 회사는 제1회 보험료를 받은 때부터 보험금 지급사유가 발생하지 않고 2년(진단계약의 경우 질병에 대하여는 1년)이 지났을 때에는 계약을 해지할 수 없다.

② 보험2의 경우는 상해보험으로, 피보험자 홍길동의 간암(암 진단 및 암 입원) 확정에 대한 보험금 지급사유가 발생하지 않기 때문에 보험금 지급책임이 면책된다.

3. 보험3의 경우 계약 전 알릴의무위반 여부 및 보험금 지급책임의 면 · 부책 판단 근거

(1) 계약 전 알릴의무위반 여부

홍길동은 보험계약을 체결할 때 〈손해사정 내용〉 중 ①~③의 과거병력을 보험회사에 알리지 않았으나, 계약 전 알릴의무위반에 해당되지 않는다.

① 간경화증

2014.7.20. 간경화증으로 진단받고 2014.7.20.부터 2014.7.29.까지 한국대학병원에서 입원치료 사실이 확인되었다.

이는 "최근 5년 이내에 의사로부터 진찰 또는 검사를 통하여 입원, 수술(제왕절개 포함), 계속하여 7일 이상 치료, 계속하여 30일 이상 투약 등 의료행위를 받은 사실"에 해당되지 않으므로, 계약 전 알릴의무위반에 해당되지 않는다.

② 급성 위염

2018.10.1. 급성 위염으로 2018.10.1.부터 2018.10.5.까지 5회 통원 치료하고, 의사로부터 4주치 약물을 투약 처방받은 사실이 있으나, 실제 약은 구입하지는 않았다.

이는 "계속하여 7일 이상 치료, 계속하여 30일 이상 투약 등 의료행위를 받은 사실"에 해당되지 않으므로, 계약 전 알릴의무위반에 해당되지 않는다.

③ 간낭종 의심소견

2019.12.10. 초음파 검사상 간낭종 의심소견이 있었으나, 추가검사(재검사) 사실이 없었다.

이는 "최근 1년 이내에 의사로부터 진찰 또는 검사를 통하여 추가검사(재검사)를 받은 사실"에 해당되지 않으므로, 계약 전 알릴의무위반에 해당되지 않는다.

(2) 보험금 지급책임의 면 · 부책 판단 근거

① 계약 전 알릴의무위반 사항이 확인되지 않았으므로 보험회사는 피보험자인 홍길동에게 보험금(암 진단비 + 암 입원비) 지급책임이 있다.

② 지급보험금

홍길동은 항암방사선 치료목적으로 10일(2021.1.20. ~ 2021.1.29.)간 입원하였으므로, 지급보험금은 다음과 같다.

암 진단비(20,000,000원) + 암 입원비(10일 × 50,000원/일) = 20,500,000원

05 피보험자 김사랑의 아래 치료 내용에 대해 질문에 답하시오. (20점)

〈치료 내용〉

(단위 : 만원)

치료 순번	병명(코드)	의료기관	치료기간	요양급여		비급여	
				본 인	공 단		포함 비용
1	고도비만(E66) – 합병증 없음	A대학병원	2021.7.15. ~7.24. (입원)	100	400	400	병실차액 (200) 영양제주사 (100)
2	기질성 환각증 (F06)	B정신건강 의학과의원	2021.7.25. (통원)	5	20	10	–
		C약국 (B정신건강 의학과의원 처방・조제)		1	3	–	–
3	목뼈 원판장애 (M50)	D대학병원	2021.7.28. (통원)	10	40	30	MRI검사 (20)
		E정형외과의원		2	8	15	도수치료 (10)

※ 계약 전 알릴의무위반 사항이 없으며, 청구사항 外 치료내역이 없음

(1) 김사랑이 제3세대 실손의료보험에만 가입된 경우에 A 보험회사가 지급해야 할 실손의료비를 치료순번별로 계산하시오. (10점)

〈계약사항(제3세대 실손)〉

보험회사 (계약일자)	보험종류	보장종목(보상한도)	특별약관(보상한도)
A (2021.4.5.)	기본형 실손의료 (표준형)	• 질병입원형(5천만원) • 질병통원형(30만원)	• 비급여주사료(약관상 한도) • 비급여자기공명영상진단(약관상 한도)

※ 외래의료비는 1회당 20만원, 처방조제비는 1건당 10만원 보상한도

※ 정상 유지 계약임

(2) 김사랑이 제4세대 실손의료보험에만 가입된 경우에 B 보험회사가 지급해야 할 실손의료비를 치료순번별로 계산하시오. (10점)

〈계약사항(제4세대 실손)〉

보험회사 (계약일자)	보험종류	기본형(보상한도)	특별약관(보상한도)
B (2021.7.5.)	실손의료	질병급여형(5천만원)	• 질병비급여(5천만원) • 3대 비급여(약관상 한도)

※ 질병급여형, 질병비급여형 통원 1회당 각각 20만원 보상한도

※ 실제 계약 체결되어 정상 유지 중임

모범답안

1. A 보험회사가 지급해야 할 실손의료비(제3세대 실손)

(1) 고도비만(E66) : 2021.7.15. ~ 2021.7.24.(10일 입원)

진단명이 고도비만(E66)이고 다른 합병증이 없으므로, '한국표준질병・사인분류'에 따라 보통약관 및 특별약관에서 보상하지 않는다(면책).

(2) 기질성 환각증(F06) : 2021.7.25.(통원)

정신 및 행동장애(F04 ~ F99)는 '한국표준질병・사인분류'에 따라 면책이지만, 기질성 환각증(F06)과 관련한 치료에서 발생한 「국민건강보험법」에 따른 요양급여에 해당하는 의료비는 보상한다.

① B정신건강의학과의원

5만원 − Max(1만원, 5만원 × 20%) = 4만원

※ **공제금액** : 1만원과 보장대상의료비의 20% 중 큰 금액

② C약국(B정신건강의학과의원 처방・조제)

1만원 − Max(8천원, 1만원 × 20%) = 2천원

※ **공제금액** : 8천원과 보장대상의료비의 20% 중 큰 금액

(3) 목뼈 원판장애(M50) : 2021.7.27.(통원)

① **표준형**

하나의 질병으로 하루에 같은 치료를 목적으로 의료기관에서 2회 이상 통원치료를 받은 경우 1회의 외래 처방으로 보며, 이때 공제금액은 2회 이상의 중복방문 의료기관 중 가장 높은 공제금액을 적용한다.

㉠ 외래의료비

- D대학병원 : (10만원 + 30만원) − MRI검사비(20만원) = 20만원
- E정형외과의원 : (2만원 + 15만원) − 도수치료비(10만원) = 7만원
- 외래의료비 = D대학병원(20만원) + E정형외과의원(7만원) = **27만원**

㉡ 공제금액 = Max(2만원, 20만원 × 20%, 1만원, 7만원 × 20%) = 4만원

㉢ 지급보험금 = 27만원 − 4만원 = 23만원 > 20만원

※ 외래의료비는 1회당 20만원이 보상한도이므로 20만원을 지급한다.

② **비급여 MRI특약**

비급여 MRI검사비와 도수치료비는 비급여 특약에서 보상하는데, 도수치료비는 비급여 특약에 가입되어 있지 않으므로 MRI검사비만 보상한다.

20만원 − Max(2만원, 20만원 × 30%) = 14만원

※ **공제금액** : 1회당 2만원과 보장대상의료비의 30% 중 큰 금액

2. B 보험회사가 지급해야 할 실손의료비(제4세대 실손)

(1) 고도비만(E66) : 2021.7.15. ~ 2021.7.24.(10일 입원)

고도비만(E66)은 질병비급여형 특약에서는 '한국표준질병 · 사인분류'에 따라 보상하지 않지만, 질병급여형에서 보상한다.

① **질병급여** : 자기부담금의 80%에 해당하는 금액을 보상한다.

- 입원의료비 = 100만원 × 80% = **80만원**

② **질병비급여** : 면책

③ **3대 비급여** : 면책

(2) 기질성 환각증(F06) : 2021.7.25.(통원)

정신 및 행동장애(F04 ~ F99)는 '한국표준질병 · 사인분류'에 따라 면책이지만, 기질성 환각증(F06)과 관련한 치료에서 발생한 「국민건강보험법」에 따른 요양급여에 해당하는 의료비는 보상한다.

① **질병급여** : 통원 1회당(외래 및 처방조제 합산) 본인부담금에서 공제금액을 뺀 금액

- 통원의료비 = (5만원 + 1만원) − Max(1만원, 6만원 × 20%) = **4만8천원**

② **질병비급여** : 면책

③ **3대 비급여** : 면책

(3) 목뼈 원판장애(M50) : 2021.7.27.(통원)

① **질병급여**

하나의 질병으로 하루에 같은 치료를 목적으로 2회 이상 통원치료(외래 및 처방조제 합산)를 받은 경우 1회의 통원으로 보며, 이때 공제금액은 2회 이상의 중복방문 의료기관 중 가장 높은 공제금액을 적용한다.

㉠ 보장대상의료비
= (10만원 + 30만원 + 2만원 + 15만원) − 비급여(30만원 + 15만원) = 12만원

㉡ 공제금액 = Max(2만원, 10만원 × 20%, 1만원, 2만원 × 20%) = 2만원

㉢ 통원의료비 = 12만원 − 2만원 = **10만원**

② **질병비급여**

㉠ 보장대상의료비
= (10만원 + 30만원 + 2만원 + 15만원) − 급여(10만원 + 2만원) − 3대 비급여(20만원 + 10만원)
= 15만원

㉡ 공제금액 = Max(3만원, 15만원 × 30%) = 4만5천원

※ **공제금액** : 1회당 3만원과 보장대상의료비의 30% 중 큰 금액

㉢ 통원의료비 = 15만원 − 4만5천원 = **10만5천원**

③ **3대 비급여**

㉠ MRI검사비 : 20만원 − Max(3만원, 20만원 × 30%) = **14만원**

※ **공제금액** : 1회당 3만원과 보장대상의료비의 30% 중 큰 금액

㉡ 도수치료 = 10만원 − Max(3만원, 10만원 × 30%) = **7만원**

④ **지급 합계액**

10만원 + 10만5천원 + 14만원 + 7만원 = **41만5천원**

06 아래 홍길동의 후유장해진단서를 참고하여 질문에 답하시오. (20점)

〈사고 및 치료 내용〉

홍길동은 여름휴가 중이던 2020.8.10. 계곡에서 다이빙을 하다가 얼굴, 허리 및 다리 등에 상해를 입고 119로 응급 후송되어 치료 종결 후 후유장해진단을 받았다.

〈계약사항〉

보험사	보험종목	피보험자	보험기간	담보내용(가입금액)
A	상해보험	홍길동	2018.1.1. ~ 2038.1.1.	일반상해후유장해(1억원) : 3% ~ 100%
B	상해보험	홍길동	2019.1.1. ~ 2039.1.1.	일반상해후유장해(1억원) : 3% ~ 100%

※ 상기 보험은 질병・상해보험 표준약관이 적용되며, 장해분류표는 2018.4.1. 일부 변경됨
※ 정상 유지 계약이며, 알릴의무위반 사항 없음

〈후유장해진단서〉

<table>
<tr><td>성명</td><td>홍길동(만 47세)</td><td>주민번호</td><td>731007 – 1*****</td><td>병록번호</td><td>********</td></tr>
<tr><td>수상일</td><td>2020년 8월 10일</td><td>초진일</td><td>2020년 8월 10일</td><td>장해진단일</td><td>2021년 6월 14일</td></tr>
<tr><td colspan="6">□ 상병명(※ 상병명이 많을 때는 장해와 관계있는 주요 상병명을 기재)
코뼈골절(수술 후 상태)
우) 안와골절
척추압박골절(제1요추 골절)
우) 대퇴골경부골절(전치환술 후 상태)</td></tr>
<tr><td colspan="6">□ 주요 치료경과 현증 및 기왕증 주요검사 소견 등
상기 환자는 계곡에서 다이빙하다가 발생한 사고로 본원에 내원하여 위 상병명으로 치료 후 후유장해진단을 받음(기왕증 없음)</td></tr>
<tr><td colspan="6">운동범위(ROM)</td></tr>
<tr><td rowspan="2">시 력</td><td>나안시력 :
(좌) (우)
교정시력 :
(좌) (우)</td><td>정상시력에 대비한 (좌) %
시각장해율 (우) %
(정상 100기준)</td><td rowspan="2">청 력</td><td>적용기준
ASA
ISO</td><td>(좌) db
(우) db</td></tr>
<tr><td colspan="2">복시유무 : 정면시에서 복시유무 – (　　)</td><td colspan="2">보통대화청취거리 : m</td></tr>
</table>

장해진단(AMA 장해평가) ① 양쪽 코의 후각기능을 완전히 잃었을 때에 해당 ② 우) 안구의 조절기능장해 : 조절력이 정상의 1/2 이하로 감소된 경우에 해당 ③ 척추압박골절(제1요추) • 압박률 40%, • 척추전만 10도(생리적 만곡을 고려한 각도) ④ 우) 대퇴골 인공관절 삽입 상태	
비고(장해부위의 그림표시 등) ※ 영구장해에 해당	상기와 같이 진단함. 진단서발행일 : 2021.6.14. 병의원 명칭 : 한국병원

(1) 상기 후유장해진단서를 참고하여 보험사별로 장해진단 항목(①~④)별 장해지급률을 산정하시오. (16점)

(2) A 보험사, B 보험사가 홍길동에게 지급할 보험금을 각각 계산하시오. (4점)

모범답안

1. 보험사별로 장해진단 항목(①~④)별 장해지급률

(1) A 보험사(2018.4.1. 개정 이전 장해분류표)

① 양쪽 코의 후각기능을 완전히 잃었을 때 : 코의 기능을 완전히 잃었을 때 ⇒ 15%

② 우) 안구의 조절기능장해 : 조절력의 감소를 무시할 수 있는 45세 이상의 경우에는 제외한다. ⇒ 0%

③ 척추압박골절(제1요추)

- 압박률 40% : 해당 사항 없음
- 척추전만 10도(생리적 만곡을 고려한 각도) : 척추전만 15도 이하이므로, 척추(등뼈)에 약간의 기형을 남긴 때 ⇒ 15%

④ 우) 대퇴골 인공관절 삽입 상태 : 한 다리의 3대 관절 중 관절 하나의 기능을 완전히 잃었을 때 ⇒ 30%

(2) B 보험사(2018.4.1. 개정 이후 장해분류표)

① 양쪽 코의 후각기능을 완전히 잃었을 때 ⇒ 5%

② 우) 안구의 조절기능장해 : 조절력이 정상의 1/2 이하로 감소된 경우 ⇒ 10%

※ 조절력의 감소를 무시할 수 있는 50세 이상의 경우에는 제외하는데 장해진단시점 당시 만 47세에 해당하므로 10%를 적용한다.

③ 척추압박골절(제1요추)

- 압박률 40% : 척추(등뼈)에 뚜렷한 기형을 남긴 때 ⇒ 30%
- 척추전만 10도(생리적 만곡을 고려한 각도) : 척추(등뼈)에 약간의 기형을 남긴 때 ⇒ 15%

※ 동일한 신체부위에 2가지 이상의 장해가 발생한 경우에는 합산하지 않고, 그중 높은 지급률을 적용함을 원칙으로 하므로 30%를 적용한다.

④ 우) 대퇴골 인공관절 삽입 상태 : 한 다리의 3대 관절 중 관절 하나의 기능에 심한 장해를 남긴 때 ⇒ 20%

2. A 보험사, B 보험사가 홍길동에게 지급할 보험금

(1) A 보험사가 홍길동에게 지급할 보험금

2018.4.1. 개정 이전 장해분류표를 적용하여 총 장해지급률을 계산하면,

총 장해지급률 = 15% + 15% + 30% = 60%이므로,

A 보험사의 장해보험금 = 1억원 × 60% = 60,000,000원

(2) B 보험사가 홍길동에게 지급할 보험금

2018.4.1. 개정 이후 장해분류표를 적용하여 총 장해지급률을 계산하면,

총 장해지급률 = 5% + 10% + 30% + 20% = 65%이므로,

B 보험사의 장해보험금 = 1억원 × 65% = 65,000,000원

제45회 신체손해사정사 2차 시험문제

1. 2021.7.1.부터 판매중인 실손의료보험 표준약관에 대한 아래의 질문에 답하시오. (10점)

(1) 실손의료보험 표준약관의 '입원에 대한 정의'와 관련하여 빈칸 (   )을 채우시오. (4점)

> '입원'이라 함은 의사가 피보험자의 질병 또는 상해로 인하여 치료가 필요하다고 인정한 경우로서 자택 등에서 치료가 곤란하여 의료기관 또는 이와 동등하다고 인정되는 의료기관에 입실하여 (   ) 체류하면서 의사의 관찰 및 관리하에 치료를 받는 것을 말함

(2) 실손의료보험 표준약관 제17조(청약의 철회)에서 계약자는 보험증권을 받은 날부터 15일 이내에 그 청약을 철회할 수 있는데, '청약을 철회할 수 없는 계약'에 대한 약관내용을 쓰시오. (6점)

2. 아래의 내용은 질병·상해보험 표준약관 장해분류표(2018.4.1. 개정)의 각 신체부위별 판정기준에서 '별도로 정한 경우'에 관한 장해판정기준이다. 빈칸(①~⑤)에 들어갈 내용을 쓰시오. (10점)

신체부위	장해판정기준
눈의 장해	안구(눈동자) 운동장해의 판정은 질병의 진단 또는 외상 후 (①) 이상 지난 뒤 그 장해 정도를 평가한다.
코의 장해	양쪽 코의 후각기능은 후각인지검사, 후각역치검사 등을 통해 (②) 이상 고정된 후각의 완전손실이 확인되어야 한다.
귀의 장해	평형기능의 장해는 장해판정 직전 (③) 이상 지속적인 치료 후 장해가 고착되었을 때 판정한다.
정신행동 장해	보험기간 중에 발생한 뇌의 질병 또는 상해를 입은 후 (④)이 지난 후에 판정함을 원칙으로 한다.
치매	치매의 장해평가는 임상적인 증상 뿐 아니라 뇌영상검사(CT, MRI, SPECT 등)를 기초로 진단되어져야 하며, (⑤) 이상 지속적인 치료 후 평가한다.

3. 질병・상해보험 표준약관 제23조(보험나이 등) 조항과 관련하여 아래 내용을 읽고 질문에 답하시오. (10점)

> • 피보험자 김철수는 2022.7.10. A보험에 가입함
> • 김철수의 실제 생년월일은 2001.1.1.이나, 보험계약 청약 당시 실수로 청약서상 생년월일을 2000.1.1.로 착오 기재함
> • A보험 유지 중 2022.7.20. 실제 생년월일인 2001.1.1.로 보험회사에 연령을 정정함

※ A보험의 월 보험료 산정은 보험나이 18세 기준 18만원이며, 연령 증가시 매년 1만원씩 증가하는 것으로 가정함. 기타 보험료 변동사항은 없음
※ 피보험자의 실제나이와 착오나이는 모두 보험종목의 가입나이 범위 내임

(1) 질병・상해보험 표준약관상 보험나이 계산방법과 제23조 제1항 단서조항의 예외적용에 대하여 쓰시오. (6점)

(2) 위 사례에서 2022.7.20. 실제연령으로 정정된 김철수의 보험나이와 변경 후 월 보험료를 쓰시오. (4점)

4. 아래 내용을 읽고 질문에 답하시오. (10점)

〈계약사항〉

• 보험종목 : 이겨내자 암보험
• 보험기간 : 2022.1.1. ~ 2052.1.1.

가입담보(특약)	가입(보장)금액	이미 납입한 보험료
일반암	5,000만원	10만원
대장점막내암	2,000만원	5만원
제자리암	1,000만원	5만원

※ 계약 전 알릴의무위반 사항은 없으며, 정상 유지 계약임
※ 암 보장개시일은 최초 계약일로부터 그 날을 포함하여 90일이 지난날의 다음날로 함
※ 보험계약일로부터 암 보장개시일의 전일 이전에 암이 진단 확정되는 경우에는 해당 가입담보(특약)는 무효로 하며, 이미 납입한 보험료를 반환함

〈조직검사결과지〉

성명	홍길동	주민번호	721201-1******	검체채취일	2022.3.29.
검사의뢰일	2022.3.30.	의뢰기관	한국외과의원	보고일자	2022.4.1.

Colon, distal sigmoid, colonscopic biopsy :
ADENOCARCINOMA, well differentiated
1) tumor size : 0.5×0.4×0.3cm
2) extent of tumor : submucosa
3) mitosis : < 1/10HPF
4) lymphatic invasion : not identified

〈약관규정〉

□ 암, 대장점막내암, 제자리암의 정의

- 이 특별약관에서 「암」이라 함은 제8차 한국표준질병・사인분류에 있어서 악성신생물(암)(이하 「악성신생물」이라 합니다)로 분류되는 질병을 말합니다. 다만, 「기타 피부암」, 「갑상선암」, 「대장점막내암」, 또는 「전암(前癌)상태(암으로 변하기 이전상태)」는 제외합니다.
- 이 특별약관에서 「대장점막내암」이라 함은 대장의 상피세포층에서 발생한 악성종양세포가 기저막을 뚫고 내려가서 점막고유층 또는 점막근층을 침범하였으나 점막하층까지는 침범하지 않은 상태의 질병을 말하며, 대장은 맹장, 충수, 결장, 직장을 말합니다.
- 이 특별약관에서 「제자리암」이라 함은 제8차 한국표준질병・사인분류에 있어서 제자리신생물로 분류되는 질병을 말합니다.

(1) 피보험자 홍길동은 2022.4.3. 진단서를 발급받아 조직검사결과지를 첨부하여 2022.4.10. 보험회사에 청구하였다. 암 진단확정일자를 쓰고 그 판단근거를 약술하시오. (5점)

(2) 2022.4.10. 기준으로 보험회사가 지급해야 할 금액(보험금 또는 이미 납입한 보험료)을 쓰고 그 판단근거를 약술하시오. (5점)

5. 피보험자 심순애는 아래와 같이 실손의료보험에 가입하고 2022.2.14.부터 2022.6.27.까지 치료를 받은 후 보험회사에 실손의료비를 청구하였다. 치료순번별로 실손의료비를 계산하고 그 근거를 약술하시오. (20점)

〈계약사항〉

보험종목(계약일자)	보장종목 / 가입금액
실손의료보험 (2022.1.1.)	〈기본계약〉 • 상해급여 : 5천만원(단, 통원 1회당 20만원 한도) • 질병급여 : 5천만원(단, 통원 1회당 20만원 한도) 〈특약형〉 • 상해비급여 : 5천만원(단, 통원 1회당 20만원 한도) • 질병비급여 : 5천만원(단, 통원 1회당 20만원 한도) • 3대 비급여 : 표준약관상 비급여의료비별 보상한도

※ 계약 전 알릴의무위반 사항은 없으며, 정상 유지 계약임

〈일자별 치료 내용 및 진료비 영수증상 의료비 청구사항〉

(단위 : 원)

치료 순번	의료 기관	입/ 통원	치료 일자	병명 (질병분류 번호)	급여		비급여	비고
					일부 본인 부담	전액 본인 부담		
①	A병원	통원	2.14.	불임 (N96)	20,000	30,000	50,000	
②	B의원	통원	3.14.	식사장애 (F50)	30,000	50,000	100,000	
③	C병원	통원	4.11.	회전근개 증후군 (M75.1)	10,000	10,000	200,000	비급여는 도수치료 1회 비용임
④	D약국	통원	4.12.	회전근개 증후군 (M75.1)	10,000			4.11. 처방받은 약제를 4.12. 조제
⑤	E 종합 병원	통원	4.20.	회전근개 증후군 (M75.1)	10,000	10,000	400,000	비급여는 도수치료 1회 비용임
⑥	F보훈 종합 병원	통원	5.10.	기관지염 (J40)	30,000			실제 수납금액은 0원

⑦	G 한방 병원	통원	5.12.	등통증 (M54)	10,000	10,000	300,000	비급여는 도수치료 1회 비용임
⑧	H 종합 병원	입원	5.16. ~ 5.30.	회전근개 증후군 (M75.1)	200,000	100,000	4,500,000	비급여는 MRI 1회 30만원, 도수치료 14회 420만원 비용임
⑨	I병원	통원	6.27.	비기질성 수면장애 (F51)	50,000	50,000	100,000	

※ F보훈종합병원 외에는 모두 병원비를 실제 납부하였음
※ F보훈종합병원의 경우 「국가유공자 등 예우 및 지원에 관한 법률」을 적용받아 피보험자가 실제 납부한 금액은 없음
※ G한방병원은 양·한방 협진병원으로 비급여 치료는 의사에 의해 시행함
※ 도수치료는 치료효과가 확인되어 보험회사에서 의료검토를 통해 20회까지 지급하기로 함

6. 다음은 피보험자 김순희가 한국보험에 가입한 보험계약 사항이다. 아래 제 조건을 참고하여 물음에 답하시오. (15점)

〈계약사항〉

보험종목	보험기간	가입내용	가입금액	보장내용	
암보험	2020.10.7. ~ 2040.10.7.	주계약	2,000만원	암 진단	가입금액의 100% (1년 미만시 50%)
				암 수술	가입금액의 20%
				암 입원	3일 초과 1일당 가입금액의 0.5%
		소액암보장 특약	1,000만원	소액암 진단	가입금액의 20% (1년 미만시 10%)
				소액암 수술	가입금액의 10%

※ 소액암 : 상피내암, 경계성종양, 갑상선암, 기타 피부암
※ 진단급여금은 각각 최초 1회한 지급, 암 입원급여금의 1회당 지급한도는 120일
※ 약관상 보상하는 손해이며, 계약 전 알릴의무위반 사항 없는 정상 유지 계약임

〈진단 및 치료 내용〉

① 2021.10.1. : A의원에 유방 멍울, 통증으로 내원하여 초음파검사 시행 〈초음파검사 결과 : 좌측, 우측 유방 모두 '양성석회화 및 결절' 진단〉 ② 2021.10.4. : A의원에서 추가 검사 및 진단 〈FNA검사 결과 : 좌측 유방 'Suspicious carcinoma', 우측 유방 'ductal carcinoma in situ'〉 ③ 2021.10.9. : B병원에서 추가 검사 및 우측 유방 부분절제술 시행 〈FNA검사 결과 : 좌측 유방 'Invasive ductal carcinoma', 우측 유방 'ductal carcinoma in situ'〉 ④ 2021.10.10. ~ 2021.10.22. : C대학병원에서 좌측 유방 완전절제술 및 입원치료 〈Biopsy검사 결과 : 좌측 유방 'Invasive ductal carcinoma, 림프절 전이 상태, 우측 유방 'No tumor'(2021.10.12. 수술 및 진단)〉 ⑤ 2021.11.1. ~ 2022.2.28. : D요양병원에서 유방암에 대한 직접치료 위해 입원치료 〈치료 내용 : 필수불가결한 합병증 및 면역력 강화치료〉 ⑥ 2022.3.10. : 보험금 청구 ※ ① ~ ③ 항목은 내원일, 검사일, 결과보고일 모두 동일 날짜임

(1) 위 사례에서, 한국보험이 지급해야 할 진단, 수술 및 입원급여금을 각 항목별로 구하시오. (9점)

(2) 암보험 약관 악성신생물분류표(제8차 한국표준질병・사인분류 기준)에서 분류하고 있는 악성신생물 대상이 되는 질병 중, 분류번호 C코드 외에 D코드에 해당되는 질병명(또는 분류번호 표기) 6가지를 기술하시오. (6점)

7. 아래의 질문에 답하시오. (25점)

〈계약사항〉

회사	보험기간	가입담보	가입금액	지급기준
K	2019.2.6. ~ 2039.2.6.	일반상해후유장해(3% ~ 100%)	1억원	가입금액 × 장해지급률
		일반상해후유장해(50% 이상)	1억원	가입금액 지급(최초 1회한)
		일반상해후유장해(80% 이상)	1억원	가입금액 지급(최초 1회한)

※ 계약 전 알릴의무위반 사항은 없으며, 정상 유지 계약임

※ 2018.4.1. 이후 표준약관 장해분류표를 사용함

※ 일반상해후유장해(3% ~ 100%) : 보험회사가 지급하여야 할 하나의 상해로 인한 후유장해보험금은 보험가입금액을 한도로 함. 단, 다른 상해의 경우 보험가입금액 한도는 자동 복원됨

※ 일반상해후유장해(50% 이상, 80% 이상) : 보험기간 중 동일한 상해로 장해분류표상의 여러 신체부위의 장해지급률을 더하여 50% 이상 또는 80% 이상인 장해상태가 되었을 때를 말함

〈1차 사고 내용〉

피보험자 김마비는 2020.10.20. 13:00경 강원도 오대산 등반 중 부주의로 추락하는 사고로 인해 척수손상, 요추 압박골절, 대퇴골 골절 등으로 수술 및 입원치료 후 장해가 남아 2021.5.10. 후유장해진단을 받고 K 보험회사에 보험금을 청구함

〈1차 후유장해진단 내용〉

① 우측 대퇴골에 가관절이 남은 상태
② 머리뼈의 손바닥 크기 1/2 이상의 손상 및 결손 상태
③ 요추 압박골절로 18° 이상의 척추후만증이 잔존(사고기여도 100%)
④ 좌측 고관절에 인공관절을 삽입한 상태
⑤ 척수손상으로 일상생활기본동작(ADLs) 제한 평가상 배설을 돕기 위해 설치한 의료장치나 외과적 시설물을 사용함에 있어 타인의 계속적인 도움이 필요한 상태

〈2차 사고 내용〉

피보험자 김마비는 2021.12.4. 10:00경 재활치료를 위해 휠체어로 이동 중 계단에서 넘어지는 사고 후 아래와 같이 2022.7.10. 2차 후유장해진단을 받고 K 보험회사에 보험금을 청구함

〈2차 후유장해진단 내용〉

⑥ 흉추의 탈구 등으로 25° 이상의 척추측만증 변형이 있음(사고기여도 100%)
⑦ 다리의 분쇄골절 등으로 우측 다리의 무릎관절과 발목관절 각각의 운동범위 합계가 각각 정상 운동범위의 1/2 이하로 제한된 상태
⑧ 척수손상으로 일상생활기본동작(ADLs) 제한 평가표상 독립적인 음식물섭취는 가능하나 젓가락을 이용하여 생선을 바르거나 음식물을 자르지는 못하는 상태

※ 상기 1차 및 2차 사고 내용은 약관상 보상하는 손해임
※ 상기 1차 및 2차 후유장해진단 내용 이외 다른 후유장해는 없음

(1) K 보험회사가 1차 후유장해진단으로 김마비에게 지급하여야 할 후유장해보험금을 계산하시오. (단, ①~⑤ 장해지급률과 산출근거를 약술한 후 가입담보별 보험금을 기술할 것) (15점)

(2) K 보험회사가 2차 후유장해진단으로 김마비에게 지급하여야 할 후유장해보험금을 계산하시오. (단, ⑥~⑧ 장해지급률과 산출근거를 약술한 후 가입담보별 보험금을 기술할 것) (10점)

01

2021.7.1.부터 판매중인 실손의료보험 표준약관에 대한 아래의 질문에 답하시오. (10점)

(1) 실손의료보험 표준약관의 '입원에 대한 정의'와 관련하여 빈칸 (　　)을 채우시오. (4점)

> '입원'이라 함은 의사가 피보험자의 질병 또는 상해로 인하여 치료가 필요하다고 인정한 경우로서 자택 등에서 치료가 곤란하여 의료기관 또는 이와 동등하다고 인정되는 의료기관에 입실하여 (　　) 체류하면서 의사의 관찰 및 관리하에 치료를 받는 것을 말함

(2) 실손의료보험 표준약관 제17조(청약의 철회)에서 계약자는 보험증권을 받은 날부터 15일 이내에 그 청약을 철회할 수 있는데, '청약을 철회할 수 없는 계약'에 대한 약관 내용을 쓰시오. (6점)

모범답안

(1) '입원에 대한 정의'

계속해서 6시간 이상

> '입원'이라 함은 의사가 피보험자의 질병 또는 상해로 인하여 치료가 필요하다고 인정한 경우로서 자택 등에서 치료가 곤란하여 의료기관 또는 이와 동등하다고 인정되는 의료기관에 입실하여 (**계속해서 6시간 이상**) 체류하면서 의사의 관찰 및 관리하에 치료를 받는 것을 말함

(2) 청약을 철회할 수 없는 계약

① 회사가 건강상태 진단을 지원하는 계약

② 보험기간이 90일 이내인 계약

③ 전문금융소비자가 체결한 계약

※ 청약한 날부터 30일이 지나면 청약을 철회할 수 없다(실손의료보험 표준약관 제17조 제2항).

02

아래의 내용은 질병 · 상해보험 표준약관 장해분류표(2018.4.1. 개정)의 각 신체부위별 판정기준에서 '별도로 정한 경우'에 관한 장해판정기준이다. 빈칸(① ~ ⑤)에 들어갈 내용을 쓰시오. (10점)

신체부위	장해판정기준
눈의 장해	안구(눈동자) 운동장해의 판정은 질병의 진단 또는 외상 후 (①) 이상 지난 뒤 그 장해 정도를 평가한다.
코의 장해	양쪽 코의 후각기능은 후각인지검사, 후각역치검사 등을 통해 (②) 이상 고정된 후각의 완전손실이 확인되어야 한다.
귀의 장해	평형기능의 장해는 장해판정 직전 (③) 이상 지속적인 치료 후 장해가 고착되었을 때 판정한다.
정신행동 장해	보험기간 중에 발생한 뇌의 질병 또는 상해를 입은 후 (④)이 지난 후에 판정함을 원칙으로 한다.
치매	치매의 장해평가는 임상적인 증상 뿐 아니라 뇌영상검사(CT, MRI, SPECT 등)를 기초로 진단되어져야 하며, (⑤) 이상 지속적인 치료 후 평가한다.

모범답안

① 1년

② 6개월

③ 1년

④ 18개월

⑤ 18개월

신체부위	장해판정기준
눈의 장해	안구(눈동자) 운동장해의 판정은 질병의 진단 또는 외상 후 (**1년**) 이상 지난 뒤 그 장해 정도를 평가한다.
코의 장해	양쪽 코의 후각기능은 후각인지검사, 후각역치검사 등을 통해 (**6개월**) 이상 고정된 후각의 완전손실이 확인되어야 한다.
귀의 장해	평형기능의 장해는 장해판정 직전 (**1년**) 이상 지속적인 치료 후 장해가 고착되었을 때 판정한다.
정신행동 장해	보험기간 중에 발생한 뇌의 질병 또는 상해를 입은 후 (**18개월**)이 지난 후에 판정함을 원칙으로 한다.
치매	치매의 장해평가는 임상적인 증상 뿐 아니라 뇌영상검사(CT, MRI, SPECT 등)를 기초로 진단되어져야 하며, (**18개월**) 이상 지속적인 치료 후 평가한다.

03 질병 · 상해보험 표준약관 제23조(보험나이 등) 조항과 관련하여 아래 내용을 읽고 질문에 답하시오. (10점)

- 피보험자 김철수는 2022.7.10. A보험에 가입함
- 김철수의 실제 생년월일은 2001.1.1.이나, 보험계약 청약 당시 실수로 청약서상 생년월일을 2000.1.1.로 착오 기재함
- A보험 유지 중 2022.7.20. 실제 생년월일인 2001.1.1.로 보험회사에 연령을 정정함

※ A보험의 월 보험료 산정은 보험나이 18세 기준 18만원이며, 연령 증가시 매년 1만원씩 증가하는 것으로 가정함. 기타 보험료 변동사항은 없음

※ 피보험자의 실제나이와 착오나이는 모두 보험종목의 가입나이 범위 내임

(1) 질병 · 상해보험 표준약관상 보험나이 계산방법과 제23조 제1항 단서조항의 예외적용에 대하여 쓰시오. (6점)

(2) 위 사례에서 2022.7.20. 실제연령으로 정정된 김철수의 보험나이와 변경 후 월 보험료를 쓰시오. (4점)

모범답안

1. 질병 · 상해보험 표준약관상 보험나이 계산방법과 제23조 제1항 단서조항의 예외적용

(1) 보험나이 계산방법

보험나이는 계약일 현재 피보험자의 실제 만 나이를 기준으로 6개월 미만의 끝수는 버리고 6개월 이상의 끝수는 1년으로 하여 계산하며, 이후 매년 계약 해당 일에 나이가 증가하는 것으로 한다(표준약관 제23조 제2항).

(2) 제23조 제1항 단서조항의 예외적용

피보험자의 나이는 보험나이를 기준으로 하지만, 표준약관 제21조(계약의 무효) 제2호의 경우에는 실제 만 나이를 적용한다. 즉 만 15세 미만자를 피보험자로 하여 사망을 보험금 지급사유로 한 경우 실제 만 나이를 적용한다.

2. 실제연령으로 정정된 김철수의 보험나이와 변경 후 월 보험료

(1) 실제연령으로 정정된 김철수의 보험나이

김철수의 보험나이 = 계약일(2022.7.10.) - 실제 생년월일(2001.1.1.) = 만 21세 7개월 9일

6개월 이상의 끝수는 1년으로 하여 계산하므로, 김철수의 보험나이는 22세이다.

(2) 변경 후 월 보험료

A보험의 월 보험료는 보험나이 18세 기준 18만원이며, 연령 증가시 매년 1만원씩 증가하는 것으로 가정하고, 김철수의 보험나이는 22세로 변경되었으므로 월 보험료는 22만원이다.

04 아래 내용을 읽고 질문에 답하시오. (10점)

〈계약사항〉

• 보험종목 : 이겨내자 암보험
• 보험기간 : 2022.1.1. ~ 2052.1.1.

가입담보(특약)	가입(보장)금액	이미 납입한 보험료
일반암	5,000만원	10만원
대장점막내암	2,000만원	5만원
제자리암	1,000만원	5만원

※ 계약 전 알릴의무위반 사항은 없으며, 정상 유지 계약임
※ 암 보장개시일은 최초 계약일로부터 그 날을 포함하여 90일이 지난날의 다음날로 함
※ 보험계약일로부터 암 보장개시일의 전일 이전에 암이 진단 확정되는 경우에는 해당 가입담보(특약)는 무효로 하며, 이미 납입한 보험료를 반환함

〈조직검사결과지〉

성 명	홍길동	주민번호	721201-1******	검체채취일	2022.3.29.
검사의뢰일	2022.3.30.	의뢰기관	한국외과의원	보고일자	2022.4.1.

Colon, distal sigmoid, colonscopic biopsy :
ADENOCARCINOMA, well differentiated
1) tumor size : 0.5×0.4×0.3cm
2) extent of tumor : submucosa
3) mitosis : < 1/10HPF
4) lymphatic invasion : not identified

〈약관규정〉

□ 암, 대장점막내암, 제자리암의 정의

• 이 특별약관에서 「암」이라 함은 제8차 한국표준질병・사인분류에 있어서 악성신생물(암)(이하 「악성신생물」이라 합니다)로 분류되는 질병을 말합니다. 다만, 「기타 피부암」, 「갑상선암」, 「대장점막내암」, 또는 「전암(前癌)상태(암으로 변하기 이전상태)」는 제외합니다.
• 이 특별약관에서 「대장점막내암」이라 함은 대장의 상피세포층에서 발생한 악성종양세포가 기저막을 뚫고 내려가서 점막고유층 또는 점막근층을 침범하였으나 점막하층까지는 침범하지 않은 상태의 질병을 말하며, 대장은 맹장, 충수, 결장, 직장을 말합니다.
• 이 특별약관에서 「제자리암」이라 함은 제8차 한국표준질병・사인분류에 있어서 제자리신생물로 분류되는 질병을 말합니다.

(1) 피보험자 홍길동은 2022.4.3. 진단서를 발급받아 조직검사결과지를 첨부하여 2022.4.10. 보험회사에 청구하였다. 암 진단확정일자를 쓰고 그 판단근거를 약술하시오. (5점)

(2) 2022.4.10. 기준으로 보험회사가 지급해야 할 금액(보험금 또는 이미 납입한 보험료)을 쓰고 그 판단근거를 약술하시오. (5점)

모범답안

1. 암 진단확정일자와 그 판단근거

(1) 암 진단확정일자

2022년 4월 1일이다.

(2) 그 판단근거

조직검사결과지에 따르면 피보험자 홍길동의 검체채취일은 2022년 3월 29일이고, 검사의뢰일은 2022년 3월 30일, 보고일자는 2022년 4월 1일이다.

암의 확정진단 시점과 관련하여 판례는 병원에서 조직검사를 실시하여 암으로 조직검사 결과가 보고된 날짜를 암의 확정진단 시기로 인정하고 있다. 따라서 약관상 암의 진단확정일은 검체채취일이나 조직검사 의뢰일이 아니라, 조직검사결과지에 기재된 '결과보고일(2022년 4월 1일)'을 암의 진단확정일로 판단한다.

2. 보험회사가 지급해야 할 금액(보험금 또는 이미 납입한 보험료)과 그 판단근거

(1) 보험회사가 지급해야 할 금액(보험금 또는 이미 납입한 보험료)

암 진단확정일은 2022년 4월 1일이고, 암 보장개시일은 최초 계약일로부터 그 날을 포함하여 90일이 지난날의 다음날로 하므로 2022년 4월 1일이다.

일반암(대장암)으로 진단되었으므로 보험회사가 지급해야할 금액은 일반암(대장암) 진단비 5,000만원이다.

(2) 그 판단근거

피보험자 홍길동의 대장내시경 생검 조직검사 결과 악성종양인 ADENOCARCINOMA(선암종)가 submuscosa(점막하층)까지 침범한 상태이고, 림프계 침범(lymphatic invasion)은 확인되지 않았다. 따라서 '대장점막내암'이 아닌 '일반암(대장암)'으로 판단한다.

※ Colon, distal sigmoid, colonscopic biopsy : 대장(결장), s상결장, 대장내시경 생검

05

피보험자 심순애는 아래와 같이 실손의료보험에 가입하고 2022.2.14.부터 2022.6.27.까지 치료를 받은 후 보험회사에 실손의료비를 청구하였다. 치료순번별로 실손의료비를 계산하고 그 근거를 약술하시오. (20점)

〈계약사항〉

보험종목(계약일자)	보장종목 / 가입금액
실손의료보험 (2022.1.1.)	〈기본계약〉 • 상해급여 : 5천만원(단, 통원 1회당 20만원 한도) • 질병급여 : 5천만원(단, 통원 1회당 20만원 한도) 〈특약형〉 • 상해비급여 : 5천만원(단, 통원 1회당 20만원 한도) • 질병비급여 : 5천만원(단, 통원 1회당 20만원 한도) • 3대 비급여 : 표준약관상 비급여의료비별 보상한도

※ 계약 전 알릴의무위반 사항은 없으며, 정상 유지 계약임

〈일자별 치료 내용 및 진료비 영수증상 의료비 청구사항〉

(단위 : 원)

치료 순번	의료 기관	입/ 통원	치료 일자	병 명 (질병분류 번호)	급 여		비급여	비 고
					일부 본인 부담	전액 본인 부담		
①	A병원	통원	2.14.	불임 (N96)	20,000	30,000	50,000	
②	B의원	통원	3.14.	식사장애 (F50)	30,000	50,000	100,000	
③	C병원	통원	4.11.	회전근개 증후군 (M75.1)	10,000	10,000	200,000	비급여는 도수치료 1회 비용임
④	D약국	통원	4.12.	회전근개 증후군 (M75.1)	10,000			4.11. 처방받은 약제를 4.12. 조제
⑤	E 종합 병원	통원	4.20.	회전근개 증후군 (M75.1)	10,000	10,000	400,000	비급여는 도수치료 1회 비용임
⑥	F보훈 종합 병원	통원	5.10.	기관지염 (J40)	30,000			실제 수납금액은 0원

⑦	G 한방 병원	통원	5.12.	등통증 (M54)	10,000	10,000	300,000	비급여는 도수치료 1회 비용임
⑧	H 종합 병원	입원	5.16. ~ 5.30.	회전근개 증후군 (M75.1)	200,000	100,000	4,500,000	비급여는 MRI 1회 30만원, 도수치료 14회 420만원 비용임
⑨	I병원	통원	6.27.	비기질성 수면장애 (F51)	50,000	50,000	100,000	

※ F보훈종합병원 외에는 모두 병원비를 실제 납부하였음
※ F보훈종합병원의 경우 「국가유공자 등 예우 및 지원에 관한 법률」을 적용받아 피보험자가 실제 납부한 금액은 없음
※ G한방병원은 양・한방 협진병원으로 비급여 치료는 의사에 의해 시행함
※ 도수치료는 치료효과가 확인되어 보험회사에서 의료검토를 통해 20회까지 지급하기로 함

모범답안

치료순번별 실손의료비

(1) 치료순번 ①(A병원)

여성생식기의 비염증성 장애로 인한 습관성 유산, 불임 및 인공수정 관련 합병증(N96 ~ N98)으로 발생한 의료비 중 전액본인부담금 및 보험가입일로부터 2년 이내에 발생한 의료비는 보상하지 않는다.

(2) 치료순번 ②(B의원)

식사장애(F50)는 정신 및 행동장애(F04 ~ F99)에 해당하므로 보상하지 않는다.

(3) 치료순번 ③(C병원) + 치료순번 ④(D약국)

하나의 질병(회전근개증후군)으로 외래 및 조제일자가 다른 경우에도 처방일자를 기준으로 외래 및 처방조제를 합산하여 계산한다.

① 질병급여의료비

외래(C병원) + 처방조제(D약국) − Max[10,000원, 의료비의 20%]

= (20,000원 + 10,000원) − Max[10,000원, 30,000원 × 20%]

= 30,000원 − 10,000원 = **20,000원**

※ **공제금액** : 10,000원과 보장대상의료비의 20% 중 큰 금액

② 3대 비급여(도수치료)

200,000원 – Max[30,000원, 200,000원 × 30%] = **140,000원**

※ **도수치료 공제금액** : 1회당 30,000원과 보장대상의료비의 30% 중 큰 금액

(4) 치료순번 ⑤(E종합병원)

① 질병급여의료비

외래(E종합병원) – Max[20,000원, 의료비의 20%]

= (10,000원 + 10,000원) – Max[20,000원, 20,000원 × 20%]

= 20,000원 – 20,000원 = **0원**

※ **공제금액** : 20,000원과 보장대상의료비의 20% 중 큰 금액

② 3대 비급여(도수치료)

400,000원 – Max[30,000원, 400,000원 × 30%] = **280,000원**

(5) 치료순번 ⑥(F보훈종합병원)

「국가유공자 등 예우 및 지원에 관한 법률」을 적용받아 피보험자가 실제 납부한 금액이 없으므로 감면 전 의료비를 기준으로 계산한다.

• 질병급여의료비

외래(F보훈종합병원) – Max[20,000원, 의료비의 20%]

= 30,000원 – Max[20,000원, 30,000원 × 20%]

= 30,000원 – 20,000원 = **10,000원**

(6) 치료순번 ⑦(G한방병원)

한방치료에서 발생한 비급여의료비는 보상하지 않지만, '의사'의 의료행위에 의해서 발생한 의료비는 보상한다.

① 질병급여의료비

외래(G한방병원) – Max[10,000원, 의료비의 20%]

= (10,000원 + 10,000원) – Max[10,000원, 20,000원 × 20%]

= 20,000원 – 10,000원 = **10,000원**

② 3대 비급여(도수치료)

300,000원 – Max[30,000원, 300,000원 × 30%] = **210,000원**

(7) 치료순번 ⑧(H종합병원)

① 질병급여의료비

입원의 경우 의료급여 중 본인부담금(본인이 실제로 부담한 금액으로서 요양급여 비용 또는 의료급여 비용의 일부를 본인이 부담하는 일부본인부담금과 요양급여 비용 또는 의료급여 비용의 전부를 본인이 부담하는 전액본인부담금을 말함)의 80%에 해당하는 금액을 보상한다.

- 질병급여의료비 = (200,000원 + 100,000원) × 80% = 240,000원

② 3대 비급여(MRI)

300,000원 – Max[30,000원, 300,000원 × 30%] = 210,000원

③ 3대 비급여(도수치료)

{300,000원 – Max[30,000원, 300,000원 × 30%]} × 14회 = 2,940,000원

※ 도수치료 1회 비용 = 4200,000원 ÷ 14회 = 300,000원

비급여 도수치료 보장한도 금액은 3,500,000원이므로, 이미 지급한 630,000원(= 140,000원 + 280,000원 + 210,000원) 제외하고 보상한다.

따라서, 3,500,000원 – 630,000원 = 2,870,000원

※ **도수치료의 보장한도** : 계약일 또는 매년 계약 해당일부터 1년 단위로 각 상해・질병 치료행위를 합산하여 3,500,000원 이내에서 50회까지 보상한다.

(8) 치료순번 ⑨(I병원)

비기질성 수면장애(F51)와 관련한 치료에서 발생한 요양급여에 해당하는 의료비(본인부담금)는 보상하지만, 비급여의료비에 대해서는 보상하지 않는다.

- 질병급여의료비 = (50,000원 + 50,000원) – Max[10,000원, 100,000원 × 20%]
  = 80,000원

06

다음은 피보험자 김순희가 한국보험에 가입한 보험계약 사항이다. 아래 제 조건을 참고하여 물음에 답하시오. (15점)

〈계약사항〉

<table>
<tr><th>보험종목</th><th>보험기간</th><th>가입내용</th><th>가입금액</th><th colspan="2">보장내용</th></tr>
<tr><td rowspan="5">암보험</td><td rowspan="5">2020.10.7.
~
2040.10.7.</td><td rowspan="3">주계약</td><td rowspan="3">2,000만원</td><td>암 진단</td><td>가입금액의 100%
(1년 미만시 50%)</td></tr>
<tr><td>암 수술</td><td>가입금액의 20%</td></tr>
<tr><td>암 입원</td><td>3일 초과 1일당
가입금액의 0.5%</td></tr>
<tr><td rowspan="2">소액암보장
특약</td><td rowspan="2">1,000만원</td><td>소액암
진단</td><td>가입금액의 20%
(1년 미만시 10%)</td></tr>
<tr><td>소액암 수술</td><td>가입금액의 10%</td></tr>
</table>

※ 소액암 : 상피내암, 경계성종양, 갑상선암, 기타 피부암
※ 진단급여금은 각각 최초 1회한 지급, 암 입원급여금의 1회당 지급한도는 120일
※ 약관상 보상하는 손해이며, 계약 전 알릴의무위반 사항 없는 정상 유지 계약임

〈진단 및 치료 내용〉

① 2021.10.1. : A의원에 유방 멍울, 통증으로 내원하여 초음파검사 시행
〈초음파검사 결과 : 좌측, 우측 유방 모두 '양성석회화 및 결절' 진단〉
② 2021.10.4. : A의원에서 추가 검사 및 진단
〈FNA검사 결과 : 좌측 유방 'Suspicious carcinoma',
우측 유방 'ductal carcinoma in situ'〉
③ 2021.10.9. : B병원에서 추가 검사 및 우측 유방 부분절제술 시행
〈FNA검사 결과 : 좌측 유방 'Invasive ductal carcinoma',
우측 유방 'ductal carcinoma in situ'〉
④ 2021.10.10. ~ 2021.10.22. : C대학병원에서 좌측 유방 완전절제술 및 입원치료
〈Biopsy검사 결과 : 좌측 유방 'Invasive ductal carcinoma, 림프절 전이 상태,
우측 유방 'No tumor'(2021.10.12. 수술 및 진단)〉
⑤ 2021.11.1. ~ 2022.2.28. : D요양병원에서 유방암에 대한 직접치료 위해 입원치료
〈치료 내용 : 필수불가결한 합병증 및 면역력 강화치료〉
⑥ 2022.3.10. : 보험금 청구
※ ①~③ 항목은 내원일, 검사일, 결과보고일 모두 동일 날짜임

(1) 위 사례에서, 한국보험이 지급해야 할 진단, 수술 및 입원급여금을 각 항목별로 구하시오. (9점)

(2) 암보험 약관 악성신생물분류표(제8차 한국표준질병·사인분류 기준)에서 분류하고 있는 악성신생물 대상이 되는 질병 중, 분류번호 C코드 외에 D코드에 해당되는 질병명(또는 분류번호 표기) 6가지를 기술하시오. (6점)

모범답안

1. 진단급여금, 수술급여금 및 입원급여금

(1) 진단급여금

진단급여금은 각각 최초 1회한 지급한다.

① 좌측 유방

- 2021년 10월 4일 FNA검사 결과 '유방암 의증 진단(Suspicious carcinoma)'으로 진단되어 보험금을 지급하지 않는다.
- 2021년 10월 9일 FNA검사 결과 '침윤성 유방암(Invasive ductal carcinoma)'으로 진단되어 암 진단급여금 2,000만원을 지급한다.

② 우측 유방

- 2021년 10월 4일과 2021년 10월 9일 FNA검사 결과 '상피내암(ductal carcinoma in situ)'으로 진단되어 부분절제술을 하였으므로 소액암 진단급여금을 지급한다. 그런데 1년 이내 진단이므로 1,000만원의 10%에 해당하는 금액 100만원을 지급한다.
- 2021년 10월 12일 수술 및 진단 결과 'No tumor'로 진단되어 보험금을 지급하지 않는다.

(2) 수술급여금

① 좌측 유방

2021년 10월 10일부터 2021년 10월 22일까지 C대학병원에서 '침윤성 유방암(Invasive ductal carcinoma)'으로 진단되어 완전절제술을 하였으므로 암 수술급여금 2,000만원의 20% 해당하는 금액 400만원을 지급한다.

② 우측 유방

2021년 10월 9일 B병원에서 '상피내암(ductal carcinoma in situ)'으로 진단되어 부분절제술을 하였으므로 소액암 수술급여금 1,000만원의 10%에 해당하는 금액 100만원을 지급한다.

(3) 입원급여금

① C대학병원에서 입원치료

C대학병원에서 좌측 유방의 완전절제술 및 입원치료목적으로 2021년 10월 10일부터 2021년 10월 22일까지 13일간 입원하였으므로 3일 초과 1일당 2,000만원 0.5%에 해당하는 금액(2,000만원 × 0.5% = 10만원)을 보상한다.

(13일 − 3일) × 10만원 = 100만원

② D요양병원에서 입원치료

유방암에 대한 직접치료를 위한 필수불가결한 합병증 및 면역력 강화치료는 '암의 직접치료'이므로 120일을 한도로 보상한다.

(120일 − 10일) × 10만원 = 1,100만원

※ 암 입원급여금의 1회당 지급한도는 120일이므로, C대학병원에서 1차 입원 10일을 공제하면 120일 − 10일 = 110일이다.

2. 악성신생물 대상이 되는 질병 중 D코드에 해당되는 질병명(또는 분류번호 표기)

질병명	분류번호
진성 적혈구 증가증	D45
골수 형성이상 증후군	D46
만성 골수증식 질환	D47.1
본태성(출혈성) 혈소판혈증	D47.3
골수섬유증	D47.4
만성 호산구성 백혈병[과호산구증후군]	D47.5

07 아래의 질문에 답하시오. (25점)

〈계약사항〉

회사	보험기간	가입담보	가입금액	지급기준
K	2019.2.6. ~ 2039.2.6.	일반상해후유장해(3% ~ 100%)	1억원	가입금액 × 장해지급률
		일반상해후유장해(50% 이상)	1억원	가입금액 지급(최초 1회한)
		일반상해후유장해(80% 이상)	1억원	가입금액 지급(최초 1회한)

※ 계약 전 알릴의무위반 사항은 없으며, 정상 유지 계약임

※ 2018.4.1. 이후 표준약관 장해분류표를 사용함

※ 일반상해후유장해(3% ~ 100%) : 보험회사가 지급하여야 할 하나의 상해로 인한 후유장해보험금은 보험가입금액을 한도로 함. 단, 다른 상해의 경우 보험가입금액 한도는 자동 복원됨

※ 일반상해후유장해(50% 이상, 80% 이상) : 보험기간 중 동일한 상해로 장해분류표상의 여러 신체부위의 장해지급률을 더하여 50% 이상 또는 80% 이상인 장해상태가 되었을 때를 말함

〈1차 사고 내용〉

피보험자 김마비는 2020.10.20. 13:00경 강원도 오대산 등반 중 부주의로 추락하는 사고로 인해 척수손상, 요추 압박골절, 대퇴골골절 등으로 수술 및 입원치료 후 장해가 남아 2021.5.10. 후유장해진단을 받고 K 보험회사에 보험금을 청구함

〈1차 후유장해진단 내용〉

① 우측 대퇴골에 가관절이 남은 상태
② 머리뼈의 손바닥 크기 1/2 이상의 손상 및 결손 상태
③ 요추 압박골절로 18° 이상의 척추후만증이 잔존(사고기여도 100%)
④ 좌측 고관절에 인공관절을 삽입한 상태
⑤ 척수손상으로 일상생활기본동작(ADLs) 제한 평가상 배설을 돕기 위해 설치한 의료장치나 외과적 시설물을 사용함에 있어 타인의 계속적인 도움이 필요한 상태

〈2차 사고 내용〉

피보험자 김마비는 2021.12.4. 10:00경 재활치료를 위해 휠체어로 이동 중 계단에서 넘어지는 사고 후 아래와 같이 2022.7.10. 2차 후유장해진단을 받고 K 보험회사에 보험금을 청구함

〈2차 후유장해진단 내용〉

⑥ 흉추의 탈구 등으로 25° 이상의 척추측만증 변형이 있음(사고기여도 100%)
⑦ 다리의 분쇄골절 등으로 우측 다리의 무릎관절과 발목관절 각각의 운동범위 합계가 각각 정상 운동범위의 1/2 이하로 제한된 상태
⑧ 척수손상으로 일상생활기본동작(ADLs) 제한 평가표상 독립적인 음식물섭취는 가능하나 젓가락을 이용하여 생선을 바르거나 음식물을 자르지는 못하는 상태

※ 상기 1차 및 2차 사고 내용은 약관상 보상하는 손해임
※ 상기 1차 및 2차 후유장해진단 내용 이외 다른 후유장해는 없음

(1) K 보험회사가 1차 후유장해진단으로 김마비에게 지급하여야 할 후유장해보험금을 계산하시오. (단, ①~⑤ 장해지급률과 산출근거를 약술한 후 가입담보별 보험금을 기술할 것) (15점)

(2) K 보험회사가 2차 후유장해진단으로 김마비에게 지급하여야 할 후유장해보험금을 계산하시오. (단, ⑥~⑧ 장해지급률과 산출근거를 약술한 후 가입담보별 보험금을 기술할 것) (10점)

모범답안

1. 1차 후유장해진단으로 지급하여야 할 후유장해보험금

(1) 장해지급률 산정

① 우측 대퇴골에 가관절이 남은 상태

한 다리에 가관절이 남아 뚜렷한 장해를 남긴 때는 지급률 20%를 산정한다.

② 머리뼈의 손바닥 크기 1/2 이상의 손상 및 결손 상태

머리뼈의 손바닥 크기 1/2 이상의 손상 및 결손 상태는 외모에 약간의 추상(추한 모습)을 남긴 때이므로 지급률은 5%이다.

③ 요추 압박골절로 18° 이상의 척추후만증이 잔존(사고기여도 100%)

요추 압박골절로 18° 이상의 척추후만증이 잔존(사고기여도 100%)한 상태는 척추(등뼈)에 뚜렷한 기형을 남긴 때이므로 지급률은 30%이다.

④ 좌측 고관절에 인공관절을 삽입한 상태

좌측 고관절에 인공관절을 삽입한 상태는 관절 하나의 기능에 심한 장해를 남긴 때이므로 지급률은 20%이다.

⑤ 척수손상으로 일상생활기본동작(ADLs) 제한 평가상 배설을 돕기 위해 설치한 의료장치나 외과적 시설물을 사용함에 있어 타인의 계속적인 도움이 필요한 상태

뇌졸중, 뇌손상, 척수 및 신경계의 질환 등은 발병 또는 외상 후 12개월 동안 지속적으로 치료한 후에 장해를 평가하는데 1차 사고 후 수술 및 입원치료 기간이 12개월 미만이므로 해당되지 않는다.

⑥ 최종 장해지급률 산정

20% + 5% + 30% + 20% = 75%

(2) 가입담보별 보험금

① 일반상해후유장해(3% ~ 100%)

지급기준 = 가입금액 × 장해지급률
= 1억원 × 75% = 7,500만원

② 일반상해후유장해(50% 이상)

최종 장해지급률이 75%로 50% 이상이므로 1억원을 지급한다(최초 1회한).

③ 일반상해후유장해(80% 이상)

최종 장해지급률이 75%로 80% 이상에 해당하지 않으므로 보험금을 지급하지 않는다.

(3) 김마비에게 지급하여야 할 후유장해보험금

① + ② + ③ = 7,500만원 + 1억원 + 0원 = 1억7,500만원

2. 2차 후유장해진단으로 지급하여야 할 후유장해보험금

(1) 장해지급률 산정

① 흉추의 탈구 등으로 25° 이상의 척추측만증 변형이 있음(사고기여도 100%)

흉추의 탈구 등으로 25° 이상의 척추측만증 변형이 있는 상태는 척추(등뼈)에 심한 기형을 남긴 때이므로 지급률은 50%이다.

② 다리의 분쇄골절 등으로 우측 다리의 무릎관절과 발목관절 각각의 운동범위 합계가 각각 정상 운동범위의 1/2 이하로 제한된 상태

다리의 분쇄골절 등으로 우측 다리의 무릎관절과 발목관절 각각의 운동범위 합계가 각각 정상 운동범위의 1/2 이하로 제한된 상태는 관절 하나의 기능에 뚜렷한 장해를 남긴 때이므로 지급률은 10%이다. 그런데 한 다리의 3대 관절 중 관절 하나에 기능장해가 생기고 다른 관절 하나에 기능장해가 발생한 경우 지급률은 각각 적용하여 합산하므로 지급률은 무릎관절 10% + 발목관절 10% = 20%이다.

③ 척수손상으로 일상생활기본동작(ADLs) 제한 평가표상 독립적인 음식물섭취는 가능하나 젓가락을 이용하여 생선을 바르거나 음식물을 자르지는 못하는 상태

뇌졸중, 뇌손상, 척수 및 신경계의 질환 등은 발병 또는 외상 후 12개월 동안 지속적으로 치료한 후에 장해를 평가하므로 해당되지 않는다.

④ 최종 장해지급률 산정

50% + 20% = 70%

(2) 가입담보별 보험금

다른 질병 또는 상해로 인하여 후유장해가 2회 이상 발생하였을 경우에는 그때마다 이에 해당하는 후유장해지급률을 결정한다. 그러나 그 후유장해가 이미 후유장해보험금을 지급받은 동일한 부위에 가중된 때에는 최종 장해상태에 해당하는 후유장해보험금에서 이미 지급받은 후유장해보험금을 차감하여 지급한다.

① 일반상해후유장해(3% ~ 100%)

(1억원 × 70%) − 1차 사고 후유장애보험금{(1억원 × 20%) + (1억원 × 30%)}

= 2,000만원

② 일반상해후유장해(50% 이상)

최종 장해지급률이 70%로 50% 이상이지만 1차 사고에서 최초 1회 지급했으므로 보험금을 지급하지 않는다.

③ 일반상해후유장해(80% 이상)

최종 장해지급률이 70%로 80% 이상에 해당하지 않으므로 보험금을 지급하지 않는다.

(3) 김마비에게 지급하여야 할 후유장해보험금

① + ② + ③ = 2,000만원 + 0원 + 0원 = 2,000만원

제46회 신체손해사정사 2차 시험문제

1. 「질병 · 상해보험 표준약관」에 관한 아래의 질문에 답하시오. (15점)

(1) 제2조(용어의 정의)에서 규정한 지급사유 관련 용어 중 '중요한 사항'에 대해 기술하시오. (5점)

(2) 회사가 청약과 함께 제1회 보험료를 받고 청약을 승낙하기 전에 보험금 지급사유가 발생하였을 때에도 보장개시일로부터 해당 약관이 정하는 바에 따라 보장합니다. 위 조항에도 불구하고, 회사가 보장하지 않는 경우를 모두 기술하시오. (6점)

(3) 다음은 제29조[보험료의 납입연체로 인한 해지계약의 부활(효력회복)] 조항이다. 괄호 (①, ②)에 들어갈 내용을 기술하시오. (4점)

보험료 납입이 연체되는 경우 납입최고(독촉)와 계약의 해지에 따라 계약이 해지되었으나, 해약환급금을 받지 않은 경우(보험계약대출 등에 따라 해약환급금이 차감되었으나 받지 않은 경우 또는 해약환급금이 없는 경우를 포함합니다) 계약자는 해지된 날부터 (①)에 회사가 정한 절차에 따라 계약의 부활(효력회복)을 청약할 수 있습니다. 회사가 부활(효력회복)을 승낙한 때에 계약자는 부활(효력회복)을 청약한 날까지의 연체된 보험료에 (②) 범위 내에서 각 상품별로 회사가 정하는 이율로 계산한 금액을 더하여 납입하여야 합니다.

2. 아래 조건을 참고하여 후유장해 지급률을 산정하시오(단, ①～⑤ 순서대로 기술할 것). (15점)

〈사고 내용〉

피보험자 갑(甲)은 2022.1.10. 자동차 운전 중 사고로 "안면부위 다발성 골절, 양측 측두골 골절, 외상성 지주막하 출혈, 뇌전증 등"으로 치료받았으나, 후유장해(진단일자 : 2023.7.20.)가 남았다.

〈후유장해진단 내용〉

① 우측 안구의 적출 ② 우측 안구가 적출되어 눈자위의 조직요몰로 의안마저 끼워 넣을 수 없는 상태 ③ 좌측 눈의 시야범위는 정상시야범위의 50%로 제한 ④ 좌측 귀의 순음청력검사 결과 평균순음역치 70dB 이상인 경우에 해당되어, 50cm 이상의 거리에서는 보통의 말소리를 알아듣지 못하는 경우 ⑤ 뇌전증 발작이 시작되면 2분 이내에 정상으로 회복되는 발작이 월 5회, 연 6개월 이상의 기간에 걸쳐 발생하고 있는 상태

3. 아래 질문에 답하시오. (15점)

〈보험가입사항〉

피보험자	보험회사	보험기간	담보내용
갑(甲)	A	2004.7.1. ~ 2034.6.30.	암 진단금 • 일반암 : 3천만원 • 유사암 : 3백만원 (단, 계약일로부터 1년 미만 진단시 50% 지급)
	B	2022.5.1. ~ 2052.4.30.	암 진단금 • 일반암 : 5천만원 • 유사암 : 5백만원 (단, 계약일로부터 1년 미만 진단시 50% 지급)

※ 정상 유지 계약이며, 계약 전 알릴의무위반 사항 없음.

※ 유사암이란 제자리암, 경계성종양을 말함.

※ A 보험회사 보험약관상 "제5차 개정 이후 한국표준질병·사인분류에 있어서 상기 질병 이외의 추가로 상기 분류표에 해당하는 질병이 있는 경우에는 그 질병도 포함하는 것으로 합니다"라고 규정함

※ B 보험회사 보험약관상 "제9차 개정 이후 이 약관에서 보장하는 악성신생물(암) 해당 여부는 피보험자가 진단된 당시 시행되고 있는 한국표준질병·사인분류에 따라 판단합니다"라고 규정함

(1) 피보험자 갑(甲)은 2022.11.10. H병원에서 형태학적 분류코드 및 진단서상 질병분류코드 모두 경계성종양에 해당하는 진단을 받았다. 이 진단명은 KCD 4차(시행일 2003.1.1.)에서는 형태학적 분류코드 및 질병분류코드 모두 악성신생물(암)에 해당되었으나, KCD 5차(시행일 2008.1.1.)부터 현재까지는 형태학적 분류코드 및 질병분류코드 모두 경계성종양에 해당한다.
A, B 보험회사가 피보험자 갑(甲)에게 지급할 보험금을 계산하시오. (8점)

> ※ 본 사안과 관련하여 참고할 법원 판례(대법원 2018.7.24. 선고 2017다 256828 판결)와 금융분쟁 조정사례(분조위 제2012-14호)가 있음.

(2) 상기 사례와 같이 약관의 해석 원칙은 보험회사의 보상책임 결정의 중요한 기준이다. 「질병·상해보험 표준약관」 제40조에서 규정한 '약관의 해석' 조항을 모두 기술하시오. (7점)

4. 아래 조건을 참고하여 질문에 답하시오. (20점)

〈사건사고 사실확인원〉

<table>
<tr><td rowspan="2">피해자・진정인</td><td>성명</td><td>홍길동</td><td>주민등록번호</td><td>92****-*******</td></tr>
<tr><td>주소</td><td colspan="3">경기도 **시 ***구 ***로 123</td></tr>
<tr><td>피해일시</td><td colspan="4">2022-01-15. 22:10</td></tr>
<tr><td>피해장소</td><td colspan="4">경기도 **시 **구 ***로 123</td></tr>
<tr><td>사건개요/
피해상황</td><td colspan="4">가해자 갑(甲)과 피해자 홍길동은 법률혼 관계로, 가해자는 술을 마시고 귀가한 후 피해자를 폭행하여 "다발성 골절(안면골, 요추3번, 우측 팔) 등" 상해를 가했다. 이후 가해자가 집 밖으로 나가다가 부주의로 뜨거운 물을 엎질러 피해자에게 추가로 "화상(좌측 다리)"을 입혔다.</td></tr>
<tr><td>접수신고일</td><td colspan="2">2022-01-15. 23:30</td><td>용도</td><td>보험회사 제출용</td></tr>
<tr><td colspan="5">상기와 같이 피해 상황을 신고한 사실이 있으므로 확인원을 교부합니다.
2023년 7월 10일
경기도 **경찰서장</td></tr>
</table>

〈후유장해진단서〉

<table>
<tr><td>성명</td><td>홍길동</td><td>주민번호</td><td>92****-*******</td><td>병록번호</td><td>********</td></tr>
<tr><td>수상일</td><td>2022년 1월 15일</td><td>초진일</td><td>2022년 1월 15일</td><td>장해진단일</td><td>2023년 7월 20일</td></tr>
<tr><td colspan="6">□ 상명병(※ 상병명이 많을 때는 장해와 관계있는 주요 상병명을 기재)
1. 안면골의 골절
2. 요추3번 압박골절
3. 우측 상완골 원위부골절
4. 우측 팔 전완부위 3cm 열상
5. 좌측 다리의 2도 화상(부식 없음, 표재성 2도)</td></tr>
<tr><td colspan="6">□ 수술내용(2022년 1월 16일 시행)
- 우측 팔 전완부 3cm 길이 상처에 대해 근육층을 포함한 창상봉합술(변연절제술 포함) 시행</td></tr>
<tr><td colspan="6">□ 장해진단(AMA 장해평가)
① 코의 1/2 이상 결손
② 척추전만증 20도(Cobb's Angle) 변형
③ 우측 상완골에 변형이 남아 정상에 비해 부정유합된 각 변형이 10°인 상태</td></tr>
<tr><td colspan="3">비고(장해부위의 그림 표시 등)
※ 영구장해에 해당</td><td colspan="3">상기와 같이 진단함
진단서발행일 : 2023년 7월 20일
병의원 명칭 : ** 의원</td></tr>
</table>

〈계약 및 담보사항〉

보험회사	계약자 · 피보험자 · 상해시 수익자	보험기간	직업/급수
A	홍길동	2019.1.2. ~ 2039.1.1.	금융사무원/1급

담보명	가입금액(원)	보장내용
상해후유장해	1억	상해로 장해지급률이 3%~100%에 해당하는 장해상태가 된 경우 〈가입금액 × 후유장해지급률〉 지급
상해 20% 이상 후유장해	1억	상해로 장해지급률이 20% 이상에 해당하는 장해상태가 된 경우 〈가입금액 × 후유장해지급률〉 지급
상해 50% 이상 후유장해	5,000만	상해로 장해지급률이 50% 이상에 해당하는 장해상태가 된 경우 보험가입금액 지급
중증화상 · 부식진단	1,000만	상해로 신체 표면적으로 최소 20% 이상의 심재성 3도 중증화상 · 부식으로 진단 확정된 경우 가입금액 지급(최초 1회한)
골절진단	10만	상해의 직접결과로써 골절진단 확정된 경우 1사고당 가입금액 지급
5대 골절진단	100만	상해의 직접결과로써 5대 골절(경추 · 흉추 · 요추 · 골반 · 대퇴골의 골절)로 진단 확정된 경우 1사고당 가입금액 지급
화상진단	20만	심재성 2도 이상의 화상으로 진단 확정된 경우 가입금액 지급
상해수술	20만	상해로 수술을 받은 경우 1사고당 가입금액 지급
골절수술	50만	상해의 직접결과로써 골절진단 확정되고, 그 치료를 직접적인 목적으로 수술을 받은 경우 1사고당 가입금액 지급
5대 골절수술	200만	상해의 직접결과로써 5대 골절(경추 · 흉추 · 요추 · 골반 · 대퇴골의 골절)로 진단 확정되고, 그 치료를 직접적인 목적으로 수술받은 경우 1사고당 가입금액 지급
화상수술	30만	심재성 2도 이상의 화상으로 진단 확정되고, 그 치료를 직접적인 목적으로 수술을 받은 경우 1사고당 가입금액 지급
강력범죄피해(사망 제외)	500만	강력범죄(형법 제25장에서 정하는 상해와 폭행의 죄, 형법 제32장에서 정하는 강간죄 등)에 의하여 신체에 피해가 발생한 경우 가입금액 지급 * 피보험자의 배우자 및 직계존 · 비속에 의한 손해는 보상하지 않음
상해흉터 성형수술	7만	상해로 치료를 받고 그 직접적인 결과로 약관에 정한 반흔이나 장해가 발생하여 원상회복을 목적으로 성형수술을 받은 경우 1사고당 최고 500만원 한도로 안면부 수술 1cm당 14만원, 상지 · 하지 수술 1cm당 7만원 지급(단, 3cm 이상에 한함)

※ 질병 · 상해보험 표준약관을 사용하며, 정상 유지 계약임.

※ 알릴의무(계약 전 · 후)위반 사항 없음.

(1) 상기 후유장해진단서의 장해지급률을 산정하시오(단, ①~③ 순서대로 기술할 것). (6점)

(2) A 보험회사의 보상책임을 결정하시오(단, 가입담보별 지급보험금을 기재할 것). (14점)

5. 피보험자 갑(甲)은 병원에서 입원치료 후 2023.7.1. 보험회사에 보험금을 청구하였다. 아래 조건을 참고하여 A 보험회사의 지급보험금을 산출하시오(단, 입원기간 ①~② 순서대로 기술할 것). (10점)

〈보험가입사항〉

보험회사 (계약일자)	보험종류	보장종목	가입금액	비고
A (2023.2.1.) 갱신형	기본형 실손의료보험 (급여 실손의료비)	질병급여형	1천만원	4세대 실손보험
	실손의료보험 특별약관 (비급여 실손의료비)	질병비급여형	1천만원	

〈입원의료비 발생내역(M병원)〉

입원기간	병명 (질병코드)	급여		비급여	
		본인 부담금	공단 부담금		포함된 비용
① 2023.4.1. ~4.20.	제4~5요추 추간판탈출증 (M51)	200 만원	800 만원	1,050 만원	• 상급병실료 차액 : 150만원(5일 사용) • 도수치료(회당 10만원×10회) : 100만원
② 2023.6.1. ~6.25.	제4~5요추 추간판탈출증 (M51)	300 만원	1,200 만원	1,600 만원	• 상급병실료 차액 : 600만원(20일 사용) • 주사료(회당 10만원×10회) : 100만원 ※ 단, 항암제, 항생제(항진균제 포함), 희귀의약품을 위해 사용된 비급여 주사료가 아님.

〈기타 사항〉

• 의료비는 실제 발생한 것으로 가정하며, 유효한 정상 유지 계약으로 계약 전 알릴의무위반 사항은 없음.

• 「국민건강보험법」에 따른 '본인부담금 상한제'는 적용하지 않는 것으로 하며, 청구 당일 보험금 지급 예정임.

6. 피보험자 을(乙)은 병원에서 통원치료 후 2023.7.1. 보험회사에 보험금을 청구하였다. 아래 조건을 참고하여 A, B 보험회사의 지급보험금을 산출하시오. (10점)
(단, 통원일자 ①～② 순서대로 기술할 것)

〈보험가입사항〉

보험회사 (계약일자)	보험 종류 (공제 유형)	보장종목(보상한도)	선택 특별약관
A (2021.2.1.) 갱신형	기본형 실손의료보험(3세대) (표준형)	• 질병통원형(10만원) 단, 외래(통원) 의료비는 회(건)당 10만원 한도	없음
B (2023.2.1.) 갱신형	기본형 실손의료보험(4세대)	• 질병급여형(1천만원) 단, 통원 1회당 10만원 한도	없음

〈통원의료비 발생내역〉

통원일자	치료병원	병명	급여		비급여
			본인부담금	공단부담금	
① 2023.6.1.	K	요관결석 (N20)	30만원	30만원	–
② 2023.6.8.	K	요관결석 (N20)	15만원	15만원	–

※ 치료병원은 의료법 제3조 제2항 제3호 또는 제3조의3에 따른 종합병원임.

〈기타 사항〉

• 의료비는 실제 발생한 것으로 가정하며, 유효한 정상 유지 계약으로 계약 전 알릴의무위반 사항은 없음.

• 「국민건강보험법」에 따른 '본인부담금 상한제'는 적용하지 않는 것으로 하며, 청구 당일 보험금 지급 예정임.

7. 아래 조건을 참고하여 A 보험회사의 보상책임을 결정하시오. (15점)

〈보험가입사항〉

보험회사	계약자 피보험자	보험기간	보험종목	가입금액	보장내용
A	갑(甲) (50세)	2021.4.1. ~ 2031.3.31.	장기상해	1억원	• 사망 : 가입금액 • 후유장해 : 가입금액 × 지급률 • 입원 : 1일당 3만원

〈보험금 청구사항〉

피보험자 갑(甲)은 2022.12.1. 12:00경 운전 중 추돌사고가 발생하여 "제4 ~ 5 요추간 추간판탈출증"으로 치료 후 후유장해가 남았다며 2023.6.30. M정형외과에서 발급받은 후유장해진단서와 입・퇴원확인서를 첨부하여 2023.7.19. A 보험회사에 보험금 청구함.

• 후유장해 내용 : 추간판탈출증으로 인한 약간의 신경장해 – 지급률 10%
(영구장해, 사고관여도 100%)
• 입・퇴원 기간 : 2022.12.1. ~ 2022.12.20.

〈손해사정서(A보험회사)〉

1. 사고 경위
2022.12.1. 12:00경 발생한 추돌사고는 피보험자의 과실이 없는 가해운전자의 졸음운전으로 인해 발생한 사고로 확인됨.

2. 계약의 유효성 확인
정상 유지 계약이며, 계약 전 알릴의무와 계약 후 알릴의무위반 사항 없음.

3. 치료내용
사고 후 M정형외과에서 "제4 ~ 5요추간 추간판탈출증"으로 진단받고 2023.6.29.까지 치료받음. 치료기간 중 입원(청구서류와 동일, 20일간 입원) 및 통원치료를 받았음.

4. 장해진단 확인내용
M정형외과의 후유장해진단서 원본 및 진료기록 확인결과, "추간판탈출증으로 인한 약간의 신경장해, 5년 한시장해(사고관여도 100%)"로 2023.6.30. 장해진단서가 발급된 사실이 있으며, A 보험회사에서 시행한 의료자문 결과도 동일한 장해지급률에 해당함.

5. 기타 사항
피보험자가 M정형외과에서 발급한 후유장해진단서 내용 중 "5년 한시장해" 부분을 본인이 임의로 삭제한 후 "영구장해"로 수정하여 청구한 사실이 확인되고, 피보험자 갑(甲)도 장해진단서 변조를 인정하고 확인서를 작성함.

01

「질병 · 상해보험 표준약관」에 관한 아래의 질문에 답하시오. (15점)

(1) 제2조(용어의 정의)에서 규정한 지급사유 관련 용어 중 '중요한 사항'에 대해 기술하시오. (5점)

(2) 회사가 청약과 함께 제1회 보험료를 받고 청약을 승낙하기 전에 보험금 지급사유가 발생하였을 때에도 보장개시일로부터 해당 약관이 정하는 바에 따라 보장합니다. 위 조항에도 불구하고, 회사가 보장하지 않는 경우를 모두 기술하시오. (6점)

(3) 다음은 제29조[보험료의 납입연체로 인한 해지계약의 부활(효력회복)] 조항이다. 괄호 (①, ②)에 들어갈 내용을 기술하시오. (4점)

> 보험료 납입이 연체되는 경우 납입최고(독촉)와 계약의 해지에 따라 계약이 해지되었으나, 해약환급금을 받지 않은 경우(보험계약대출 등에 따라 해약환급금이 차감되었으나 받지 않은 경우 또는 해약환급금이 없는 경우를 포함합니다) 계약자는 해지된 날부터 (①)에 회사가 정한 절차에 따라 계약의 부활(효력회복)을 청약할 수 있습니다. 회사가 부활(효력회복)을 승낙한 때에 계약자는 부활(효력회복)을 청약한 날까지의 연체된 보험료에 (②) 범위 내에서 각 상품별로 회사가 정하는 이율로 계산한 금액을 더하여 납입하여야 합니다.

모범답안

(1) 제2조(용어의 정의)에서 규정한 '중요한 사항'

계약 전 알릴의무와 관련하여 회사가 그 사실을 알았더라면 ① 계약의 청약을 거절하거나 ② 보험가입금액 한도 제한, ③ 일부 보장 제외, ④ 보험금 삭감, ⑤ 보험료 할증과 같이 조건부로 승낙하는 등 계약 승낙에 영향을 미칠 수 있는 사항을 말한다.

(2) 회사가 보장하지 않는 경우

회사는 다음 중 한 가지에 해당되는 경우에는 보장을 하지 않는다.

① 제14조(계약 전 알릴의무)에 따라 계약자 또는 피보험자가 회사에 알린 내용이나 건강진단 내용이 보험금 지급사유의 발생에 영향을 미쳤음을 회사가 증명하는 경우

② 제16조(알릴의무위반의 효과)를 준용하여 회사가 보장을 하지 않을 수 있는 경우

③ 진단계약에서 보험금 지급사유가 발생할 때까지 진단을 받지 않은 경우. 다만, 진단계약에서 진단을 받지 않은 경우라도 상해로 보험금 지급사유가 발생하는 경우에는 보장을 한다.

(3) 괄호 안에 들어갈 내용

① 3년 이내

② 평균공시이율 + 1%

> 보험료 납입이 연체되는 경우 납입최고(독촉)와 계약의 해지에 따라 계약이 해지되었으나, 해약환급금을 받지 않은 경우(보험계약대출 등에 따라 해약환급금이 차감되었으나 받지 않은 경우 또는 해약환급금이 없는 경우를 포함합니다) 계약자는 해지된 날부터 (**3년 이내**)에 회사가 정한 절차에 따라 계약의 부활(효력회복)을 청약할 수 있습니다. 회사가 부활(효력회복)을 승낙한 때에 계약자는 부활(효력회복)을 청약한 날까지의 연체된 보험료에 (**평균공시이율 + 1%**) 범위 내에서 각 상품별로 회사가 정하는 이율로 계산한 금액을 더하여 납입하여야 합니다.

02 아래 조건을 참고하여 후유장해 지급률을 산정하시오(단, ①~⑤ 순서대로 기술할 것). (15점)

〈사고 내용〉

피보험자 갑(甲)은 2022.1.10. 자동차 운전 중 사고로 "안면부위 다발성 골절, 양측 측두골 골절, 외상성 지주막하 출혈, 뇌전증 등"으로 치료받았으나, 후유장해(진단일자 : 2023.7.20.)가 남았다.

〈후유장해진단 내용〉

① 우측 안구의 적출
② 우측 안구가 적출되어 눈자위의 조직요몰로 의안마저 끼워 넣을 수 없는 상태
③ 좌측 눈의 시야범위는 정상시야범위의 50%로 제한
④ 좌측 귀의 순음청력검사 결과 평균순음역치 70dB 이상인 경우에 해당되어, 50cm 이상의 거리에서는 보통의 말소리를 알아듣지 못하는 경우
⑤ 뇌전증 발작이 시작되면 2분 이내에 정상으로 회복되는 발작이 월 5회, 연 6개월 이상의 기간에 걸쳐 발생하고 있는 상태

모범답안

① 우측 안구의 적출 : '한 눈이 멀었을 때'로 50%
② 우측 안구가 적출되어 눈자위의 조직요몰로 의안마저 끼워 넣을 수 없는 상태 : '뚜렷한 추상(추한 모습)'으로 15% 가산
③ 좌측 눈의 시야범위는 정상시야범위의 50%로 제한 : '뚜렷한 시야장해'로 5%
④ 좌측 귀의 순음청력검사 결과 평균순음역치 70dB 이상인 경우에 해당되어, 50cm 이상의 거리에서는 보통의 말소리를 알아듣지 못하는 경우 : 한 귀의 청력에 '약간의 장해를 남긴 때'로 5%
⑤ 뇌전증 발작이 시작되면 2분 이내에 정상으로 회복되는 발작이 월 5회, 연 6개월 이상의 기간에 걸쳐 발생하고 있는 상태 : "약간의 간질 발작"로 10%

후유장해 진단내용에 제시된 위 5가지 후유장해는 각각 다른 신체부위의 후유장해이므로 이들 모두를 합산한 장해지급률 85%를 최종 장해지급률로 인정한다.

03 아래 질문에 답하시오. (15점)

〈보험가입사항〉

피보험자	보험회사	보험기간	담보내용
갑(甲)	A	2004.7.1. ~ 2034.6.30.	암 진단금 • 일반암 : 3천만원 • 유사암 : 3백만원 (단, 계약일로부터 1년 미만 진단시 50% 지급)
	B	2022.5.1. ~ 2052.4.30.	암 진단금 • 일반암 : 5천만원 • 유사암 : 5백만원 (단, 계약일로부터 1년 미만 진단시 50% 지급)

※ 정상 유지 계약이며, 계약 전 알릴의무위반 사항 없음.
※ 유사암이란 제자리암, 경계성종양을 말함.
※ A 보험회사 보험약관상 "제5차 개정 이후 한국표준질병・사인분류에 있어서 상기 질병 이외의 추가로 상기 분류표에 해당하는 질병이 있는 경우에는 그 질병도 포함하는 것으로 합니다"라고 규정함
※ B 보험회사 보험약관상 "제9차 개정 이후 이 약관에서 보장하는 악성신생물(암) 해당 여부는 피보험자가 진단된 당시 시행되고 있는 한국표준질병・사인분류에 따라 판단합니다"라고 규정함

(1) 피보험자 갑(甲)은 2022.11.10. H병원에서 형태학적 분류코드 및 진단서상 질병분류코드 모두 경계성종양에 해당하는 진단을 받았다. 이 진단명은 KCD 4차(시행일 2003.1.1.)에서는 형태학적 분류코드 및 질병분류코드 모두 악성신생물(암)에 해당되었으나, KCD 5차(시행일 2008.1.1.)부터 현재까지는 형태학적 분류코드 및 질병분류코드 모두 경계성종양에 해당한다.

A, B 보험회사가 피보험자 갑(甲)에게 지급할 보험금을 계산하시오. (8점)

> ※ 본 사안과 관련하여 참고할 법원 판례(대법원 2018.7.24. 선고 2017다 256828 판결)와 금융분쟁 조정사례(분조위 제2012-14호)가 있음.

(2) 상기 사례와 같이 약관의 해석 원칙은 보험회사의 보상책임 결정의 중요한 기준이다. 「질병・상해보험 표준약관」 제40조에서 규정한 '약관의 해석' 조항을 모두 기술하시오. (7점)

모범답안

(1) A, B 보험회사가 피보험자 갑(甲)에게 지급할 보험금

① A 보험회사

㉠ 지급보험금 : 일반암 진단금 3,000만원

㉡ 지급근거 : 보험약관상 "제5차 개정 이후 한국표준질병・사인분류에 있어서 상기 질병 이외의 추가로 상기 분류표에 해당하는 질병이 있는 경우에는 그 질병도 포함하는 것으로 합니다"라고 규정하고 있으므로, 가입 당시 KCD 4차에 따라 피보험자가 진단받은 경계성종양이 악성신생물(암)이었으나, KCD 5차에서는 경계성종양(유사암)이었더라도 KCD 4차에 따라 악성신생물(암)에 해당하는 보험금을 지급한다. 또한 제시된 대법원 판례(대법원 2018.7.24. 선고 2017다 256828 판결)와 금융분쟁 조정사례(분조위 제2012-14호)에 따라 작성자 불이익의 원칙을 적용하여 지급하므로, 일반암에 해당하는 보험금 3,000만원을 지급하여야 한다.

② B 보험회사

㉠ 지급보험금 : 유사암 진단금 250만원(= 500만원 × 50%)

㉡ 지급근거 : 보험약관상 "제9차 개정 이후 이 약관에서 보장하는 악성신생물(암) 해당 여부는 피보험자가 진단된 당시 시행되고 있는 한국표준질병・사인분류에 따라 판단합니다"라고 규정하고 있으므로, 진단시점인 2022년 11월 10일의 한국표준질병・사인분류에 따라 경계성종양(유사암)에 해당하는 보험금을 지급한다. 다만, 계약일로부터 1년 미만 진단시 50%를 지급하므로 유사암 500만원 × 50% = 250만원을 지급한다.

판례 **대법원 2018.7.24. 선고 2017다 256828 판결**

甲이 대장 내시경검사를 받던 중 직장에서 크기가 1cm 미만인 용종이 발견되어 용종절제술을 받았고, 병리 전문의사가 실시한 조직검사 결과를 토대로 甲의 주치의인 임상의사가 위 용종에 관하여 '직장의 악성신생물'이라는 진단서를 발급하였는데, 위 용종이 甲 및 그 배우자인 乙이 丙 보험회사 등과 체결한 보험계약의 약관에서 정한 '암'에 해당하는지 문제된 사안에서, 위 보험약관은 '암'을 '한국표준질병・사인분류의 기본분류에서 악성신생물로 분류되는 질병'이라고 정의하고 있는데, 우리나라 병리학회에서는 甲의 용종과 같이 크기가 1cm 미만이고 점막층과 점막하층에 국한되며 혈관침윤이 없는 직장 유암종은, 세계보건기구의 2010년 소화기계 종양 분류에서 세분화한 신경내분비 종양 중 L세포 타입 종양일 가능성이 높으므로, 한국표준질병・사인분류상으로도 행태코드 '/1'로 분류하여 경계성종양으로 보는 것이 타당하다는 견해를 제시하였고, 이러한 병리학적 분류체계는 대부분의 병리 전문의사가 동의한다는 점에서 그 합리성을 섣불리 부정할 수 없으므로, 이를 전제로 보험약관에서 정한 '암'을 해석하는 것도 객관성과 합리성이 있으나, 위 보험약관은 '암'의 의미에 관하여 제3차 개정 한국표준질병・사인분류의 분류기준과 그 용어만을 인용하고 있고, 제3차 개정 한국표준질병・사인분류의 분류기준과 그 용어에 충실하게 해석하면 甲의 종양을 악성신생물로 분류되는 질병인 암으로 보는 해석도 충분히 가능하고 그러한 해석의 객관성과 합리성도 인정되므로, 보험사고 또는 보험금 지급액의 범위와 관련하여 위 보험약관이 규정하는 '암'은 객관적으로 다의적으로 해석되어 약관 조항의 뜻이 명백하지 아니한 경우에 해당하는 것이어서 「약관의 규제에 관한 법률」 제5조 제2항에서 정한 작성자불이익의 원칙에 따라 甲의 용종과 같은 상세불명의 직장 유암종은 제3차 개정 한국표준질병・사인분류상 '소화기관의 악성신생물'로서 보험약관에서 정한 '암'에 해당한다고 해석함이 타당한데도, 이와 달리 본 원심판결에는 약관의 해석에 관한 법리오해의 잘못이 있다고 한 사례

더 알아보기 **금융분쟁 조정사례(분조위 제2012-14호)**

- 당해 보험약관에서 '제5차 개정 이후 한국표준질병・사인분류에 있어서 상기 질병 이외에 약관에 해당하는 질병이 있는 경우에는 그 질병도 포함한다'라는 내용은 제4차 한국표준질병・사인분류에서는 악성신생물로 분류되지 않았으나, 제5차 개정 이후 한국표준질병・사인분류에서는 악성신생물로 분류될 경우 그 질병까지 악성신생물로 추가한다는 것이지, 반대로 제4차 한국표준질병・사인분류에서 악성신생물로 분류되었던 것이 제5차 개정 이후 한국표준질병・사인분류에서 악성신생물로 분류되지 않으면 그 질병을 악성신생물로 보지 않는다는 내용이 보험약관에 명시된 것은 아니므로 작성자불이익의 원칙에 따라 고객에게 유리하게 해석할 필요가 있어 피보험자의 진단내용이 제5차 한국표준질병・사인분류에서는 악성신생물로 분류되지 않고 경계성종양으로 분류되었다며 암 진단자금이 아닌 경계성종양 진단자금을 지급하는 것이 타당하다는 피신청인의 주장은 수용하기 어렵다는 점,

- 또한, 금융분쟁조정위원회 전문위원에게 의뢰한 자문소견에서도 해당 보험약관에서 악성신생물은 제4차 한국표준질병・사인분류에 따른다는 것을 분명히 하고, 나아가 제4차 한국표준질병・사인분류상 악성신생물에 해당하지 않더라도 추후 제5차 한국표준질병・사인분류에 따라 악성신생물로 분류될 경우 그 질병까지 악성신생물에 포함되는 것으로 볼 수 있음을 명문화하고 있어 암 진단자금 지급 여부는 제4차 한국표준질병・사인분류에 따라 판단하여야 하며, 제4차 한국표준질병・사인분류상 악성신생물의 범위보다 그 범위가 확장되는 경우만을 예상하여 제5차 한국표준질병・사인분류의 적용을 긍정하고 있을 뿐 축소・변경되는 경우는 전혀 예정하고 있지 않으므로 피신청인은 해당 보험약관에 따라 피보험자의 진단내용을 제4차 한국표준질병・사인분류에 따른 악성신생물로 보아 암 진단자금을 지급하여야 할 의무가 있다고 한 점 등을 감안할 때 피신청인이 '악성 경계형의 유두상 장액성 낭선종'을 피보험자의 진단시점인 제5차 한국표준질병・사인분류상 경계성종양으로 판단하여 경계성종양 진단자금을 지급한 것은 타당하다고 보기 어렵다할 것임

(2) '약관의 해석' 조항

① 신의성실의 원칙

보험회사는 신의성실의 원칙에 따라 공정하게 약관을 해석하여야 하며, 계약자에 따라 다르게 해석하지 않는다.

② 작성자불이익의 원칙

보험회사는 약관의 뜻이 명백하지 않은 경우에는 계약자에게 유리하게 해석하여야 한다.

③ 확대해석금지의 원칙(= 면책약관 축소해석의 원칙)

보험회사는 보험금을 지급하지 않는 사유 등 계약자나 피보험자에게 불리하거나 부담을 주는 내용은 확대하여 해석하지 않는다.

04 아래 조건을 참고하여 질문에 답하시오. (20점)

〈사건사고 사실확인원〉

<table>
<tr><td rowspan="2">피해자 · 진정인</td><td>성명</td><td>홍길동</td><td>주민등록번호</td><td>92****-*******</td></tr>
<tr><td>주소</td><td colspan="3">경기도 **시 ***구 ***로 123</td></tr>
<tr><td>피해일시</td><td colspan="4">2022-01-15. 22:10</td></tr>
<tr><td>피해장소</td><td colspan="4">경기도 **시 **구 ***로 123</td></tr>
<tr><td>사건개요/
피해상황</td><td colspan="4">가해자 갑(甲)과 피해자 홍길동은 법률혼 관계로, 가해자는 술을 마시고 귀가한 후 피해자를 폭행하여 “다발성 골절(안면골, 요추3번, 우측 팔) 등” 상해를 가했다. 이후 가해자가 집 밖으로 나가다가 부주의로 뜨거운 물을 엎질러 피해자에게 추가로 “화상(좌측 다리)”을 입혔다.</td></tr>
<tr><td>접수신고일</td><td colspan="2">2022-01-15. 23:30</td><td>용도</td><td>보험회사 제출용</td></tr>
<tr><td colspan="5">상기와 같이 피해 상황을 신고한 사실이 있으므로 확인원을 교부합니다.
2023년 7월 10일
경기도 **경찰서장</td></tr>
</table>

〈후유장해진단서〉

<table>
<tr><td>성명</td><td>홍길동</td><td>주민번호</td><td>92****-*******</td><td>병록번호</td><td>********</td></tr>
<tr><td>수상일</td><td>2022년 1월 15일</td><td>초진일</td><td>2022년 1월 15일</td><td>장해진단일</td><td>2023년 7월 20일</td></tr>
<tr><td colspan="6">□ 상명병(※ 상병명이 많을 때는 장해와 관계있는 주요 상병명을 기재)
1. 안면골의 골절
2. 요추3번 압박골절
3. 우측 상완골 원위부골절
4. 우측 팔 전완부위 3cm 열상
5. 좌측 다리의 2도 화상(부식 없음, 표재성 2도)</td></tr>
<tr><td colspan="6">□ 수술내용(2022년 1월 16일 시행)
- 우측 팔 전완부 3cm 길이 상처에 대해 근육층을 포함한 창상봉합술(변연절제술 포함) 시행</td></tr>
<tr><td colspan="6">□ 장해진단(AMA 장해평가)
① 코의 1/2 이상 결손
② 척추전만증 20도(Cobb's Angle) 변형
③ 우측 상완골에 변형이 남아 정상에 비해 부정유합된 각 변형이 10°인 상태</td></tr>
<tr><td colspan="3">비고(장해부위의 그림 표시 등)
※ 영구장해에 해당</td><td colspan="3">상기와 같이 진단함
진단서발행일 : 2023년 7월 20일
병의원 명칭 : ** 의원</td></tr>
</table>

〈계약 및 담보사항〉

보험회사	계약자 · 피보험자 · 상해시 수익자	보험기간	직업/급수
A	홍길동	2019.1.2. ~ 2039.1.1.	금융사무원/1급

담보명	가입금액(원)	보장내용
상해후유장해	1억	상해로 장해지급률이 3%~100%에 해당하는 장해상태가 된 경우 〈가입금액 × 후유장해지급률〉 지급
상해 20% 이상 후유장해	1억	상해로 장해지급률이 20% 이상에 해당하는 장해상태가 된 경우 〈가입금액 × 후유장해지급률〉 지급
상해 50% 이상 후유장해	5,000만	상해로 장해지급률이 50% 이상에 해당하는 장해상태가 된 경우 보험가입금액 지급
중증화상 · 부식진단	1,000만	상해로 신체 표면적으로 최소 20% 이상의 심재성 3도 중증화상 · 부식으로 진단 확정된 경우 가입금액 지급(최초 1회한)
골절진단	10만	상해의 직접결과로써 골절진단 확정된 경우 1사고당 가입금액 지급
5대 골절진단	100만	상해의 직접결과로써 5대 골절(경추 · 흉추 · 요추 · 골반 · 대퇴골의 골절)로 진단 확정된 경우 1사고당 가입금액 지급
화상진단	20만	심재성 2도 이상의 화상으로 진단 확정된 경우 가입금액 지급
상해수술	20만	상해로 수술을 받은 경우 1사고당 가입금액 지급
골절수술	50만	상해의 직접결과로써 골절진단 확정되고, 그 치료를 직접적인 목적으로 수술을 받은 경우 1사고당 가입금액 지급
5대 골절수술	200만	상해의 직접결과로써 5대 골절(경추 · 흉추 · 요추 · 골반 · 대퇴골의 골절)로 진단 확정되고, 그 치료를 직접적인 목적으로 수술받은 경우 1사고당 가입금액 지급
화상수술	30만	심재성 2도 이상의 화상으로 진단 확정되고, 그 치료를 직접적인 목적으로 수술을 받은 경우 1사고당 가입금액 지급
강력범죄피해(사망 제외)	500만	강력범죄(형법 제25장에서 정하는 상해와 폭행의 죄, 형법 제32장에서 정하는 강간죄 등)에 의하여 신체에 피해가 발생한 경우 가입금액 지급 * 피보험자의 배우자 및 직계존 · 비속에 의한 손해는 보상하지 않음
상해흉터 성형수술	7만	상해로 치료를 받고 그 직접적인 결과로 약관에 정한 반흔이나 장해가 발생하여 원상회복을 목적으로 성형수술을 받은 경우 1사고당 최고 500만원 한도로 안면부 수술 1cm당 14만원, 상지 · 하지 수술 1cm당 7만원 지급(단, 3cm 이상에 한함)

※ 질병 · 상해보험 표준약관을 사용하며, 정상 유지 계약임.

※ 알릴의무(계약 전 · 후)위반 사항 없음.

(1) 상기 후유장해진단서의 장해지급률을 산정하시오(단, ① ~ ③ 순서대로 기술할 것). (6점)

(2) A 보험회사의 보상책임을 결정하시오(단, 가입담보별 지급보험금을 기재할 것). (14점)

모범답안

(1) 상기 후유장해진단서의 장해지급률

① 코의 1/2 이상 결손 : 외모에 뚜렷한 추상(추한 모습)을 남긴 때이므로 15%

② 척추전만증 20도(Cobb's Angle) 변형 : 척추(등뼈)에 뚜렷한 운동장해를 남긴 때이므로 30%

③ 우측 상완골에 변형이 남아 정상에 비해 부정유합된 각 변형이 10°인 상태 : 우측 상완에 변형이 남아 정상에 비해 부정유합된 각 변형이 15° 이상인 경우 '뼈에 기형을 남긴 때'에 해당되지만, 이 기준에 부합하지 않으므로 0%

※ '뼈에 기형을 남긴 때' 지급률 : 5%

∴ 최종 후유장해 지급률 = 15% + 30% + 0% = 45%

(2) A 보험회사의 보상책임

① 상해후유장해보험금 : 1억원 × 45% = 4,500만원

② 상해 20% 이상 후유장해보험금 : 1억원 × 45% = 4,500만원

③ 상해 50% 이상 후유장해보험금 : 면책(해당 사항 없음)

④ 중증 화상・부식진단보험금 : 면책(해당 사항 없음)

⑤ 골절진단보험금 : 1사고당 10만원

⑥ 5대 골절진단보험금 : 요추압박골절 1사고당 100만원

⑦ 화상진단보험금 : 면책(해당 사항 없음)

⑧ 상해수술보험금 : 우측 팔 전완부 3cm 길이 상처에 대해 근육층을 포함한 창상봉합술(변연절제술 포함)을 시행하였으므로 20만원

⑨ 골절수술보험금 : 면책(수술 미시행)

⑩ 5대 골절수술보험금 : 면책(수술 미시행)

⑪ 화상수술보험금 : 면책(수술 미시행)

⑫ 강력범죄피해보험금 : 피보험자의 배우자에 의한 손해는 보상하지 않으므로 면책(0원)

⑬ 상해흉터성형수술보험금 : 성형수술을 받은 경우에만 해당하므로 면책(0원)

∴ A 보험회사의 가입담보별 지급보험금 합계
= 4,500만원 + 4,500만원 + 10만원 + 100만원 + 20만원 = 9,130만원

05

피보험자 갑(甲)은 병원에서 입원치료 후 2023.7.1. 보험회사에 보험금을 청구하였다. 아래 조건을 참고하여 A 보험회사의 지급보험금을 산출하시오(단, 입원기간 ①~② 순서대로 기술할 것). (10점)

〈보험가입사항〉

보험회사 (계약일자)	보험종류	보장종목	가입금액	비 고
A (2023.2.1.) 갱신형	기본형 실손의료보험 (급여 실손의료비)	질병급여형	1천만원	4세대 실손보험
	실손의료보험 특별약관 (비급여 실손의료비)	질병비급여형	1천만원	

〈입원의료비 발생내역(M병원)〉

입원기간	병 명 (질병코드)	급 여		비급여	
		본인 부담금	공단 부담금		포함된 비용
① 2023.4.1. ~4.20.	제4~5요추 추간판탈출증 (M51)	200 만원	800 만원	1,050 만원	• 상급병실료 차액 : 150만원(5일 사용) • 도수치료(회당 10만원×10회) : 100만원
② 2023.6.1. ~6.25.	제4~5요추 추간판탈출증 (M51)	300 만원	1,200 만원	1,600 만원	• 상급병실료 차액 : 600만원(20일 사용) • 주사료(회당 10만원×10회) : 100만원 ※ 단, 항암제, 항생제(항진균제 포함), 희귀의약품을 위해 사용된 비급여 주사료가 아님.

〈기타 사항〉

- **의료비는 실제 발생한 것으로 가정하며, 유효한 정상 유지 계약으로 계약 전 알릴의무 위반 사항은 없음.**
- **「국민건강보험법」에 따른 '본인부담금 상한제'는 적용하지 않는 것으로 하며, 청구 당일 보험금 지급 예정임.**

모범답안

A 보험회사의 지급보험금

(1) 입원기간(2023.4.1. ~ 4.20.)

① 질병급여 : 200만원 × 80% = 160만원

※ 의료급여 중 본인부담금(본인이 실제로 부담한 금액으로서 요양급여 비용 또는 의료급여 비용의 일부를 본인이 부담하는 일부본인부담금과 요양급여 비용 또는 의료급여 비용의 전부를 본인이 부담하는 전액본인부담금을 말한다)의 80%에 해당하는 금액

② 질병비급여 : 560만원 + 75만원 = 635만원

㉠ 비급여(상급병실료 차액 제외) : (1,050만원 − 150만원 − 100만원) × 70% = 560만원

※ '비급여의료비(비급여병실료는 제외)'(본인이 실제로 부담한 금액)의 70%에 해당하는 금액

㉡ 상급병실료 차액 : Min(150만원 × 50%, 10만원 × 20일) = 75만원

※ **상급병실료 차액** : 비급여병실료의 50%. 다만, 1일 평균금액 10만원을 한도로 하며, 1일 평균금액은 입원기간 동안 비급여병실료 전체를 총 입원일수로 나누어 산출한다.

③ 3대 비급여(도수치료) : 3대 비급여 특약(도수치료) 미가입으로 면책

④ 지급보험금 합계 : 160만원 + 635만원 = 795만원

(2) 입원기간(2023.6.1. ~ 6.25.)

① 질병급여 : 300만원 × 80% = 240만원

② 질병비급여 : 365만원

㉠ 비급여(상급병실료 차액 제외) : (1,600만원 − 600만원 − 100만원) × 70% = 630만원

㉡ 상급병실료 차액 : Min(600만원 × 50%, 10만원 × 25일) = 250만원

630만원 + 250만원 = 880만원을 지급해야 하지만, 1차로 635만원을 지급하여 계약일 기준 연간 질병비급여 가입금액 한도(1,000만원)를 초과하므로 1,000만원 − 635만원 = **365만원**을 지급한다.

③ 3대 비급여(주사료치료) : 3대 비급여 특약(주사료치료) 미가입으로 면책

④ 지급보험금 합계 : 240만원 + 365만원 = 605만원

06

피보험자 을(乙)은 병원에서 통원치료 후 2023.7.1. 보험회사에 보험금을 청구하였다. 아래 조건을 참고하여 A, B 보험회사의 지급보험금을 산출하시오. (10점)

(단, 통원일자 ①～② 순서대로 기술할 것)

〈보험가입사항〉

보험회사 (계약일자)	보험 종류 (공제 유형)	보장종목(보상한도)	선택 특별약관
A (2021.2.1.) 갱신형	기본형 실손의료보험(3세대) (표준형)	• 질병통원형(10만원) 단, 외래(통원) 의료비는 회(건)당 10만원 한도	없음
B (2023.2.1.) 갱신형	기본형 실손의료보험(4세대)	• 질병급여형(1천만원) 단, 통원 1회당 10만원 한도	없음

〈통원의료비 발생내역〉

통원일자	치료병원	병 명	급 여		비급여
			본인부담금	공단부담금	
① 2023.6.1.	K	요관결석 (N20)	30만원	30만원	–
② 2023.6.8.	K	요관결석 (N20)	15만원	15만원	–

※ 치료병원은 의료법 제3조 제2항 제3호 또는 제3조의3에 따른 종합병원임.

〈기타 사항〉

- 의료비는 실제 발생한 것으로 가정하며, 유효한 정상 유지 계약으로 계약 전 알릴의무위반 사항은 없음.
- 「국민건강보험법」에 따른 '본인부담금 상한제'는 적용하지 않는 것으로 하며, 청구 당일 보험금 지급 예정임.

모범답안

(1) 통원일자(2023.6.1.)

① A 보험회사의 지급보험금(3세대)

30만원 − Max(1.5만원, 30만원 × 20%) = 24만원

외래(통원) 의료비는 회(건)당 10만원 한도이므로 **10만원**을 지급한다.

② B 보험회사의 지급보험금(4세대)

30만원 − Max(2만원, 30만원 × 20%) = 24만원

※ 종합병원인 경우 공제금액은 2만원과 보장대상의료비의 20% 중 큰 금액임.

통원 1회당 10만원 한도이므로 **10만원**을 지급한다.

③ 비례보상 여부

각 계약의 보장책임액 합계액(A 보험회사 10만원 + B 보험회사 10만원 = 20만원)이 각 계약의 보장대상의료비 중 최고액에서 각 계약의 피보험자부담 공제금액 중 최소액을 차감한 금액(30만원 − 6만원 = 24만원)을 초과하지 않았으므로, **비례보상하지 않는다.**

(2) 통원일자(2023.6.8.)

① A 보험회사의 지급보험금(3세대)

15만원 − Max(1.5만원, 15만원 × 20%) = 12만원

② B 보험회사의 지급보험금(4세대)

15만원 − Max(2만원, 15만원 × 20%) = 12만원

③ 비례보상 여부

각 계약의 보장책임액 합계액(A 보험회사 10만원 + B 보험회사 10만원 = 20만원)이 각 계약의 보장대상의료비 중 최고액에서 각 계약의 피보험자부담 공제금액 중 최소액을 차감한 금액(15만원 − 3만원 = 12만원)을 초과하였으므로, 아래의 산출방식에 따라 **각 계약의 비례분담액을 계산한다.**

> 각 계약별 비례분담액
> = (각 계약의 보장대상의료비 중 최고액 − 각 계약의 피보험자부담 공제금액 중 최소액)
> × 각 계약별 보장책임액 / 각 계약별 보장책임액을 합한 금액

㉠ A 보험회사 : (15만원 − 3만원) × 12만원 / (12만원 + 12만원) = **6만원**

㉡ B 보험회사 : (15만원 − 3만원) × 12만원 / (12만원 + 12만원) = **6만원**

07 아래 조건을 참고하여 A 보험회사의 보상책임을 결정하시오. (15점)

〈보험가입사항〉

보험회사	계약자 피보험자	보험기간	보험종목	가입금액	보장내용
A	갑(甲) (50세)	2021.4.1. ~ 2031.3.31.	장기상해	1억원	• 사망 : 가입금액 • 후유장해 : 가입금액 × 지급률 • 입원 : 1일당 3만원

〈보험금 청구사항〉

피보험자 갑(甲)은 2022.12.1. 12:00경 운전 중 추돌사고가 발생하여 "제4 ~ 5 요추간 추간판탈출증"으로 치료 후 후유장해가 남았다며 2023.6.30. M정형외과에서 발급받은 후유장해진단서와 입 · 퇴원확인서를 첨부하여 2023.7.19. A 보험회사에 보험금 청구함.

- 후유장해 내용 : 추간판탈출증으로 인한 약간의 신경장해 – 지급률 10%
  (영구장해, 사고관여도 100%)
- 입 · 퇴원 기간 : 2022.12.1. ~ 2022.12.20.

〈손해사정서(A보험회사)〉

1. **사고 경위**
   2022.12.1. 12:00경 발생한 추돌사고는 피보험자의 과실이 없는 가해운전자의 졸음운전으로 인해 발생한 사고로 확인됨.

2. **계약의 유효성 확인**
   정상 유지 계약이며, 계약 전 알릴의무와 계약 후 알릴의무위반 사항 없음.

3. **치료내용**
   사고 후 M정형외과에서 "제4 ~ 5요추간 추간판탈출증"으로 진단받고 2023.6.29.까지 치료받음. 치료기간 중 입원(청구서류와 동일, 20일간 입원) 및 통원치료를 받았음.

4. **장해진단 확인내용**
   M정형외과의 후유장해진단서 원본 및 진료기록 확인결과, "추간판탈출증으로 인한 약간의 신경장해, 5년 한시장해(사고관여도 100%)"로 2023.6.30. 장해진단서가 발급된 사실이 있으며, A 보험회사에서 시행한 의료자문 결과도 동일한 장해지급률에 해당함.

5. **기타 사항**
   피보험자가 M정형외과에서 발급한 후유장해진단서 내용 중 "5년 한시장해" 부분을 본인이 임의로 삭제한 후 "영구장해"로 수정하여 청구한 사실이 확인되고, 피보험자 갑(甲)도 장해진단서 변조를 인정하고 확인서를 작성함.

모범답안

1. 약관상 중대 사유로 인한 해지

(1) 중대 사유의 발생

① 고의사고 유발

계약자, 피보험자 또는 보험수익자가 보험금(보험료 납입면제를 포함한다)을 지급받을 목적으로 고의로 상해 또는 질병을 발생시킨 경우에는 중대 사유에 해당한다.

② 보험금 청구서류의 위조 및 변조

계약자, 피보험자 또는 보험수익자가 보험금 청구에 관한 서류에 고의로 사실과 다른 것을 적었거나 그 서류 또는 증거를 위조 또는 변조한 경우에도 중대 사유에 해당한다. 다만, 이미 보험금 지급사유가 발생한 경우에는 보험금 지급에 영향을 미치지 않는다.

(2) 중대 사유의 발생 효과

① 보험회사는 중대 사유의 사실이 있을 경우에는 그 사실을 안 날부터 1개월 이내에 계약을 해지할 수 있다.

② 보험회사가 계약을 해지한 경우 그 취지를 계약자에게 통지하고, 해지시 보험회사가 환급하여야 할 보험료가 있을 경우에는 보험료의 환급규정에 따라 이를 계약자에게 지급한다.

2. A 보험회사의 보상책임

(1) 약관규정의 적용

A 보험회사의 손해사정서로 판단할 때 가해운전자의 졸음운전으로 사고가 발생하였으므로 고의에 의한 중대 사유에 해당하지는 않지만, M정형외과에서 발급한 후유장해진단서를 피보험자가 임의로 '5년 한시장해'에서 '영구장해'로 수정하여 보험금을 청구하였으므로 보험금 청구서류 위조 또는 변조의 중대 사유에 해당한다. 따라서 A 보험회사는 약관규정에 따라 그 사실을 안 날로부터 1개월 내에 계약을 해지 할 수 있다. 그러나 이미 보험금 지급사유가 발생한 경우에는 보험금 지급에 영향을 미치지 않으므로, 한시장해에 대한 후유장해보험금과 입원일당에 대한 보험금을 지급하여야 한다.

※ A 보험회사에서 시행한 의료자문 결과도 동일한 장해지급률(5년 한시장해)에 해당한다.

(2) 지급보험금

① **후유장해** : 추간판탈출증으로 인한 약간의 신경장해 ⇒ **지급률 10%**

보험금 = 1억원 × 10%(장해지급률) × 20%(5년 한시장해) = 200만원

※ **한시장해** : 영구히 고정된 증상은 아니지만 치료 종결 후 한시적으로 나타나는 장해에 대하여는 그 기간이 5년 이상인 경우 해당 장해지급률의 20%를 장해지급률로 한다.

② **입원일당** : 1일당 3만원

3만원 × 20일 = 60만원

③ **지급보험금 합계** : 200만원 + 60만원 = **260만원**

제47회 신체손해사정사 2차 시험문제

1. 「상해보험」에 관한 아래 질문에 답하시오. (15점)

   (1) 「상해보험 표준약관」에서 규정한 '상해의 정의'를 기술하시오. (4점)

   (2) 상해보험은 「상법」과 「보험업법」에서 다르게 분류되어 있다. 이에 대해 기술하시오. (4점)

   (3) 신체손해사정사가 상해보험의 보험사고에 대한 손해사정 업무를 수행할 수 있는 '법률적 근거'를 기술하시오. (7점)

2. 아래 조건을 참고하여 보험회사의 지급보험금을 산출하시오. (15점)

〈보험가입사항〉

보험종목	보험기간	피보험자	가입담보	가입금액
장기상해	2018.10.11. ~ 2038.10.11.	장보고 (54세)	상해사망 상해후유장해(3~79%) 상해 80% 이상 후유장해	1억원 1억원 1억원

〈약관 내용〉

보험회사는 피보험자에게 다음 중 어느 한 가지의 경우에 해당하는 사유가 발생한 때에는 수익자에게 약정한 보험금을 지급합니다.

- 보험기간 중 상해를 입고 그 직접 결과로써 사망한 경우
  (상해사망보험금)
- 장해분류표에서 정한 각 장해지급률이 80% 미만에 해당하는 장해 상태가 되었을 때
  (상해후유장해보험금)
- 장해분류표에서 정한 각 장해지급률이 80% 이상에 해당하는 장해 상태가 되었을 때
  (상해 80% 이상 후유장해보험금)

〈손해사정 내용〉

① 피보험자는 2024.1.19. 23 : 20경 교통사고로 인하여 외상성 뇌출혈, 우측 팔의 외상성 절단, 흉추 압박 골절 등 부상
② 2024.1.21. 우측 팔은 접합수술이 불가능하여 단단성형술을 시행하여 우측 팔꿈치 관절의 상부에서 절단된 상태
③ 2024.1.24. 흉추 압박 골절에 대해 3개의 척추체 유합(고정)술 시행(사고관여도 100%)
④ 2024.1.26. 외상성 뇌출혈에 따른 뇌부종을 직접사인으로 사망

〈장해분류표 내용〉

장해의 분류	지급률	장해의 분류	지급률
척추에 심한 운동장해를 남긴 때	40	한팔의 손목 이상을 잃었을 때	60
척추에 뚜렷한 운동장해를 남긴 때	30	한팔의 3대 관절 중 관절 하나의 기능을 완전히 잃었을 때	30
척추에 약간의 운동장해를 남긴 때	10		

3. 아래 조건을 참고하여 질문에 답하시오. (20점)

〈보험가입사항〉

구분		보험기간	계약자/피보험자	가입담보	가입금액
A	간편건강보험	2022.10.6. ~ 2037.10.6.	甲	암 진단비 소액암 진단비	3천만원 1천만원
B	간편종신보험	2022.10.6. ~ 2042.10.6.	甲	사망시	5천만원
C	간편암보험	2023.4.19. ~ 2033.4.19.	甲	암 진단비 소액암 진단비	2천만원 1천만원

※ 암 진단은 보험계약일로부터 그 날을 포함하여 90일이 지난날의 다음날부터 책임이 개시되며, 진단비는 1년 이내 진단시 50% 지급(각 1회 한)

※ 소액암은 갑상선암, 기타 피부암, 경계성 종양, 제자리암을 말함.

〈A~C보험의 계약 전 알릴의무 내용〉

1. 최근 3개월 이내에 아래의 의료행위를 받은 적이 있는지 여부 1) 입원 필요소견 2) 수술 필요소견 3) 추가검사(재검사) 필요소견
2. 최근 2년 이내에 아래의 의료행위를 받은 적이 있는지 여부 1) 입원 2) 수술(제왕절개 포함)
3. 최근 5년 이내에 다음 질병으로 인한 아래의 의료행위를 받은 적이 있는지 여부 □ 암, 간경화증, 투석중인 만성신장 질환, 파킨슨병, 루게릭병 1) 진단 2) 입원 3) 수술

〈손해사정 내용〉

① 2020.11.10. 서울종합병원에 오전 9시 입원하여 대장용종 제거술을 받고 당일 오후 5시 퇴원함.
② 2023.1.27. 한국비뇨기과의원에서 전립선 비대증(N40)으로 진단받고 2023.2.3.부터 2023.2.10.까지 3회 통원치료 받음.
③ ② 내용으로 추적관찰 중 2023.4.14. PSA(전립선 특이항원) 수치가 약간 상승함.
④ 주치의 면담결과, 2023.4.14. 진료시 진단서 또는 소견서를 작성한 적이 없고 환자에게 그 내용을 설명한 사실이 없음.
⑤ 전립선 조직검사(시행일 : 2023.7.16.)를 통해 전립선의 악성신생물(C61) 확정 진단(조직검사 보고일 : 2023.7.24.).
⑥ 피보험자는 A~C보험 청약할 때 과거병력을 본인의 중과실로 보험회사에 알리지 않음.

〈질문사항〉

(1) 계약 전 알릴의무 내용 중 밑줄 친 "추가검사(재검사)"의 의미를 약술하시오. (6점)

(2) A~C보험의 보상책임을 결정하고 지급보험금을 계산하시오. (14점)

4. 아래 조건을 참고하여 질문에 답하시오. (15점)

〈보험가입사항〉

보험종목	보험기간	계약자/피보험자	사망수익자	가입담보	가입금액
장기상해보험	2020.7.16. ~ 2040.7.16.	A	법정상속인	상해사망	4억원

※ 장기상해보험은 질병·상해보험 표준약관을 적용함.

〈진행 경과〉

- 2024.5.2. : 피보험자 A는 공사현장에서 작업을 하던 중 추락사고로 사망함.
- 2024.6.5. : A의 사망수익자는 보험회사에 상해사망보험금을 청구함.
- 2024.7.2. : 보험회사는 손해사정 내용에 근거하여 청구 보험금을 지급하지 않고, '계약 후 알릴의무위반'으로 보험계약을 해지 처리함.

〈손해사정 내용〉

① 계약자 및 피보험자인 A는 보험계약 당시 건설현장의 일용직 근로자로 근무하고 있었음에도 직업을 사무직으로 고지함.
② 보험계약 체결 이후 사망시까지 건설현장의 일용직 근로자로 계속 근무했음.
③ 사무직 근로자 보험요율 0.1%, 일용직 근로자 보험요율 0.4%

〈가족사항〉

- 피보험자 A는 사망 2년 전 이혼한 전처 B와의 사이에 자녀 C, D가 있음.
- 자녀 C는 A의 사망 1년 전 교통사고로 사망했고, 사실혼 배우자 E와의 사이에 자녀 F가 있음.
- 자녀 D는 배우자 G와 자녀 H가 있음.
- 보험수익자는 모두 성인이며, 법적 결격사유 없음.

〈질문사항〉

(1) 보험회사 손해사정 처리결과의 적정성을 판단하고 근거를 기술하시오. (10점)

(2) 보험회사가 수익자별로 지급해야 할 보험금을 계산하고 근거를 기술하시오. (5점)

5. 아래 조건을 참고하여 보험회사의 지급보험금을 산출하시오. (15점)

〈보험가입사항〉

보험종목	보험기간	가입담보	가입금액
A보험	2021.1.12. ~ 2041.1.12.	암 사망	1,000만원
		장기요양진단	1,000만원

〈경과 내용〉

- 2021.1.11. : 건강검진 결과 대장암 의심소견으로 추가 정밀검사 권유 받음
- 2021.1.12. : 보험계약(피보험자 만 65세)
- 2021.3.23. : 대장암 의심 증세로 병원에 입원
- 2021.4.11. : 조직검사 결과 대장암 확정 진단
- 2024.6.11. : 국민건강보험공단에 장기요양등급 판정 신청
- 2024.6.18. : 국민건강보험공단 현장 실사(병원 및 피보험자 등)
- 2024.6.19. : 대장암의 다발성 전이에 의한 패혈증으로 사망
- 2024.6.21. : 국민건강보험공단 장기요양등급(1등급) 판정
- 2024.6.30. : 보험금 청구

〈장기요양진단 특별약관 내용〉

	내용
제3조 제1항	회사는 보험기간 중에 피보험자가 최초로 장기요양상태로 판정되었을 때에는 보험수익자에게 장기요양진단금을 지급합니다.
제3조 제2항	장기요양상태라 함은 만 65세 이상 노인 또는 노인성 질병을 가진 만 65세 미만의 자로서 거동이 불편하여 장기요양이 필요하다고 판단되어 「노인장기요양보험법」에 따라 등급판정위원회에서 장기요양 1등급 또는 장기요양 2등급으로 판정받은 경우에 해당되는 상태를 말합니다.
제5조 제2항	피보험자가 보험기간 중에 사망하였을 경우에는 약관은 더 이상 효력이 없습니다.

6. 아래 질문에 답하시오. (20점)

〈보험가입사항〉

보험회사 (계약일자)	보험종류	보장종목	가입금액	비고
A (2022.8.1.)	기본형 실손의료보험 (급여 실손의료비)	질병급여형	2천만원	4세대 실손보험
	실손의료보험 특별약관 (비급여 실손의료비)	질병비급여형	2천만원	
		3대 비급여형	약관상 보장한도	

※ 유효한 정상 유지 계약으로 계약 전 알릴의무위반 사항은 없으며, 청구 당일 보험금 지급 예정임.

〈입원의료비 발생 내용(B병원)〉

입원기간	병명 (병명코드)	급여		비급여		기타
		본인 부담금	공단 부담금		포함된 비용	
① 2022.9.1. ~ 9.15.	제4-5요추 추간판탈출증 (M51)	100만원	400만원	800만원	• 상급병실료 차액 : 300만원(10일 사용) • MRI 비용 : 100만원 • 주사료(회당 20만원×5회) : 100만원	보상 완료
② 2023.2.1. ~ 2.25.	제4-5요추 추간판탈출증 (M51)	300만원	1,200만원	1,200만원	• 상급병실료 차액 : 450만원(15일 사용) • 증식치료비(회당 10만원×5회) : 50만원 • 주사료(회당 20만원×10회) : 200만원	보상 완료
③ 2023.7.1. ~ 7.20.	제4-5요추 추간판탈출증 (M51)	200만원	800만원	1,000만원	• 상급병실료 차액 : 150만원(5일 사용) • 체외충격파치료비(회당 10만원× 5회) : 50만원 • 주사료(회당 20만원×5회) : 100만원	금번 청구

※ 상기 의료비 발생 이외 치료 사실 없음.
※ 주사료는 항암제, 항생제(항진균제 포함), 희귀의약품을 위해 사용된 비급여주사료가 아님.

〈2023년도 「국민건강보험」 소득분위별 본인부담상한액 기준〉

(금액 : 만원)

소득분위	1분위	2~3분위	4~5분위	6~7분위	8분위	9분위	10분위
상한액	100	150	200	300	400	500	800

※ 피보험자 갑(甲)은 2024.7.1. 국민건강보험공단으로부터 2023년도 '소득 8분위'에 해당함을 안내받고 본인부담상한액 초과금을 당일 신청하여 수령함.

〈기타 사항〉

상기 조건은 편의상 제시된 것으로, 모두 유효한 것으로 가정함.

〈질문사항〉

(1) 피보험자 갑(甲)은 국민건강보험이 적용된 '③ 입원기간'에 대해 2024.7.10. 보험회사에 보험금을 청구하였다(단, ①～② 입원기간에 대해서는 보상완료됨).

상기 조건을 참고하여 A보험회사의 지급보험금을 산출하시오. (12점)

(2) 공보험(public insurance)인 「국민건강보험」과 이를 보완하는 사보험(private insurance)인 「실손의료보험」의 '공통점'과 '차이점'을 기술하시오. (8점)

01

「상해보험」에 관한 아래 질문에 답하시오. (15점)

(1) 「상해보험 표준약관」에서 규정한 '상해의 정의'를 기술하시오. (4점)

(2) 상해보험은 「상법」과 「보험업법」에서 다르게 분류되어 있다. 이에 대해 기술하시오. (4점)

(3) 신체손해사정사가 상해보험의 보험사고에 대한 손해사정 업무를 수행할 수 있는 '법률적 근거'를 기술하시오. (7점)

모범답안

(1) 「상해보험 표준약관」에서 규정한 '상해의 정의'

상해란 보험기간 중에 발생한 급격하고도 우연한 외래의 사고로 신체(의수, 의족, 의안, 의치 등 신체보조장구는 제외하나, 인공장기나 부분 의치 등 신체에 이식되어 그 기능을 대신할 경우는 포함한다)에 입은 상해를 말한다.

(2) 상해보험

① 「상법」상의 분류

「상법」 보험편(제4편)에서는 보험을 손해보험과 인보험으로 구분하고, 인보험은 다시 생명보험, 상해보험, 질병보험으로 분류하고 있다. 상해보험을 「상법」상으로는 인보험으로 구분하고 있으나, 입원비와 치료비를 지불하는 경우 재산상의 손해전보가 이루어지기 때문에 손해보험적 성격도 가지고 있다고 할 수 있다. 상해보험은 「상법」 제732조(15세 미만자 등에 대한 계약의 금지)와 제732조의2(중과실로 인한 보험사고 등)를 제외하고는 생명보험의 규정을 준용한다.

② 「보험업법」상의 분류

「보험업법」 제2조 제1호에 의하면 보험상품은 생명보험상품, 손해보험상품, 제3보험상품으로 구분하고, 제3보험은 다시 상해보험, 질병보험, 간병보험으로 분류한다. 따라서 「보험업법」에서는 상해보험을 제3보험의 한 종류로 분류한다(보험업법 제4조 제1항 제3호).

(3) 상해보험의 보험사고에 대한 손해사정 업무를 수행할 수 있는 '법률적 근거'

① 손해사정사의 등록(보험업법 제186조 제1항)

손해사정사가 되려는 자는 금융감독원장이 실시하는 시험에 합격하고 일정 기간의 실무수습을 마친 후 금융위원회에 등록하여야 한다.

② 손해사정 업무를 수행할 수 있는 법률적 근거(보험업법 제188조)

손해사정사 또는 손해사정업자의 업무는 보험업법 제188조에 규정되어 있으며, 다음 각 호와 같다.

1. 손해발생 사실의 확인
2. 보험약관 및 관계 법규 적용의 적정성 판단
3. 손해액 및 보험금의 사정
4. 제1호부터 제3호까지의 업무와 관련된 서류의 작성·제출의 대행
5. 제1호부터 제3호까지의 업무 수행과 관련된 보험회사에 대한 의견의 진술

③ 신체손해사정사의 업무범위(보험업법 시행규칙 제52조 제3호)

㉠ 책임보험계약에 따른 보험계약의 손해액 사정(사람의 신체와 관련된 손해액만 해당한다)(보험업법 시행령 제1조의2 제3항 제6호)

㉡ 제3보험계약(상해보험계약, 질병보험계약, 간병보험계약)에 따른 보험계약의 손해액 사정(사람의 신체와 관련된 손해액만 해당한다)(보험업법 시행령 제1조의2 제4항)

㉢ 자동차사고 및 그 밖의 보험사고로 인한 사람의 신체와 관련된 손해액 사정

02 아래 조건을 참고하여 보험회사의 지급보험금을 산출하시오. (15점)

〈보험가입사항〉

보험종목	보험기간	피보험자	가입담보	가입금액
장기상해	2018.10.11. ~ 2038.10.11.	장보고 (54세)	상해사망 상해후유장해(3~79%) 상해 80% 이상 후유장해	1억원 1억원 1억원

〈약관 내용〉

보험회사는 피보험자에게 다음 중 어느 한 가지의 경우에 해당하는 사유가 발생한 때에는 수익자에게 약정한 보험금을 지급합니다.

- 보험기간 중 상해를 입고 그 직접 결과로써 사망한 경우 (상해사망보험금)
- 장해분류표에서 정한 각 장해지급률이 80% 미만에 해당하는 장해 상태가 되었을 때 (상해후유장해보험금)
- 장해분류표에서 정한 각 장해지급률이 80% 이상에 해당하는 장해 상태가 되었을 때 (상해 80% 이상 후유장해보험금)

〈손해사정 내용〉

① 피보험자는 2024.1.19. 23 : 20경 교통사고로 인하여 외상성 뇌출혈, 우측 팔의 외상성 절단, 흉추 압박 골절 등 부상
② 2024.1.21. 우측 팔은 접합수술이 불가능하여 단단성형술을 시행하여 우측 팔꿈치 관절의 상부에서 절단된 상태
③ 2024.1.24. 흉추 압박 골절에 대해 3개의 척추체 유합(고정)술 시행(사고관여도 100%)
④ 2024.1.26. 외상성 뇌출혈에 따른 뇌부종을 직접사인으로 사망

〈장해분류표 내용〉

장해의 분류	지급률	장해의 분류	지급률
척추에 심한 운동장해를 남긴 때	40	한팔의 손목 이상을 잃었을 때	60
척추에 뚜렷한 운동장해를 남긴 때	30	한팔의 3대 관절 중 관절 하나의 기능을 완전히 잃었을 때	30
척추에 약간의 운동장해를 남긴 때	10		

모범답안

1. 사안의 쟁점

하나의 보험계약에서 사망보험금과 장해보험금을 함께 규정하고 있는 경우, 하나의 사고로 인한 보험금은 그중 하나만 지급받을 수 있을 뿐이다. 그러나 해당 약관에 중복지급을 인정하는 별도의 규정이 있는 경우라면 사망보험금과 장해보험금을 둘 다 지급하여야 한다는 것이 대법원의 판단이다(대법원 2022.3.17. 선고 2021다284462 판결 참조).

사안의 경우에는 하나의 사고로 사망보험금과 장해보험금을 지급하여야 할 경우 이를 각각 지급한다는 별도의 약관 규정이 존재하지 않으므로 사망보험금에 대해서만 지급받을 수 있다. 다만, 보험금 지급사유의 발생이 순차적으로 시차를 두고 각각 발생하여 각각의 보험금을 지급하더라도 해당 담보가 여전히 유효하다면 각각의 보험금을 지급받을 수 있을 것으로 판단된다.

그럼에도 사망보험금과 80% 이상 고도후유장해보험금이 중복된 경우와 같이 어느 지급사유가 먼저 발생하든 가입금액 전부를 보험금으로 지급함으로써 상해보험계약이 소멸되는 경우에는 중복으로 지급되는 일은 없을 것이고, 일반후유장해보험금과 고도후유장해보험금이 중복된 경우에는 고도후유장해보험금에 해당하는 보험금만 지급받을 수 있을 것으로 판단된다.

2. 피보험자의 장해지급률에 따른 지급보험금

(1) 우측 팔 : 60%

우측 팔꿈치 관절의 상부에서 절단된 상태로 '한 팔의 손목이상'을 잃었으므로 장해지급률은 60%이다.

(2) 척추(흉추 압박 골절) : 30%

흉추 압박 골절에 대해 3개의 척추체 유합(고정)술 시행하였으므로 '척추의 뚜렷한 운동장해를 남긴 때'에 해당하므로 장해지급률은 30%이다.

(3) 최종 장해지급률

같은 상해로 두 가지 이상의 후유장해가 생긴 경우에는 후유장해 지급률을 합산하여 지급하므로, 최종 장해지급률 = 60% + 30% = 90%이다.

(4) 지급보험금

최종 장해지급률이 90%이므로 상해 80% 이상 후유장해보험금 1억원을 지급한다.

3. 피보험자의 사망에 따른 지급보험금

교통사고로 인한 외상성 뇌출혈에 따른 뇌부종으로 사망하였으므로 상해사망보험금 1억원을 지급한다.

4. 판례에 따른 지급보험금

판례에 따르면, “하나의 보험계약에서 장해보험금과 사망보험금을 함께 규정하고 있는 경우, 사망보험금은 사망을 지급사유로 하는 반면 장해보험금은 생존을 전제로 한 장해를 지급사유로 하는 것이므로, 동일한 재해로 인한 보험금은 당해 보험계약에서 중복지급을 인정하는 별도의 규정을 두고 있는 등 특별한 사정이 없는 한, 그중 하나만을 지급받을 수 있을 뿐이라고 보아야 한다(대법원 2013.5.23. 선고 2011다45736 판결)”고 하였다.

따라서 문제의 조건에서 당해 보험계약에서 중복지급을 인정하는 별도의 규정을 두고 있지 않으므로 보험회사는 피보험자의 상속인에게 상해사망보험금 1억원을 지급한다.

판례 **대법원 2022.3.17. 선고 2021다284462 판결**

[1] 하나의 공제계약에서 장해공제금과 사망공제금을 함께 규정하고 있는 경우, 사망공제금은 사망을 지급사유로 하는 반면 장해공제금은 생존을 전제로 한 장해를 지급사유로 하는 것이므로, 일반적으로 동일한 사고로 인한 공제금은 그중 하나만을 지급받을 수 있을 뿐이라고 보아야 한다. 다만, 공제계약에서 중복지급을 인정하는 별도의 규정을 두고 있는 등 특별한 사정이 있는 경우에는 장해공제금과 사망공제금을 각각 지급받을 수 있다. 이 경우 사고로 인한 장해상태가 회복 또는 호전을 기대하기 어렵거나 또는 호전가능성을 전혀 배제할 수는 없지만 기간이 매우 불확정적인 상태에 있어 증상이 고정되었다면 장해공제금의 지급을 청구할 수 있고, 그 증상이 고정되지 아니하여 사망으로의 진행단계에서 거치게 되는 일시적 장해상태에서 치료를 받던 중 사고와 인과관계가 있는 원인으로 사망한 경우에는 그 사이에 장해진단을 받았더라도 장해공제금이 아닌 사망공제금을 지급받을 수 있을 뿐이다. 이때 사고 이후 사망에 이르기까지의 상태가 증상이 고정된 장해상태인지 사망으로의 진행단계에서 거치게 되는 일시적 상태인지는 장해진단으로부터 사망에 이르기까지의 기간, 사고로 인한 상해의 종류와 정도, 장해부위와 장해율, 직접사인과 장해의 연관성 등 관련 사정을 종합적으로 고려하여 판단한다.

[2] 생략

[3] 갑과 그 배우자인 을이 피공제자를 갑으로 하여 병 보험회사와 체결한 각 공제계약의 약관에서 사망공제금과 일반후유장해공제금을 함께 규정하면서 ‘하나의 사고로 사망공제금 및 일반후유장해공제금을 지급하여야 할 경우 이를 각각 지급한다’고 정하고 있는데, 갑이 교통사고로 ‘외상성 뇌출혈(지주막하, 경막하 출혈), 오른쪽 팔의 외상성 절단 등’의 상해를 입고 오른쪽 팔에 단단성형술을 시행받은 후 외상성 뇌출혈에 따른 뇌부종으로 사망하자, 을 및 자녀들인 정 등이 병 회사를 상대로 사망보험금과 일반후유장해공제금의 지급을 구한 사안에서, 갑이 위 사고로 ‘외상성 뇌출혈, 외상성 뇌부종, 오른쪽 팔의 외상성 절단 등’의 상해를 입었고, 다음날 오후 오른쪽 팔에 대하여는 접합 수술이 불가능하여 단단성형술을 시행한 사실, 갑이 그 다음날 사망하였는데 직접사인은 외상성 뇌출혈에 따른 뇌부종인 사실에 비추어 보면, 갑은 사고로 오른쪽 팔 절단상을 입고 접합 수술이 불가능하여 단단성형술을 시행받은 직후 ‘팔의 손목 이상을 잃는 장해상태’에 처하게 되었고, 그 장해 상태는 치료의 가능성이 전혀 없이 증상이 고정된 것이며, 그 직후 갑이 사망하였지만 사망 경위가 위 장해상태와는 관련이 없는 외상성 뇌출혈로 인한 뇌부종이었으므로, 위 장해상태를 사망으로의 진행단계에서 거치게 되는 일시적 증상이라고 보기는 어려운데도, 갑이 입은 오른쪽 팔 절단으로 인한 상해를 고정된 상태가 아니라고 보아 일반후유 장해상태에 있었다고 볼 수 없다고 판단한 원심판결에는 법리오해의 잘못이 있다고 한 사례이다.

03 아래 조건을 참고하여 질문에 답하시오. (20점)

〈보험가입사항〉

구 분		보험기간	계약자/피보험자	가입담보	가입금액
A	간편건강보험	2022.10.6. ~ 2037.10.6.	甲	암 진단비 소액암 진단비	3천만원 1천만원
B	간편종신보험	2022.10.6. ~ 2042.10.6.	甲	사망시	5천만원
C	간편암보험	2023.4.19. ~ 2033.4.19.	甲	암 진단비 소액암 진단비	2천만원 1천만원

※ 암 진단은 보험계약일로부터 그 날을 포함하여 90일이 지난날의 다음날부터 책임이 개시되며, 진단비는 1년 이내 진단시 50% 지급(각 1회 한)

※ 소액암은 갑상선암, 기타 피부암, 경계성 종양, 제자리암을 말함.

〈A~C보험의 계약 전 알릴의무 내용〉

1. 최근 3개월 이내에 아래의 의료행위를 받은 적이 있는지 여부
   1) 입원 필요소견　2) 수술 필요소견　3) 추가검사(재검사) 필요소견

2. 최근 2년 이내에 아래의 의료행위를 받은 적이 있는지 여부
   1) 입원　2) 수술(제왕절개 포함)

3. 최근 5년 이내에 다음 질병으로 인한 아래의 의료행위를 받은 적이 있는지 여부
   □ 암, 간경화증, 투석중인 만성신장 질환, 파킨슨병, 루게릭병
   1) 진단　2) 입원　3) 수술

〈손해사정 내용〉

① 2020.11.10. 서울종합병원에 오전 9시 입원하여 대장용종 제거술을 받고 당일 오후 5시 퇴원함.
② 2023.1.27. 한국비뇨기과의원에서 전립선 비대증(N40)으로 진단받고 2023.2.3.부터 2023.2.10.까지 3회 통원치료 받음.
③ ② 내용으로 추적관찰 중 2023.4.14. PSA(전립선 특이항원) 수치가 약간 상승함.
④ 주치의 면담결과, 2023.4.14. 진료시 진단서 또는 소견서를 작성한 적이 없고 환자에게 그 내용을 설명한 사실이 없음.
⑤ 전립선 조직검사(시행일 : 2023.7.16.)를 통해 전립선의 악성신생물(C61) 확정 진단(조직검사 보고일 : 2023.7.24.).
⑥ 피보험자는 A~C보험 청약할 때 과거병력을 본인의 중과실로 보험회사에 알리지 않음.

〈질문사항〉

(1) 계약 전 알릴의무 내용 중 밑줄 친 "추가검사(재검사)"의 의미를 약술하시오. (6점)

(2) A~C보험의 보상책임을 결정하고 지급보험금을 계산하시오. (14점)

모범답안

1. "추가검사(재검사)"의 의미

추가검사란 검사 결과 이상 소견이 확인되어 보다 정확한 진단을 위해 시행한 검사를 의미하며, 병증에 대한 치료 필요 없이 유지되는 상태에서 시행하는 정기검사 또는 추적관찰은 포함하지 않는다(보험업감독업무시행세칙 〈별표 14〉). 〈2024.3.27. 신설〉

2. A~C보험의 보상책임 및 지급보험금

(1) A보험의 보상책임 및 지급보험금

① 보상책임

보험회사는 피보험자가 최근 2년 이내 받은 입원 및 수술(2020.11.10. 대장용종 제거술)을 보험회사에 알리지 않아 계약 전 알릴의무위반에 해당하고, 제척기간이 경과하지 않았으므로 보험계약을 해지할 수 있다.

- 손해사정 ②, ③, ④의 경우 : 해당 사항 없음
- 손해사정 ⑤의 경우 : 계약 전 알릴의무위반(대장용종)과 전립선 암은 인과관계가 없고, 보험가입 후 1년 이내 진단이므로 암 진단비를 50% 지급한다.

② 지급보험금

전립선 조직검사(시행일 : 2023.7.16.)를 통해 전립선의 악성신생물(C61) 확정 진단(조직검사 보고일 : 2023.7.24.)되었고, 암 진단비는 1년 이내 진단시 50% 지급하므로,

- 암 진단비 : 3천만원 × 50% = **1천500만원**

(2) B보험의 보상책임 및 지급보험금

① 보상책임

보험회사는 피보험자가 최근 2년 이내 받은 입원 및 수술(2020.11.10. 대장용종 제거술)을 보험회사에 알리지 않아 계약 전 알릴의무위반에 해당하고, 제척기간이 경과하지 않았으므로 보험계약을 해지할 수 있다.

② 지급보험금

해당 보험은 암 진단비 담보가 없으므로 해당 사항이 없다.

(3) C보험의 보상책임 및 지급보험금

① 보상책임

- 손해사정 ①, ②, ③, ④의 경우 : 2020.11.10. 대장용종 제거술은 최근 2년 이내 받은 입원 및 수술이 아니고, 또한 2023.1.27. 전립선 비대증으로 진단받고 이후 3회의 통원과 추적관찰에 대해서는 추가검사(재검사)가 필요하다는 진단서 또는 소견서를 받은 적이 없으므로 계약 전 알릴의무위반에 해당하지 않는다.
  ※ 손해사정 ③의 경우 추적관찰은 추가검사(재검사)에 해당하지 않는다.
- 손해사정 ⑤의 경우 : 보험가입 후 1년 이내 진단이므로 암 진단비를 50% 지급한다.

② 지급보험금

확정 진단일(조직검사 보고일 : 2023.7.24.)은 보험계약일(2023.4.19.)로부터 97일 째 날(90일 초과)이고, 암 진단비는 1년 이내 진단시 50% 지급하므로,

- 암 진단비 : 2천만원 × 50% = **1천만원**

04 아래 조건을 참고하여 질문에 답하시오. (15점)

〈보험가입사항〉

보험종목	보험기간	계약자/피보험자	사망수익자	가입담보	가입금액
장기상해보험	2020.7.16. ~ 2040.7.16.	A	법정상속인	상해사망	4억원

※ 장기상해보험은 질병・상해보험 표준약관을 적용함.

〈진행 경과〉

- 2024.5.2. : 피보험자 A는 공사현장에서 작업을 하던 중 추락사고로 사망함.
- 2024.6.5. : A의 사망수익자는 보험회사에 상해사망보험금을 청구함.
- 2024.7.2. : 보험회사는 손해사정 내용에 근거하여 청구 보험금을 지급하지 않고, '계약 후 알릴의 무위반'으로 보험계약을 해지 처리함.

〈손해사정 내용〉

① 계약자 및 피보험자인 A는 보험계약 당시 건설현장의 일용직 근로자로 근무하고 있었음에도 직업을 사무직으로 고지함.
② 보험계약 체결 이후 사망시까지 건설현장의 일용직 근로자로 계속 근무했음.
③ 사무직 근로자 보험요율 0.1%, 일용직 근로자 보험요율 0.4%

〈가족사항〉

- 피보험자 A는 사망 2년 전 이혼한 전처 B와의 사이에 자녀 C, D가 있음.
- 자녀 C는 A의 사망 1년 전 교통사고로 사망했고, 사실혼 배우자 E와의 사이에 자녀 F가 있음.
- 자녀 D는 배우자 G와 자녀 H가 있음.
- 보험수익자는 모두 성인이며, 법적 결격사유 없음.

〈질문사항〉

(1) 보험회사 손해사정 처리결과의 적정성을 판단하고 근거를 기술하시오. (10점)

(2) 보험회사가 수익자별로 지급해야 할 보험금을 계산하고 근거를 기술하시오. (5점)

모범답안

1. 손해사정 처리결과의 적정성 판단 및 근거

(1) 손해사정 처리결과의 적정성 판단

① 계약자 및 피보험자인 A는 보험계약 당시 건설현장의 일용직 근로자로 근무하고 있었음에도 직업을 사무직으로 고지하여 '계약 전 알릴의무위반'에 해당하므로 보험회사는 보험계약을 해지할 수 있다.

② 그러나 ①항의 경우에도 불구하고 보험회사가 제1회 보험료를 받은 때부터 보험금 지급사유가 발생하지 않고, 2년이 지났을 때에는 계약을 해지할 수 없다.

③ 문제 사안의 경우 피보험자 A는 공사현장에서 작업을 하던 중 추락사고로 사망한 날이 사고일(2024.5.2.) 기준으로 제척기간(2년) 경과되어 보험회사는 당해 보험계약을 해지할 수 없을 뿐만 아니라 보험금도 정상적으로 지급하여야 한다.

따라서 보험회사가 손해사정 내용에 근거하여 청구 보험금을 지급하지 않고, '계약 후 알릴의무위반'으로 보험계약을 해지 처리한 것은 적정하지 못한 것으로 판단된다.

(2) 근 거

① 질병 · 상해보험 표준약관 제16조(알릴의무위반의 효과)

- 제1항 제1호

  회사는 계약자 또는 피보험자가 고의 또는 중대한 과실로 제14조(계약 전 알릴의무)를 위반하고 그 의무가 중요한 사항에 해당하는 경우에는 손해의 발생 여부에 관계없이 이 계약을 해지할 수 있다.

- 제2항 제2호

  제1항 제1호의 경우에도 불구하고 회사가 그 사실을 안 날부터 1개월 이상 지났거나 또는 제1회 보험료를 받은 때부터 보험금 지급사유가 발생하지 않고 2년(진단계약의 경우 질병에 대하여는 1년)이 지났을 때에는 회사는 계약을 해지할 수 없다.

② 관련 판례(대법원 2024.6.27. 선고 2024다219766 판결)

[1] 상법 제651조는 보험계약 당시에 보험계약자 또는 피보험자가 고의 또는 중대한 과실로 인하여 중요한 사실을 고지하지 아니하거나 부실의 고지를 한 때에는 보험자는 그 사실을 안 날로부터 1월 내에, 계약을 체결한 날로부터 3년 내에 한하여 계약을 해지할 수 있다고 규정한다. 상법 제652조 제1항은 보험기간 중에 보험계약자 또는 피보험자가 사고발생의 위험이 현저하게 변경 또는 증가된 사실을 안 때에는 지체 없이 보험자에게 통지하도록 하면서, 이를 해태한 때에는 보험자는 그 사실을 안 날로부터 1월 내에 계약을 해지할 수 있다고 규정한다.

이 규정들을 별도로 두어 해지권의 행사기간을 달리 규율하는 취지나 각 규정의 문언 등에 비추어 보면, 상법 제651조의 고지의무는 중요한 사실이 보험계약 성립시에 존재하는 경우에 발생하고, 상법 제652조의 통지의무는 보험계약 성립시에는 존재하지 않았지만 그 이후 보험기간 중에 사고발생의 위험이 새롭게 변경 또는 증가된 경우에 발생한다고 보아야 한다. 한편 보험계약자 또는 피보험자가 고지의무를 위반함으로써 보험계약 성립시 고지된 위험과 보험기간 중 객관적으로 존재하게 된 위험에 차이가 생기게 되었다는 사정만으로는 보험기간 중 사고발생의 위험이 새롭게 변경 또는 증가되었다고 할 수 없다. 이 경우 보험자는 상법 제651조의 고지의무위반을 이유로 계약을 해지할 수는 있어도 상법 제652조의 통지의무위반을 이유로 계약을 해지할 수는 없다. 이는 고지의무위반에 따른 해지권 행사의 제척기간이 경과하여 보험자가 고지의무위반을 이유로 계약을 해지할 수 없게 된 경우에도 마찬가지이다.

[2] 갑 등이 을 보험회사와 피보험자를 갑으로 하여 상해사망 등 사고발생시 을 회사가 보험금을 지급하는 내용의 보험계약을 체결하였는데, 갑은 보험계약 체결 이전부터 사망할 때까지 건설현장의 일용직 근로자로 근무하였으나, 갑 등은 보험계약 체결 당시 을 회사에 갑의 직업을 위 실제 직업보다 보험사고발생의 위험이 낮은 사무원 등으로 고지하였고, 보험계약 체결 이후에도 을 회사에 고지된 직업과 실제 직업이 다르다는 것을 통지하지 아니한 사안에서, 갑 등이 보험계약 체결 당시 갑의 직업을 보험사고발생의 위험이 낮은 직업으로 고지하여 고지의무를 위반하였으나 보험기간 중에 실제 직업이 변경되지는 않았으므로 그 직업이 보험계약 체결 당시 을 회사에 고지된 것과 다르더라도 상법 제652조 제1항의 통지의무를 위반하였다고 볼 수 없다고 한 원심판단이 정당하다고 한 사례이다.

2. 수익자별로 지급해야 할 보험금 및 근거

손해사정 처리결과 적정하지 못하므로 상해사망 보험금 4억을 지급한다.

(1) 수익자별로 지급해야 할 보험금

① 자녀 C, D

피보험자 A의 상속인은 직계비속 자녀 C, D이다.

- 자녀 C : 4억원×1/2 = 2억원
- 자녀 D : 4억원×1/2 = 2억원

② C의 배우자 E와 자녀 F

C는 피보험자 A의 사망 전 교통사고로 사망하였으므로 C의 상속분은 자녀 F에게 대습상속된다.

- 배우자 E : 사실혼은 대습상속을 받을 수 없다.
- 자녀 F : 대습상속 2억원

(2) 근 거

① 상속의 순위(민법 제1000조 제1항)

1. 피상속인의 직계비속
2. 피상속인의 직계존속
3. 피상속인의 형제자매
4. 피상속인의 4촌 이내의 방계혈족

② 대습상속(민법 제1001조)

상속인이 될 직계비속 또는 형제자매가 상속개시 전에 사망하거나 결격자가 된 경우에 그 직계비속이 있는 때에는 그 직계비속이 사망하거나 결격된 자의 순위에 갈음하여 상속인이 된다.

③ 배우자의 상속순위(민법 제1003조)

㉠ 피상속인의 배우자는 상속인(피상속인의 직계비속과 직계존속)이 있는 경우에는 그 상속인과 동순위로 공동상속인이 되고, 그 상속인이 없는 때에는 단독상속인이 된다.

㉡ 대습상속의 경우에 상속개시 전에 사망 또는 결격된 자의 배우자는 상속인과 동순위로 공동상속인이 되고, 그 상속인이 없는 때에는 단독상속인이 된다.

05 아래 조건을 참고하여 보험회사의 지급보험금을 산출하시오. (15점)

〈보험가입사항〉

보험종목	보험기간	가입담보	가입금액
A보험	2021.1.12. ~ 2041.1.12.	암 사망	1,000만원
		장기요양진단	1,000만원

〈경과 내용〉

- 2021.1.11. : 건강검진 결과 대장암 의심소견으로 추가 정밀검사 권유 받음
- 2021.1.12. : 보험계약(피보험자 만 65세)
- 2021.3.23. : 대장암 의심 증세로 병원에 입원
- 2021.4.11. : 조직검사 결과 대장암 확정 진단
- 2024.6.11. : 국민건강보험공단에 장기요양등급 판정 신청
- 2024.6.18. : 국민건강보험공단 현장 실사(병원 및 피보험자 등)
- 2024.6.19. : 대장암의 다발성 전이에 의한 패혈증으로 사망
- 2024.6.21. : 국민건강보험공단 장기요양등급(1등급) 판정
- 2024.6.30. : 보험금 청구

〈장기요양진단 특별약관 내용〉

	내 용
제3조 제1항	회사는 보험기간 중에 피보험자가 최초로 장기요양상태로 판정되었을 때에는 보험수익자에게 장기요양진단금을 지급합니다.
제3조 제2항	장기요양상태라 함은 만 65세 이상 노인 또는 노인성 질병을 가진 만 65세 미만의 자로서 거동이 불편하여 장기요양이 필요하다고 판단되어 「노인장기요양보험법」에 따라 등급판정위원회에서 장기요양 1등급 또는 장기요양 2등급으로 판정받은 경우에 해당되는 상태를 말합니다.
제5조 제2항	피보험자가 보험기간 중에 사망하였을 경우에는 약관은 더 이상 효력이 없습니다.

모범답안

(1) 2021.1.11. : 건강검진 결과 대장암 의심소견

「보험업감독업무시행세칙」〈별표 14〉'계약 전 알릴의무 사항'에 의하면 최근 3개월 이내에 의사로부터 진찰 또는 검사(건강검진 포함)를 통하여 질병확정 진단뿐만 아니라 질병의심소견을 받은 경우에도 고지하도록 되어 있으므로 계약 전 알릴의무 사항 위반에 해당되어 보험회사는 계약을 해지할 수 있다. 그러나 보험회사가 제1회 보험료를 받은 때부터 보험금 지급사유가 발생하지 않고, 2년이 지났을 때에는 계약을 해지할 수 없다.

(2) 2021.4.11. : 조직검사 결과 대장암 확정 진단

암 보장은 계약일로부터 90일이 지난 다음날부터 개시되는데 90일 이내에 대장암 확정 진단을 받았으므로 보험회사는 보험금을 지급하지 않고 계약자적립액을 반환한다.

(3) 2024.6.19. : 대장암의 다발성 전이에 의한 패혈증으로 사망

암 사망보험금으로 1,000만원이 지급되어야 하지만, 암 보험의 경우 이미 무효사유에 해당되므로 보험금 지급이 없다.

(4) 2024.6.21. : 국민건강보험공단 장기요양등급(1등급) 판정

피보험자가 보험기간 중에 사망하였을 경우에는 약관은 더 이상 효력이 없기 때문에 피보험자 사망 후 장기요양등급(1등급) 판정을 받았으므로 해당 사항이 없다.

(5) 지급보험금

① 암 사망 : 해당 사항 없음

② 장기요양진단 : 해당 사항 없음

판례 **대법원 2023.10.12. 선고 2020다232709(본소), 2020다232716(반소) 판결**

갑이 을 보험회사와 체결한 보험계약의 약관에는 '피보험자가 보험기간 중 사망할 경우 보험계약은 소멸한다'는 조항과 '신(신)장기간병요양진단비 보험금은 피보험자가 보험기간 중 노인장기요양보험 수급대상으로 인정되었을 경우 지급한다'는 조항을 두고 있는데, 갑이 국민건강보험공단에 장기요양인정을 신청하여 장기요양등급 판정을 받았으나 그 판정 전에 사망한 사안에서, 위 보험계약에서 보험금 지급사유로 정한 '피보험자가 보험기간 중 노인장기요양보험 수급대상으로 인정되었을 경우'는 특별한 사정이 없는 한 '피보험자가 보험기간 중 국민건강보험공단 등급판정위원회에 의하여 장기요양등급을 판정받은 경우'를 말하고, 피보험자가 노인장기요양보험 수급대상에 해당할 정도의 심신상태임이 확인되었다고 하더라도 장기요양등급 판정을 받지 않은 상태에서 보험계약이 소멸하였다면 보험기간 중 보험금 지급사유가 발생하였다고 볼 수 없는데도, 이와 달리 보험기간 중 장기요양등급 판정을 받지 못하더라도 그 원인으로서 장기요양이 필요하다는 사실이 확인되면 보험금 지급사유가 발생한다고 본 원심판단에 보험약관 해석에 관한 법리오해의 잘못이 있다.

06 아래 질문에 답하시오. (20점)

〈보험가입사항〉

보험회사 (계약일자)	보험종류	보장종목	가입금액	비 고
A (2022.8.1.)	기본형 실손의료보험 (급여 실손의료비)	질병급여형	2천만원	4세대 실손보험
	실손의료보험 특별약관 (비급여 실손의료비)	질병비급여형	2천만원	
		3대 비급여형	약관상 보장한도	

※ 유효한 정상 유지 계약으로 계약 전 알릴의무위반 사항은 없으며, 청구 당일 보험금 지급 예정임.

〈입원의료비 발생 내용(B병원)〉

입원기간	병 명 (병명코드)	급 여		비급여		기 타
		본인 부담금	공단 부담금		포함된 비용	
① 2022.9.1. ~ 9.15.	제4-5요추 추간판탈출증 (M51)	100만원	400만원	800만원	• 상급병실료 차액 : 300만원(10일 사용) • MRI 비용 : 100만원 • 주사료(회당 20만원×5회) : 100만원	보상 완료
② 2023.2.1. ~ 2.25.	제4-5요추 추간판탈출증 (M51)	300만원	1,200만원	1,200만원	• 상급병실료 차액 : 450만원(15일 사용) • 증식치료비(회당 10만원×5회) : 50만원 • 주사료(회당 20만원×10회) : 200만원	
③ 2023.7.1. ~ 7.20.	제4-5요추 추간판탈출증 (M51)	200만원	800만원	1,000만원	• 상급병실료 차액 : 150만원(5일 사용) • 체외충격파치료비(회당 10만원×5회) : 50만원 • 주사료(회당 20만원×5회) : 100만원	금번 청구

※ 상기 의료비 발생 이외 치료 사실 없음.
※ 주사료는 항암제, 항생제(항진균제 포함), 희귀의약품을 위해 사용된 비급여주사료가 아님.

〈2023년도 「국민건강보험」 소득분위별 본인부담상한액 기준〉

(금액 : 만원)

소득분위	1분위	2~3분위	4~5분위	6~7분위	8분위	9분위	10분위
상한액	100	150	200	300	400	500	800

※ 피보험자 갑(甲)은 2024.7.1. 국민건강보험공단으로부터 2023년도 '소득 8분위'에 해당함을 안내받고 본인부담 상한액 초과금을 당일 신청하여 수령함.

〈기타 사항〉

상기 조건은 편의상 제시된 것으로, 모두 유효한 것으로 가정함.

〈질문사항〉

(1) 피보험자 갑(甲)은 국민건강보험이 적용된 '③ 입원기간'에 대해 2024.7.10. 보험회사에 보험금을 청구하였다(단, ①~② 입원기간에 대해서는 보상완료됨).

상기 조건을 참고하여 A보험회사의 지급보험금을 산출하시오. (12점)

(2) 공보험(public insurance)인 「국민건강보험」과 이를 보완하는 사보험(private insurance)인 「실손의료보험」의 '공통점'과 '차이점'을 기술하시오. (8점)

모범답안

1. A 보험회사의 지급보험금

(1) '① 입원기간'(2022.9.1. ~ 9.15.) : 15일간 입원

① 급 여

- 본인부담금 100만원
- 보장대상의료비 100만원 × 80% = 80만원
- 보장책임액 : 80만원(≦ 2천만원)

※ 요양급여 또는 의료급여 중 본인부담금의 80%에 해당하는 금액을 보상한다.

※ 보장대상의료비 = 실제 부담액 – 보장 제외 금액

※ 보장책임액 = (보장대상의료비 – 피보험자부담 공제금액)과 보험가입금액 중 작은 금액

② 비급여(상급병실료 차액, MRI 비용, 주사료 제외)

800만원 – 상급병실료 차액 300만원 – MRI 비용 100만원 – 주사료 100만원 = 300만원

- 보장대상의료비 300만원 × 70% = 210만원
- 상급병실료 차액 = Min[(300만원 × 50%), (10만원/일 × 15일)] = 150만원
- 비급여의료비 : 210만원 + 150만원 = 360만원(≦ 2천만원)

※ 비급여의료비(본인이 실제로 부담한 금액으로 비급여병실료는 제외)의 70%에 해당하는 금액을 보상한다.

③ 3대 비급여 MRI

보장대상의료비 100만원 – Max[3만원, (100만원 × 30%)] = 70만원(≦ 300만원)

※ 공제금액 : 1회당 3만원과 보장대상의료비의 30% 중 큰 금액

※ 보장한도 : 300만원 이내에서 보상

④ 3대 비급여주사료

보장대상의료비 100만원 − Max[3만원, (100만원 × 30%)] = **70만원**(≦ 250만원)

※ 공제금액 : 1회당 3만원과 보장대상의료비의 30% 중 큰 금액

※ 보장한도 : 250만원 이내에서 50회까지 보상

※ 의료기관을 1회 통원(또는 1회 입원)하여 치료목적으로 2회 이상 주사치료를 받더라도 1회로 보고 위의 공제금액 및 보상한도를 적용한다.

⑤ 지급보험금

급여 80만원 + 비급여 360만원 + MRI 70만원 + 주사료 70만원 = **580만원(보상완료)**

(2) '② 입원기간'(2023.2.1. ~ 2.25.) : 25일간 입원

① 급 여

- 본인부담금 300만원
- 보장대상의료비 300만원 × 80% = **240만원**
- 보장책임액 : 80만원 + 240만원 = 320만원(≦ 2천만원)

② 비급여(상급병실료 차액, 증식치료비, 주사료 제외)

1,200만원 − 상급병실료 차액 450만원 − 증식치료비 50만원 − 주사료 200만원 = 500만원

- 보장대상의료비 500만원 × 70% = 350만원
- 상급병실료 차액 = Min[(450만원 × 50%), (10만원/일 × 25일)] = 225만원
- 비급여의료비 : 350만원 + 225만원 = **575만원**
- 보장책임액 : 360만원 + 575만원 = 935만원(≦ 2천만원)

③ 3대 비급여 증식치료비

- 회당 10만원 − Max[(3만원, (10만원 × 30%)] = 7만원
- 보장대상의료비 7만원 × 5회 = **35만원**(≦ 350만원)

※ 공제금액 : 1회당 3만원과 보장대상의료비의 30% 중 큰 금액

※ 보장한도 : 350만원 이내에서 50회까지 보상

④ 3대 비급여주사료

- 보장대상의료비 200만원 − Max[3만원, (200만원 × 30%)] = **140만원**
- 보장책임액 : 70만원 + 140만원 = 210만원(≦ 250만원)

⑤ 지급보험금

급여 240만원 + 비급여 575만원 + 증식치료비 35만원 + 주사료 140만원 = **990만원(보상완료)**

(3) '③ 입원기간'(2023.7.1. ~ 7.20.) : 20일간 입원

① 급 여

피보험자 갑(甲)은 2023년도 '소득 8분위'에 해당하므로 본인부담상한액은 400만원이다.

2023년도 본인부담금은 300만원(② 입원기간) + 200만원 = 500만원으로 400만원을 초과하므로 초과분 100만원은 공단에서 환급받는다. 따라서

- 본인부담금 200만원 – 본인부담상한액 초과분 100만원 = 100만원
- 보장대상의료비 100만원 × 80% = **80만원**
- 보장책임액 : 80만원 + 240만원 + 80만원 = 400만원(≦ 2천만원)

※ **「국민건강보험법」에 따른 본인부담금상한제** : 요양급여비용 중 본인이 부담한 비용의 연간 총액이 일정 상한액(국민건강보험 지역가입자의 세대별 보험료 부담수준 또는 직장가입자의 개인별 보험료 부담수준에 따라 「국민건강보험법」 등 관련 법령에서 정한 금액(81만원~584만원)을 초과하는 경우 그 초과액을 국민건강보험공단이 부담하는 제도

② 비급여(상급병실료 차액, 체외충격파치료비, 주사료 제외)

1,000만원 – 상급병실료 차액 150만원 – 체외충격파치료비 50만원 – 주사료 100만원 = 700만원

- 보장대상의료비 700만원 × 70% = 490만원
- 상급병실료 차액 = Min[(150만원 × 50%), (10만원/일 × 20일)] = 75만원
- 비급여의료비 : 490만원 + 75만원 = **565만원**
- 보장책임액 : 360만원 + 575만원 + 565만원 = 1,500만원(≦ 2천만원)

③ 3대 비급여 체외충격파치료비

회당 10만원 – Max[(3만원, (10만원 × 30%)] = 7만원(회당 인정금액)

- 보장대상의료비 7만원 × 5회 = **35만원**
- 보장책임액 : 35만원 + 35만원 = 70만원(≦ 350만원)

④ 3대 비급여주사료

- 보장대상의료비 100만원 – Max[3만원, (100만원 × 30%)] = 70만원

※ ① 입원기간 70만원 + ② 입원기간 140만원 + ③ 입원기간 70만원 = 280만원으로 한도 250만원에서 30만원 초과된다. 따라서 70만원 – 30만원(한도 초과) = 40만원이 된다.

- 보장책임액 : 70만원 + 140만원 + 40만원 = 250만원(≦ 250만원)

⑤ 지급보험금

급여 80만원 + 비급여 565만원 + 체외충격파치료비 35만원 + 주사료 40만원 = **720만원**

※ 급여 중 본인부담의료비의 해당 연도 본인부담상한액 초과 여부나 계약 해당일부터 발생한 주사료의 보상한도액 초과 여부를 파악하기 위해서는 보상완료된 건에 대해서도 산정하여야 한다.

2. 국민건강보험과 실손의료보험의 '공통점'과 '차이점'

(1) 공통점

국민건강보험과 실손의료보험은 공보험이냐 사보험이냐의 여부를 떠나서 양자 모두 국민이 겪게 되는 각종 질병과 사고로 인하여 부담하게 될 막대한 의료비 부담을 줄이고 동시에 국민의 건강을 지원하고 있다는 측면에서 공통점이 있다.

① "국민건강보험"이란 질병이나 부상으로 인해 발생한 고액의 진료비로 가계에 과도한 부담이 되는 것을 방지하기 위하여, 국민들이 평소에 보험료를 내고 보험자인 국민건강보험공단이 이를 관리・운영하다가 필요시 보험급여를 제공함으로써 국민 상호간 위험을 분담하고 필요한 의료서비스를 받을 수 있도록 하는 사회보장제도를 말한다.

② "실손의료보험"이란 피보험자가 질병・상해로 의료기관에 입원 또는 통원하여 치료를 받거나 처방조제를 받은 경우에 본인이 실제로 부담한 의료비를 보상하는 상품을 말한다.

※ 「국민건강보험법」에서 정한 요양급여 또는 「의료급여법」에서 정한 의료급여 중 본인부담금 및 「국민건강보험법」 또는 「의료급여법」에 따라 보건복지부장관이 정한 비급여의 합계액에서 약관에서 정한 자기부담금을 제외한 금액을 보상한다.

(2) 차이점

① 가입의 강제성 유무

국민건강보험은 국가(국민건강보험공단)가 운영하고 전 국민을 대상으로 가입이 강제되어 있는 반면, 실손의료보험은 민영 보험회사가 운영하고 소비자가 자유롭게 선택하여 임의로 가입할 수 있다는 측면에서 차이점이 있다.

② 보장한도

국민건강보험은 보장한도를 정하고 있지 않지만, 실손의료보험은 상품에 따라 보장한도를 정하고 있다.

③ 보상방법

국민건강보험은 「국민건강보험법」 등에서 정한 금액을 국가(건강보험공단)가 보전하지만, 실손의료보험은 국민건강보험에서 보장되지 않는 의료비(비급여)의 일정 부분을 보상한다.

④ 보험료 산정방법

국민건강보험은 소득수준과 재산규모에 따라 보험료를 차등 부과하지만, 실손의료보험은 과거 위험발생률 등을 토대로 대수의 법칙에 따라 보험료를 산출한다.

[국민건강보험과 실손의료보험의 비교]

구 분	국민건강보험	실손의료보험
관련 법규	국민건강보험법	보험업법
운영 주체	국가(국민건강보험공단)	민영 보험회사
의무가입 여부	전 국민을 대상으로 가입이 강제됨 ⇒ 의무가입	가입 여부를 자유롭게 선택 가능함 ⇒ 임의가입
보상방법	「국민건강보험법」 등에서 정한 금액을 국가가 보상	국민건강보험에서 보장하지 않는 의료비를 대상으로 보험회사가 보상
보장범위	국민의 질병·부상에 대한 예방·진단·치료·재활과 출산·사망 및 건강증진 등 보장	질병, 상해에 대한 본인부담금 중 일부 보장
보장대상 질병	모든 질병 ※ 「국민건강보험법」상의 비급여대상은 제외	「국민건강보험법」상의 비급여대상 및 보험약관에서 보상하지 않는 질병은 제외
보험료 산정방법	소득수준과 재산규모에 따라 보험료를 차등 부과	과거 위험발생률을 토대로 대수의 법칙에 따라 보험료 산출

〈자료출처 : 국민건강보험공단〉

제4과목

자동차보험의 이론과 실무 (대인배상 및 자기신체손해)

2014년도 제37회 신체손해사정사 2차 시험문제
2015년도 제38회 신체손해사정사 2차 시험문제
2016년도 제39회 신체손해사정사 2차 시험문제
2017년도 제40회 신체손해사정사 2차 시험문제
2018년도 제41회 신체손해사정사 2차 시험문제
2019년도 제42회 신체손해사정사 2차 시험문제
2020년도 제43회 신체손해사정사 2차 시험문제
2021년도 제44회 신체손해사정사 2차 시험문제
2022년도 제45회 신체손해사정사 2차 시험문제
2023년도 제46회 신체손해사정사 2차 시험문제
2024년도 제47회 신체손해사정사 2차 시험문제

제37회 신체손해사정사 2차 시험문제

1. 다음 사례에서 현행 자동차보험약관에 따른 '갑', '을' 보험회사의 A 및 B에 대한 담보별 보상책임의 존부(存否)를 가려 그 내용을 약술하고, 각 담보별로 지급보험금을 산출하시오. (40점)

〈사고 내용 및 과실〉

- A는 자신의 소유 자동차에 친구 B를 동승시키고 운전 중 교차로에서 C가 운전하는 자동차와 충돌하여 A가 부상하고, B가 현장에서 사망하였다.
- A와 C의 과실분담비율은 50% : 50%이며, 공동불법행위자 A와 C 전원에 대한 B의 피해자과실비율은 20%이다.

〈보험가입사항〉

- A는 자신을 기명피보험자로 하여 '갑' 보험회사에 개인용 자동차보험(대인배상 Ⅰ · Ⅱ, 자기신체사고, 무보험자동차에 의한 상해)을 가입하였다.
- C는 자신을 기명피보험자로 하여 '을' 보험회사에 대인배상 Ⅰ 만 가입하였다.

〈A, B의 과실상계 전 실제손해액 및 보상한도액〉

- A의 과실상계 전 실제손해액 : 1억원(치료비 3,000만원, 치료비외 부상 손해액 2,000만원, 후유장애 손해액 5,000만원)

[A의 상해 · 후유장애 급수 및 보상한도액]

구분	상해 1급	후유장애 8급
대인배상 Ⅰ	3,000만원	4,500만원
자기신체사고	3,000만원	1,500만원

- B의 과실상계 전 실제손해액(사망) : 3억원

2. 자동차보험약관상 보험회사의 보상책임을 대인배상 Ⅰ 과 대인배상 Ⅱ 로 구분하여 비교 설명하시오. (20점)

3. 음주・무면허운전 사고에 대한 현행 자동차보험약관 규정에 관하여 설명하시오. (10점)

4. 자동차보험약관상 현실소득액을 증명할 수 있는 급여소득자 및 사업소득자의 현실소득액 산정방법에 관하여 기술하시오. (10점)

5. 대인배상 I 의 보험금 지급과 관련하여, 자동차손해배상보장법령에서 정한 '책임보험금'의 사망・부상・후유장애별 보험금산정기준에 대하여 설명하시오. (10점)

6. 개인용 및 업무용 자동차보험에서 보험기간 중 피보험자동차의 매도・증여・상속・교체시 보험계약의 효력에 대하여 설명하시오. (10점)

01

다음 사례에서 현행 자동차보험약관에 따른 '갑', '을' 보험회사의 A 및 B에 대한 담보별 보상책임의 존부(存否)를 가려 그 내용을 약술하고, 각 담보별로 지급보험금을 산출하시오. (40점)

〈사고 내용 및 과실〉

- A는 자신의 소유 자동차에 친구 B를 동승시키고 운전 중 교차로에서 C가 운전하는 자동차와 충돌하여 A가 부상하고, B가 현장에서 사망하였다.
- A와 C의 과실분담비율은 50% : 50%이며, 공동불법행위자 A와 C 전원에 대한 B의 피해자과실비율은 20%이다.

〈보험가입사항〉

- A는 자신을 기명피보험자로 하여 '갑' 보험회사에 개인용 자동차보험(대인배상 Ⅰ · Ⅱ, 자기신체사고, 무보험자동차에 의한 상해)을 가입하였다.
- C는 자신을 기명피보험자로 하여 '을' 보험회사에 대인배상 Ⅰ 만 가입하였다.

〈A, B의 과실상계 전 실제손해액 및 보상한도액〉

- A의 과실상계 전 실제손해액 : 1억원(치료비 3,000만원, 치료비외 부상 손해액 2,000만원, 후유장애 손해액 5,000만원)

[A의 상해 · 후유장애 급수 및 보상한도액]

구 분	상해 1급	후유장애 8급
대인배상 Ⅰ	3,000만원	4,500만원
자기신체사고	3,000만원	1,500만원

- B의 과실상계 전 실제손해액(사망) : 3억원

모범답안

1. 보험회사별 보상책임

(1) '갑' 보험회사의 책임

① A에 대한 책임

㉠ 대인배상Ⅰ・Ⅱ

A는 소유자이며, 운전자로서 「자배법」상 타인이 아니므로 담보되지 않는다.

㉡ 무보험자동차상해

A는 기명피보험자이고, 배상의무자인 C가 있는데 대인배상Ⅰ만 가입되어 있으므로 '갑' 보험회사는 A에 대하여 보상할 책임이 있다. 다만, 피해자의 손해액에서 과실상계한 후의 금액을 보상하되, 대인배상Ⅰ에서 보상된 금액은 공제한다.

㉢ 자기신체사고

A는 기명피보험자이므로 '갑' 보험회사는 보상책임이 있다. 다만, '을' 보험회사의 대인배상Ⅰ 및 '갑' 보험회사의 무보험차상해 보상액은 공제한다.

② B에 대한 책임

㉠ 대인배상Ⅰ・Ⅱ

B는 「자배법」상 타인이므로 '갑' 보험회사는 보상책임이 있다. 피해자의 과실 20%를 상계한 후 보상하며, 공동불법행위자 C 및 '을' 보험회사에 대하여 대위권을 행사할 수 있다.

㉡ 무보험자동차상해 및 자기신체사고

B는 무보험자동차상해 및 자기신체사고의 피보험자가 아니므로 담보되지 않는다.

(2) '을' 보험회사의 책임

① A에 대한 책임

A는 「자배법」상 타인이므로 대인배상Ⅰ에서 '을' 보험회사는 보상책임이 있으며, 피해자 과실비율 50%를 상계한 후 보상한다.

② B에 대한 책임

B는 「자배법」상 타인이므로 대인배상Ⅰ에서 '을' 보험회사는 보상책임이 있으며, 피해자 과실비율 20%를 상계한 후 책임비율(50%)에 따라 보상한다.

2. 보험회사별 지급보험금

(1) '갑' 보험회사의 지급보험금

① A에 대한 지급보험금

㉠ 무보험자동차상해 지급보험금

- 지급보험금 = 지급기준액 + 비용 – 공제액
- 부상보험금 = (5,000만원 × 50%) – 3,000만원('을' 보험회사의 대인배상 I) = 0원
- 후유장애보험금 = (5,000만원 × 50%) – 2,500만원('을' 보험회사의 대인배상 I) = 0원
- 소계 : 0원 + 0원 = 0원

㉡ 자기신체사고

- 지급보험금 = 실제손해액 + 비용 – 공제액
- 부상보험금 = 5,000만원 – 3,000만원('을' 보험회사의 대인배상 I) = 2,000만원
- 후유장애보험금 = 5,000만원 – 2,500만원('을' 보험회사의 대인배상 I) = 2,500만원
  따라서 자기신체사고 후유장애 8급 한도액 1,500만원을 지급한다.
- 소계 : 2,000만원 + 1,500만원 = 3,500만원

② B에 대한 지급보험금

㉠ 대인배상 I · II

- 대인배상 I 지급보험금 = 3억원 × 80% × 50% = 1억2,000만원
- 대인배상 II 지급보험금 = 3억원 × 80% – 1억2,000만원 = 1억2,000만원

㉡ 대위권

'갑' 보험회사는 '을' 보험회사에 대해 대인배상 I 에서 지급된 1억2,000만원에 대해 구상한다.

(2) '을' 보험회사의 지급보험금

① A에 대한 지급보험금

㉠ 부상보험금 = 5,000만원 × 50% = 2,500만원
치료관계비가 3,000만원이므로 상해 1급 한도액인 3,000만원을 전액 지급한다.

㉡ 후유장애보험금 = 5,000만원 × 50% = 2,500만원(후유장애 8급 한도액 내)

㉢ 소계 : 3,000만원 + 2,500만원 = 5,500만원

② B에 대한 지급보험금

㉠ 지급보험금 = 3억원 × 80% × 50% = 1억2,000만원(사망보험금 1억5,000만원 한도액 내)

㉡ 대위권

'을' 보험회사는 대인배상 I 한도액(1억5,000만원) 내에서 보상하면 되므로 공동불법행위자 C(피보험자)에 대해서 구상권이 발생하지 않는다.

02 자동차보험약관상 보험회사의 보상책임을 대인배상Ⅰ과 대인배상Ⅱ로 구분하여 비교 설명하시오. (20점)

모범답안

1. 보험회사의 보상책임의 발생요건

(1) 대인배상Ⅰ

대인배상Ⅰ은 「자배법」에 의해 가입이 강제된 배상책임보험으로 보험사고의 발생으로 피보험자의 손해가 현실화된 경우 보험회사의 보험계약상 보상책임이 발생한다. 즉, 보험회사의 보상책임이 발생하려면, 사고 당시 유효한 보험계약이 존속하고 있어야 하고, 피보험자가 피보험자동차의 운행으로 인하여 타인을 사상케 하여 「자배법」에 의한 손해배상책임을 짐으로써 손해를 입어야 한다.

(2) 대인배상Ⅱ

대인배상Ⅱ는 상법에 그 바탕을 둔 임의배상책임보험으로 대인배상Ⅰ을 보완하는 역할을 하며, 「자배법」뿐만 아니라 「민법」, 「국가배상법」까지도 포괄적으로 담보한다. 즉, 피보험자가 피보험자동차를 소유, 사용, 관리하는 동안에 생긴 피보험자동차의 사고로 인하여 타인을 사상케 하여 법률상 손해배상책임을 짐으로써 손해를 입어야 보험회사의 보상책임이 발생한다.

2. 특약에 의한 보상책임의 제한 여부

대인배상Ⅱ의 경우 보험회사의 보상책임 유무를 판단하기 위한 전제조건으로 특약조건의 충족을 요하나, 대인배상Ⅰ의 경우에는 어떠한 특약조건도 보험회사의 보상책임을 제한하지 않는다.

03 음주 · 무면허운전 사고에 대한 현행 자동차보험약관 규정에 관하여 설명하시오. (10점)

모범답안

1. 음주운전 또는 무면허운전 관련 사고부담금(보통약관 제11조)

① 피보험자 본인이 음주운전이나 무면허운전을 하는 동안에 생긴 사고 또는 기명피보험자의 명시적, 묵시적 승인하에서 피보험자동차의 운전자가 음주운전이나 무면허운전을 하는 동안에 생긴 사고로 인하여 보험회사가 대인배상Ⅰ, 대인배상Ⅱ 또는 대물배상에서 보험금을 지급하는 경우, 피보험자는 다음의 사고부담금을 보험회사에 납입하여야 한다.

㉠ 「대인배상Ⅰ」 : 「대인배상Ⅰ」 한도 내 지급보험금

㉡ 「대인배상Ⅱ」 : 1사고당 1억원

㉢ 「대물배상」

- 「자동차손해배상보장법」 제5조 제2항의 규정에 따라 자동차보유자가 의무적으로 가입하여야 하는 「대물배상」 보험가입금액 이하 손해 : **지급보험금**
- 「자동차손해배상보장법」 제5조 제2항의 규정에 따라 자동차보유자가 의무적으로 가입하여야 하는 「대물배상」 보험가입금액 초과 손해 : **1사고당 5,000만원** 〈2021.12.27. 개정〉

② 피보험자는 지체 없이 음주운전 또는 무면허운전 사고부담금을 보험회사에 납입하여야 한다. 다만, 피보험자가 경제적인 사유 등으로 사고부담금을 미납하였을 때 보험회사는 피해자에게 사고부담금을 포함하여 손해배상금을 우선 지급하고, 피보험자에게 사고부담금의 지급을 청구할 수 있다.

2. 보상하지 않는 손해(대인배상Ⅱ)

피보험자 본인이 무면허운전을 하였거나, 기명피보험자의 명시적, 묵시적 승인하에서 피보험자동차의 운전자가 무면허운전을 하였을 때에 생긴 사고로 인한 손해는 보상하지 않는다. 다만, 「자배법」 제5조 제2항의 규정에 따라 자동차 보유자가 의무적으로 가입하여야 하는 대물배상 보험가입금액 한도 내에서는 보상한다.

04 자동차보험약관상 현실소득액을 증명할 수 있는 급여소득자 및 사업소득자의 현실소득액 산정방법에 관하여 기술하시오. (10점)

모범답안

1. 급여소득자

피해자가 근로의 대가로서 받은 보수(본봉, 수당, 성과급, 상여금, 체력단련비, 연월차 휴가보상금 등으로 실비변상적 성격의 대가는 제외)에서 제세액을 공제한 금액을 인정한다. 단, 피해자가 사망 또는 장해발생 직전에 보수액의 인상이 확정된 경우에는 인상된 금액에서 제세액을 공제한 금액으로 한다.

2. 사업소득자

세법에 따른 관계증빙서에 의하여 입증된 수입액에서 그 수입을 위하여 필요한 제경비 및 제세액을 공제하고 본인의 기여율을 감안하여 산정한 금액으로 한다.

산식 : [연간수입액 – 주요경비 – (연간수입액 × 기준경비율) – 제세공과금] × 노무기여율 × 투자비율

다만, 본인이 없더라도 사업의 계속성이 유지되는 경우와 상기 산정한 금액이 일용근로자 임금에 미달하는 경우에는 일용근로자 임금을 인정한다.

산식 : (공사부문 보통인부 임금 + 제조부문 단순노무종사원 임금) / 2 ※ 월 임금 산출시 25일을 기준으로 산정한다.

05

대인배상Ⅰ의 보험금 지급과 관련하여, 자동차손해배상보장법령에서 정한 '책임보험금'의 사망 · 부상 · 후유장애별 보험금산정기준에 대하여 설명하시오. (10점)

모범답안

1. 사망보험금

2016년 4월 이후 발생한 자동차사고 책임보험 사망보험금은 피해자 1인당 최고 1억5,000만원 한도 내에서 실손해액을 보상한다. 다만, 실손해액이 2,000만원 미만인 경우에는 2,000만원을 보상한다.

(1) 장례비

500만원

(2) 위자료

사망 당시 65세 미만인 자는 8,000만원, 65세 이상인 자는 5,000만원이다.

(3) 상실수익액

(월평균 현실소득액 – 생활비) × (사망일부터 보험금 지급일까지 월수 + 보험금 지급일로부터 취업가능월수에 해당하는 호프만계수)

2. 부상보험금

2016년 4월 이후 발생한 자동차사고 책임보험 부상보험금은 상해등급별 한도금액(1급 3,000만원 ~ 14급 50만원) 내에서 실손해액을 보상한다.

(1) 치료관계비

과실상계 후의 금액이 실제치료관계비 해당액에 미달하더라도 치료관계비 해당액은 전액 보상한다.

(2) 위자료

책임보험 상해구분에 따라 급별로 인정한다(1급 200만원 ~ 14급 15만원).

(3) 휴업손해

1일 수입감소액×휴업일수×85%

(4) 간병비

본인의 경우 상해등급 1급~2급은 60일, 3급~4급은 30일, 상해등급 5급은 15일을 한도로 실제 입원기간을 인정하고, 동일한 사고로 부모 중 1인이 사망 또는 상해등급 1급~5급의 상해를 입은 7세 미만의 자녀에 대해서는 최대 60일을 한도로 실제 입원기간을 인정한다.

(5) 기타 손해배상금

실제 통원한 일수에 대하여 1일 8,000원

3. 후유장애보험금

2016년 4월 이후 발생한 자동차사고 책임보험 후유장애보험금은 장해등급별 한도금액(1급 1억5,000만원~14급 1,000만원) 내에서 실손해액을 보상한다.

(1) 위자료

① 노동능력상실률이 50% 이상인 경우

- 장해판정 당시 65세 미만인 경우는 4,500만원×노동능력상실률×85%
- 장해판정 당시 65세 이상인 경우는 4,000만원×노동능력상실률×85%

② 가정간호비 지급대상인 경우

- 장해판정 당시 65세 미만인 경우는 8,000만원×노동능력상실률×85%
- 장해판정 당시 65세 이상인 경우는 5,000만원×노동능력상실률×85%

③ 노동능력상실률이 50% 미만인 경우

400만원(45% 이상 50% 미만)~50만원(5% 미만)

(2) 상실수익액

피해자가 노동능력을 상실한 경우 피해자의 월평균 현실소득액에 노동능력상실률과 노동능력상실기간에 해당하는 호프만계수를 곱하여 산정한다. 다만, 사망일부터 취업가능연한까지 월수에 해당하는 호프만계수의 총합은 240을 한도로 한다.

월평균 현실소득액×노동능력상실률×(노동능력상실일부터 보험금 지급일까지의 월수+보험금 지급일부터 취업가능연한까지의 월수에 해당하는 호프만계수)

06 개인용 및 업무용 자동차보험에서 보험기간 중 피보험자동차의 매도 · 증여 · 상속 · 교체 시 보험계약의 효력에 대하여 설명하시오. (10점)

모범답안

1. 피보험자동차의 양도

(1) 양도의 의의

자동차의 양도란 피보험자가 보험계약의 대상인 피보험자동차를 그 개별적인 의사표시, 즉 매매 또는 증여 등으로 인하여 양도인이 양수인에게 소유권을 이전하는 것을 말한다.

(2) 약관의 규정

① 매매 또는 증여 등으로 인한 양도

보험계약자 또는 피보험자가 보험기간 중에 피보험자동차를 양도한 경우에 보험계약상의 권리와 의무는 양수인에게 승계되지 아니한다. 다만, 보험계약자가 보험계약상의 권리와 의무를 양수인에게 이전한다는 뜻을 서면 등으로 보험회사에 통지하여 보험회사가 승인한 경우에는 그 승인한 때부터 양수인에 대하여 보험계약을 적용한다.

② 상속으로 인한 양도

보험계약자 또는 피보험자가 보험기간 중에 사망하여 법정상속인이 피보험자동차를 상속하는 경우 해당 보험계약도 승계된 것으로 본다. 다만, 보험기간이 종료하거나 자동차의 명의를 변경한 경우에는 그 법정상속인을 보험계약자 또는 기명피보험자로 하는 새로운 보험계약을 체결하여야 한다.

2. 피보험자동차의 교체

(1) 교체의 의의

보험계약자 또는 기명피보험자가 보험기간 중에 기존의 피보험자동차를 폐차 또는 양도한 다음 그 자동차와 동일한 차종의 다른 자동차로 교체하는 것을 말한다.

(2) 약관의 규정

① 보험계약자 또는 기명피보험자가 보험기간 중에 기존의 피보험자동차를 폐차 또는 양도한 다음 그 자동차와 동일한 차종의 다른 자동차로 교체한 경우에는, 보험계약자가 이 보험계약을 교체된 자동차에 승계시키고자 한다는 뜻을 서면 등으로 보험회사에 통지하여 보험회사가 승인한 때부터 이 보험계약이 교체된 자동차에 적용된다. 이 경우 기존의 피보험자동차에 대한 보험계약의 효력은 보험회사가 승인할 때에 상실된다.

② 보험회사가 서면 등의 방법으로 통지를 받은 날부터 10일 이내에 ①항에 의한 승인 여부를 보험계약자에게 통지하지 않으면, 그 10일이 되는 날의 다음날 0시에 승인한 것으로 본다.

제38회 신체손해사정사 2차 시험문제

1. 다음 사례에서 B에 대한 '갑', '을', '병' 보험회사의 보상책임에 관하여 논하고, 보험회사별 각 지급보험금을 산출하시오. (40점) 기출수정

〈사실관계〉

- A는 청소용역업체를 운영하는 자로서, 2015년 7월 3일 B소유의 공지에 적재되어 있는 쓰레기를 치우는 조건으로 80만원을 받기로 하는 계약을 B와 구두로 체결하였다. 이에 따라 2015년 7월 4일 A는 그의 종업원 C에게 회사 소유의 타이어식 굴삭기를 사용하여 B의 공지에 대한 청소작업을 수행하도록 지시하였다. 동 현장에 나온 B의 요구에 따라 필요한 작업을 하던 C가 B의 창고로 사용 중이던 컨테이너 박스를 옮기기 위해 로프를 설치하면서 B에게 로프를 잡아달라고 하자, B가 컨테이너 박스 위에서 로프를 잡고 '중심이 맞는지 확인해보라'고 하므로 C가 동 굴삭기로 컨테이너 박스를 들어 올리는 순간 B가 중심을 잃고 땅에 떨어지는 사고가 발생하였다(B의 과실은 20%임).
- B는 A 및 C와 아무런 인적관계가 없으며, 재혼한 부인 및 계자녀 D와 함께 생활하고 있다.

〈보험계약 내용〉

- '갑' 보험회사는 A 소유의 굴삭기에 대하여 영업용 자동차보험계약 전담보를 인수함(대인배상Ⅱ : 무한, 자기신체사고 : 사망/후유장애한도 1억5천만원, 부상한도 3,000만원).
- '을' 보험회사는 B 소유의 승용차에 대하여 B를 기명피보험자로 하는 개인용 자동차보험계약 전담보(대인배상Ⅱ : 무한, 자기신체사고 : 사망/후유장애한도 1억5천만원, 부상한도 3,000만원, 무보험자동차상해 : 가입금액 2억원)에 보험료분할납입 특별약관을 첨부하여 인수하였는데, 사고 당시엔 납입약정일로부터 15일이 지나도록 분할보험료가 입금되지 않은 상태였음.
- '병' 보험회사는 D 소유의 승용차에 대하여 D를 기명피보험자로 하는 개인용 자동차보험계약 전담보를 인수함(대인배상Ⅱ : 무한, 자기신체사고 : 사망/후유장애한도 1억5천만원, 부상한도 3,000만원, 무보험자동차상해 : 가입금액 2억원).

〈B의 피해 내용〉

- 척추손상으로 인한 하지마비(상해등급 1급, 후유장애등급 1급)
- 실제손해액 5억원(부상 4천만원, 후유장애 4억6천만원)

2. 다음 사례에서 '갑', '을' 보험회사가 A에게 지급할 보험금을 약관상 지급기준에 따라 산출하시오. (20점) 기출수정

〈사고개요〉

- A는 2015년 7월 1일 본인 소유의 자동차로 편도 3차로의 2차로로 주행 중 3차로에서 2차로로 변경하여 오는 B소유(운전) 차량과 충돌하는 사고로 치료(심장파열로 수술시행) 중 사망함
- A와 B의 과실분담비율은 각 40%와 60%임(단, A의 안전띠 미착용 과실 10%는 별도)

〈보험계약사항〉

- A는 자신을 기명피보험자로 하여 '갑' 보험회사에 개인용 자동차보험 전담보 가입
(대인배상Ⅱ : 무한, 자기신체사고 : 사망/후유장애한도 1억5천만원, 부상한도 3,000만원)
- B는 자신을 기명피보험자로 하여 '을' 보험회사에 개인용 자동차보험 전담보 가입
(대인배상Ⅱ : 무한, 자기신체사고 : 사망/후유장애한도 1억5천만원, 부상한도 3,000만원)

〈손해상황〉

- A는 사망 당시 65세로서, 유족으로는 부모, 배우자, 2남 1녀의 자녀가 있음
- A의 과실상계 전 실제손해액 중 치료비는 2,000만원, 치료비 외 부상손해액은 500만원(위자료 200만원, 휴업손해 300만원), 상실수익액은 1억원임

3. 'ㄱ'물류회사에 근무하는 동료사이인 A와 B는 어느 날 퇴근하면서 회사 소유 승용차를 운전하여 교외로 나가 드라이브 겸 식사를 즐긴 뒤, 자정이 넘은 심야에 회사 기숙사로 돌아가던 중 전방의 도로변 방호벽을 충격하는 사고를 냈다. 사고승용차에는 동 식당 여종업원 C도 탑승 중이었는데, 이 사고로 A·B·C 모두 중상을 입었다. A는 사고 당시 운전면허 정지처분 상태였는데, 적격면허 소지자인 B가 운전하였다고 주장하고 있다. 한편 동 승용차는 '갑' 보험회사의 업무용 자동차보험계약 전담보(대인배상Ⅱ : 무한)에 가입되어 있다.
이 사고의 조사 및 처리와 관련하여 '갑' 보험회사의 손해사정사가 착안하여야 할 사항과 구체적인 조사요령 및 보험금 지급에 관한 유의점 등을 설명하시오(단, 손해액산정 관련 부분은 제외함). (20점)

4. 다음 사례에서 '갑', '을' 보험회사가 B의 유족에게 지급하여야 할 보험금을 산출하고, 그 밖에 조치하여야 할 사항을 기술하시오. (10점)

〈사고개요〉

- A가 본인 소유 승용차에 친구 B를 태우고 가던 중 끼어들기 하던 C소유(운전) 승용차와 충돌하여 B가 현장에서 사망
- A와 C의 과실분담비율은 각 30%와 70%임

〈보험계약 내용〉

- A 소유차량은 '갑' 보험회사에 개인용 자동차보험 대인배상 I 에만 가입
- C 소유차량은 '을' 보험회사에 개인용 자동차보험 대인배상 I 에만 가입

〈B의 손해액〉
- 2억원(과실상계 후)

5. 자동차보험약관상 〈자동차사고 과실비율의 인정기준〉의 '유형별 과실적용 세부기준' 중 "과실상계 우선적용 사고"의 유형과 그 구체적 적용에 관하여 설명하시오. (10점)

01

다음 사례에서 B에 대한 '갑', '을', '병' 보험회사의 보상책임에 관하여 논하고, 보험회사별 각 지급보험금을 산출하시오. (40점) 기출수정

〈사실관계〉

- A는 청소용역업체를 운영하는 자로서, 2015년 7월 3일 B소유의 공지에 적재되어 있는 쓰레기를 치우는 조건으로 80만원을 받기로 하는 계약을 B와 구두로 체결하였다. 이에 따라 2015년 7월 4일 A는 그의 종업원 C에게 회사 소유의 타이어식 굴삭기를 사용하여 B의 공지에 대한 청소작업을 수행하도록 지시하였다. 동 현장에 나온 B의 요구에 따라 필요한 작업을 하던 C가 B의 창고로 사용 중이던 컨테이너 박스를 옮기기 위해 로프를 설치하면서 B에게 로프를 잡아달라고 하자, B가 컨테이너 박스 위에서 로프를 잡고 '중심이 맞는지 확인해보라'고 하므로 C가 동 굴삭기로 컨테이너 박스를 들어 올리는 순간 B가 중심을 잃고 땅에 떨어지는 사고가 발생하였다(B의 과실은 20%임).
- B는 A 및 C와 아무런 인적관계가 없으며, 재혼한 부인 및 계자녀 D와 함께 생활하고 있다.

〈보험계약 내용〉

- '갑' 보험회사는 A 소유의 굴삭기에 대하여 영업용 자동차보험계약 전담보를 인수함(대인배상Ⅱ : 무한, 자기신체사고 : 사망/후유장애한도 1억5천만원, 부상한도 3,000만원)
- '을' 보험회사는 B 소유의 승용차에 대하여 B를 기명피보험자로 하는 개인용 자동차보험계약 전담보(대인배상Ⅱ : 무한, 자기신체사고 : 사망/후유장애한도 1억5천만원, 부상한도 3,000만원, 무보험자동차상해 : 가입금액 2억원)에 보험료분할납입 특별약관을 첨부하여 인수하였는데, 사고 당시엔 납입약정일로부터 15일이 지나도록 분할보험료가 입금되지 않은 상태였음
- '병' 보험회사는 D 소유의 승용차에 대하여 D를 기명피보험자로 하는 개인용 자동차보험계약 전담보를 인수함(대인배상Ⅱ : 무한, 자기신체사고 : 사망/후유장애한도 1억5천만원, 부상한도 3,000만원, 무보험자동차상해 : 가입금액 2억원)

〈B의 피해 내용〉

- 척추손상으로 인한 하지마비(상해등급 1급, 후유장애등급 1급)
- 실제손해액 5억원(부상 4천만원, 후유장애 4억6천만원)

모범답안

1. '갑' 보험회사의 보상책임

(1) 계약의 법적 성질 및 B의 피보험자성

공지소유자 B가 청소용역업체를 운영하는 기명피보험자 A와 공지에 적재되어 있는 쓰레기를 치우는 조건으로 체결한 계약은 도급계약이다. 따라서 도급인은 수급인이 일으킨 사고에 대하여 공동불법행위자 내지 공동운행자로서 제3자에게 손해가 발생할 경우 배상책임의 주체가 된다.

기명피보험자 A는 피보험자동차를 종업원인 C에게 운전케하여 위 계약에 따른 작업을 수행 중이었으며, 종업원 C는 공지소유자 B의 요구에 따라 필요한 작업을 수행하던 중이었다. 이와 같은 경우는 굴삭기를 중기기사와 함께 빌려 피보험자동차로 중기작업을 한 것으로 볼 수 있는 바, 공지소유자 B는 기명피보험자 A의 승낙을 얻어 피보험자동차를 사용 또는 관리 중인 자로 보아야 한다.

따라서 피보험자동차인 굴삭기의 사용에 대해서는 그 실질에 있어 임차계약으로 볼 수 있는 바, 공지소유자 B는 '갑' 보험회사의 승낙피보험자에 해당한다.

(2) B의 「자배법」상 타인성 및 A, C의 손해배상책임

공지소유자 B는 공동운행자에 해당되지만, 이와 같이 운행자가 복수로 존재하는 경우 운행자라고 하여 바로 타인성이 부정되는 것이 아니라, 사고 당시 구체적인 운행지배의 정도를 비교하여 간접적, 추상적인 운행자는 직접적, 구체적인 공동운행자에 대해 타인성을 주장할 수 있다. 판례에서도 운전기사와 함께 중기를 임차하여 사용한 임차인의 타인성을 인정하고 있다.

따라서 공지소유자 B는 「자배법」상 타인에 해당되므로 기명피보험자인 A와 운전피보험자 C는 공지소유자 B에 대하여 배상책임을 부담하여야 한다.

(3) 담보별 보상책임

① 대인배상 I

공지소유자 B는 「자배법」상 타인에 해당되며, 달리 면책사유가 없으므로 보험회사는 보상책임을 부담하여야 한다.

② 대인배상 II

공지소유자 B는 승낙피보험자이므로 보험회사는 보상책임을 지지 않는다.

③ 무보험자동차상해

공지소유자 B는 무보험자동차상해의 피보험자(피보험자동차에 탑승 중인 승낙피보험자)가 아닐 뿐더러 무보험자동차사고에도 해당하지 않으므로 보험회사는 보상책임을 지지 않는다.

④ 자기신체사고

공지소유자 B는 승낙피보험자로서 피보험자동차사고에 해당되고, 달리 면책사유가 없으므로 보험회사는 보상책임을 부담하여야 한다. 단, 무보험자동차상해에서 보상된 금액은 공제한다.

2. '을' 보험회사의 보상책임

(1) 보험료 분할납입 특약 담보

보험회사는 30일간의 2회 이후 분할보험료의 납입최고기간을 두고 있으며, 그 납입최고기간 안에 생긴 사고에 대하여는 보상한다. 따라서 보험계약해지 이전 납입약정일로부터 15일이 지나 발생한 동 사고에 대해서는 보상한다.

(2) 담보별 보상책임

① 대인배상Ⅰ·Ⅱ

공지소유자 B는 기명피보험자로서 본 계약에서는 배상책임의 주체에 해당하므로 담보되지 않는다.

② 무보험자동차상해

공지소유자 B는 기명피보험자로서 무보험자동차상해의 피보험자에 해당하고, 가해차량이 대인배상Ⅰ에만 가입되어 있으므로 무보험자동차사고에 해당하고 배상의무자가 존재하며, 면책사유가 없으므로 보험회사는 보상책임을 부담하여야 한다.

③ 자기신체사고

공지소유자 B는 기명피보험자로서 자기신체사고 피보험자에는 해당되지만, 피보험자동차의 사고가 아니므로 보험회사는 보상책임을 지지 않는다.

3. '병' 보험회사의 보상책임

(1) 대인배상Ⅰ·Ⅱ

피보험자동차사고가 아니므로 보험회사는 보상책임을 지지 않는다.

(2) 무보험자동차상해

무보험자동차사고에 해당되지만, 공지소유자 B는 기명피보험자의 계부로서 무보험자동차상해의 피보험자에 해당하지 않으므로 보험회사는 보상책임이 없다.

(3) 자기신체사고

공지소유자 B는 기명피보험자의 계부로서 자기신체사고 피보험자에는 해당되지 않으며, 피보험자동차의 사고가 아니므로 보험회사는 보상책임을 지지 않는다.

4. 보험회사별 지급보험금

(1) '갑' 보험회사의 지급보험금

① 대인배상 I

㉠ 부상 : 4,000만원 × 80% = 3,200만원
⇒ 부상 1급 한도액 **3,000만원 지급**

㉡ 장해 : 4억6,000만원 × 80% = 3억6,800만원
⇒ 후유장애 1급 한도액 **1억5,000만원 지급**

㉢ 소계 : **1억8,000만원**

② 자기신체사고

㉠ 부상 : 4,000만원 − 3,000만원(대인배상 I) − 200만원(무보험자동차상해) = 800만원

㉡ 장해 : 4억6,000만원 − 1억5,000만원 − 1억9,800만원 = 1억1,200만원
⇒ 자기신체사고 후유장애 1급 한도액이 1억5,000만원이므로, **1억1,200만원 지급**

㉢ 소계 : 1억2,000만원

③ 합계액 : 3억원

(2) '을' 보험회사의 지급보험금(무보험자동차상해)

① 부상 : 4,000만원 × 80% − 3,000만원 = 200만원

② 장해 : 4억6,000만원 × 80% − 1억5,000만원(대인배상 I) = 2억1,800만원
⇒ 한도액이 2억원이므로 부상보험금 200만원을 제외한 **1억9,800만원 지급**

③ 합계액 : 2억원(연대배상의무자인 A와 C에 대해 구상)

02

다음 사례에서 '갑', '을' 보험회사가 A에게 지급할 보험금을 약관상 지급기준에 따라 산출하시오. (20점)

기출수정

〈사고개요〉

- A는 2015년 7월 1일 본인 소유의 자동차로 편도 3차로의 2차로로 주행 중 3차로에서 2차로로 변경하여 오는 B소유(운전) 차량과 충돌하는 사고로 치료(심장파열로 수술시행) 중 사망함
- A와 B의 과실분담비율은 각 40%와 60%임(단, A의 안전띠 미착용 과실 10%는 별도)

〈보험계약사항〉

- A는 자신을 기명피보험자로 하여 '갑' 보험회사에 개인용 자동차보험 전담보 가입(대인배상Ⅱ : 무한, 자기신체사고 : 사망/후유장애한도 1억5천만원, 부상한도 3,000만원)
- B는 자신을 기명피보험자로 하여 '을' 보험회사에 개인용 자동차보험 전담보 가입(대인배상Ⅱ : 무한, 자기신체사고 : 사망/후유장애한도 1억5천만원, 부상한도 3,000만원)

〈손해상황〉

- A는 사망 당시 65세로서, 유족으로는 부모, 배우자, 2남 1녀의 자녀가 있음
- A의 과실상계 전 실제손해액 중 치료비는 2,000만원, 치료비 외 부상손해액은 500만원(위자료 200만원, 휴업손해 300만원), 상실수익액은 1억원임

모범답안

1. 피해자 A에 관한 보험회사별 보상책임

(1) '갑' 보험회사의 경우

① 대인배상Ⅰ·Ⅱ

A는 '갑' 보험회사의 기명피보험자로 「자배법」상 타인이 아니므로 보험회사는 보상책임을 지지 않는다.

② 자기신체사고

A는 '갑' 보험회사의 기명피보험자이고, 피보험자동차사고에 해당하며, 달리 면책사유가 없으므로 보험회사는 보상책임을 진다.

③ 무보험자동차상해

A는 상대차량의 대인배상Ⅱ에서 보상받을 수 있으므로 무보험자동차상해는 해당 사항이 없다.

(2) '을' 보험회사의 경우

① 대인배상 I · II

A는 상대차량의 운전자로 「자배법」상 타인에 해당하므로 보험회사는 보상책임을 진다.

② 자기신체사고/무보험자동차상해

A는 자기신체사고/무보험자동차상해의 피보험자가 아니므로 해당 사항이 없다.

2. 보험회사별 지급보험금

(1) '을' 보험회사의 지급보험금

① 대인배상 I

㉠ 부상보험금

과실상계 전 손해액이 2,500만원이고, A의 과실은 50%(차대차 과실비율 40% + 안전띠 미착용 과실 10%)이다.

과실상계 후 손해배상금 = 2,500만원 × 50% = 1,250만원

㉡ 사망보험금

• 과실상계 전 손해액

장례비 500만원 + 위자료 5,000만원 + 상실수익액 1억원 = 1억5,500만원

• 과실상계 후 손해배상금

1억5,500만원 × 50% = 7,750만원

㉢ '을' 보험회사의 지급보험금 합계액

1,250만원 + 7,750만원 = 9,000만원

'심장파열로 수술을 시행한 상해'는 1급(부상한도 3,000만원)이고, 치료 중 사망하였으므로 보상한도액은 3,000만원 + 1억5천만원 = 1억8천만원이다.

따라서 대인배상 I 지급보험금 합계액은 보상한도액 내이므로 9,000만원이다.

※ 부상의 경우 치료비 해당액이 피해자에게 발생한 손해액을 초과하는 경우에 치료비 해당액을 「자배법 시행령」 〈별표 1〉에서 정하는 금액의 범위 내에서 지급한다. 단, 위와 같이 치료 중 사망한 경우에는 각각의 한도금액의 합산액 범위에서 피해자에게 발생한 손해액을 지급한다.

② 대인배상 II

대인배상 I 보상한도액 내에서 손해배상금이 모두 지급되었기 때문에 대인배상 II에서 지급보험금은 없다.

(2) '갑' 보험회사의 지급보험금

① 자기신체사고의 부상보험금

산식 = 실제손해액 + 비용 – 공제액

㉠ 실제손해액

치료비 2,000만원, 부상손해액 500만원(위자료 200만원, 휴업손해 300만원)이므로 실제손해액은 2,500만원이다.

㉡ 비용 : 없음

㉢ 공제액 : '을' 보험회사 대인배상Ⅰ 보상금 1,250만원

㉣ '갑' 보험회사의 부상보험금 = 2,500만원 – 1,250만원 = 1,250만원

1급 한도액은 3,000만원이므로 1,250만원으로 인정된다.

② 자기신체사고의 장해보험금

산식 = 실제손해액 + 비용 – 공제액

㉠ 실제손해액

A는 치료 중 사망하였으므로 장례비 500만원, 위자료 5,000만원(사망 당시 피해자의 나이가 65세 이상인 경우 지급)이 지급되므로, 실제손해액 = 장례비 500만원 + 위자료 5,000만원 + 상실수익액 1억원 = 1억5,500만원이다.

㉡ 비용 : 없음

㉢ 공제액 : '을' 보험회사 대인배상Ⅰ 보상금 7,750만원

㉣ '갑' 보험회사의 사망보험금 = 1억5,500만원 – 7,750만원 = 7,750만원

1급 한도액은 1억5천만원이므로 인정된다.

③ 안전띠 미착용 공제 여부

자동차사고시 안전띠를 매지 않았다고 자동차보험 자손보험금을 감액하여 지급하는 약관은 「상법」에 위배되어 무효라는 대법원 판결(대판 2012다204808)에 따라 안전띠 미착용에 따른 자기신체사고의 보험금을 감액하지 않는다.

④ '갑' 보험회사의 지급보험금 합계액

부상보험금 1,250만원 + 장해보험금 7,750만원 = 9,000만원

3. A에 대한 지급보험금 합계액

① '갑' 보험회사의 자기신체사고 : 9,000만원

② '을' 보험회사의 대인배상Ⅰ : 9,000만원

③ 합계액 : 1억8,000만원

03

'ㄱ'물류회사에 근무하는 동료사이인 A와 B는 어느 날 퇴근하면서 회사 소유 승용차를 운전하여 교외로 나가 드라이브 겸 식사를 즐긴 뒤 자정이 넘은 심야에 회사 기숙사로 돌아가던 중 전방의 도로변 방호벽을 충격하는 사고를 냈다. 사고승용차에는 동 식당 여종업원 C도 탑승 중이었는데, 이 사고로 A·B·C 모두 중상을 입었다. A는 사고 당시 운전면허 정지처분 상태였는데, 적격면허 소지자인 B가 운전하였다고 주장하고 있다. 한편 동 승용차는 '갑' 보험회사의 업무용 자동차보험계약 전담보(대인배상Ⅱ : 무한)에 가입되어 있다.

이 사고의 조사 및 처리와 관련하여 '갑' 보험회사의 손해사정사가 착안하여야 할 사항과 구체적인 조사요령 및 보험금 지급에 관한 유의점 등을 설명하시오(단, 손해액산정 관련 부분은 제외함). (20점)

모범답안

1. 기본적 조사사항

(1) 대인배상Ⅰ·Ⅱ

① 법률상 배상책임 조사사항

㉠ 사안의 경우 무단운전에 관한 것으로 물류회사의 A와 B에 대한 차량사용 승낙 여부, 승낙개연성 등의 조사가 핵심이 된다. 이를 위해 차량의 운행경위, 차량과 키 관리상태, 무단운전의 거리, 시간적 장단 등과 피해자 C의 그와 같은 무단운전사실 인지 여부 등을 조사한다.

㉡ A와 B는 공동무단운행자로서 상호간에 타인성을 주장할 수는 없으나 누가 운전했는지 여부에 따라 운행자책임 또는 「민법」상 불법행위책임 유무도 문제되므로 이를 규명해야 한다(운전자 바꿔치기 여부 조사). 이를 조사하기 위해서는 사고 당시 목격자 증언, 경찰조사 내용유무와 그 내용, 렉카차 운전자의 진술, 진료기록부상 수상경위, 피해자별 상해부위와 운전석 충격 여부 등을 조사한다.

㉢ 피해자 C에 대하여는 운행자의 지위를 가지므로 C의 고의 또는 자살행위 유무 등도 조사한다.

㉣ 「자배법」상 책임이 성립되지 않는 경우 「민법」상 배상책임유무에 대한 검토가 필요하므로 각 사고당사자의 과실유무에 대해서도 조사한다.

② 약관상 보상책임 조사사항

㉠ A와 B에 대한 차량사용 승낙 여부, 평소 차량사용 허용 여부 등을 조사한다.

㉡ 운전자가 누구인지 여부, 운전자 바꿔치기 여부에 대하여 조사하고, 그에 따라 그의 피보험자 여부 등에 대해서도 조사한다.

(2) 자기신체사고

자기신체사고는 대인배상 주요 조사내용 일부를 참조하여 처리한다(단, 무상은 동 담보 면책이라 조사 불요함).

2. 구체적인 조사요령

(1) 최초 보험사고 접수내용 확인과 이상 유무 확인

(2) 사고당사자 및 피해자(C)를 다음과 같은 요령으로 조사

① 조사방향과 조사사항, 조사전략 등 수립

② 사고접수전 기 조사자료 입수와 조사결과 확인, 검토

경찰기록, 병원진료기록, 목격자(탑승인, 렉카차 운전자 등)의 진술서 사전입수와 정밀 검토, 조사방향 등 재정립

③ 구체적 조사착수와 조사방법 등

㉠ 1차 대면조사 : 각 사고당사자를 개별적으로 조사한 후 합동조사(대질조사)

㉡ 조사결과에 대한 입증자료 확보 필수 : 확인서 징구, 녹음 및 녹취, 사진촬영, 블랙박스 확인, 진료기록부 등 입수

④ 조사결과 검토와 처리방향 결정

조사결과에 따라 면·부책 여부 판단과 조치 등(필요시 구상문제도 검토)

04

다음 사례에서 '갑', '을' 보험회사가 B의 유족에게 지급하여야 할 보험금을 산출하고, 그 밖에 조치하여야 할 사항을 기술하시오. (10점)

〈사고개요〉

- A가 본인 소유 승용차에 친구 B를 태우고 가던 중 끼어들기 하던 C소유(운전) 승용차와 충돌하여 B가 현장에서 사망
- A와 C의 과실분담비율은 각 30%와 70%임

〈보험계약 내용〉

- A 소유차량은 '갑' 보험회사에 개인용 자동차보험 대인배상Ⅰ에만 가입
- C 소유차량은 '을' 보험회사에 개인용 자동차보험 대인배상Ⅰ에만 가입

〈B의 손해액〉

- 2억원(과실상계 후)

모범답안

1. '갑', '을' 보험회사의 보상책임관계

피해자 B는 「자배법」상 타인에 해당하므로 '갑', '을' 보험회사 모두 대인배상Ⅰ에서 보상책임을 부담한다.

2. '갑', '을' 보험회사의 지급보험금

(1) '갑' 보험회사의 지급보험금

2억원 × 30% = 6,000만원(대인배상Ⅰ 사망보험금 한도액 내)

(2) '을' 보험회사의 지급보험금

2억원 × 70% = 1억4,000만원(대인배상Ⅰ 사망보험금 한도액 내)

05 자동차보험약관상 〈자동차사고 과실비율의 인정기준〉의 '유형별 과실적용 세부기준' 중 "과실상계 우선적용 사고"의 유형과 그 구체적 적용에 관하여 설명하시오. (10점)

모범답안

과실상계 우선적용 사고의 유형 및 그 구체적 적용은 다음과 같다.

(1) 보호자의 자녀(6세 미만) 감호태만

사고일 현재 6세 미만의 유아는 사고위험의 인식이나 자기보호능력이 불충분한 자이므로 그 보호자는 사고발생시 「민법」 제755조의 감호태만과실이 인정되어 손해배상책임을 진다.

(2) 차량 밑에서 놀거나 잠자는 행위

도로가 아닌 장소 및 보·차도 구분이 없는 장소 등에서 차량 밑에서 놀던 중 사고에는 최저치를 적용하고, 차량 밑에서 잠자는 행위에는 최고치를 적용한다.

(3) 차도에서 택시를 잡는 행위

보행자의 과실은 야간, 음주, 간선도로, 차도로의 진입거리가 긴 경우, 잘 보이지 않는 옷의 색 등에 해당하는 경우에는 가산하며, 운전자의 사고회피 여지 등 중과실이 있는 경우에는 감산한다.

(4) 좌석안전띠 미착용

좌석안전띠가 설치되어 있으나 이를 착용하지 않은 채 사고가 발생하였으며, 또한 좌석안전띠 미착용이 사고발생 또는 손해확대와 인과관계가 있어야 과실상계를 할 수 있다.

(5) 이륜차 탑승자 안전모 미착용

이륜차 운전자 및 승차자의 안전모 미착용은 이륜차 운전자의 「도로교통법」 제50조 제3항 위반으로서 사고발생 및 손해확대와 인과관계가 있는 경우에 한하여 과실상계를 할 수 있다.

(6) 정원초과(승용차, 승합차, 화물차, 이륜차 포함)

이륜차를 포함하여 자동차의 승차정원을 초과한 경우 피해차량이 무과실이라 하더라도 정원을 초과한 피해차량의 탑승 피해자에게 과실상계를 적용한다.

(7) 적재함에 탑승행위

화물차나 경운기의 적재함은 화물의 적재 및 운송을 위한 자동차의 구조장치로서 적재함에 사람을 탑승시킨 후 운행하는 것은 사고발생 빈도나 위험의 심도를 매우 높게 하므로 과실상계를 적용한다.

(8) 차내에 서 있다가 넘어진 사고

버스나 승합차 등이 급정거 등을 하는 경우 손잡이를 제대로 잡지 않는 등 탑승자가 자기의 안전을 위한 보호조치를 태만히 하여 차내에 넘어진 경우에 한하여 과실상계를 적용한다.

(9) 출발 후 갑자기 뛰어내리거나 뛰어 오름

버스 등의 탑승자가 임의로 차에서 뛰어내리거나 뛰어오르는 경우 그 경위에 따라 과실비율을 적용한다.

(10) 달리는 차에 매달려가다가 추락

차에 매달리는 행위를 운전자가 용이하게 발견할 수 있음에도 이를 게을리한 경우 최저치를 적용하고, 후사경 등으로 볼 수 없는 사각지역에 매달린 경우에는 최고치를 적용한다.

제39회 신체손해사정사 2차 시험문제

1. 다음 사례를 검토하고, 물음에 답하시오. (30점)

〈사고 내용 및 과실〉

- 2016.8.1. 09:00경 A는 자신의 아버지 소유의 승용차 열쇠를 허락 없이 가지고 나와 자신의 친구인 B와 함께 놀러가기로 하고, B가 운전하여 가던 중 신호등 없는 교차로에서 C가 운전하는 화물차와 충돌하여 A는 부상하고, B와 C는 사망하였다.
- 각 차량의 과실비율은 승용차 90%, 화물차 10%로 최종 확정되었다.
(A는 20세 성인으로서 자동차운전면허가 없고, 평소 위 승용차를 운전한 적이 없으며, A의 아버지도 A에게 평소 운전을 허락한 바가 없음. B, C는 적격 운전면허 소지자임)

〈보험계약사항〉

- 승용차 : '갑' 보험회사에 승용차 소유자의 명의로 개인용 자동차보험(대인배상 Ⅰ, 대인배상 Ⅱ, 자기신체사고)을, 기명피보험자 1인 한정운전 특별약관을 첨부하여 가입
- 화물차 : '을' 보험회사에 소유자 C의 명의로 대인배상 Ⅰ 만 가입

〈손해상황(과실상계 전 실제손해액)〉

- A
  - 부상 : 2천만원(치료비 1천만원, 나머지 손해 1천만원)
  - 상해급수 5급(책임보험금의 한도금액 9백만원), 후유장애 없음
- B
  치료 중 사망 : 3억원(치료비 1억원, 나머지 손해 2억원)
- C
  현장 사망 : 2억원

(1) A, B, C의 책임에 관하여, 운행자책임과 불법행위책임으로 나누어 각 상대방에 대한 손해배상책임을 설명하시오. (15점)

(2) A, B, C에 대한 '갑', '을' 보험회사의 담보별 보상책임을 설명하고, 각각의 담보별 지급보험금을 산출하시오. (15점)

2. 현행(2016년 4월 1일 사고부터) 「자동차손해배상보장법 시행령」 〈별표〉 '상해의 구분과 책임보험의 한도금액'에 나오는 상해내용 가운데 척추손상에 관한 규정을 상해급별, 한도금액, 상해내용(진단명), 영역별 세부지침 등으로 나누어 설명하시오. (20점)

3. 현행 자동차보험약관상 대인배상 보험금 지급기준 중 '가정간호비'의 인정에 관하여 설명하고, 판례상 '개호비'(간호비) 인정실태와 비교하시오. (20점)

4. 개인용 자동차보험 '다른 자동차 운전담보' 특별약관상 보상하는 손해(보상내용)와 '다른 자동차'에 대하여 설명하시오. (15점)

5. 다음 자동차사고 피해자의 사례에서 자동차보험약관상 대인배상 보험금 지급기준에 따른 취업가능연한을 고려하여 노동능력상실기간과 그 노동능력상실률을 산정하시오. (15점) 기출수정

- 생년월일 : 1957.1.1.
- 사고발생일 : 2017.8.1.
- 장애확정일 : 2019.8.1.
- 장애내용 : 피해자는 위 사고발생일 이전부터 노동능력상실률 20%의 기존 후유장애가 있었음. 이 사고로 피해자는 노동능력상실률 50%의 영구장애 및 노동능력상실률 10%의 3년 한시장애 평가를 받았음
- 소득 : 일용근로자 임금적용 대상자임

01

다음 사례를 검토하고, 물음에 답하시오. (30점)

〈사고 내용 및 과실〉

- 2016.8.1. 09:00경 A는 자신의 아버지 소유의 승용차 열쇠를 허락 없이 가지고 나와 자신의 친구인 B와 함께 놀러가기로 하고, B가 운전하여 가던 중 신호등 없는 교차로에서 C가 운전하는 화물차와 충돌하여 A는 부상하고, B와 C는 사망하였다.
- 각 차량의 과실비율은 승용차 90%, 화물차 10%로 최종 확정되었다.
  (A는 20세 성인으로서 자동차운전면허가 없고, 평소 위 승용차를 운전한 적이 없으며, A의 아버지도 A에게 평소 운전을 허락한 바가 없음. B, C는 적격 운전면허 소지자임)

〈보험계약사항〉

- 승용차 : '갑' 보험회사에 승용차 소유자의 명의로 개인용 자동차보험(대인배상 Ⅰ, 대인배상 Ⅱ, 자기신체사고)을, 기명피보험자 1인 한정운전 특별약관을 첨부하여 가입
- 화물차 : '을' 보험회사에 소유자 C의 명의로 대인배상 Ⅰ 만 가입

〈손해상황(과실상계 전 실제손해액)〉

- A
  - 부상 : 2천만원(치료비 1천만원, 나머지 손해 1천만원)
  - 상해급수 5급(책임보험금의 한도금액 9백만원), 후유장애 없음
- B
  치료 중 사망 : 3억원(치료비 1억원, 나머지 손해 2억원)
- C
  현장 사망 : 2억원

(1) A, B, C의 책임에 관하여, 운행자책임과 불법행위책임으로 나누어 각 상대방에 대한 손해배상책임을 설명하시오. (15점)

(2) A, B, C에 대한 '갑', '을' 보험회사의 담보별 보상책임을 설명하고, 각각의 담보별 지급보험금을 산출하시오. (15점)

모범답안

1. 운행자책임과 불법행위책임에 의한 손해배상책임

(1) 운행자책임

① 소유자 아버지

무단운전에 의하여 보유자가 운행지배 및 운행이익을 상실하였는지 여부는 평소 차량과 열쇠의 관리상태, 소유자의 의사에 관계없이 운행이 가능하게 된 경위, 소유자와 운전자와의 관계, 운전자의 차량반환의사의 유무, 무단운전 후의 보유자의 승낙가능성, 무단운전에 대한 피해자의 주관적인 인식유무, 운행시간이나 장소적 근접 등의 사정을 사회통념에 따라 종합적으로 평가하여 판단한다.

사안의 경우 소유자가 차량 및 열쇠관리를 소홀히 한 점, 무단운행자가 자녀인 점, 무단운전 후 차량의 반환을 예상할 수 있는 점 등을 고려해 볼 때, 소유자의 운행지배권이 상실되었다고 볼 수 없으므로 무단운전에 대해 인식할 수 없었던 상대차량 운전자 C에 대해서 소유자가 운행자책임을 부담한다.

② 자녀 A

자녀 A는 소유자인 아버지의 차량을 무단으로 가지고 나와 친구인 B와 함께 놀러가기 위하여 친구인 B에게 무단운전을 하게 한 자로서 운행자에 해당한다. 따라서 상대차량 운전자 C에 대해서 운행자책임을 부담한다.

③ 친구 B

친구인 B는 당해 차량의 무단운전자로서 운행자에 해당한다. 따라서 상대차량의 운전자 C에 대해서 운행자책임을 부담한다. 한편 A와 B는 공동의 목적으로 무단운전을 하였으므로 누구의 운행지배가 더 직접적, 구체적인가를 판단하기 어려우므로 이들을 진정공동운행자로 보아야 할 것이다. 따라서 B는 A를 위하여 자동차를 운전하는 자로 보아 A의 타인성을 인정하기 어려우므로 B는 A에 대해서는 운행자책임이 없다.

④ 상대차량 운전자 C

자신의 화물차를 운전한 운전자 C는 운행자로서 상대차량의 탑승자인 A와 B에 대하여 운행자책임을 부담한다.

(2) 불법행위책임

① 자녀 A

자녀 A는 운전자도 아니고 사용자에도 해당하지 않으므로, 「민법」 제750조의 불법행위책임이 없다.

② 친구 B

친구 B는 당해 사고차량의 운전 중의 과실에 대하여 C에 대하여 「민법」 제750조의 일반불법행위책임을 진다.

③ 상대차량 운전자 C

C는 당해 사고화물차량의 운전 중의 과실에 대하여 피해자인 A와 B에 대하여 「민법」 제750조의 일반불법행위책임을 진다.

2. '갑', '을' 보험회사의 담보별 보상책임 및 지급보험금

(1) '갑' 보험회사의 보상책임

① 자녀 A

㉠ 대인배상Ⅰ·Ⅱ

기명피보험자인 아버지는 당해 무단운전 사고에 대하여 운행자책임이 없다. 무단운전자인 B의 「민법」 제750조 일반불법행위책임은 발생하나, 피보험자에 해당하지 아니하므로 보험회사는 보상책임이 없다.

㉡ 자기신체사고

자녀 A는 친족피보험자에 해당하지만, 기명피보험자 1인 한정운전 특약을 위반하였으며, 특약내용 중 "피보험자동차를 도난당하였을 경우"의 예외조항도 피보험자 개별적용시 해당하지 아니하므로 보험회사는 보상책임이 없다.

② 친구 B

㉠ 대인배상Ⅰ·Ⅱ

B는 피보험자동차를 운전한 자로서 타인에 해당하지 아니하므로 보험회사는 보상책임이 없다.

㉡ 자기신체사고

B는 피보험자에 해당하지 아니하므로 보험회사는 보상책임이 없다.

③ 상대차량 운전자 C

㉠ 대인배상Ⅰ·Ⅱ

상대차량 운전자 C에 대해서는 당해 사고가 기명피보험자 1인 한정운전 특약을 위반하였으나, 피보험자 개별적용시 기명피보험자는 운행자책임을 부담하므로 보험회사는 보상책임이 있다. 보험회사는 보상처리 후 무단운전 가해자인 B에게 대위권을 행사한다.

㉡ 자기신체사고

C는 피보험자에 해당하지 아니하므로 보험회사는 보상책임이 없다.

(2) '을' 보험회사의 보상책임

① 자녀 A

대인배상Ⅰ만 가입한 C는 법률상 손해배상책임이 있고, 약관상 면책사유가 없으므로 보험회사는 대인배상Ⅰ에서 보상책임이 있다.

② 친구 B

대인배상Ⅰ만 가입한 C는 법률상 손해배상책임이 있고, 약관상 면책사유가 없으므로 보험회사는 대인배상Ⅰ에서 보상책임이 있다.

③ 화물차 운전자 C

C는 피보험자동차를 운전한 자로서 타인에 해당하지 아니하므로 보험회사는 보상책임이 없다.

(3) 보험회사별 지급보험금

① '갑' 보험회사의 지급보험금

㉠ A 및 B : 보상책임 없음

㉡ C 사망보험금 : 손해액 2억원 × 90% = 1억8,000만원
대인배상Ⅰ 1억5,000만원, 대인배상Ⅱ 3,000만원 지급

② '을' 보험회사의 지급보험금

㉠ A : 부상보험금 대인배상Ⅰ 한도액 900만원 전액 지급(치료비)

㉡ B : B의 과실상계 후 금액은 3,000만원(3억원 × 10%)이지만, 부상한 자가 치료 중 그 부상이 원인이 되어 사망한 경우 사망한도액 1억5,000만원과 부상등급별 한도액 3,000만원을 합산한 금액 범위 내에서 실손해액을 보상한다. 또한 사망보험금은 최저 2,000만원을 보상하므로, '대인배상Ⅰ 치료비 1억원 + 사망 최저보험금 2,000만원 = 1억2,000만원'을 지급한다.

02

현행(2016년 4월 1일 사고부터) 「자동차손해배상보장법 시행령」 〈별표〉 '상해의 구분과 책임보험의 한도금액'에 나오는 상해내용 가운데 척추손상에 관한 규정을 상해급별, 한도금액, 상해내용(진단명), 영역별 세부지침 등으로 나누어 설명하시오. (20점)

모범답안

1. 상해급별 상해내용(진단명)

① 척주손상으로 완전 사지마비 또는 완전 하반신마비를 동반한 상해 - 1급

② 척수손상을 동반한 불안정성 방출성 척추골절 - 1급

③ 척수손상을 동반한 척추 신연손상 또는 전위성(회전성) 골절 - 1급

④ 척주손상으로 불완전 사지마비를 동반한 상해 - 2급

⑤ 신경손상 없는 불안정성 방출성 척추골절로 수술적 고정술을 시행한 상해 또는 경추골절(치돌기 골절을 포함) 또는 탈구로 할로베스트나 수술적 고정술을 시행한 상해 - 2급

⑥ 척주손상으로 불완전 하반신마비를 동반한 상해 - 3급

⑦ 안정성 추체골절 - 5급

⑧ 골다공증성 척추압박골절 - 7급

⑨ 각종 돌기골절(극돌기, 횡돌기) 또는 후궁골절 - 8급

⑩ 추간판 탈출증 - 9급

⑪ 척추염좌 - 12급

2. 상해급별 한도금액

① 1급 - 3,000만원

② 2급 - 1,500만원

③ 3급 - 1,200만원

④ 5급 - 900만원

⑤ 7급 - 500만원

⑥ 8급 - 300만원

⑦ 9급 - 240만원

⑧ 12급 - 120만원

3. 영역별 세부지침

(1) 공 통

① 2급부터 11급까지의 상해 내용 중 2가지 이상의 상해가 중복된 경우에는 가장 높은 등급에 해당하는 상해로부터 하위 3등급(예 상해내용이 2급에 해당하는 경우에는 5급까지) 사이의 상해가 중복된 경우에만 가장 높은 상해 내용의 등급보다 한 등급 높은 금액으로 배상한다.

② 1개의 상해에서 2개 이상의 상향 또는 하향 조정의 요인이 있을 때 등급 상향 또는 하향 조정은 1회만 큰 폭의 조정을 적용한다. 다만, 상향 조정요인과 하향 조정요인이 여러 개가 함께 있을 때는 큰 폭의 상향 또는 큰 폭의 하향 조정요인을 각각 선택하여 함께 반영한다.

(2) 척 추

① 완전마비는 근력등급 3 이하인 경우이며, 불완전마비는 근력등급 4인 경우로 정한다.

② 척추관 협착증이나 추간판 탈출증이 외상으로 증상이 발생한 경우나 악화된 경우는 9급에 준용한다.

③ 척주손상으로 인하여 신경근증이나 감각이상을 호소하는 경우는 9급에 준용한다.

④ 마미증후군은 척수손상에 준용한다.

03 현행 자동차보험약관상 대인배상 보험금 지급기준 중 '가정간호비'의 인정에 관하여 설명하고, 판례상 '개호비'(간호비) 인정실태와 비교하시오. (20점)

모범답안

1. 인정대상

치료가 종결되어 더 이상의 치료효과를 기대할 수 없게 된 때에 1인 이상의 해당 전문의로부터 노동능력상실률 100%의 후유장애 판정을 받은 자로서 다음 요건에 해당하는 '식물인간 상태의 환자 또는 척수손상으로 인한 사지완전마비 환자'로 생명유지에 필요한 일상생활의 처리동작을 할 때 항상 다른 사람의 개호가 필요한 자에 대해 가정간호비를 인정한다.

(1) 식물인간상태의 환자

뇌손상으로 다음 항목에 모두 해당되는 상태에 있는 자

① 스스로는 이동이 불가능하다.

② 자력으로는 식사가 불가능하다.

③ 대소변을 가릴 수 없는 상태이다.

④ 안구는 겨우 물건을 쫓아가는 수가 있으나, 알아보지는 못한다.

⑤ 소리를 내도 뜻이 있는 말은 못한다.

⑥ '눈을 떠라', '손으로 물건을 쥐어라'하는 정도의 간단한 명령에는 가까스로 응할 수 있어도 그 이상의 의사소통은 불가능하다.

(2) 척수손상으로 인한 사지완전마비 환자

척수손상으로 인해 양팔과 양다리가 모두 마비된 환자로서 다음 항목에 모두 해당되는 자

① 생존에 필요한 일상생활의 동작(식사, 배설, 보행 등)을 자력으로 할 수 없다.

② 침대에서 몸을 일으켜 의자로 옮기거나 집안에서 걷기 등의 자력이동이 불가능하다.

③ 욕창을 방지하기 위해 수시로 체위를 변경시켜야 하는 등 다른 사람의 상시 개호를 필요로 한다.

2. 지급기준

가정간호 인원은 1일 1인 이내에 한하며, 가정간호비는 일용근로자 임금을 기준으로 보험금수령권자의 선택에 따라 일시금 또는 퇴원일부터 향후 생존기간에 한하여 매월 정기금으로 지급한다.

3. 판례상 인정실태

지급기준상에서는 치료기간 중의 간병비(가정간호비)는 인정하지 않고 있지만 소송에서는 치료기간 중 타당한 기간에 대해서는 간병비라는 이름으로 도시일용임금으로 인정하고 있다.

장애발생 이후에 지급되는 개호비도 지급기준보다 탄력적으로 운영되며, 심한 경우 2인을 인정하는 것부터 약한 경우 반일(4시간)개호라고 하여 1인 임금의 절반까지 지급되고 있어 실무상 개호환자의 소송발생률이 높은 편이다.

판례 | 개호비 관련 판례

- **남자 1인의 개호를 인정한 예(대판 1991.3.12. 90다19794)**
  미혼남자로서 하반신 완전마비, 괄약근마비 등의 후유증이 남게 되어 노동능력을 완전히 상실하였고, 평균수명도 약 13년간 단축되게 되었으며, 이 때문에 배뇨, 배변, 목욕, 착탈의, 체위변경 및 이동(침대에 누워 있는 피해자를 휠체어에 앉히거나 그 반대의 경우)에 성인남자의 개호가 필요하다고 한 예
- **개호인 2인이 필요하다는 감정결과에도 불구하고 1인 개호로서 충분하다고 한 예(대판 1994.1.25. 93다52020)**
  원심은 여명기간 동안 음식물 섭취, 착탈의, 배변, 배뇨처리, 세면과 목욕관리뿐 아니라 욕창방지, 사지관절운동 등을 실시하기 위하여 24시간 계속 성인남자 또는 여자 1인의 개호가 필요하다고 하였으나, 피해자는 개호인의 개호가 없으면 일상생활을 할 수 없기는 하나 그 개호인은 계속적으로 무슨 일을 하여야 하는 것은 아니고 간헐적으로 시중을 들어 주는 것이므로 성인남자 1인으로서 족하다고 한 예
- **여자 2인 개호비 상당을 인정한 예(대판 1990.3.27. 88다카26543)**
  사고로 인하여 양하지 완전마비 및 능동적인 배뇨, 배변 능력의 상실 등의 후유증이 있는 외에도 상지에 매우 경미한 운동능력만 남아 있어 스스로 식사를 할 수 없는 등 혼자서 할 수 있는 일이 거의 없게 되었다면 여명기간 동안 그의 일상생활을 도와줄 개호인으로 성인여자 2인이 필요하다고 한 예
- **남자 2인 개호비 상당을 인정한 예(대판 1989.3.14. 88다카127)**
  사지 기능 및 정신신경계통의 기능장해로 말미암아 여명기간 동안 힘이 센 성인남자 2인 정도의 개호를 받아야 한다고 인정한 예
- **도시일용노동임금과 농촌일용노동임금**
  원칙적으로 피해자가 도시 거주자라면 특별한 사정이 없는 한 도시일용노임을, 농촌 거주자라면 농촌일용노임을 기준으로 개호비를 산정한다(대판 1982.11.23. 82다카1079 ; 대판 1989.3.14. 88다카127). 그러나 피해자가 사고 당시 도시 거주자라도 원래 농촌태생이고, 부모가 농촌의 농업종사자인데, 피해자 혼자 도시에 거주하다가 사고로 인한 후유증으로 영구적 불구가 되어 부득이 부모가 사는 농촌에서 개호를 받게 된 것과 같은 사정이 있는 경우에는 농촌일용노임을 기준으로 하여야 할 것이다(대판 1987.4.28. 86다카2841 ; 대판 1988.1.19. 86다카2626).
- **개호시간에 따른 비율적 인정**
  개호인 비용은 특별한 사정이 없는 한 1일 일용노임액 전액을 기준으로 산정함이 원칙이다(대판 1987.2.24. 86다카2366 ; 대판 1987.7.21. 87다카229). 하지만 특별한 사정이나 다른 증거에 의하여 1일 일용노임액의 일부만을 인정하기도 한다(대판 1997.10.24. 97다34686).

04 개인용 자동차보험 '다른 자동차 운전담보' 특별약관상 보상하는 손해(보상내용)와 '다른 자동차'에 대하여 설명하시오. (15점)

모범답안

1. 보상내용

이 특별약관은 보통약관의 무보험자동차에 의한 상해에 가입시 자동으로 적용되며, 그 보상내용은 다음과 같다.

① 회사는 피보험자가 다른 자동차를 운전하던 중(주차 또는 정차 중을 제외) 생긴 대인 또는 대물사고로 인하여 법률상 손해배상책임을 짐으로써 손해를 입은 때 또는 피보험자가 상해를 입었을 때에는 피보험자가 운전한 다른 자동차를 보통약관 대인배상Ⅱ, 대물배상, 자기신체사고 등의 피보험자동차로 보아 보통약관에서 규정하는 바에 따라 보상하여 준다.

② 회사는 피보험자가 다른 자동차를 운전하던 중 생긴 사고로 다른 자동차의 소유자가 상해를 입었을 때에는 이 보험계약의 보통약관 자기신체사고의 피보험자로 보아 보통약관에서 규정한 바에 따라 보상하여 준다.

③ 회사가 보상할 상기 손해에 대하여 다른 자동차에 적용되는 보험계약에 따라 보험금이 지급될 수 있는 경우에는 회사가 보상할 금액이 다른 자동차의 보험계약에 따라 지급될 수 있는 금액을 초과하는 때에 한정하여 그 초과액만을 보상한다.

2. 다른 자동차

이 특별약관에서 '다른 자동차'란 피보험자동차와 동일한 차량종류 [승용자동차(다인승 승용자동차를 포함), 경・3종 승합자동차 및 경・4종 화물자동차)간에는 동일한 차량종류로 봄]으로서 다음 중 어느 하나에 해당하는 자가용자동차를 말한다.

① 기명피보험자와 그 부모, 배우자 또는 자녀가 소유하거나 통상적으로 사용하는 자동차가 아닌 것

② 기명피보험자가 자동차를 대체한 경우, 그 사실이 생긴 때부터 회사가 보통약관 제49조(피보험자동차의 교체)의 승인을 한 때까지의 대체자동차

05

다음 자동차사고 피해자의 사례에서 자동차보험약관상 대인배상 보험금 지급기준에 따른 취업가능연한을 고려하여 노동능력상실기간과 그 노동능력상실률을 산정하시오. (15점)

기출수정

- 생년월일 : 1957.1.1.
- 사고발생일 : 2017.8.1.
- 장애확정일 : 2019.8.1.
- 장애내용 : 피해자는 위 사고발생일 이전부터 노동능력상실률 20%의 기존 후유장애가 있었음. 이 사고로 피해자는 노동능력상실률 50%의 영구장애 및 노동능력상실률 10%의 3년 한시장애 평가를 받았음
- 소득 : 일용근로자 임금적용 대상자임

모범답안

1. 노동능력상실기간

취업가능연한(노동능력 상실기간)은 65세로 하여 취업가능월수를 산정한다. 피해자가 사고 당시에는 60세 7개월이나 노동능력상실기간은 노동능력상실일을 기준으로 하므로 노동능력상실일(2019년 8월 1일) 기준으로 피해자의 나이는 62세 7개월이다. 이때에는 예외규정인 "62세 이상 피해자의 취업가능월수"에 따라서 노동능력상실기간을 산정하며, 해당 노동능력상실기간은 36개월이다.

[62세 이상 피해자의 취업가능월수]

피해자의 나이	취업가능월수
62세부터 67세 미만	36월
67세부터 76세 미만	24월
76세 이상	12월

2. 노동능력상실률

기왕의 장해가 있는 경우에는 그 부분이 공제되어야 하며, 복합장해 산정방식에 따라 계산한다.

① (100 − 20) × 50% = 40%(영구장해)

② (100 − 20 − 40) × 10% = 4%(3년 한시장해)

따라서, 피해자의 노동능력상실기간은 36개월을 적용하므로, 장해확정일로부터 3년(36개월)간 한시적으로 44%를 적용한다.

제40회 신체손해사정사 2차 시험문제

1. 다음의 사례에 있어서 '갑' 보험사의 담보별 보상책임을 설명하고, 각 청구권자별 지급보험금을 계산하시오. (30점)

〈가족관계〉

- A : C의 아버지
- B : C의 어머니
- C : A와 B의 외아들
- D : C의 배우자
- E : C와 D 사이에 출생한 딸(미성년자)
- F : D의 할아버지

〈보험계약관계〉

자동차 소유자인 A는 본인을 기명피보험자로 하여 '갑' 보험사에 자동차보험 대인배상(Ⅰ · Ⅱ) 및 자기신체사고(사망 5,000만원/부상 3,000만원/후유장애 5,000만원) 담보(가족운전자 한정운전 특별약관)에 가입함

〈사고발생 경위〉

C는 2017년 8월 1일 A 소유 자동차에 B, D, E를 태우고 가다가 C의 운전 중 과실로 자동차가 전복되는 사고가 발생하여 C, D가 현장에서 동시사망하고, E는 치료 중 다음날 사망하였으며, B가 「자동차손해배상보장법 시행령」에서 정한 상해급별 1급에 해당하는 상해를 입었음

〈손해상황〉

- B의 손해액 : 부상 손해액 4천만원
- C의 손해액 : 5억원
- D의 손해액 : 4억원
- E의 손해액 : 3억원(부상 손해액 1천만원, 사망 손해액 2억9천만원)

※ 위 각 손해액은 동승자 감액, 피해자 과실상계 등을 거친 확정 손해액임

2. 다음 사례에서 피해자 F에 대한 '갑', '을' 보험사의 보상책임을 설명하고, 지급보험금을 계산하시오. (20점)

> A는 '갑' 보험사와 #1화물차량을 피보험자동차로 하여 업무용 자동차보험계약(보험기간 2017년 1월 1일 ~ 2018년 1월 1일)을 체결한 상태에서, 2017년 8월 1일 새로운 동종의 #2화물차량을 매수하면서 #1화물차량을 B에게 매도하고(매매대금 완제), 같은 날 '갑' 보험사의 승인을 얻어 피보험자동차를 #1화물차량에서 #2화물차량으로 교체하고 소유권이전등록을 마쳤음.
>
> B는 2017년 8월 8일 소유권이전등록을 하지 않은 채, #1화물차량을 중고차 수출업자인 C에게 매도하였고(매매대금 완제), C 역시 소유권이전등록을 하지 않은 상태(B, C는 동 차량에 대하여 자동차보험 미가입)에서 대리운전업자인 D('을' 보험사에 자동차취급업자보험 가입)에게 #1화물차량을 차고지까지 운송하여 줄 것을 의뢰하였음.
>
> 이에 D의 직원인 E가 2017년 8월 15일 #1화물차량을 대리운전하던 중 대인사고를 일으켜 보행인 F에게 500만원(피해자 과실상계 등을 거친 확정 손해액, 대인배상Ⅰ 200만원 포함)의 손해를 끼쳤음.

3. 2017년 3월 자동차보험 표준약관의 〈대인배상〉 및 〈무보험자동차에 의한 상해〉 보험금 지급기준이 개정된 바, 그 가운데 "부상" 및 "후유장애"의 보험금 산출과 관련된 지급기준의 변경내용을 기술하시오. (20점)

4. 자동차사고에 있어, 운전자의 법률상 지위 및 자동차보험약관상 지위에 대하여 설명하시오. (15점)

5. 2016년부터 시행되고 있는 「보험사기방지특별법」에 관하여 설명하시오. (15점)

01

다음의 사례에 있어서 '갑' 보험사의 담보별 보상책임을 설명하고, 각 청구권자별 지급보험금을 계산하시오. (30점)

〈가족관계〉

- A : C의 아버지
- B : C의 어머니
- C : A와 B의 외아들
- D : C의 배우자
- E : C와 D 사이에 출생한 딸(미성년자)
- F : D의 할아버지

〈보험계약관계〉

자동차 소유자인 A는 본인을 기명피보험자로 하여 '갑' 보험사에 자동차보험 대인배상(Ⅰ · Ⅱ) 및 자기신체사고(사망 5,000만원/부상 3,000만원/후유장애 5,000만원) 담보(가족운전자 한정운전 특별약관)에 가입함

〈사고발생 경위〉

C는 2017년 8월 1일 A 소유 자동차에 B, D, E를 태우고 가다가 C의 운전 중 과실로 자동차가 전복되는 사고가 발생하여 C, D가 현장에서 동시사망하고, E는 치료 중 다음날 사망하였으며, B가 「자동차손해배상보장법 시행령」에서 정한 상해급별 1급에 해당하는 상해를 입었음

〈손해상황〉

- B의 손해액 : 부상 손해액 4천만원
- C의 손해액 : 5억원
- D의 손해액 : 4억원
- E의 손해액 : 3억원(부상 손해액 1천만원, 사망 손해액 2억9천만원)
  ※ 위 각 손해액은 동승자 감액, 피해자 과실상계 등을 거친 확정 손해액임

모범답안

1. '갑' 보험사의 보상책임

(1) 법률상 손해배상책임

기명피보험자 A는 피해자 B, D, E에 대해 손해배상책임은 없으나, 소유자로서 운행이익과 운행지배를 가지고 있으므로 운행자책임을 지며, 운전 중이던 C도 운행이익과 운행지배를 가지고 있으므로 운행자책임을 진다. 또한 C는 운전당사자로서 「민법」상 불법행위책임도 진다.

(2) 약관상 면책 여부

① 가족한정운전 특약

가족한정운전 특약은 보험계약자의 선택에 의해 피보험자동차를 운전할 자를 가족으로 한정하는 특별약관을 말한다. 보험계약자로서는 보험료 절감의 효과는 있지만, 해당 조건의 운전가가 운전하지 않았을 때는 대인배상Ⅰ을 제외한 모든 담보종목에 대해서 보상을 받을 수 없다. 사안의 경우 기명피보험자 A의 아들 C가 운전한 것이므로 특약위반은 없다.

② 가족사상 면책

대인배상Ⅱ에서는 피보험자의 부모, 배우자 및 자녀가 죽거나 다친 경우에는 보상하지 않는다. 이 면책조항은 각 피보험자마다 개별적으로 적용한다. 따라서 사상된 특정 피보험자의 가족과 그에 대해 배상책임을 지는 피보험자 사이에 약관에서 정한 가족관계가 있으면 동 면책조항이 적용되나, 그러한 가족관계가 없는 피보험자에 대해서는 동 면책조항을 적용할 수 없다.

사안의 경우 기명피보험자 A와 친족피보험자 B의 법률상 손해배상책임에 따른 피해자 B, D, E에 대한 동 면책조항은 피보험자별로 개별적으로 적용하여 '갑' 보험사의 대인배상Ⅱ 면책 여부를 판단한다.

2. 담보별 보상책임

(1) 대인배상Ⅰ·Ⅱ

① B

B는 「자배법」상 타인이므로 대인배상Ⅰ에서 보험회사는 보상책임이 있다. 그러나 대인배상Ⅱ에서는 기명피보험자 A의 배우자이며, 가해운전자인 C의 모(母)이므로 보험회사는 보상책임이 없다.

② D와 E

D는 가해운전자인 C의 배우자이며, E는 C의 미성년 딸로서 「자배법」상 타인에 해당하므로, 대인배상Ⅰ에서 보험회사는 보상책임이 있으며, C에 대해서는 가족사상 면책에 해당하나, A에 대해서는 동 면책조항에 해당하지 아니하므로(A의 부모, 배우자 및 자녀에 해당하지 아니하므로) 피보험자 개별적용에 따라 대인배상Ⅱ에서도 보험회사는 보상책임이 있다.

(2) 자기신체사고

B는 기명피보험자 A의 배우자이고, C는 친족피보험자이며, D와 E는 친족피보험자 C의 배우자 및 자녀로서 자기신체사고의 피보험자에 해당하므로 보험사는 보상책임이 있다.

3. 청구권자별 지급보험금

(1) C, D, E의 사망에 따른 상속관계

① 법정상속인

㉠ C와 D의 동시사망

C의 자기신체사고 사망보험금과 D의 대인배상Ⅰ·Ⅱ 및 자기신체사고 사망보험금에 대해 직계비속인 미성년 딸 E가 법정상속인이 된다.

㉡ E의 사망

E는 치료 중 사망을 하였는 바, C의 자기신체사고 사망보험금과 D의 대인배상Ⅰ·Ⅱ 및 자기신체사고 사망보험금 및 E의 대인배상Ⅰ·Ⅱ 및 자기신체사고 보험금은 A와 B가 법정상속인이 된다.

② 혼동 해당 여부

사고차량의 운행자가 대인배상Ⅰ에 가입하고 있는 경우에 가해자가 피해자의 상속인이 되는 등의 특별한 경우 손해배상청구권과 손해배상의무가 혼동으로 소멸하고, 그 결과 피해자의 보험사에 대한 직접청구권도 소멸한다고 할 것인 바, 여기서 가해자의 개념은 운행자가 아닌 직접적 가해자를 의미하므로 A는 직접적 가해자가 아닌 운행자로서 혼동이 적용되지 않는다.

(2) 지급보험금

① B에 대한 지급보험금

㉠ 부상 손해액 : 4,000만원

㉡ 대인배상Ⅰ : 3,000만원(부상 1급 한도액)

㉢ 자기신체사고 : 손해액 4,000만원은 동승자 감액, 피해자 과실상계 등을 거친 확정손해이므로 과실상계 전 실제손해액을 알 수 없다. 따라서 그 실제손해액에서 대인배상Ⅰ의 보험금 3,000만원을 공제한 금액을 3,000만원 한도 내에서 보상한다. 즉, 자기신체사고에서 1,000만원을 보상한다.

② C에 대한 지급보험금

㉠ 확정손해액 5억원

㉡ 자기신체사고 5,000만원(사망보험금) 보상

㉢ A와 B의 상속지분이 1 : 1이므로 균분하여 지급

③ D에 대한 지급보험금

㉠ 확정손해액 4억원

㉡ 대인배상Ⅰ 1억5,000만원, 대인배상Ⅱ 2억5,000만원

㉢ 자기신체사고 : 실제손해액과 대인배상 4억원의 차액을 5,000만원 한도 내에서 보상

㉣ A와 B의 상속지분이 1 : 1이므로 균분하여 지급

④ E에 대한 지급보험금

㉠ 확정손해액 3억원

㉡ 대인배상Ⅰ : 부상보험금 1,000만원, 사망보험금 1억5,000만원

㉢ 대인배상Ⅱ : 사망보험금 1억4,000만원

㉣ 자기신체사고 : 실제손해액과 대인배상 3억원의 차액을 보상한도액인 5,000만원 한도 내에서 보상

㉤ A와 B의 상속지분이 1 : 1이므로 균분하여 지급

02 다음 사례에서 피해자 F에 대한 '갑', '을' 보험사의 보상책임을 설명하고, 지급보험금을 계산하시오. (20점)

A는 '갑' 보험사와 #1화물차량을 피보험자동차로 하여 업무용 자동차보험계약(보험기간 2017년 1월 1일 ~ 2018년 1월 1일)을 체결한 상태에서, 2017년 8월 1일 새로운 동종의 #2화물차량을 매수하면서 #1화물차량을 B에게 매도하고(매매대금 완제), 같은 날 '갑' 보험사의 승인을 얻어 피보험자동차를 #1화물차량에서 #2화물차량으로 교체하고 소유권이전등록을 마쳤음.

B는 2017년 8월 8일 소유권이전등록을 하지 않은 채, #1화물차량을 중고차 수출업자인 C에게 매도하였고(매매대금 완제), C 역시 소유권이전등록을 하지 않은 상태(B, C는 동 차량에 대하여 자동차보험 미가입)에서 대리운전업자인 D('을' 보험사에 자동차취급업자보험 가입)에게 #1화물차량을 차고지까지 운송하여 줄 것을 의뢰하였음.

이에 D의 직원인 E가 2017년 8월 15일 #1화물차량을 대리운전하던 중 대인사고를 일으켜 보행인 F에게 500만원(피해자 과실상계 등을 거친 확정 손해액, 대인배상 Ⅰ 200만원 포함)의 손해를 끼쳤음.

모범답안

1. '갑' 보험사의 보상책임

(1) 법률상 손해배상책임

① A와 B

판례는 자동차의 양도로 양도인의 운행지배권이 상실되는 시점을 양도시점으로 보고 있는데, 매매(현실적으로 차량인도) 후에 매수인으로 명의가 이전되었거나, 명의가 잔존하더라도 매매대금이 완납되고 명의이전에 필요한 서류를 교부하였다면 그 시점에서 양도인의 운행지배권이 상실되는 것으로 본다.

사안의 경우 피해자 F의 손해에 대해 A는 #1화물차량의 양도로 차량에 대한 운행지배권이 없으므로 「자배법」 제3조의 운행자책임이 없다. 최초 양수인 B 또한 소유권이전등록을 하지 않은 채 재양도하여 운행지배권이 없으므로 「자배법」 제3조의 운행자책임이 없다.

② C

최종 양수인 C는 #1화물차량의 실질적 소유자로서 대리운전업자 D에게 차량을 차고지까지 운송하여 줄 것을 의뢰하였는 바, 양수인 C가 탑승하지 않은 동 사고에 대해 판례는 자동차의 소유자 또는 보유자가 음주 등으로 인하여 일시적으로 타인에게 대리운전을 시킨 경우와 마찬가지로 자동차의 소유자 또는 보유자가 객관적, 외형적으로 운행지배와 운행이익을 가지고 있다고 보고 있어, 양수인 C는 「자배법」 제3조의 운행자책임이 있다.

③ D

대리운전업자 D는 대리운전자인 직원 E를 통한 운행지배와 운행이익이 있는 자로서 「자배법」 제3조 운행자책임 및 「민법」 제756조 사용자책임이 있다.

④ E

대리운전자인 직원 E는 가해운전자로서 「민법」 제750조 일반불법행위책임이 있다.

(2) 피보험자동차의 양도(약관규정)

자동차의 양도란 매매, 증여 등에 의하여 차량의 소유권을 이전(물권적 이전)하는 것을 말하는데, 약관에서는 소유권유보 매매계약의 매수인 또는 대차계약의 차주(빌린 사람)인 보험계약자 또는 기명피보험자가 매도인 또는 대주(빌려준 사람)에게 반환하는 경우도 양도로 본다. 이 경우 판 사람 또는 빌려준 사람은 양수인으로 본다.

보험계약자 또는 기명피보험자가 보험기간 중에 피보험자동차를 양도한 때에는 보험계약상 보험계약자 및 피보험자의 권리와 의무는 보험사의 승인이 있는 경우에 한하여 양수인에게 승계된다.

(3) 의무보험 일시담보 특약

피보험자동차가 양도된 날부터 15일째 되는 날의 24시까지의 기간 동안은 그 양도된 자동차를 보통약관 대인배상 I 의 피보험자동차로 간주하고 양수인을 보험계약자 및 기명피보험자로 본다. 다만, 양수인 명의로 이전등록이 된 후에 발생한 손해, 양수인 명의의 유효한 대인배상 I 가입, 보험기간 마지막 날 이후에 발생한 손해일 때는 예외로 한다.

사안의 경우 의무보험 일시담보 특약상 최종 양수인 C는 기명피보험자, 대리운전업자 D는 승낙피보험자, 대리운전자인 직원 E는 운전피보험자에 해당한다.

(4) '갑' 보험사의 보상책임

A가 #1화물차량을 2017년 8월 1일 B에게 매도한 후 2017년 8월 15일 동 사고가 발생하였으므로 피보험자동차가 양도된 날로부터 15일째 되는 날의 24시까지의 기간 동안 그 자동차를 보통약관 대인배상 I 의 피보험자동차로 간주하고 양수인 C를 기명피보험자로 보므로, 기명피보험자 C와 승낙피보험자 D의 「자배법」 제3조 운행자책임에 따라 의무보험 일시담보 특약(대인배상 I)에서 보험사는 보상책임을 진다.

2. '을' 보험사의 보상책임

(1) 법률상 손해배상책임

대리운전업자 D는 「자배법」 제3조 운행자책임 및 「민법」 제756조 사용자책임이 있고, 대리운전자인 직원 E는 「민법」 제750조 일반불법행위책임이 있다.

(2) 자동차취급업자보험 대리운전위험담보 특약

이 특별약관에서 대리운전이란 대리운전업자(개인인 대리운전자를 포함)가 자동차를 사용할 정당한 권리를 가진 이용자 또는 차주의 요청에 따라 이용자가 동승한 상태에서 요청하는 목적지까지 그 자동차를 운전하여 주고 그 대가로 금액을 수수하는 업무를 말하는 것으로, 이 특별약관에서 보상하는 손해는 다음과 같다(단, 탁송 및 대리주차는 제외).

① 피보험자가 보험기간 중 대리운전을 위해 피보험자동차를 수탁한 때로부터 대리운전과정을 거쳐 차주에게 인도할 때까지 피보험자동차의 사고로 생긴 손해를 보상한다.

② 보험사는 ①항의 손해 중 대인배상의 경우 「자배법」에 의한 책임보험(책임공제 및 정부보장사업 포함)으로 지급되는 금액이 있을 경우에는 그 금액을 넘는 손해를 보상한다.

(3) '을' 보험사의 보상책임

① 통상의 대리운전으로 보험사가 인정하는 경우

사안의 경우 #1화물차량을 대리운전 하던 중이었으므로, 이를 통상의 대리운전으로 보험사가 인정하는 경우로 보면, 기명피보험자 D의 「자배법」 제3조 운행자책임 및 운전피보험자 E의 「민법」 제750조 일반불법행위책임에 따라 자동차취급업자보험 대리운전위험담보 특약 대인배상(대인배상Ⅰ 초과손해)에서 보험사는 보상책임이 있다.

② 탁송으로 보는 경우

기명피보험자 D의 「자배법」 제3조 운행자책임 및 운전피보험자 E의 「민법」 제750조 일반불법행위책임에 대해 자동차취급업자보험 대리운전위험담보 특약 대인배상에서 보험사는 보상책임이 없다. 단, 탁송운송위험담보 특약에 가입된 경우에는 보험사는 보상책임이 있다.

3. 지급보험금

① **'갑' 보험사** : 대인배상Ⅰ 200만원

② **'을' 보험사** : 대리운전으로 인정하는 경우에는 대인배상에서 300만원을 보상하게 되나, 이를 탁송업무로 보는 경우에는 보상책임이 없다.

03

2017년 3월 자동차보험 표준약관의 〈대인배상〉 및 〈무보험자동차에 의한 상해〉 보험금 지급기준이 개정된 바, 그 가운데 "부상" 및 "후유장애"의 보험금 산출과 관련된 지급기준의 변경내용을 기술하시오. (20점)

모범답안

1. 부상보험금

부상보험금의 변경내용은 다음과 같다.

① 부상으로 인하여 휴업함으로써 수입의 감소가 있었음을 관계서류를 통해 증명할 수 있는 경우에 한하여 휴업기간 중 피해자의 실제 수입감소액의 85% 해당액을 지급한다.

② 가사종사자의 경우 일용근로자 임금을 수입감소액으로 한다. 여기서 가사종사자라 함은 사고 당시 2인 이상으로 구성된 세대에서 경제활동을 하지 않고 가사활동에 종사하는 자로서 주민등록 관계서류와 「세법」상 관계서류 등을 통해 해당 사실을 증명한 사람을 말한다.

③ 책임보험 상해구분상 1 ~ 5급에 해당하는 자 중 객관적인 증빙서류를 제출한 경우에 인정한다. 또한 동일한 사고로 부모 중 1인이 사망 또는 상해등급 1 ~ 5급의 상해를 입은 7세 미만의 자 중 객관적인 증빙자료를 제출한 경우에 인정한다. 인정기간은 1 ~ 2급 60일 한도, 3 ~ 4급 30일 한도, 5급 15일 한도로 실제 입원기간을 인정한다. 일용근로자 임금을 기준으로 지급한다.

2. 후유장애보험금

(1) 노동능력상실률이 50% 미만인 경우

① 후유장애판정 당시 피해자의 나이가 65세 미만인 경우 〈※ 2019년 4월 개정〉

4,500만원 × 노동능력상실률 × 85%

8,000만원 × 노동능력상실률 × 85%(가정간호비 지급대상인 경우)

② 후유장애판정 당시 피해자의 나이가 65세 이상인 경우 〈※ 2019년 4월 개정〉

4,000만원 × 노동능력상실률 × 85%

5,000만원 × 노동능력상실률 × 85%(가정간호비 지급대상인 경우)

(2) 노동능력상실률이 50% 미만인 경우 : 노동능력상실률 구간별로 적용

(단위 : %, 만원)

노동능력상실률	인정액
45% 이상 50% 미만	400
35% 이상 45% 미만	240
27% 이상 35% 미만	200
20% 이상 27% 미만	160
14% 이상 20% 미만	120
9% 이상 14% 미만	100
5% 이상 9% 미만	80
0 초과 5% 미만	50

더 알아보기 **자동차보험 표준약관 주요 개정내용(2019.5.1.)**

① **취업가능연한**
자동차보험 사고시 육체노동자의 상실수익액・위자료・휴업손해액 산정기준이 되는 취업가능연한을 상향함 (60세 → 65세)

② **시세하락손해**
시세하락손해 보상대상을 차량 출고 후 2년에서 5년까지 확대하고, 보험금액도 수리비용의 10% ~ 20%로 상향 조정함

③ **경미손상**
범퍼 이외에도 도어, 펜더 등의 외장부품의 차량 안전에 지장이 없는 경미한 손상시 부품 교체비용 대신 복원수리비를 지급함

※ 2016년 7월 당시 표준약관 개정으로 범퍼에 대한 경미사고 기준을 마련하고 있었으므로 표준약관 추가 개정사항은 없음

04 자동차사고에 있어, 운전자의 법률상 지위 및 자동차보험약관상 지위에 대하여 설명하시오. (15점)

모범답안

1. 운전자의 법률상 지위

(1) 「자배법」상 운전자

다른 사람을 위하여 자동차의 운전 또는 운전의 보조에 종사하는 자를 말하는데, 이들은 운행자가 아니므로 「자배법」상 운행자책임을 부담하지 않는다. 그러나 이들은 사고자동차를 운전 중인 자로 「민법」 제750조 불법행위책임을 부담한다.

(2) 운행자

사회통념상 '자동차를 운전 중인 자'라고 하여 「자배법」상의 운전자만을 의미하지는 않는다. 실제 운행자가 운전을 할 수도 있으므로 이들 또한 넓은 의미에서 보면 운전자에 포함된다. 따라서 이들은 「자배법」상 운행자책임을 부담한다.

(3) 무단, 절취 운전자

이들 운전자는 자기를 위하여 자동자를 운행하는 자, 즉 운행자이며, 운행자책임을 부담한다.

2. 자동차보험약관상의 지위

(1) 「자배법」상 운전자

약관상 운전피보험자, 즉 기명피보험자, 친족피보험자, 승낙피보험자, 사용피보험자를 위하여 자동차를 운전 중인 자(운전보조자 포함)를 말하며, 이들은 배상책임의 주체로서 타인이 되지 않으므로 대인배상Ⅰ·Ⅱ에서 면책되고, 자기신체사고 및 무보험차상해의 피보험자는 될 수 있다.

(2) 운행자

현실적으로 운행자가 운전 중이고, 그래서 운전자라 칭한다면 이들은 기명피보험자, 친족피보험자, 승낙피보험자가 될 것이며, 따라서 배상책임의 주체로서 타인이 되지 않으므로 대인배상Ⅰ·Ⅱ에서 면책되고, 자기신체사고 및 무보험차상해의 피보험자는 될 수 있다.

(3) 무단, 절취운전자

이들 운전자는 배상책임의 주체는 될 수 있으나, 자동차보험약관상 승낙피보험자 또는 운전피보험자가 되지 못한다.

05 2016년부터 시행되고 있는 「보험사기방지특별법」에 관하여 설명하시오. (15점)

모범답안

1. 제정 이유

금융감독원에 따르면 보험사기 적발금액은 매년 지속적으로 증가하고 있다. 이러한 보험사기의 증가 현상은 보험금 누수를 통해 보험회사의 경영을 악화시킬 뿐만 아니라, 결국에는 보험료 인상으로 이어져 선량한 다수의 보험계약자들에게 피해를 입히고, 보험이 갖는 사회적 기능을 저해할 우려가 있다. 그러나 보험사기를 별도의 범죄로 구분하고 관련 범죄에 대한 처벌을 강화하고 있는 외국의 입법례와는 달리, 우리나라의 경우 다른 사기죄와 동일하게 「형법」상 사기죄로 처벌하고 있다. 이에 보험사기 방지를 위한 특별법을 마련하여 건전한 보험거래질서를 확립하고, 보험사기를 사전에 예방하도록 함으로써 사회적 손실을 경감시키려는데 있다.

2. 제정 목적

「보험사기방지특별법」은 보험사기행위의 조사·방지·처벌에 관한 사항을 정함으로써 보험계약자, 피보험자 그 밖의 이해관계인의 권익을 보호하고 보험업의 건전한 육성과 국민의 복리증진에 이바지함을 목적으로 한다.

3. 용어의 정의

(1) 보험사기행위

"보험사기행위"란 보험사고의 발생, 원인 또는 내용에 관하여 보험자를 기망하여 보험금을 청구하는 행위를 말한다.

(2) 보험회사

"보험회사"란 「보험업법」 제4조에 따른 허가를 받아 보험업을 경영하는 자를 말한다.

4. 주요 내용

(1) 보험사기행위의 보고(제4조)

보험회사는 보험계약의 보험계약자, 피보험자, 보험금을 취득할 자, 그 밖에 보험계약 또는 보험금 지급에 관하여 이해관계가 있는 자(이하 "보험계약자 등"이라 한다)의 행위가 보험사기행위로 의심할 만한 합당한 근거가 있는 경우에는 금융위원회에 보고할 수 있다.

(2) 수사기관 등에 대한 통보(제6조)

금융위원회, 금융감독원, 보험회사는 보험계약자 등의 행위가 보험사기행위로 의심할 만한 합당한 근거가 있는 경우에는 관할 수사기관에 고발 또는 수사의뢰하거나 그 밖에 필요한 조치를 취하여야 한다.

(3) 수사기관의 입원적정성 심사의뢰(제7조)

수사기관은 보험사기행위 수사를 위하여 보험계약자 등의 입원이 적정한 것인지 여부(이하 "입원적정성"이라 한다)에 대한 심사가 필요하다고 판단되는 경우 「국민건강보험법」 제62조에 따른 건강보험심사평가원에 그 심사를 의뢰할 수 있다.

(4) 보험사기죄(제8조)

보험사기행위로 보험금을 취득하거나 제3자에게 보험금을 취득하게 한 자는 10년 이하의 징역 또는 5천만원 이하의 벌금에 처한다.

(5) 보험사기죄의 가중처벌(제11조)

보험사기죄(제8조) 및 상습범(제9조)의 죄를 범한 사람은 그 범죄행위로 인하여 취득하거나 제3자로 하여금 취득하게 한 보험금의 가액(이하 "보험사기이득액"이라 한다)이 5억원 이상일 때에는 다음의 구분에 따라 가중처벌한다.

① 보험사기이득액이 50억원 이상일 때 : 무기 또는 5년 이상의 징역

② 보험사기이득액이 5억원 이상 50억원 미만일 때 : 3년 이상의 유기징역

5. 다른 법률과의 관계

보험사기행위의 조사·방지 및 보험사기행위자의 처벌에 관하여는 다른 법률에 우선하여 이 법을 적용한다.

6. 준용규정

보험사기죄의 가중처벌(제11조)를 위반하여 처벌받은 사람에 대하여는 「특정경제범죄 가중처벌 등에 관한 법률」 제14조를 준용한다.

제41회 신체손해사정사 2차 시험문제

1. 다음 사례를 검토하여 물음에 답하시오.

〈사고 내용〉

2018년 8월 1일 15:00경 건물 외벽 청소업자 A는 자신과 아무런 인적관계가 없는 자동차 임대업자 B로부터 고소작업차를 임차한 후 고소작업차의 작업대(바스켓)에서 직접 청소작업 중 추락하여 중상을 입었다.
사고 당시 정차한 상태에서 B의 고용운전자 C가 고소작업차의 작업대를 운전(조종)하고 있었으며, 그 운전상의 과실이 인정되었다.
A는 「자동차손해배상보장법 시행령」에서 정한 상해급별 1급과 장해급별 1급이 인정되었으며, 위 사고발생과 관련한 A의 과실은 50%이다.
아울러 A는 사업주로서 「산업재해보상보험법」상의 재해보상을 받을 수 없다.
※ 고소작업차(속칭 '스카이차')는 그 작업대에 작업자를 태우고 작업을 할 수 있으며, 「자동차관리법」 제3조 소정의 특수자동차에 해당함.

〈보험계약사항〉

- B는 고소작업차에 대하여 '갑' 보험사의 '영업용 자동차보험'(대인배상 Ⅰ/대인배상 Ⅱ/자기신체사고/무보험자동차에 의한 상해담보 특별약관)에 가입
- A는 자신 소유 승용차에 대하여 '을' 보험사의 '개인용 자동차보험'(대인배상 Ⅰ/대인배상 Ⅱ/자기신체사고/무보험자동차에 의한 상해담보 특별약관)에 가입

※ '갑' 보험사의 위 영업용 자동차보험약관은 '자기신체사고'의 지급보험금 계산에서 '무보험자동차에 의한 상해담보 특별약관'에 따라 지급될 수 있는 금액은 공제하도록 하고 있는데, 다만, 그 특별약관 보험금의 청구를 포기하는 경우에는 공제하지 않는다고 규정하고 있음.

〈A의 손해사항 등〉

- 과실상계 전 실제손해액 : 40,000만원(부상손해 6,000만원 / 장해손해 34,000만원)
  - 치료비 5,000만원 / 휴업손해 1,000만원 / 상실수익액 30,000만원 / 장해위자료 4,000만원
- A, B가 가입한 자동차보험의 보상한도

(단위 : 만원)

구분	부상 1급	장해 1급
대인배상 Ⅰ	3,000만원	15,000만원
자기신체사고	3,000만원	10,000만원
무보험자동차에 의한 상해	20,000만원	

(1) A에 대한 손해배상책임의 주체와 그 법률상 근거를 약술하시오. (10점)

(2) A에 대한 '갑', '을' 보험사의 담보별 보상책임을 설명하시오. (10점)

(3) A에 대한 '갑', '을' 보험사의 담보별 지급보험금을 산출하고, 보험자대위권 행사에 관하여 설명하시오. (10점)

2. 현행 자동차보험약관상 〈과실상계〉, 〈손익상계〉, 〈동승자에 대한 감액〉, 〈기왕증 공제〉에 관하여 설명하고, 그 적용 순서를 쓰시오. (15점)

3. 현행 「자동차손해배상보장법」 및 자동차보험약관상 피해자보호에 관한 사항들을 설명하시오. (15점)

4. 현행 개인용 자동차보험약관의 대인배상Ⅰ, 대인배상Ⅱ, 자기신체사고, 무보험자동차에 의한 상해에서 규정하고 있는 각 담보별 피보험자의 범위에 대하여 설명하시오. (15점)

5. 산업재해보상보험 가입자인 '갑' 물류회사의 직원 A는 자신의 자동차를 운전하여 통상적인 경로와 방법으로 출근하던 중 B가 운행하는 자동차의 일방과실에 의한 사고로 말미암아 현장에서 사망하였다. 이 건 사고에 대하여 다음과 같이 자동차보험 대인배상 보험금과 산업재해보상보험 급여가 산정되고, 산업재해보상보험 급여를 받을 수 있는 자(수급권자)는 근로복지공단으로부터 보험급여를 받은 외에 달리 배상금을 받은 바 없다. A의 유족으로는 배우자와 자녀 1명(성년자)이 있는데, 이 건 산업재해보상보험 급여를 받을 수 있는 자(수급권자)는 A의 배우자이며, 자녀는 수급권자가 아니다.
한편, 근로복지공단은 B가 가입한 '을' 자동차보험회사에 구상권(대위권)을 행사한 바(다음 예시 참조), 이 경우 '을' 보험사가 부담하여야 할 책임액을 산정함에 있어서 확인하여야 할 사항을 설명하고, 근로복지공단에 지급할 보험금을 산출하시오. (15점)

〈자동차보험 대인배상 지급기준에 의하여 산출된 보험금〉

- 위자료 : 50,000,000원
  (청구권자의 범위 및 청구권자별 지급기준 : 「민법」상 상속규정에 따름)
- 장례비 : 5,000,000원
  (청구권자의 범위 및 청구권자별 지급기준 : 「민법」상 상속규정에 따름)
- 상실수익액 : 35,000,000원
- 합계 : 90,000,000원

〈산업재해보상보험법상의 보험급여〉

- 장의비 : 12,000,000원
- 유족일시금 : 130,000,000원
- 합계 : 142,000,000원

6. 현행 자동차보험약관(대인배상 Ⅰ · Ⅱ, 자기신체사고, 무보험자동차에 의한 상해)상 손해배상청구권자의 직접청구권 및 피보험자의 보험금청구권의 소멸시효 기산점에 대하여 설명하시오. (10점)

01 다음 사례를 검토하여 물음에 답하시오.

〈사고 내용〉

2018년 8월 1일 15:00경 건물 외벽 청소업자 A는 자신과 아무런 인적관계가 없는 자동차 임대업자 B로부터 고소작업차를 임차한 후 고소작업차의 작업대(바스켓)에서 직접 청소작업 중 추락하여 중상을 입었다.
사고 당시 정차한 상태에서 B의 고용운전자 C가 고소작업차의 작업대를 운전(조종)하고 있었으며, 그 운전상의 과실이 인정되었다.
A는 「자동차손해배상보장법 시행령」에서 정한 상해급별 1급과 장해급별 1급이 인정되었으며, 위 사고발생과 관련한 A의 과실은 50%이다.
아울러 A는 사업주로서 「산업재해보상보험법」상의 재해보상을 받을 수 없다.
※ 고소작업차(속칭 '스카이차')는 그 작업대에 작업자를 태우고 작업을 할 수 있으며, 「자동차관리법」 제3조 소정의 특수자동차에 해당함.

〈보험계약사항〉

- B는 고소작업차에 대하여 '갑' 보험사의 '영업용 자동차보험'(대인배상 Ⅰ/대인배상 Ⅱ/자기신체사고/무보험자동차에 의한 상해담보 특별약관)에 가입
- A는 자신 소유 승용차에 대하여 '을' 보험사의 '개인용 자동차보험'(대인배상 Ⅰ/대인배상 Ⅱ/자기신체사고/무보험자동차에 의한 상해담보 특별약관)에 가입

※ '갑' 보험사의 위 영업용 자동차보험약관은 '자기신체사고'의 지급보험금 계산에서 '무보험자동차에 의한 상해담보 특별약관'에 따라 지급될 수 있는 금액은 공제하도록 하고 있는데, 다만, 그 특별약관 보험금의 청구를 포기하는 경우에는 공제하지 않는다고 규정하고 있음.

〈A의 손해사항 등〉

- 과실상계 전 실제손해액 : 40,000만원(부상손해 6,000만원 / 장해손해 34,000만원)
  - 치료비 5,000만원 / 휴업손해 1,000만원 / 상실수익액 30,000만원 / 장해위자료 4,000만원
- A, B가 가입한 자동차보험의 보상한도

(단위 : 만원)

구 분	부상 1급	장해 1급
대인배상 Ⅰ	3,000만원	15,000만원
자기신체사고	3,000만원	10,000만원
무보험자동차에 의한 상해	20,000만원	

(1) A에 대한 손해배상책임의 주체와 그 법률상 근거를 약술하시오. (10점)

(2) A에 대한 '갑', '을' 보험사의 담보별 보상책임을 설명하시오. (10점)

(3) A에 대한 '갑', '을' 보험사의 담보별 지급보험금을 산출하고, 보험자대위권 행사에 관하여 설명하시오. (10점)

모범답안

1. A에 대한 손해배상책임의 주체와 그 법률상 근거

(1) A의 타인성 여부에 대한 검토

운행자가 복수로 존재하는 경우 운행자에 해당한다고 무조건 타인성이 부정되는 것은 아니고, 사고 당시 구체적인 운행지배의 정도를 비교하여 간접적, 추상적인 운행자는 직접적, 구체적인 운행자에 대해 타인성을 주장할 수 있다. 여기서 직접적, 구체적인 운행자성은 사고 당시 누가 더 용이하게 사고의 발생을 방지할 수 있는 지위에 있었는지, 누가 더 운행에 주도적으로 관여했는지 등의 사정을 참작하여 판단하여야 한다.

임차인은 임대차관계(유상)이든 사용대차관계(무상)이든간에 제3자인 피해자에 대해서 운행자책임을 부담하여야 하는 것은 주지의 사실이고, 또한 임대인과의 내부관계에서도 임차인은 임대인에 비해 차량(또는 중기)에 대한 운행지배와 운행이익이 보다 직접적, 구체적이어서 사고의 발생을 방지할 수 있는 지위에 있으므로 임대인에 대해 「자동차손해배상보장법」상 타인성을 주장할 수는 없다. 다만, 운전기사를 포함하여 차량(또는 중기)을 임차한 경우 임차인은 임대인에 대해 타인성을 주장할 수 있다. 이때는 임대인이 임차인에 비해 보다 더 직접적, 구체적으로 운전기사를 통해 운행지배에 관여했다고 볼 수 있기 때문이다.

(2) 손해배상책임의 주체

사례의 경우 임차인 A는 운전기사를 포함하여 임차하였으므로 B와 C에 대해 타인성을 주장할 수 있으며, 이에 따라 차량소유자인 B는 「자동차손해배상보장법」상의 운행자책임 및 「민법」상의 사용자책임을 부담하여야 하고, 운전기사인 C는 「민법」상의 불법행위책임을 부담하여야 한다.

2. A에 대한 '갑', '을' 보험사의 담보별 보상책임

(1) '갑' 보험사의 보상책임

① 대인배상 Ⅰ, 대인배상 Ⅱ

사례의 경우 A는 임차인으로서 운행자이긴 하나 임대인 B에 비해 운행지배의 정도가 간접적, 추상적이므로 타인성이 인정되는 바, 대인배상 Ⅰ에서는 부책이지만, 대인배상 Ⅱ에서는 임대인 B로부터 차량을 임차한 당사자로서 차량을 사용 또는 관리(지배)하고 있는 자, 즉 승낙피보험자에 해당되므로 면책이다.

② 자기신체사고, 무보험자동차에 의한 상해

자기신체사고에서는 피보험자동차를 사용, 관리(지배) 중에 일어난 사고로 상해를 입었으므로 별다른 면책사유에 해당하지 않는 한 부책이지만, 무보험자동차에 의한 상해에서는 피보험차량이 무보험자동차가 아니므로 면책이다.

(2) '을' 보험사의 보상책임

무보험자동차에 의한 상해에서는 피보험자가 무보험자동차에 의한 사고로 상해를 입고 또한 그 사고에 대한 배상의무자가 있는 경우에 보상된다.

사례의 경우 A는 운행자성이 일부 인정되어 '갑' 보험사의 대인배상Ⅰ 및 자기신체사고에서 보상받을 수 있으나, 대인배상Ⅱ에서는 면책이므로 '을' 보험사의 무보험자동차에 의한 상해에서는 부책이다.

3. A에 대한 '갑', '을' 보험사의 담보별 지급보험금 및 보험자대위권 행사

(1) '갑' 보험사의 지급보험금

① 대인배상Ⅰ

㉠ 부상보험금

치료비 5,000만원 + 휴업손해 1,000만원 = 6,000만원

6,000만원 × 50% = 3,000만원(부상 1급 한도 내이므로 전액 지급)

㉡ 장애보험금

위자료 4,000만원 + 상실수익액 30,000만원 = 34,000만원

34,000만원 × 50% = 17,000만원(장애 1급 한도가 15,000만원이므로 15,000만원 지급)

② 자기신체사고

㉠ 부상보험금

실제손해액(과실비율 미적용) + 비용 − 공제액 = 지급보험금이므로

6,000만원 − 3,000만원(대인배상Ⅰ) − 0원('을' 보험사의 무보험자동차에 의한 상해)
= 3,000만원

㉡ 장애보험금

34,000만원 − 15,000만원(대인배상Ⅰ) − 2,000만원('을' 보험사의 무보험자동차에 의한 상해) = 17,000만원(장해 1급 한도가 10,000만원이므로 10,000만원 지급)

※ '을' 보험사의 무보험자동차에 의한 상해보험금 2,000만원은 부상보험금에서 공제하든, 장애보험금에서 공제하든 결과는 마찬가지이다.

③ 지급보험금

대인배상Ⅰ에서는 18,000만원, 자기신체사고에서는 13,000만원 지급

(2) '을' 보험사의 지급보험금

무보험자동차에 의한 상해에서는 과실적용 후 손해액 + 비용 − 공제액 = 지급보험금이므로

40,000만원 × 50% − 3,000만원('갑' 보험사의 대인배상Ⅰ) − 15,000만원('갑' 보험사의 대인배상Ⅱ)
= 2,000만원

※ '을' 보험사는 무보험자동차에 의한 상해로 2,000만원을 지급하고, 배상의무자인 B, C에게 구상한다.

02 현행 자동차보험약관상 〈과실상계〉, 〈손익상계〉, 〈동승자에 대한 감액〉, 〈기왕증 공제〉에 관하여 설명하고, 그 적용 순서를 쓰시오. (15점)

모범답안

(1) 과실상계

과실상계란 불법행위로 인한 손해배상액을 산정할 때 피해자의 과실이 손해의 발생 또는 확대에 기여한 경우 손해의 공평·타당한 분담을 위하여 피해자의 과실에 해당하는 부분만큼 이를 참작하여 손해배상액에서 공제하는 것을 말한다.

(2) 손익상계

손익상계란 손해배상청구권자가 손해를 입은 동일한 원인에 의하여 이익을 얻은 경우 그 손해액에서 이익을 공제한 후의 잔액을 배상하여야 한다는 것을 말한다. 이는 피해자가 손해를 입은 경우 그 손해 이상의 이익이 생기는 것을 방지하기 위한 것으로, 손해를 보전하기 위한 금전이 아닌 것은 손익상계의 대상이 되지 않는다.

(3) 동승자에 대한 감액

동승자에 대한 감액이란 피해자가 사고차량에 무상으로 동승한 경우 그 동승자의 손해배상액을 산정할 때 운행자와 동승자간의 신분관계, 탑승경위 등을 참작하여 손해배상액의 일정부분을 감액하는 것을 말한다. 호의동승자도 운행이익의 전부 또는 일부를 향유하거나 그 탑승차량에 대한 운행지배권을 가진다고 할 수 있어 손해배상의 기본원리인 손해의 공평·타당한 분담을 위하여 가해자의 손해배상책임을 경감 또는 면제하는 것이 적절하다는 취지의 제도이다.

(4) 기왕증 공제

기왕증이란 자동차사고에 있어서 피해자가 그 사고가 있기 전에 이미 신체적으로 가지고 있었던 신체적 증상, 즉 특이체질 및 병적 소인 등을 말하며, 기왕증 공제란 이러한 피해자의 기왕증상에 대해 그 손해배상액을 정함에 있어 참작하는 것을 말한다. 판례는 피해자의 전체 손해 중 기왕증이 기여한 정도에 상응하는 손해액을 감한 나머지 손해액만을 가해자에게 부담시키는 것이 타당하다고 하고 있다. 따라서 기왕증과 연관된 손해는 모두 참작하여야 한다.

자동차보험약관에는 "기왕증으로 인한 손해는 보상하지 않는다. 다만, 당해 자동차사고로 인하여 기왕증이 악화된 경우에는 기왕증이 손해에 관여한 정도를 반영하여 보상한다."고 규정되어 있고, 또한 "기왕증은 해당 과목의 전문의가 판정한 비율에 따라 공제한다. 다만, 그 판정에 다툼이 있을 경우 보험금청구권자와 보험회사가 협의하여 정한 제3의 전문 의료기관의 전문의에게 판정을 의뢰할 수 있다."고 규정되어 있다.

(5) 적용순서

우선 기왕증을 감안한 피해자의 실제손해액을 구한 후에 동승자감액을 적용하고, 과실상계를 한 다음, 마지막으로 손익상계를 할 대상이 있으면 손익상계를 함으로써 최종 손해배상금을 산출할 수 있다.

03 현행 「자동차손해배상보장법」 및 자동차보험약관상 피해자보호에 관한 사항들을 설명하시오. (15점)

모범답안

1. 「자동차손해배상보장법」상의 피해자보호제도

(1) 손해배상책임 주체의 확대

「자동차손해배상보장법」상의 손해배상책임의 주체는 운행자, 즉 자기를 위하여 자동차를 운행하는 자이다. 「자동차손해배상보장법」은 인사사고에서 민법에 우선하여 적용되므로 「민법」상의 불법행위자 이외에도 운행이익과 운행지배를 가지는 자는 운행자로서 손해배상책임의 주체가 되므로 「민법」에 비해 그 범위가 넓다.

(2) 조건부 무과실책임주의

「민법」상의 불법행위책임은 과실책임주의이므로 운전자에게 과실이 없으면 손해배상책임도 발생하지 않는다. 그러나 「자동차손해배상보장법」에서는 운행자, 즉 자기를 위하여 자동차를 운행하는 자가 동법 제3조의 단서조항(면책사유)에 대해 입증하지 못하면 설령 과실이 없다고 하더라도 손해배상책임을 지도록 하고 있다.

(3) 입증책임의 전환

「민법」에서는 불법행위의 요건을 피해자가 입증을 해야 가해자에게 손해배상책임이 발생하지만, 「자동차손해배상보장법」에서는 운행자가 동법 제3조의 단서조항(면책사유)에 대해 입증하도록 입증책임을 피해자가 아닌 운행자가 부담하도록 하고 있다.

(4) 보험가입의 강제

동법 제5조에 따르면 자동차를 운행하고자 하는 자는 책임보험이나 책임공제에 가입하여야 한다. 여기서 의무보험가입이 강제되는 자동차란 「자동차관리법」의 적용을 받는 자동차와 「건설기계법」의 적용을 받는 건설기계 중 9종 건설기계(덤프트럭, 콘크리트믹서트럭, 타이어식 기중기, 타이어식 굴삭기, 트럭적재식 콘크리트펌프, 트럭적재식 아스팔트살포기, 트럭지게차, 도로부수트럭, 노면측정장비)를 말한다.

(5) 피해자 직접청구권 및 가불금청구권

피해자는 가해자의 협조가 없더라도 보험회사에 대해 책임보험금을 직접 청구할 수 있는 권리가 있으며, 이는 가해자가 고의로 일으킨 사고라고 하더라도 피해자에게 인정되는 권리이다. 또한 가불금청구권도 인정되므로 치료비에 대해서는 전액을 청구할 수 있고, 그 외의 손해액에 대해서는 예상 손해액의 50%까지 가불금을 청구할 수 있다.

(6) 압류 및 양도의 금지

동법 제40조에 따르면 피해자의 직접청구권, 가불금청구권 및 정부에 대한 손해배상청구권 등은 압류 또는 양도할 수 없으며, 또한 이들 청구권에 대하여 가해자나 보험회사 등이 상계로써 항변할 수 없다.

(7) 정부보장사업

동법 제30조에 따르면 정부는 보유불명(뺑소니) 사고나 무보험자동차에 의한 사고로 피해자가 사망하거나 부상한 경우 피해자의 청구에 따라 책임보험금 한도 내에서 그가 입은 손해를 보상하고, 또한 피해자의 청구가 없는 경우에도 정부에서 직권으로 조사하여 피해자의 손해를 보상한다.

(8) 양도 후 강제보험의 일시담보

동법 제26조에 따라 의무보험에 가입된 자동차가 양도된 경우에 그 자동차의 양도일(양수인이 매매대금을 지급하고 현실적으로 자동차의 점유를 이전받은 날)부터 「자동차관리법」 제12조에 따른 자동차소유권 이전등록 신청기간이 끝나는 날(자동차소유권 이전등록 신청기간이 끝나기 전에 양수인이 새로운 책임보험 등의 계약을 체결한 경우에는 그 계약 체결일)까지의 기간은 「상법」 규정에도 불구하고 자동차의 양수인이 의무보험에 관한 양도인의 권리의무를 승계한다.

2. 자동차보험약관상 피해자보호규정

(1) 대인배상에서의 피보험자

대인배상에서는 기명피보험자 외에도 친족피보험자, 승낙피보험자, 사용피보험자, 운전피보험자를 피보험자 범위에 포함시켜 보다 많은 자들이 배상의무자에 포함되도록 규정하고 있다.

(2) 대인배상 Ⅰ 에서의 고의면책

대인배상 Ⅰ 에서는 피보험자의 고의사고의 경우에도 피해자가 보험회사에 직접 보험금을 청구하게 되면 보상될 수 있도록 규정하고 있다.

(3) 대인배상Ⅱ에서의 면책사유

기명피보험자 이외의 피보험자의 고의로 인한 손해에서 다른 피보험자에게 손해배상책임이 존재하면 그 피보험자를 통하여 보상될 수 있도록 규정하고 있다. 또한 무면허운전의 경우를 면책사유로 규정하고 있으면서도 기명피보험자의 명시적, 묵시적 승인이 없는 무면허운전은 보상하고 있다.

(4) 피보험자 개별적용

약관 제9조에서는 손해배상책임의 규정은 각각의 피보험자마다 개별적으로 적용한다고 규정하여 피해자가 보상받을 수 있는 여지를 넓게 하고 있다.

(5) 사고부담금

음주, 무면허, 뺑소니 사고의 경우 사고부담금을 피보험자에게 부담시키고 있지만, 피보험자가 이를 납입하지 않은 경우에도 보험회사는 피해자에게 사고부담금을 포함하여 손해배상금을 우선 지급할 수 있도록 규정하고 있다.

(6) 손해배상청구권자에게 우선지급

보험회사는 손해배상청구권자가 손해배상을 받기 전에는 보험금의 전부 또는 일부를 피보험자에게 지급하지 않으며, 피보험자의 보험금청구와 손해배상청구권자의 직접청구가 경합할 때에는 손해배상청구권자에게 우선하여 보험금을 지급하도록 하고 있다.

(7) 직접청구권

피보험자가 법률상의 손해배상책임을 지는 사고가 발생한 경우 손해배상청구권자가 보험회사에 직접 손해배상금을 청구할 수 있도록 하고 있다.

(8) 가지급금의 지급

손해배상청구권자는 보험회사에 대해 가지급금을 청구할 수 있다.

(9) 정기금의 지급

손해배상청구권자의 요청이 있을 때에는 손해배상금을 일정기간을 정하여 정기금으로 지급할 수 있다.

(10) 연령한정 및 운전자범위한정 특약의 예외

연령한정 및 운전자범위한정 특약에서 이들 조건에 맞지 않는 자가 운전 중 사고가 발생하게 되면 대인배상Ⅰ 이외의 담보에서는 면책으로 규정하고 있는데, 예외적으로 도난운전, 무단운전, 자동차취급업자의 운전 중 사고로 피보험자에게 법률상 손해배상책임이 발생하는 경우에는 대인배상Ⅱ에서도 보상한다.

04 현행 개인용 자동차보험약관의 대인배상Ⅰ, 대인배상Ⅱ, 자기신체사고, 무보험자동차에 의한 상해에서 규정하고 있는 각 담보별 피보험자의 범위에 대하여 설명하시오. (15점)

모범답안

(1) 대인배상Ⅰ의 피보험자의 범위

대인배상Ⅰ에서 보험회사는 피보험자가 피보험자동차의 운행으로 인하여 다른 사람을 죽게 하거나 다치게 하여 「자동차손해배상보장법」 제3조에 의한 손해배상책임을 짐으로써 입은 손해를 보상한다.

여기서, 피보험자란 ① 기명피보험자, ② 친족피보험자, ③ 승낙피보험자, ④ 사용피보험자, ⑤ 운전피보험자를 말하며, ⑥ 이들 외에도 「자동차손해배상보장법」상 자동차보유자에 해당하는 자가 있는 경우에는 그 자도 대인배상Ⅰ의 피보험자로 본다.

(2) 대인배상Ⅱ의 피보험자의 범위

대인배상Ⅱ에서 보험회사는 피보험자가 피보험자동차를 소유, 사용, 관리하는 동안에 생긴 피보험자동차의 사고로 인하여 다른 사람을 죽게 하거나 다치게 하여 법률상 손해배상책임을 짐으로써 입은 손해(대인배상Ⅰ 초과손해)를 보상한다.

여기서, 피보험자란 ① 기명피보험자, ② 친족피보험자, ③ 승낙피보험자(다만, 자동차 취급업자가 업무상 위탁받은 피보험자동차를 사용하거나 관리하는 경우에는 피보험자로 보지 않는다), ④ 사용피보험자, ⑤ 운전피보험자(다만, 자동차 취급업자가 업무상 위탁받은 피보험자동차를 사용하거나 관리하는 경우에는 피보험자로 보지 않는다)를 말한다.

(3) 자기신체사고의 피보험자의 범위

자기신체사고에서 보험회사는 피보험자가 피보험자동차를 소유, 사용, 관리하는 동안에 생긴 피보험자동차의 사고로 인하여 상해를 입은 때 그로 인한 손해를 보상한다.

여기서, 피보험자란 ① 대인배상Ⅱ의 피보험자와 ② 그들 피보험자의 부모, 배우자 및 자녀를 말한다.

(4) 무보험자동차에 의한 상해에서의 피보험자의 범위

무보험자동차에 의한 상해에서 보험회사는 피보험자가 무보험자동차로 인하여 생긴 사고로 상해를 입은 때 그로 인한 손해에 대하여 배상의무자가 있는 경우에 약관에서 정하는 바에 따라 보상한다.

여기서, 피보험자란 ① 기명피보험자 및 그 배우자(피보험자동차에 탑승 여부 불문), ② 기명피보험자 및 그 배우자의 부모 및 자녀(피보험자동차에 탑승 여부 불문), ③ 피보험자동차에 탑승 중인 경우로 기명피보험자의 승낙을 받아 피보험자동차를 사용 또는 관리 중인 자(다만, 자동차 취급업자가 업무상 위탁받은 피보험자동차를 사용하거나 관리하는 경우에는 피보험자로 보지 않는다), ④ 위 피보험자를 위하여 피보험자동차를 운전 중인 자(다만, 자동차 취급업자가 업무상 위탁받은 피보험자동차를 사용하거나 관리하는 경우에는 피보험자로 보지 않는다)를 말한다.

05

산업재해보상보험 가입자인 '갑' 물류회사의 직원 A는 자신의 자동차를 운전하여 통상적인 경로와 방법으로 출근하던 중 B가 운행하는 자동차의 일방과실에 의한 사고로 말미암아 현장에서 사망하였다.
이 건 사고에 대하여 다음과 같이 자동차보험 대인배상 보험금과 산업재해보상보험 급여가 산정되고, 산업재해보상보험 급여를 받을 수 있는 자(수급권자)는 근로복지공단으로부터 보험급여를 받은 외에 달리 배상금을 받은 바 없다. A의 유족으로는 배우자와 자녀 1명(성년자)이 있는데, 이 건 산업재해보상보험 급여를 받을 수 있는 자(수급권자)는 A의 배우자이며, 자녀는 수급권자가 아니다.
한편, 근로복지공단은 B가 가입한 '을' 자동차보험회사에 구상권(대위권)을 행사한 바(다음 예시 참조), 이 경우 '을' 보험사가 부담하여야 할 책임액을 산정함에 있어서 확인하여야 할 사항을 설명하고, 근로복지공단에 지급할 보험금을 산출하시오. (15점)

〈자동차보험 대인배상 지급기준에 의하여 산출된 보험금〉

- 위자료 : 50,000,000원
  (청구권자의 범위 및 청구권자별 지급기준 : 「민법」상 상속규정에 따름)
- 장례비 : 5,000,000원
  (청구권자의 범위 및 청구권자별 지급기준 : 「민법」상 상속규정에 따름)
- 상실수익액 : 35,000,000원
- 합계 : 90,000,000원

〈산업재해보상보험법상의 보험급여〉

- 장의비 : 12,000,000원
- 유족일시금 : 130,000,000원
- 합계 : 142,000,000원

모범답안

1. '을' 보험사가 책임액산정시 확인하여야 할 사항

(1) 손익상계의 범위

산재보험금은 피재근로자가 업무상 재해를 당한 경우에 「민법」상 불법행위책임에 대한 입증책임 및 사용자의 과실 여부에 불문하고 그 손해에 대해 보상을 받을 수 있도록 특별법인 「산업재해보상보장법」에 의해 지급되는 것으로, 자동차보험과 경합되는 경우 산재보험금 전액을 자동차보험금에서 공제하는 것이 아니라 같은 항목별로 공제한다. 따라서 장의비는 장례비에서, 유족일시금은 상실수익액에서 공제하며, 위자료는 산재보험금에는 없는 항목이기 때문에 공제대상이 아니다.

(2) 상속권자, 수급권자, 장의비

① 상속권자

상속권자는 망자의 배우자 및 자녀이며, 그 지분은 배우자가 1.5, 자녀가 1이다.

② 수급권자

유족일시금(유족급여)은 손해배상금의 성격이 아니라, 근로자가 업무상 사유로 사망하는 경우 그의 부양가족의 생활보장을 위하여 지급되는 보험금으로, 수령권자도 「민법」상의 상속권자가 아닌 수급권자이며, 이에 대해 법률에서 별도로 규정하고 있다.

③ 장의비

장의비는 장제에 소요되는 비용으로 실비의 성질을 가지며, 청구권자는 장제를 지낸 유족이다.

※ 「산재보험법」상 '장의비'는 2021.1.26. '장례비'로 용어가 개정되었다.

2. '을' 보험사의 지급보험금

(1) 장례비

장례비 5,000,000원 – 장의비 12,000,000원 = 0원

(2) 상실수익액

상실수익액 35,000,000원을 상속권자 별로 나누면,

배우자는 35,000,000원 × 1.5 / 2.5 = 21,000,000원,

자녀는 35,000,000원 × 1 / 2.5 = 14,000,000원이 되며,

배우자는 유족일시금을 근로복지공단으로부터 수령하였으므로 이를 공제한다.

① **배우자** : 21,000,000원 – 130,000,000원 = 0원

② **자녀** : 14,000,000원 – 0원 = 14,000,000원

(3) 위자료

위자료는 산재보험금에는 없는 항목이므로 상속권자 별로 나누어 지급하면 된다.

① **배우자** : 50,000,000원 × 1.5 / 2.5 = 30,000,000원

② **자녀** : 50,000,000원 × 1 / 2.5 = 20,000,000원

(4) 지급처별 보험금

① **배우자** : 위자료 30,000,000원

② **자녀** : 위자료 20,000,000원 + 상실수익액 14,000,000원 = 34,000,000원

③ **근로복지공단** : 장례비 5,000,000원 + 상실수익액 21,000,000원 = 26,000,000원

06 현행 자동차보험약관(대인배상Ⅰ·Ⅱ, 자기신체사고, 무보험자동차에 의한 상해)상 손해배상청구권자의 직접청구권 및 피보험자의 보험금청구권의 소멸시효 기산점에 대하여 설명하시오. (10점)

모범답안

(1) 소멸시효의 의의

소멸시효란 권리자가 그의 권리를 행사할 수 있음에도 불구하고 일정한 기간(시효기간) 동안 그 권리를 행사하지 않는 상태가 계속된 경우에 그의 권리를 소멸시키는 제도를 말한다. 이는 법적 안정성의 확보, 채증상의 곤란을 해소하고자 하는 공익적인 이유에 그 근거를 두고 있다.

(2) 손해배상청구권자의 직접청구권의 소멸시효 기산점

「자동차보험약관」 제29조에서는 피보험자가 법률상 손해배상책임을 지는 사고가 생긴 경우, 손해배상청구권자는 보험회사에 직접 손해배상을 청구할 수 있다고 규정되어 있으므로 직접청구권의 소멸시효 기산점은 자동차사고가 발생한 시점이 된다.

「민법」 제166조에서도 소멸시효 기산점은 권리자가 권리를 행사할 수 있는 때부터 진행한다고 규정되어 있고, 또한 「민법」 제766조에서는 불법행위로 인한 손해배상의 청구권은 피해자나 그 법정대리인이 그 손해 및 가해자를 안 날로부터 3년간 행사하지 아니하거나 또는 불법행위를 한 날로부터 10년을 경과한 때에도 시효로 인하여 소멸한다고 규정되어 있다.

(3) 피보험자의 보험금청구권의 소멸시효 기산점

자동차보험약관 제25조 피보험자가 보험금을 청구할 수 있는 경우가 피보험자의 보험금청구권의 소멸시효 기산점이 된다.

① 대인배상Ⅰ·Ⅱ

대한민국법원에 의한 판결의 확정, 재판상의 화해, 중재 또는 서면에 의한 합의로 손해배상액이 확정된 때

② 자기신체사고

피보험자가 피보험자동차를 소유, 사용 또는 관리하는 동안에 생긴 피보험자동차의 사고로 인하여 상해를 입은 때

③ 무보험자동차에 의한 상해

피보험자가 무보험자동차에 의해 생긴 사고로 상해를 입은 때

제42회 신체손해사정사 2차 시험문제

1. 다음 사례를 검토하여 물음에 답하시오.

〈사고 내용〉

2019년 7월 14일 11:00경 A와 B는 각각 자가용 승용차를 운전 중 교차로에서 충돌하는 사고를 야기하였다. A는 직장동료 C의 요청으로 C소유 자동차를 운전하였는데 C와 동료직원 D가 동승하였으며, 다른 동료직원의 결혼식장에 함께 가던 중이었다(업무관련성 없음). 이 사고로 C는 사고 현장에서 사망하였고, D는 후유장애(상해 1급, 장애 7급)가 남게 되었다.
A : B의 과실비율은 80% : 20%이며, 동승과정상 과실을 포함한 D의 호의동승감액비율은 50%이다.

〈보험계약사항〉

- A는 자가용 승용차를 소유하고 있으며, 자신을 기명피보험자로 '갑' 보험회사의 개인용 자동차보험(대인배상 Ⅰ/대인배상 Ⅱ/자기신체사고/무보험자동차 상해)에 가입
- B는 위 사고자동차에 대하여 자신을 기명피보험자로 '을' 보험회사의 개인용 자동차보험(대인배상 Ⅰ/대인배상 Ⅱ/자기신체사고)에 가입
- C는 위 사고자동차에 대하여 자신을 기명피보험자로 '병' 보험회사의 개인용 자동차보험(대인배상 Ⅰ/대인배상 Ⅱ/자기신체사고)에 기명피보험자 1인 한정운전 특별약관으로 가입

〈손해상황 등〉

- C의 과실상계 전 실제손해액 : 22,000만원
  (장례비 500만원 / 사망위자료 8,000만원 / 상실수익액 13,500만원)
- D의 과실상계 전 실제손해액 : 10,000만원
  [부상손해 4,000만원(치료비 3,500만원 / 휴업손해 500만원) / 장해손해 6,000만원(장애위자료 1,000만원 / 상실수익액 5,000만원)]
- A, B, C가 가입한 자동차보험의 보상한도

(단위 : 만원)

구분	부상 1급	장애 7급	사망
대인배상 Ⅰ	3,000	6,000	15,000
대인배상 Ⅱ	무한		
자기신체사고	1,500	1,200	3,000
무보험자동차에 의한 상해	20,000		

(1) C 및 D에 대한 법률상 손해배상책임 및 각 보험회사의 담보별 보상책임을 설명하시오. (15점)

(2) C 및 D에 대한 각 보험회사의 담보별 지급보험금을 산출하고, 보험회사의 권리를 설명하시오. (15점)

2. 다음 사례에서 보험금지급채무의 존재 또는 부존재를 가리기 위해 손해사정사가 착안, 검토하여야 할 사항을 대인배상 I / 대인배상 II 로 나누어 기술하시오. (20점)

〈사례〉

- A는 B의 피용자로서 아래 자동차보험의 보험기간 내에 B소유 자가용 승용차를 운전 중, 도로를 횡단하던 C(A, B와 아무런 인적관계 없음)를 충격하여 부상케 한 바, 이에 C는 그 자동차보험회사에 피해자 직접청구권을 행사하였다.
- B는 자신을 기명피보험자로 하여 개인용 자동차보험(운전자연령한정운전 특별약관)으로 대인배상 I, II 에 가입하였다.
- A는 사고 당시 위 특별약관에 위반되는 연령이었으며, 운전면허 정지기간 중이었다.

3. 자동차사고의 손해배상에 있어 노동능력상실률 평가에 관하여 설명하시오. (20점)

4. 현행 자동차보험약관 「자동차사고 과실비율 인정기준」의 "수정요소"에 관하여 설명하시오. (15점)

5. 업무상 과실 또는 중대한 과실로 교통사고를 일으킨 운전자에 대한 형사처벌특례에 관하여 설명하시오. (15점)

01 다음 사례를 검토하여 물음에 답하시오.

〈사고 내용〉

2019년 7월 14일 11:00경 A와 B는 각각 자가용 승용차를 운전 중 교차로에서 충돌하는 사고를 야기하였다. A는 직장동료 C의 요청으로 C소유 자동차를 운전하였는데 C와 동료직원 D가 동승하였으며, 다른 동료직원의 결혼식장에 함께 가던 중이었다(업무관련성 없음). 이 사고로 C는 사고 현장에서 사망하였고, D는 후유장애(상해 1급, 장애 7급)가 남게 되었다.
A : B의 과실비율은 80% : 20%이며, 동승과정상 과실을 포함한 D의 호의동승감액비율은 50%이다.

〈보험계약사항〉

- A는 자가용 승용차를 소유하고 있으며, 자신을 기명피보험자로 '갑' 보험회사의 개인용 자동차보험(대인배상 I /대인배상 II /자기신체사고/무보험자동차 상해)에 가입
- B는 위 사고자동차에 대하여 자신을 기명피보험자로 '을' 보험회사의 개인용 자동차보험(대인배상 I /대인배상 II /자기신체사고)에 가입
- C는 위 사고자동차에 대하여 자신을 기명피보험자로 '병' 보험회사의 개인용 자동차보험(대인배상 I /대인배상 II /자기신체사고)에 기명피보험자 1인 한정운전 특별약관으로 가입

〈손해상황 등〉

- C의 과실상계 전 실제손해액 : 22,000만원
  (장례비 500만원 / 사망위자료 8,000만원 / 상실수익액 13,500만원)
- D의 과실상계 전 실제손해액 : 10,000만원
  [부상손해 4,000만원(치료비 3,500만원 / 휴업손해 500만원) / 장해손해 6,000만원(장애위자료 1,000만원 / 상실수익액 5,000만원)]
- A, B, C가 가입한 자동차보험의 보상한도

(단위 : 만원)

구 분	부상 1급	장애 7급	사 망
대인배상 I	3,000	6,000	15,000
대인배상 II	무한		
자기신체사고	1,500	1,200	3,000
무보험자동차에 의한 상해	20,000		

(1) C 및 D에 대한 법률상 손해배상책임 및 각 보험회사의 담보별 보상책임을 설명하시오. (15점)

(2) C 및 D에 대한 각 보험회사의 담보별 지급보험금을 산출하고, 보험회사의 권리를 설명하시오. (15점)

모범답안

1. C 및 D에 대한 법률상 손해배상책임 및 각 보험회사의 담보별 보상책임

(1) '갑' 보험회사의 보상책임

다른 자동차운전담보 특별약관에 의하면 피보험자가 다른 자동차를 운전하던 중 생긴 대인사고로 인하여 법률상 배상책임을 짐으로써 손해를 입은 때 또는 피보험자가 상해를 입었을 때, 피보험자가 운전한 다른 자동차를 피보험자동차로 간주하여 대인배상Ⅱ 및 자기신체사고로 보상한다. 또한 다른 자동차의 소유자가 상해를 입었을 때에는 자기신체사고의 피보험자로 간주하여 보상한다.

사례의 경우 C는 다른 자동차의 소유자이므로 자기신체사고로 보상하고, D는 직장동료로 타인이므로 대인배상Ⅱ로 보상한다.

(2) '을' 보험회사의 보상책임

사례의 경우 소유자 B는 운행자로서 운행자책임 및 「민법」상 불법행위책임이 있으며, B는 약관상 기명피보험자이므로 보험회사는 C 및 D에 대해 대인배상Ⅰ, 대인배상Ⅱ에서 보상한다. 물론 피해자의 과실을 적용하여 보상한다.

(3) '병' 보험회사의 보상책임

기명피보험자 1인 한정운전 특별약관에 의하면 기명피보험자 이외의 자가 운전을 한 경우 대인배상Ⅰ을 제외한 다른 담보에 대해 보상을 받을 수 없다. 다만, 예외적으로 도난을 당한 경우 및 자동차취급업자의 운전 중 사고는 보상한다.

사례의 경우 소유자인 C와 운전자인 A에게 운행지배가 있으므로 운행자책임이 발생하며, 운전자인 A에게는 「민법」상 불법행위책임도 발생한다. 기명피보험자인 C가 운전한 것이 아니고, 직장동료인 A가 운전한 것이므로 대인배상Ⅰ에서만 보상한다. C는 타인이 아니므로 면책되고, D는 타인이므로 부책된다. 물론 피해자의 과실을 적용하여 보상한다.

(4) 결 론

'갑' 보험회사는 C에 대해서는 자기신체사고로 보상하고, D에게는 대인배상Ⅱ로 보상한다. '을' 보험회사는 C 및 D에게는 대인배상Ⅰ, 대인배상Ⅱ에서 보상하며, '병' 보험회사는 D에게만 대인배상Ⅰ에서 보상한다.

2. C 및 D에 대한 각 보험회사의 담보별 지급보험금 및 보험회사의 권리

(1) '을' 보험회사의 지급보험금 및 보험회사의 권리

① C에 대한 대인배상 I, 대인배상 II 지급보험금 및 보험회사의 권리

㉠ 지급보험금 : 22,000만원 × 20% = 4,400만원

㉡ 보험회사의 권리 : '을' 보험회사는 피해자 측의 과실비율을 적용하여 보상하므로 구상할 부분이 없다.

② D에 대한 대인배상 I, 대인배상 II 지급보험금 및 보험회사의 권리

㉠ 지급보험금

- 부상보험금 : 4,000만원 × 50%(호의동승감액비율) = 2,000만원

※ 대인배상 I 에서는 부상보험금의 경우, 과실상계 후 금액이 치료관계비와 간병비의 합산금액에 미달하면 부상등급별 한도 내에서 보상한다. 사례의 경우 과실상계 후 부상보험금 2,000만원이 치료비 3,500만원에 미달하므로 보상한도액인 3,000만원을 부상보험금으로 지급한다.

- 장애보험금 : 6,000만원 × 50%(호의동승감액비율) = 3,000만원
- 지급보험금 : 3,000만원 + 3,000만원 = 6,000만원

㉡ 보험회사의 권리

'을' 보험회사에서는 6,000만원의 80%인 4,800만원을 '병' 보험회사에 구상한다.

(2) '갑' 보험회사의 지급보험금 및 보험회사의 권리

① C에 대한 자기신체사고 지급보험금

자기신체사고에서의 지급보험금은 실제손해액 + 비용 − 공제액이므로,

22,000만원 − 4,400만원('을' 보험회사 지급보험금) = 17,600만원

자기신체사고 사망 보상한도액인 3,000만원을 지급한다.

② D에 대한 대인배상 II 지급보험금

'을' 보험회사의 대인배상 I, 대인배상 II 에서 보상되고, 사례의 경우 대인배상 I 에서 전액 보상되므로 대인배상 I 초과손해는 없다.

(3) '병' 보험회사의 지급보험금 및 보험회사의 권리

D에 대한 대인배상 I 지급보험금 및 보험회사의 권리

① 지급보험금

- 부상보험금 : 4,000만원 × 50%(호의동승감액비율) = 2,000만원

※ 사례의 경우 과실상계 후 부상보험금이 2,000만원이 치료비 3,500만원에 미달하므로 보상한도액인 3,000만원을 부상보험금으로 지급한다.

- 장애보험금 : 6,000만원 × 50%(호의동승감액비율) = 3,000만원
- 지급보험금 : 3,000만원 + 3,000만원 = 6,000만원

② 보험회사의 권리

'병' 보험회사에서는 6,000만원의 20%인 1,200만원을 '을' 보험회사에 구상한다.

(4) 결 론

C는 '을' 보험회사의 대인배상Ⅰ, 대인배상Ⅱ에서 4,400만원, '갑' 보험회사의 자기신체사고에서 3,000만원을 보상받을 수 있고, D는 대인배상Ⅰ 초과손해가 발생하지 않았으므로, '을' 또는 '병' 보험회사에서 6,000만원을 보상받을 수 있다.

02 다음 사례에서 보험금지급채무의 존재 또는 부존재를 가리기 위해 손해사정사가 착안, 검토하여야 할 사항을 대인배상Ⅰ / 대인배상Ⅱ로 나누어 기술하시오. (20점)

〈사례〉

- A는 B의 피용자로서 아래 자동차보험의 보험기간 내에 B소유 자가용 승용차를 운전 중 도로를 횡단하던 C(A, B와 아무런 인적관계 없음)를 충격하여 부상케 한 바, 이에 C는 그 자동차보험회사에 피해자 직접청구권을 행사하였다.
- B는 자신을 기명피보험자로 하여 개인용 자동차보험(운전자연령한정운전 특별약관)으로 대인배상Ⅰ, Ⅱ에 가입하였다.
- A는 사고 당시 위 특별약관에 위반되는 연령이었으며, 운전면허 정지기간 중이었다.

모범답안

(1) 대인배상Ⅰ

대인배상Ⅰ은 피보험자가 피보험자동차의 운행으로 인하여 다른 사람을 죽게 하거나 다치게 하여 「자배법」 제3조에 의한 손해배상책임을 짐으로써 입은 손해를 보상한다.

사례의 경우 A는 연령미달자이며, 무면허인 자로 무단운전의 개연성이 매우 높다. 무단운전 중의 사고시 보유자의 책임은 사고 당시 그 차량에 대한 운행지배와 운행이익을 상실하였는지 여부로 판단하는데, 그 판단요소로는 평소 자동차 및 열쇠보관상태, 무단운전이 가능하게 된 경위, 소유자와 운전자의 인적관계, 차량반환의사 유무, 보유자의 사후승낙 가능성, 피해자의 주관적 인식 유무, 시간적, 장소적 근접성 등을 종합적으로 판단한다.

손해사정사는 상기의 대인배상Ⅰ의 보상책임발생요건 및 무단운전의 판단요소들을 검토하여야 한다. 특히 무단운전 중의 사고라 하더라도 보유자인 B에게는 여전히 운행자책임이 존재하고, 만일 고의사고로 면책사유에 해당한다 하더라도 피해자가 직접청구권을 행사하면 보상하여야 하는 바, 대인배상Ⅰ의 보상책임은 발생하게 된다.

(2) 대인배상Ⅱ

대인배상Ⅱ는 피보험자가 피보험자동차를 소유, 사용, 관리하는 동안에 생긴 피보험자동차의 사고로 다른 사람을 죽게 하거나 다치게 하여 법률상 손해배상책임을 짐으로써 입은 손해를 보상한다.

사례의 경우 A는 연령미달자이며, 무면허인 자로 무단운전의 개연성이 매우 높다. 무단운전 중의 사고시 보유자의 책임은 사고 당시 그 차량에 대한 운행지배와 운행이익을 상실하였는지 여부로 판단한다. 만일 무단운전이라고 본다면 대인배상Ⅱ에서 보상하여야 할 것이다.

(3) 무면허운전

대인배상Ⅱ에서는 피보험자 본인이 무면허운전을 하였거나 기명피보험자의 명시적, 묵시적 승인하에서 피보험자동차의 운전자가 무면허운전을 하였을 때 생긴 사고로 인한 손해는 보상하지 않는다.

기명피보험자 이외의 자가 무면허운전을 하였을 때에는 기명피보험자의 명시적, 묵시적 승인이 있는 경우에 면책되는데, 이에 대한 판단은 평소 무면허운전자의 운전에 관하여 소유자가 취해 온 태도, 무면허운전자와의 관계, 평소 차량의 운전 및 관리상황, 당해 무면허운전이 가능하게 된 경위, 운전의 목적 등 제반 사정을 종합적으로 고려하여 판단하여야 한다.

(4) 결 론

손해사정사는 상기한 보상책임발생요건 및 무면허운전시의 면책조항, 특히 명시적, 묵시적 승인 여부에 대해 검토하고 조사하여야 한다. A는 B의 피용자로서 인적관계가 있으므로 사용자인 B는 피용자인 A가 무면허라는 것을 인지하고 있었을 가능성을 배제할 수 없다.

무면허운전에 대한 면・부책을 판단하는 데는 사용자인 B가 피용자인 A가 무면허라는 사실을 알고 있었는지의 여부가 중요한 요소로 작용한다. 즉 B가 A가 무면허라는 사실을 몰랐다면, 즉 명시적, 묵시적 승인이 없었다면 보험회사에서는 무면허면책조항을 B에게는 적용할 수 없으므로 부책될 것이고, 만일 그 사실을 알고 있었다면 명시적, 묵시적 승낙이 있었던 것으로 보아 대인배상Ⅱ에서 면책될 것이다.

03 자동차사고의 손해배상에 있어 노동능력상실률 평가에 관하여 설명하시오. (20점)

모범답안

1. 서 론

자동차사고로 부상을 입은 피해자가 치료 후 후유장해가 남은 경우 그에 대한 보험금은 자동차보험 약관상 맥브라이드식 후유장해 평가방법에 따라 판정된 피해자의 노동능력상실률을 기준으로 하여 산정하고 있다. 약관규정에 따르면 맥브라이드식 후유장해 평가방법에 따라 일반의 옥내 또는 옥외 근로자를 기준으로 치료의사 또는 해당 과목의 전문의가 판단한 노동능력상실률을 적용하며, 그 판정내용과 관련하여 다툼이 있는 경우에는 당사자가 협의하여 정한 제3의 종합병원의 전문의에게 판정을 구할 수 있도록 하고 있다.

2. 맥브라이드식 후유장해 평가

(1) 개 요

맥브라이드식 후유장해는 직업, 연령, 잘 쓰는 손 등을 고려하여 신체장해율을 평가한 것으로, 그동안 평가방법이 비교적 적합하다는 평가로 인해 법원에서 손해배상을 판단할 때 주로 사용되어 왔다. 그러나 한편으로는 육체노동자를 기준으로 한 점, 현재 의학기술이 발전된 점을 감안하면 현 시점에서 그대로 적용하는 것은 적절치 않다는 주장도 있다.

(2) 적용방법

① 직종의 적용

직업을 279종으로 나누고, 각 직업별로 상해부위에 적용할 숫자를 9개 등급으로 나누고 있는데, 현재 자동차보험에서는 노동능력상실률을 단순히 옥내 또는 옥외근로자를 기준으로 적용하고 있는 실정이다.

② 판정의사

원칙적으로 부상을 치료한 해당 과목 전문의가 평가한다. 다만, 경우에 따라서는 객관적인 평가를 위해 제3의 종합병원의 해당 과목 전문의에 의해 평가를 받을 수도 있다.

③ 평가시기

원칙적으로 치료가 종료되고도 신체에 증상이 남아 더 이상 치료의 효과를 기대할 수 없을 때 평가를 실시하게 된다. 골절환자의 경우 통상 6개월이 경과하면 판정받을 수 있고, 해당 과목에 따라서는 1년 또는 그 이후에 판정이 이루어지는 경우도 있다. 다만, 절단 등의 장해는 발생 즉시 평가할 수 있다.

④ 중복장해의 합산

중복장해의 경우 각각의 노동능력상실률을 단순히 합산하는 방식이 아니라, 차감체증방식에 따라 하나의 노동능력상실률을 기준으로 하여 이를 공제한 잔존 노동능력상실률에 다른 노동능력상실률을 곱하여 평가한 결과를 합산하는 방식으로 한다. 예컨대, 노동능력상실률이 10%와 20%가 있다고 가정하면, 최종적으로 적용할 노동능력상실률은,

20% + [(100% − 20%) × 10%] = 28%가 된다.

04 현행 자동차보험약관 「자동차사고 과실비율 인정기준」의 "수정요소"에 관하여 설명하시오. (15점)

모범답안

1. 의 의

피해자 등에 대한 과실비율은 자동차사고 유형별 과실비율 인정기준에 따라 적용하며, 사고유형이 동 기준에 없거나 동 기준에 의한 과실비율의 적용이 곤란할 때에는 판결례를 참작하여 적용한다. 다만, 소송이 제기되었을 경우에는 확정판결에 의한 과실비율을 적용한다.

2. 과실비율의 수정요소

(1) '차 대 보행자' 사고시 수정요소

① 보행자과실 가산요소 : 야간, 기타 시야장애, 간선도로, 정지·후퇴·사행, 횡단규제 표시, 교차로 대각선 횡단, 음주상태, 보행자의 급격한 진입 등

② 보행자과실 감산요소 : 주택·상점가·학교, 어린이·노인·장애인, 집단횡단, 보·차도 구분이 없는 도로, 차의 현저한 과실 또는 중과실, 어린이보호구역 및 노인보호구역 등

(2) '차 대 차' 사고시 수정요소

대형차, 명확한 선진입, 서행 또는 감속 불이행, 급좌회전, 기좌회전 및 좌회전금지위반, 소좌회전과 대좌회전, 진로변경 금지장소, 전용차로위반, 진로변경신호 불이행 또는 지연, 교차로 정체 중 진입(꼬리 물기), 회전위험장소 또는 회전금지장소에서의 회전, 차체를 내밀고 대기 등의 차량에게는 과실비율을 가산한다. 그리고 자동차의 현저한 과실, 중과실 등 여기서 정하지 않은 수정요소는 특별한 사정이 없는 한 '차 대 보행자' 사고 및 다른 사고 유형에서 정의한 내용을 적용 또는 준용한다.

(3) '자동차 대 이륜차' 사고시 수정요소

대부분은 '차 대 차' 사고시 수정요소와 동일하나, 안전모 미착용, 정원초과 등의 사항을 추가로 고려하여 과실비율을 적용한다.

(4) 고속도로(자동차전용도로 포함)의 과실비율 수정요소

분기점 출입로 부근사고, 진로변경 금지장소 사고, 전용차로위반사고, 신호불이행 및 지연 등을 한 차량에게 과실을 가산한다. 그리고 자동차의 현저한 과실 및 중과실 등 '차 대 차' 사고시의 수정요소는 고속도로 사고시에도 준용된다.

(5) 차 대 자전거(농기계 포함) 사고시 수정요소

자전거의 좌측통행, 자전거의 현저한 과실 및 중과실, 인근에 자전거도로가 있는 경우, 야간에 자전거에 후면반사등이 없는 경우, 어린이 또는 노인의 자전거 운전시, 보・차도 구분이 없는 도로 등을 수정요소로 적용하며, 이 기준에 없는 경우는 '차 대 보행자' 또는 '차 대 차' 사고시의 수정요소를 준용한다.

05 업무상 과실 또는 중대한 과실로 교통사고를 일으킨 운전자에 대한 형사처벌특례에 관하여 설명하시오. (15점)

모범답안

(1) 「교통사고처리특례법」

「교통사고처리특례법」은 업무상 과실 또는 중대한 과실로 교통사고를 일으킨 운전자에 대한 형사처벌의 특례를 정함으로써 교통사고로 인한 피해의 신속한 회복을 촉진하고 국민생활의 편익을 증진함을 목적으로 제정된 법률이다.

(2) 처벌의 특례(반의사불벌 특례)

교통사고로 「형법」 제268조의 업무상 과실 및 중과실 치사상죄와 「도로교통법」 제151조의 재물손괴죄를 범한 운전자에 대하여는 피해자의 명시의 의사에 반하여 공소를 제기하지 못한다. 다만, 다음의 예외조항에 해당하면 처벌을 원치 않는다는 피해자의 명시의 의사표시에 불구하고 형사처벌을 받게 된다.

① 사망사고

② 뺑소니사고

③ 12대 중대사고 : 신호위반, 중앙선 침범, 제한속도위반(20km/h 초과), 앞지르기금지위반, 건널목통과방법위반, 횡단보도 보행자보호의무위반, 무면허운전, 음주운전 또는 약물중독운전, 보도침범사고, 승객추락방지의무위반, 어린이보호구역 준수의무위반, 화물고정조치위반

(3) 보험가입의 특례

교통사고를 일으킨 차가 보험(공제)에 가입된 경우에는 그 사고운전자에 대하여 공소를 제기하지 못한다. 다만, 다음의 경우에는 자동차종합보험에 가입되어 있더라도 처벌된다.

① 사망사고, 뺑소니사고 및 12대 중대사고

② 중상해사고 : 피해자가 신체의 상해로 인하여 생명에 대한 위협이 발생하거나 불구 또는 난치의 질병이 생긴 경우 중상해사고를 낸 운전자에 대해 반의사불벌 특례는 인정되나 보험가입의 특례는 인정되지 않는다. 따라서 가해자가 형사처벌을 면제받으려면 피해자와 형사합의가 필요하게 된다.

③ 보험계약이 무효, 해지 또는 면책되어 보험금 지급의무가 없어진 경우

제43회 신체손해사정사 2차 시험문제

1. 자동차사고의 손해배상책임과 관련하여, 「자동차손해배상보장법」상의 책임과 「민법」상의 책임을 비교·설명하시오. (25점)

2. 자동차보험제도에 있어서 피해자의 직접청구권에 대하여 설명하고, 약관상 유의사항을 기술하시오. (15점)

3. 현행 자동차보험약관상 유상운송 면책에 대하여 설명하시오. (15점)

4. 자동차보험에서 '피보험자동차의 양도'의 의의와 시점 및 효과에 대하여 설명하시오. (15점)

5. 현행 자동차보험약관 지급기준상 '기술직 종사자'와 '현역병 등 군복무 해당자'의 현실소득액 산정방법과 취업가능월수에 대하여 설명하시오. (15점)

6. 다음 사례에서 대인배상 지급기준에 따라 A에게 지급할 보험금을 계산하시오. (15점) 

〈사고 내용〉

> 2020년 9월 9일 보행자 A는 도로횡단 중 B가 운전하는 자동차에 의하여 상해를 입었으며, 보행자의 과실은 50%로 인정되었다. A는 사고 당시 48세 여자이다.

〈보험계약사항〉

> B운전 자동차는 개인용 자동차보험 전담보에 가입(보험기간 2020.9.1. ~ 2021.9.1.)되어 있으며, 보험회사의 보상책임이 인정된다.

〈손해사항〉

> A는 안정성 척추골절로 40일 동안 입원(입원기간 간병인원은 1일 1인 인정됨) 후 50일 동안 통원하였는데, 이후 영구장해로 감정되었다. 한편 A는 좌측 상악 제1대구치・제2대구치, 좌측 하악 제1대구치 등 3개 치아파절에 대하여 임플란트 시술을 받았다.

〈보험금 계산 기초〉

치료비(치과치료 제외)	4,600,000원	임플란트 시술비(1치당)	1,000,000원
노동능력상실률	30%	휴업손해 인정액	3,500,000원
일용근로자 임금	100,000원	월평균 현실소득액	3,000,000원
후유장애 위자료(30%)	2,000,000원	상해등급 위자료(5급)	750,000원

※ 치료비는 이미 보험회사가 치료병원에 지급하였음(임플란트 시술비는 A가 부담하였음).

※ 노동능력상실일로부터 20개월 후 보험금을 지급하게 된 바, 보험금지급일로부터 취업가능연한까지의 월수에 해당하는 호프만계수는 130임.

01 자동차사고의 손해배상책임과 관련하여, 「자동차손해배상보장법」상의 책임과 「민법」상의 책임을 비교·설명하시오. (25점)

모범답안

1. 「자동차손해배상보장법」(이하 '자배법'이라 함)상의 책임

자기를 위하여 자동차를 운행하는 자는 그 운행으로 다른 사람을 사망하게 하거나 부상하게 한 경우에는 그 손해를 배상할 책임을 진다(자배법 제3조).

(1) 자동차손해배상책임의 주체 : 운행자

① 운행자란 자기를 위하여 자동차를 운행하는 자로 자동차에 대한 운행지배권을 가지고, 그 운행으로 인한 이익(경제적 이익뿐만 아니라 사회생활상의 이익을 포함)이 자기에게 귀속되는 자를 말한다.

② 운행자는 자동차소유자, 사용대차의 차주 및 대주, 임대차의 차주 및 대주, 무단·절취운전자(보유자는 될 수 없음), 자동차매수인, 매매대금이 미완제된 상태에서의 자동차매도인(할부판매매도인은 제외), 자기 차를 가진 피용자의 사용자, 자동차를 업무로서 위탁받은 자동차 정비사업자·판매업자·세차업자·주차장업자(허락피보험자)가 있다.

(2) 자동차손해배상책임의 객체 : 타인(피해자)

① 타인은 운행자, 운전자 및 운전보조자를 제외한 모든 자로서 운행자에 대하여 손해배상을 청구할 수 있는 피해자를 말한다. 따라서 동승 중인 가족은 「자동차손해배상보장법」상의 타인에 해당한다.

② 운행자와 운전자의 가족이 자동차사고로 죽거나 다친 경우에 그 가족 또한 운행자의 지위에 서지 않는 한 당연히 손해배상책임의 객체인 타인에 속하므로 자동차보험 대인배상 I (책임보험)에서 보상받을 수 있다.

(3) 운행과 손해간의 상당인과관계

운행자가 타인의 사상에 대하여 손해배상책임을 지려면, 자기를 위한 운행과 타인의 생명 또는 신체의 사상과의 사이에 상당인과관계가 존재하여야 한다.

(4) 운행자의 면책사유

① 운행자의 3면책요건이 존재하는 경우

피해자가 승객 이외인 경우, 운행자가 다음의 3면책요건을 입증하면 운행자책임을 면하고, 책임을 면하려면 운행자가 입증하여야 한다.

㉠ 운행자 및 운전자의 무과실일 것

㉡ 피해자에게 고의 또는 과실이 있거나 또는 제3자의 고의 또는 과실이 존재할 것

㉢ 자동차에 구조상 결함이나 기능상 장애가 없다는 것

② 승객이 고의나 자살행위로 사망하거나 부상한 경우

③ 「자배법」 제3조 단서 이외의 면책사유

불가항력, 정당방위, 긴급피난 등이 있다.

2. 「민법」상의 책임

(1) 일반불법행위

고의 또는 과실로 인한 위법행위로 타인에게 손해를 가한 자는 그 손해를 배상할 책임이 있다(민법 제750조). 배상책임의 성립요건은 다음과 같다.

① 가해자에게 고의 또는 과실이 있어야 하고,

② 가해행위가 위법해야 하며,

③ 가해행위와 피해의 발생 사이에 인과관계가 인정되고,

④ 피해자에게 손해가 발생해야 한다.

(2) 사용자 손해배상책임

타인을 사용하여 어느 사무에 종사하게 한 자는 피용자가 그 사무집행에 관하여 제3자에게 가한 손해를 배상할 책임이 있다. 그러나 사용자가 피용자의 선임 및 그 사무감독에 상당한 주의를 한 때 또는 상당한 주의를 하여도 손해가 있을 경우에는 그러하지 아니하다(민법 제756조)라고 하여 책임을 면한다. 배상책임의 성립요건은 다음과 같다.

① 타인을 사용하여 어느 사무에 종사하게 할 것

② 피용자가 사무집행에 관하여 제3자에게 손해를 주었을 것

③ 피용자의 불법행위

④ 사용자가 면책사유를 입증하지 못할 것

3. 「자배법」과 「민법」상의 배상책임의 비교

(1) 손해배상책임의 주체

「민법」에서는 자동차 운전자(가해자) 또는 그 운전자가 사용자의 업무 중 사고라면 사용자가 손해배상책임의 주체인 반면에, 「자배법」에서는 자기를 위하여 자동차를 운행하는 자(운행자)로서, 자동차를 소유·사용·관리하고 있는 자가 손해배상책임의 주체이다. 따라서 일반적으로 「자배법」상의 운행자가 더 넓은 개념이라 본다.

(2) 손해배상책임의 객체

「민법」상 손해배상책임의 객체는 불법행위 당사자(가해자)를 제외한 모든 자이며, 「자배법」에서는 다른 사람으로서 운행자 및 운전자(보조자)를 제외한 자가 손해배상책임의 객체이다.

(3) 손해배상책임의 요건

「민법」상 불법행위책임은 손해배상의무자에게 고의, 과실로 인한 위법행위가 있어야 하므로 과실이 없으면 책임도 물을 수 없는 과실책임주의이다. 그러나 「자배법」상 운행자는 자동차 운행으로 인한 사고로 다른 사람이 사상된 경우 손해배상책임을 있으므로 무과실책임주의를 취하고 있다.

(4) 입증책임

「민법」상 배상책임은 과실책임주의이므로 손해배상청구권자(피해자)가 손해배상의무자(가해자)의 고의, 과실과 위법성, 인과관계의 존재를 입증하여야 한다. 반면에 「자배법」에서 운행자(가해자)는 손해배상책임이 있으므로 승객 이외의 자의 3면책 요건을 모두 입증하여야 하고, 승객의 경우 고의 또는 자살행위를 입증하여야 한다. 즉 운행자책임 발생요건의 부존재 또는 면책사유의 존재를 반증하지 못하는 한 운행자는 손해배상책임을 진다.

「자배법」상 운행자(가해자)의 면책사유 입증책임은 「민법」상 불법행위책임과 비교할 때 입증책임이 전환된 것으로 볼 수 있다. 즉, 입증책임이 「민법」상 피해자로부터 「자배법」상 운행자로 전환된 것이라고 할 수 있다.

(5) 법률적용의 우선순위

「자배법」 제3조는 「민법」상 불법행위책임의 특별법이다. 하지만 「자배법」상 운행자책임과 「민법」상 불법행위책임이 반드시 일치하지 않고 공동운행자나 운전보조자와 같이 「자배법」상 타인성이 부정되는 자에 대해서는 「민법」상 손해배상책임은 발생하나, 「자배법」상 손해배상책임은 발생하지 않는다. 따라서 특별법 우선적용의 원칙이 적용되어 「자배법」이 우선 적용되나 「자배법」상 손해배상책임의 주체가 아닌 자이거나 「자배법」상 타인성이 부정되는 자의 손해배상청구권에 대해서는 「민법」이 적용된다. 즉 사람의 사상사고(대인사고)의 경우 「자배법」이 「민법」에 우선하여 적용되나, 「자배법」이 적용되지 않거나 대물사고의 경우는 「민법」이 적용된다.

(6) 피해자 보호제도

자동차사고의 손해배상 및 보장에서 「자배법」은 「민법」의 특별법으로 특별히 강제(의무)보험제도, 직접청구권, 가불금청구권, 정부보장사업, 압류 및 양도 금지 등의 손해배상을 보장하는 제도를 확립하여 피해자를 보호하고, 자동차사고로 인한 사회적 손실을 방지함으로써 자동차운송의 건전한 발전을 촉진하는 것을 목적으로 하고 있다.

02 자동차보험제도에 있어서 피해자의 직접청구권에 대하여 설명하고, 약관상 유의사항을 기술하시오. (15점)

모범답안

1. 피해자의 직접청구권

(1) 의 의

자동차보험에서 손해배상청구권자(피해자)가 보험회사에게 직접 본인의 손해에 대한 보상을 청구할 수 있는 법률상의 권리를 말한다. 즉 피보험자가 법률상의 손해배상책임을 지는 사고가 생긴 경우, 손해배상청구권자는 보험회사에 직접 손해배상금을 청구할 수 있다(상법 제724조, 자배법 제10조).

(2) 취 지

① 보상절차 간소화를 통해 피해자를 효율적으로 구제할 수 있다.

② 피보험자가 보험금을 다른 곳에 유용하는 것을 방지할 수 있다.

③ 가해자의 무능력, 무성의로부터 피해자를 보호할 수 있다.

(3) 법률상 근거

① 「자배법」 제10조

보험가입자 등에게 「자배법」 제3조에 따른 손해배상책임이 발생하면 그 피해자는 보험회사 등에게 「상법」 제724조 제2항에 따라 보험금 등을 자기에게 직접 지급하여 줄 것을 청구할 수 있다.

② 「상법」 제724조 제2항

제3자는 피보험자가 책임질 사고로 입은 손해에 대하여 보험금액의 한도 내에서 보험자에게 직접 보상을 청구할 수 있다.

③ 표준약관 제29조

피보험자가 법률상 손해배상책임을 지는 사고가 생긴 경우, 손해배상청구권자는 보험회사에 직접 손해배상금을 청구할 수 있다. 다만, 보험회사는 피보험자가 그 사고에 가지는 항변으로 손해배상청구권에 대항할 수 있다.

(4) 특 징

① 독립성

직접청구권은 보험사고발생시 피보험자의 보험금청구권과는 독립된 권리로, 법 규정(상법, 자배법)에 의해 보험자에 대한 직접청구권을 원시취득한다.

② 강행성

직접청구권은 「상법」 제724조 및 「자배법」 제10조에 따른 강행규정이므로 약관에서 법률의 규정을 위배하여 계약자에게 불리한 조항을 둔다면 그 약관은 「상법」 제663조의 보험계약자 등의 불이익변경금지의 원칙에 위배되어 무효가 된다.

③ 배타성

직접청구권은 피해자보호를 위하여 법이 특별히 인정한 권리이기 때문에 다른 청구권에 비해 우선권을 갖는다. 즉 표준약관 제26조 제5항에 의해 피보험자의 보험금청구권과 경합시 직접청구권이 우선한다.

④ 자주성

피보험자의 협력 없이 직접청구권을 행사할 수 있다. 단, 직접청구권은 피보험자가 가입한 책임보험계약을 전제로 하고 있기 때문에 보험자가 피보험자에게 가지는 항변으로 피해자에게 대항할 수 있다.

⑤ 부종성

피해자의 피보험자에 대한 손해배상 청구권 소멸시 같이 소멸된다.

(5) 법적 성질(손해배상청구권설 & 보험금청구권설)

① 손해배상청구권설(판례)

직접청구권을 피해자가 피보험자에게 가지는 손해배상청구권으로 보는 설로, 피보험자와 보험자가 손해배상채무를 중첩적으로 인수한 연대채무자로 본다.

② 보험금청구권설

직접청구권을 피해자가 법 규정에 의해 보험자에게 청구하는 보험금청구권으로 보고, 손해의 보상을 약정한 것일 뿐 사고에 대한 귀책사유가 없고, 채무의 인수를 약정한 것으로는 볼 수 없다는 설이다. 손해배상청구권설은 보험자가 피보험자에 대한 항변으로 피해자에게 대항하기 어렵기 때문에 불합리하다.

(6) 보험금청구권과의 경합

피보험자의 보험금 청구가 손해배상청구권자의 직접청구와 경합할 때에는 보험회사가 손해배상청구권자에게 우선하여 보험금을 지급한다.

2. 약관상 유의사항

(1) 피보험자에게 통지 및 협력의무

보험회사가 손해배상청구권자의 청구를 받았을 때에는 지체 없이 피보험자에게 통지한다. 이 경우 피보험자는 보험회사의 요청에 따라 증거확보, 권리보전 등에 협력하여야 하며, 만일 피보험자가 정당한 이유 없이 협력하지 않은 경우 그로 인하여 늘어난 손해에 대하여는 보상하지 않는다.

(2) 손해배상금의 한도

보험회사가 손해배상청구권자에게 지급하는 손해배상금은 이 약관에 의하여 보험회사가 피보험자에게 지급책임을 지는 금액을 한도로 한다.

(3) 손해배상금의 직접 지급

보험회사가 손해배상청구권자에게 손해배상금을 직접 지급할 때에는 그 금액의 한도에서 피보험자에게 보험금을 지급하는 것으로 한다.

(4) 손해배상금의 결정 및 지급

보험회사는 손해배상청구에 관한 서류 등을 받았을 때에는 지체 없이 지급할 손해배상액을 정하고, 그 정하여진 날부터 7일 이내에 지급한다.

(5) 지급지연

보험회사가 정당한 사유 없이 손해배상액을 정하는 것을 지연하였거나 지급기일 내에 손해배상금을 지급하지 않았을 때, 지급할 손해배상금이 있는 경우에는 그 다음날부터 지급일까지의 기간에 대하여 〈부표〉 '보험금을 지급할 때의 적립이율'에 따라 연단위 복리로 계산한 금액을 손해배상금에 더하여 지급한다. 그러나 손해배상청구권자의 책임 있는 사유로 지급이 지연될 때에는 그 해당 기간에 대한 이자를 더하여 지급하지 않는다.

(6) 지급지연의 효과

보험회사가 손해배상 청구에 관한 서류를 받은 때부터 30일 이내에 손해배상청구권자에게 손해배상금을 지급하는 것을 거절하는 이유 또는 그 지급을 연기하는 이유(추가 조사가 필요한 때에는 확인이 필요한 사항과 확인이 종료되는 시기를 포함)를 서면(전자우편 등 서면에 갈음할 수 있는 통신수단을 포함)으로 통지하지 않는 경우, 정당한 사유 없이 손해배상액을 정하는 것을 지연한 것으로 본다.

(7) 정기금의 지급

보험회사는 손해배상청구권자의 요청이 있을 때는 손해배상액을 일정기간으로 정하여 정기금으로 지급할 수 있다. 이 경우 각 정기금의 지급기일의 다음날부터 다 지급하는 날까지의 기간에 대하여 보험개발원이 공시한 정기예금이율에 따라 연단위 복리로 계산한 금액을 손해배상금에 더하여 지급한다.

03 현행 자동차보험약관상 유상운송 면책에 대하여 설명하시오. (15점)

모범답안

1. 유상운송의 개념 및 면책 대상

(1) 유상운송의 개념

자동차보험에서 유상운송이란 요금이나 대가를 목적으로 반복적으로 자가용 자동차를 사용하거나 대여하는 것을 말하며, 유상운송 중 사고는 피보험자 개별적용을 제외한다.

(2) 유상운송의 면책 대상

① 개인용 자동차보험 : 자가용 승용차

② 업무용 자동차보험 : 승용차 또는 승합차

※ 화물자동차의 경우 약관상 유상운송 면책규정이 없기 때문에 면책대상이 아니다.

2. 개인용 자동차보험약관상 유상운송 면책

대인배상 Ⅱ에서는 피보험자동차가 영리를 목적으로 요금이나 대가를 받고 피보험자동차를 반복적으로 사용하거나 빌려 준 때에 생긴 손해를 면책사유로 하고 있다. 다만, 다음의 어느 하나에 해당하는 경우에는 보상한다.

① 임대차계약(계약기간이 30일을 초과하는 경우에 한함)에 따라 임차인이 피보험자동차를 전속적으로 사용하는 경우(다만, 임차인이 피보험자동차를 영리를 목적으로 요금이나 대가를 받고 반복적으로 사용하는 경우에는 보상하지 않는다)

② 피보험자와 동승자가 「여객자동차운수사업법」에 따른 토요일, 일요일 및 공휴일을 제외한 날의 출·퇴근 시간대(오전 7시부터 오전 9시까지 및 오후 6시부터 오후 8시까지를 말한다)에 실제의 출·퇴근 용도로 자택과 직장 사이를 이동하면서 승용차 함께타기를 실시한 경우

3. 업무용 자동차보험약관상 유상운송 면책

① 피보험자동차가 승용차 또는 승합차(버스)인 경우에 영리를 목적으로 요금이나 대가를 받고 피보험자동차를 반복적으로 사용하거나 대여한 때에 생긴 손해를 보상하지 않는다. 다만, 임대차계약(계약기간이 30일을 초과하는 경우에 한함)에 따라 임차인이 피보험자동차를 전속적으로 사용하는 경우는 보상한다. 그러나 임차인이 피보험자동차를 영리를 목적으로 요금이나 대가를 받고 반복적으로 사용하는 경우는 보상하지 않는다.

② 유상운송위험담보 특별약관에 가입한 경우 피보험자동차가 승합자동차(버스), 다인승승용자동차, 일반승용 중 구급용 자동차(앰뷸런스) 및 장애인 택시로서 유상으로 운송용에 제공하는 경우에는 이 특별약관에 따라 보상한다.

4. 영업용 자동차보험약관상 유상운송 면책

영업용에 가입된 차량은 사업목적의 자동차이므로, 약관상 유상운송 면책규정이 없다. 다만, 피보험자동차가 대여사업용 자동차인 경우 임차인이 영리를 목적으로 요금이나 대가를 받고 피보험자동차를 사용한 때에 생긴 사고로 인한 손해는 보상하지 않는다.

04 자동차보험에서 '피보험자동차의 양도'의 의의와 시점 및 효과에 대하여 설명하시오. (15점)

모범답안

1. 양도의 의의

자동차의 양도란 자동차의 지배상태 및 자동차 자체의 양도(인도)를 의미하며, 양도인이 그 자동차에 대한 운행지배를 상실하고 양수인이 사실상 운행지배를 갖는 경우를 뜻한다.

(1) 표준약관 제48조(피보험자동차의 양도)

① 보험계약자 또는 기명피보험자가 보험기간 중에 피보험자동차를 양도한 경우에는 이 보험계약으로 인하여 생긴 보험계약자 및 피보험자의 권리와 의무는 피보험자동차의 양수인에게 승계되지 않는다. 그러나 보험계약자가 이 권리와 의무를 양수인에게 이전하고자 한다는 뜻을 서면 등으로 보험회사에 통지하여 보험회사가 승인한 경우에는 그 승인한 때부터 양수인에 대하여 이 보험계약을 적용한다.

② 피보험자동차의 양도에는 소유권을 유보한 매매계약에 따라 자동차를 '산 사람' 또는 대차계약에 따라 자동차를 '빌린 사람'이 그 자동차를 피보험자동차로 하고, 자신을 보험계약자 또는 기명피보험자로 하는 보험계약이 존속하는 동안에 그 자동차를 '판 사람' 또는 '빌려준 사람'에게 반환하는 경우도 포함한다. 이 경우 '판 사람' 또는 '빌려준 사람'은 양수인으로 본다.

(2) 「상법」 제726조의4 제1항(자동차의 양도)

피보험자가 보험기간 중에 자동차를 양도한 때에는 양수인은 보험자의 승낙을 얻은 경우에 한하여 보험계약으로 인하여 생긴 권리와 의무를 승계한다.

2. 양도의 시점

자동차의 양도는 물권변동의 일반원칙에 따라 자동차의 소유권이전등록만을 그 요건으로 할 수 없고, 양도가 완료되는 시점은 양수인에게 자동차의 점유권을 이전하여 더 이상 양도인이 운행지배를 할 수 없게 된 때를 양도시점으로 본다. 대법원 판례상 운행지배에 대한 상실요건 기준은 다음과 같다.

① 자동차의 현실적인 인도

② 명의이전에 필요한 서류를 교부

③ 매매대금 완제

3. 양도의 효과

(1) 승 인

보험회사가 보험계약자의 통지를 받은 날부터 10일 이내에 승인 여부를 보험계약자에게 통지하지 않으면, 그 10일이 되는 날의 다음날 0시에 승인한 것으로 본다.

(2) 승인 효과

① 보험회사가 승인을 하는 경우에는 피보험자동차의 양수인에게 적용되는 보험요율에 따라 보험료의 차이가 나는 경우 피보험자동차가 양도되기 전의 보험계약자에게 남는 보험료를 돌려주거나, 피보험자동차의 양도 후의 보험계약자에게 추가보험료를 청구한다.

② 보험회사가 승인을 거절한 경우 피보험자동차가 양도된 후에 발생한 사고에 대하여는 보험금을 지급하지 않는다.

(3) 기명피보험자 사망의 경우 특칙

보험계약자 또는 기명피보험자가 보험기간 중에 사망하여 법정상속인이 피보험자동차를 상속하는 경우 이 보험계약도 승계된 것으로 본다. 다만, 보험기간이 종료되거나 자동차의 명의를 변경하는 경우에는 법정상속인을 보험계약자 또는 기명피보험자로 하는 새로운 보험계약을 맺어야 한다.

(4) 의무보험일시담보 특약

자동차보험 특별약관에서 '보험회사는 피보험자동차가 양도된 날로부터 15일째 되는 날의 24시까지 그 자동차를 피보험자동차(대인배상 I 및 의무보험 범위 내의 대물배상)로 간주하고 양수인을 보험계약자 및 기명피보험자로 본다'고 정한 경우, 특별약관에서 말하는 '자동차의 양도'에 자동차에 대한 사실상의 운행지배를 취득한 양수인이 소유권이전등록을 하지 아니한 채 다시 제3자에게 양도하고 현실적으로 자동차의 점유를 이전함으로써 운행지배를 상실한 경우가 포함되며, 이러한 법리는 피보험자가 자동차를 양도하고 보험자의 승인을 얻어 기존 자동차보험계약의 피보험자동차를 새로 구입한 자동차로 교체한 경우에도 마찬가지로 적용된다(대법원 2015.12.24. 선고 2015다200838 판결).

(5) 의무보험 계약의 승계(자배법 제26조)

① 의무보험에 가입된 자동차가 양도된 경우에 그 자동차의 양도일(양수인이 매매대금을 지급하고 현실적으로 자동차의 점유를 이전받은 날을 말한다)부터 「자동차관리법」 제12조에 따른 자동차 소유권 이전등록 신청기간이 끝나는 날(자동차소유권 이전등록 신청기간이 끝나기 전에 양수인이 새로운 책임보험 등의 계약을 체결한 경우에는 그 계약 체결일)까지의 기간은 「상법」 제726조의4에도 불구하고 자동차의 양수인이 의무보험의 계약에 관한 양도인의 권리의무를 승계한다.

② 양도인은 양수인에게 그 승계기간에 해당하는 의무보험의 보험료(공제계약의 경우에는 공제분담금을 말한다)의 반환을 청구할 수 있다.

③ 양수인이 의무보험의 승계기간에 해당하는 보험료를 양도인에게 반환한 경우에는 그 금액의 범위에서 양수인은 보험회사 등에게 보험료의 지급의무를 지지 아니한다.

05 현행 자동차보험약관 지급기준상 '기술직 종사자'와 '현역병 등 군복무 해당자'의 현실소득액 산정방법과 취업가능월수에 대하여 설명하시오. (15점)

모범답안

1. 현실소득액 산정방법

(1) 기술직 종사자

① 급여소득자, 사업소득자, 그 밖의 유직자에 해당하는 자로서 기술직 종사자는 「통계법」 제15조에 의한 통계작성지정기관(공사부문 : 대한건설협회, 제조부문 : 중소기업중앙회)이 「통계법」 제17조에 따라 조사, 공표한 노임에 의한 해당 직종 임금이 많은 경우에는 그 금액을 인정한다.

② 다만, 사고발생 직전 1년 이내 해당 직종에 종사하고 있었음을 관련 서류를 통해 객관적으로 증명한 경우에 한한다.

※ 기술직 종사자가 '관련 서류를 통해 객관적으로 증명한 경우'라 함은 자격증, 노무비 지급확인서 등의 입증서류를 보험회사로 제출한 것을 말한다.

(2) 현역병 등 군복무 해당자

현역병 등 군 복무해당자(복무예정자 포함)는 일용근로자 임금을 적용한다. 〈2021.12.27. 개정〉

2. 취업가능월수

① 취업가능연한을 65세로 하여 취업가능월수를 산정한다. 다만, 법령, 단체협약 또는 그 밖의 별도의 정년에 관한 규정이 있으면 이에 의하여 취업가능월수를 산정하며, 피해자가 「농업・농촌 및 식품산업기본법」 제3조 제2호에 따른 농업인이나 「수산업・어촌발전기본법」 제3조 제3호에 따른 어업인일 경우(피해자가 객관적 자료를 통해 증명한 경우에 한함)에는 취업가능연한을 70세로 하여 취업가능월수를 산정한다.

② 피해자가 사망 당시(후유장애를 입은 경우에는 노동능력상실일) 62세 이상인 경우에는 다음의 「62세 이상 피해자의 취업가능월수」에 의하되, 사망일 또는 노동능력상실일부터 정년에 이르기까지는 월현실소득액을, 그 이후부터 취업가능월수까지는 일용근로자 임금을 인정한다.

[62세 이상 피해자의 취업가능월수]

피해자의 나이	취업가능월수
62세부터 67세 미만	36월
67세부터 76세 미만	24월
76세 이상	12월

③ 취업가능연한이 사회통념상 65세 미만인 직종에 종사하는 자인 경우 해당 직종에 타당한 취업가능연한 이후 65세에 이르기까지의 현실소득액은 사망 또는 노동능력상실 당시의 일용근로자 임금을 인정한다.

④ 취업시기는 19세로 한다.

06 다음 사례에서 대인배상 지급기준에 따라 A에게 지급할 보험금을 계산하시오. (15점)

기출수정

〈사고 내용〉

2020년 9월 9일 보행자 A는 도로횡단 중 B가 운전하는 자동차에 의하여 상해를 입었으며, 보행자의 과실은 50%로 인정되었다. A는 사고 당시 48세 여자이다.

〈보험계약사항〉

B운전 자동차는 개인용 자동차보험 전담보에 가입(보험기간 2020.9.1. ~ 2021.9.1.)되어 있으며, 보험회사의 보상책임이 인정된다.

〈손해사항〉

A는 안정성 척추골절로 40일 동안 입원(입원기간 간병인원은 1일 1인 인정됨) 후 50일 동안 통원하였는데, 이후 영구장해로 감정되었다. 한편 A는 좌측 상악 제1대구치·제2대구치, 좌측 하악 제1대구치 등 3개 치아파절에 대하여 임플란트 시술을 받았다.

〈보험금 계산 기초〉

치료비(치과치료 제외)	4,600,000원	임플란트 시술비(1치당)	1,000,000원
노동능력상실률	30%	휴업손해 인정액	3,500,000원
일용근로자 임금	100,000원	월평균 현실소득액	3,000,000원
후유장애 위자료(30%)	2,000,000원	상해등급 위자료(5급)	750,000원

※ 치료비는 이미 보험회사가 치료병원에 지급하였음(임플란트 시술비는 A가 부담하였음).

※ 노동능력상실일로부터 20개월 후 보험금을 지급하게 된 바, 보험금지급일로부터 취업가능연한까지의 월수에 해당하는 호프만계수는 130임.

모범답안

설문에서 보행자 A는 교통사고 피해자로서 「자배법」상 타인에 해당하며, 면책사유가 존재하지 않으므로 당해 보험회사는 대인배상 Ⅰ, Ⅱ에서 보상책임을 진다.

1. 부상보험금

① 치료비 : 4,600,000원(치료병원에 지급)

② 치과치료비(임플란트 시술비) : 1,000,000원/개 × 3개 = 3,000,000원

③ 위자료 : 후유장애 위자료로 지급

※ 후유장애 위자료가 부상 위자료보다 더 많은 금액이다.

④ 휴업손해 인정액 : 3,500,000원

⑤ 간병비 : 100,000원/일 × 15일(5급 한도) = 1,500,000원

⑥ 그 밖의 손해배상금 : 8,000원/일 × 50일(통원기간) = 400,000원

⑦ 합계 : 13,000,000원 × 50%(과실) = **6,500,000원**

2. 후유장애보험금

① 위자료 : 2,000,000원

※ 후유장애 상실수익액을 지급하는 경우에는 후유장애 위자료를 지급한다. 다만, 부상 위자료 해당액이 더 많은 경우에는 그 금액을 후유장애 위자료로 지급한다.

② 상실수익액

월평균 현실소득액 × 노동능력상실률 × (노동능력상실일부터 보험금 지급일까지의 월수 + 보험금 지급일부터 취업가능연한까지의 월수에 해당하는 호프만계수)

= 3,000,000원 × 30% × (20 + 130) = 135,000,000원

③ 합계 : 137,000,000원 × 50%(과실) = **68,500,000원**

3. A에게 지급할 보험금

6,500,000원 + 68,500,000원 = 75,000,000원

그런데 이미 보험회사가 치료병원에 치료비로 4,600,000원을 지급하였으므로 A에게는 75,000,000원 − 4,600,000원 = **70,400,000원**을 지급한다.

제44회 신체손해사정사 2차 시험문제

1. 다음 자동차사고의 사례를 검토하고 물음에 답하시오. (30점)

〈사고발생 경위〉

자동차보험 '대인배상'의 기명피보험자 A의 직원인 B가 A의 업무지시를 받고, 피보험자동차를 면허정지 상태에서 음주운전 하던 중 신호위반으로, 횡단보도를 보행 중인 C를 충격한 사고가 발생하였다. B의 범죄행위로 판명된 이 사고로 B는 현장에서 사망하였으며, C는 치료 중 사망하였다. A는 B의 면허정지 상태에 대해서는 알지 못하였으며, B의 음주운전 행위에 대해서는 직접적인 말이나 행동이 아니라, 간접적으로 승인 및 방조한 것으로 확인되었다.

〈보험계약사항 및 손해상황〉

① A를 사업주로 하여 산업재해보상보험 및 A를 기명피보험자로 하는 업무용 자동차보험 '대인배상Ⅰ', '대인배상Ⅱ'(무한), '자기신체사고'(사망보험가입금액 1억원)에 가입되어 있음.

② B의 손해는 다음과 같으며, 제시되지 않은 사항 이외에 약관상 추가적인 비용이나 공제액은 없음.
- '자기신체사고' 지급보험금의 계산 규정에 따른 실제손해액 3억원
- '대인배상'에서 손해의 방지와 경감을 위하여 B측이 지출한 비용 인정액 300만원
- 「산업재해보상보험법」상 업무상 재해로 인정될 경우 B의 산업재해보상보험금 산정 예상액 2억원

③ C의 손해와 관련된 사항은 다음과 같음.
- 보험금 지급기준상 치료비를 포함한 부상보험금 산정액 3,000만원
- 보험금 지급기준상 사망보험금 산정액 3억원
- C는 이 사고로 「공무원연금법」상의 유족보상금 1억5,000만원을 지급받음.
- 단, C의 재산상속인은 A로부터 손해배상금의 일부라는 뜻을 명확히 하며 5,000만원을 지급받고 원만히 형사합의 후, A로부터 자동차보험금청구권에 대해 채권양도를 받았고, 보험회사에 채권양도 통지가 완료된 상태임.

(1) 현행 자동차보험 '대인배상'에 있어 사고부담금의 의의와 이에 관한 약관규정을 설명하시오. (10점)

(2) 위 사례의 사고부담금을 산출하고 납부의무자를 설명하시오. (10점)

(3) 위 사례에서 자동차보험회사의 B와 C에 대한 지급보험금을 산출하고, 그 근거를 설명하시오. (10점)

2. 자동차보험 '대인배상'에서 피보험자 개별적용에 관하여 설명하시오. (20점)

3. 손해배상제도에 있어서 위자료에 대하여 설명하고, 현행 자동차보험약관상 위자료 지급기준에 관하여 기술하시오. (20점)

4. 「자동차손해배상보장법」상 '자동차사고 피해지원사업'에 관하여 설명하시오. (15점)

5. 자동차보험에 있어서 '제3자에 대한 보험대위'에 관하여 설명하시오. (15점)

01 다음 자동차사고의 사례를 검토하고 물음에 답하시오. (30점)

〈사고발생 경위〉

자동차보험 '대인배상'의 기명피보험자 A의 직원인 B가 A의 업무지시를 받고, 피보험자동차를 면허정지 상태에서 음주운전 하던 중 신호위반으로, 횡단보도를 보행 중인 C를 충격한 사고가 발생하였다. B의 범죄행위로 판명된 이 사고로 B는 현장에서 사망하였으며, C는 치료 중 사망하였다. A는 B의 면허정지 상태에 대해서는 알지 못하였으며, B의 음주운전 행위에 대해서는 직접적인 말이나 행동이 아니라, 간접적으로 승인 및 방조한 것으로 확인되었다.

〈보험계약사항 및 손해상황〉

① A를 사업주로 하여 산업재해보상보험 및 A를 기명피보험자로 하는 업무용 자동차보험 '대인배상 I', '대인배상 II'(무한), '자기신체사고'(사망보험가입금액 1억원)에 가입되어 있음.

② B의 손해는 다음과 같으며, 제시되지 않은 사항 이외에 약관상 추가적인 비용이나 공제액은 없음.
- '자기신체사고' 지급보험금의 계산 규정에 따른 실제손해액 3억원
- '대인배상'에서 손해의 방지와 경감을 위하여 B측이 지출한 비용 인정액 300만원
- 「산업재해보상보험법」상 업무상 재해로 인정될 경우 B의 산업재해보상보험금 산정 예상액 2억원

③ C의 손해와 관련된 사항은 다음과 같음.
- 보험금 지급기준상 치료비를 포함한 부상보험금 산정액 3,000만원
- 보험금 지급기준상 사망보험금 산정액 3억원
- C는 이 사고로 「공무원연금법」상의 유족보상금 1억5,000만원을 지급받음.
- 단, C의 재산상속인은 A로부터 손해배상금의 일부라는 뜻을 명확히 하며 5,000만원을 지급받고 원만히 형사합의 후, A로부터 자동차보험금청구권에 대해 채권양도를 받았고, 보험회사에 채권양도 통지가 완료된 상태임.

(1) 현행 자동차보험 '대인배상'에 있어 사고부담금의 의의와 이에 관한 약관규정을 설명하시오. (10점)

(2) 위 사례의 사고부담금을 산출하고 납부의무자를 설명하시오. (10점)

(3) 위 사례에서 자동차보험회사의 B와 C에 대한 지급보험금을 산출하고, 그 근거를 설명하시오. (10점)

모범답안

1. 현행 자동차보험 '대인배상'에 있어 사고부담금의 의의와 이에 관한 약관규정

(1) 사고부담금의 의의

보험회사가 피보험자 본인 또는 기명피보험자의 명시적·묵시적 승인하에서의 음주·무면허운전 중 사고로 대인배상에서 보험금을 지급하는 경우, 피보험자에게 손해배상금의 일부를 부담하게 하는 제도이다.

(2) 사고부담금에 관한 약관규정

피보험자 본인이 음주운전이나 무면허운전을 하는 동안에 생긴 사고 또는 사고발생시의 조치의무를 위반한 경우 또는 기명피보험자의 명시적·묵시적 승인하에서 피보험자동차의 운전자가 음주운전이나 무면허운전을 하는 동안에 생긴 사고 또는 사고발생시의 조치의무를 위반한 경우로 인하여 보험회사가 대인배상 Ⅰ, 대인배상 Ⅱ에서 보험금을 지급하는 경우, 피보험자는 다음에서 정하는 사고부담금을 보험회사에 납입하여야 한다.

① **대인배상Ⅰ** : 1사고당 음주운전 1,000만원, 무면허운전 300만원, 사고발생시의 조치의무위반 300만원 (※ 출제 당시 2021.7.1. 기준)

※ **2020.10.21. 이전 계약일 경우** : 1사고당 음주운전 300만원

② **대인배상Ⅱ** : 1사고당 1억원

(3) 사고부담금의 우선 지급

피보험자가 경제적인 사유 등으로 사고부담금을 미납하였을 때 보험회사는 피해자에게 사고부담금을 포함하여 손해배상금을 우선 지급하고 피보험자에게 사고부담금의 지급을 청구할 수 있다.

2. 사고부담금의 산출 및 납부의무자

(1) 사고부담금의 산출

음주운전 및 무면허운전으로 사고부담금이 중복될 경우 사고부담금이 높은 금액을 적용한다.

따라서 2020.10.22. 이후 계약일 경우 대인배상Ⅰ에서 음주운전 1,000만원, 대인배상Ⅱ에서 1억원을 부과한다.

(2) 납부의무자

무면허운전에 대해서 기명피보험자 A는 직원인 B가 면허정지 상태에 있다는 것을 알지 못하였으므로, 귀책사유가 없고 직원인 B가 사고부담금을 부담한다.

음주운전에 대해서는 기명피보험자 A가 간접적으로 승인 및 방조한 것으로 확인되었으므로, 기명피보험자 A와 직원인 B가 사고부담금을 부담한다.

따라서 최종적으로 기명피보험자 A와 직원인 B가 사고부담금을 부담한다.

3. 자동차보험회사의 B와 C에 대한 지급보험금의 산출 및 그 근거

(1) B에 대한 지급보험금

① 자기신체사고

사망보험가입금액 한도가 1억원이므로 자기신체사고의 지급보험금은 1억원이다.

② 산업재해보상보험금

「산업재해보상보험법」상 업무상 재해로 인정될 경우 B의 산업재해보상보험금 산정 예상액은 2억원이지만, 문제에서 B의 범죄행위로 판명되었기 때문에 면책된다.

※ 근로자의 고의・자해행위나 범죄행위 또는 그것이 원인이 되어 발생한 부상・질병・장해 또는 사망은 업무상의 재해로 보지 아니한다(산업재해보상보험법 제37조 제2항).

③ 비용손해

손해의 방지와 경감을 위하여 B측이 지출한 비용 300만원을 인정한다.

④ 지급보험금

① + ③ = 1억원 + 300만원 = **1억300만원**

(2) C에 대한 지급보험금

① 치료 중 사망

치료 중 사망한 경우이므로,

부상보험금 3,000만원 + 사망보험금 한도 1억5,000만원 = **1억8,000만원**을 보상한도로 한다.

② 유족보상금

C는 「공무원연금법」상의 유족보상금 1억5,000만원을 지급받았으므로, 지급보험금 산정시 손익상계하여 전액 공제한다.

※ 판례에 따르면 '상속 후 공제설'을 적용해야 하지만, 문제에서는 '공제 후 상속설'에 따라 유족보상금 1억5,000만원을 전액 공제하였다.

③ 형사합의금

형사합의금은 기본적으로 법률상 '손해배상의 일부'로 지급된 것으로 보아 피해자가 보험회사를 상대로 한 손해배상소송에서 형사합의금이 전액 공제되는 것이 일반적이다.

C의 재산상속인은 A로부터 형사합의금 5,000만원을 지급받고, A로부터 자동차보험금청구권에 대해 채권양도를 받았기 때문에 손해배상금에서 형사합의금을 손익상계하지 않는다.

④ 지급보험금

㉠ C의 재산상속인에게 지급될 보험금 : **1억8,000만원**

㉡ 공무원연금공단의 대위권행사로 지급될 보험금 : **1억5,000만원**

더 알아보기 형사합의금 공제의 문제

형사합의금이 '재산상 손해의 일부'로 지급된 경우, '위로금 조'로 지급된 경우, '손해배상액과는 별도'로 지급된 경우 등으로 구분되는데, 합의의 내용에 따라 형사합의금 공제 여부가 달라지며, 이론 구성에도 차이가 발생한다. 대법원은 형사합의금이 특히 위자료 명목으로 지급된 것임이 명시된 특단의 사정이 없는 한 재산상 손해의 일부로 지급된 것으로 보는 입장이다(대법원 2001.2.23. 선고 2000다46894 판결).

재산상 손해의 일부로서 형사합의금을 지급한 경우라면 보험회사는 피해자가 이미 손해의 일부를 배상받은 것으로 보아 합의금으로 받은 금액의 공제를 주장할 수 있으며, 가해자는 공제된 부분을 보험금으로 청구할 수 있다. 형사합의금과 별도로 보험금 전액을 받고자 하는 피해자는 보험사의 공제 주장을 방지하고 손해배상액 전액을 보험금으로 받기 위하여 형사합의시 가해자가 보험금청구권을 피해자에게 양도하는 채권양도 계약을 체결하고, 가해자에게 보험회사에 양도 통지를 해 줄 것을 요구하게 된다.

그러나 '위로금 조' 또는 '손해배상액과는 별도'라는 등의 표현을 명시하는 경우, 형사합의금은 재산상 손해배상의 일부로 지급된 것으로 볼 수 없으므로 손해배상액에서 공제되지 않는다.

〈자료출처 : 대한변협신문(http://news.koreanbar.or.kr) / 목지향 교통사고 전문변호사〉

02 자동차보험 '대인배상'에서 피보험자 개별적용에 관하여 설명하시오. (20점)

모범답안

피보험자 개별적용

(1) 의 의

자동차보험에 있어서 동일 자동차사고로 인하여 피해자에 대하여 배상책임을 지는 피보험자가 복수로 존재하는 경우에는 그 피보험이익도 피보험자마다 개별로 독립하여 존재하는 것이니만큼 각각의 피보험자마다 손해배상책임의 발생요건이나 면책조항의 적용 여부 등을 개별적으로 가려서 보상책임의 유무를 결정하는 것이 원칙이다.

(2) 취 지

피보험자가 복수일 경우 피보험자의 피보험이익 또한 개별적으로 존재하기 때문에 귀책사유가 없는 피보험자의 피보험이익을 보호하기 위함이다.

자동차보험약관에 정한 보험자 면책조항의 적용 여부를 판단함에 있어서는 특별한 사정이 없는 한 그 약관에 피보험자 개별적용조항을 별도로 규정하고 있지 않더라도 각 피보험자별로 보험자 면책조항의 적용 여부를 가려 그 면책 여부를 결정하여야 한다(대법원 1998.4.23. 선고 97다19403 전원합의체 판결).

(3) 약관상 제외조항

① 보험계약자 또는 기명피보험자의 고의로 인한 손해

② 영리를 목적으로 요금이나 대가를 받고 피보험자동차를 반복적으로 사용하거나 빌려 준 때에 생긴 손해

③ 피보험자동차를 시험용, 경기용 또는 경기를 위해 연습용으로 사용하던 중 생긴 손해

(4) 구상권

판례는 피보험자에게 구상금을 청구할 수 없다고 하고 있으나, 자동차보험 대인배상Ⅱ에서는 피보험자의 개별적용에 따른 구상권은 고의가 있는 피보험자에게 적용한다.

즉 자동차보험 대인배상Ⅱ에서는 보험계약자나 피보험자의 고의로 인한 사고의 경우 면책사항이다. 그러나, 기명피보험자 이외의 다른 피보험자의 고의로 인한 사고에 대하여는 피보험자 개별적용에 따라 고의 아닌 피보험자가 입은 손해배상책임은 우선 보상하고, 자동차보험회사는 손해배상액을 지급한 날부터 3년 이내에 고의로 사고를 일으킨 피보험자에게 구상금을 청구한다.

03

손해배상제도에 있어서 위자료에 대하여 설명하고, 현행 자동차보험약관상 위자료 지급기준에 관하여 기술하시오. (20점)

모범답안

1. 손해배상 위자료

(1) 의 의

정신상의 고통을 금전으로 위자하기 위하여 지급되는 금원을 말하며, 태아에게도 위자료청구권을 인정한다.

(2) 위자료 청구권자의 범위

「민법」상 상속규정에 따른다. 「민법」 제752조에 "타인의 생명을 침해한 자는 피해자의 직계존속・직계비속 및 배우자에 대하여 재산상의 손해가 없는 경우에도 손해배상책임이 있다"고 규정하고 있다.

판례는 이 규정을 예시적 규정으로 보고, 다만, 동조에 규정되어 있는 자는 정신적 고통을 입증할 필요가 없이 동조에 의해 당연히 위자료를 청구할 수 있는데 대하여 그 이외의 자는 「민법」 제750조・제751조에 의해 손해의 발생을 입증하여 그 배상을 청구할 수 있다고 새기는 것이 타당하다고 한다. 또한 생명침해에 의한 위자료청구권의 상속문제에 있어서, 상속인은 당연히 그 위자료청구권을 상속한다고 해석하는 것이 판례의 입장이다.

2. 자동차보험약관상 위자료 지급기준

각 보장종목별 보험가입금액 한도 내에서 지급한다.

(1) 사망 위자료

① 사망 당시 피해자의 나이가 65세 미만인 경우 : 8,000만원
② 사망 당시 피해자의 나이가 65세 이상인 경우 : 5,000만원

(2) 부상 위자료

책임보험 상해구분에 따라 1급 200만원～14급 15만원까지 급별로 인정한다.

(단위 : 만원)

급 별	인정액	급 별	인정액	급 별	인정액	급 별	인정액
1	200	5	75	9	25	13	15
2	176	6	50	10	20	14	15
3	152	7	40	11	20		
4	128	8	30	12	15		

(3) 후유장애 위자료

노동능력상실률에 따라 산정한 금액을 피해자 본인에게 지급한다.

① 노동능력상실률이 50% 이상인 경우

㉠ 후유장애 판정 당시* 피해자의 나이가 65세 미만인 경우 :

45,000,000원×노동능력상실률×85%

* 후유장애 판정에 대한 다툼이 있을 경우 최초 후유장애 판정 시점의 피해자 연령을 기준으로 후유장애 위자료를 산정한다.

㉡ 후유장애 판정 당시 피해자의 나이가 65세 이상인 경우 :

40,000,000원×노동능력상실률×85%

㉢ 피해자가 약관에 따른 가정간호비 지급대상인 경우

- 후유장애 판정 당시 피해자의 나이가 65세 미만인 경우 :
  80,000,000원×노동능력상실률×85%
- 후유장애 판정 당시 피해자의 나이가 65세 이상인 경우 :
  50,000,000원×노동능력상실률×85%

② 노동능력상실률이 50% 미만인 경우

노동능력상실률에 따라 50만원～400만원까지 인정한다.

(단위 : %, 만원)

노동능력상실률	인정액
45% 이상 50% 미만	400
35% 이상 45% 미만	240
27% 이상 35% 미만	200
20% 이상 27% 미만	160
14% 이상 20% 미만	120
9% 이상 14% 미만	100
5% 이상 9% 미만	80
0 초과 5% 미만	50

※ 후유장애 상실수익액을 지급하는 경우에는 후유장애 위자료를 지급한다. 다만, 부상 위자료 해당액이 더 많은 경우에는 그 금액을 후유장애 위자료로 지급한다.

04 「자동차손해배상보장법」상 '자동차사고 피해지원사업'에 관하여 설명하시오. (15점)

모범답안

자동차사고 피해지원사업

(1) 정부의 자동차손해배상 보장사업

① 의 의

자동차의 운행으로 인한 사고의 피해자가 의무보험에 의하여 보상을 받을 수 없는 경우 정부가 최저한의 보상을 해주는 제도를 말한다. 정부는 보험회사 등의 청구에 따라 보상을 실시한다.

② 요 건

정부는 다음의 어느 하나에 해당하는 경우에는 피해자의 청구에 따라 책임보험의 보험금 한도에서 그가 입은 피해를 보상한다. 다만, 정부는 피해자가 청구하지 아니한 경우에도 직권으로 조사하여 책임보험의 보험금 한도에서 그가 입은 피해를 보상할 수 있다.

㉠ 자동차보유자를 알 수 없는 자동차의 운행으로 사망하거나 부상한 경우

㉡ 보험가입자 등이 아닌 자가 자동차손해배상책임(자동차손해배상보험법 제3조)에 따라 손해배상의 책임을 지게 되는 경우. 다만, 도로가 아닌 장소에서만 자동차의 운행으로 인한 경우는 제외한다.

㉢ 자동차보유자를 알 수 없는 자동차의 운행 중 해당 자동차로부터 낙하된 물체로 인하여 사망하거나 부상한 경우 〈2021.7.27. 개정〉

③ 피해자 지원

정부는 자동차의 운행으로 인한 사망자나 대통령령으로 정하는 중증 후유장애인의 유자녀(幼子女) 및 피부양가족이 경제적으로 어려워 생계가 곤란하거나 학업을 중단하여야 하는 문제 등을 해결하고 중증 후유장애인이 재활할 수 있도록 지원할 수 있다.

④ 지급보상금 산정

㉠ 대인배상 Ⅰ의 보험금 한도 내에서 입은 손해를 보상한다.

㉡ 과실상계 후 금액이 대인배상 Ⅰ의 보상한도보다 낮으면 낮은 금액이 보상금이 된다. 다만, 사망의 경우 최저보험금에 미달하면 최저보험금 2,000만원을 지급한다.

⑤ 대위권

피해자의 손해배상청구권에 대하여 대위가 가능하다.

⑥ 소멸시효

보상청구권의 소멸시효는 3년이다.

(2) 자동차사고 피해예방사업

국토교통부장관은 자동차사고로 인한 피해 등을 예방하기 위하여 다음의 사업을 수행할 수 있다.

① 자동차사고 피해예방을 위한 교육 및 홍보 또는 이와 관련한 시설 및 장비의 지원

② 자동차사고 피해예방을 위한 기기 및 장비 등의 개발·보급

③ 그 밖에 자동차사고 피해예방을 위한 연구·개발 등 대통령령으로 정하는 사항

(3) 후유장애인 등의 재활 지원

국토교통부장관은 자동차사고 부상자나 부상으로 인한 후유장애인의 재활을 지원하기 위한 의료재활시설 및 직업재활시설(이하 "재활시설"이라 한다)을 설치하여 그 재활에 필요한 다음의 사업(이하 "재활사업"이라 한다)을 수행할 수 있다.

① 의료재활사업 및 그에 딸린 사업으로서 대통령령으로 정하는 사업

② 직업재활사업(직업재활상담을 포함한다) 및 그에 딸린 사업으로서 대통령령으로 정하는 사업

05 자동차보험에 있어서 '제3자에 대한 보험대위'에 관하여 설명하시오. (15점)

모범답안

제3자에 대한 보험대위(= 청구권대위)

(1) 의 의

손해가 제3자의 행위로 인하여 발생한 경우에 보험금을 지급한 보험자는 그 지급한 금액의 한도에서 그 제3자에 대한 보험계약자 또는 피보험자의 권리를 취득한다. 다만, 보험자가 보상할 보험금의 일부를 지급한 경우에는 피보험자의 권리를 침해하지 아니하는 범위에서 그 권리를 행사할 수 있다.

(2) 인정근거

피보험자의 이중이득방지와 보험사고 발생에 예방적 효과에 근거를 두고 있다.

(3) 법적 성질

보험자대위는 당사자의 의사표시에 따른 양도행위의 효과가 아니라 법률상 인정한 당연한 효과로서, 대위의 요건이 충족되면 당사자의 의사표시와 상관없이 당연히 권리가 보험자에게 이전된다.

(4) 적용 제외

① 자기신체사고

자기신체사고의 경우 제3자에 대한 보험대위를 행사할 수 없다.

② 가족의 경우

보험계약자나 피보험자의 권리가 그와 생계를 같이 하는 가족에 대한 것인 경우 보험자는 그 권리를 취득하지 못한다. 다만, 손해가 그 가족의 고의로 인하여 발생한 경우에는 그러하지 아니하다.

(5) 요 건

① 제3자에 의한 보험사고와 손해발생

보험사고로 인한 피보험자의 손해가 제3자의 행위로 말미암은 것이어야 한다.

② 보험자의 보험금 지급

보험자가 피보험자에게 보험금을 지급하여야 한다. 따라서 보험금을 일부 지급하여도 그 지급한 범위 안에서 대위권을 행사할 수 있는 것이 목적물대위와 다르다.

③ 제3자에 대한 피보험자의 권리의 존재

청구권대위는 보험자가 보험금을 지급하면 당연히 발생하지만 피보험자의 권리에서 나오므로, 제3자의 행위에 의하여 보험사고가 발생하여 피보험자가 제3자에게 손해배상청구권을 가지고 있어야 한다.

(6) 효 과

① 피보험자 권리의 이전

제3자의 행위로 인하여 보험사고의 발생시에 보험금액을 지급한 보험자는 그 지급한 금액의 한도에서 그 제3자에 대한 보험계약자 또는 피보험자의 권리를 취득한다(상법 제682조).

② 권리행사의 범위

보험자대위권의 범위는 지급한 보험금액의 한도 내에서 피보험자 또는 보험계약자가 제3자에 대하여 가지는 권리로 지급한 보험금액을 초과할 수 없다.

③ 피보험자의 협조의무

피보험자는 제3자에 대한 권리내용, 보전방법을 잘 알고 있는 위치에 있으므로 보험금을 지급받은 후 보험자가 권리를 행사할 수 있도록 협조할 의무가 있다.

④ 피보험자에 의한 권리처분

보험자의 보험금 지급에 의하여 보험자대위의 효과가 발생하면 보험계약자, 피보험자는 보험금을 지급받은 한도 내에서 그 권리를 잃게 되므로 제3자에 대한 권리를 행사하거나 처분할 수 없고 보험자만이 그 권한을 갖는다.

(7) 대위권 행사의 제한

① 보험금의 일부를 지급한 경우

보험자가 보상할 보험금액의 일부를 지급한 때에는 피보험자의 권리를 해하지 않는 범위 내에서만 그 권리를 행사할 수 있다(상법 제681조 단서).

② 일부보험의 경우

우리 「상법」 제681조 단서에 아무 규정이 없으므로 이전하는 권리가 보험금 지급액의 상당액에 대한 청구권이라는 절대설, 비례부담(안분)의 원칙에 따른 금액에 대한 청구권이라는 상대설, 피보험자의 손해액을 충당하고 나머지 남은 손해배상액에 대한 차액이라는 차액원칙설이 있다. 차액설이 통설이다.

제45회 신체손해사정사 2차 시험문제

1. 다음과 같은 사실관계를 기초로 각 물음에 답하시오. (20점)

〈대리운전 의뢰〉

A는 퇴근 후 회사 동료들과 함께 회식을 마치고 귀가하기 위하여 대리운전업체인 B에게 대리운전을 의뢰하였다.

〈자동차사고발생 및 손해상황〉

차량의 소유자인 A로부터 자동차 열쇠를 건네받은 B 대리운전업체 소속 대리운전기사 C가 그 자동차를 운행하던 중 운전부주의로 보행자인 D를 충격하는 사고를 야기함으로써 D와 동승자 A가 상해를 입었다.

(1) A, B, C의 D에 대한 손해배상책임에 대하여 논하시오. (15점)

(2) A에 대한 B의 손해배상책임에 대하여 설명하시오. (5점)

2. 자동차보험 사고부담금제도와 관련하여 다음 물음에 답하시오. (20점)

〈사고개요〉

A가 자신의 승용차를 음주(혈중 알코올농도 0.07%) 운전하다가 인도를 걷고 있던 보행인 B, C를 충격하여 두 사람 모두 치료 중 사망하였다.

〈자동차보험 계약사항〉

- 대인배상 Ⅰ(사망 1억5천만원, 부상 3천만원, 후유장애 1억5천만원)
- 대인배상 Ⅱ(무한)

〈손해상황〉

구분	치료 관계비	휴업 손해액	간병비	장례비	사망 위자료	상실 수익액	합계
B	500만원	200만원	300만원	500만원	8,000만원	50,000만원	59,500만원
C	3,000만원	1,400만원	600만원	500만원	8,000만원	40,000만원	53,500만원

(1) 최근 신설 또는 개정된 사고부담금에 대하여 설명하시오. (10점)

(2) 위 사례에서 2021년 12월 27일 개정된 약관(2022년 7월 28일 이후 책임개시 계약) 규정과 그 직전 약관 규정에 따라 구분하여, A가 부담할 사고부담금을 각각 계산하시오. (10점)

3. 타인이 자동차보험에 가입된 자신 소유의 차량을 운전하던 중 사고를 일으켜 A가 사망하였다. 망인(A)의 유족으로는 망인(A)의 외할머니, 배우자(태아를 임신 중임) 및 친동생 1명이 있다. 이 경우 A의 상속인 및 태아의 상속권에 대하여 설명하시오. (15점)

4. 자동차보험 대인배상 사고로, 2개월 뒤 군입대 예정자(사고 당시 18세 학생)가 현장 사망한 경우, 자동차보험약관상 "대인배상" 보험금 지급기준의 상실수익액 산정방법을 2022년 1월 1일 이전 책임개시 계약 사고와 2022년 1월 1일 이후 책임개시 계약 사고로 나누어 설명하시오. (15점)

5. 현행 자동차보험 보통약관상 "대인배상"의 승낙피보험자에 관하여 설명하시오. (10점)

6. 현행 자동차보험 보통약관상 "대인배상", "무보험자동차에 의한 상해" 지급기준에서 후유장애보험금 중 가정간호비에 관하여 설명하시오. (10점)

7. 현행 자동차보험 보통약관상 '위법계약의 해지'에 대하여 설명하시오(보험회사의 설명의무위반이 있는 경우를 전제로 함). (10점)

01 다음과 같은 사실관계를 기초로 각 물음에 답하시오. (20점)

〈대리운전 의뢰〉

A는 퇴근 후 회사 동료들과 함께 회식을 마치고 귀가하기 위하여 대리운전업체인 B에게 대리운전을 의뢰하였다.

〈자동차사고발생 및 손해상황〉

차량의 소유자인 A로부터 자동차 열쇠를 건네받은 B 대리운전업체 소속 대리운전기사 C가 그 자동차를 운행하던 중 운전부주의로 보행자인 D를 충격하는 사고를 야기함으로써 D와 동승자 A가 상해를 입었다.

(1) A, B, C의 D에 대한 손해배상책임에 대하여 논하시오. (15점)

(2) A에 대한 B의 손해배상책임에 대하여 설명하시오. (5점)

모범답안

1. A, B, C의 D에 대한 손해배상책임

(1) A의 D에 대한 손해배상책임

「자동차손해배상보장법」 제3조에는 "자기를 위하여 자동차를 운행하는 자는 그 운행으로 다른 사람을 사망하게 하거나 부상하게 한 경우에는 그 손해를 배상할 책임을 진다"라고 규정되어 있다. 「자동차손해배상보장법」 제3조에 따라 손해배상책임의 주체는 "자기를 위하여 자동차를 운행하는 자", 즉 운행자이다. 따라서 차량의 소유자인 A는 대리운전을 의뢰하고 동승하였기 때문에 D에 대한 '운행자책임'을 부담한다.

(2) B의 D에 대한 손해배상책임

① 운행자책임(자동차손해배상보장법 제3조)

대리운전업체인 B는 차량의 소유자인 A로부터 대리운전 위탁을 받았으므로 운행이익(자동차의 운행으로부터 나오는 이익)을 얻고, 소속 대리운전기사 C를 통해 운행지배(자동차의 사용에 있어 사실상 처분권을 가지는 자)를 하고 있으므로 D에 대한 '운행자책임'을 부담한다.

② 사용자책임(민법 제756조)

대리운전업체인 B는 소속 대리운전기사 C의 사용자로 보는 것이 판례의 입장이다. 따라서 「민법」 제756조상의 '사용자책임'을 부담한다.

판례	사용자와 피용자 관계

「민법」 제756조의 사용자와 피용자의 관계는 반드시 유효한 고용관계가 있는 경우에 한하는 것이 아니고, 사실상 어떤 사람이 다른 사람을 위하여 그 지휘·감독 아래 그 의사에 따라 사업을 집행하는 관계에 있을 때에도 그 두 사람 사이에 사용자, 피용자의 관계가 있다고 할 수 있다(대법원 2010.10.28. 선고 2010다48387 판결).

(3) C의 D에 대한 손해배상책임

① 운행자책임(자동차손해배상보장법 제3조)

대리운전기사 C는 「자동차손해배상보장법」상 운행자에 해당하지 않기 때문에 D에 대한 '운행자책임'을 부담하지 않는다. 즉 대리운전의 경우 대리운전기사 C가 낸 사고의 경우 차량의 소유주 A가 자동차의 '운행자'에 해당하므로 제3자인 보행자 D가 입은 손해배상책임은 일차적으로 차량의 소유주인 A가 지게 된다.

② 일반불법행위자책임(민법 제750조)

대리운전기사 C는 과실(운전부주의)로 보행자인 D를 충격하는 사고를 야기하였으므로 「민법」 제750조상의 일반불법행위책임을 부담한다.

※ 「**민법」 제750조** : 고의 또는 과실로 인한 위법행위로 타인에게 손해를 가한 자는 그 손해를 배상할 책임이 있다.

2. A에 대한 B의 손해배상책임

(1) 운행자책임(자동차손해배상보장법 제3조)

차량의 소유자인 A와 대리운전업체인 B는 대외적으로 일반보행자 D에 대하여 연대하여 공동운행자로서 책임주체가 되지만, 공동운행자 가운데 1인이 피해자로 된 경우에 다른 공동운행자와의 관계에서는 그 피해를 입은 공동운행자는 형식적으로 '타인'이 될 수 없겠지만 구체적으로 운행의 태양에 따라서는 '타인'으로 보호할 여지가 있다. 즉 차량의 소유자인 A는 대리운전 의뢰자로서 대리운전업체 또는 대리운전기사와의 관계에서 「자배법」상 '타인'에 해당된다고 보는 것이 판례의 입장이다. 따라서 대리운전업체 B는 차량의 소유자 A에 대한 '운행자책임'을 부담한다.

판례 **대법원 2000.10.6. 선고 2000다32840 판결**

「자동차손해배상보장법」 제3조에서 말하는 '다른 사람'이란 '자기를 위하여 자동차를 운행하는 자 및 당해 자동차의 운전자를 제외한 그 이외의 자'를 지칭하는 것이므로, 동일한 자동차에 대하여 복수로 존재하는 운행자 중 1인이 당해 자동차의 사고로 피해를 입은 경우에도 사고를 당한 그 운행자는 다른 운행자에 대하여 자신이 법 제3조 소정의 타인임을 주장할 수 없는 것이 원칙이고, 다만, 사고를 당한 운행자의 운행지배 및 운행이익에 비하여 상대방의 그것이 보다 주도적이거나 직접적이고 구체적으로 나타나 있어 상대방이 용이하게 사고의 발생을 방지할 수 있었다고 보여지는 경우에 한하여 비로소 자신이 타인임을 주장할 수 있을 뿐이다.

(2) 사용자책임(민법 제756조)

대리운전업체인 B는 소속 대리운전기사 C의 사용자로 보는 것이 판례의 입장이기 때문에 차량의 소유자 A에 대한 「민법」 제756조상의 사용자책임을 부담한다.

02 자동차보험 사고부담금제도와 관련하여 다음 물음에 답하시오. (20점)

〈사고개요〉

A가 자신의 승용차를 음주(혈중 알코올농도 0.07%) 운전하다가 인도를 걷고 있던 보행인 B, C를 충격하여 두 사람 모두 치료 중 사망하였다.

〈자동차보험 계약사항〉

- 대인배상 Ⅰ(사망 1억5천만원, 부상 3천만원, 후유장애 1억5천만원)
- 대인배상 Ⅱ(무한)

〈손해상황〉

구 분	치료 관계비	휴업 손해액	간병비	장례비	사망 위자료	상실 수익액	합 계
B	500만원	200만원	300만원	500만원	8,000만원	50,000만원	59,500만원
C	3,000만원	1,400만원	600만원	500만원	8,000만원	40,000만원	53,500만원

(1) 최근 신설 또는 개정된 사고부담금에 대하여 설명하시오. (10점)

(2) 위 사례에서 2021년 12월 27일 개정된 약관(2022년 7월 28일 이후 책임개시 계약) 규정과 그 직전 약관 규정에 따라 구분하여, A가 부담할 사고부담금을 각각 계산하시오. (10점)

모범답안

1. 사고부담금(2021년 12월 27일 개정된 약관)

(1) 자동차보험약관상 규정

피보험자 본인이 음주운전이나 무면허운전 또는 마약・약물운전을 하는 동안에 생긴 사고 또는 사고발생시의 조치의무를 위반한 경우 또는 기명피보험자의 명시적・묵시적 승인하에서 피보험자동차의 운전자가 음주운전이나 무면허운전 또는 마약・약물운전을 하는 동안에 생긴 사고 또는 사고발생시의 조치의무를 위반한 경우로 인하여 보험회사가 「대인배상Ⅰ」, 「대인배상Ⅱ」 또는 「대물배상」에서 보험금을 지급하는 경우, 피보험자는 다음에서 정하는 사고부담금을 보험회사에 납입하여야 한다. 다만, 마약・약물운전은 「대인배상Ⅱ」 및 「자동차손해배상보장법」 제5조 제2항의 규정에 따라 자동차보유자가 의무적으로 가입하여야 하는 「대물배상」 보험가입금액 초과 손해에 대해서만 적용한다.

① 「대인배상Ⅰ」 : 「대인배상Ⅰ」 한도 내 지급보험금

② 「대인배상Ⅱ」 : 1사고당 1억원

③ 「대물배상」

㉠ 「자동차손해배상보장법」 제5조 제2항의 규정에 따라 자동차보유자가 의무적으로 가입하여야 하는 「대물배상」 보험가입금액 이하 손해 : 지급보험금

㉡ 「자동차손해배상보장법」 제5조 제2항의 규정에 따라 자동차보유자가 의무적으로 가입하여야 하는 「대물배상」 보험가입금액 초과 손해 : 1사고당 5,000만원

(2) 사고부담금의 납입의무 및 보험회사의 구상권

피보험자는 지체 없이 음주운전, 무면허운전, 마약・약물운전 또는 사고발생시의 조치의무위반 사고부담금을 보험회사에 납입하여야 한다. 다만, 피보험자가 경제적인 사유 등으로 이 사고부담금을 미납하였을 때 보험회사는 피해자에게 이 사고부담금을 포함하여 손해배상금을 우선 지급하고 피보험자에게 이 사고부담금의 지급을 청구할 수 있다.

2. A가 부담할 사고부담금

(1) 2021년 12월 27일 개정된 약관(2022년 7월 28일 이후 책임개시 계약) 규정

① 「대인배상Ⅰ」

㉠ 보행인 B의 지급보험금 = 사망 1억5천만원 + 부상 3천만원 = 1억8천만원

㉡ 보행인 C의 지급보험금 = 사망 1억5천만원 + 부상 3천만원 = 1억8천만원

※ 보행인 B, C는 모두 치료 중 사망하였으므로 1억8천만원을 인정한다.

㉢ 사고부담금 합계액

「대인배상Ⅰ」 한도 내 지급보험금 전액을 부담하므로,

㉠ + ㉡ = 1억8천만원 + 1억8천만원 = 3억6천만원

② 「대인배상Ⅱ」

1사고당 1억원을 부담한다.

③ 사고부담금 합계액

① + ② = 3억6천만원 + 1억원 = **4억6천만원**

(2) 2021년 12월 27일 이전 약관 규정

① 「대인배상Ⅰ」

음주운전의 경우 1사고당 1,000만원을 부담한다.

② 「대인배상Ⅱ」

1사고당 1억원을 부담한다.

③ 사고부담금 합계액

① + ② = 1천만원 + 1억원 = **1억1천만원**

03

타인이 자동차보험에 가입된 자신 소유의 차량을 운전하던 중 사고를 일으켜 A가 사망하였다. 망인(A)의 유족으로는 망인(A)의 외할머니, 배우자(태아를 임신 중임) 및 친동생 1명이 있다. 이 경우 A의 상속인 및 태아의 상속권에 대하여 설명하시오. (15점)

모범답안

A의 상속인 및 태아의 상속권

(1) 「민법」상 규정

태아의 상속권에 관하여 「민법」 제1000조 제3항에는 "태아는 상속순위에 관하여는 이미 출생한 것으로 본다"라고 규정하고 있다. 따라서 원칙적으로 태아에게는 태아인 상태에서 상속권이 인정되며, 상속의 순위에 따라 태아는 직계비속으로 상속 1순위가 된다.

※ **상속의 순위(민법 제1000조 제1항)**

1. 피상속인의 직계비속
2. 피상속인의 직계존속
3. 피상속인의 형제자매
4. 피상속인의 4촌 이내의 방계혈족

(2) 정지조건설(인격소급설)

태아가 출생한 것으로 보는 것은 정지조건설이며, 판례의 입장이다. 즉 태아인 동안에는 권리능력을 취득하는 일은 없으나, 살아서 출생할 때에 그 권리능력을 당해 사실 있는 시점까지 소급하여 발생한다는 견해이다.

① 태아가 사산되거나 출생 전에는 태아의 상속권이 인정되지 않으므로, 배우자와 직계존속인 외할머니가 공동상속인이 된다.

② 태아가 출생되면 상속개시 시점으로 소급하여 태아의 상속권이 생기므로, 외할머니 대신에 직계비속인 태아가 상속인이 된다. 이미 외할머니에게 상속분이 지급된 경우에 배우자와 태아는 외할머니에게 그 반환을 청구할 수 있다.

※ 배우자의 상속분은 직계존속인 외할머니와 공동으로 상속하는 때에는 직계존속의 상속분에 5할(50%)을 가산하므로(민법 제1009조 제2항), 배우자와 외할머니의 상속지분은 1.5 : 1이다.

(3) 해제조건설(제한적 인격설)

태아는 제한된 권리능력을 가지지만, 나중에 사산한 경우에는 그때에 소급하여 권리능력을 상실한다는 견해이다. 태아인 동안에도 권리능력이 인정되므로 법정대리인도 당연히 허용된다고 보는 학설이다(통설).

① 출생 전에 태아의 상속권이 인정되므로, 배우자와 직계비속인 태아가 공동상속인이 된다. 태아가 출생되면 당연히 상속권이 확정된다.

※ 배우자의 상속분은 직계비속인 태아와 공동으로 상속하는 때에는 직계비속의 상속분에 5할(50%)을 가산하므로(민법 제1009조 제2항), 배우자와 태아의 상속지분은 1.5 : 1이다.

② 태아가 사산되면 상속개시 시점으로 소급하여 상속권이 소멸되므로, 태아 대신에 직계존속인 외할머니가 상속인이 된다. 이미 태아에게 상속분이 지급된 경우에 외할머니는 배우자와 태아에게 그 반환을 청구할 수 있다.

04

자동차보험 대인배상 사고로, 2개월 뒤 군입대 예정자(사고 당시 18세 학생)가 현장 사망한 경우, 자동차보험약관상 "대인배상" 보험금 지급기준의 상실수익액 산정방법을 2022년 1월 1일 이전 책임개시 계약 사고와 2022년 1월 1일 이후 책임개시 계약 사고로 나누어 설명하시오. (15점)

모범답안

1. 2022년 1월 1일 이전 책임개시 계약 사고

(1) 산정방법

사망한 본인의 월평균 현실소득액(제세액공제)에서 본인의 생활비(월평균 현실소득액에 생활비율을 곱한 금액)를 공제한 금액에 취업가능월수에 해당하는 라이프니츠계수를 곱하여 산정한다. 다만, 현역병 등 군 복무 해당자의 잔여 또는 예정 복무기간에 대해서는 본인의 생활비를 공제하지 않는다.

(월평균 현실소득액 − 생활비) × (사망일부터 보험금 지급일까지의 월수 + 보험금 지급일부터 취업가능연한까지 월수에 해당하는 라이프니츠계수)

(2) 현역병 등 군 복무해당자

① 현역병 등 군 복무자(급여소득자는 제외) : 공무원보수규정에 따른 본인 소득(단, 「병역법」에 따른 잔여 복무기간에 대해서만 적용)

② 현역병 등 군 복무예정자 : 공무원 보수규정에 따른 현역병 육군기준 소득(단, 「병역법」에 따른 예정 복무기간에 대해서만 적용)

2. 2022년 1월 1일 이후 책임개시 계약 사고

(1) 산정방법

사망한 본인의 월평균 현실소득액(제세액공제)에서 본인의 생활비(월평균 현실소득액에 생활비율을 곱한 금액)를 공제한 금액에 취업가능월수에 해당하는 호프만계수를 곱하여 산정한다. 다만, 사망일부터 취업가능연한까지 월수에 해당하는 호프만계수의 총합은 240을 한도로 한다.

(월평균 현실소득액 − 생활비) × (사망일부터 보험금 지급일까지의 월수 + 보험금 지급일부터 취업가능연한까지 월수에 해당하는 호프만계수)

(2) 현역병 등 군 복무해당자(복무예정자 포함)

① 본인의 생활비를 공제한다.

② 상실수익액은 일용근로자 임금을 기준으로 산정한다.

05 현행 자동차보험 보통약관상 "대인배상"의 승낙피보험자에 관하여 설명하시오. (10점)

모범답안

승낙피보험자

(1) 정 의

기명피보험자의 승낙을 얻어 피보험자동차를 사용하거나 관리하고 있는 자를 말한다.

※ **기명피보험자** : 피보험자동차를 소유・사용・관리하는 자 중에서 보험계약자가 지정하여 보험증권의 기명피보험자란에 기재되어 있는 피보험자를 말한다.

(2) 승낙피보험자의 요건

① 기명피보험자의 직접적인 승낙을 얻어야 한다. 승낙피보험자나 다른 피보험자로부터 승낙을 얻은 경우에는 승낙피보험자에 해당하지 않는다.

② 피보험자동차를 사용하거나 관리 중이어야 한다.

더 알아보기 '사용 또는 관리'와 '승낙의 의미'

1. "피보험자동차를 사용 또는 관리한다"고 함은 반드시 현실적으로 피보험자동차를 사용 또는 관리하는 경우만을 의미하는 것이 아니고, 사회통념상 피보험자동차에 대한 지배가 있다고 볼 수 있는 경우도 포함하는 의미라 할 것이다(대법원 1997.8.29. 선고 97다12884 판결).
2. 기명피보험자의 승낙이라 함은 반드시 명시적이거나 개별적일 필요는 없고, 묵시적 또는 포괄적 승낙도 가능하지만 특별한 사정이 없는 한 피보험자의 직접적인 승낙임을 요하고, 승낙받은 자로부터 다시 승낙받은 자는 제11조 소정의 피보험자에 해당하지 않는다(대법원 1997.3.14. 선고 95다48728 판결).
3. "각 피보험자를 위하여 피보험자동차를 운전 중인 자(운행보조자를 포함함)"라 함은 통상 기명피보험자 등에 고용되어 피보험자동차를 운전하는 자를 의미하며, 한편 자동차종합보험 보통약관에서 위와 같이 피보험자를 위하여 당해 피보험자동차를 운전하는 자까지 피보험자의 범위를 확대하여 규정하고 있는 취지와 위와 같은 운전자와 "기명피보험자의 승낙을 얻어 자동차를 사용 또는 관리 중인 자"를 별도의 항목에서 피보험자로 보고 있는 점 등에 비추어 본다면, 위와 같은 운전자의 경우에는 당해 운행에 있어서의 구체적이고 개별적인 승낙의 유무에 관계없이 위 약관상의 피보험자에 해당한다고 보아야 한다(대법원 2005.9.15. 선고 2005다10531 판결).

(3) 자동차보험 보통약관상 승낙피보험자의 범위

①「대인배상 Ⅰ」에서 피보험자

②「대인배상 Ⅱ」에서 피보험자. 다만, 자동차 취급업자가 업무상 위탁받은 피보험자동차를 사용하거나 관리하는 경우에는 피보험자로 보지 않는다.

06

현행 자동차보험 보통약관상 "대인배상", "무보험자동차에 의한 상해" 지급기준에서 후유장애보험금 중 가정간호비에 관하여 설명하시오. (10점)

모범답안

1. 가정간호비 인정대상

치료가 종결되어 더 이상의 치료효과를 기대할 수 없게 된 때에 1인 이상의 해당 전문의로부터 노동능력상실률 100%의 후유장애 판정을 받은 자로서 다음 요건에 해당하는 '식물인간상태의 환자 또는 척수손상으로 인한 사지완전마비 환자'로 생명유지에 필요한 일상생활의 처리동작에 있어 항상 다른 사람의 개호를 요하는 자가 대상이다.

(1) 식물인간상태의 환자

뇌손상으로 다음 항목에 모두 해당되는 상태에 있는 자를 말한다.

① 스스로는 이동이 불가능하다.

② 자력으로는 식사가 불가능하다.

③ 대소변을 가릴 수 없는 상태이다.

④ 안구는 겨우 물건을 쫓아가는 수가 있으나, 알아보지는 못한다.

⑤ 소리를 내도 뜻이 있는 말은 못한다.

⑥ '눈을 떠라', '손으로 물건을 쥐어라'하는 정도의 간단한 명령에는 가까스로 응할 수 있어도 그 이상의 의사소통은 불가능하다.

(2) 척수손상으로 인한 사지완전마비 환자

척수손상으로 인해 양팔과 양다리가 모두 마비된 환자로서 다음 항목에 모두 해당되는 자를 말한다.

① 생존에 필요한 일상생활의 동작(식사, 배설, 보행 등)을 자력으로 할 수 없다.

② 침대에서 몸을 일으켜 의자로 옮기거나 집안에서 걷기 등의 자력이동이 불가능하다.

③ 욕창을 방지하기 위해 수시로 체위를 변경시켜야 하는 등 다른 사람의 상시 개호를 필요로 한다.

2. 가정간호비 지급기준

가정간호 인원은 1일 1인 이내에 한하며, 가정간호비는 일용근로자 임금을 기준으로 보험금수령권자의 선택에 따라 일시금 또는 퇴원일부터 향후 생존기간에 한하여 매월 정기금으로 지급한다.

07 현행 자동차보험 보통약관상 '위법계약의 해지'에 대하여 설명하시오(보험회사의 설명의무위반이 있는 경우를 전제로 함). (10점)

모범답안

위법계약의 해지

(1) 보험계약자의 해지권

보험계약자는 「금융소비자 보호에 관한 법률」 제47조 및 관련 규정이 정하는 바에 따라 계약 체결에 대한 보험회사의 법 위반 사항이 있는 경우 계약 체결일부터 5년 이내의 범위에서 보험계약자가 위반 사항을 안 날부터 1년 이내에 계약해지요구서에 증빙서류를 첨부하여 위법계약의 해지를 요구할 수 있다. 다만, 「자동차손해배상보장법」에 따른 의무보험에 대해 해지 요구를 할 때에는 동종의 다른 의무보험에 가입되어 있는 경우에만 해지할 수 있다.

(2) 보험회사의 통지의무

보험회사는 해지요구를 받은 날부터 10일 이내에 수락 여부를 보험계약자에 통지하여야 하며, 거절할 때에는 거절 사유를 함께 통지하여야 한다.

(3) 보험회사가 해지 요구를 따르지 않는 경우

보험계약자는 보험회사가 정당한 사유 없이 위법계약의 해지 요구를 따르지 않는 경우 해당 계약을 해지할 수 있다.

(4) 계약 해지의 효과

계약이 해지된 경우 보험회사는 보험료를 계약자에게 지급한다.

(5) 법률상의 권리

보험계약자는 제척기간에도 불구하고 「민법」 등 관계법령에서 정하는 바에 따라 법률상의 권리를 행사할 수 있다.

2023년도

자동차보험의 이론과 실무(대인배상 및 자기신체손해)

제46회 신체손해사정사 2차 시험문제

1. 다음 사례에서 손해사정사가 착안하여야 할 사항과 그 조사방법 및 보상처리시 유의할 점을 기술하시오. (25점)

〈사고발생 경위〉
2023년 7월 1일 16시쯤 #1승용차(이하 '1차량'이라 함)와 #2승용차(이하 '2차량'이라 함)가 일반도로에서 동일방향으로 정상운행 중 1차량이 차로를 변경하면서 1차량의 우측부위로 2차량의 좌측부위를 충격하였다.

〈피해상황〉
피해자는 1차량의 조수석에 탑승하고 있던 '병'으로서(남, 당시 만 17세, 고교생), 경추염좌의 병명으로 한 달간 한방병원에서 안정가료를 요하는 외상을 입었다.

〈운전자〉
1차량의 운전자는 '병'의 누나 '을'(당시 23세, 대학생)로서 무면허운전 중이었으며, 2차량의 운전자인 정은 기명피보험자로서 적격운전자이긴 하나 사고 당시 입에서 술 냄새가 났다고 '을'은 주장하고 있다.

〈보험계약사항〉
1차량은 '병'의 모친 '갑'을 기명피보험자로 하여 A 보험회사의 자동차보험 대인배상 I (자동차손해배상책임보험)에 가입(2023년 5월 1일 책임개시, 보험기간 1년)된 상태이고, 2차량은 B 보험회사의 개인용 자동차보험 전담보에 가입(2022년 9월 1일 책임개시, 보험기간 1년)되어 있다.

2. 과실상계의 법리와 현행 자동차보험제도상 과실상계의 운용에 관하여 설명하시오. (25점)

3. 「자동차손해배상보장법」상 '다른 사람(타인)'에 관하여 설명하시오. (20점)

4. 자동차보험의 〈무보험자동차에 의한 상해〉에서의 '무보험자동차'와 〈다른 자동차 운전담보 특별약관〉에서의 '다른 자동차'를 각각 설명하시오. (10점)

5. 다음 사례에서 보험회사의 보상책임에 대하여 설명하시오. (10점)

〈사고발생사항〉
'갑'은 자기 소유 승용차를 운전하여 여행을 가던 중 차량에 이상을 느껴, '을'이 운영하는 정비업체에 수리를 의뢰하였다. 정비업체의 직원 '병'이 수리 후 동 차량을 시운전하던 중 보행인('갑'·'을'·'병'과는 인적관계 없음)을 치어 상해를 입힌 사고가 발생하였다.

〈보험계약사항〉
'갑'은 A 보험회사의 자동차보험 대인배상Ⅰ·Ⅱ에 가입하였다.

6. 최근 도입된 '경상환자 대인배상Ⅱ 치료비에 대한 과실책임주의'의 내용과 기대효과 등을 설명하시오. (10점)

01

다음 사례에서 손해사정사가 착안하여야 할 사항과 그 조사방법 및 보상처리시 유의할 점을 기술하시오. (25점)

〈사고발생 경위〉
2023년 7월 1일 16시쯤 #1승용차(이하 '1차량'이라 함)와 #2승용차(이하 '2차량'이라 함)가 일반도로에서 동일방향으로 정상운행 중 1차량이 차로를 변경하면서 1차량의 우측부위로 2차량의 좌측부위를 충격하였다.

〈피해상황〉
피해자는 1차량의 조수석에 탑승하고 있던 '병'으로서(남, 당시 만 17세, 고교생), 경추염좌의 병명으로 한 달간 한방병원에서 안정가료를 요하는 외상을 입었다.

〈운전자〉
1차량의 운전자는 '병'의 누나 '을'(당시 23세, 대학생)로서 무면허운전 중이었으며, 2차량의 운전자인 정은 기명피보험자로서 적격운전자이긴 하나 사고 당시 입에서 술 냄새가 났다고 '을'은 주장하고 있다.

〈보험계약사항〉
1차량은 '병'의 모친 '갑'을 기명피보험자로 하여 A 보험회사의 자동차보험 대인배상 I (자동차손해배상책임보험)에 가입(2023년 5월 1일 책임개시, 보험기간 1년)된 상태이고, 2차량은 B 보험회사의 개인용 자동차보험 전담보에 가입(2022년 9월 1일 책임개시, 보험기간 1년)되어 있다.

모범답안

1. 손해사정사가 착안하여야 할 사항

(1) 사고 차량의 과실관계

(2) 피해자 '병'의 경추염좌로 인한 진단서 제출 여부

(3) '을'의 무단운전 여부

(4) 사고부담금

(5) '병'에 대한 피해자측 과실 적용 여부

(6) '정'의 음주운전 여부

(7) 공동불법행위 구상 해당 여부

2. 조사방법 및 보상처리시 유의할 점

(1) 사고 차량의 과실관계

① 조사방법

㉠ '을'의 일방과실에 의한 사고인지, 양 차량의 쌍방과실사고인지를 조사한다. 쌍방과실사고인 경우에는 과실비율 관계에 대한 조사가 필요하다.

㉡ 1차량과 2차량이 동일방향으로 진행 중 1차량이 차로를 변경하다가 발생한 사고로서 과실을 결정하는 과실 가산요소 및 감산요소를 조사한다. 진로변경 신호불이행・지연 여부, 진로변경금지장소 여부, 현저한 과실 또는 중과실 여부 등을 조사한다.

㉢ 운전자, 피해자 확인서 징구, 사고현장 확인, 사고현장 CCTV, 사고차량 차량 블랙박스 등을 확인한다.

② 보상처리시 유의할 점

1차량 운전자 '을'이 무면허운전이나, 2차량 운전자 '정'이 술 냄새가 났다고 주장하므로 '정'이 음주운전이라면 과실비율 관계가 변동될 수 있다.

(2) 피해자 '병'의 경추염좌로 인한 추가 진단서 제출 여부

① 조사방법

㉠ 피해자 '병'은 한 달간 한방병원에서 안정가료를 요하는 외상을 입었으므로 부상 여부를 확인한다.

㉡ 경추염좌에 해당하므로 기왕증 여부, 꾀병 여부, 안전벨트 착용 여부 등을 조사한다. 안전벨트 미착용시 손해확대에 기여한 과실을 적용한다.

② 보상처리시 유의할 점

㉠ 피해자 '병'은 경추염좌 진단으로 「자배법」 상해급수 12급으로 경상환자에 해당되므로 개정된 약관(2023.1.1. 이후 사고부터)에 따르면 사고일로부터 4주간 치료가 가능하다. 하지만 4주를 초과하는 치료를 원할 경우 향후 치료기간에 대한 진단서를 보험회사에 제출해야 한다.

㉡ 경상환자가 상해를 입은 날로부터 4주 경과 후 「의료법」에 따른 진단서를 제출하지 않고 진료를 받으면 보험회사가 지급보증중지를 의료기관에 통보해 진료비 지급이 중단될 수 있다.

(3) '을'의 무단운전 여부

① 조사방법

㉠ 자녀 '을'의 무면허운전을 기명피보험자인 모친 '갑'이 명시적, 묵시적으로 승인했는지 여부를 확인한다.

㉡ 무단운전 여부는 '을'과 '병'뿐만 아니라 '갑'과의 면담을 통해 명확하게 확인한다.

㉢ '갑'의 운행자책임은 사고 당시 운행지배와 운행이익을 상실하였는지 여부로 판단한다. 차량과 열쇠의 보관상태, 무단운전이 가능하게 된 경우, 보유자와 운전자의 인적관계, 운전자의 차량반환의사 유무, 보유자의 사후승낙 가능성, 피해자의 주관적 인식 유무, 운행시간 및 장소적 근접성 등을 종합적으로 판단한다.

㉣ 무단운전으로 인한 사고가 있는 경우 종합적인 판단 결과 자동차보유자 '갑'에게 운행자책임이 인정되면 '갑'과 무단운전자 '을'은 부진정연대책임을 부담하게 된다.

② 보상처리시 유의할 점

㉠ 기명피보험자인 모친 '갑'이 자녀 '을'의 무면허운전을 인지하였을 경우 모친 '갑'도 연대하여 책임을 진다. A 보험회사의 대인배상 I 에 가입되어 있으므로 전액 보상한다.

㉡ 만약 '을'과 '병'의 무단운전을 한 경우 피해자 '병'이 적극가담하고 종용한 경우라면 '갑'의 운행자책임은 발생하지 않으므로 대인배상 I 의 책임이 발생하지 않을 수 있다.

(4) 사고부담금

① 조사방법

'을'은 무면허운전에 대한 사고부담금을 부담하게 되는데, '을'의 무면허운전에 대한 '갑'의 명시적, 묵시적 승인 여부에 따라 '갑'도 사고부담금을 부과할 수 있으므로 '을'의 차량운전 경위와 무면허운전 경위에 대해 조사한다.

② 보상처리시 유의할 점

㉠ A 보험회사의 대인배상 I 에 가입되어 있으므로 피해자인 '병'과 '정'에게 사고부담금을 전액 지급한다.

㉡ '을'의 일반적인 무면허운전일 경우 보험회사가 선지급 후 '을'에게 구상한다.

㉢ '갑'의 명시적, 묵시적 승인하에 무면허운전이 이루어졌다면 '갑'과 함께 연대책임으로 사고부담금을 부담하며, 보험회사가 피해자인 '병'과 '정'에게 선지급 후 '을'에게 구상한다.

(5) '병'에 대한 피해자측 과실 적용 여부

① 조사방법

㉠ 1차량의 기명피보험자인 모친 '갑'과 피해자 '병'은 모자 관계이므로 피해자측 과실 적용 여부를 조사하여야 한다. 다만, '병'과 '을'은 가족관계이므로 피해자측 과실을 적용할 수 있는지를 검토해야 한다. 판례는 특별한 사정이 없는 한 부모, 배우자, 자녀의 과실은 피해자 측의 과실로 참작해야 한다는 입장이다.

㉡ 가족관계증명서, 대법원 판례 등을 확인한다.

② 보상처리시 유의할 점

㉠ 피해자 '병'이 단순한 동승한 경우라면 동승경위에 따른 동승자감액 여부만 검토한다.

㉡ 피해자 '병'과 무면허운전자 '을'의 가족관계인 모친 '갑'의 승낙 없이 무단으로 차량을 운전한 경우 피해자측 과실을 적용할 경우에는 손해의 공평부담이라는 견지에서 치료비과실상계를 검토해야 한다. 즉, 무면허운전자 '을'의 과실만큼 과실상계 후 '병'에게 보상한다.

판례 **피해자측 과실에 관한 판례**

- 오빠가 운전하는 오토바이 뒷좌석에 편승한 피해자에 대하여 오빠의 과실(대법원 1973.9.25. 선고 72다2082 판결)
- 조카가 운전하는 삼촌 소유의 차량에 피해자들인 그 삼촌과 숙모 및 그들의 자녀가 동승하여 설탕을 팔러 가다가 일어난 사고에서 조카의 과실(대법원 1987.2.10. 선고 86다카1759 판결)
- 아버지가 운전하는 차량에 아버지와 생계를 같이 하는 미성년의 아들이 동승하여 가다가 일어난 사고에 대하여 아버지의 과실(대법원 1989.4.11. 선고 87다카2933 판결)
- 출가한 누나가 남동생이 운전하는 차량에 동승하였다가 발생한 교통사고로 사망한 경우 남동생의 과실(대법원 1996.10.11. 선고 96다27384 판결)

(6) '정'의 음주운전 여부

① 조사방법

㉠ 1차량의 무단운전자 '을'이 사고 당시 2차량의 운전자 '정'에게서 술 냄새가 났다고 주장하므로 B 보험회사의 손해사정사는 '정'의 음주운전 여부를 확인해야 한다.

㉡ 경찰서에 신고된 상황이면 기록을 통해 음주 여부를 확인 할 수 있다.

㉢ 경찰서에 신고된 상황이 아니면 주변 목격자 및 주변 CCTV, 당사자의 진술서 등을 통해 음주 여부를 확인한다.

② 보상처리시 유의할 점

㉠ '정'의 음주운전에 해당할 경우 B 보험회사는 사고부담금을 청구한다.

㉡ 음주 사실은 확인되나 형사적인 음주운전으로 처벌되지 않는 경우에는 주취 미달로 인한 과실상계시 수정요소로 반영하고, 사고할증에 반영할 수 있다.

(7) 공동불법행위 구상 해당 여부

① 조사방법

쌍방과실사고인 경우 과실이 많은 보험회사의 선처리 후 공동불법행위에 대한 구상관계를 조사한다.

② 보상처리시 유의할 점

공동불법행위 피해자인 '병'에 대해서 종합보험(대인배상 Ⅰ, Ⅱ)에 가입되어 있는 B 보험회사에서 선처리 후 공동불법행위 과실만큼 A 보험회사와 '갑', '을'에게 구상권을 행사할 수 있다. '갑'과 '을'이 A 보험회사에 대인배상 Ⅰ만 가입한 상태이므로 대인배상 Ⅰ을 초과하는 손해에 대해서 개인구상을 위한 재산조사 및 채권확보를 위한 조사가 필요하다.

3. 보험회사의 보상책임

(1) A 보험회사의 보상책임

① 대인배상Ⅰ

㉠ 보상하는 손해

피보험자가 피보험자동차의 운행으로 인하여 다른 사람을 죽게 하거나 다치게 하여 「자배법」 제3조에 의한 손해배상책임을 짐으로써 입은 손해를 보상한다.

㉡ 피보험자 여부

'갑'은 기명피보험자로서 「자배법」상 운행자책임을 부담하며, '을'은 친족피보험자로서 「자배법」상 운행자책임과 직접 운전행위에 의한 「민법」상 불법행위책임을 '병'과 '정'에게 진다.

㉢ 보 상

- '병' : 1차량 탑승자 '병'에 대해 대인배상Ⅰ로 보상하며, 동승경위에 따른 동승자감액을 적용할 수 있다.
- '정' : 2차량 운전자(타차운전자)로서 대인배상Ⅰ로 과실상계를 적용하여 보상한다.

② 사고부담금

'을'의 무면허운전에 따른 사고부담금을 대인배상Ⅰ한도 내에서 전액 부담한다. 모친 '갑'의 명시적, 묵시적 승인이 있는 경우 연대하여 사고부담금을 부담한다.

(2) B 보험회사의 보상책임

① 대인배상Ⅰ, Ⅱ

㉠ 보상하는 손해

피보험자가 피보험자동차를 소유・사용・관리하는 동안에 생긴 피보험자동차의 사고로 인하여 다른 사람을 죽게 하거나 다치게 하여 법률상 손해배상책임을 짐으로써 입은 손해(대인배상Ⅰ에서 보상하는 손해를 초과하는 손해에 한함)를 보상한다.

㉡ 피보험자 여부

2차량 운전자 '정'은 기명피보험자로서 「자배법」상 운행자책임 및 「민법」상 불법행위책임을 '을'과 '병'에게 진다.

㉢ 보 상

공동불법행위 피해자 '병'에 대하여 대인배상Ⅰ, Ⅱ로 선보상 후 A 보험회사와 '갑', '을'에게 구상한다. 피해자측 과실을 적용하는 경우에는 과실상계 후 보상한다.

② 사고부담금

2차량의 운전자 '정'이 음주운전으로 확인될 경우 사고부담금을 부담한다.

02 과실상계의 법리와 현행 자동차보험제도상 과실상계의 운용에 관하여 설명하시오. (25점)

모범답안

1. 과실상계의 법리

(1) 과실상계의 의의

과실상계란 불법행위에 관하여 피해자에게 과실이 있는 경우에 가해자의 손해배상책임 및 그 금액을 결정함에 있어 피해자의 과실을 참작하는 것을 말한다(민법 제396조, 민법 제763조).

「민법」 제396조는 채무불이행에 관하여 채권자에게 과실이 있는 때에는 법원은 손해배상의 책임 및 그 금액을 정함에 있어 이를 참작하여야 한다고 규정하고, 「민법」 제763조는 불법행위로 인한 손해배상에 제396조를 준용하고 있다.

(2) 과실상계의 근거

가해자의 손해배상책임에 있어서 무과실책임 등 위험책임의 영역을 확대하는 한편, 손해배상책임의 범위에 있어서는 그 배상액의 범위를 제한하기 위한 것으로 손해의 공평분담이라는 견지에서 신의칙상 인정되는 제도이다. 즉 피해자의 과실을 정하는 이유는 기본적으로는 손해의 공평분담이라는 원칙에 근거하나, 실질적으로는 공동불법행위자 사이의 구상관계를 간편하고 합리적으로 해결할 수 있다는 점에 있다.

(3) 과실상계의 조건

① 피해자 측에 '과실'이 있어야 한다.

② 피해자 측의 과실과 손해의 발생 또는 확대 사이에 '상당인과관계'가 있어야 한다.

③ 피해자 측이 사고발생을 회피하는데 필요한 주의의무를 할 수 있는 '사리변별 능력'이 있어야 한다.

(4) 과실의 의미

과실상계에 있어서의 과실이란 불법행위의 성립요건으로서의 엄격한 의미의 과실, 즉 주의의무의 위반이 아니라 단순한 부주의를 의미한다. 피해자의 과실을 참작함에 있어서는 불법행위의 성립을 위하여 가해자에게 요구되는 것과 같은 정도의 책임능력은 요하지 않으며, 손해의 발생을 회피할 수 있을 정도의 사리변별 능력이 요구된다. 따라서 피해자 본인에게 이러한 정도의 능력조차 없는 경우에는 보호의무자의 감독상의 과실을 검토하여 피해자의 과실로 참작한다.

(5) 과실의 유형

① 감독의무자의 과실(보호태만 과실)

피해자가 유아, 심신상실자 또는 심신박약자인 경우 이들의 감독의무자에게 감독상의 과실(보호태만)이 있으면, 이들의 손해배상금의 산정에 있어서 감독자의 감독상의 과실을 피해자의 과실로 참작한다.

② 가족관계(생계를 같이하는 가족)

피해자가 불법행위자와 부모, 배우자 및 자녀 관계에 있는 경우에는 특별한 사정이 없는 한 불법행위자의 과실을 피해자의 과실로 참작한다.

2. 자동차보험제도상 과실상계의 운용

현행 자동차보험 표준약관 〈별표 3〉에 과실상계 규정을 두고 있다.

(1) 과실상계의 방법

① 이 기준의 「대인배상Ⅰ」, 「대인배상Ⅱ」, 「대물배상」에 의하여 산출한 금액에 대하여 피해자 측의 과실비율에 따라 상계하며, 「무보험자동차에 의한 상해」의 경우에는 피보험자의 과실비율에 따라 상계한다.

② 「대인배상Ⅰ」에서 사망보험금은 위 ①에 의하여 상계한 후의 금액이 2,000만원에 미달하면 2,000만원을 보상하며, 부상보험금의 경우 위 ①에 의하여 상계한 후의 금액이 치료관계비와 간병비의 합산액에 미달하면 「대인배상Ⅰ」 한도 내에서 치료관계비(입원환자 식대를 포함)와 간병비를 보상한다.

③ 「대인배상Ⅱ」 또는 「무보험자동차에 의한 상해」에서 사망보험금, 부상보험금 및 후유장애보험금을 합산한 금액을 기준으로 위 ①에 의하여 상계한 후의 금액이 치료관계비와 간병비의 합산액에 미달하면 치료관계비(입원환자 식대를 포함하며, 「대인배상Ⅰ」에서 지급될 수 있는 금액을 공제)와 간병비를 보상한다. 다만, 차량운전자*가 '자동차손해배상보장법 시행령' 〈별표 1〉 에서 정한 상해급별 구분 중 12급 내지 14급의 상해를 입은 경우 위 ①에 의하여 상계하기 전의 치료관계비가 「대인배상Ⅰ」 한도를 초과할 경우 보험회사는 과실상계 없이 우선 보상한 후, 그 초과액에 대하여 피해자 측의 과실비율에 해당하는 금액을 청구할 수 있다.

* "차량운전자"에서 차량이라 함은 「자동차관리법」 제3조에 의한 자동차(이륜자동차 제외), 「군수품관리법」에 의한 차량, 「건설기계관리법」의 적용을 받는 건설기계를 말하며, 차량운전자에는 피해자 측 과실비율을 적용받는 자를 포함한다.

(2) 과실비율의 적용기준

과실비율은 손해보험협회에서 판례 등을 참고하여 작성한 자동차사고 과실비율 인정기준을 참고하여 산정하는데, 과실비율 인정기준에 사고유형이 없거나 과실의 적용이 곤란한 경우에는 손해보험협회의 과실분쟁심의위원회의 판단에 따라 과실비율을 정할 수도 있다. 또한 소송이 제기된 경우에는 법원의 확정판결에 의한 과실비율을 적용한다.

03 「자동차손해배상보장법」상 '다른 사람(타인)'에 관하여 설명하시오. (20점)

모범답안

1. 「자동차손해배상보장법」상 규정

(1) 개 념

「자배법」 제3조에서 말하는 '다른 사람'이란 '자기를 위하여 자동차를 운행하는 자 및 당해 자동차의 운전자를 제외한 그 이외의 자'를 지칭하므로, 자동차를 운전하거나 운전의 보조에 종사한 자는 「자배법」 제3조에 규정된 '다른 사람'에 해당하지 않는다. 즉 운행자 이외에도 운전자와 운전보조자의 타인성을 부정하고 있다.

(2) 타인성 검토가 필요한 이유

운행자 또는 운전자가 사상한 경우 타인이 아닌 이유로 보호 받지 못하는 경우 불합리한 결과를 초래할 수 있으므로 구체적인 사안마다 개별적으로 판단하여 타인성을 검토할 필요가 있다.

2. 타인성 문제

(1) 운전자의 타인성 문제

운전자는 다른 사람을 위하여 자동차를 운전하는 자를 말한다(자배법 제2조 제4호). 운전자인지 여부는 사고 당시 운전이라는 사실행위에 구체적으로 종사하고 있었는가를 중심으로 파악하여야 한다.

① 운전자가 구체적·현실적으로 운전행위를 하던 중 사고가 발생한 경우라면 그 운전자는 「자배법」에서 말하는 자동차를 운행하는 자에 해당하기 때문에 '다른 사람'에 포함되지 않는다(대법원 2000.3.28. 선고 99다53827 판결 ; 대법원 2000.10.6. 선고 2000다32840 판결 ; 대법원 2001.11.30. 선고 2000다66393 판결 ; 대법원 2002.12.10. 선고 2002다51654 판결 ; 대법원 2010.5.27. 선고 2010다5175 판결 외).

② 고용계약 관계 등에 의해 운전자의 지위에 있다 하더라도 사고발생 당시 그 자가 현실적으로 운전행위에 관여하지 않고 있었다면 이는 '다른 사람'에 해당한다(대법원 1983.2.22. 선고 82다128 판결 ; 대법원 1989.4.24. 선고 89다카2070 판결 ; 대법원 1997.11.28. 선고 97다28971 판결 ; 대법원 1999.9.17. 선고 99다22328 판결 외).

③ 운전자가 사고 당시 현실적으로 운전을 하지 않았지만, 법령상 또는 직무상 임무에 위배하여 타인에게 위탁하여 운행한 경우로서 그 타인이 운전무자격자나 운전미숙자인 경우에는 운전을 위탁한 자는 여전히 운전자로서 '다른 사람'에 해당하지 않는다(대법원 2000.3.28. 선고 99다53827 판결). 이때 운전무자격자 등은 해당 자동차의 용법에 따른 사용행위를 실제로 하였다고 하더라도 특별한 사정이 없는 한 운전보조자에는 해당할 수 있지만, 운전자에는 해당하지 않는다.

(2) 운전보조자의 타인성 문제

운전보조자는 업무로서 운전자의 지배하에 운전자의 운전행위를 도와주는 지위에 있는 자(조수, 보조기사 등)를 말하는데, 이는 운전자의 개념에 포함된다(자배법 제2조 제4호). 판례도 「자배법」상 운전자의 개념에 직접 사고자동차의 운전행위를 한 자 이외에, 그 운전의 보조에 종사한 자도 포함시켜 파악하고 있다(대법원 1999.9.17. 선고 99다22328 판결 ; 대법원 2000.9.29. 선고 2000다33331 판결 ; 대법원 2005.9.15. 선고 2005다10531 판결 외). 그러나 운전보조자를 운행자 내지는 운전자에 준하여 타인성을 부정한다면, 운전보조자는 늘 「자배법」상의 보호를 받지 못하게 되는 불합리한 문제가 생길 수 있다.

① 운전보조자라 하더라도 사고 당시에 현실적으로 자동차의 운전에 관여한 경우에는 운전자의 지위에 준하여 타인성이 부정되지만, 현실적 관여가 없었다면 '다른 사람'에 해당되어 「자배법」상 보호대상이 된다(대법원 1999.9.17. 선고 99다22328 판결).

② 운전보조자인지의 여부는 사고 당시의 제반 사정에 따라 판단하여야 할 것이다. 즉, 업무로서 운전자의 운전행위에 참여한 것인지 여부, 운전자와의 관계, 운전행위에 대한 구체적인 참여 내용, 정도 및 시간, 사고 당시의 상황, 운전자의 권유 또는 자발적 의사에 따른 참여인지 여부, 참여에 따른 대가의 지급 여부 등 여러 사정을 종합적으로 고려하여야 한다(대법원 2010.5.27. 선고 2010다5175 판결).

③ 따라서 자신의 업무와 관계없이, 별도의 대가를 받지 않고 운전행위를 도운 것에 불과한 자는 특별한 사정이 없는 한 운전보조자에 해당하지 않는다고 보아야 할 것이다.

〈참고자료 ; 판례평석, 자배법 제3조의 '다른 사람'의 의미, 충남대학교 법학전문대학원, 맹수석(2016)〉

3. 타인성 검토가 필요한 유형

(1) 공동운행자

사고발생시 손해배상책임을 지는 피보험자가 복수로 존재하고, 그중 1인이 그 자동차 사고의 피해자로 다른 피보험자를 상대로 손해배상을 청구하는 경우, 사고를 당한 피보험자의 운행지배와 운행이익보다 상대방 피보험자의 운행지배와 운행이익이 더 직접적이고 구체적인 경우는 사고를 당한 피보험자는 「자배법」 제3조 소정의 타인임을 주장할 수 있다.

① 공동운행자의 유형

㉠ 전부적 공동운행자

전부적 공동운행자의 경우에는 자동차보험 차량의 운행이 공동목적을 수행하고 있는 이상, 운행지배 및 운행이익은 공동운행자 전부에 귀속된다. 따라서 공동운행자 1인은 공동운행 중의 사고로 피해자가 되는 경우에도 다른 공동운행자와의 관계에서 타인성이 부정된다.

㉡ 부분적 공동운행자

부분적 공동운행자는 대외적으로는 공동운행자 모두가 책임 주체로서 운행자의 지위를 가지나, 그 공동운행자 중 1인이 전속적으로 차량을 운행하는 속성상 다른 공동운행자가 피해를 입은 경우 타인성이 긍정되어 보호를 받을 수 있다. 그러나 피해를 입은 공동운행자 역시 운행자성을 완전히 상실한 것이 아닌 이상 손해배상액 산정시 운행자성 비율에 따른 조정 경감이 있어야 할 것이다.

㉢ 절충적 공동운행자

가장 보유의 차량을 가족 구성원이 수시로 자유롭게 이용하는 경우와 같이 절충적 공동운행자 간의 관계에 있어서는 구체적 사안에 따라서 달리 볼 필요가 있다.

예를 들면 부부 공동 목적을 위한 운행 내지는 성인인 자녀들끼리 공동 유흥을 목적으로 운행 중의 사고와 같이 전부적 공동운행자로 보아야 할 경우에는 그중 1인이 피해를 입은 경우 타인성이 부정된다고 볼 수 있다. 그러나 위와 같은 전부적 공동운행자성을 지니는 경우를 제외하고는 공동운행자 상호간에 어느 일방의 운행자가 피해를 입은 경우 타방의 운행자에 대하여 타인으로 보호받을 수 있다.

㉣ 중첩적 공동운행자

사용대차 및 임대차와 같이 수직적으로 운행지배가 중복되는 경우, 공동운행자 내부관계에 있어서는 어느 일방이 배타적·전속적으로 차량을 운행하는 경우와 같이 피해를 입은 타방의 운행지배 및 운행이익에 비하여 상대방 공동운행자의 그것이 보다 주도적이거나 직접적이고 구체적으로 나타나 있어 용이하게 사고의 발생을 방지할 수 있었다고 보여 진다면 사고를 당한 공동운행자는 상대방 공동운행자에 대하여 타인임을 주장할 수 있다.

② 공동운행자 사이에 있어서 구체적 운행지배의 정도와 태양

공동운행자 사이에 있어서 운행지배와 운행이익의 정도가 동등 이상의 경우에는 타인성이 조각되고, 그렇지 않는 경우에는 운행자성 정도에 따라 타인성이 상대적 비율적으로 감소되어 그 만큼 운행자책임이 감하여진다.

공동운행자의 타인성은 피해 공동운행자와 가해 공동운행자 사이의 내부관계에 관한 문제라 할 수 있다.

판례 공동운행자 사이에 있어서 구체적 운행지배의 정도의 태양

동일한 자동차에 대하여 복수로 존재하는 운행자 중 1인이 당해 자동차의 사고로 피해를 입은 경우 사고를 당한 그 운행자는 다른 운행자에 대하여 자신이 「자배법」 제3조 소정의 타인임을 주장할 수 없는 것이 원칙이나, 그들 사이에는 사고 당시 구체적 운행지배의 정도, 태양에 있어 차이가 존재하는 점에 유의하여 구체적 운행에 대한 지배의 정도, 태양 등을 비교·교량하여 사고를 당한 운행자의 운행지배 및 운행이익에 비하여 상대방 운행자의 그것이 보다 주도적이거나 직접적이고 구체적으로 나타나 있어 상대방이 용이하게 사고의 발생을 방지할 수 있었다고 보여지는 경우에 한하여 사고를 당한 운행자는 상대방에 대하여 타인임을 주장할 수 있다고 한다(대판 1993.4.23. 93다1879 ; 대판 2000.10.6. 2000다32840 ; 대판 2001.11.30. 2000다66393 ; 대판 2002.12.10. 2002다51654 ; 대판 2004.4.28. 2004다10633).

③ 차량의 사용대차

타인으로부터 자동차를 무상으로 빌려 다른 사람으로 하여금 운전하게 하고 자동차에 동승하였다가 사고를 당한 경우, 그는 사고 당시 위 자동차의 운행을 지배하고 그 운행이익을 향유하고 있어서 운행자의 지위에 있었다고 할 수 있고, 이 경우 자동차의 소유자 역시 여전히 운행자의 지위를 가지고 있었다 하더라도, 사고에 있어서 빌린 사람의 구체적 운행에 대한 지배의 정도·태양이 소유자보다 직접적·구체적으로 나타나 있어 용이하게 사고발생을 방지할 수 있었다고 보여지므로, 그는 소유자에 대하여 「자배법」상의 타인임을 주장할 수 없다고 할 것이다(대판 1989.6.27. 88다카12599 ; 대판 1991.7.9. 91다5358 ; 대판 1992.3.13. 91다33285).

④ 차량의 임대차

차량의 임대차에 있어서는 대여업자와 임차인 사이에는 그 차량에 대하여 차량소유자인 임대인의 운행지배를 보다 구체적이고 직접적인 것으로 본다(대판 1992.2.11. 91다42388 ; 대판 1993.4.23. 93다1879 ; 대판 1997.8.29. 97다12884 ; 대판 2000.10.6. 2000다32840 ; 대판 1991.7.12. 91다8418). 즉 차량 임차인은 차량에 대한 운행지배가 직접적이고 구체적이므로 사고발생을 방지할 수 있는 지위에 있으므로 타인성이 부정된다. 다만, 차량 임차시 차량과 더불어 운전기사를 포함하여 임차한 경우는 타인에 해당한다.

⑤ 공동운행자책임의 감경

피해자인 공동운행자의 타인성을 인정하는 경우라도 그 운행지배의 정도와 태양에 따라 다른 공동운행자의 책임을 양적으로 제한하여 배상액을 감액하여야 할 경우가 생긴다.

(2) 공동운전자

① 공동운전자의 타인성 검토

운전자는 「자배법」상 손해배상의 객체인 다른 사람(타인)에 해당되지 않으나, 운행자와 마찬가지로 수인의 운전자가 있는 경우 그중 1인이 피해자가 된 경우 운전자라는 이유로 보호받지 못하는 경우 생길 수 있다.

② 교대운전자, 선의의 보조자 및 일시적 보조자

사고 당시에 구체적・현실적으로 운전을 담당하지 않았거나 운전하여야 할 의무가 없는 교대운전자나 선의의 보호자 및 일시적 보조자는 원칙적으로 「자배법」상 운전자가 아니므로 타인으로 보호된다.

(3) 운행자의 친족

보유자의 배우자나 직계존비속 등 근친자도 원칙적으로 「자배법」상 타인에 해당된다. 피해자인 가족이 나이 어린 아동 또는 미성년자인 경우에도 호의동승의 한 형태로서 타인으로 보호된다. 이때 친족의 운행자 여부는 평소 차량관리, 유지비용 부담, 사용용도, 운행목적, 동승경위 등을 종합적으로 검토・판단한다.

(4) 호의동승자(무상동승자)

무상동승이라 함은 대가의 지불 없이 타인의 자동차에 동승하는 것을 말하며, 그중 호의에 의하여 무상으로 동승하는 것이 '호의동승'이다. 호의동승자라 하여 승용차의 공동운행자에 해당한다거나 「자배법」상의 타인성을 상실한다고 할 수 없으므로, 호의동승자에 대해서도 자동차보유자는 배상책임을 부담하는 것이 원칙이다.

판례는 사고 차량에 단순히 호의로 동승하였다는 사실만 가지고 바로 이를 배상액 경감사유로 삼을 수 있는 것은 아니라고 하여, 무상(호의)동승자에 대하여 자동차의 운행자성을 부정하고 타인으로 보호받는 것이 원칙이라는 견해이다(대판 1987.9.22. 86다카2580 ; 대판 1987.12.22. 86다카2994 ; 대판 1988.9.13. 88다카80 ; 대판 1991.1.15. 90다13710 ; 대판 1999.2.9. 98다53141).

다만, 호의동승자와 동승차량의 운행자의 인적관계, 차량의 운행목적과 동승하게 된 경위, 특히 동승을 요구한 목적과 적극성 등 제반 사정에 비추어, 가해자에게 일반의 교통사고와 같은 책임을 지우는 것이 신의칙이나 형평의 원칙으로 보아 매우 불합리하다고 인정되는 경우에는 운행자가 배상할 손해액을 감액한다.

04 자동차보험의 〈무보험자동차에 의한 상해〉에서의 '무보험자동차'와 〈다른 자동차 운전담보 특별약관〉에서의 '다른 자동차'를 각각 설명하시오. (10점)

모범답안

1. 무보험자동차

무보험자동차란 피보험자동차가 아니면서 피보험자를 죽게 하거나 다치게 한 자동차로서 다음 중 어느 하나에 해당하는 것을 말한다. 이 경우 자동차라 함은 「자동차관리법」에 의한 자동차, 「건설기계관리법」에 의한 건설기계, 「군수품관리법」에 의한 차량, 「도로교통법」에 의한 원동기장치자전거 및 개인형 이동장치, 「농업기계화촉진법」에 의한 농업기계를 말하며, 피보험자가 소유한 자동차를 제외한다.

① 자동차보험 「대인배상Ⅱ」나 공제계약이 없는 자동차

② 자동차보험 「대인배상Ⅱ」나 공제계약에서 보상하지 않는 경우에 해당하는 자동차

③ 무보험자동차에 의한 상해에서 보상될 수 있는 금액보다 보상한도가 낮은 자동차보험의 「대인배상Ⅱ」나 공제계약이 적용되는 자동차. 다만, 피보험자를 죽게 하거나 다치게 한 자동차가 2대 이상이고 각각의 자동차에 적용되는 자동차보험의 「대인배상Ⅱ」 또는 공제계약에서 보상되는 금액의 합계액이 이 약관에서 보상될 수 있는 금액보다 낮은 경우에 한하는 그 각각의 자동차

④ 피보험자를 죽게 하거나 다치게 한 자동차가 명확히 밝혀지지 않은 경우 그 자동차(「도로교통법」에 의한 개인형 이동장치는 제외)

2. 다른 자동차

다른 자동차란 자가용 자동차로서 피보험자동차와 동일한 차량[승용 자동차(일반 승용 및 다목적 승용 포함), 경/3종 및 초소형/경/4종 화물자동차]으로서 다음 각 호에 해당하는 자동차를 말한다.

① 기명피보험자와 그 부모, 배우자 또는 자녀가 소유하거나 통상적으로 사용하는 자동차가 아닌 것

② 기명피보험자가 자동차를 교체(대체)한 경우, 그 사실이 생긴 때부터 보험회사가 피보험자동차를 다른 자동차로 교체(대체)하는 경우의 승인을 한 때까지의 교체(대체)자동차

05 다음 사례에서 보험회사의 보상책임에 대하여 설명하시오. (10점)

〈사고발생사항〉
'갑'은 자기 소유 승용차를 운전하여 여행을 가던 중 차량에 이상을 느껴, '을'이 운영하는 정비업체에 수리를 의뢰하였다. 정비업체의 직원 '병'이 수리 후 동 차량을 시운전하던 중 보행인('갑'·'을'·'병'과는 인적관계 없음)을 치어 상해를 입힌 사고가 발생하였다.

〈보험계약사항〉
'갑'은 A 보험회사의 자동차보험 대인배상 Ⅰ·Ⅱ에 가입하였다.

모범답안

1. 법률상 배상책임의 검토

정비업체에 차량의 수리를 의뢰한 상태에서 정비업체의 직원이 수리 후 동 차량을 시운전하던 중 발생한 사고에서 「자배법」 및 「민법」상 책임관계와 보험회사의 면·부책을 검토한다.

(1) '갑'의 운행자책임

'갑'은 차량 소유자로서 원칙적으로 운행자에 해당하지만, 정비업체에게 차량 수리를 맡긴 경우에는 그 시점부터 운행지배와 운행이익이 벗어나므로 「자배법」상 운행자책임을 부담하지 않는다. 또한 불법행위자가 아니므로 「민법」상 책임도 물을 수 없다.

판례 **서울고법 1981.9.4. 선고 81나1311, 제11민사부 판결**

차량의 소유자가 수리를 위하여 수리업자에게 이를 맡긴 경우에 있어 그 차량관리지배는 소유자로부터 벗어나므로 그 수리의 시운전 중 야기된 사고에 대하여는 그 소유자에게 책임을 물을 수 없다.

(2) '을'의 운행자책임 및 사용자배상책임

'을'은 차량 소유자 '갑'으로부터 차량의 정비를 맡은 정비업체를 운영하는 자로, 정비가 완료될 때까지 「자배법」 제3조의 운행자책임을 진다. 또한 불법행위자가 아니므로 「민법」상 책임은 없지만 '병'의 사용자로서 「민법」 제756조의 사용자배상책임도 진다.

(3) '병'의 일반불법행위책임

'병'은 정비업체의 직원으로서 자기를 위하여 자동차를 운행한 것으로 볼 수 없으므로 「자배법」상 운행자책임을 지지 않는다. 다만, 「민법」 제750조의 일반불법행위책임을 진다.

(4) 결 론

‘을’은 「자배법」상 운행자책임을 지고, ‘병’은 「민법」상 일반불법행위책임을 진다.

※ ‘을’의 경우 「자배법」상 운행자책임이 「민법」상 사용자배상책임보다 우선적용된다.

2. A 보험회사의 보상책임

(1) 피보험자

‘갑’은 기명피보험자, ‘을’은 대인배상Ⅰ의 승낙피보험자, ‘병’은 대인배상Ⅰ의 운전피보험자에 해당한다. 다만, ‘을’과 ‘병’은 차량취급업자이므로 대인배상Ⅱ의 피보험자에서 제외한다.

(2) 대인배상Ⅰ

① ‘갑’은 피해자(보행인)에 대해 「자배법」상 책임뿐만 아니라 「민법」상의 책임이 존재하지 않으므로 보상책임이 발생하지 않는다(면책).

② ‘을’은 대인배상Ⅰ의 피보험자에 해당하고, 「자배법」상 운행자책임을 지므로 피해자(보행인)에 대해 보상책임이 발생한다(부책).

(3) 대인배상Ⅱ

① ‘갑’은 피해자(보행인)에 대해 손해배상책임을 부담하지 않으므로 면책된다.

② ‘을’과 ‘병’은 모두 차량취급업자로서 피보험자에 해당하지 않으므로 면책된다.

(4) 결 론

A 보험회사는 피해자(보행인)에 대해 대인배상Ⅰ에서만 보상한다.

06 최근 도입된 '경상환자 대인배상Ⅱ 치료비에 대한 과실책임주의'의 내용과 기대효과 등을 설명하시오. (10점)

모범답안

경상환자 대인배상Ⅱ 치료비에 대한 과실책임주의

(1) 도입배경

종전에는 자동차 사고발생시 과실 정도와 무관(100:0 사고 제외)하게 상대방 보험회사에서 치료비를 전액 지급함으로써 과실과 책임의 불일치로 인해 과잉진료를 유발하는 동시에 高과실자 – 低과실자 간 형평성 문제가 대두되었다.

따라서 경상환자의 대인배상Ⅱ 치료비 중 본인 과실에 해당하는 부분은 본인 보험(자기신체사고 또는 자동차상해) 또는 자비로 처리하도록 자동차보험 표준약관을 개정하였다. 다만, 피해자 보호를 위하여 차량운전자를 제외한 보행자(이륜차, 자전거 포함)는 본인 과실이 있더라도 현행과 같이 치료비를 전액 보장하여 피해자 구제에도 소홀함이 없도록 하였다.

더 알아보기 경상환자의 개념

경상환자란 「자동차손해배상보장법 시행령」 〈별표 1〉 '상해의 구분'에서 정하는 12급~14급 상해를 입은 환자를 말한다. 주로 상해 정도가 심각하지 않은 '척추 염좌(삔 것)' 및 '골절(부러짐)을 동반하지 않은 단순 타박상' 등이 포함된다.

상해 12급	상해 13급	상해 14급
• 외상후 급성 스트레스 • 척추 염좌(삔 것) • 3cm 미만 안면부 열상 등	• 단순 고막 파열 • 2~3개 치과보철 필요 상해 • 흉부 타박상 등	• 수족지 관절 염좌 • 팔다리의 단순 타박 • 1개 치과보철 필요 상해 등

(2) 적용대상

중상환자(1~11급)를 제외한 경상환자(12~14급)에 대해 적용한다. 치료비 보장이 어려울 수 있는 보행자(이륜차, 자전거 포함)는 적용에서 제외한다.

(3) 적용방식

기존처럼 보험회사에서 치료비를 우선 전액 지급한 후 대인배상Ⅰ 한도를 초과하는 치료비 중 본인 과실 해당액에 대해 청구한다. 즉 본인 과실에 따른 치료비 부분은 본인 보험(자기신체사고 또는 자동차상해) 또는 자비로 처리한다.

(4) 시행시기

경상환자 치료비 과실책임주의는 2023.1.1.부터 발생하는 사고에 대하여 적용한다.

(5) 기대 효과

경상환자 등에 대한 보상체계 합리화를 통해 ① 과잉진료 감소와 이에 따른 ② 국민 보험료 부담 완화를 기대한다.

제47회 신체손해사정사 2차 시험문제

1. 다음 사례에서 현행 자동차보험약관상 보험회사의 담보별 보상책임에 대하여 설명하고, 유족별 지급보험금을 계산하시오. (25점)

> [피보험자동차의 운행목적 및 사고경위]
> - 보험기간 중 기명피보험자(A)가 자기 소유의 피보험자동차에 아내(B)를 태우고 휴가를 가던 중 운전 부주의로 피보험자동차가 낭떠러지로 추락하면서 아내가 현장 사망함.
> - 이건 사고 당시 기명피보험자(A)는 적법한 운전면허를 소지하고, 음주운전도 하지 않았으며, 망인(B)은 안전벨트를 착용하지 아니함.
>
> [피보험자동차의 개인용 자동차보험 계약사항]
> - 담보종목 및 가입금액 등 : ① 대인배상Ⅰ, ② 대인배상Ⅱ(가입금액 : 무한), ③ 자기신체사고(가입금액 : 사망 1억원, 사망시 수익자 : 미지정)
>
> [망인(B)의 유족]
> - 배우자(A), 아버지(C), 시아버지(D), 사위(F), 외손녀(G, 미성년자)
>   ※ 망인의 외동딸(E)은 F와 결혼하여 G를 낳았는데, 이건 사고발생 전에 사망함.
>   ※ 상속인들은 모두 망인(B)의 재산에 대한 상속을 단순 승인함.
>
> [망인의 손해액]
> - 400,000,000원(동승자 감액 및 과실상계 전 실제 손해액)
>
> [동승자 감액 및 과실상계 비율]
> - 50%(A와 B의 관계, 운행목적, 안전벨트 미착용 등 제반 사항을 고려)

2. 근로자가 출퇴근 중에 자동차사고를 당한 경우, (1) 「산업재해보상보험법」에 의한 재해보상을 받을 수 있는 요건과, (2) 「산업재해보상보험법」에 의한 재해보상을 받을 수 있을 때 자동차보험 담보별 보상에 미치는 영향을 설명하시오. (20점)

3. 다음 사례에 대한 물음에 답하시오. (20점)

- 개인형 이동장치(Personal Mobility, PM)의 이용자가 커브 길에 미끄러지면서 보도를 정상 보행 중인 보행인을 치어 사망케 한 사고를 야기하였다.
- 이 사고로 사망한 보행인(피해자)의 배우자는 '갑' 보험회사의 개인용 자동차보험 모든 담보에 가입되어 있다.

(1) 개인형 이동장치(PM)의 정의 및 종류를 기술하시오. (10점)

(2) 위 피해자에 대한 '갑' 보험회사의 보상책임 및 보상의 범위에 대하여 설명하시오. (10점)

4. 현행 자동차보험약관상 '치료관계비'의 지급기준을 요약 · 기술하고, 손해사정시 유의할 사항을 설명하시오. (15점)

5. 현행 자동차보험약관상 〈자동차사고 과실비율의 인정기준〉에서 정하고 있는 '자동차와 보행자 사고'시 보행자의 과실비율을 수정하는 요소에 관하여 설명하시오. (10점)

6. 「자동차손해배상보장법 시행령」 〈별표 1〉에서는 〈상해의 구분과 책임보험금의 한도금액〉을 규정하고 있다. 그 가운데 '뇌진탕'과 "영역별 세부지침" 중 '척추'에 관하여 설명하시오. (10점)

01 다음 사례에서 현행 자동차보험약관상 보험회사의 담보별 보상책임에 대하여 설명하고, 유족별 지급보험금을 계산하시오. (25점)

[피보험자동차의 운행목적 및 사고경위]

- 보험기간 중 기명피보험자(A)가 자기 소유의 피보험자동차에 아내(B)를 태우고 휴가를 가던 중 운전 부주의로 피보험자동차가 낭떠러지로 추락하면서 아내가 현장 사망함.
- 이건 사고 당시 기명피보험자(A)는 적법한 운전면허를 소지하고, 음주운전도 하지 않았으며, 망인(B)은 안전벨트를 착용하지 아니함.

[피보험자동차의 개인용 자동차보험 계약사항]

- 담보종목 및 가입금액 등 : ① 대인배상Ⅰ, ② 대인배상Ⅱ(가입금액 : 무한), ③ 자기신체사고(가입금액 : 사망 1억원, 사망시 수익자 : 미지정)

[망인(B)의 유족]

- 배우자(A), 아버지(C), 시아버지(D), 사위(F), 외손녀(G, 미성년자)
  ※ 망인의 외동딸(E)은 F와 결혼하여 G를 낳았는데, 이건 사고발생 전에 사망함.
  ※ 상속인들은 모두 망인(B)의 재산에 대한 상속을 단순 승인함.

[망인의 손해액]

- 400,000,000원(동승자 감액 및 과실상계 전 실제 손해액)

[동승자 감액 및 과실상계 비율]

- 50%(A와 B의 관계, 운행목적, 안전벨트 미착용 등 제반 사항을 고려)

모범답안

1. 보험회사의 담보별 보상책임

(1) 법률상 손해배상책임

기명피보험자 A는 자기를 위하여 자동차를 운행하는 '운행자'로서 아내 B에 대하여 「자동차손해배상보장법」 제3조의 운행자책임을 부담한다. 또한, 「민법」상 제750조의 불법행위에 따른 손해배상책임도 부담한다.

「자동차손해배상보장법」상 '운행자'란 판례상 "운행을 지배하여 그 이익을 향유하는 책임 주체로서의 지위에 있는 자"를 말한다(대법원 2021.3.25. 선고 2019다208687 판결).

(2) 대인배상 Ⅰ

① 보상하는 손해

피보험자가 피보험자동차의 운행으로 다른 사람을 죽게 하거나 다치게 하여 「자동차손해배상보장법」에서 정한 손해배상책임을 짐으로써 입은 손해를 보상한다.

② 친족의 타인성 인정 여부

우리 법원과 금융감독원 분쟁조정위원회는 "당해 사고차량의 운행에 관하여 운행지배나 운행이익을 갖지 아니한 상대방 배우자나 동승 친족 등에 대하여 「자동차손해배상보장법」 제3조 소정의 '다른 사람'에 해당된다"라고 하였다. 또한 우리 대법원은 "동승 피해자가 사고차량 및 그 운행에 관하여 운행이익과 운행지배를 한 사실이 없는데도 운전자의 친족이라는 이유만으로 「자동차손해배상보장법」에 의한 손해배상책임을 구할 수 없는 공동운행자에 해당된다고 볼 수 없다"라고 판시하였다. 따라서 A는 기명피보험자에 해당하며, B는 A의 배우자이지만 '타인'으로 본다.

③ 보상책임

대인배상 Ⅰ에서 피보험자의 배우자라고 하더라도 진정 공동운행자로 볼 수 있는 사정이 없는 경우에는 '타인'으로 인정될 수 있다. 즉 문제 사안의 경우 기명피보험자 A의 배우자 B도 사고경위상 진정 공동운행자로 볼만한 사정이 없으므로 '타인'에 해당하며, 동승자 감액 및 과실상계 적용 후 대인배상 Ⅰ의 보상한도 내에서 보상한다.

(3) 대인배상 Ⅱ

① 보상하는 손해

피보험자가 피보험자동차를 소유・사용・관리하는 동안에 생긴 피보험자동차의 사고로 인하여 다른 사람을 죽게 하거나 다치게 하여 법률상 손해배상책임을 짐으로써 입은 손해(대인배상 Ⅰ에서 보상하는 손해를 초과하는 손해에 한함)를 보상한다.

② 면책약관규정

약관에 "피보험자 또는 그 부모, 배우자 및 자녀에 대해서는 보상하지 않는다"고 명시함으로써 피보험자 또는 그 부모, 배우자 및 자녀가 죽거나 다친 경우에는 대인배상 Ⅱ에서 보상하지 않는다.

③ 보상책임

대인배상 Ⅱ에서는 기명피보험자의 배우자로서 약관상 면책사유에 해당하므로 보상받을 수 없다.

④ 지급보험금 : 면책

(4) 자기신체사고

① 보상하는 손해

피보험자가 피보험자동차를 소유・사용・관리하는 동안에 생긴 자동차의 사고로 인하여 죽거나 다친 때 그로 인한 손해를 보상한다.

② 피보험자의 여부

B는 기명피보험자 A의 배우자로서 자기신체사고의 피보험자에 해당한다.

③ 보상책임

B는 자기신체사고의 피보험자에 해당하므로 자기신체사고담보에서 보상받는다. 지급보험금 산정시 자기신체사고 가입금액 1억원 내에서 보상받을 수 있으며, 안전벨트 미착용에 대한 과실은 자기신체사고의 특성상 지급보험금 산정시 이를 적용하지 않는다.

참고로 대법원은 "피보험자에게 안전벨트 미착용 등 법령위반 사유가 존재할 때 보험자의 면책사유로 약관에 정한 경우도 법령위반행위가 보험사고의 발생 원인으로서 고의에 의한 것이라고 평가될 정도에 이르지 않는 한 감액약관은 무효"라고 판시하였다(대법원 2014.9.4. 선고 2012다204808 판결).

2. 유족별 지급보험금

(1) 상 속

① 상속의 순위

㉠ 1순위 – 직계비속

㉡ 2순위 – 직계존속

㉢ 3순위 – 형제자매

㉣ 4순위 – 4촌 이내 방계혈족

배우자는 1순위인 직계비속과 같은 순위로 공동상속인이 되며, 직계비속이 없는 경우에는 2순위인 직계존속과 공동상속인이 된다. 한편, 직계비속과 직계존속이 모두 없는 경우에는 배우자가 단독 상속인이 된다(민법 제1003조). 배우자가 공동상속인이 되면 상속비율도 0.5를 가산하므로, B의 배우자인 A와 외동딸인 E의 상속비율은 1.5 : 1이 된다.

② 대습상속

상속인이 될 직계비속 또는 형제자매가 상속개시 전에 사망하거나 결격자가 된 경우에 사망하거나 결격된 사람의 순위에 갈음하여 상속인이 되므로(민법 제1001조 및 제1003조 제2항), 이건 사고 전에 이미 사망한 외동딸 E의 상속지분에 대해서는 사위 F와 외손녀 G(미성년자)에게 대습상속된다.

문제 사안의 경우 외손녀 G는 미성년자이므로 G의 상속지분에 대해서는 친권자인 사위 F가 모두 수령한다. 따라서 A와 F의 상속비율은 1.5 : 1이 된다.

③ 혼 동

원칙적으로 채권과 채무가 동일인에게 귀속되면 채권은 혼동으로 소멸한다. 「민법」 제507조에 "채권과 채무가 동일한 주체에 귀속한 때에는 채권은 소멸한다. 그러나 그 채권이 제3자의 권리의 목적인 때에는 그러하지 아니하다"고 규정하고 있다.

「자동차손해배상보장법」 제9조 제1항에 의한 피해자의 보험자에 대한 직접청구권이 수반되는 경우에는 그 직접청구권의 전제가 되는 「자동차손해배상보장법」 제3조에 의한 손해배상청구권은 손해배상채권과 손해배상의무가 상속으로 동일인에게 귀속하는 경우에도 혼동으로 소멸하지 않는다.

판례 **대법원 1995.5.12. 선고 93다48373 판결**

자동차 운행 중 교통사고가 일어나 자동차의 운행자나 동승한 그의 친족이 사망하여 「자동차손해배상보장법」 제3조에 의한 손해배상채권과 채무가 상속으로 동일인에게 귀속하게 되는 때에, 교통사고를 일으킨 차량의 운행자가 자동차 손해배상 책임보험에 가입하였다면, 가해자가 피해자의 상속인이 되는 등의 특별한 경우를 제외하고는 생존한 교통사고 피해자나 사망자의 상속인에게 책임보험에 의한 보험의 혜택을 부여하여 이들을 보호할 사회적 필요성이 있는 점은 다른 교통사고와 다를 바 없고, 다른 한편 원래 자동차손해배상 책임보험의 보험자는 상속에 의한 채권·채무의 혼동 그 자체와는 무관한 제3자일 뿐 아니라, 이미 자신의 보상의무에 대한 대가인 보험료까지 받고 있는 처지여서 교통사고의 가해자와 피해자 사이에 상속에 의한 혼동이 생긴다는 우연한 사정에 의하여 자기의 보상책임을 면할 만한 합리적인 이유가 없으므로, 자동차 책임보험의 약관에 의하여 피해자가 보험회사에 대하여 직접 보험금의 지급청구를 할 수 있는 이른바 직접청구권이 수반되는 경우에는 그 직접청구권의 전제가 되는 「자동차손해배상보장법」 제3조에 의한 피해자의 운행자에 대한 손해배상청구권은 상속에 의한 혼동에 의하여 소멸되지 아니한다고 보아야 한다.

문제 사안의 경우 A는 기명피보험자로서 자기 소유의 자동차를 운전하여 아내 B를 사망케 하는 사고를 낸 손해배상의무자인 동시에 B의 상속인으로서 손해배상청구권자이다. 따라서 A는 상속을 포기하지 않고 상속을 받는 경우로서, 대인배상 I 의 경우 A의 상속지분은 혼동으로 소멸한다.
자기신체사고의 경우에는 손해배상청구권이 아닌 상해보험에 대한 보험금청구권이고 보험금을 받을 자의 고의로 인한 사고도 아니므로 자기신체사고 보험금은 기명피보험자(A)에게 상속된다.

(2) B에 대한 지급보험금

대인배상 I 과 자기신체사고담보에서 보상받는다.

① 대인배상 I

지급보험금 산정시 동승자 감액 및 과실상계 비율 50%를 상계하고, 사망보험금 1억5천만원 한도 내에서 보상한다.

지급보험금 = 손해액 4억원 × (100% − 50%) = 2억원
⇒ 대인배상 I 의 보상한도 1억5천만원을 지급한다.

② 자기신체사고

지급보험금 = 실제손해액 + 비용 – 공제액(대인배상 I)
= 4억원 + 0원 – 1억5천만원 = 2억5천만원

※ 대인배상 I 에서 지급받은 1억5천만원을 공제한다.

⇒ 자기신체사고 가입금액 1억원을 지급한다.

(3) 유족별 지급보험금

① 기명피보험자 A(배우자)에 대한 지급보험금

㉠ 대인배상 I

B의 배우자인 A와 사위인 F의 상속비율은 1.5 : 1이므로

1억5천만원 × 1.5 / 2.5 = 9,000만원

⇒ 대인배상 I 의 경우 A의 상속지분은 혼동으로 소멸한다.

㉡ 자기신체사고

1억원 × 1.5 / 2.5 = 6,000만원

⇒ A는 자기신체사고 보험금에서 6,000만원을 전액 지급받는다.

② 외동딸(E)의 배우자(F)와 외손녀(G)에 대한 지급보험금

사망한 외동딸 E의 상속지분에 대해서 대습상속을 받는다.

㉠ 대인배상 I

- 대습상속액 : 1억5천만원 × 1 / 2.5 = 6,000만원
- 배우자(F) : 6,000만원 × 1.5 / 2.5 = 3,600만원
- 외손녀(G) : 6,000만원 × 1 / 2.5 = 2,400만원

㉡ 자기신체사고

- 대습상속액 : 1억원 × 1 / 2.5 = 4,000만원
- 배우자(F) : 4,000만원 × 1.5 / 2.5 = 2,400만원
- 외손녀(G) : 4,000만원 × 1 / 2.5 = 1,600만원

그런데 외손녀 G는 미성년자이므로 친권자 F가 모두 수령한다.

결국, 친권자 F가 대인배상 I 에서 6,000만원, 자기신체사고 보험금에서 4,000만원을 지급받는다.

02

근로자가 출퇴근 중에 자동차사고를 당한 경우, (1) 「산업재해보상보험법」에 의한 재해보상을 받을 수 있는 요건과, (2) 「산업재해보상보험법」에 의한 재해보상을 받을 수 있을 때 자동차보험 담보별 보상에 미치는 영향을 설명하시오. (20점)

모범답안

1. 출퇴근 중 자동차사고로 「산업재해보상보험법」에 의한 재해보상을 받을 수 있는 요건

"출퇴근"이란 취업과 관련하여 주거와 취업장소 사이의 이동 또는 한 취업장소에서 다른 취업장소로의 이동을 말한다(산업재해보상보험법 제5조 제8호).

근로자가 출퇴근 중에 자동차사고를 당한 경우 「산업재해보상보험법」에 의한 재해보상을 받을 수 있는 요건은 다음과 같다.

(1) 사업주가 제공한 교통수단이나 그에 준하는 교통수단을 이용하는 등 사업주의 지배관리하에서 출퇴근하는 중 발생한 사고

근로자가 출퇴근하던 중에 발생한 사고가 다음의 요건에 모두 해당하면 출퇴근 재해로 본다(산업재해보상보험법 시행령 제35조 제1항).

① 사업주가 출퇴근용으로 제공한 교통수단이나 사업주가 제공한 것으로 볼 수 있는 교통수단을 이용하던 중에 사고가 발생하였을 것

② 출퇴근용으로 이용한 교통수단의 관리 또는 이용권이 근로자 측의 전속적 권한에 속하지 아니하였을 것

(2) 그 밖에 통상적인 경로와 방법(대중교통과 자가용, 도보 등)으로 출퇴근하는 중 발생한 사고

① 통상의 출퇴근 재해 인정 기준

㉠ 출퇴근 중 발생한 사고여야 한다.

㉡ 통상적인 경로와 방법(사회통념상 이용할 수 있다고 인정되는 경로 및 방법으로 이동한 경우)으로 이동 중 발생한 사고여야 한다.

㉢ 경로 일탈 또는 중단이 없어야 한다.

② 출퇴근 경로 일탈 또는 중단이 있는 경우

출퇴근 경로 일탈 또는 중단이 있는 경우에는 해당 일탈 또는 중단 중의 사고 및 그 후의 이동 중의 사고에 대하여는 출퇴근 재해로 보지 아니한다. 다만, 일탈 또는 중단이 일상생활에 필요한 행위로서 대통령령으로 정하는 사유가 있는 경우에는 출퇴근 재해로 본다.

※ **"일상생활에 필요한 행위로서 대통령령으로 정하는 사유"(산업재해보상보험법 시행령 제35조 제2항)**
다음 각 호의 어느 하나에 해당하는 경우를 말한다.
1. 일상생활에 필요한 용품을 구입하는 행위
2. 「고등교육법」 제2조에 따른 학교 또는 「직업교육훈련촉진법」 제2조에 따른 직업교육훈련기관에서 직업능력 개발향상에 기여할 수 있는 교육이나 훈련 등을 받는 행위
3. 선거권이나 국민투표권의 행사
4. 근로자가 사실상 보호하고 있는 아동 또는 장애인을 보육기관 또는 교육기관에 데려주거나 해당 기관으로부터 데려오는 행위
5. 의료기관 또는 보건소에서 질병의 치료나 예방을 목적으로 진료를 받는 행위
6. 근로자의 돌봄이 필요한 가족 중 의료기관 등에서 요양 중인 가족을 돌보는 행위
7. 제1호부터 제6호까지의 규정에 준하는 행위로서 고용노동부장관이 일상생활에 필요한 행위라고 인정하는 행위

2. 「산업재해보상보험법」에 의한 재해보상을 받을 수 있을 때 자동차보험 담보별 보상에 미치는 영향

(1) 대인배상Ⅰ

출퇴근 중 재해를 입은 피해자가 산재보상을 받는 경우에도 「자동차손해배상보장법」상 대인배상Ⅰ 한도 내에서 보상해야 한다. 다만, 산업재해보상금과 대인배상Ⅰ의 보험금은 손익상계의 대상이므로, 산업재해보상금을 공제하고 초과손해를 청구할 수 있다.

출퇴근 재해가 제3자의 행위로 발생하여 산재보상이 이루어진 경우 근로복지공단은 산재 보상한 후 대인배상Ⅰ 해당 금액에 대해 제3자에게 구상권을 행사할 수 있다.

(2) 대인배상Ⅱ

출퇴근 중 재해를 입은 피해자가 산재보상을 받는 경우에는 대인배상Ⅱ에서는 보상하지 않는다. 즉 자동차보험약관상 대인배상Ⅱ에서는 산업재해 면책규정과 동료재해 면책규정에 따라 면책된다. 다만, 산재보상의 보상범위를 초과하는 경우 그 초과손해에 대해서는 보상한다.

① **배상책임 있는 피보험자의 피용자에 대한 근로재해 면책규정**

배상책임이 있는 피보험자의 피용자로서 「산업재해보상보험법」에 의한 재해보상을 받을 수 있는 사람. 다만, 그 사람이 입은 손해가 같은 법에 의한 보상범위를 넘어서는 경우 그 초과손해를 보상한다(자동차보험약관 제8조 제2항 제2호).

② **피보험자동차를 피보험자의 사용자의 업무에 사용되는 경우 다른 피용자에 대한 동료재해 면책규정**

피보험자동차가 피보험자의 사용자의 업무에 사용되는 경우 그 사용자의 업무에 종사 중인 다른 피용자로서, 「산업재해보상보험법」에 의한 재해보상을 받을 수 있는 사람. 다만, 그 사람이 입은 손해가 같은 법에 의한 보상범위를 넘는 경우 그 초과손해를 보상한다(자동차보험약관 제8조 제2항 제3호).

(3) 자기신체사고

근로자가 출퇴근 중 사고로 산재보상 처리를 받은 경우에는 자기신체사고의 지급보험금을 산정할 때에 '배상의무자 이외의 제3자로부터 보상받은 금액'을 공제하도록 규정하고 있다. 제3자로부터 보상받은 금액에 산재보험금이 포함되는지에 대해 이견이 있으나, 2024년 7월 기준으로 KB손해보험, 현대해상화재보험, AXA손해보험의 자동차보험약관에는 이에 산재보험금은 포함되지 않는다고 명시하고 있다.

자동차보험의 '자기신체사고'에 해당하는 보험금은 「산업재해보상보험법」 제80조(다른 보상이나 배상과의 관계)에 따른 이중보상 문제에 해당하지 않으므로 산재보상 금액을 공제하지 않고 추가로 보상받을 수 있다. 즉 산재보험급여와 자동차보험의 자기신체사고보험 보상금은 중복보상이 가능하다. 따라서 산업재해 보상 여부는 자기신체사고 보상책임에 영향을 미치지 않는다.

판례 **대법원 2015.1.15 선고 2014두724 판결**

사용자가 가입한 자기신체사고보험에 의해 근로자가 지급받은 보험금은 사용자의 손해배상의무의 이행으로 지급받은 것이 아니므로 산업재해보상보험급여에서 공제될 수 없다.

(4) 무보험자동차상해

무보험자동차상해에서도 산업재해 보상 여부는 고려 대상이 아니므로 무보험자동차상해 보상책임에 영향을 미치지 않는다. 다만, 무보험자동차상해의 지급보험금은 배상의무자가 아닌 제3자로부터 보상받은 금액 등을 공제하므로, 보험금 지급시 이미 지급받은 산업재해보험금을 공제 대상에 해당된다. 산업재해보험금을 지급한 근로복지공단은 배상의무자인 제3자에 대해 구상권을 행사한다. 또한, 자동차보험 피보험자가 사용자의 업무에 종사하고 있을 때 피보험자의 사용자 또는 피보험자의 사용자의 업무에 종사 중인 다른 피용자가 배상의무자인 경우에는 보험자가 면책된다.

※ **배상의무자** : 무보험자동차의 사고로 인하여 피보험자를 죽게 하거나 다치게 함으로써 피보험자에게 입힌 손해에 대하여 법률상 손해배상책임을 지는 사람을 말한다.

더 알아보기 **지급보험금의 계산**

지급보험금은 다음과 같은 방법으로 계산한다. 다만, '비용'은 '공제액'이 발생하지 않는 경우에는 지급하지 않는다.

지급보험금 = 실제손해액 + 비용 − 공제액

1. **실제손해액**
'보험금 지급기준에 의해 산출한 금액' 또는 소송(민사조정, 중재를 포함)이 제기되었을 경우에는 대한민국 법원의 확정판결 등에 따른 금액으로서 과실상계 및 보상한도를 적용하기 전의 금액을 말한다.

2. **비 용**
다음의 금액을 말한다. 이 비용은 보험가입금액과 관계없이 보상한다.
① 손해의 방지와 경감을 위하여 지출한 비용(긴급조치비용을 포함)
② 다른 사람으로부터 손해배상을 받을 수 있는 권리의 보전과 행사를 위하여 지출한 비용

3. **공제액**
① 자동차보험(공제계약 포함)「대인배상 Ⅰ」(정부보장사업 포함) 및「대인배상 Ⅱ」에 의해 보상받을 수 있는 금액
②「무보험자동차에 의한 상해」에 의하여 지급될 수 있는 금액. 단, 무보험자동차에 의한 상해 보험금의 청구를 포기한 경우에는 공제하지 않음
③ 배상의무자 이외의 제3자로부터 보상받은 금액. 단,「산업재해보상보험법」에 의해 보상받은 금액은 제3자로부터 보상받은 금액에 포함되지 않음. 이 경우 관련 내용(업무상 재해 등) 확인을 위해 보험회사가 요청한 자료를 제출하여야 한다.

03

다음 사례에 대한 물음에 답하시오. (20점)

> • 개인형 이동장치(Personal Mobility, PM)의 이용자가 커브 길에 미끄러지면서 보도를 정상 보행 중인 보행인을 치어 사망케 한 사고를 야기하였다.
> • 이 사고로 사망한 보행인(피해자)의 배우자는 '갑' 보험회사의 개인용 자동차보험 모든 담보에 가입되어 있다.

(1) 개인형 이동장치(PM)의 정의 및 종류를 기술하시오. (10점)

(2) 위 피해자에 대한 '갑' 보험회사의 보상책임 및 보상의 범위에 대하여 설명하시오. (10점)

모범답안

1. 개인형 이동장치(PM)의 정의 및 종류

(1) 개인형 이동장치(PM)의 정의

「도로교통법」상 "개인형 이동장치"란 원동기장치자전거 중 ① 시속 25km 이상으로 운행할 경우 전동기가 작동하지 아니하고, ② 차체 중량이 30kg 미만인 것으로서 행정안전부령으로 정하는 것을 말한다(도로교통법 제2조 제19호의2).

> **※ 원동기장치자전거(도로교통법 제2조 제19호)**
> 1. 「자동차관리법」 제3조에 따른 이륜자동차 가운데 배기량 125cc 이하(전기를 동력으로 하는 경우에는 최고정격출력 11kW 이하)의 이륜자동차
> 2. 그 밖에 배기량 125cc 이하(전기를 동력으로 하는 경우에는 최고정격출력 11kW 이하)의 원동기를 단 차(「자전거이용활성화에 관한 법률」 제2조 제1호의2에 따른 전기자전거 및 제21호의3에 따른 실외이동로봇은 제외한다)

(2) 개인형 이동장치(PM)의 종류

다음의 어느 하나에 해당하는 것으로서 「전기용품 및 생활용품안전관리법」 제15조 제1항에 따라 안전확인의 신고가 된 것을 말한다(도로교통법 시행규칙 제2조의3).

① 전동킥보드

② 전동이륜평행차

③ 전동기의 동력만으로 움직일 수 있는 자전거

2. '갑' 보험회사의 보상책임 및 보상범위

(1) '갑' 보험회사의 보상책임

개인형 이동장치(PM)로 인한 상해 피해시 본인 또는 가족이 가입한 자동차보험(무보험자동차상해 담보)으로 보상하므로, '갑' 보험회사의 보상책임이 발생된다. 즉 '갑' 보험회사는 보행인(피해자)이 개인형 이동장치(PM)로 인하여 생긴 사고로 사망하였고, 배상의무자(개인형 이동장치의 이용자)가 있으므로 무보험자동차상해담보로 보상한다.

대인배상 I, II 및 자기신체사고에서는 피보험자동차의 운행 중 사고에 해당하지 않으므로 보상하지 않는다.

① 무보험자동차 해당 여부

개인형 이동장치는 「도로교통법」상 원동기장치자전거 등으로 분류되지만, 자동차보험약관 개정으로 무보험자동차에 해당하므로 무보험자동차상해담보의 대상이 된다.

> ※ **무보험자동차(자동차보험약관 제1조 제5호)**
> 피보험자동차가 아니면서 피보험자를 죽게 하거나 다치게 한 자동차로서 다음 중 어느 하나에 해당하는 것을 말한다. 이 경우 자동차라 함은 「자동차관리법」에 의한 자동차, 「건설기계관리법」에 의한 건설기계, 「군수품관리법」에 의한 차량, 「도로교통법」에 의한 원동기장치자전거 및 개인형 이동장치, 「농업기계화 촉진법」에 의한 농업기계를 말하며, 피보험자가 소유한 자동차를 제외한다.
> 가. 자동차보험 「대인배상 II」나 공제계약이 없는 자동차
> 나. 자동차보험 「대인배상 II」나 공제계약에서 보상하지 않는 경우에 해당하는 자동차
> 다. 이 약관에서 보상될 수 있는 금액보다 보상한도가 낮은 자동차보험의 「대인배상 II」나 공제계약이 적용되는 자동차. 다만, 피보험자를 죽게 하거나 다치게 한 자동차가 2대 이상이고 각각의 자동차에 적용되는 자동차보험의 「대인배상 II」 또는 공제계약에서 보상되는 금액의 합계액이 이 약관에서 보상될 수 있는 금액보다 낮은 경우에 한하는 그 각각의 자동차
> 라. 피보험자를 죽게 하거나 다치게 한 자동차가 명확히 밝혀지지 않은 경우 그 자동차(「도로교통법」에 의한 개인형 이동장치는 제외)

② 피보험자 여부

사망한 보행인(피해자)은 배우자가 '갑' 보험회사의 개인용 자동차보험 모든 담보에 가입되어 있으므로, 무보험자동차상해담보의 피보험자에 해당한다.

③ 배상의무자 여부

배상의무자는 무보험자동차로 인하여 생긴 사고로 피보험자를 죽게 하거나 다치게 함으로써 피보험자에게 입힌 손해에 대하여 법률상 손해배상책임을 지는 사람이다.

개인형 이동장치의 운전자는 보행인을 치어 사망케 한 사고를 야기하였으므로, 「민법」 제750조(고의 또는 과실로 인한 위법행위로 타인에게 손해를 가한 자는 그 손해를 배상할 책임이 있다) 불법행위에 따른 손해배상책임을 부담하는 배상의무자에 해당한다.

(2) '갑' 보험회사의 보상범위

① 지급보험금

「도로교통법」에 의한 개인형 이동장치로 인한 손해는 「자동차손해배상보장법 시행령」 제3조에서 정하는 금액을 한도로 한다. 즉 개인형 이동장치로 인한 사고 피해는 자동차보험의 대인배상 I 한도 이내로 보상한다.

피해자가 사망한 경우에는 1억5천만원의 범위에서 피해자에게 발생한 손해액을 보상한다. 다만, 그 손해액이 2천만원 미만인 경우에는 2천만원으로 한다. 만약 부상한 피해자가 치료 중 부상이 원인이 되어 사망한 경우에는 부상한도 3천만원과 사망한도 1억5천만원의 합산액(= 1억8천만원) 범위 내에서 피해자에게 발생한 손해액을 보상한다.

② 구상권

무보험자동차상해로 보험금을 지급한 '갑' 보험회사는 개인형 이동장치의 운전자를 상대로 지급보험금에 대해 구상권을 행사한다.

04 현행 자동차보험약관상 '치료관계비'의 지급기준을 요약 · 기술하고, 손해사정시 유의할 사항을 설명하시오. (15점)

모범답안

1. 자동차보험약관상 '치료관계비'의 지급기준

치료관계비는 ① 의사의 진단 기간에서 치료에 소요되는 다음의 비용(외국에서 치료를 받은 경우에는 국내의료기관에서의 치료에 소요되는 비용 상당액. 다만, 국내의료기관에서 치료가 불가능하여 외국에서 치료를 받는 경우에는 그에 소요되는 타당한 비용)으로 하되, ② 관련 법규에서 환자의 진료비로 인정하는 선택진료비를 포함한다. 다만, 「자동차손해배상보장법 시행령」 〈별표 1〉에서 정한 ③ 상해급별 구분 중 12급 내지 14급에 해당하는 교통사고 환자가 상해를 입은 날로부터 4주를 경과한 후에도 의학적 소견에 따른 향후 치료를 요하는 경우에는 「의료법」에 따른 진단서상 향후 치료에 대한 소견 범위에 기재된 치료기간 내 치료에 소요되는 비용으로 한다.

(1) 입원료

① 입원료는 대중적인 일반병실(이하 '기준병실'이라 함)의 입원료를 지급한다. 다만, 의사가 치료상 부득이 기준병실보다 입원료가 비싼 병실(이하 '상급병실'이라 함)에 입원하여야 한다고 판단하여 상급병실에 입원하였을 때에는 그 병실의 입원료를 지급한다.

② 기준병실이 없어 부득이하게 병원급 이상 의료기관의 상급병실에 입원하였을 때에는 7일의 범위에서는 그 병실의 입원료를 지급한다. 입원일수가 7일을 초과한 때에는 그 초과한 기간은 기준병실의 입원료와 상급병실의 입원료와의 차액은 지급하지 아니한다.

③ 피보험자나 피해자의 희망으로 상급병실에 입원하였을 때는 기준병실의 입원료와 상급병실의 입원료와의 차액은 지급하지 아니한다.

(2) 기타 비용 등

응급치료, 호송, 진찰, 전원, 퇴원, 투약, 수술(성형수술 포함), 처치, 의지, 의치, 안경, 보청기 등에 소요되는 필요 타당한 실비를 지급한다.

(3) 치아보철비

금주조관보철(백금관보철 포함) 또는 임플란트(실제 시술한 경우로 1치당 1회에 한함)에 소요되는 비용을 지급한다. 다만, 치아보철물이 외상으로 인하여 손상 또는 파괴되어 사용할 수 없게 된 경우에는 원상회복에 소요되는 비용을 지급한다.

2. 손해사정시 유의할 사항

(1) 치료관계비 인정요건

① 상당인과관계가 존재할 것

사고와 상당인과관계가 있는 치료비에 한하여 인정한다. 따라서 기왕증에 대한 치료나 손상 부위가 다른 부위를 치료할 경우에는 인정되지 않는다. 다만, 기왕증이 사고에 의하여 가중된 경우에는 그 가중된 부분의 치료비만을 인정한다.

② 치료의 필요성이 있을 것

수술, 처치, 진료, 투약 등의 치료가 의학적으로 타당한 비용에 한하여 인정된다. 즉 치료의 효과가 불확실하거나 엄청난 비용을 부담하는 치료의 경우에는 인정되지 않는다.

③ 치료행위가 보편·타당성이 있을 것

치료행위는 통상적이고 보편적으로 시행하는 방법이어야 한다. 즉 통상적으로 사용되고 보편적으로 거래상 인정되는 약품을 인정하되, 그 가격도 사회통념상·일반거래상 합리적인 수준의 금액이어야 한다.

(2) 손해사정시 유의사항

① 적극적 손해 항목

㉠ 치료관계비

치료관계비는 적극적 손해 항목으로 입원료와 응급치료, 호송, 진찰, 전원, 퇴원, 투약, 수술(성형수술 포함), 처치, 의지, 의치, 안경, 보청기 등에 소요되는 필요 타당한 실비, 그리고 치아보철비를 인정한다.

㉡ 임플란트 치료비 관련 유의사항

임플란트의 경우 실제 시술한 경우에 한하여 1치당 1회 비용을 인정하므로 손해사정시 임플란트 시술이 되었는지 확인이 필요하다.

법원판결에서 치아파손의 경우 임플란트식립수술은 예견 가능한 통상의 치료범위를 벗어난 것으로 인정한 바 있다(서울지법 94가단166771).

② 상급병실 입원료 인정

㉠ 피보험자나 피해자의 희망으로 상급병실에 입원하였을 때는 기준병실의 입원료와 상급병실의 입원료와의 차액은 스스로 부담한다. 다만, 의사가 치료상 부득이 상급병실에 입원하여야 한다고 판단하여 상급병실에 입원하였을 때에는 그 병실의 입원료를 인정한다.

㉡ 병실이 부족하여 부득이하게 상급병실을 인정하는 경우에는 병원급 이상만 인정하고, 의원급 이하의 병원인 경우에는 적용 제외된다.

㉢ 상급병실을 사용한 경우 피해자 등의 요청 또는 병실 사정으로 인하여 상급병실을 사용하였는지의 여부를 확인하고, 병실 사정으로 상급병실을 사용한 경우에는 병원급 이상에만 적용됨을 안내하고 그에 따른 손해사정을 한다.

③ 경상환자(상해급수 12~14급)의 장기치료시 진단서 제출 여부

㉠ 「자동차손해배상보장법 시행령」 〈별표 1〉에서 정한 상해급별 구분 중 12급 내지 14급에 해당하는 경상환자가 상해를 입은 날로부터 4주까지는 별도의 진단서 없이 치료를 받을 수 있으나, 4주 경과 후에 의학적 소견에 따른 향후 치료를 요하는 경우에는 추가진단서를 받아야 치료가 가능하다.

㉡ 상해급수 12급 ~ 14급의 경상환자에 해당할 경우, 치료기간이 4주를 초과하는 때에는 추가진단에 따라 치료비를 인정하므로 추가진단에 대한 안내 및 요청을 철저히 시행하고, 추가진단 없이 치료하는 경우에는 해당 치료비를 지급하지 않는다.

④ 경상환자의 대인배상Ⅱ 해당 치료비에 대한 과실책임주의 적용 안내

상해급수 12급 ~ 14급의 경상환자의 경우 과실이 있는 경우, 대인배상Ⅰ을 초과하는 치료비에 대해서는 피해자가 부담하여야 하므로 과실책임주의에 대한 사전 안내가 필요하다. 즉, 대인배상Ⅰ의 치료비를 초과하는 치료비 중 본인의 과실에 해당하는 부분은 본인의 자동차보험(자기신체사고 또는 자동차상해) 또는 자비로 처리됨을 안내하고 그에 따른 손해사정을 한다.

⑤ 사고와 인과관계가 없는 치료비 등의 확인

사고와 인과관계가 없는 치료비 및 기왕증에 대한 치료비 등에 대해서는 내용 파악을 철저히 확인하고 손해사정을 한다.

05

현행 자동차보험약관상 〈자동차사고 과실비율의 인정기준〉에서 정하고 있는 '자동차와 보행자 사고'시 보행자의 과실비율을 수정하는 요소에 관하여 설명하시오. (10점)

모범답안

1. 적용범위

자동차에는 「자동차관리법」상 자동차는 물론 원동기장치자전거와 보행자의 사고에도 이 기준을 적용한다.

2. 보행자의 과실을 가산하는 요소

(1) 야 간

야간이란 일몰 후부터 일출 전까지를 말한다. 야간에는 보행자로서는 자동차의 전조등을 발견하기 용이하지만 자동차는 보행자의 발견이 용이하지 않다. 따라서 가로등 등의 조명으로 인하여 자동차의 운전자가 보행자의 발견이 용이한 장소에서는 가산하지 않는다.

(2) 간선도로

간선도로란 차도폭이 20m 이상이거나 또는 왕복 6차로 이상의 도로로서 교통량이 많고 고속(80km 이상)으로 주행하므로 보행자는 통상의 도로에 비해 좀 더 주의를 해야 하기 때문이다.

(3) 시야장애

횡단자가 자동차의 바로 앞이나 뒤로 횡단하는 경우는 운전자가 발견하기 용이하지 않다. 또한 심한 오르막이나 내리막, 골목길에서 보행자가 갑자기 나오는 경우도 포함된다.

(4) 정지, 후퇴, 사행

보행자가 횡단 중 갑자기 멈추어 서는 경우, 다시 돌아서서 가거나, 뒷걸음질 하는 경우, 차도를 갈지자로 걸어가는 경우에 가산요소로 적용한다.

(5) 횡단규제표시

횡단금지표시 등의 안전표지 또는 가드레일, 펜스, 차단봉 등에 의하여 차도 횡단이 금지된 장소를 횡단하는 경우에는 보행자의 과실을 가산한다.

(6) 교차로 대각선 횡단

횡단보도가 설치되지 않은 교차로에서 보행자가 차도를 최단거리로 횡단하지 않고 교차로 내부를 대각선 방향으로 비스듬히 횡단하는 경우에는 가산요소로 적용한다.

(7) 술에 취한 상태

객관적 증거(목격자 진술서, 음주량 측정 등)에 의하여 보행자의 음주사실이 증명될 경우에 가산요소로 적용한다.

(8) 보행자의 급진입

보행자가 횡단보도 신호가 가동되자마자 급하게 횡단보도를 진입한 경우 또는 횡단잔여시간표시기가 설치되어 있는 횡단보도를 횡단할 때 횡단에 필요한 충분한 시간을 확보하지 않은 상태에서 급하게 횡단보도를 횡단할 때에는 가산요소로 적용한다.

3. 보행자의 과실을 감산하는 요소

(1) 주택, 상점가, 학교

이곳은 보행자의 통행과 횡단이 빈번한 장소이므로 차량운전자는 보다 많은 주의가 요구되기 때문에 보행자의 과실비율을 감산한다. 또한 공장이나 관청, 대규모 체육시설 등의 지역에서도 보행자가 많은 출퇴근시간, 경기종료시간 등에는 감산 적용한다.

(2) 어린이, 노인, 장애인

이들은 일상생활에서 통상인보다 안전을 확보할 행위능력이 낮으므로 감산요소로 적용한다.

(3) 집단횡단

집단횡단이란 2인 이상의 동시횡단을 의미하며, 보행자가 다른 1인을 업거나 또는 안은 경우는 제외한다. 이 경우에는 운전자가 통상의 경우보다 보행자의 존재를 인식하기 쉬우므로 감산요소로 적용한다.

(4) 보・차도 구분 없음

보도와 차도가 구분되지 않은 도로에서는 운전자가 통상의 경우보다 보행자의 동태에 더 주의를 기울여야 하므로 감산요소로 적용한다.

(5) 차의 현저한 과실

한눈팔기 등 전방주시의무위반, 주취한계 미달 음주운전(혈중 알코올 농도 0.03% 미만), 속도위반(10km 이상 20km 미만) 등은 감산요소로 적용한다.

(6) 차의 중대한 과실

'현저한 과실'을 넘어서 그 정도가 중대한 법규위반이 있는 경우에 보행자의 과실을 감산한다. 예컨대, 졸음운전, 무면허운전, 음주운전, 속도위반(20km 이상) 등은 중과실이 있는 것으로 본다.

(7) 어린이보호구역 및 노인보호구역

「도로교통법」 제12조에 정해진 어린이보호구역 내의 어린이 사고 또는 동법 제12조의2에 정해진 노인보호구역 내의 노인 사고는 감산한다.

06 「자동차손해배상보장법 시행령」〈별표 1〉에서는 〈상해의 구분과 책임보험금의 한도금액〉을 규정하고 있다. 그 가운데 '뇌진탕'과 "영역별 세부지침" 중 '척추'에 관하여 설명하시오. (10점)

모범답안

1. 뇌진탕

(1) 정 의

뇌진탕이란 자동차사고로 인해 머리에 충격이 가해지면서 일시적으로 뇌 기능이 감소하거나 소실되는 것을 말한다. 최근에는 의식소실이 없는 경우도 포함하고 있다. 이는 뇌 조직과 세포에 손상이 있는 뇌 좌상과는 구별되는 개념으로, 「자동차손해배상보장법 시행령」〈별표 1〉 상해의 구분에서 상해급수 11급으로 정하고 있다.

미국 재활의학학회(ACRM)의 기준에 따르면, ① 30분 이내의 의식소실, ② 수상 직전이나 직후 상황에 대한 기억소실, ③ 사고 당시 정신상태의 변화(멍한 느낌, 지남력 소실, 혼동상태), ④ 국소적 신경학적 소실 중 한 가지 이상이 있으면서 수상 후 30분 뒤 글래스고우 혼수척도(Glasgow Coma Scale ; GCS)가 13점 이상이고 외상 후 기억상실이 24시간 미만인 경우에 뇌진탕이라고 정의한다.

(2) 진단기준 및 증상

① 진단기준

뇌진탕은 30분 이내의 의식소실, 24시간 이내의 외상 후 기억상실, 방향감각 상실 징후가 동반된 외상으로 사고 직후 최초 진료의료기관의 초진의무기록지에 의식소실 등의 상황이 명확히 기재되어 있고, 해당 전문의에 의해 뇌진탕으로 진단서가 발행된 경우에 인정된다.

② 증 상

뇌진탕은 구조의 이상을 초래하지 않는 뇌의 일시적인 기능부전이며, 주로 의식소실을 동반한다. 대표적인 증상으로는 두통, 혼란, 어지러움, 기억손실, 구역, 구토, 시야결손 등이 있다.

(3) 원 인

뇌진탕은 머리에 가해지는 외부 충격으로 인해 발생한다. 즉 두개골 내부의 뇌가 갑작스러운 움직임이나 충격에 의해 흔들리면서 발생한다. 예를 들어 자동차사고시 갑작스러운 가속 또는 감속으로 인해 뇌가 두개골 내부에서 흔들려도 뇌진탕이 발생할 수 있다.

(4) 진 단

① 진단은 환자의 의식 상태와 증상, 그리고 다친 경위를 확인하는 것에서 시작한다. 신경계나 인지 능력의 이상 유무를 평가하기 위해 신경학적 검사를 실시한다. 이 검사에서는 눈의 움직임, 반사 작용, 근력, 감각 등을 평가한다. 필요에 따라 CT(컴퓨터단층촬영), MRI(자기공명영상)와 같은 영상검사를 통해 뇌출혈이나 골절 등의 구조적 문제를 확인한다.

② 뇌진탕은 「자동차손해배상보장법 시행령」 〈별표 1〉 〈상해의 구분과 책임보험금의 한도금액〉에서 상해급수 11급이고, 경상환자(12급 이하)에 해당되지 않으며, 책임보험금의 한도금액은 160만원으로 규정되어 있다.

2. 영역별 세부지침 중 척추에 관한 내용

(1) 완전 마비와 불완전 마비

완전 마비는 근력등급 3 이하인 경우이며, 불완전 마비는 근력등급 4인 경우로 정한다.

(2) 척추관 협착증이나 추간판 탈출증

척추관 협착증이나 추간판 탈출증이 외상으로 증상이 발생한 경우나 악화된 경우는 9급으로 본다.

(3) 척주 손상

척주 손상으로 인하여 신경근증이나 감각이상을 호소하는 경우는 9급으로 본다.

(4) 마미증후군

마미증후군은 척수손상으로 본다.

최고의 순간은 아직 오지 않았다.

– 제리 로이스터 –

당신이 저지를 수 있는 가장 큰 실수는,

실수를 할까 두려워하는 것이다.

– 앨버트 하버드 –

2025 시대에듀 신체손해사정사 2차 기출문제해설 한권으로 끝내기

개정6판1쇄 발행	2025년 02월 25일(인쇄 2025년 01월 10일)
초 판 발 행	2018년 07월 15일(인쇄 2018년 06월 18일)
발 행 인	박영일
책 임 편 집	이해욱
편 저	김명규 · 김창영
편 집 진 행	서정인
표지디자인	하연주
편집디자인	윤준하 · 장성복
발 행 처	(주)시대고시기획
출 판 등 록	제10-1521호
주 소	서울시 마포구 큰우물로 75 [도화동 538 성지 B/D] 9F
전 화	1600-3600
팩 스	02-701-8823
홈 페 이 지	www.sdedu.co.kr
I S B N	979-11-383-8592-3 (13320)
정 가	30,000원

세상을 바꿀 수 있다고 믿을 만큼 미친 사람들이

결국 세상을 바꾸는 사람들이다.

– 스티브 잡스 –

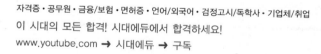